Ota Šik

Der dritte Weg

**Die marxistisch-leninistische Theorie
und die moderne Industriegesellschaft**

Hoffmann und Campe

1. bis 10. Tausend 1972
© Hoffmann und Campe Verlag, Hamburg 1972
Gesetzt aus der Korpus-Garamond-Antiqua
Gesamtherstellung Butzon & Bercker, Kevelaer
ISBN 3-455-09051-6 · Printed in Germany

Inhalt

Vorwort

Dieses Buch ist das Resümee meiner jahrelangen theoretischen Wandlung. Ich möchte dem Leser diese Entwicklung bis zur Erarbeitung der hier vorgelegten Ansichten mit einigen wesentlichen Vorbemerkungen näherbringen. Meine Entwicklung selber nämlich ist es, die mir von bestimmten Seiten am allermeisten vorgeworfen wird. Die einen bezeichnen meine Abwendung vom Kommunismus als Verrat – den anderen mißfällt, daß ich mich nicht für den Kapitalismus ausspreche. Weder mit diesen noch mit jenen kann ich mich in der Theorie identifizieren.

Auf beiden Seiten gibt es konservative Kräfte, deren persönliche Verbundenheit mit dem einen oder anderen System es ihnen unmöglich macht, die eigenen inneren Konflikte und Entwicklungshindernisse anzuerkennen. Ob es nun ökonomische Privilegien oder attraktive Machtstellungen sind – ob in der heutigen westlichen Welt, oder im »sozialistischen« Osten –, in einem wird der sehr nüchtern fundierte Konservativismus das gleiche Lied singen: »Alle Reformen unseres Systems sind eine Gefahr für unsere Gesellschaft und für ihre Mitglieder.«

Ich sehe in gesellschaftlichen Reformen keinen Selbstzweck. Dort allerdings, wo mich wiederholte Erfahrungen, langjährige Beobachtungen und andauernde Analysen zur Erkenntnis wesentlicher gesellschaftlicher Widersprüche führen, werde ich auch immer wieder nach Wegen zu ihrer Überwindung suchen. Soziales Elend, menschliches Leid, chauvinistische und rassistische Verhetzungen – dies alles sah ich in meiner Jugend in einem solchen Ausmaß, daß ich schon allein dadurch in die sozialistische und später in die kommunistische Bewegung getrieben wurde. Der Aufruhr gegen die Unterdrückung und die Ausbeutung arbeitender Menschen führte mich zum Kommunismus, aber die Erfahrung, daß das Volk nach der Revolution noch machtloser wurde, mußte mich eines Tages zur Abwendung von den kommunistischen Machthabern und zum Kampf gegen ihre ideologischen Apologeten bringen. Während für mich jede Theorie, und daher auch die marxistische, nur insofern Geltung hatte, als sie mir half, die gesellschaftliche Realität zu verstehen – mir methodisch ermöglichte, ihre Mängel und Diskrepanzen zu erkennen, und daher auch nie zu einem Glaubensdogma erstarren konnte –, wird von diesen Machthabern eine solche Auffassung des »Marxismus« seit langem als eine Ketzerei abgestempelt.

Im nazistischen Konzentrationslager sah ich meine Jugendfreunde sterben; sie wurden bestialisch erschlagen. Im Angesicht der unmenschlichen Verbrechen, die ein perverses Machtsystem hervorbringen kann, wurden meine Lebensziele geformt. Kein Rachegedanke, sondern das Suchen nach Ursachen der gesellschaftlichen Ausartungen nahm mich gefangen. Antihumane Ausschreitungen konnten niemals nur das Werk einzelner »Führer« sein, sondern mußten aus ungelösten gesellschaftlichen Widersprüchen erwachsen. In der Überwindung der Klassengesellschaft, in der Befreiung arbeitender Menschen von jeder ökonomischen Knechtung und tyrannischen Unterdrückung, in der kommunistischen Vergesellschaftung – darin sah ich vorerst den Weg zu einer Humanisierung der Gesellschaft. Die Partei war für mich in jener Zeit die Vereinigung von Menschen, die einzig gewillt waren, solche Ziele konsequent zu verwirklichen. Zu spät erkannte ich, daß das eine Illusion war.

In den fünfziger Jahren beginnen in der Tschechoslowakei die stalinistischen »Schauprozesse«. Menschen werden verhaftet, die zu den ehrlichsten Kommunisten gehören. Eine Welle von Terror und Angst durchläuft das Land. Selbstkritiken, Denunziationen und Bespitzelungen vergiften die Atmosphäre. Antisemitische Tendenzen werden von führenden Funktionären genährt und unterscheiden sich in nichts von den früheren faschistischen Verhetzungen. Der ehemalige Generalsekretär der Partei und auch andere werden gezwungen, vor Gericht auszusagen: »Ich, Rudolf Slánský, jüdischer Abstammung . . .« Wer eine eigene Ansicht äußert, wird verdächtig und kommt unter die Räder.

Die arbeitenden Menschen fangen an, sich vor kommunistischen Funktionären zu hüten, sich zu verstellen und ihre Nähe zu meiden. Den Enthusiasmus einfacher Parteimitglieder ersetzt mehr und mehr die organisierte Tätigkeit des Parteiapparats. Nach dem Tod Stalins werden die ersten Opfer der Schauprozesse in aller Stille freigelassen, und die frühere »Flüsterpropaganda« über Folterungen und Geständniserpressung wird nun voll bestätigt. Der XX. Parteitag der KPdSU und die geheime Rede Chruschtschows entlarven den verbrecherischen Charakter des Stalin-Regimes und seine Methoden des Massenterrors, die sich von den faschistischen Prinzipien nicht im geringsten unterscheiden. Die blutige Unterdrückung des Volksaufstandes in Ungarn und seine Charakterisierung als Resultat der imperialistischen Wühltätigkeit enthüllen mir nicht nur die Lächerlichkeit dieser Argumentation, sondern auch die Rücksichtslosigkeit des neuen Imperialismus.

Meine Zweifel an der Richtigkeit des kommunistischen Weges zu einer humaneren Gesellschaft und die allmählich auftauchende Erkenntnis der Unmenschlichkeit des Systems wurden zur niederschlagenden Gewißheit; Chruschtschows historische Rede zu einem solchen Schock, daß meine bisherige politische Tätigkeit allen Sinn für mich verloren hatte. Mit der naiven Erklärung, der Stalinkult sei die Ursache allen Übels, konnte ich mich natürlich nicht mehr zufriedengeben. Ich stand vor der Wahl, entweder die Reihen der Partei zu verlassen oder den Versuch zu unternehmen, durch eine langfristige, geduldige und zielbewußte Tätigkeit zur Systemänderung beizutragen. Mit ein paar der nächsten, ebenso denkenden Freunde entschieden wir uns für das Letztgenannte.

In den Jahren 1957 bis 1958 begann so mein Suchen neuer Gedanken und Wege, von dem vorerst nur meine engsten Freunde etwas wußten. Die innere, allmähliche Befreiung von Dogmen, an die ich einst fest glaubte und die ich selbst verbreitet hatte, war für mich persönlich kein leichter Prozeß. Ich war jedoch nicht allein, und das ist in dem Ringen um Wahrheit entscheidend. Zusammen mit mehr und mehr Gleichgesinnten konnte ich immer offener und zielbewußter um eine grundsätzliche Reform des Systems kämpfen. Diese Bewegung gewann immer mehr an Boden und erschütterte das bürokratische Regime. Sie brachte das Volk an die Schwelle des demokratischen Sozialismus.

Nach verlorener Schlacht wissen alle »Klugen«, »wie man es hätte besser machen können«. Sie abstrahieren heute von den konkreten Bedingungen, unter denen die Reformbewegung sich entwickelte, und vergessen, daß sich Erfahrungen erst im nachhinein analysieren lassen. Auch wenn die tschechoslowakische Reformbewegung gewaltsam niedergeschlagen wurde, hat sie eine geschichtliche Funktion erfüllt. Die Erkenntnis, daß es Entwicklungsmöglichkeiten, daß es einen Weg aus der kommunistischen Tyrannei gibt, der nicht in das alte kapitalistische System zurückführen muß, ist einmal bei den östlichen Völkern entstanden und kann aus den Köpfen der Menschen nicht mehr gelöscht werden. Die Idee wird sich hier weiterentwickeln und eines Tages, unter günstigeren Bedingungen, zur praktischen Wirklichkeit werden.

Mein Entschluß, die Heimat zu verlassen, verfolgte das Hauptziel, die Reformgedanken weiter theoretisch bearbeiten zu können, sie zu vertiefen und zu komplettieren. Es geht um den allseitigen Entwurf des Modells eines demokratischen und humanen Sozialismus, der einmal das heutige kommunistische System ersetzen könnte. Er soll die grundlegenden negativen Seiten des kommunistischen ebenso wie die des kapitalistischen Systems überwinden. Den Prinzipien eines solchen demokratischen sozialistischen Systems soll der zweite Teil meiner Arbeit gewidmet sein, und ich bitte deshalb den Leser, detaillierte Modellvorstellungen noch nicht in diesem Buch zu suchen. Erst auf Grund der hier vorliegenden kritischen Analyse der sozialistischen Theorie, im Hinblick auf eine industriell hochentwickelte Gesellschaft, kann die eigentliche Modellvorstellung als neue Lösungsmöglichkeit logisch folgen.

Ich vertrete nicht die Ansicht, man sollte oder könnte sich eine ideale Gesellschaftsform ohne irgendwelche gesellschaftlichen Konflikte ausdenken. Das bedeutet jedoch nicht, daß man ausschließlich an den heute gegebenen Systemen festhalten müßte. In ihrem »Entweder-Oder« stehen die Dogmatiker des Kapitalismus und die des Kommunismus auf der gleichen methodologischen Ebene: Die Ablehnung des anderen Systems bedeutet für sie immer nur die bedingungslose Akzeptierung des eigenen. Für mich folgt jedoch aus der Erkenntnis und Kritik von Entwicklungswidersprüchen einer Gesellschaft nicht, daß man die Konflikte der anderen übersehen oder einfach leugnen müßte. Es geht um die Überwindung der wesentlichen Mängel beider Systeme. Aber nur solche konkreten Lösungsvorschläge analysierter und als wesentlich erkannter Widersprüche werden praktisch realisierbar sein, deren Überwindung durch Systemänderungen wirklich herangereift ist und die der menschlichen Natur auf der gegebenen Entwicklungsstufe entsprechen. Und eben um eine solche Analyse und die Ausarbeitung realer und möglicher Systemänderungen geht es mir.

Bevor ich aber die Grundprinzipien eines neuen Gesellschaftsmodells ausarbeiten konnte, mußte ich das bestehende kommunistische System analysieren und die Systemimmanenz seiner Krankheiten aufzeigen. In mehreren Arbeiten habe ich schon den Beweis erbracht, daß es sich nicht um Kinderkrankheiten, sondern um Seuchen handelt, die nicht beseitigt werden können, solange die Grundsatzideen des Systems nicht verändert worden sind. Es nimmt nicht wunder, daß die heutigen Machthaber dieser Welt sehr lautstark das Gegenteil behaupten. Auf lange Sicht waren jedoch wissenschaftliche Erkenntnisse noch immer stärker als die stärksten Machtinteressen. Und gegen brutale Gewalt mußte man sich in der Geschichte immer mit Geduld wappnen.

Die Arbeit an der Analyse des kommunistischen Systems zeigte mir jedoch, daß man nicht von seiner theoretischen Grundlage absehen könne. Es ist das erste Mal in der Geschichte, daß eine gesellschaftliche Formation auch in ihrem ökonomischen System gemäß einer theoretischen Vorstellung aufgebaut wurde. Zeigen sich nun substantielle Mängel dieses Systems, dann müssen sie ihren Ursprung bereits in der Theorie haben. Und so entstand zunächst dieses Buch. Es versucht, die gesamte marxistisch-leninistische Theorie, als Basis der späteren kommunistischen Praxis, gründlich zu analysieren.

Ich will diese Theorie so objektiv wie nur möglich sowohl im Licht der späteren Erfahrungen als auch auf Grund gegenwärtiger, auch nichtmarxistischer wissenschaftlicher – vor allem ökonomischer – Erkenntnisse beurteilen. Die Versuche, alle begangenen Fehler und Unterlassungen Stalin zuzuschreiben und dabei auf Lenin zu schwören, oder einige Irrtümer Lenins einzugestehen, Marx aber als unantastbar zu erklären, lehne ich als unwissenschaftlich ab. Keine voreingenommene politische Intention und kein ideologisches Interesse darf eine sachliche Untersuchung der Theorie begrenzen oder stören. Es gibt eine objektive Wahrheit, die ideelle Reflexion der realen Wirklichkeit, und die Wissenschaft hat die Aufgabe, sich dieser so unvoreingenommen als nur möglich anzunähern. Auch wenn unsere Erkenntnisse der Wirklichkeit immer nur relative Erkenntnisse sein werden, so können wir uns doch durch ihre dauernde Konfrontation mit dieser Wirklichkeit und durch die dauernde Überwindung interessenmäßig motivierter Dogmen der objektiven Wahrheit annähern.

Es gibt keine allumfassende, ein für allemal richtige Gesellschaftstheorie. Auch die Hinweise, eine Theorie sei richtig, weil sie den progressiven Klasseninteressen entspricht, sind nur Ausflüchte, hinter denen sich in Wahrheit sehr enge Machtinteressen verbergen. Erst eine wissenschaftliche Analyse bestimmter sozialer Interessen kann ihren Inhalt und ihre Funktion in der Gesellschaft wirklich aufdecken.

Die Gesellschaft selbst, die Interessen und die theoretischen Erkenntnisse unterliegen der Entwicklung. Theorien, die in einem bestimmten Moment objektiv richtig waren und zugleich den Interessen einer sozialen, um progressive Gesellschaftsänderungen kämpfenden Gruppe dienten, können auf einer späteren Entwicklungsstufe zu ungenügenden, einseitigen oder sogar falschen Theorien erstarren, ebenso kann sich die einst progressive soziale Gruppe zu einem Träger der konservativsten Interessen wandeln. Nur die dauernde Konfrontation aller Theorien mit der sich ändernden objektiven Gesellschaftswirklichkeit und die fortgesetzte Analyse der verschiedenen sozialen Interessen selber in ihrer Entwicklung können auch die wissenschaftlichen Erkenntnisse über die Gesellschaft dauernd bereichern, präzisieren und lebendig erhalten. Auch die Erkenntnisse von Karl Marx, so bedeutend sie zu seiner Zeit waren, waren nur die zeitlich und auch menschlich begrenzten Erkenntnisse eines einzelnen, und jeder Versuch, sie als endgültige, abgeschlossene und unumstößliche Theorien darzustellen, verwandelt sie in ideologische Dogmen, die mit Wissenschaft nichts mehr zu tun haben.

Ebensowenig wissenschaftlich jedoch, und nicht weniger ideologisiert, war das entgegengesetzte Vorgehen vieler westlicher Gesellschaftstheoretiker, die es unternahmen, Marx totzuschweigen und alle seine Erkenntnisse zu bagatellisieren. Ob das nun durch interessenmäßige Ablehnung der revolutionären Schlußfolgerungen von Marx hervorgerufen ist oder, wie in späterer Zeit, der vollkommenen Unkenntnis seines Werks entsprang (nachdem man es jahrzehntelang nicht publizierte und an den Hochschulen nicht benutzte) – eine solche unwissenschaftliche Einstellung kann der Gesellschaft nur schaden. Auch dort, wo Theoretiker und Pädagogen sich mit Recht – von späteren, rein ideologischen und dogmatischen kommunistischen Propagandaaktionen angewidert – gegen alles Marxistische verschlossen, wird eine solche Haltung nur politischen Demagogen nützen.

Weil Marx unbestreitbar ein bedeutender Wissenschaftler war, der wie alle anderen Wissenschaftler – neben Fehlern und überholten Schlußfolgerungen – auch solche Erkenntnisse brachte, die bis heute einen beträchtlichen wissenschaftlichen Wert haben, wird sein Totschweigen oder werden ideologische Verzerrungen an vielen Hochschulen nur Demagogen in die Hände spielen. Sobald junge Menschen, besonders in ihrer Opposition gegen die alte Gesellschaft, Marx entdecken, wird seine offizielle Ignorierung, bei gleichzeitiger Aufdeckung vieler seiner imponierenden Gedankengänge und unter bestimmten politischen Einflüssen, zu seiner emotional einseitigen Überschätzung und ideologisch vereinfachten Akzeptierung führen. In diesem Sinn erreichen auch zielbewußte Apologeten des Kapitalismus, und hier natürlich nicht nur Individuen, sondern auch apologetische Institutionen, das Gegenteil dessen, was sie ideologisch verfolgen.

Nur eine objektive Bewertung der Marxschen Theorie und die Anerkennung aller jener Erkenntnisse, die der gegenwärtigen Gesellschaftsrealität weiterhin entsprechen – wenn man gleichzeitig Simplifizierungen, Einseitigkeiten und Fehler deutlich macht –, werden seiner unwissenschaftlichen Glorifizierung entgegenwirken. Marx muß als das anerkannt werden, was er tatsächlich war: als ein großer Gesellschaftswissenschaftler, der, als einer unter vielen, zur tieferen Erkenntnis der menschlichen Gesellschaft beitrug. Der Versuch westlicher Theoretiker, vor allem der von Ökonomen, Soziologen und Philosophen, viele seiner wichtigen Ideen zu ignorieren, hat sich zum wesentlichen Nachteil dieser Theorien ausgewirkt. Selten ist eine Wissenschaft in zwei einander so vollkommen fremde

Welten aufgeteilt worden wie die Ökonomie. Total verschiedene Methoden, Denkweisen und Kategorien in zwei ökonomischen Wissenschaften, die ein und dasselbe Objekt untersuchen, zeugen eigentlich schon davon, daß hier auf beiden Seiten nicht primär unterschiedliche *Erkenntnisse,* sondern *politische Interessen* und mit ihnen verbundene ideologische Vorurteile diese Kluft geschaffen haben. Die eine Seite lehnt im Grunde jede Kategorie ab, die von Marx stammt, und die andere Seite akzeptiert nur jene Kategorien, die der Theorie von Marx entspringen.

Die konservativen Ideologen beider Seiten fühlen sich in dieser Situation wohl und werden vor allem den Theoretiker verfolgen, der versucht, diese Kluft innerhalb einer Wissenschaft zu überbrücken. Wie den konservativen Politikern beider Systeme geht es ihnen vor allem um die Erhaltung ihres Reiches – diesen um ihr geistiges, den anderen um ihr sehr materielles politisches Reich. Trotz heftigster gegenseitiger Bekämpfung werden sich die Vertreter der entgegengesetzten Systeme jeweils mit der Existenz der Ideologie des anderen so weit abfinden, als ihr eigenes Reich dabei unangetastet bleibt. In diesem Sinn werden daher konservative Ideologen beider Systeme einander in einer Hinsicht sehr gut verstehen: in ihrer Verteufelung aller Reformer und aller Konvergenz-Ideen. Solche Ideen untergraben ihre Machtpositionen und sind viel gefährlicher als die alten gegnerischen Ideen, die man schließlich recht zuverlässig unterdrückt und totgeschwiegen hat.

Und doch ist es nicht wahr, daß es in der Gesellschaftswissenschaft keine Brücke zwischen den verschiedensten marxistischen und den nichtmarxistischen Ansichten geben könne. Immer mehr selbständig Denkende auf beiden Seiten haben es satt, sich von fanatischen Ideologen in einen Welt-Antagonismus treiben zu lassen. Es gibt Teilwahrheiten auf beiden Seiten, ebenso wie Fehler, Simplifizierungen und gnostisch wertlose Dogmen. Wer es ablehnt, sich mit einer aufgeteilten Welt abzufinden, in der sich immer nur die Interessen der Großmächte – gegen und über die Interessen der kleinen Nationen hinweg – durchsetzen, wer es ablehnt in einer Welt zu leben, in der nur die machtkonformen Ideen gelehrt werden können, die bei Millionen von Menschen immer wieder die gewünschte Feindpsychose schaffen, wer an die Möglichkeit einer Humanisierung unserer Gesellschaft glaubt und sich nicht mit den »Realitäten« der nuklearen Drohung zufriedengeben will – wer alles das ablehnt, der muß vor allem Wege zur Überbrückung der theoretischen Kluft zwischen beiden Welten suchen. Nur aus neuen Ideen ist seit jeher eine neue Praxis erstanden, und eine machtideologisch, antagonistisch aufgeteilte Welt kann niemals einen dauerhaften, praktizierbaren Frieden sichern.

Es gibt die Möglichkeit eines *dritten Weges,* und es ist nicht wahr, daß

der »Antikommunismus« immer nur ein »Prokapitalismus« sein muß. Die
kommunistische Propaganda hat die Vogelscheuche des »Antikommunismus« erdacht, um jede grundsätzliche Kritik dieses antihumanen Systems
von vornherein in den Augen fortschrittlich und sozialistisch denkender
Menschen zu diskreditieren. Aber diese Propaganda kann nur mit der
Quantität und Lautstärke ihrer Medien rechnen – Argumente und Beweise fehlen ihr vollkommen. Im Unterschied zum »Antikommunismus«
konservativer Kapitalismus-Verteidiger gibt es eine Ablehnung der
Grundprinzipien des Kommunismus (Diktatur des Proletariats, Einpar-
teiensystem, Staatseigentum der Betriebe, dirigistische Zentralplanung
etc.) aus fortschrittlichen sozialistischen Positionen. Der Kommunismus
hat nichts gemein mit der humanen Idee des Sozialismus. Im Gegenteil.
Er hat diese menschliche Gesellschaftsvorstellung unglaublich profaniert.
Er ist einer sozialistischen Gesellschaft nicht näher als der gegenwärtige
Kapitalismus. Auch jene ehrlichen jungen Menschen im Westen, die sich
noch heute Illusionen über die kommunistischen Staaten machen, werden
sich eines Tages von deren antisozialem Charakter überzeugen.

Der Gegensatz zwischen den Worten und den Taten der kommunistischen Machthaber ist zu groß, als daß er sich nicht in Form wachsender
Erfahrungen auch in den Köpfen der einfachen Menschen festsetzen
würde. Die Ehrlichkeit ist dabei natürlich entscheidend; wem es wirklich
um das Los der arbeitenden Menschen, um die Überwindung kapitalistischer und staatskapitalistischer Entfremdungen, wem es um den Sozialismus geht, der muß sich früher oder später von der kommunistischen
Praxis abwenden. Wer allerdings der eigenen Karriere, der Position, der
Macht nachgeht, wird auch in diesem totalitären System die Erfüllung
seiner Ziele finden.

Die Erfahrungen der breiten Schichten der Bevölkerung in den kommunistischen Staaten sind jedoch entscheidend. Sie sind es, die das Bewußtsein prägen, nicht die offizielle Propaganda. Und eben diese Erfahrungen
werden eines Tages über das Schicksal der staatsbürokratischen Tyrannei
entscheiden. So war es bisher immer in der Geschichte, und daran kann
auch noch so viel ideologische Demagogie nichts ändern.

Aber diese Erfahrungen müssen durch progressive Gesellschaftstheorien
ergänzt werden. Die arbeitenden Menschen wissen nur, was sie *nicht*
wollen; sie können nicht selber, ohne Theorie, neue Ziele aufstellen. Eben
hier liegt die Verantwortung der Gesellschaftswissenschaftler. Nicht das
Ausdenken neuer Utopien, sondern die Analyse der bestehenden sozialen
Widersprüche und Konflikte, ihrer systemimmanenten Ursachen, sowie
die Aufdeckung ihrer Möglichkeiten, sie zu überwinden, schaffen die
humane Engagiertheit der Gesellschaftswissenschaft.

Die Erfahrungen der Bevölkerung, in Verbindung mit der progressiven sozialen Theorie, können und werden gegen die Machtinteressen und ihre Ideologen siegen. Ich hoffe, auch mit dieser Arbeit dazu beitragen zu können.

Basel – St. Gallen, im September 1972   *Ota Šik*

Erstes Kapitel

Sozialismus als gesetzmäßige Notwendigkeit

I. Historisch-materialistischer Ausgangspunkt

Ökonomische Treibkraft

Für »marxistische« Ideologen, vor allem die offiziellen Partei- und Staatsideologen in den osteuropäischen kommunistischen Ländern, ist die Entstehung des Sozialismus ein gesetzmäßig notwendiges Resultat der historischen Entwicklung. Die theoretische Überzeugung, daß die kapitalistische Entwicklung früher oder später in allen Ländern der Welt zur sozialistischen revolutionären Umwandlung der Gesellschaft führen müsse, beruft sich auf die grundlegenden theoretischen Erkenntnisse der sogenannten Klassiker des Marxismus-Leninismus, zu denen Marx, Engels und Lenin gezählt werden.

Nun entstand eine solche Ansicht zwar tatsächlich unter dem Einfluß der Arbeiten dieser Gründer des Marxismus, aber gleichzeitig ist sie das Resultat späterer, sowohl einseitiger und vereinfachter Auffassungen und Interpretationen ihrer Theorien, als auch dogmatischer Konservierungen aller ihrer Schlußfolgerungen – ohne Beachtung, in welchen Bedingungen und Zusammenhängen sie einst entstanden. Um das zu beweisen, bedarf es einer ausgedehnten Analyse aller jener historisch-philosophischen, anthropologischen, ökonomischen und politologischen Theorien, auf die sich die Behauptung von der Notwendigkeit des Sozialismus stützt.

Da es sich um eine so reich facettierte, die vielgestaltige, komplexe gesellschaftliche Entwicklung betreffende Theorie handelt, muß die Richtigkeit der aufgestellten Behauptung auch derart umfassend geprüft werden: nur mit vielseitigen und weit genug reichenden Analysen kann man versuchen aufzudecken, welche grundlegenden marxistischen Erkenntnisse bis heute einen wissenschaftlichen Erkenntniswert behalten haben; welche von Anfang an einseitig oder falsch waren; welche durch die weitere objektive Entwicklung überholt wurden; und welche schließlich von den heutigen »Marxisten« falsch oder simplifiziert aufgefaßt und verbreitet werden.

Die These von der »historischen Notwendigkeit des Sozialismus« wurde
von Marx vor allem mit Hilfe des von ihm entdeckten sogenannten historisch-materialistischen Grundgesetzes aufgestellt. Der Sozialismus sollte
nicht als eine bloße Möglichkeit aufgefaßt werden, für die sich die Menschen gemäß dieser oder jener weltverbessernden Idee entscheiden könnten, sondern wurde von Marx als ein notwendiges Stadium in der gesetzmäßigen historischen Entwicklung der Gesellschaft dargestellt. Die
Geschichte wird so nicht mehr als die bloße Folge zufälliger Geschehnisse
und Taten einzelner großer Personen interpretiert, sondern erhält eine
tiefgehende philosophische Erklärung, nach der sich, innerhalb einer Unmenge einzelner Zufälligkeiten und Begebenheiten, eine langfristige *gesetzmäßige Notwendigkeit* durchsetzt.

Einen grundlegenden Entwicklungswiderspruch glaubte Marx gefunden zu haben, einen Widerspruch, der innerhalb der menschlichen Gesellschaft nicht nur deren Entwicklung andauernd vorwärtstreibe, sondern
sie auch zwinge, ganz bestimmte Entwicklungsstadien in der Form von
wesentlich unterschiedlichen Gesellschaftssystemen durchzugehen. Urgemeinschaft, Sklavengesellschaft, Feudalismus, Kapitalismus – das seien
diese großen Entwicklungsstadien, an die sich in der weiteren Entwicklung
notwendig der Sozialismus anschließen sollte. Auch dieser würde, ebenso
wie die vorangegangenen Systeme, als Ergebnis der Überwindung jenes
tiefen Entwicklungswiderspruchs innerhalb der Gesellschaft entstehen.

Die Frühsozialisten suchten – aus den gegebenen schweren sozialen
Bedingungen der Arbeiter hervorgehend – im wesentlichen alle Lösungen
ihrer Lage im Sinn der Überwindung erkannter »Unmoral« und »Ungerechtigkeit« in der Gesellschaft. Sie appellierten dabei an den »Wahr-
heits-« und »Gerechtigkeitssinn« der Menschen. Marx hingegen betonte,
daß der Sozialismus nur auf Grund des erkannten ökonomischen und
sozialen Grundwiderspruchs in der Gesellschaft, und der Aufdeckung seiner historisch notwendigen Lösungsform, eine reale Perspektive haben
könne. Immer wieder unterstrich er, daß eine sozialistische Gesellschaft
nicht als Erfindung und utopischer Zukunftstraum einzelner Weltverbes-
serer, die in Übereinstimmung mit einer »absoluten Gerechtigkeit« zu
handeln glauben und die Menschen ihren ausgedachten Vorstellungen
entsprechend zu überzeugen und umzuwandeln versuchen*, entstehen

---

* »Die Anschauungsweise der Utopisten hat die sozialistischen Vorstellungen des 19.
Jahrhunderts lange beherrscht und beherrscht sie zum Teil noch. Ihr huldigten noch
bis vor ganz kurzer Zeit alle französischen und englischen Sozialisten, ihr gehört auch
der frühere deutsche Kommunismus mit Einschluß Weitlings an. Der Sozialismus ist
ihnen allen der Ausdruck der absoluten Wahrheit, Vernunft und Gerechtigkeit und
braucht nur entdeckt zu werden, um durch eigene Kraft die Welt zu erobern; da die

könne. Der Sozialismus sollte nur als Resultat der, theoretisch erkannten, Notwendigkeit einer revolutionären Veränderung des Kapitalismus aufgefaßt werden – einer Veränderung, zu deren Durchführung die Arbeiterklasse, auf Grund ihrer objektiv gegebenen Stellung und Entwicklung innerhalb des Kapitalismus selbst, bestimmt sei.

Nur jene Änderungen ökonomischer Verhältnisse*, die auf Grund der Entwicklung der gesellschaftlichen Produktivkräfte erforderlich werden und durch die sich diese Produktivkräfte schneller und effektiver entwickeln können, als das innerhalb der alten Produktionsverhältnisse der Fall ist, können als objektiv notwendige Änderungen angesehen werden. Nur solche objektiv herangereiften Änderungen der Produktivkräfte können sich eine wesentliche Veränderung der gesamten Gesellschaft, aller ihrer – auch nichtökonomischen – Verhältnisse erzwingen.** Dies ist das allgemeinste Entwicklungsgesetz, das Marx – sowohl aus einer kritischen Bearbeitung und Umwandlung vorangegangener philosophischer Entwicklungen als auch von speziellen historischen und ökonomischen Studien und Analysen ausgehend – bei der wissenschaftlichen Begründung seines Sozialismus wesentlich hervorhob.

Wenn Marx von der Entwicklung der Produktivkräfte sprach, bezeichnete er damit sowohl die Entwicklung der produzierenden Menschen, ihrer Produktions-Erfahrungen, -Kenntnisse und -Fähigkeiten, als auch die Entwicklung aller Produktionsmittel, ihrer quantitativen Erweiterung als auch dauernden qualitativen, technischen Verbesserung und Änderung. Diese Produktivkräfte in ihrer gegenseitigen produktiven Verbindung, in ihrem dauernden quantitativen und qualitativen Fortschritt, in ihrer notwendigen Aufwärtsbewegung, werden von Marx als die Grundlage jeglicher gesellschaftlichen Entwicklung aufgefaßt.

Jedoch entwickeln sich diese Produktivkräfte immer innerhalb be-

---

absolute Wahrheit unabhängig ist von Zeit, Raum und menschlicher geschichtlicher Entwicklung, so ist es bloßer Zufall, wann und wo sie entdeckt wird.«
K. Marx, F. Engels, Werke, Bd. 19, Berlin 1962, S. 200.
* »Ökonomische Verhältnisse« und »Produktionsverhältnisse« sind identisch und werden auch im weiteren als gleichgestellte Bezeichnungen für ein und denselben Begriff verwendet.
** »Auf einer gewissen Stufe ihrer Entwicklung geraten die materiellen Produktivkräfte der Gesellschaft in Widerspruch mit den vorhandenen Produktionsverhältnissen oder, was nur ein juristischer Ausdruck dafür ist, mit den Eigentumsverhältnissen, innerhalb deren sie sich bisher bewegt hatten. Aus Entwicklungsformen dieser Produktivkräfte schlagen diese Verhältnisse in Fesseln derselben um. Es tritt dann eine Epoche *sozialer Revolutionen* ein. Mit der Veränderung der ökonomischen Grundlage wälzt sich der ganze ungeheure Überbau langsamer oder rascher um . . .«
K. Marx, F. Engels, Werke, Bd. 13, Berlin 1964, S. 470.

stimmter ökonomischer Verhältnisse und in Zusammenhang mit diesen. Eben weil es sich nicht um die Produktion eines einzelnen Menschen, sondern der Gesellschaft handelt, haben auch die Produktivkräfte gesellschaftlichen Charakter, das heißt, daß sie sich nur innerhalb und mittels bestimmter gesellschaftlicher Beziehungen durchsetzen können. Bei der gesellschaftlichen Produktion entstehen solche Beziehungen zwischen den Menschen, wie es die direkte Kooperation von Produzenten ist, die Arbeitsteilung zwischen ihnen, die Verteilung von Produktionsmitteln, der Austausch von Produkten und die Verteilung von Konsumgütern. Alle diese Beziehungen in ihrer Gesamtheit, gegenseitigen Verbundenheit und Wechselwirkung bilden jeweils die ökonomischen Verhältnisse.

Wesentlich unterschiedliche ökonomische Verhältnisse enthalten also wesentlich unterschiedliche gesellschaftliche Formen von Produktionskooperationen, von gesellschaftlichen Arten der Arbeitsteilung sowie der Verteilung und Aneignung von Produktionsmitteln, durch die vor allem unterschiedliche soziale Strukturen entstehen, andersgeartete Tauschprozesse und unterschiedliche Verteilungen von Konsumgütern in der Gesellschaft. All diese Prozesse in ihrem spezifischen Charakter, mitsamt den Produktivkräften, haben die feudale Ökonomik von der Sklavenökonomik beziehungsweise von der Ökonomik der Urgesellschaft sowie die kapitalistische von der feudalen Ökonomik differenziert.

Die Entwicklung und Änderung aller ökonomischen Verhältnisse verläuft einerseits dauernd, unmerklich, als unwesentliche Änderung der angeführten Prozesse, andererseits aber auch in der Form größerer, qualitativer, wesentlicher Änderungen dieser Beziehungen. Eben solche qualitativen Änderungen der gesamten ökonomischen Verhältnisse, die sich nur nach relativ langen historischen Zeitabschnitten eines langsamen Entwicklungsprozesses durchsetzen, bedeuten jeweils nicht nur, daß ein neues ökonomisches System entsteht, sondern bilden zugleich die Grundlage einer wesentlichen Änderung auch des gesamten gesellschaftlichen Überbaus, also des ganzen nichtökonomischen, politischen, juristischen, ideologischen, moralischen, religiösen etc. Gesellschaftssystems.

Hat nun – nach Marx – die dauernde Entwicklung der Produktivkräfte einen entscheidenden Einfluß auf die Entwicklung der ökonomischen Verhältnisse (die aber ihrerseits wieder die Entwicklung der Produktivkräfte beeinflussen), hat sie diese bremsen oder beschleunigen können, so steht auch die Entwicklung der gesamten Ökonomik – Produktivkräfte und ökonomische Verhältnisse zusammen – in einer Wechselwirkung zu der nichtökonomischen Gesellschaftsentwicklung. Auch der gesellschaftliche Überbau kann in seiner relativ selbständigen Entwicklung die Fortbewegung der Ökonomik entweder bremsen oder beschleunigen. Die politischen, juristischen, ideologischen etc. Verhältnisse können zum Beispiel auch herangereifte ökonomische Änderungen kurzfristig aufhalten und eine Zeitlang verhindern, *langfristig* jedoch wird sich die ökonomische Entwicklung immer als die stärkere erweisen und in ihrer eigenen notwendigen und wesentlichen Änderung auch eine entsprechende Veränderung der übrigen gesellschaftlichen Verhältnisse erzwingen, falls sich diese ihr in den Weg stellen.

Dies ist jener Grundwiderspruch, beziehungsweise doppelte Grundwiderspruch, den Marx als Grundlage der gesellschaftlichen Entwicklungsgesetzmäßigkeit ansah: Die dauernde Entwicklung der Produktivkräfte, die sich immer in Zeitabständen bestimmter Länge eine wesentliche Änderung der ökonomischen Verhältnisse erzwang, sowie die sich derart durchsetzende Änderung des *ökonomischen* Systems, die schließlich eine qualitative Umwandlung des *gesamten* Gesellschaftssystems hervorrief. Und mit eben diesem Entwicklungsgesetz erklärte Marx nicht nur die vergangenen qualitativen historischen Wandlungen, das Aufkommen des Sklavensystems, des Feudalismus, des Kapitalismus, sondern auch die Notwendigkeit, daß der Kapitalismus durch den fortschrittlicheren Sozialismus überwunden wird.

Für Marx war also der Sozialismus ein Gesellschaftssystem, das vor allem die Lösungsform des inneren Entwicklungs-Grundwiderspruchs des Kapitalismus darstellte. Nur auf Grund der Existenz kapitalistischer ökonomischer Verhältnisse, die – nach Marx – zu einem immer größeren Hindernis für die weitere notwendige Entwicklung der Produktivkräfte würden, müßten neue, sozialistische ökonomische Verhältnisse entstehen können. Diese neuen ökonomischen Verhältnisse würden der weiteren Entwicklung der Produktivkräfte entsprechen und ihre Vorwärtsentwicklung schneller vorantreiben. Da aber der kapitalistische Gesellschaftsüberbau, das heißt die alten politischen, juristischen, ideologischen etc. Verhältnisse, eine solche ökonomische Änderung unmöglich machten, müßten sie revolutionär umgewandelt werden. Erst durch eine solche revolutionäre Transformation des kapitalistischen Überbaus, vor allem der politischen und juristischen Verhältnisse, würden die neuen, sozialistischen ökonomischen Verhältnisse entstehen und die weitere Entwicklung ungehindert fortschreiten können.

Lassen wir nun einstweilen die Beurteilung dieser Geschichtsphilosophie beiseite; wir werden im weiteren noch darauf zurückkommen. Was aber besonders und gleich im Anfang hervorgehoben werden muß, ist die Tatsache, daß der Großteil der heutigen »marxistischen« Theoretiker – nicht nur die Staatsideologen in den »sozialistischen« Ländern, sondern auch viele westliche »Marxisten«, »marxistische« Philosophen, Soziologen, Politologen, Ökonomen – größtenteils nur die zweite Schlußfolgerung, das heißt die Notwendigkeit der revolutionären Änderung des kapitalistischen Überbaus, vor allem der Machtverhältnisse, als Bedingung des Übergangs zum Sozialismus hervorhebt. Die Voraussetzung dieser Schlußfolgerung aber, den Beweis also der »Notwendigkeit einer qualitativen Änderung der Produktionsverhältnisse, da die kapitalistischen Produktionsverhältnisse zum entscheidenden Hindernis der weiteren Produktivkräfteentwicklung geworden sind«, übergehen sie meist stillschweigend oder ersetzen diese durch die eben erwähnte, äußerst abstrakte, allgemeine marxistische Behauptung. Mit anderen Worten: man nimmt als gegeben an, daß die kapitalistischen ökonomischen Verhältnisse sich überlebt hätten und die als »sozialistisch« charakterisierten Verhältnisse die höheren, fortschrittlicheren seien – ohne das alles beweisen zu müssen, da Marx das ja bereits getan hätte.

Ich werde noch deutlich machen, daß eben die von Marx fixierten ökonomischen Voraussetzungen der »notwendigen Überwindung des Kapitalismus durch sozialistische Produktionsverhältnisse« sowie die angenommenen Formen dieser sozialistischen Ökonomik gerade die am wenigsten bewiesenen Voraussetzungen und Formen sind – das heißt: durch die tatsächliche Entwicklung am häufigsten widerlegt wurden. Das soll nicht bedeuten, daß der Kapitalismus nicht auf eine ganz andere Art und Weise, als von Marx vorausgesehen, zu einer Bremse für die weitere gesellschaftliche Entwicklung geworden ist, und daß eine anders geformte sozialistische Gesellschaft nicht weiterhin aktuell wäre. Doch ist es eben nicht die von den »Marxisten« allgemein und a priori angenommene »ökonomische Notwendigkeit des Sozialismus«, die – von Marx »ein für allemal« erklärt – keinen Beweis mehr braucht.

Viele der heutigen »marxistischen« Politologen merken gar nicht, wie sie bei ihrer automatischen Berufung auf die marxistische Ökonomie – ohne diese näher mit der Realität der gegenwärtigen kapitalistischen Ökonomik zu konfrontieren – den eigentlichen Beweis der »historischen Notwendigkeit des Sozialismus« schuldig bleiben. Ja, viele von ihnen machen sich gar nicht bewußt, daß sie durch eine »modern« gewordene Geringschätzung der Theorie gegenüber der »Produktivkräfteentwicklung« den Sozialismus gerade jener Begründung entledigen, die einst noch als *wissenschaftliche* Begründung gegenüber utopischen Vorstellungen hervorgehoben wurde.

Nur eine solche wesentliche Änderung ökonomischer Verhältnisse wurde von Marx als wissenschaftlich begründet angesehen, durch die die Hindernisse beseitigt werden, die auch die weitere Entwicklung der Produktivkräfte der Gesellschaft bremsen. Änderungen ökonomischer Verhältnisse, die diese Produktivkräfteentwicklung nicht schneller und effektiver gestalten können, als das allgemein innerhalb der alten Produktionsverhältnisse der Fall ist, und die nur auf Grund von Wünschen und idealen Vorstellungen von Subjekten – seien es einzelne oder Gruppen von Menschen – sowie mit Hilfe entscheidender politischer Macht durchgesetzt werden, entsprechen nicht dem grundlegenden Kriterium des wissenschaftlichen Sozialismus.

Produktivkräfteentwicklung

Die weitere Entwicklung der Produktivkräfte* kann aber nicht so verstanden werden, daß sich die Produktion unter den Bedingungen neuer, fortschrittlicher ökonomischer Verhältnisse immer nur rein quantitativ schneller als innerhalb der alten Verhältnisse entwickeln müsse. Weitere Entwicklung bedeutet auf keinen Fall nur eine schnellere Erweiterung der Anzahl von Produktionsfaktoren – Arbeitskräfte, Produktionsmittel etc. – und ein schnelleres Wachstum der Produktion – Menge der produzierten Güter –. Diese bloß quantitative Erweiterung der Produktion ist zwar eine der wichtigen Tendenzen in der historischen Entwicklung der Produktivkräfte; sie wird schon durch das bloße Ansteigen der Bevölkerungszahl notwendig und kann in gewissen Zeiten und Ländern die einzig und allein ausschlaggebende Charakteristik der Produktionsentwicklung sein. Aber immer schon war die Entwicklung der Produktivkräfte sehr kompliziert, sie hatte verschiedene wichtige Entwicklungsseiten, die sich gegenseitig bedingten und beeinflußten und zu verschiedenen Zeiten auch unterschiedliche Kombinationen eingingen.

Die Produktion wuchs nie ihrem bloßen Umfang nach, sondern sie mußte sich auch dauernd *qualitativ* entwickeln. Das heißt vor allem, daß die Produktivkräfte immer nach Qualitätsgesichtspunkten strukturiert sein müssen, um bei einer gegebenen Arbeitsteilung durch ihre spezifische Qualität auch die Produktion qualitativ verschiedener Güter zu sichern. Diese strukturelle Entwicklung hat dauernd und proportional der Entwicklung der Struktur der ökonomisch begründeten Bedürfnisse zu ent-

---

* »Die neuen Produktionsverhältnisse ermöglichen die weitere Entwicklung der Produktivkräfte. Das ökonomische Gesetz der gesellschaftlichen Entwicklung ist das Gesetz der *Übereinstimmung* der Produktionsverhältnisse mit den Produktivkräften.«
Sowjetisches Lehrbuch der Politischen Ökonomie, tschechische Übersetzung, Praha 1963, S. 15.

sprechen, was flexible Strukturänderungen der Produktion erfordert. Ein einfaches Wachstum der Menge von Produktivkräften und des Umfangs an Produkten, ohne strukturelle, bedürfnisgerechte Veränderungen oder mit verspäteten und relativ zu langsamen Strukturänderungen, würde eine ungenügende Befriedigung wachsender Bedürfnisse bedeuten und als Verlust von Produktivkräften in Erscheinung treten. So wie es kein Wachstum des Umfangs an Bedürfnissen ohne deren strukturelle Änderung gibt, so kann es auch kein Wachstum ohne entsprechende strukturelle Änderungen der Produktion geben.

Die Produktivkräfte und die Produktion müssen sich auch deshalb qualitativ ändern: um immer neue, bessere und nützlichere Produkte hervorbringen zu können und so auch neue Bedürfnisse zu entdecken und zu befriedigen. Durch diese Steigerung der Nutzeffekte wird nicht nur der Konsum selbst bereichert und diversifiziert und das Leben der Menschen leichter und angenehmer gestaltet, sondern vor allem werden auch die Produktionsmittel technisch entwickelt. Auf bestimmten Stufen der Produktion kann diese qualitative Entwicklung der Produktivkräfte wichtiger erscheinen als die Steigerung des Produktionsumfangs selbst.

Und schließlich müssen sich die Produktivkräfte qualitativ so entwickeln, daß sich ihre Produktivität ständig erhöht. Neue, technisch weiterentwickelte Produktionsmittel, besser ausgebildete und erfahrenere Arbeitskräfte, qualifiziertere Produktionsleiter, besser durchdachte und organisierte Produktionsvorbereitungen und -Verfahren – dies alles führt zu einer Steigerung der gesellschaftlichen Produktivität und ermöglicht, daß in einer gegebenen Arbeitszeit immer größere Mengen von Produkten, beziehungsweise eine gegebene Menge von Produkten in einer immer kürzeren Zeit hergestellt werden können. Wie immer sich der Konsum ändern wird: auch wenn der Konsum materieller Güter verglichen mit nichtmateriellem Konsum relativ sinken sollte, so wird die höchstmögliche Produktivität die Vorbedingung einer solchen Wandlung sein. Ohne Produktivitätssteigerung könnte man nicht von einer fortschrittlichen Entwicklung der Produktivkräfte sprechen, und das Kriterium für die Änderungen der ökonomischen Verhältnisse wäre allzu einfach aufgefaßt.

All diese Seiten, in ihrem jeweils verschiedenen und auch innerhalb der Produktionsstruktur immer unterschiedlichen Entwicklungstempo, muß man vor Augen halten, wenn man von der Entwicklung der Produktivkräfte spricht, die durch neue ökonomische Verhältnisse beschleunigt werden soll. Diese allgemeinsten Gesetzmäßigkeiten der Produktion, von denen im weiteren noch mehrfach die Rede sein wird, setzen sich immer innerhalb der ökonomischen Verhältnisse – und mit Hilfe dieser – durch. Immer führt eine bestimmte Art der Produktionskooperation und der

Arbeitsteilung, die Art der Verteilung, des Austauschs und der Konsumtion von Produkten auch dazu, daß sich die Quantität der Produktion, die Strukturen und Proportionen der Produktion, die Nutzwertsteigerung und die Produktivität weiter entwickeln können.

Unter veralteten, überlebten, oder – aus welchen Gründen auch immer – nicht entsprechenden ökonomischen Verhältnissen setzt sich jedoch die notwendige Entwicklung der Produktivkräfte immer schwerer durch, das heißt, die potentielle Entwicklung aller ihrer notwendigen Seiten wird immer mehr gehemmt. Dann erzwingt sich die gesetzmäßige Entwicklung der Produktivkräfte – früher oder später – eine entsprechende Änderung der ökonomischen Verhältnisse: die Entwicklung der menschlichen Produktivkräfte, durch die die Menschheit sich erhält und weiterentwickelt, kann auf die Dauer nicht aufgehalten werden.

Wenn man heute mit jungen Menschen in den industriell höchstentwickelten kapitalistischen Ländern über die Notwendigkeit der weiteren Entwicklung der Produktivkräfte spricht, dann merkt man sehr oft ihre Überdrüssigkeit in dieser Hinsicht. Meist verwechseln sie diese Entwicklung mit dem weiteren Wachstum der Produktion in der heutigen Art und Weise – was bei ihnen einen verständlichen Widerwillen hervorruft. Das ist jedoch eine simplifizierte Auffassung, und mit ihr ist eine Unterschätzung der dauernd notwendigen Weiterentwicklung der Produktivkräfte verbunden.

Größtenteils wird übersehen, daß die Entwicklung der Produktivkräfte langfristig der Entwicklung menschlicher Bedürfnisse und Interessen entsprechen muß. Diese Bedürfnisse und Interessen sind nicht ein passives Resultat der Produktion, sondern das Ergebnis sehr komplizierter, widersprüchlicher Prozesse. Sie werden zwar grundlegend durch die Entwicklung der Produktion bestimmt, aber zugleich auf der Basis sozio-ökonomischer Unterschiedlichkeiten sozial wesentlich differenziert und unterliegen ebenfalls dem Einfluß verschiedenster nichtökonomischer Prozesse in der Gesellschaft (etwa der Bildung, Ideologie, Religion, Moral, Kunst, Mode etc.). Auf diese Art und Weise entsteht die relativ selbständige Entwicklung der Bedürfnisse und Interessen gegenüber den Produktivkräften.

Wird nun über die Notwendigkeit der weiteren Entwicklung der Produktivkräfte gesprochen, so kann darunter nicht ihre eigennützige Entwicklung verstanden werden, sondern nur eine solche, die auch mit der Entwicklung neu erstehender Bedürfnisse und Interessen übereinstimmt. Diese sind dann das Ergebnis der gesamten Entwicklung des Gesellschaftssystems. Die Kritik an der technischen Entwicklung, der Produktivkräfte-

entwicklung, ist daher verfehlt. Was heute berechtigt Widerwillen hervorrufen sollte, ist nicht die Technik, die wissenschaftliche und produktive
Entwicklung, sondern es sind die teilweise überlebten Bedürfnisse und
Interessen, die durch das gegebene System, dem daher auch die technisch-
produktive Entwicklung unterliegt, hervorgerufen werden.

Nur durch eine solche herangereifte Änderung des Gesellschaftssystems,
über die sich auch die neuen Bedürfnisse und Interessen der Menschen
konsequenter durchsetzen und weiterhin entfalten können (wobei sich
dann zugleich die Richtung der Entwicklung der Produktivkräfte diesen
neuen Bedürfnissen und Interessen anpaßt), kann sich die gesellschaftliche
Entwicklung real wandeln. In ihrer *relativ selbständigen* Entwicklung
signalisieren bereits heute entstehende neue Bedürfnisse und Interessen
die notwendigen, herangereiften Wandlungen, wie wir später eingehend
sehen werden (einstweilen denke man etwa an die Umweltschutzbedürf-
nisse). Innerhalb des alten Systems können sich aber diese neuen Bedürfnisse und Interessen nicht genügend durchsetzen. Ihr Auftauchen ist zwar
auch und vor allem das Zeichen der heutigen Entwicklung der Produktivkräfte, aber zugleich der Ausdruck widersprüchlicher ökonomischer
und anderer gesellschaftlicher Verhältnisse, die die Befriedigung dieser
neuen Bedürfnisse und Interessen bremsen. Je länger die alten sozio-ökonomischen Verhältnisse die Durchsetzung neuer, progressiver Interessen
sowie die ihnen entsprechende Produktivkräfteentwicklung verhindern
oder behindern, um so wesentlicher und radikaler wird im gegebenen
Augenblick ihre Wandlung sein.

Auch wenn die Art der Produkte und des Konsums sich immer mehr
verändern und ganz neue Verteilungssysteme entstehen werden, neben
individuellem immer mehr der gesellschaftliche Konsum in den Vordergrund rückt, der materielle Konsum mehr und mehr von einem kulturellen Konsum ergänzt wird, wenn die Dauer der Arbeitszeit und der
Freizeit der Menschen sich reziprok ändern werden – immer wird die
Entwicklung der Produktivkräfte (und vor allem eben ihre qualitative
Entwicklung) die entscheidende Grundlage all dessen sein. Deshalb kann
ihre gesetzmäßige Entwicklung nicht aufgehalten werden, und nur solche
ökonomischen Verhältnisse werden sich durchsetzen und in ihren wesentlichen Grundzügen relativ länger erhalten, die eine solche Produktivkräfteentwicklung garantieren.

Historische Abstraktion

Dieses allgemeinste historische Entwicklungsgesetz ist selbstverständlich eine Abstraktion, die als solche und in dieser allgemeinsten Formulierung noch überhaupt keine praktische Verwendungsmöglichkeit haben kann. In der Mißachtung dieser Tatsache – und in der Ignorierung aller Konsequenzen, die aus einer Erkenntnis des Zusammenhangs und Unterschieds zwischen abstraktester Theorie und der konkreten Wirklichkeit gezogen werden müssen – liegt einer der Hauptgründe der meisten gegenwärtigen »marxistischen« Simplifizierungen. Die Begriffe »Produktionsverhältnisse« und »Produktivkräfte« werden größtenteils verwendet, ohne – notwendige – Erkenntnis darüber, *wovon* bei der Bildung dieser Begriffe abstrahiert wurde. Wenn »Marxisten« von den gegenseitigen Beziehungen zwischen »Produktionsverhältnissen« und »Produktivkräften« sprechen, lassen sie meist außer acht, durch welche Unzahl von konkreten Phänomenen, Menschen, Dingen und Akten diese so abstrakt ausgedrückten Beziehungen sich in der Realität konkret zeigen. Trotz einer solch ungemein abstrakten Auffassung von den Produktionsverhältnissen wurden in den »sozialistischen« Ländern die bedeutendsten politischen Entscheidungen über ihre »revolutionäre« Änderung getroffen.

Bei einer theoretischen Verallgemeinerung entstehen immer und notwendig abstrakte Begriffe, durch die das Wesentliche, die allgemeine Substanz einer Menge unterschiedlicher konkreter Phänomene ausgedrückt werden soll. Je breiter die Verallgemeinerung, je mehr und je verschiedener bestimmte Dinge oder Beziehungen – nebeneinander existierend oder in einer historischen Reihenfolge auftretend –, je mehr deren allgemeines Wesen ausgedrückt werden soll, um so mehr muß abstrahiert werden, um so mehr Seiten, Züge, Prozesse etc. dieser Dinge oder Beziehungen – Details, die nicht die wesentlichsten sind – müssen beiseite gelassen werden. Das Herausgreifen des Allgemeinen ist immer eine Vereinfachung, die aber Erkenntniswert hat, wenn es gelingt, wirklich das Wesentlichste, das Bestimmende herauszugreifen. Nur eine solche Abstraktion, die das objektiv existierende, entscheidende, bestimmende Wesen einer Anzahl spezifischer – unwesentlich verschiedener – Phänomene herausgreift, ist eine wissenschaftliche Abstraktion*.

---

* »Hegel ist hier *im wesentlichen* Kant gegenüber vollkommen im Recht. Das Denken, das vom Konkreten zum Abstrakten aufsteigt, entfernt sich nicht – wenn es *richtig* ist (NB) (und Kant spricht, wie alle Philosophen, vom richtigen Denken) – *von der* Wahrheit, sondern nähert sich ihr. Die Abstraktion der *Materie*, des *Natur*gesetzes, die Abstraktion des *Wertes* usw., mit einem Wort *alle* wissenschaftlichen (richtigen, ernst zu nehmenden, nicht unsinnigen) Abstraktionen spiegeln die Natur tiefer, richtiger,

Bei der Betrachtung der Weltgeschichte tritt tatsächlich in der Unmenge
von verschiedensten und äußerst komplizierten konkreten Entwicklungsprozessen und Entwicklungsetappen eine wesentliche, unmittelbar nicht
zu bemerkende, langfristig ansteigende Tendenz hervor, die man sehr
abstrakt als die *entscheidende* Rolle der Entwicklung der Produktivkräfte
in der gesamten geschichtlichen Entwicklung bezeichnen kann. Das ist
natürlich ein sehr verdeckter Prozeß, der sich immer in der Form einer
dialektischen Wechselwirkung zwischen den Produktionserfahrungen der
Menschen, ihren naturwissenschaftlichen und technischen Erkenntnissen,
ihren produktiven Fähigkeiten und ökonomischen Interessen auf der
einen, und den materiellen Produktionsbedingungen auf der anderen
Seite, durchsetzt. Auf Grund dieser Produktionsentwicklung ändert sich
nicht nur die Menge und Art der Produkte, sondern im weiteren auch die
Art ihres Austausches, ihrer Verteilung und Konsumtion in der Gesellschaft sowie die soziale Struktur, also die ökonomischen Verhältnisse*.

Die marxistische Vorstellung vom entscheidenden Einfluß der ökonomischen Entwicklung auf die gesamte nichtökonomische gesellschaftliche
Entwicklung, also auf die Entwicklung etwa der politischen, juristischen,
ideologischen, moralischen, religiösen, künstlerischen Verhältnisse, kann
vor allem nicht als eine mechanische, einseitig kausale Beziehung verstanden werden, in der der »Überbau« einfach durch die Ökonomik bestimmt
wird. Es handelt sich vielmehr um eine äußerst komplizierte Wechselwirkung, in der die verschiedensten nichtökonomischen Prozesse und Beziehungen eine relativ selbständige Entwicklung durchmachen, sich gegenseitig differenziert beeinflussen – die Politik die Ideologie, die Ideologie
ihrerseits die Politik, die Moral die Religion und umgekehrt, die Ideologie, Religion, Moral die Kunst, die Kunst ihrerseits die Religion etc.** und

vollständiger wider. Von der lebendigen Anschauung zum abstrakten Denken *und von
diesem zur Praxis* – das ist der dialektische Weg der Erkenntnis der *Wahrheit*, der
Erkenntnis der objektiven Realität.«
    W. I. Lenin, Werke, Bd. 38, Berlin 1964, S. 160.
* »Die ökonomischen Formen, unter denen die Menschen produzieren, konsumieren,
austauschen, sind also *vorübergehende und historische*. Mit der Erwerbung neuer Produktivkräfte ändern die Menschen ihre Produktionsweise, und mit der Produktionsweise ändern sie alle ökonomischen Verhältnisse, die bloß die für diese bestimmte
Produktionsweise notwendigen Beziehungen waren.«
    K. Marx, F. Engels, Werke, Bd. 4, Berlin 1959, S. 549.
** »Die politische, rechtliche, philosophische, religiöse, literarische, künstlerische etc. Entwicklung beruht auf der ökonomischen. Aber sie alle reagieren auch aufeinander und
auf die ökonomische Basis. Es ist nicht, daß die ökonomische Lage *Ursache, allein aktiv*
ist und alles andere nur passive Wirkung. Sondern es ist Wechselwirkung auf Grundlage
der *in letzter Instanz* stets sich durchsetzenden ökonomischen Notwendigkeit.«
    K. Marx, F. Engels, Werke, Bd. 39, Berlin 1968, S. 206.

alle zusammen wieder durch die beeinflußte Entwicklung bestimmter Bedürfnisse, Interessen und Motive auf die ökonomische Tätigkeit der Menschen wirken. Nur spezifische historische Arbeiten, die nicht nur die Tätigkeit einzelner Regenten und Politiker betrachten, sondern den Zusammenhang objektiver gesellschaftlicher Prozesse und menschlicher Tätigkeiten verfolgen, können diese komplizierte Wechselwirkung zwischen den verschiedensten gesellschaftlichen Sphären in der Entwicklung überhaupt aufzeigen.

Daß jedoch diese totale gesellschaftliche Entwicklung *langfristig* entscheidend durch die Ökonomik bestimmt wird, kann nur bei Betrachtung der Entwicklung der sozialen Struktur und der damit zusammenhängenden Interessenentwicklung verstanden werden. Marx und Engels haben auch nur, über die Entwicklung der ökonomisch bestimmten sozialen Struktur, den langfristig entscheidenden Einfluß der »ökonomischen Basis« auf den »gesellschaftlichen Überbau« behauptet.[*] Sie konzentrierten sich jedoch allein auf die qualitativen, revolutionären Änderungen des Gesellschaftssystems, auf die klassenmäßigen Interessengegensätze, und ließen die ganze Problematik der dauernden und, auf Grund der dauernden ökonomischen und nichtökonomischen Gesellschaftsentwicklung, sehr kompliziert strukturierten Interessenentwicklung außer acht.

Die marxistische Theorie ist insofern eine einseitig vereinfachte Wiedergabe der geschichtlichen Entwicklung, als sie eben nur die großen, qualitativen Änderungen der gesellschaftlichen Systeme hervorhebt, ihre komplizierte langfristige Vorbereitung jedoch, besonders die konkrete Struktur- und Interessenentwicklung, nicht genügend beachtet. Das ist eine Unterschätzung der allmählichen, kontinuierlichen, langfristigen Entwicklungsprozesse und zugleich die Übertreibung der Bedeutung von »revolutionären Sprüngen« in der Geschichte. Dadurch wird auch einseitig die historische Rolle jener Klassen und Interessen hervorgehoben, die in einen Gegensatz zu den jeweils bestehenden Systemen kamen, zu ihrer Bekämpfung getrieben wurden, während gleichzeitig die gesellschaftlich notwendigen Interessen an einer dauernden, progressiven, ökonomischen als auch

---

[*] »Die neuen Tatsachen zwangen dazu, die ganze bisherige Geschichte einer neuen Untersuchung zu unterwerfen, und da zeigte sich, daß *alle* bisherige Geschichte, mit Ausnahme der Urzustände, die Geschichte von Klassenkämpfen war, daß einander bekämpfende Klassen der Gesellschaft jedesmal Erzeugnisse sind der Produktions- und Verkehrsverhältnisse, mit einem Wort, der *ökonomischen* Verhältnisse ihrer Epoche; daß also die jedesmalige ökonomische Struktur der Gesellschaft die reale Grundlage bildet, aus der der gesamte Überbau der rechtlichen und politischen Einrichtungen sowie der religiösen, philosophischen und sonstigen Vorstellungsweise eines jeden geschichtlichen Zeitabschnitts in letzter Instanz zu erklären sind.«
K. Marx, F. Engels, Werke, Bd. 19, Berlin 1962, S. 208.

nichtökonomischen Tätigkeitsentwicklung schlechthin übersehen oder doch simplifiziert und mit den »revolutionären« Interessen gleichgesetzt werden.

Die qualitativen Veränderungen des gesellschaftlichen Systems, im Unterschied zu seiner laufenden, unmerklichen, quantitativen Entwicklung, waren meist mit schweren sozialen Kämpfen verbunden, in denen gesellschaftliche Klassen und Schichten mit entgegengesetzten ökonomischen und politischen Interessen aufeinanderprallten.

Immer gab es gesellschaftliche Schichten oder Klassen, die mit den existierenden ökonomischen Verhältnissen nicht zufrieden waren: durch ihre miserable soziale Stellung, Ausbeutung oder Unterdrückung in diesen Verhältnissen ein heranwachsendes Interesse an ihrer Änderung entwickelten und rein gefühlsmäßig nach anderen Verhältnissen strebten. Genauso waren natürlich immer andere soziale Klassen und Schichten mit den gegebenen Verhältnissen zufrieden und interessenmäßig mit ihnen verbunden.* Der Interessen-Antagonismus und die wachsende Unzufriedenheit der Unterdrückten traten schon immer in den verschiedensten sozialen und politischen Kämpfen, in Widerständen und Aufständen zu tage. Doch die Änderung der gegebenen ökonomischen Verhältnisse konnte durch solche Kämpfe allein nicht erreicht werden.

Erst durch die dauernde und in gewissen Zeiten auch zu großen Veränderungen führende Entwicklung der Produktivkräfte reifte nicht nur die Möglichkeit, sondern auch die Notwendigkeit *wesentlicher* Veränderungen der ökonomischen Verhältnisse heran. Je mehr die alten Produktionsverhältnisse den Bedürfnissen neuer Produktionsentwicklungen widersprachen, je schwerer sich die potentielle Entwicklung neuer Produktivkräfte innerhalb der alten Produktionsinstitutionen, Verteilungs-, Tausch- und Konsumtionsverhältnisse durchsetzte, um so mehr wuchsen ökonomische Mängel, Verluste, unbefriedigte Bedürfnisse, Erkenntnisse von neuen Lebensmöglichkeiten vor allem unter den Unterdrückten – Erkenntnisse ökonomischer und politischer Entwicklungshindernisse –, und um so mehr wuchsen auch die sozialen Spannungen und Kämpfe innerhalb des alten, überlebten Systems. Nur in Verhältnissen aber, in denen sozial-ökonomische Änderungen durch die vorangehende Produktionsentwicklung zur Notwendigkeit heranreiften, konnten auch spontane

---

* »Freier und Sklave, Patrizier und Plebejer, Baron und Leibeigener, Zunftbürger und Gesell, kurz Unterdrücker und Unterdrückte standen in stetem Gegensatz zueinander, führten einen ununterbrochenen, bald versteckten, bald offenen Kampf, einen Kampf, der jedesmal mit einer revolutionären Umgestaltung der ganzen Gesellschaft endete oder mit dem gemeinsamen Untergang der kämpfenden Klassen.«
K. Marx, F. Engels, Werke, Bd. 4, Berlin 1959, S. 462.

Kämpfe von Systemgegnern diese Änderungen beschleunigen oder gar zu einem politischen Machtwechsel führen, in dem die langfristig reifende Systemwandlung gipfelte. Nicht immer kam den kämpfenden sozialen Kräften die vorangegangene wesentliche ökonomische Wandlung zu Bewußtsein.

Aus dieser historischen Entwicklung heraus erwuchs jener verallgemeinerte Aspekt, nach dem die *treibende* Kraft in der Entwicklung der Gesellschaft vor allem die Produktion ist, die sich immer in der Existenz verschiedener, interessenmäßig widersprüchlicher sozialer Schichten widerspiegelt, und die schließlich durch ihren eigenen inneren Entwicklungswiderspruch zur revolutionären Umgestaltung des gesamten gesellschaftlichen Systems führt.* Dabei konnten sich nur solche Veränderungen ökonomischer Verhältnisse durchsetzen und erhalten, die eine höhere, wirtschaftlich produktivere und effektivere – und auf dieser Grundlage auch kulturell und sozial fortschrittlichere – Entwicklung der Gesellschaft mit sich brachten. Alle revolutionären Versuche, getragen durch idealistische Visionen, die nicht der ökonomischen Notwendigkeit entsprachen und keine neuen, ökonomisch lebensfähigen Systeme hervorbringen konnten – man denke etwa an die Hussitenbewegung und ihre »kommunistischen« Gemeinschaftsversuche –, brachen in Kürze zusammen.

Es wäre aber ganz falsch anzunehmen, daß die kämpfenden und revoltierenden Klassen immer die Träger neuer Produktionsformen waren. Nicht die Sklaven, nicht die Plebejer, nicht die leibeigenen Bauern, nicht einmal die verarmten Handwerker, Gesellen und die anderen frühen Proletarier in den feudalen Städten waren direkt an neuen Produktionsweisen interessiert. Sie waren nur Gegner des alten Systems und kämpften immer um mehr Freiheit und ein besseres Leben. Daß sie durch ihre Kämpfe oft zu qualitativen Änderungen der alten Systeme beitrugen, war nur dem Umstand zu verdanken, daß bereits andere Produktionsformen im Entstehen begriffen waren, deren schnellere Entwicklung dann zum Beispiel durch die relative Befreiung der – durch das alte System

---

* »Die materialistische Anschauung der Geschichte geht von dem Satz aus, daß die Produktion, und nächst der Produktion der Austausch ihrer Produkte, die Grundlage aller Gesellschaftsordnung ist; daß in jeder geschichtlich auftretenden Gesellschaft die Verteilung der Produkte, und mit ihr die soziale Gliederung in Klassen oder Stände, sich danach richtet, was und wie produziert und wie das Produzierte ausgetauscht wird. Hiernach sind die letzten Ursachen aller gesellschaftlichen Veränderungen und politischen Umwälzungen zu suchen, nicht in den Köpfen der Menschen, in ihrer zunehmenden Einsicht in die ewige Wahrheit und Gerechtigkeit, sondern in Veränderungen der Produktions- und Austauschweise; sie sind zu suchen nicht in der *Philosophie*, sondern in der *Ökonomie* der betreffenden Epoche.«
K. Marx, F. Engels, Werke, Bd. 19, Berlin 1962, S. 210.

gebundenen – Arbeitskräfte ermöglicht wurde (Befreiung der Sklaven, der Leibeigenen). Daß sich dabei *eine* Art der Ausbeutung und Knechtung in eine andere verwandelte und viele der Kämpfenden oder ihre Nachkommen wieder nur zu billigen Arbeitskräften neuer Produktionsformen und Produzenten wurden – Sklaven zu Leibeigenen, Leibeigene zu Proletariern –, war nur eine Ironie der Geschichte. Aber diese Ironie sollte in der weiteren geschichtlichen Entwicklung einen noch zynischeren Ausdruck bekommen.

Anwendungssimplifikationen

Diskussionen über die Richtigkeit oder Nichtrichtigkeit dieser, als allgemeinste historische Gesetzmäßigkeit fixierten Verallgemeinerung wurden bisher auf beiden Seiten – sowohl bei den theoretischen Verteidigern als auch bei ihren Gegnern – mit ungenügenden Argumenten geführt. Diese und jene werden schwerlich jemals exakte Beweise zur Verfügung haben, da es sich hier vor allem nicht um eine Aufzählung von Ereignissen und Taten handelt, sondern um differenzierte Auslegungen ihrer komplexen Zusammenhänge und geschichtlichen Bedeutungen. Es gibt eben zu viele Möglichkeiten, die verschiedensten wichtigen Faktoren, Zusammenhänge und Prozesse auf Grund der a priori gegebenen ideologischen Einstellung aus der Geschichte entweder auszulassen oder einseitig hervorzuheben, sowie Ursachen und Wirkungen zu verwechseln. Ungeachtet dessen ist es schier unmöglich, alle wichtigen historischen Fakten, die man für den Beweis dieser oder jener Entwicklungsdeutung brauchen würde, heute überhaupt noch aufzudecken.

Trotzdem wirkt die Logik der *entscheidenden Rolle der Ökonomik* – wird sie nicht primitiv und undialektisch aufgefaßt – in der gesamten gesellschaftlichen Entwicklung sehr überzeugend, und man kann sich ihr nicht auf Grund nur abstrakter Gegenargumente entziehen. Sowohl aus verschiedensten historischen Richtungen* als auch vor allem aus der Betrachtung von – der Gegenwart nächstliegenden – Entwicklungsprozessen, in dem Suchen also nach den Ursachen der großen kulturellen Unterschiede zwischen verschiedenen gegenwärtigen gesellschaftlichen oder staatlichen Einheiten etc., wird man immer wieder auf die langfristig

* Siehe zum Beispiel die Arbeiten solcher Historiker wie: W. A. Williams, E. Genovese, E. J. Hobshawm, C. Hill, M. Bloch, L. Febvre, A. Soboul, P. Vilar, A. R. L. Gurland, G. Barraclough u. a.

entscheidende Triebkraft der Produktivkräfte in der gesellschaftlichen Entwicklung zurückkommen. Selbstverständlich haben die verschiedensten philosophischen Gegner der marxistischen Geschichtsphilosophie ebenfalls gewichtige Einwände, die von denkenden Menschen nicht einfach ignoriert werden können. Doch größtenteils setzen sie sich mit sehr vereinfachten Auffassungen der Beziehung zwischen »ökonomischer Basis« und »gesellschaftlichem Überbau« auseinander, bei der diese Beziehung eben als einfache kausale Beziehung und nicht als äußerst komplizierte dialektische Wechselwirkung interpretiert wird. Innerhalb dieser Wechselwirkung setzt sich die Ökonomik nur sehr langfristig, und dauernd von anderen gesellschaftlichen Prozessen und Verhältnissen – der Politik, dem Recht, der Moral, der Religion, der Kunst etc. – beeinflußt, als das *relativ* selbständigste und gegenüber den anderen als das entscheidende Verhältnis in der gesellschaftlichen Entwicklung durch.

Wenn wir aus vielen Einwänden gegen die marxistische Geschichtsphilosophie zum Beispiel das Argument von W. Theimer herausgreifen*, nach dem die spezifische Geisteshaltung verschiedener Völker als die wichtigste Ursache der Beibehaltung ihrer nichtkapitalistischen Wirtschaftssysteme zu betrachten ist, so sehen wir in dieser Argumentation zwar ein großes Stück Wahrheit, aber zugleich den ungenügenden Beweis gegen die Anschauung, daß sich die Entwicklung der Produktivkräfte, und mit dieser die Änderung der ökonomischen Verhältnisse, langfristig als die entscheidende Triebkraft in der Geschichte beweist. Die Teilwahrheit besteht darin, daß die spezifische geistige Entwicklung bestimmter, relativ abgegrenzter Gesellschaftseinheiten einen wesentlichen Einfluß auf ihre Produktionsentwicklung hat, diese beschleunigen, ihr lange einen spezifischen Charakter einprägen, oder sie auch langfristig abbremsen kann. Nur Vertreter eines primitiven Ökonomismus können dies bestreiten.

* »Der Marxismus verfolgt den Weg des Kapitalismus bis etwa zum fünfzehnten Jahrhundert zurück, läßt aber die Frage offen, warum die technisch-kapitalistische Lebensform nur in Europa und gerade um diese Zeit entstand. Andere Kulturen, wie etwa die chinesische, die ägyptische, die arabische, hatten beträchtliches wissenschaftliches Talent entwickelt, auch schon wichtige technische Erfindungen gemacht. An wirtschaftlichen Gründen für die Entwicklung eines kapitalistisch-industriellen Systems mangelte es nicht; man braucht nur an die Bevölkerungszahlen zu denken. Warum entwickelten diese Völker trotzdem keine technische Zivilisation, keine Unternehmerwirtschaft, sondern verharrten bis in die jüngste Zeit in feudalen, primitiv-agrarischen Verhältnissen? Die Antwort kann nur lauten, daß ihre Geisteshaltung einer technisch-industriellen Lebensweise abgeneigt war.«
W. Theimer, Der Marxismus, Bern 1969, S. 73.

Bestimmt sind die Gründe für die beschleunigte Entwicklung der Produktivkräfte in Teilen von Europa und die frühzeitige Entstehung kapitalistischer Verhältnisse sehr kompliziert und ohne entsprechend angelegte Komparativstudien nicht erklärbar. Auf jeden Fall wird hier ein günstiges Klima, damit zusammenhängend bessere Arbeitsbedingungen u. ä., auch eine nicht geringe Rolle gespielt haben. Jedoch gegen jedes Herausgreifen eines oder einiger einzelner Faktoren werden immer ebenso eng begrenzte Einwände erhoben werden können – etwa, daß es Gebiete mit einem ebenso günstigen oder noch günstigeren Klima gibt, in denen die Produktion dennoch sehr konservativ geblieben ist. Deshalb müssen *alle wichtigen* Faktoren und Prozesse in ihrer Wechselwirkung (sowohl die geographischen, klimatischen und biologischen Grundlagen, ihre Wirkung auf die Produktion, auf das Denken, auf die Initiative der Menschen, als auch die zwischen der Produktion, dem Transport, dem Handel etc., wie auch die zwischen den wichtigsten nichtökonomischen Prozessen und Verhältnissen existierenden Beziehungen) und in ihrer Gesamtheit erforscht werden. Nur auf Grund einer so umfassenden und zielbewußten Komparativforschung, bei der die wichtigsten Ursachen langfristiger Unterschiedlichkeit zwischen verschiedenen Kulturen erkannt werden, kann die Richtigkeit der einen oder der anderen Geschichtsphilosophie bewiesen oder widerlegt werden.

Die anspruchsvolle Schwierigkeit einer solchen zielbewußten, komparativen Geschichtsforschung kann nicht einfachhin zu deren Ablehnung führen. Auch wenn die entsprechenden Geschichtserkenntnisse niemals absolut und eindeutig sein werden, werden sich die menschlichen Erkenntnisse über die wichtigsten Ursachen großer Entwicklungsdifferenzen zwischen bestimmten Kulturen unserem heutigen Wissen gegenüber erheblich vertiefen. Bis dahin wird jedoch die stärkere oder schwächere Logik dieser oder jener Geschichtsphilosophie, verbunden mit diesen oder jenen historischen Teilbeiträgen, ein noch zu ausgedehntes Feld für philosophische Diskussionen und grundverschiedene Geschichtsauffassungen offenlassen.

Trotz ihrer Teilwahrheit, die sich aber nur gegen primitive »marxistische« Geschichtsauffassungen wendet, kann die Argumentation von W. Theimer nicht die Tatsache widerlegen, daß der Industrialisierungsprozeß heute mit einem ungeheuren Tempo auch in allen Entwicklungsländern voranschreitet und ebenfalls in den von ihm angeführten Kulturbereichen zu wesentlichen Veränderungen der ökonomischen Verhältnisse führt oder absehbar führen wird. Auch wenn spezifische Entwicklungen von Religionen, moralischen Prinzipien, politischen Regimen*, Kastensyste-

---

* Auch die politische Unterdrückung vieler dieser Länder durch imperialistische Großmächte während langer Jahrzehnte und die dadurch hervorgerufene Beeinflussung der

men etc. in bestimmten Weltteilen die produktive Entwicklung relativ
länger *bremsen* konnten (abgesehen von klimatischen und anderen geographischen Hindernissen), so kann doch letzten Endes die industrielle
Entwicklung hier nicht aufgehalten werden. Mit ihr werden sich gesetzmäßig die Form der Verteilung, des Austauschs, des Konsums, also die
ökonomischen Verhältnisse sowie die ihnen entsprechenden sozialen Strukturen ändern, und schließlich auch entsprechende Rechtssysteme, politische
Systeme, ideologische Entwicklungsänderungen etc. hervorbringen.* Natürlich wird alles dies in spezifischen Formen und auf spezifischen Wegen
vor sich gehen, und das Spezifische der geistigen Entwicklung wird auch
die konkreten Formen der Ökonomik beeinflussen. Doch das Wesentliche
tritt immer in spezifischer Form in Erscheinung. Und das Wesentliche ist
in diesem Zusammenhang vor allem der Industrialisierungsprozeß, der
sich auf die Dauer durchsetzen und die handwerkliche Produktion sach-
notwendig besiegen wird. Eben deshalb sind auch alle »modischen« Ideen
eines kleinen Teils der Jugend, die auch in dem sehr breiten Sammelbegriff
der »Neuen Linken« zusammengezogen wird, utopische Vorstellungen.
Nach deren Anschauungen stellt nämlich die technische und produktive
Entwicklung – und nicht ihr Mißbrauch durch bestimmte Gesellschafts-
systeme – den Anfang allen Übels dar, und die Menschen müßten sich
daher »zurück zur Natur wenden«.

Die Entwicklung der Produktivkräfte innerhalb der Gesellschaft kann
zwar in verschiedenen konkreten Zeitabläufen und mit unterschiedlichen
Unterbrechungen vor sich gehen, die Entwicklung selber ist jedoch nicht
aufzuhalten. Es gehört zum Wesen der Menschen, daß sie in dauerndem
Kampf mit der Natur, mit Hilfe neuester wissenschaftlicher und technischer Erkenntnisse, getrieben durch ihre sich ändernden Phantasievor-

---

eigenen normalen Wirtschaftsentwicklung muß in diesem Zusammenhang untersucht und
beachtet werden.

* »Neue Erfindungen, die die Produktionsverhältnisse entscheidend verändert haben
oder mit Sicherheit verändern werden; grundlegende Veränderungen im Verhältnis von
Staat und Wirtschaft, in deren inneren und äußeren Bezogenheiten; umstürzende
Zwänge, die der Wettlauf der großen Weltmachtblöcke auf die naturwissenschaftliche
Forschung und die durch diese ermöglichten Techniken ausübt, sind im Begriff, die
Lebensordnungen der Menschen im Weltmaßstab zu verändern, wie vor bald zweihun-
dert Jahren die Erfindung der Dampfmaschine, vor hundert Jahren die Nutzbarma-
chung der Elektrizität als Energiespender, vor sechzig Jahren der Siegeszug des
Explosionsmotors bis ins letzte Dorf und die Ausbeutung der Ölvorkommen überall in
der Welt alle wirtschaftlichen, gesellschaftlichen, politischen und humanen Verhältnisse
so umgestaltet haben, daß man mit vollem Recht von dem Zeitalter der industriellen
Revolution spricht.«
Carlo Schmid, Die zweite industrielle Revolution, Propyläen-Weltgeschichte, Golo
Mann (Hrsg.), Berlin/Frankfurt/Wien 1961, Bd. 10, S. 425.

stellungen, Bedürfnisse, Interessen, gegenseitige Überholungsbestrebungen
usw., auch unaufhörlich ihre gesellschaftlichen Produktivkräfte entfalten.
Auch unter Bedingungen, unter denen spezifische klimatische oder politische, geistige und ähnliche Verhältnisse lange Zeit eine konservative
Produktion aufrechterhielten, erzwingen sich die wachsende Population
und ihre steigenden Bedürfnisse sowie deren Befriedigung die Ausgleichs-
bestrebungen, schließlich auch eine Industrieentwicklung, die durch keine
»Zurück-zur-Natur-Ideologie« aufgehalten werden kann.

Dies alles spricht dafür, daß der Grundgedanke von der entscheidenden
Entwicklungsrolle der Produktion richtig ist, sofern diese nicht primitiv
und schematisch, sondern in ihrer konkreten Erscheinungsvielfalt und
ihren komplizierten Entwicklungszusammenhängen verstanden wird.*
Die Beweise für ihre Richtigkeit können aber nur von der weiteren Geschichtsforschung erbracht werden.

Hier geht es jedoch nicht um Beweise für die Gültigkeit oder Ungültigkeit
jener historischen Gesetzmäßigkeit, die in dieser Arbeit absolut nicht
historisch untersucht werden kann. Es gilt vielmehr Simplifizierungen aufzuzeigen, zu denen es bei der Anwendung der historisch-materialistischen
Theorie durch die kommunistische Bewegung kommt; sowohl bei ihrer
propagandistischen Wiedergabe als auch – und vor allem – bei ihrer
praktischen Applikation.

In der gesamten historischen Vergangenheit haben sich die Veränderungen der ökonomischen Verhältnisse spontan durchgesetzt. Wir können
rückblickend nur mehr gewisse Momente, bestimmte Prozesse dieser konkreten Entwicklung erfassen. Auch wenn jemand als Bejaher des angeführten Gesetzes überzeugt ist, daß dadurch das Wesentliche und Ausschlaggebende der historischen Wandlungen herausgegriffen wurde, so
muß ihm dabei klar sein, daß es ohne die bisherigen, ganz konkreten
geschichtlichen Analysen unmöglich ist zu sagen, welche wichtigen und
vielleicht auch wesentlichen Prozesse und Faktoren bei dieser allgemeinsten Abstraktion unberücksichtigt bleiben.

Für die vergangene Entwicklung ist das nicht mehr wichtig – bestimmt

---

* »Unter diesen sprunghaften Veränderungen der menschlichen Existenzbasis steht diejenige dem Verständnis der heutigen Menschen am nächsten, in der er sich selbst befindet:
die industrielle Revolution. An ihr kann man auch am leichtesten die Komplexität eines
solchen Vorganges ermessen, der sich nicht auf eine Veränderung der Gütererzeugung
und der Eigentumsverteilung beschränkt, sondern sogleich das überkommene soziale
Gefüge grundlegend wandelt und nicht zuletzt einen tiefen Einfluß auch auf die Richtung des menschlichen Denkens gewinnt.«
H. Jankuhn, Der Ursprung der Hochkulturen, Propyläen-Weltgeschichte, Berlin/
Frankfurt/Wien 1962, Bd. 2, S. 576.

haben sich immer alle Faktoren und Prozesse so und in einer solchen gegenseitigen Beziehung geändert, daß die gesellschaftliche Produktion und die ganze Gesellschaft sich weiterentwickeln konnten und unseren heutigen Stand erreicht haben. Sogar für unsere *Erklärung* der vergangenen Entwicklung muß nicht das Übersehen oder das Unterschätzen des einen oder anderen Entwicklungsmoments entscheidend sein, und Marx und Engels haben sich zum Beispiel nicht einmal bei der näheren inhaltlichen Erklärung des Begriffs »ökonomische Verhältnisse« allzusehr aufgehalten. Aber wenn es darum geht, in die Entwicklung bewußt einzugreifen und sogar, auf eine politische Macht sich stützend, die »Produktionsverhältnisse« vollkommen zu ändern, dann genügt nicht mehr eine sehr allgemeine und abstrakte Auffassung dieses Begriffs und seiner Zusammenhänge. Dann ist es notwendig, so eingehend wie möglich alle Faktoren, Prozesse und Zusammenhänge zu kennen, durch die gesellschaftliche Produktion, Verteilung und Austausch vor sich gehen, welche Momente sich auf diese wirtschaftliche Tätigkeit der Menschen auswirken, wie diese sich auswirken, was alles diese Tätigkeit fördert, was sie bremst, usw.

Mit anderen Worten: von der Abstraktion zum konkreten Leben zurück gibt es nur den Weg, der der wissenschaftlichen Erkenntnis des Wesens der Abstraktion selbst entspricht: man muß sehr genau nicht nur das Abstrakte, sondern auch das Konkrete kennen, man muß wissen, was alles im Abstraktionsakt beiseite gelassen wurde und was nun, im konkreten Leben, unbedingt wieder berücksichtigt werden muß. Denn vom Konkreten kann zwar abstrahiert werden, aber aus der Abstraktion allein kann das Komplex-Konkrete nicht zurückgewonnen werden. Diese Bewußtseinsakte sind also nicht einfachhin umkehrbar. Sogar Faktoren, die *bei der Abstraktion* als unwesentlich übergangen werden konnten, können bei ihrer Ignorierung oder Unterdrückung *im realen Leben* zu wesentlichen Entwicklungsschwierigkeiten führen.

Und nicht nur diese dauernd notwendige Erkenntnis all der äußerst komplizierten, meist sehr komplexen und konkreten Erscheinungsformen dessen, was man als das abstrahierte Wesentliche fixiert hat, sondern auch die notwendige Ergänzung oder Änderung dessen, was man einmal als wesentlich aufgefaßt hat, auf Grund von neuen Erfahrungen und Erkenntnissen: dieses ständige »feed-back« ist eine der wichtigsten Voraussetzungen bei der Anwendung der materialistischen und dialektischen Methode. Aber der Zusammenhang zwischen abstrakter Theorie und konkreter Tätigkeit wird in der gegenwärtigen »sozialistischen« Praxis am häufigsten ignoriert. Es kommen also dort nicht nur Kurzschlüsse vor und vereinfachte Sprünge von abstrakten Theorien zur Praxis, ohne die notwendige Beachtung aller dabei entscheidenden Faktoren und konkreten Prozesse, die in der abstrakten Erkenntnis beiseite gelassen wurden, sondern es findet eine dogmatische Konservierung des Abstrahierten oder Theoretischen selber statt – ohne deren notwendige Korrektur und Ergänzung durch neu erkannte gesellschaftliche Phänomene und Prozesse.

Produktive und nichtproduktive Tätigkeit

Die orthodoxe »marxistische« Theorie wird vor allem in dem Augenblick unpraktikabel, in dem sie neue wichtige, im Entstehen begriffene gesellschaftliche Entwicklungsänderungen reflektieren soll, die nicht in das simplifiziert angewendete Begriffsarsenal der »Produktivkräfte« und »Produktionsverhältnisse« hineinpassen. Heranwachsende Veränderungen in dem wechselseitigen Verhältnis produktiver und nichtproduktiver Tätigkeiten, die zwar nicht die allgemein fundamentale Entwicklungsrolle der Produktivkräfte negieren, aber zugleich eine qualitative Änderung in der gesellschaftlichen Bedeutung der nichtproduktiven Tätigkeiten hervorrufen, können bei der orthodox vereinfachten Auffassung dieser Kategorien überhaupt nicht gefaßt oder verstanden werden.

Auf einer relativ sehr hohen Entwicklungsstufe der Produktivkräfte und bei einem damit verbundenen hohen Niveau des materiellen Konsums kann die nichtproduktive Tätigkeit und die Befriedigung nichtmaterieller Bedürfnisse der Menschen sogar ein breiteres Ausmaß erlangen als die Produktion selbst. Nur jene menschliche Tätigkeit kann überhaupt eine gesellschaftliche Bedeutung haben, die der Entwicklung gesellschaftlicher Bedürfnisse entspricht oder solche Bedürfnisse hervorrufen kann. Auch die menschliche Produktion wird nur insofern zur treibenden Kraft der gesellschaftlichen Entwicklung, als sie die ausschlaggebenden Bedürfnisse der Menschen befriedigt.

Hat dann in der gesamten bisherigen historischen Entwicklung die Produktion die materielle Basis für die Befriedigung aller gesellschaftlichen Bedürfnisse geschaffen – hat sie also neben der Lieferung von Konsumgütern, die die materiellen Bedürfnisse direkt decken, auch die materielle Grundlage für alle nichtproduktiven Tätigkeiten und für die nichtmaterielle Bedürfnisbefriedigung geschaffen –, so wird in diesem Sinne die Produktion auch weiterhin immer jene fundamentale Rolle spielen. Weder wissenschaftliche noch künstlerische, religiöse, pädagogische, medizinische, sportliche oder andere nichtproduktive Tätigkeiten wären zur Entfaltung gekommen und hätten menschliche Bedürfnisse oder Interessen befriedigen können, wenn die Produktion aus ihrem Mehrprodukt die hier tätigen Menschen, sowie alle ihre benötigten Instrumente, Gebäude etc., nicht materiell gesichert hätte. Während jedoch bis in die Moderne hinein die produktive Tätigkeit das breiteste Ausmaß in der gesamten gesellschaftlich notwendigen Tätigkeit einnehmen mußte, um eine proportional viel kleinere nichtproduktive Tätigkeit überhaupt zu ermöglichen – was ein Zeichen der noch immer zu niedrigen, wenn auch dauernd steigenden Produktivität war –, beginnt in der neuesten Zeit eine Änderung in dieser grundlegenden Proportion. Die Entwicklung der Produktivkräfte erreicht ein solches Niveau, daß in den industriell hochentwickelten Ländern die Hälfte und mehr aller Menschen sich bereits mit nichtproduktiver Tätigkeit befassen kann. Dabei wächst das Ausmaß eben dieser Tätigkeit absolut und relativ an und wird auch noch weiter anwachsen.

Die Sphäre der nichtproduktiven Tätigkeiten oder Dienstleistungen wird im allgemeinen als sogenannter *tertiärer Sektor* bezeichnet – im Unterschied zum primären Sektor (Landwirtschaft und Bergbau) und zum sekundären Sektor (Industrie, Handwerk etc.). Dabei ist in diesem Zusammenhang nicht entscheidend, ob dieser tertiäre Sektor »marxistisch« als nichtproduktiver Sektor angesehen wird, sondern wichtig ist allein, daß dieser Tätigkeitssektor in den industriell entwickelten Ländern am schnellsten wächst und schon ungefähr die Hälfte aller Beschäftigten aufweist. So betrug 1966 der Anteil der im tertiären Sektor Beschäftigten an der Gesamtzahl aller Beschäftigten in folgenden Staaten*

Australien	53 %	1966
USA	50 %	1966
Neuseeland	49 %	1966
Niederlande	49 %	1966
Schweden	48 %	1966
Belgien	47 %	1966
Großbritannien	45 %	1966

Auf dieser Stufe der Entwicklung erreicht die Befriedigung der materiellen Bedürfnisse der Menschen im Durchschnitt bereits eine so hohe Stufe, daß die notwendige Befriedigung nichtmaterieller Bedürfnisse eine relativ breitere und schnell anwachsende gesellschaftliche Tätigkeit erfordert. Es können sich also bereits so viele Menschen in einem solchen Zeitausmaß mit nichtproduktiver Tätigkeit befassen, wie die gesamte Arbeits-

* Nach W. G. Hoffmann, Der tertiäre Sektor im Wachstumsprozeß, in: Jahrbücher für Nationalökonomie und Statistik, Bd. 183, 1969/70, S. 1–29.

zeit in der Produktion ausmacht. Und diese nichtproduktive Tätigkeit, entsprechend der Entwicklung nichtmaterieller gesellschaftlicher Bedürfnisse und Interessen (beziehungsweise diese hervorrufend), erlangt in einem bestimmten Moment für die Gesellschaft eine größere Bedeutung als die produktive Tätigkeit.

Diese größere Bedeutung kann nicht als die Negierung der fundamentalen – basisbildenden – Rolle der Produktion angesehen werden. Im Gegenteil, nur auf Grund der hohen Produktivität der Produktion und der dauernden Steigerung dieser Produktivität kann die Menge der nichtmateriellen gesellschaftlichen Bedürfnisse anwachsen, die Freizeit der Menschen sich verlängern und in einem bestimmten Moment zu einer weitgehenden Befreiung der Menschen, der allmählichen Überwindung althergebrachter Formen ihrer Entfremdung führen. Selbstverständlich wird diese Entwicklung bereits mit einer entsprechenden Änderung der gesellschaftlichen Verhältnisse verbunden sein. Aber nur mit Hilfe der riesigen Produktivitätssteigerung kann das überhaupt ermöglicht werden. In diesem Sinne bildet die Entwicklung der Produktivkräfte dauernd die Grundlage für das gesamte Gesellschaftsdasein.

Je produktiver jedoch die gesellschaftliche Produktion, und je voller eine proportional sinkende produktive Tätigkeit die ausgedehnten – nicht nur materiellen, sondern indirekt auch nichtmateriellen – Bedürfnisse befriedigen kann, um so größeren Einfluß auf die Gestaltung menschlicher Bedürfnisse und Interessen wird auch die anwachsende nichtproduktive Tätigkeit bekommen. Mit anderen Worten: erst auf einer sehr hohen Stufe materiellen Konsums, auf der nicht nur kleine, auserwählte Schichten oder Klassen, sondern die Majorität der Gesellschaft auf Grund breitesten materiellen Konsums nichtmaterielle Bedürfnisse schneller zu entfalten und ihre Befriedigung zu verlangen beginnt, kann auch die dazu benötigte ausgedehnte nichtproduktive Tätigkeit relativ anwachsen und von der Produktion gesichert werden.

Je mehr sich dann solche nichtmateriellen Bedürfnisse und die mit ihrer Befriedigung verbundenen Tätigkeiten in der Gesellschaft vergrößern werden, um so mehr wird auch der Einfluß der nichtproduktiv tätigen Menschen, wie auch der damit verbundenen Bedürfnisse *aller* Menschen, auf die Gestaltung der gesellschaftlichen Verhältnisse anwachsen. Selbstverständlich haben auch in der Vergangenheit alle nichtproduktiven Tätigkeitssphären die gesellschaftlichen Systeme mitgeprägt und durch ihre bloße Existenz alle sozialen Beziehungen und Institutionen, das gesellschaftliche Sein und das Bewußtsein, wesentlich beeinflußt. Doch dieser Einfluß muß sich qualitativ ändern in Situationen, in denen das Ausmaß der nichtproduktiven Tätigkeiten und der durch sie befriedigten Bedürfnisse die produktive Tätigkeit und die materiellen Bedürfnisse proportional überschreitet.

Diese Änderung in dem Verhältnis zwischen produktiver und nichtproduktiver Tätigkeit, zwischen materiellem und nichtmateriellem Konsum und deren notwendigem Einfluß auf die gesellschaftliche Entwicklung in den modernsten Produktionsbedingungen, kann hier nicht eingehend behandelt werden. Man muß aber sehen, daß dies nicht nur neue soziale Strukturen (mit verlagerten gesellschaftlichen Bedeutungen und Interessen) mit sich bringt, sondern auch neue Kämpfe um eine andersgeartete Konsum- und Lebensentwicklung – mit den entsprechenden Änderungen der Nationaleinkommensverteilung. Dies wird in immer stärkerem Maße zu einer Umschichtung der Vertretungen in den politischen Organen* und, auf einer bestimmte Stufe der Entwicklung, zu einem Kampf um die institutionelle Sicherung einer politischen Gleichstellung von Vertretern der Nichtproduzenten-Interessen gegenüber den Vertretern unmittelbarer Produzenten-Interessen.

Nicht nur der Kampf um die Überwindung der ökonomischen Entfremdung produktiver Arbeiter, um ihre soziale und politische Emanzipation, sondern in wachsendem Maße auch der Kampf um die Stärkung der Stellung von Nichtproduzenten im politischen System, um die Intensivierung ihres Einflusses auf die politischen Organe, charakterisiert die moderne Gesellschaft. Die Interessenentwicklung als auch die Interessenwidersprüche gestalten sich in dieser Gesellschaft viel komplizierter, als es der orthodoxe »Marxismus« auszudrücken imstande ist. Mit dem traditionell formulierten Interessengegensatz zwischen Arbeit und Kapital können die Widersprüche der modernen industriellen Gesellschaft nicht adäquat charakterisiert werden.

Damit manifestiert sich nicht nur der konservative Charakter des offiziellen »Marxismus«, sondern auch seine Ignoranz gegenüber der konkreten strukturellen Entwicklung in der Gesellschaft und gegenüber der damit verbundenen Interessenproblematik.

* »Das Schwergewicht hat sich in der Wirtschaft von der Produktion auf den Dienstleistungssektor verlagert. Bedeutsamer ist noch, daß Neuerungen immer mehr von intellektuellen Institutionen, hauptsächlich den Universitäten und Forschungsorganisationen, ausgehen und nicht mehr von den älteren Industriekonzernen. Solche Veränderungen haben enorme Auswirkungen auf die Mittel und Wege, mit denen in der Gesellschaft Rang und Würden zu erreichen sind. Sie verleihen den Universitäten Schlüsselpositionen in der Gesellschaft. Die Pflege des ›menschlichen Kapitals‹ wird dringender als die des finanziellen Kapitals, und es erheben sich entscheidende soziologische Fragen hinsichtlich der Beziehungen zwischen den neuen technokratischen Methoden der Entscheidungsfindung und der politischen Struktur der Gesellschaft.«
D. Bell, Das Jahr 2000 – Darstellung einer Idee, in: Der Weg ins Jahr 2000, Zürich 1968, S. 19.

II. Wirtschaftsänderungen und Interessen

Bedeutung der Interessenproblematik

»Marxisten«, deren Aufmerksamkeit von jeher vor allem auf die »Gesetzmäßigkeiten« der gesellschaftlichen Entwicklung konzentriert war, übersehen oft vor allem die Tatsache, daß sich jede geschichtliche Entwicklung
durch Handlungen *lebendiger* Menschen und nicht »gesetzmäßig manipu-
lierter Marionetten« vollzieht. Auch wenn es bestimmte, sehr langfristige
gesetzmäßige Tendenzen innerhalb der geschichtlichen Entwicklung zu
geben scheint, so sind diese doch nur das Ergebnis von Wechselwirkungen
sehr breiter gesellschaftlicher Prozesse, die sich nur durch das initiative,
verschiedenartig motivierte Handeln einzelner Menschen entwickeln.
Auch wenn der objektive Zusammenhang gesellschaftlicher Prozesse das
Tätigkeitsfeld einzelner Menschen begrenzt und ihnen immer nur limi-
tierte Möglichkeiten bei der Entwicklung eigener Initiativen läßt, darf
man dennoch nicht übersehen, daß es *diese* Freiheit des Menschen gibt.

Hinter der einseitigen Überbetonung der objektiven Notwendigkeit in
der Geschichte, bei der das Feld des freien, initiativen menschlichen
Handelns ignoriert und die Freiheit simplifiziert als »erkannte Notwendigkeit« abgetan wird, steht in Wirklichkeit eine fatalistische Geschichtsauffassung, nach der der Mensch wie eine Marionette nur »höheren Gewal-
ten« unterliegt. Es ist kein Zufall, daß jene Ideologen und Propagandisten
in den »sozialistischen« Ländern, die am lautesten gegen die »bürgerliche
Freiheitsauffassung« wettern und statt einer Erklärung bloß dauernd den
Lehrsatz von der »Freiheit als der erkannten Notwendigkeit«* wieder-
holen, nur allzu gewillt sind, die – in diesen Ländern – *alles dirigierende
und vorherbestimmende Macht des Parteiapparats* ohne irgendwelche Be-

---

* »Die freie Tätigkeit ist also möglich nur auf Grund einer Erkenntnis der Notwendig-
keit. Freiheit ist die bewußtgewordene Notwendigkeit.«
M. Rozental u. P. Judin, Kurzes philosophisches Wörterbuch, tschechische Ausgabe,
Praha 1955, S. 490.

denken anzuerkennen. Um die Apologetik jener »höheren, alles erkennenden Macht« geht es.

In Wirklichkeit ist natürlich die Idee der »alles bestimmenden Notwendigkeit« eine primitive Vorstellung, die die grundlegende marxistische Erkenntnis ignoriert, daß es eine *Gesetzmäßigkeit in der gesellschaftlichen Entwicklung gibt, die sich innerhalb und durch eine Masse von willensfreien menschlichen Tätigkeiten durchsetzt.* Das »Gesetzmäßige« in der Geschichte ist immer nur eine sehr allgemeine und langfristige Tendenz, die zwar einen mehr oder weniger breiten Rahmen für die Tätigkeit von Individuen und sozialen Gruppen absteckt, aber nicht die Tätigkeit und das Leben einzelner Menschen bis in alle Einzelheiten vorausbestimmt.*

Eben jene willensfreie Tätigkeit der Menschen, die unmöglich das Resultat einer vorherigen Erkenntnis aller objektiven oder auch zufälligen Zusammenhänge außerhalb der Individuen sein kann, und die doch eine grundlegende Bedeutung in der gesellschaftlichen Entwicklung hat, wird von all jenen »Marxisten« ignoriert, die die *individuellen Tätigkeitsmotivationen, ihre Bedingungen und Funktionen,* in den eigenen revolutionären Gesellschaftstheorien außer acht lassen. Es gibt immer *verschiedene* Wahlmöglichkeiten für das Handeln einzelner Menschen und daher auch den Freiraum für ihre Initiative und Aktivität. Weder das einseitige Übertreiben der freiheitlichen Möglichkeiten des Menschen – bei Ignorierung seiner objektiv gegeben Eingeschränktheit – noch das Ablehnen der menschlichen Freiheit und das einseitige Überbetonen der Determiniertheit menschlichen Handelns entsprechen dem realen Leben.

Die mechanistische Auffassung der geschichtlichen Notwendigkeit und die Unterschätzung der individuellen Handlungsfreiheit drücken sich in der Ignoranz gegenüber den Motivationen subjektiven Handelns aus. In dieser Hinsicht sind es vor allem die *Bedürfnisse und Interessen* der Menschen, die außerhalb des Blickfelds der »Marxisten« bleiben, wobei sogar jede Frage nach der Rolle von menschlichen Interessen in der Geschichte, Ökonomik etc. als ein »subjektivistischer Psychologismus« abgetan wird.

Am deutlichsten wurde das in den Angriffen sowjetischer Ökonomen

---

* »(...) In der Geschichte der Gesellschaft sind die Handelnden lauter mit Bewußtsein begabte, mit Überlegung oder Leidenschaft handelnde, auf bestimmte Zwecke hinarbeitende Menschen; nichts geschieht ohne bewußte Absicht, ohne gewolltes Ziel. Aber dieser Unterschied (zur Natur, Anm. O. Š.), so wichtig er für die geschichtliche Untersuchung namentlich einzelner Epochen und Begebenheiten ist, kann nichts ändern an der Tatsache, daß der Lauf der Geschichte durch innere allgemeine Gesetze beherrscht wird.«

F. Engels, Ludwig Feuerbach und der Ausgang der klassischen deutschen Philosophie, K. Marx, F. Engels, Werke, Bd. 21, Berlin 1962, S. 296.

auf mein Buch *Ökonomik, Interessen, Politik**, in dem ich zum erstenmal versuchte, die Rolle der menschlichen Interessen – als objektiv bedingte Tätigkeitsmotivationen der Subjekte – in der gesellschaftlichen Entwicklung aufzuzeigen. In diesen Angriffen werden meine Ansichten verzerrt wiedergegeben, meine Beweise vollkommen unberücksichtigt gelassen; kein einziges sachliches Argument wird gegen meine Auffassungen vorgebracht, statt dessen wiederholt man dauernd nur, daß dieser »Psychologismus nicht der marxistisch-leninistischen Methode entspricht«, daß »so etwas ähnliches bereits Tugan-Barranowski gesagt hätte«, daß Lenin da und da gesagt hätte, »das materielle Sein und das gesellschaftliche Bewußtsein sei nicht identisch« usw.** Statt meine Theorie mit der Realität zu konfrontieren, wird sie abgelehnt allein auf Grund ihres Vergleichs mit dogmatisierten Kategorien, theoretischen Axiomen und abstrakten Einstufungen, in die bestimmte neue Ansichten nicht hineinpassen. Die Scholastik solcher und ähnlicher sowjetischer Polemiken kann nur mit der religiösen Scholastik des Mittelalters verglichen werden, in der gleichfalls die Kunst der Interpretation heiliger Schriften entscheidender war als die Realität.

Die höchst unwissenschaftliche Ablehnung einer Untersuchung des Zusammenhangs zwischen den objektiven gesellschaftlichen Beziehungen und dem interessenmäßig motivierten Handeln der Menschen hat nicht so sehr erkenntnistheoretische als vor allem politisch-ideologische Gründe. Am Ende einer jeden solchen Untersuchung müßte die Erkenntnis aufblitzen, daß die theoretisch vereinfacht erdachten und praktizierten »sozialistischen« Produktionsverhältnisse das Entstehen von Motiven solchen initiativen menschlichen Handelns, durch das sich die gesellschaftlich benötigte Entwicklung der wirtschaftlichen Interaktion durchsetzen könnte, eben nicht sichern. Man müßte zu der Schlußfolgerung kommen, daß die unterdrückten Marktbeziehungen – und die damit ebenfalls beseitigten Motivationen wirtschaftlicher Tätigkeit – im heutigen »Sozialismus« durch keine andere ökonomische Beziehung ersetzt worden sind. Diese Mängel der »sozialistischen« ökonomischen Beziehungen und die machtbürokratischen Hindernisse bei ihrer Überwindung können eingehender erst in meiner nachfolgenden Arbeit über die kommunistische Praxis aufgezeigt werden. Man muß aber hier schon sehen, daß die Forschungsgrenzen der

---

* Siehe zum Beispiel J. A. Kronrod, Vorwort zur russischen Übersetzung von O. Šik, »Ökonomik, Interessen, Politik«, Moskau 1964, welches ohne Wissen des Autors in sein übersetztes Buch eingefügt wurde.
Oder auch J. M. Mratschkowskaja, Vom Revisionismus zum Verrat, Kritik der ökonomischen Ansichten von O. Šik, Moskau 1970.
** Siehe S. M. Mratschkowskaja, ebenda, S. 24.

sowjetischen Ökonomen, Soziologen etc., was die konkretere Aufdeckung der Objekt-Subjekt-Beziehungen im allgemeinen und der sozialistischen Spielart im besonderen angeht, machtideologische Ursachen haben. Es ist kein Zufall, daß die »Marxisten« größtenteils nur von dem »Bewußtsein« der Menschen sprechen, das für sie als Entwicklung des Denkens der Arbeiter in Richtung der »marxistischen Klassenerkenntnis« wichtig ist. Daß aber die Arbeiter nicht nur als Klasse, sondern vor allem als Individuen innerhalb bestimmter gesellschaftlicher Bedingungen denken, fühlen und handeln, daß sie nur *über* ihre realen individuellen Interessen und Erfahrungen sehr allmählich und über viele Zwischenschritte zu einer Erkenntnis *gemeinsamer* Interessen kommen können, geht diesen »Marxisten« nicht in den Kopf.

Die Rolle der Interessen in der Ökonomik, die Notwendigkeit von Mechanismen, innerhalb derer sich die verschiedenen individuellen als auch spezifischen Gruppeninteressen gegenseitig ausspielen und durchsetzen können, wird von dem offiziellen »Marxismus« ganz geleugnet. Hier liegt übrigens auch die philosophische Grundlage der vereinfachten Vorstellungen vom »alles planenden Staatszentrum« im Sozialismus und von der Überflüssigkeit der Marktmechanismen.

Bei allen vergangenen Veränderungen der Produktionsverhältnisse mußten notwendig immer solche Bedingungen entstehen, unter denen die Menschen, oder doch wenigstens diejenigen, die über Produktionsmittel verfügten, ein *Interesse* hatten, zu produzieren. Und immer existierten bei den Menschen auch ökonomischer Zwang und Interessen, die sicherstellten, daß die Produktion den ökonomisch begründeten (durch die Verteilungsprozesse begrenzten) materiellen *Bedürfnissen** entsprechen wird.

Natürlich gibt es nicht nur materielle, ökonomische, sondern auch andere Bedürfnisse. Der Mensch verspürt Bedürfnisse in ganz verschiedener Hinsicht – nach der Natur etwa, oder nach anderen Menschen, nach Gemeinschaften; er hat Bedürfnisse nach eigener Betätigung, Bewegung, Aktion; bei ihm entstehen Bedürfnisse nach Kunst, nach Wissen, nach Phantasie, nach Entdeckungen usw. Als gemeinsamer Nenner all *dieser* Bedürfnisse kann nicht nur das Gefühl des *existierenden* Mangels genannt werden, da die Menschen versucht sind, dem Mangel zum Beispiel vorzubeugen.** Sie haben auch ständige Bedürfnisse nach Dingen, Beziehungen

---

* »Bedürfnis ist das Gefühl eines Mangels mit dem Streben, ihn zu beseitigen.« Th. Gabler, Wirtschafts-Lexikon, Hamburg 1969, S. 369.
** »Die Bedürfnisse der Menschen entstehen natürlich nicht nur dann, wenn der Mangel an bestimmten unerläßlichen Gegenständen bereits die Entwicklung zu behindern beginnt, wenn zum Beispiel der Organismus bereits abzuzehren beginnt, sondern auch dann, wenn der Mangel an etwas nicht Ausdruck eines Mangels an den für die Erhaltung

etc., die noch nicht direkt als Mangel verspürt werden, aber potentiell verlorengehen könnten. Es gibt also Bedürfnisse sowohl als Folge eines bereits bestehenden Mangels, als auch als Ausdruck eines *potentiellen* Mangels, mit dem Bestreben, diesem vorzubeugen. Neben Bedürfnissen nach nicht oder ungenügend vorhandenen Sachen, Beziehungen, Verhältnissen, Tätigkeiten etc. gibt es daher auch Bedürfnisse nach ihrer fortwährenden Erhaltung.

So wie man ökonomische und nichtökonomische Bedürfnisse unterscheiden muß, so gibt es andererseits auch ökonomische und nichtökonomische Interessen. Nur unter dem Aspekt der Wechselwirkung zwischen der Wirtschaft und den ökonomischen Bedürfnissen und Interessen kann die wirtschaftliche Entwicklung, ihre dauernde quantitative als auch zeitweise wesentliche, qualitative Änderung verstanden werden. Es konnten überhaupt keine neuen Produktionsverhältnisse, keine neuen Formen von Produktionskooperationen, von Tauschverhältnissen, von Einkommensbildung, Einkommensverteilung etc. entstehen, bei denen das ökonomische Interesse an einer gesellschaftlich notwendigen Produktion nicht entstanden wäre. Dieses ökonomische Interesse war der entscheidende Anreiz für ein ökonomisches Handeln und sicherte die notwendige Entwicklung der produktiven Arbeit, des Handels, der finanziellen Interaktion etc., auch wenn die komplizierten gesellschaftlichen ökonomischen Zusammenhänge noch überhaupt nicht oder ungenügend bekannt waren.

Obwohl aber diesen *ökonomischen Interessen* eine so immense Bedeutung in der ganzen bisherigen ökonomischen Entwicklung zukommt, hat der offizielle Marxismus bis heute nicht für wichtig gehalten, das Wesen der ökonomischen Interessen weiter zu erforschen, ihren Zusammenhang mit den ökonomischen Verhältnissen, ihre Rolle in der Ökonomik, ihre spezifischen Entwicklungswege etc. zu erkennen. Man kann zwar die allgemeinsten Entwicklungsgesetze der Ökonomik aufdecken und dabei von der Rolle der ökonomischen Interessen abstrahieren, respektive sich nur mit der Formulierung des allgemeinsten Zusammenhangs zwischen Ökonomik und ökonomischen Interessen begnügen, wie man es hie und da bei Marx

des menschlichen Organismus unerläßlichen Stoffen, sondern höherer Mängel, beziehungsweise hochentwickelter, aufreizender Impulse ist. Gerade beim Menschen entstehen Bedürfnisse, die sich quantitativ und qualitativ von den elementarsten natürlichen Bedürfnissen der Tiere unterscheiden und sich auch ständig weiter entwickeln. Es sind menschliche Bedürfnisse, die auf der Grundlage der gesellschaftlichen Produktion entstehen und daher ihren spezifisch menschlichen Charakter besitzen.«
O. Šik, Ökonomik, Interessen, Politik, Praha 1962, S. 292.

oder Engels findet*. Aber um bewußt, das heißt mit zuvor erarbeiteter Kenntnis aller wichtigen Zusammenhänge die Produktionsverhältnisse zu ändern, genügt die bloße Abstraktion eben nicht.

Ein ökonomisches Interesse ist immer das Interesse von Menschen, das durch deren Stellung in bestimmten ökonomischen Verhältnissen hervorgerufen wird. Je nach den gegebenen historischen Verhältnissen werden sich auch die ökonomischen Interessen der Menschen konkret ändern, wobei zugleich wesentlich unterschiedliche Stellungen von Menschengruppen, Schichten oder Klassen auch wesentliche Unterschiede ihrer Interessen innerhalb der jeweils historisch gegebenen ökonomischen Verhältnisse hervorrufen.

Immer sind die ökonomischen Interessen in ihrer historischen Spezifikation durch die spezifischen ökonomischen Verhältnisse hervorgebracht, und immer wirken wieder die Interessen durch die interessenmäßige Tätigkeit der Menschen auf die Entwicklung der Ökonomik. Neue, progressive ökonomische Verhältnisse haben sich nur dadurch durchsetzen und entfalten können, daß sie auch neue, progressive ökonomische Interessen der Menschen hervorgerufen haben, die in einer neuen Weise die Produktivkräfteentwicklung beschleunigten. Wenn alte ökonomische Verhältnisse sich zu überleben begannen, spiegelte sich das nicht nur in einem wachsenden Widerstand von interessenmäßigen Gegnern dieser Verhältnisse wider, sondern zugleich in der Entstehung neuer, zukunftsreicher ökonomischer Tätigkeiten und Produktionsformen, die immer mit neuen Interessen verbunden waren. Die neuen ökonomischen Subjekte waren auch immer in dieser oder jener Form an der Umgestaltung der bisherigen Verhältnisse interessiert, da diese die volle Entfaltung ihrer ökonomischen Tätigkeit bremsten.

Auch wenn die verschiedensten Impulse und Anregungen auf die Menschen einwirken und jedes menschliche Handeln das Ergebnis vielfältiger und komplexer Einflüsse ist, darf dieses Argument nicht wieder zu einem willkürlichen Übersehen der jeweils wichtigsten und wesentlichen Anlässe führen. So wie eine spezifisch künstlerische Tätigkeit sich schwerlich ohne ein spezifisch künstlerisches *Interesse* entwickeln wird – auch wenn dieses

---

* »Die ökonomischen Verhältnisse einer gegebenen Gesellschaft stellen sich zunächst dar als *Interessen.*«
  K. Marx, F. Engels, Werke, Bd. 18, Berlin 1962, S. 274.
  »Die Fixierung der Interessen durch die Teilung der Arbeit und die Klassenverhältnisse liegt noch viel mehr auf der Hand als die der ›Begierden‹ und ›Gedanken‹.«
  K. Marx, F. Engels, Die Deutsche Ideologie, Bücherei des Marxismus-Leninismus, Bd. 29, Berlin 1953, S. 266.

wiederum durchaus das Ergebnis von ganz verschiedenen Impulsen sein kann oder von heterogenen Faktoren ständig beeinflußt wird –, so unterliegt auch das ökonomische Interesse sehr komplizierten Einflüssen. Dennoch ist es ein spezifisches, von allen anderen unterschiedenes Interesse, das für die ökonomische Tätigkeit der Menschen ausschlaggebend ist.

Wenn sich in der Vergangenheit von selbst immer nur solche Produktionsformen entwickeln konnten, bei denen die über die Produktion entscheidenden Menschen ein hinreichendes ökonomisches Interesse hatten, dann müßten auch jene Produktionsverhältnisse, die der marxistischen Theorie gemäß die kapitalistischen Produktionsverhältnisse ersetzen sollen, ein neues ökonomisches Interesse an einer optimalen Produktionsentwicklung hervorrufen. Ohne ein solches Interesse sind die Formen der neugeschaffenen Produktionsverhältnisse mit Sicherheit nicht die richtigen, und es kann sich auch keine effektivere Entwicklung der Produktivkräfte durchsetzen.

Der Versuch, sich über dieses Problem mit dem Hinweis hinwegzusetzen, daß ein allgemeines ökonomisches Interesse der *ganzen* sozialistischen Gesellschaft entsteht, beweist nur die totale Unkenntnis des Wesens der Interessen überhaupt. Man ignoriert dabei, daß das »allgemeine Interesse aller« eine *Abstraktion* ist, die im Grunde nur einen Allgemeinplatz darstellt (indem sie nur aussagt, wodurch sich diese zum Beispiel von anderen menschlichen Antrieben oder psychischen Erscheinungen unterscheiden). Dabei werden aber alle konkreten Aspekte beiseite gelassen, durch die sich die Interessen breiter Menschenschichten, innerhalb dieser wieder die Interessen einzelner kleinerer sozialer Gruppen, und darin schließlich die Interessen der jeweils einzelnen Individuen voneinander unterscheiden. Schon Engels hat betont, daß auf Grund der sich entwickelnden Arbeitsteilung, die zur Auflösung der Urgemeinschaften beitrug, auch bei allen neu entstehenden Berufsgruppen ein spezifisches Interesse heranwuchs.* Auch in diesen spezifischen Interessen wird man damals schon das abstrakt Allgemeine, Gemeinsame, entdeckt haben können, ohne daß damit die konkreten Interessen*unterschiede* beseitigt worden wären.

Auch wenn sich das *allgemeine* Interesse der arbeitenden Menschen

---

* »Die Teilung der Arbeit zwischen den verschiedenen Produktionszweigen: Ackerbau, Handwerk, im Handwerk wieder zahllose Unterarten, Handel, Schiffahrt usw., hatte sich mit den Fortschritten der Industrie und des Verkehrs immer vollständiger entwickelt; die Bevölkerung teilte sich nun nach ihrer Beschäftigung in ziemlich feste Gruppen, deren jede eine Reihe neuer, gemeinsamer Interessen hatte, für die in der Gens oder Phratrie kein Platz war, die also zu ihrer Besorgung neue Ämter nötig machten.«
K. Marx, F. Engels, Werke, Bd. 21, Berlin 1962, S. 111.

unter sozialistischen Bedingungen von dem Interesse der Handwerker im Mittelalter oder Altertum wohl erheblich unterscheidet, so wird diese Unterscheidung dennoch eine Abstraktion bleiben, die die Existenz konkreter Interessenunterschiede selbstverständlich nicht aufhebt. Im Sozialismus muß nicht nur eine stark differenzierte Arbeitsteilung bestehen bleiben, sondern auch große Unterschiede zwischen leitender und geleiteter, zwischen vorrangig physischer und vorrangig intellektueller Arbeit – Unterschiede auch zwischen den Einkommen der verschiedenen sozialen Gruppen. Und mit all dem bleiben selbstverständlich auch sehr wesentliche Interessenunterschiede zwischen unterschiedlichen sozialen Gruppen. So wie in allen ökonomischen Systemen das *ökonomische Interesse* der Individuen durch die wesentlich unterschiedliche Stellung der Menschen beziehungsweise Menschengruppen in den ökonomischen Verhältnissen bestimmt war, so sind auch im heutigen »sozialistischen« System die ökonomischen Interessen der verschiedenen sozialen Gruppen höchst differenziert.

Daß der offizielle Marxismus die ganze Interessenproblematik ignoriert, hat nicht einmal primär erkenntnistheoretische, sondern vielmehr interessenmäßige Gründe. Es sind dies ganz bestimmte Machtinteressen, die die Ausarbeitung und Aufklärung dieser Problematik zu unterdrücken versuchen, da man die Existenz von Interessenwidersprüchen und Differenzen innerhalb des Sozialismus bestreitet. Die verschiedensten Theoretiker und Ideologen in diesen Ländern behaupten, daß im Sozialismus kein Widerspruch zwischen den individuellen und gesellschaftlichen Interessen existiere.*

Auch mit Phrasen über das »neue Bewußtsein im Sozialismus« u. ä. kann die Rolle von ökonomischen Interessen innerhalb der ökonomischen Entwicklung nicht übergangen werden. Man kann dieses »neue Bewußtsein« entweder als Erkenntnis bestimmter objektiver Zusammenhänge (zum Beispiel innerhalb der neuen Ökonomik oder anderer Gesellschaftssphären), oder als Erkenntnis der allgemeinen Interessen, als Abstraktion aus den unterschiedlichen Interessen verschiedener Gruppen auffassen. Auch wenn ein solches Bewußtsein bei einem Bevölkerungsteil im Sozialismus entstehen kann – niemals werden dazu allein die Erfahrungen dieser Menschen genügen, denn es handelt sich um so abstrakte, nur durch die Wissenschaft aufzudeckende Prozesse und Zusammenhänge, daß zu

---

* »Nur in der sozialistischen Gesellschaft kann diese Einheit konkret gelebt werden, da es in ihr keinen Widerspruch zwischen den individuellen und gesellschaftlichen Interessen gibt.«
H. Hiebsch, Sozialpsychologische Grundlagen der Persönlichkeitsformung, Berlin 1969, S. 71.

ihrer bewußtseinsmäßigen Realisierung – neben den Erfahrungen –
immer auch ein sehr anstrengendes Studium nötig sein wird. Trotz aller
Studien und trotz allen vernunftmäßigen Begreifens zum Beispiel des
Wesens »allgemeiner ökonomischer Interessen aller arbeitenden Menschen
im Sozialismus« kann diese Erkenntnis nicht die Existenz und Rolle von
spezifischen ökonomischen Interessen in der Wirtschaft ersetzen. Auch
zwischen den ökonomischen Interessen und der Erkenntnis gibt es eine
Wechselbeziehung. Deren Ignorierung aber ist nur ein weiterer Ausdruck
dafür, daß eben all die ungeheuren Schwierigkeiten unterschätzt werden,
die mit einer »bewußten« Einführung neuer Produktionsverhältnisse verbunden sind.

Und weil die Rolle der Interessen – besonders der ökonomischen Interessen in der Gesellschaft: ihre gesellschaftliche Bedingtheit und zugleich
ihre treibende Entwicklungswirkung – vom offiziellen »Staatsmarxismus«
vollkommen ignoriert wird, ist es notwendig, hier näher auf diese einzugehen.

Das Wesen der ökonomischen Interessen

Jeder einzelne Mensch hat eine Fülle von ganz verschiedenen Interessen.
Dementsprechend werden die Interessen in der Gesellschaft um so zahl-
reicher und vielfältiger sein. In der Menge der differenziertesten individuellen Interessen kann man aber ähnliche oder gleiche wesentliche Inter-
essenzüge einer Mehrzahl von Individuen aufdecken. So wie man die
Interessen selbst aufteilen und kategorisieren kann (zum Beispiel in ökonomische, künstlerische, politische, sexuelle, sportliche usw. Interessen),
so kann man natürlich auch innerhalb einzelner Interessenkategorien bei
bestimmten Gruppen von Menschen wieder dieselben wesentlichen Interessenelemente erkennen. Menschen etwa, die in bestimmten ökonomischen
Verhältnissen eine sehr ähnliche soziale Stellung einnehmen, auf dieselbe
– von anderen sozialen Gruppen wesentlich unterschiedene – Weise ökonomisch tätig sind und ihren Lebensunterhalt bestreiten, werden auch
wesentlich gleiche ökonomische Interessen haben.

So wie die Gesellschaft selbst ungemein kompliziert strukturiert ist,
so kompliziert wird auch ihre soziale Interessenstruktur sein. Man könnte
den verschiedensten Interessen nachgehen, die verschiedensten sozialen
Interessengruppierungen und Interessengegensätze aufdecken. Wenn wir
aber die ökonomischen Interessen aus der großen Menge von individuellen
Interessen herausgreifen und Menschen, die gleichartige ökonomische
Stellungen einnehmen, in Gruppen zusammenfassen und ihnen die glei-

chen ökonomischen Interessen zuschreiben, so ist das eine Abstraktion. In der konkreten Wirklichkeit haben natürlich alle Individuen nicht nur verschiedene individuelle Interessen, sondern die ökonomischen Interessen werden auch bei jedem Individuum verschieden stark sein, werden beim einzelnen differenzierte Aktivitäten hervorrufen etc. Und doch ist unsere Abstraktion richtig, denn sie beruht auf der Erkenntnis, daß ökonomisch gleichgestellte Personen *wesentlich* gleiche ökonomische Interessen (innerhalb ihrer verschiedenen anderen Interessen) aufweisen; übereinstimmende Interessen also, deren in unwesentlichen Einzelheiten gleichwohl differenzierter Charakter ihre wesentliche, qualitative Gleichheit nicht prinzipiell aufhebt.*

In dieser Arbeit geht es weder um eine spezifisch philosophische noch soziologische Behandlung der Interessen. Einen Beitrag zur Philosophie der Interessen habe ich bereits in meinem Buch *Interessen, Ökonomik, Politik*** geleistet, in dem ich versuchte, das Wesen und die Rolle der Interessen in der Gesellschaft eingehend zu beleuchten. Auch wenn dieses Buch selbst noch unter dem Einfluß der offiziellen dogmatischen »marxistischen« Lehre stand, halte ich meine dort aufgestellten grundsätzlichen Behauptungen über das Wesen und die soziale Rolle der ökonomischen Interessen bis heute für richtig.

In der vorliegenden Arbeit geht es daher nicht um eine Wiederholung dieser Betrachtungen, sondern – auf diese Erkenntnisse gestützt – um die Hervorhebung der *Wichtigkeit* einer richtigen Erkenntnis und Einschätzung menschlicher Interessen. Jede Theorie, die auf Grund des Studiums der vergangenen Entwicklung die Wege zu einer zielbewußten Beeinflussung und Umgestaltung der zukünftigen gesellschaftlichen Entwicklung sucht, darf die Rolle der menschlichen Interessen, und vor allem der ökonomischen Interessen in dieser Entwicklung, nicht umgehen.

In dem erwähnten Buch definiere ich das allgemeinste Wesen der menschlichen Interessen folgendermaßen:

»Die Interessen sind konzentrierte, relativ länger währende Ausrichtungen der Menschen auf die Befriedigung bestimmter objektiv hervorgerufener Bedürfnisse, deren Befriedigung entweder unzulänglich ist, so daß das Verlangen nach ihrer Befriedigung ständig die Gedanken der Menschen beschäftigt, oder deren Befriedigung (kraft der hervorgerufenen

---

* »Der Zusammenschluß der Angehörigen einer Rangstufe, das ist die Ausbildung eines Klassensystems, scheint in größeren Gruppen bzw. in komplexen Gesellschaften kaum vermeidbar zu sein.«
P. R. Hofstätter, Einführung in die Sozialpsychologie, Stuttgart 1966, S. 413.
** Ekonomika, zájmy, politika, NPL, Praha 1962, deutsche Ausgabe »Ökonomik, Interessen, Politik«, Berlin 1966, russisch »Ekonomika, interesy, politika«, Progress, Moskau 1964.

Emotionen und Lustgefühle) außerordentliche Aufmerksamkeit und das sich wiederholende und unter Umständen vertiefende Verlangen des Menschen hervorruft.* Sie zeigen sich meist in der Tätigkeit der Menschen, die ständig aufs neue, sehr energisch, standhaft und oft leidenschaftlich die Befriedigung dieser Bedürfnisse verfolgen, wodurch sie die Interessen zur Geltung bringen und durchsetzen.

Die Interessen entstehen durch eine bestimmte systematische Einwirkung der Umwelt auf das Subjekt und stellen sein aktives Verhältnis zu dieser Umwelt dar.** In ihnen zeigt sich am deutlichsten die gesellschaftliche Stellung des betreffenden Subjekts, besonders seine ökonomische Stellung, seine soziale Herkunft, seine Erziehung, seine Lebenserfahrungen, seine gesellschaftlichen Beziehungen, seine Arbeit oder auch ›Nichtarbeit‹ usw.«

Die *ökonomischen* Interessen sind danach spezifische Interessen innerhalb des breiten Spektrums möglicher menschlicher Interessen, und sie unterscheiden sich von diesen anderen nicht nur durch das spezifische Interessen*objekt,* sondern überwiegend auch durch ihre Stärke und entscheidende Rolle in der menschlichen Aktivität. Als ökonomisches Interesse ist das Interesse an der ökonomischen Tätigkeit selbst, oder das Interesse an den Resultaten dieser ökonomischen Tätigkeit anzusehen, das heißt an der Aneignung und Konsumtion von Produkten, an der Anhäufung von Geld, an der Aneignung von bestimmten Einkommensteilen, von Löhnen, Profiten, Zinsen etc. Es ist also ein Interesse, das durch die ökonomischen Verhältnisse hervorgerufen wird und durch die zielbewußte und willensstarke Tätigkeit in Richtung des Interessenobjekts (sei es der ökonomischen Tätigkeit selbst, oder der ökonomischen Güter) auf die Ökonomik zurückwirkt.

* »Die Gegenstände, auf die sich das Interesse richtet, sind dem Bedarf und den Bedürfnissen eines Menschen komplementär. Sie besitzen teils positiven, teils negativen *Aufforderungscharakter* und lösen daher entweder ein *Appetenz-* oder ein *Aversionsverhalten* aus, bisweilen allerdings auch einen *Konflikt* zwischen diesen beiden Tendenzen.« P. R. Hofstätter, Psychologie, Frankfurt/M. 1957, S. 179.
** Hier sei jene Interessendefinition hervorgehoben, welche J. Habermas als die Kantsche, von Fichte weiterentwickelte Auffassung wiedergibt: »Interesse überhaupt ist das Wohlgefallen, das wir mit der Vorstellung von der Existenz eines Gegenstandes oder einer Handlung verbinden. Das Interesse zielt auf das Dasein, weil es eine Beziehung des interessierenden Gegenstandes zu unserem Begehrungsvermögen ausdrückt. Entweder setzt nämlich das Interesse ein Bedürfnis voraus, oder das Interesse bringt ein Bedürfnis hervor.« J. Habermas, Erkenntnis und Interesse, Frankfurt 1968, S. 244–245.
Die Vorstellung von jenen Bedürfnissen, welche durch Interessen hervorgerufen werden sollen, entspricht Kants Unterscheidung von empirischen und reinen Interessen. Diese pervertierte Vorstellung wird im weiteren in Zusammenhang mit Kants Moralauffassung behandelt.

Während der ganzen bisherigen historischen Entwicklung nahm die ökonomische Tätigkeit den größten Teil der menschlichen Tätigkeit überhaupt für sich in Anspruch und war zugleich bei der Mehrheit der Menschen mit Interessen verbunden, die man als ökonomische Interessen bezeichnen kann. Immer hingen diese ökonomischen Interessen und die ökonomische Tätigkeit in einer gegenseitigen Wechselwirkung zusammen – immer riefen ökonomische Interessen die ökonomische Tätigkeit hervor, und immer förderte diese Tätigkeit wieder ökonomische Interessen. Aber keineswegs immer waren es die produzierenden Menschen, die ein ökonomisches Interesse an ihrer eigenen Tätigkeit hatten, und es war daher nicht nur diese ökonomische Tätigkeit selbst, die zum ökonomischen Interesse der Menschen wurde.

Ebenso wie andere Interessen, kann man auch die ökonomischen Interessen weiter unterteilen und bei verschiedenen sozialen Gruppen, bei verschiedenen Klassen, Schichten, professionellen Gruppen usw., unterschiedliche ökonomische Interessen aufdecken. Wesentlich differenzierte Stellungen innerhalb der Wirtschaft (oder auch außerhalb der Wirtschaft) rufen auch spezifische ökonomische Interessen hervor. Die ökonomischen Interessen entwickeln sich im Zusammenhang mit der Änderung der ökonomischen Tätigkeit oder Stellung.

Ökonomische Tätigkeiten

Ökonomische Tätigkeiten sind alle Tätigkeiten, die die *materielle Konsumtion,* das heißt den Konsum von materiellen Gütern *vermitteln.* Es sind dies:

a) Alle Tätigkeiten, die *unmittelbar* mit der Erzeugung dieser materiellen Güter oder den produktiven Dienstleistungen* verbunden sind. Also alle direkt produktiven Arbeiten, aber auch jene Arbeiten, die mit der ideellen Vorbereitung der Produktion, mit der Projektierung, Konstruktion, technischen Vorbereitung etc. verbunden sind.

b) Alle Tätigkeiten, die mit der Verteilung und dem Austausch von materiellen Gütern zusammenhängen. Das heißt alle Handelstätigkeit, finanzielle Tätigkeit (geldmäßige Verteilung und Wiederverteilung von materiellen Gütern), Lagerarbeiten, Transporttätigkeit etc.

c) Alle direkte Gründer- und Leitungstätigkeit dieser wirtschaftlichen Tätigkeiten, also die Tätigkeit der Unternehmer, des Managements, der Aufsichtspersonen, Kontrollorgane, Evidenztätigkeiten etc.

* Als produktive Dienstleistungen bezeichne ich jene Dienstleistungen, die der Erhaltung oder Reparatur materieller (von der Produktion bereits hergestellter) Güter dienen.

Alle Sphären innerhalb der Gesellschaft, in denen diese ökonomische
Tätigkeit konzentriert und organisiert verläuft (wobei sich immer kleinere
oder größere Kooperationen der ökonomisch tätigen Menschen bilden),
bezeichne ich als Wirtschaftssphären. In ihrer Gesamtheit bilden die ökonomischen Tätigkeiten – zusammen mit ihren materiellen Bedingungen
und Resultaten, in ihrer Bewegung bis in die Konsumtionssphäre – die
Volkswirtschaft oder Ökonomik.* Die Volkswirtschaft bildet also die
Summe aller wirtschaftlichen oder ökonomischen Tätigkeiten, sowie ihrer
inneren als auch äußeren Beziehungen. Und diese Summe ist als solche
ebenfalls eine Abstraktion. Aus der Gesamtheit der gesellschaftlich benötigten Tätigkeiten wird jene Gruppe von Tätigkeiten herausgegriffen,
durch die materielle Güter respektive produktive Dienstleistungen vorbereitet, hergestellt, verteilt, ausgetauscht und der Konsumtion zugeführt
werden.

Die gesamte wirtschaftliche Tätigkeit ist von der nichtökonomischen
Tätigkeit wesentlich unterschieden, auch wenn es immer Übergangser-
scheinungen geben wird, die durch bloße Definition keineswegs extra-
poliert werden können oder dürfen. Selbst wenn nichtökonomische Tätigkeiten die ökonomischen wesentlich beeinflussen oder sogar bedingen, so
kann man deshalb nicht solche nur vermittelnde Tätigkeiten, deren Objekt aber nicht direkt Erzeugung, Verteilung oder Austausch von materiellen Gütern ist, mit der ökonomischen Tätigkeit identifizieren. Auf den
ersten Blick ist ersichtlich, daß solche Tätigkeiten wie die

Erziehungstätigkeit
medizinische Tätigkeit
künstlerische Tätigkeit**

---

* »Unter den ökonomischen Verhältnissen, die wir als bestimmende Basis der Geschichte
der Gesellschaft ansehen, verstehen wir die Art und Weise, worin die Menschen einer
bestimmten Gesellschaft ihren Lebensunterhalt produzieren und die Produkte untereinander austauschen (soweit Teilung der Arbeit besteht). Also die *gesamte Technik* der
Produktion und des Transports ist da einbegriffen. Diese Technik bestimmt nach unserer
Auffassung auch die Art und Weise des Austausches, weiterhin der Verteilung der
Produkte und damit, nach der Auflösung der Gentilgesellschaft, auch die Einteilung
der Klassen, damit die Herrschafts- und Knechtschaftsverhältnisse, damit Staat, Politik,
Recht etc. Ferner sind einbegriffen unter den ökonomischen Verhältnissen die *geogra-
phische Grundlage*, worauf diese sich abspielen, und die tatsächlich überlieferten Reste
früherer ökonomischer Entwicklungsstufen, die sich forterhalten haben, oft nur durch
Tradition oder vis inertiae, natürlich auch das diese Gesellschaftsform nach außen hin
umgebende Milieu.«
K. Marx, F. Engels, Werke, Bd. 39, Berlin 1968, S. 205.
** Auch wenn bei vielen Künstlern, etwa den Bildhauern, Malern u. ä., das Resultat
ihrer Tätigkeit auch materielle Güter sind, so ist hier das materielle Produkt nicht der
eigentliche Zweck dieser Tätigkeit. Der Zweck ist die Darstellung oder Vermittlung

publizistische Tätigkeit
Staatsverwaltungstätigkeit etc. etc.
nicht primär in die Kategorie der ökonomischen Tätigkeiten eingereiht
werden können.

Bei der Produktion, der Verteilung und dem Austausch von materiellen
Gütern entstehen ökonomische Beziehungen zwischen allen Menschen in
der Gesellschaft. Es sind also nicht nur Beziehungen zwischen den ökonomisch tätigen, sondern auch zwischen diesen und den nichtökonomisch
tätigen Menschen. Diese Beziehungen in ihrer Gesamtheit machen die
ökonomischen Verhältnisse aus. Alle Menschen müssen in die ökonomischen Verhältnisse mit einbezogen sein, denn außerhalb dieser könnten sie
nicht existieren. Auch wer nicht direkt produziert, Handel treibt, trans-
portiert etc., muß auf die eine oder andere Weise an den Resultaten der
Produktion, und daher auch an dem System der Verteilung, teilhaben.

Der Begriff der ökonomischen Beziehungen oder Verhältnisse ist daher
in gewissem Sinn breiter als der Begriff »Summe wirtschaftlicher Tätigkeiten«. Nur durch die Verteilungs- und Austauschbeziehungen werden
auch alle jene nichtwirtschaftlichen Tätigkeiten mit in die ökonomischen
Beziehungen hineingezogen, die nicht als eigentlicher Bestandteil der
Wirtschaft angesehen werden können. Die Sphäre der künstlerischen, der
medizinischen, der bildungsmäßigen oder ähnlichen Tätigkeiten kann
nicht primär als Bestandteil der Wirtschaftssphäre angesehen werden,
denn wollte man diese Differenzierung nicht durchführen, so würde sich
der Begriff der Wirtschaft auf die *gesamte* gesellschaftliche Tätigkeit be-
ziehen – und dadurch seinen *spezifischen* Erkenntniswert verlieren.

Weil jedoch auch zwischen wirtschaftlichen und nichtwirtschaftlichen
(ökonomischen und nichtökonomischen) Tätigkeiten bestimmte Aus-
tauschverhältnisse bestehen, entsteht eine Verquickung der Wirtschaft mit
dem, was nicht Wirtschaft ist: eine gewisse gegenseitige Durchdringung.
Auch in Sphären der nichtökonomischen Tätigkeit entstehen durch die
geldmäßigen Tauschverhältnisse Geldeinkommen und -ausgaben. Zugleich damit setzt sich auch hier das ökonomische Prinzip der höchsten
Wirtschaftlichkeit durch, das in einer Rechnungsform ausgedrückt werden
kann und zur nötigen Sparsamkeit mit den gesellschaftlich knappen
menschlichen Arbeits- und Materialressourcen führt. Dennoch darf die
Durchdringung dieses ökonomischen Prinzips in die nichtökonomische
Tätigkeitssphäre in der Praxis nicht dazu führen, daß der Begriff »Wirtschaft« mit dem Begriff »gesellschaftlich nützliche Tätigkeit« in der Theorie identifiziert wird.

von künstlerischen Empfindungen und Vorstellungen, bei denen das materielle Substrat
nur eine unumgängliche Notwendigkeit vorstellt.

Auch mit den Zusammenhängen zwischen wirtschaftlicher und nichtwirtschaftlicher Tätigkeit befaßt sich die Wirtschaftswissenschaft (Ökonomie), deren Forschungsobjekt eben die ökonomischen Beziehungen*, sowohl innerhalb der ökonomischen Tätigkeitssphäre als auch zwischen
dieser und der nichtökonomischen Tätigkeitssphäre sind.

Die Tatsache dieser Verflechtung von Wirtschaft und Nichtwirtschaft
in der Gesellschaft kann also nicht den wesentlichen Unterschied zwischen
wirtschaftlicher und nichtwirtschaftlicher Tätigkeit einerseits und andererseits zwischen wirtschaftlichen (ökonomischen) und nichtwirtschaftlichen
(künstlerischen, ideologischen, religiösen, moralischen, politischen etc.) Beziehungen in der Gesellschaft aufheben.

Je nachdem, was nun – vorwissenschaftlich – als wichtigstes Erkenntnis-
und Forschungsobjekt betrachtet wird, sei es ein bestimmtes, spezifisches
menschliches Handeln, seine Resultate und die dadurch entstandenen Beziehungen in der Gesellschaft, oder seien es die Tausch- und Verteilungsprozesse als solche, aus denen dann bestimmte menschliche Tätigkeiten
abgeleitet werden – je nachdem unterscheiden sich auch die Begriffe der
Wirtschaftswissenschaft.

Die marxistische Betrachtungsweise geht auf Grund ihrer Geschichtsphilosophie von der wesentlichen Unterscheidung der menschlichen Tätigkeiten
selbst aus. Sie unterscheidet nämlich die Produktion materieller Güter
von der nichtproduktiven Tätigkeit und verfolgt natürlich nicht nur die
Verteilung und den gegenseitigen Austausch der materiellen Güter, sondern auch deren Auswirkungen auf nichtproduktive Dienstleistungen. Sie
betrachtet also die wirtschaftlichen Tätigkeiten nicht nur in ihren immanenten Beziehungen, sondern auch in ihren ökonomischen Beziehungen
zu den nichtwirtschaftlichen Tätigkeiten und daher auch als spezifische
Tätigkeits- und Beziehungssphäre in der Gesellschaft, die von der ökonomischen Wissenschaft erforscht wird. In demselben Sinn wird auch die
spezielle statistische Erfassung der Summe der produzierten materiellen
Güter in ihrem preislichen Wertausdruck als Resultat dieser produktiven
Tätigkeit für wichtig befunden und als gesellschaftliches Bruttoprodukt
angeführt.

---

* »Die politische Ökonomie befaßt sich also mit den Gesetzen der Produktion von
Gütern und ihrer Zuführung in die Hände der Menschen, die mit Hilfe dieser Güter
ihre individuellen oder kollektiven Bedürfnisse befriedigen (...) Die Produktion und
Verteilung der Güter, welche zwei Gebiete der gesellschaftlichen Tätigkeit des Menschen
darstellen, kann man mit dem Oberbegriff *Wirtschaftstätigkeit* oder einfach als *Wirt-
schaften* bezeichnen.«
O. Lange, Politische Ökonomie, Bd. 1, Frankfurt/Wien 1963, S. 36.

Die nichtmarxistische Auffassung der Wirtschaft geht vor allem von der Verfolgung der Einkommen in der Gesellschaft aus, wobei nicht nur die Geldeinkommen, aus den Tauschprozessen stammend, sondern auch die Naturaleinkommen, zum Beispiel von Bauern, in diese mit einberechnet werden. Dieses Einkommen wird nur sehr abstrakt als Zufluß von Nutzwerten einzelner Subjekte interpretiert.* Dadurch erhalten diese Nutzwerte einen übergebührlich breiten Rahmen und werden dadurch im Grunde schon als das Resultat aller gesellschaftlich nützlichen Tätigkeit aufgefaßt. So wird dann auch alle gesellschaftliche Tätigkeit im breitesten Wortverstand als produktive Tätigkeit gesehen** und der preislich ausgedrückte Wert aller Tätigkeitsresultate (ohne Unterscheidung von produktiver und nichtproduktiver Tätigkeit) als Sozialprodukt dargestellt und statistisch erfaßt.

In diesem theoretischen Konzept wird jedoch der Begriff »wirtschaftliche Tätigkeit« mit dem Begriff »gesellschaftlich nützliche Tätigkeit« einfach identifiziert. Damit besteht aber kein Unterschied etwa zwischen der Tätigkeit eines Musikers und eines Verkäufers: beide werden schlichtweg zu Wirtschaftstätigkeiten, denn beide dienen der Beschaffung von Einkommen. Das ist zwar unter dem Gesichtspunkt der Einkommensbeschaffung wahr, jedoch nicht unter dem der gesellschaftlichen Wirkung verschiedener Tätigkeiten. Es gibt aber Tätigkeiten, die den Mitmenschen künstlerische Eindrücke, medizinische Dienstleistungen oder gute Erziehung vermitteln, und es gibt Tätigkeiten, die mit der Produktion, dem Austausch und der Verteilung von materiellen Gütern verbunden sind. Den wesentlichen Unterschied zwischen diesen zwei großen Gruppen von Tätigkeiten zu übersehen, bedeutet eigentlich, die spezifische Problematik der Wirtschaft zu liquidieren.

Die Spezifik der wirtschaftlichen Beziehungen, die mit sehr komplizierten Problemen zusammenhängt, besteht vor allem darin, daß die materiellen Güter, als lebenswichtige Güter, nach beendeter Produktion als Werte unabhängig von der Produktionstätigkeit existieren. Während die Übergabe des Nutzwertes einer Dienstleistung nicht von dieser selbst ab-

---

* »Unter dem Einkommen verstehen wir den Zufluß an Werten, den ein Subjekt während einer bestimmten Periode erfährt. Als Periode wird in der Regel beim Einkommen des einzelnen das Jahr oder der Monat verwendet. Bei diesem Wertzufluß kann es sich um Einkünfte in Geld oder um Naturaleinkünfte oder um eine aus Geld- und Naturaleinkünften zusammengesetzte Größe handeln.«
A. Jöhr, Volkswirtschaftslehre Bd. 1, St. Gallen 1969, S. 4.
** »Das Einkommen der Beamten, auf Grund der Überlegung, daß die Tätigkeit der staatlichen Verwaltung, indem sie allgemein anerkannte Zielsetzungen realisiert, ebenfalls als eine Produktion im weiteren Sinne des Wortes aufzufassen ist.«
A. Jöhr, ebenda, S. 5.

getrennt werden kann (mit Ausnahme eben der produktiven Dienstleistungen), sind die materiellen Produkte selbständige Objekte, wodurch erst die Grundbedingungen für ganz spezifische Beziehungen und Widersprüche in der Gesellschaft gegeben sind. Ohne diese Bedingung gäbe es eigentlich kein Problem der Warenbestände, der Fehlproduktionen, der Überproduktionen, der Investitionen, der Ersparnisse, der Eigentumskonzentration, der unausgenützten Kapazitäten, der Wertverluste, des Warenhandels etc. etc. Ohne alles dies gäbe es ja auch keine so komplizierte Wirtschaftsproblematik und keine spezifische Wirtschaftswissenschaft. Und eben deshalb kann man die spezifische *produktive Grundlage* der *Wirtschaft* nicht negieren, selbst wenn diese durch die Verteilungs- und Austauschprozesse in alle gesellschaftlichen Tätigkeitssphären eindringt.

Auch wenn die westlichen Ökonomen die marxistische geschichtsphilosophische Interpretation der Beziehungen zwischen Ökonomik und gesellschaftlichem Überbau, mit welcher sehr oft vereinfacht die Unterscheidung zwischen ökonomischer und nichtökonomischer Tätigkeit begründet wird, als eine kaum oder nicht zu beweisende Erklärung ansehen, an der sich die Geister scheiden, so können sie dennoch nicht den Erkenntniswert bestimmter Begriffe ablehnen. Spezifische Begriffe, die wesentliche Unterschiede zwischen einzelnen Phänomenen oder bestimmten Phänomengruppen reflektieren, haben solchen Erkenntniswert. Welche Geschichtsphilosophie auch immer vertreten wird, es kann schwerlich bestritten werden, daß innerhalb der gesamten gesellschaftlich nützlichen Tätigkeiten bestimmte Gruppierungen, ob nun breiteren oder engeren Charakters, existierten, die wesentliche Unterschiede der verschiedenen Tätigkeitsarten zum Ausdruck bringen.

Wird nun alle menschliche Tätigkeit, die für andere Menschen – sei es durch ihre materiellen (von der Tätigkeit getrennten) Resultate, oder sei es durch die Tätigkeit selbst (Dienstleistungen für andere Menschen) – einen Nutzen bringt, als *gesellschaftlich nützliche Tätigkeit* angesehen, so wird die Aufteilung dieser Tätigkeit nach verschiedenen Gesichtspunkten und mit verschiedenen Erkenntnisresultaten vor sich gehen. Sobald man die Produktion von materiellen Gütern als die Herstellung von spezifischen Ergebnissen sieht, die nicht sofort in die Konsumtionssphäre eingehen müssen; die schon dadurch allein spezifische Widersprüche zwischen Produktion und Konsumtion hervorrufen; die immer das entscheidende Charakteristikum für den materiellen Reichtum der Völker und die Grundlage ihrer materiellen und nichtmateriellen Konsumtion darstellt und die – wie wir noch sehen werden – das Grundinteresse der Menschen bildeten und bilden, so ist dies allein schon wichtig genug, um die produktive Tätigkeit im spezifischen Sinne des Wortes von den anderen gesellschaftlich nützlichen Tätigkeiten zu unterscheiden. Im Zusammenhang damit tritt dann logisch die Wichtigkeit der Unterscheidung auch aller jener Tätigkeiten hervor, die mit der Verteilung und dem Austausch der materiellen Güter verbunden sind.

Wird dann diese produktive, sowie die mit der Verteilung und dem Austausch von Produkten verbundene Tätigkeit, als wirtschaftliche Tätigkeit bezeichnet, so wird eben diese Tätigkeitssphäre, und damit auch die Sphäre spezifischer innerer gesetzmäßiger Beziehungen und Zusammenhänge, das Objekt einer spezifischen wissenschaftlichen Forschung sein, nämlich der ökonomischen Forschung. Daß dabei notwendigerweise auch die Zusammenhänge zwischen Wirtschaft und Nichtwirtschaft, also die ökonomischen Beziehungen im breiten Sinne des Wortes, erforscht werden müssen, hebt die Wichtigkeit einer erkenntnistheoretischen Unterscheidung ökonomischer und nichtökonomischer Tätigkeiten nicht auf. Das ist ja auch tatsächlich das Forschungsobjekt der westlichen, nichtmarxistischen Ökonomie, denn diese untersucht – neben der Einkommensentwicklung, den Tauschprozessen etc. – nur die inneren Gesetzmäßigkeiten, etwa die Allokation, die Konzentration, das Wachstum der Produktion, des Handels, des Transports usw., aber nicht der Medizin, des Bildungswesens, der Kunst oder der Verwaltung.

Auf diesen Tatsachen basierend wäre eine wissenschaftlich begründete Präzisierung der Grundbegriffe »ökonomische Verhältnisse« und »Ökonomik« (Wirtschaft) denkbar. Es wäre eine Stufe auf dem Weg zur Überwindung jener ideologischen Kluft, die aufrechtzuerhalten nicht im Interesse von intellektuell redlichen Wissenschaftlern liegen kann. Die Annäherung zumindest von statistischen Untersuchungen könnte dann so vor sich gehen, daß man anfänglich wenigstens beide Größen verfolgen könnte: nämlich das Bruttosozialprodukt sowohl als Summe von materiellen Produkten (bei Präzisierung aller Randerscheinungen), als auch speziell als Wertsumme aller gesellschaftlich nützlichen Tätigkeiten (inklusive Dienstleistungen).

Doch nicht dieses praktische Problem war der unmittelbare Zweck der hier gebrachten Ausführungen, sondern vor allem die wissenschaftliche Charakterisierung der ökonomischen Tätigkeiten respektive der gesellschaftlichen Wirtschaftssphäre. Es ist eben jene Tätigkeitssphäre in der Gesellschaft, die einen entscheidenden Einfluß auf die materielle Stellung der Menschen, auf die Entwicklung der sozialen Struktur und damit auch auf die ökonomische Interessenentwicklung hat. Die wesentliche Verschiedenheit der Stellung sozialer Gruppen bei der Erlangung von materiellen Gütern, die Verschiedenheit der Beziehung zu diesen Gütern, zu der Arbeit, mit der sie produziert und weitervermittelt werden, zu den materiellen Bedingungen ihrer Produktion etc. – all diese Unterschiede rufen auch sehr verschiedene ökonomische Interessen, oder genauer gesagt: rufen bei einem Teil der Menschen auch ein ökonomisches Desinteresse hervor.

Unterteilung ökonomischer Interessen

Nicht nur bei ökonomisch, sondern auch bei vielen nichtökonomisch tätigen Menschen finden wir ein ökonomisches Interesse (zum Beispiel das Interesse an der Konsumtion, am Lohn, am Geld etc.). Je entfernter jedoch die Tätigkeit bestimmter Menschen von der Ökonomik ist und je stärker diese an ihrer eigenen nichtökonomischen Tätigkeit interessiert sind, um so schwächer kann auch ihr ökonomisches Interesse sein. Bei einem Teil dieser Menschen werden dann ihr Konsum, ihr Lohn usw. überhaupt kein Interesse mehr wecken und nur als notwendige Bedürfnisbefriedigung, ohne besondere Lustgefühle und Willensausrichtung, verstanden werden. Auf der heutigen Stufe der ökonomischen Entwicklung gehört aber die Gruppe der ökonomischen Interessen doch noch zu den meist verbreiteten Interessen. Daran können auch »antiökonomisch« eingestellte Ästheten nichts ändern.

Innerhalb der ökonomischen Interessen können aber, wie bereits flüchtig erwähnt, verschiedene Untergruppen, das heißt wesentlich unterschiedene ökonomische Interessen voneinander abgehoben werden. Es gibt *Konsuminteressen, Geldinteressen, Einkommensinteressen* (Lohn-, Profit-, Zinseninteressen u. ä.), sowie *Interessen an verschiedenen ökonomischen Tätigkeiten*. In der Gesellschaft ökonomisch unterschiedlich gestellte Menschen werden auch unterschiedliche ökonomische Interessen haben. Bestimmte Interessen können Mehrheitsinteressen, andere nur Interessen von Minderheiten sein. Seltener haben bisher Individuen oder Gruppen mehrere unterschiedliche ökonomische Interessen zugleich verfolgt. Bestimmte unterschiedliche Interessen mußten sich jedoch unter bestimmten ökonomischen Bedingungen zu sozial gegensätzlichen Interessen entwikkeln. So zum Beispiel das Lohn- und das Profitinteresse.

Bis heute tritt jedoch eine Art des ökonomischen Interesses hervor, die als die relativ allgemeinste, am weitesten verbreitete Art des ökonomischen Interesses angesehen werden kann und die eine lange historische Epoche der gesellschaftlichen Entwicklung charakterisiert. Dieses ökonomische Interesse setzt sich als das *allgemeinste* innerhalb der konkreteren, spezifischen ökonomischen Interessen durch. Es ist das Interesse an der *Kon-*

sumtion materieller Güter. Dieses allgemeinste ökonomische Interesse ist jedoch – ich möchte das noch einmal ausdrücklich betonen – eine tiefgehende Abstraktion, die nicht die Existenz der verschiedenen konkreteren Ausdrucksformen von ökonomischen Interessen, von Klassen- und Schichteninteressen, sowie von Interessengegensätzen aufhebt.

Der Konsum von materiellen Gütern dient nicht nur einfach der Deckung materieller menschlicher Bedürfnisse, sondern war während der gesamten bisherigen historischen Entwicklung bei der Mehrheit der Menschen mit sehr starken Interessen verbunden. Das Essen, die Kleidung, die Behausung, die Fahrzeuge usw., die Erlangung, die Inbesitznahme, die Konsumtion all dieser Güter war bei den meisten Menschen mit emotional stark unterlegten Begierden verbunden. Die Gewinnung und auch die eigentliche Konsumtion dieser Güter hat starke Lustgefühle hervorgerufen, ebenso wie die ungenügende Deckung der materiellen Bedürfnisse ein dauerndes Unbehagen und überaus starkes Streben nach der Überwindung dieses Mangels entwickelte.*

Der materielle Konsum wird so lange ein Interesse der meisten Menschen bleiben, wie ein relativer Mangel an materiellen Konsumgütern in der Gesellschaft existiert. Produktionsbedingungen, unter denen die Arbeit des Großteils der Gesellschaft nicht zu ihrem Bedürfnis geworden ist und ökonomisch erzwungen werden muß, unter denen außerdem die materiellen Konsumgüter noch nicht hinreichen, um allen Menschen jenen Konsum zu gestatten, nach dem sie sich sehnen, werden zumindest arbeitsbedingte Konsumunterschiede hervorbringen. Die großen Unterschiede im Charakter der Arbeit, der relative Mangel an Konsumgütern und die arbeitsbedingten Konsumunterschiede können durch keine abstrakten Theorien aus der Welt geschafft werden.** Unter solchen Bedingungen werden daher auch die Aneignung und der Konsum von materiellen Gü-

---

* »Wo ein Bedarf sich nach vorhergegangener Sättigung wieder einstellt, oder wo die Sättigung über das für sie vorgesehene rhythmische Intervall hinaus verzögert wird, beobachten wir meist eine allgemeine Unruhe des Verhaltens bzw. ein Ansteigen der allgemeinen Aktivität des Organismus.«

»Je länger die Deckung eines bestimmten Bedarfs verzögert wird, um so mehr wird sie zum Problem des Gesamtverhaltens eines Menschen. In abkürzender Sprechweise möchte ich dies als die ›Dominanz-Rolle eines Mangels‹ bezeichnen.«

P. R. Hofstätter, Einführung in die Sozialpsychologie, Stuttgart 1966, S. 193, 203.

** Solche marxistischen Ökonomen wie zum Beispiel Ch. Bettelheim, P. Sweezy, E. Mandel u. a., die Vorbehalte gegen die Anwendung von materiellen Anreizen im Sozialismus haben (siehe »Zur Kritik der Sowjetökonomie«, Berlin 1969), entziehen sich der Beantwortung der grundlegenden Frage, wie nämlich die *initiative*, qualitativ anspruchsvolle, gesellschaftlich benötigte und in unterschiedlichen Branchen äquivalente Arbeitsentwicklung in solchen Situationen zu sichern sei, in denen es noch so große Unterschiede innerhalb der Arbeit selbst gibt und die Arbeit nicht das eigentliche Bedürfnis des Groß-

tern bei vielen Menschen eine von besonders starken Emotionen begleitete Befriedigung entstehen lassen.

So lange dieser materielle Konsum durch Marktbeziehungen und Geld vermittelt werden muß, solange wird auch das *Geld* für die Menschen, als Abstraktion aller Waren, ein anziehungskräftiges Fluidum besitzen. Für viele wird es sogar zu ihrem eigentlichen Interesse, als Verkörperung des Reichtums, ja für manche zum höchsten Glück und Selbstzweck (zum Beispiel für Menschen, deren höchste Freude im Geldhorten besteht, oder etwa auch für Wucherer). Für die Masse der produzierenden Menschen bleibt es aber immer nur das Mittel zum Zweck, das heißt, die Anhäufung des Geldes bildet nicht ihr eigentliches Interesse. Es dient der Verwirklichung materiellen Konsums als Hauptinteresse; es ist also nur ein unumgängliches Mittel für eben diesen Konsum.

Wenn schon das Geld nicht für alle Menschen zum primären Interesse geworden ist, sondern für die meisten nur ein Mittel zum Zweck, so ist die *wirtschaftliche Tätigkeit* für die meisten Menschen noch weniger ein vorrangiges Interesse. Die Einstellung zur ökonomischen Tätigkeit ist sehr differenziert, aber bei weitem gilt nicht, daß die ökonomisch tätigen Menschen auch ein wirkliches Interesse an ihrer eigenen Tätigkeit haben.

Bei einem Teil der Gesellschaft besteht jedoch jeweils in den historisch verschiedenen ökonomischen Verhältnissen ein direktes *Interesse an der ökonomischen unternehmerischen Tätigkeit, an ihrer Entwicklung, an ihrem Wachstum, an der Effektivität* etc. Auch wenn die Menschen, die ein unternehmerisches Interesse entwickelten, das heißt ein Interesse an der Gründung, Erhaltung und Weiterentwicklung von ökonomischen Unternehmen, kein Interesse zum Beispiel an der produktiven Tätigkeit selbst haben mußten (wohl aber haben konnten), so war dieses unternehmerische Interesse in der gesellschaftlichen Entwicklung äußerst wichtig. Selbst wenn es meist ein eigennütziges Interesse war, so war es doch ein historisch bedingtes, die gesellschaftliche Entwicklung förderndes Interesse.

Ob es nun das Interesse an der gründerischen, leitenden, neue ökonomische Möglichkeiten aufdeckenden, verhandelnden, finanziellen oder egal welchen unternehmerischen Tätigkeit bei bestimmten Menschen, ob es das Interesse an der damit verbundenen Machtstellung, ob es das dauernde Anhäufen und Erweitern von eigenen Produktions- oder Handelsstätten selbst war, immer war ein solches Interesse in der Gesellschaft nötig, um die Entwicklung der Ökonomik zu sichern. Ohne ökonomisches

teils der Menschen geworden ist. Ch. Bettelheims Beispiele aus der chinesischen Ökonomik lösen nicht die Probleme der Arbeitsentwicklung in industriell hochentwickelten Ländern.

Wachstum in der Gesellschaft ist eine wachsende Befriedigung menschlicher Bedürfnisse nicht möglich – und die Realisierung ökonomischer und nichtökonomischer Interessen der Menschen ebenfalls nicht. So wie die Produktion materieller Güter, ihre Verteilung und ihr Austausch sich entwickeln und ändern mußten, so mußte auch jeweils ein direktes ökonomisches Interesse an dem Wachstum und der Entwicklung dieser ökonomischen Unternehmungen existieren.

Im weiteren werde ich dieses direkte Interesse einzelner oder Gruppen von Menschen an der Förderung (Gründung, Erweiterung, Verbesserung etc.) von ökonomischen Gruppentätigkeiten, Betriebsstätten, Unternehmungen oder ganzen ökonomischen Systemen einfach als »unternehmerisches Interesse« bezeichnen. Dieses unternehmerische Interesse ist also ein *spezifisches* ökonomisches Interesse, das zwar bei einzelnen Menschen mit anderen ökonomischen Interessen, etwa mit dem Konsuminteresse, mit dem Geldinteresse verbunden sein kann, sich aber doch durch das spezifische Objekt des Interesses und die damit verbundene gleichfalls spezifische Denkweise, Willensanstrengung, Kenntnisanhäufung, Initiative und Aktivitätsausrichtung von diesen anderen unterscheidet. Das »unternehmerische Interesse« als ein spezifisches ökonomisches Interesse kann weiterhin nach historischen Gesichtspunkten und nach der Gesellschaftsform zum Beispiel als »Handwerksunternehmer-Interesse«, »privates Kapitalinteresse«, oder »kollektives Kapitalinteresse«* etc. unterteilt werden.

Auf bestimmten Entwicklungsstufen konnte das Unternehmerinteresse nicht das Interesse *aller* Mitglieder der Gesellschaft sein. Dennoch hatte auch das Eigeninteresse eines kleinen Gesellschaftsteils, das die progressive und wachsende Entwicklung der ökonomischen Unternehmungen zum Ziel hatte, eine gesellschaftlich notwendige Funktion. So wie die Produktivkräfte wuchsen und die Produktionsverhältnisse sich änderten, so wechselten auch die Träger des Unternehmerinteresses. Waren es in den

---

* In der ganzen Arbeit verwende ich den Begriff des Kapitals in der historisch allgemeinsten Form. *Kapital ist Wert, der sich andauernd um den Mehrwert vergrößert.* Historisch ist das Kapital als Privatkapital entstanden, wobei es die Form des privaten Individualkapitals und später des privaten Gruppenkapitals (Aktiengesellschaften u. ä.) entwickelt hat. Der soziale Inhalt beider Formen ist mit der Aneignung des Mehrwertes produktiver Kräfte durch fremde Kapitaleigentümer gegeben. Es gibt aber auch schon Genossenschaftskapital und Kollektivkapital, das – wenn auch heute nur sporadisch vorhanden – in die Zukunft weist. Bei diesen Formen sind die eigentlichen Produzenten Kollektiveigentümer und entscheiden über die Mehrwertverwendung. Die Grundbegriffe und die ganze sozialökonomische Aneignungsproblematik werden in der weiteren Arbeit eingehend behandelt.

Anfängen überwiegend kleine Bauern, Handwerker, Latifundienbesitzer, Händler, Kaufleute etc., so wurden es von einer bestimmten Entwicklungsstufe an die eigentlichen Kapitalisten, die zu Trägern eines spezifischen privaten Kapitalinteresses wurden.

Jeweils waren es aber die objektiven ökonomischen Verhältnisse selbst, die zur Bildung von ökonomischen Interessen führten und ihrerseits durch die Entwicklung der Produktivkräfte erzwungen waren. Diese ökonomischen Verhältnisse erforderten daher auch entstehende kapitalistische Interessen: jene Interessen, die in einer bestimmten Entwicklungsepoche notwendigerweise zu Interessen an der Kapitalentwicklung wurden. Diese privaten Kapitalinteressen waren oder sind noch immer ein historisch spezifischer Ausdruck für die Interessen am Wachstum und an der effektiven Entwicklung von Unternehmungen, ohne die die Gesellschaft auf eben der entsprechenden Entwicklungsstufe nicht existieren konnte. Und diese privaten Kapitalinteressen eines kleinen Teils der Gesellschaft können daher auch nicht durch bloß emotionale Wünsche aus der Welt geschafft werden. Vielmehr werden sie nur dann definitiv verschwinden, wenn sie durch andere Formen eines gesellschaftlich notwendigen ökonomischen Unternehmerinteresses ersetzt werden können.

Eben deshalb, weil die Gesellschaft immer Träger des direkten Unternehmerinteresses brauchte, ohne die die effektivst mögliche, gesellschaftlich benötigte Entwicklung der Ökonomik nicht gesichert werden konnte, kann niemand, keine politische Macht, auf die Dauer die Existenz solcher ökonomischen Interessen beseitigen. Das Konsuminteresse allein kann das Interesse an der Entwicklung der ökonomischen Tätigkeit nicht ersetzen. Nicht einmal das Geldinteresse kann dafür eintreten, und es ist eine Vereinfachung des Interessenproblems, wenn man glaubt, das Kapitalinteresse sei ein einfaches Geldinteresse. Nur dort, wo das Konsuminteresse oder das Geldinteresse direkt und unmittelbar an die Entwicklung der ökonomischen Unternehmungstätigkeit gebunden ist, wo die Steigerung des materiellen Konsums direkt von der effektivsten, gesellschaftlich erforderlichen ökonomischen Unternehmungsentwicklung abhängig ist, kann sich unter Umständen ein Unternehmerinteresse entwickeln. Immer jedoch wird ein solches, aus welchem Anlaß auch entstandenes Unternehmerinteresse eine spezifische, emotional und rational gesteuerte Willensausrichtung bedeuten, die sich von einem einfachen Konsum- oder Geldinteresse unterscheidet.

Das Unternehmerinteresse ist notwendig immer mehr zu einem Interesse einzelner an der Tätigkeit großer ökonomischer Kollektive, Betriebe, Konzerne, ja ganzer Systeme geworden. Mit der forschreitenden Vergesellschaftung der Produktion muß das Interesse einzelner Individuen an der Entwicklung dieser Produktion, sei es auch eigennützig, zu einem Interesse werden, das die Tätigkeit von großen Kollektiven vorantreibt. Dieses Interesse muß dann seine Träger auch zu einer eigenen Gründer- oder Leitungstätigkeit bringen, durch die die effektivste und gesellschaftlich notwendige Entwicklung der ökonomischen Unternehmungen garantiert wird.

Mit der Betonung der gesellschaftlichen Funktion und Rolle des Unternehmerinteresses soll keineswegs behauptet werden, daß das *private Kapitalinteresse* die einzige Form dieses gesellschaftlich notwendigen Interesses sein kann. Im Gegenteil wurde bereits gesagt, daß das *private Kapitalinteresse* auch nur *eine* historisch spezifische Form dieses Unternehmerinteresses ist. Die weitere Arbeit wird zeigen, daß dieses private Kapitalinteresse eine günstigere, effektivere wirtschaftliche Entwicklung immer weniger sichern kann. Aber zugleich kann nicht deutlich genug hervorgehoben werden, daß nur solche Änderungen von ökonomischen Verhältnissen Zukunftschance haben, bei denen das private Kapitalinteresse von einer anderen, progressiveren Form des Unternehmerinteresses ersetzt wird.

Die bisherigen Erfahrungen mit »sozialistischen« Systemänderungen, bei denen zwar das private Kapitalinteresse beseitigt, aber durch kein anderes entsprechendes unternehmerisches Interesse ersetzt wurde, machten deutlich, wie verhängnisvoll es war, dieses Interessenproblem zu ignorieren. Als Situationen geschaffen wurden, in denen weder die staatlichen Planungs- und Leitungsorgane, weder die Betriebsleitungen noch die Massen der Produzenten ein Interesse an der effektivsten und gesellschaftlich geforderten Entwicklung der wirtschaftlichen Unternehmungen haben, zeigte das zugleich, daß diese Interessen durch politische Aufforderungen und durch Propaganda und Agitation eben nicht hervorgerufen, und daß sie auch nicht durch bürokratische Apparate ersetzt werden können.

Ökonomische und nichtökonomische Interessen

Neben den ökonomischen gibt es natürlich eine Fülle von nichtökonomischen Interessen. Die Menschen haben Interesse an anderen Menschen, an der Natur, an der Kunst, an der Wissenschaft, an Sport und Spielen, an der Bildung, an Reisen etc. Sie haben eigennützige Interessen, aber auch solche, deren Objekt andere Menschen, die Gemeinschaft, die Nation, die Gruppe, die Klassen-, Rassen- oder Familienangehörigen, Erfolge, Gefühle, das Wohl und die Freuden der anderen oder bestimmter Gruppen sind.*

Die Interessengebiete der Menschen sind sehr vielfältig und können hier nicht einmal aufgezählt werden. In Verbindung mit unserer Problematik genügt es aber, wenn wir sie alle als »nichtökonomische« Interessen zusammenfassen und sie so von den »ökonomischen« Interessen grundsätzlich unterscheiden.

Bevor wir den Zusammenhang ökonomischer und nichtökonomischer Interessen untersuchen, ist es angebracht, eine grundlegende soziale Differenzierung in Hinblick auf die *ökonomischen* Interessen zu erwähnen. Wir wollen die Gesellschaft in drei große Gruppen einteilen, bei denen sich in der bisherigen Entwicklung wesentlich differenzierte Einstellungen zu ökonomischen Interessen feststellen lassen. Auch wenn es sich um eine historisch allgemeingültige Differenzierung handelt, tritt sie besonders ausgeprägt im Kapitalismus auf, und deshalb werden wir sie in der konkreteren kapitalistischen Form charakterisieren.

Hier sind es folgende drei Gruppen:

1. Kapitaleigentümer, das heißt Eigentümer von Werten, die sich dauernd durch Profit- oder Zinszuwachs vermehren.

2. Ökonomisch tätige Menschen, das heißt Menschen, die ihren Lebensunterhalt durch produktive oder andere wirtschaftliche Arbeit bestreiten.

3. Nichtökonomisch tätige Menschen, das heißt Menschen, die durch andere als ökonomische Arbeiten für die Gesellschaft ihren Lebensunterhalt erwerben.

Bei der *ersten Gruppe* ist nicht ausschlaggebend, ob ihre Mitglieder selbst auch ökonomisch tätig sind oder nicht (zum Beispiel Rentiers etc.). Entscheidend ist das Eigentum an privatem Kapital, egal ob in der Form von Produktionsbetrieben, Aktien, großen Bankkonten etc., das fortwährend so große zusätzliche Werte einbringt, daß die Entlohnung für eine mögliche eigene ökonomische Tätigkeit vollkommen geringfügig und im Vergleich zu den Kapitaleinkommen eine zu vernachlässigende Größe ist. Bei diesen Menschen wird daher auch die Entwicklung des privaten Kapitals, seine Verwendung, Vergrößerung, Allokation etc., zum eigentlichen ökonomischen Interesse. Auch wenn diese Menschen durchaus ein *Kon-*

---

* So wie viele junge Menschen heute in ihrem revolutionären Drang die »Interessen« schlechthin als etwas »Selbstsüchtiges«, »Krämerisches«, »Profitgieriges« ansehen, so hat Marx auch in seinen Frühschriften (siehe zum Beispiel den Artikel »Verhandlungen des 6. rheinischen Landtags«, Werke, Bd. 1, S. 105–147) die »Interessen« mit »gierigen Privateigentumsinteressen« identifiziert. Später hat er diese simplifizierte Anschauung überwunden.

suminteresse haben können, ist es meist nicht ihr stärkstes Interesse; es tritt zurück hinter das *Kapitalinteresse.* Sogar das eigentliche Geldinteresse, das Interesse an der dauernden Anhäufung von Geld, ist nicht mehr das charakteristische Interesse dieser Menschen und wird nur mehr bei verschwindend kleinen Teilen existieren. Als Eigentümer des Kapitals haben sie direktes Interesse an seiner dauernden Neuverwertung, an der steten Erweiterung der wirtschaftlichen Tätigkeit, durch die sich das Kapital realisiert und verwertet. Dadurch entsteht im weiteren auch ihr *Interesse am Wachstum der Volkswirtschaft,* als dem jeweiligen System von Wirtschaftstätigkeiten und deren gegenseitigen Beziehungen.

Bei den Zugehörigen der *zweiten Gruppe* ist das stärkste Interesse das *Konsuminteresse.* Da dieses Interesse im Kapitalismus nur mit Geld (das sie in der Form des Lohns oder Gehalts erhalten) befriedigt werden kann, entsteht bei ihnen ein vermitteltes, aber außerordentlich starkes *Lohninteresse.* Die Mehrzahl der produktiv und überhaupt wirtschaftlich arbeitenden Menschen hat kein eigentliches Interesse an der eigenen Arbeit. Hätten manche die Möglichkeit einer vom Konsum unabhängigen Tätigkeit, würden sie höchstwahrscheinlich nicht die ganzen Tage hindurch ihre gegenwärtige Arbeit verrichten. Für die meisten ist es bis heute eine monotone, ermüdende, nicht inspirierende und entfremdete Arbeit. Sie stellt nur die direkte Vorbedingung ihrer Lohneinkünfte und ihres Konsums dar. Deshalb betrachten sie sie nur als unumgängliches Mittel zum Zweck. Die Entwicklung der kooperierten wirtschaftlichen Tätigkeiten, der Betriebe, des privaten Kapitals, des ökonomischen Systems, ist ihnen im wesentlichen gleichgültig und fremd. Die Losgelöstheit vom privaten Kapital, seine Entfremdung gegenüber der Masse der ökonomisch tätigen Menschen, ruft bei diesen ein *Kapitaldesinteresse* hervor.

Nur ein relativ kleiner Teil der Zugehörigen dieser Gruppe hat bereits ein *Interesse an der eigenen Arbeit.* Für solche Berufe wie Techniker, Ingenieure, Konstrukteure, Manager etc. kann die eigene Tätigkeit bereits Freude und innere Genugtuung bieten, soweit sie abwechslungsreich, kreativ ist und eine eigene Initiative zuläßt. Doch auch bei den meisten von ihnen bleibt noch weiterhin das *Lohninteresse* ein zumindest gleich starkes, wenn nicht stärkeres Interesse. Ebenso wird umgekehrt ein Minimum dieser Menschen – und zwar nur jene, bei denen man eine Übergangsform zur ersten Gruppe sehen kann (Manager etc.) – ein gleichzeitiges Kapitalinteresse entwickeln.

Die Zugehörigen der *dritten Gruppe* schließlich haben zum großen Teil auch noch ein sehr starkes *Konsuminteresse* und, wieder vermittelt, ein *Lohninteresse.* Jedoch tritt in dieser Gruppe relativ am stärksten das *Interesse an der eigenen Tätigkeit* hervor, die keine ökonomische Tätigkeit ist. Soweit dann diese eigene Tätigkeit das Ergebnis einer eigenen Interessenwahl ist, einen kreativen, inspirierenden und emotional befriedigenden Charakter hat, bleibt sie das sich dauernd erneuernde Interessenobjekt der Menschen. Vor allem bei Wissenschaftlern, Künstlern, Ärzten, Publizisten etc. wird die eigene professionelle Tätigkeit oft zu einem noch stärkeren Interesse, als es das Konsum- oder Lohninteresse ist. Bei dem größeren Teil der Mitglieder dieser Gruppe bleibt allerdings das Konsuminteresse weiterhin das stärkere Interesse, besonders wenn die Tätigkeit selber nicht zum eigentlichen Interesse geworden ist. Das Kapitalinteresse fehlt dann vollkommen bei der Majorität dieser nichtökonomisch tätigen Menschen.

Wie gesagt, tritt diese im Weberschen Sinne idealtypische Differenzierung ökonomischer Interessen am eindrucksvollsten im Kapitalismus hervor, hat aber ihrem Wesen nach allgemeineren Charakter. Wichtig ist jedoch nicht nur die Erkenntnis der Entwicklung und Rolle ökonomischer Interessen in der Gesellschaft, sondern ebenso der Beziehungen zwischen den ökonomischen und nichtökonomischen Interessen, sowie ihrer ökonomischen Bedingtheit.

In folgenden Beziehungen kann eine gewisse Gesetzmäßigkeit aufgedeckt werden.

1. *Verhältnis zwischen ökonomischen und nichtökonomischen Interessen.*
2. *Verhältnis zwischen der wirtschaftlichen Tätigkeit und der Realisierung nichtökonomischer Interessen.*

Zum ersten Verhältnis kann allgemein gesagt werden, daß das ökonomische Interesse bei jenen Menschen überwiegt, bei denen die »selbstverständlichsten« materiellen Bedürfnisse ungenügend befriedigt werden. Auf einer niedrigen Entwicklungsstufe der Produktion, auf der die Majorität der Menschen nur ungenügenden Konsum erreichen kann, auf der es einen Mangel an materiellen Gütern, Hunger und Elend gibt, auf der eine schwere und anstrengende Arbeit nötig ist, um sich zu ernähren, auf der es für viele nicht einmal Arbeit und Ernährungsmöglichkeiten gibt, wird der *materielle Konsum das Hauptinteresse* der Mehrheit sein. Die nichtökonomischen Interessen werden nur verschwindend gering existieren – Gedanken an andere Bereiche als das Essen, Kleidung, Obdach etc. werden selten auftreten.

Nur für kleine Gesellschaftsteile werden auf dieser Entwicklungsstufe die ökonomischen Interessen *nicht* zu den Hauptinteressen. Nur wenige werden Zeit und Mittel für andere Interessen aufbringen. Auf dieser Entwicklungsstufe existiert meist auch ein starker Neid und Haß der besitzlosen Massen gegen die Besitzenden, gegen die ökonomisch mächtigen

Eigentümer. Unter diesen Bedingungen den Hungernden und Verelendeten nichtökonomische Interessen zu predigen, um sie so von den ökonomischen Interessen abzubringen, ist und bleibt eine Wunschvorstellung der
jeweils Herrschenden. In einer solchen Situation werden sich zwar unter
dem Volk religiöse Illusionen verbreiten, aber diese können das Primat
der ökonomischen Interessen nicht beseitigen, sondern höchstens in Jen-
seitsvorstellungen verkleiden.

Sobald sich aber die Wirtschaft entwickelt, die Produktion stark ansteigt, das Kapital sich vermehrt, die Masse materieller Güter wächst und
der materielle Konsum der Bevölkerung zunimmt, tritt auch eine Änderung in der Interessenentwicklung ein. In Ländern mit einer hochentwickelten Wirtschaft entfalten auch immer breitere Massen der Menschen
ausgedehnte nichtökonomische Interessen. Die wachsenden nichtökonomischen Interessen hören auf, das Privileg wohlhabender Klassen zu sein.
Auch wenn in den höchst entwickelten Ländern die materielle Not noch
nicht gänzlich verschwunden ist (besonders, da es immer eine *relative,
soziale* Not ist) und für die Majorität der arbeitenden Menschen die
ökonomischen Interessen die stärksten geblieben sind, haben sich doch
gerade dort die nichtökonomischen Interessen erheblich erweitert.

Man kann daher als gesetzmäßig fixieren: je mehr die ökonomischen
Bedürfnisse in der Gesellschaft befriedigt werden und daher die ökonomischen Interessen der arbeitenden Menschen sich realisieren können, um
so mehr breiten sich nichtökonomische Interessen und ihre Realisierung
in der Gesellschaft aus.*

Zum zweiten Verhältnis zwischen der wirtschaftlichen Tätigkeit und der
Realisierung nichtökonomischer Interessen:

Die wirtschaftliche Tätigkeit bedingt sowohl objektiv als auch subjektiv die Entwicklung und Durchsetzung nichtökonomischer Interessen. Auf
einer bestimmten Entwicklungsstufe kann sie die nichtökonomischen In-

---

* »Sieht man von personalen und kulturellen Variationsmöglichkeiten ab, so bleibt zum
Beispiel die Faustregel erhalten, daß mit steigendem Einkommen gewisse Wünsche
stärker hervortreten und auch eine bessere Befriedigungschance besitzen. Diese These
ist in der Nationalökonomie von E. Engel (1857) als ein Grundgesetz formuliert
worden. Die Binsenwahrheit, daß man erst ›leben‹ müsse, um zu ›philosophieren‹, wird
dadurch verdeutlicht. Ihr entspricht aber die komplementäre Behauptung, daß für den
im relativen Wohlstand Lebenden das ›Philosophieren‹ – das heißt die Teilnahme an
den sogenannten höheren Leistungen der Kultur – subjektiv wesentlicher werden kann
als die Sorge für Essen, Wohnung und Bekleidung. Sein Verhalten empfängt von daher
spezifische Motive, die Aktualität gewisser Stellungnahmen nimmt zu, die anderer tritt
in den Hintergrund.«
P. R. Hofstätter, Einführung in die Sozialpsychologie, Stuttgart 1966, S. 214.

teressen fördern, auf einer anderen hindern.

Objektiv wird die Entstehung und Realisierung nichtökonomischer Interessen durch die Wirtschaft insofern bedingt, als diese materielle Mittel
für nichtökonomische Tätigkeiten produziert. Alle nichtökonomischen Tätigkeiten, wie etwa die wissenschaftlichen, künstlerischen, pädagogischen,
medizinischen oder sportlichen, brauchen für ihre Entfaltung Gebäude,
Instrumente, Transportmittel usw., aber auch Konsumgüter für die hier
tätigen Menschen. Nur aus dem Mehrprodukt der Produktion kann sich
die gesamte nichtproduktive und nichtwirtschaftliche Tätigkeit entwickeln.

Weiterhin können sich nichtökonomische Tätigkeiten wirklich gesellschaftlich nur dann entfalten, wenn auch subjektive Bedingungen dafür
vorhanden sind, das heißt, wenn in gesellschaftlicher Größenordnung Subjekte existieren, die an den Resultaten nichtökonomischer Tätigkeit interessiert sind. So wie sich auf Grund der materiellen Entwicklung bei
einem Teil der Gesellschaft relativ schnell nichtökonomische Interessen
entfalten können, werden von diesen auch die Resultate der nichtökonomischen Tätigkeit aufgenommen und konsumiert werden. Auch diese
subjektiven Träger nichtökonomischer Interessen werden erst durch die
Entwicklung der wirtschaftlichen Tätigkeit gebildet.*

Eine beginnende Entwicklung der Wirtschaft schafft nur spärliche Bedingungen für die Entstehung nichtökonomischer Interessen. Solange nur
eine relativ niedrige Produktivität existiert, das Mehrprodukt der Produktion relativ klein ist, können objektive und subjektive Bedingungen
für die Entwicklung nichtökonomischer Interessen nur geringfügig geschaffen werden. Mit der Steigerung der Produktion und Produktivität
werden sich auch die objektiven und subjektiven Bedingungen einer Ausweitung der nichtökonomischen Tätigkeiten wie auch der nichtökonomischen Interessen bilden. Immer mehr Menschen können auf Grund des

---

* »Erst durch den gegenständlich entfalteten Reichtum des menschlichen Wesens wird
der Reichtum der subjektiven *menschlichen* Sinnlichkeit, wird ein musikalisches Ohr,
ein Auge für die Schönheit der Form, kurz, werden erst menschlicher Genüsse fähige
Sinne, Sinne, welche als *menschliche* Wesenskräfte sich bestätigen, teils erst ausgebildet,
teils erst erzeugt. (...) Der sorgenvolle, bedürftige Mensch hat keinen Sinn für das
schönste Schauspiel; der Mineralienkrämer sieht nur den merkantilischen Wert, aber
nicht die Schönheit und eigentümliche Natur des Minerals; er hat keinen mineralogischen
Sinn; also die Vergegenständlichung des menschlichen Wesens, sowohl in theoretischer
als praktischer Hinsicht, gehört dazu, sowohl um den *Sinn* des Menschen *menschlich*
zu machen, als um für den ganzen Reichtum des menschlichen und natürlichen Wesens
entsprechenden *menschlichen* Sinn zu schaffen.«
K. Marx, Ökonomisch-philosophische Manuskripte, Werke, Bd. 3, Berlin 1932,
S. 120–121.

relativ anwachsenden Mehrprodukts einer nichtökonomischen Tätigkeit nachgehen, und immer mehr Menschen werden auf Grund ihres gestiegenen materiellen Konsums und ihrer erweiterten Freizeit nichtökonomische Interessen entwickeln und diese durch aktive Tätigkeit oder passiven nichtökonomischen Konsum realisieren.

Wir werden noch sehen, daß die hochentwickelte Produktion an einer sich unendlich ausweitenden und dauernd steigenden einseitigen materiellen Konsumtion interessiert ist, so daß sie auf einer so hohen Stufe der Entwicklung eine weitere Entfaltung nichtökonomischer Interessen und Tätigkeiten zu bremsen beginnt. Es wird sich zeigen, daß nicht nur die anfängliche, ungenügende, sondern auch die hochentwickelte materielle Produktion zu einem Hindernis für die weitere nichtökonomische Interessenentwicklung wird. Während das Anfangshindernis durch Produktionssteigerung überwunden wurde, bei dem sich die Interessen spontan entwickelten, kann das spätere Hindernis nur mit Hilfe neuer, instutionell gesicherter Wirtschaftseinflüsse und durch Träger nichtökonomischer Interessen bewältigt werden.

Die Funktion der Interessen in der Wirtschaftsentwicklung

Schafft die Entwicklung der Wirtschaft die materielle Grundlage für die Entwicklung der differenzierten Interessen in der Gesellschaft, so haben die Interessen dennoch eine relative Eigenentwicklung und wirken daher auch ihrerseits wieder aktiv auf die Wirtschaftsentwicklung. Nicht nur die nichtökonomischen, sondern auch die ökonomischen Interessen der Menschen werden wesentlich beeinflußt von den verschiedensten nichtökonomischen Prozessen und gesellschaftlichen Beziehungen. Die Erziehung, Bildung, Moral, Politik, Ideologie, Religion, das Recht und die Mode und andere gesellschaftliche Beziehungen beeinflussen differenziert die Interessen der Menschen. Die so verschiedentlich von den ökonomischen Gegebenheiten abweichenden Interessen wirken ihrerseits wieder durch die aktive Tätigkeit der Menschen auf die Entwicklung der ökonomischen Verhältnisse und der Produktion. Änderungen in den Bedürfnissen und Interessen werden sich auch Änderungen der Produktionsstruktur, des Tempos wirtschaftlichen Wachstums, der Verteilung materieller Güter, der Konsumtradition etc. erzwingen.

Zugleich werden aber immer Widersprüche und Divergenzen zwischen den verschiedenen sozialen Interessengruppen entstehen. Es ist die gröbste Vereinfachung, die der offizielle »Marxismus« begeht, wenn er nur die Widersprüche zwischen den Interessen bestimmter Klassen hervorhebt und die Tatsache der vielfältigen, ungeheuer komplizierten Interessenstruktur sowie die ihr entsprechenden mannigfaltigen Interessenwidersprüche ignoriert oder im »Sozialismus« sogar prinzipiell leugnet.

Fortwährend werden bei bestimmten sozialen Gruppen Interessen an der wesentlichen Änderung verschiedener ökonomischer Prozesse entstehen, ebenso wie andere soziale Gruppen an der *unveränderten* Reproduktion dieser Prozesse interessiert sein werden, oder nur kleinere, nicht so radikale Änderungen vertreten werden. Dabei wird es sich sowohl um die Änderung oder Beibehaltung einzelner ökonomischer Prozesse, als auch ganzer Komplexe von ökonomischen Prozessen, oder schließlich des gesamten ökonomischen Systems handeln.

Die Skala reicht von Mikrowidersprüchen, die in einer Marktwirtschaft durch den Marktmechanismus ausgetragen und gelöst werden (zum Beispiel Beibehaltung oder Änderung von einzelnen Preisen, oder Investitionsallokationen etc.), über Widersprüche um makrostrukturelle Prozesse (zum Beispiel um die generelle Beibehaltung oder Änderung von Steuern, Währungskursen u. ä.), die bereits in der politischen Kampfsphäre ausgetragen werden, bis zu grundsätzlichen Widersprüchen (zum Beispiel über ein weiteres Wachstum des persönlichen materiellen Konsums bei steigender Umweltverschmutzung, oder radikale Lösung des Umweltproblems bei langsamerem Wachstum des persönlichen Konsums etc.). Antagonistisch sind dann natürlich die Widersprüche, die um die Beibehaltung oder Änderung des gesamten ökonomischen Systems in der Geschichte entstehen und sehr oft durch gewaltsame Kämpfe gelöst wurden.

Eben deshalb, weil die Interessenstruktur und ihre immanent widersprüchliche Entwicklung immer so kompliziert war und eine so entscheidende Rolle in der ökonomischen und gesamtgesellschaftlichen Entwicklung gespielt hat, darf sie nicht ignoriert werden. Selbstverständlich gab und gibt es immer Interessen, die objektiv für die Majorität der Gesellschaft schädlich, und andere, die wieder nützlich sind. Gerade gesellschaftlich nützliche und fortschrittliche Interessen können in bestimmten Situationen in der Minderheit oder sogar unterdrückt sein, schädliche dagegen durch nackte Gewalt durchgesetzt werden. Soziale Gruppen können sich ihrer gegenwärtigen oder zukünftigen Interessen bewußt sein und für ihre Realisierung kämpfen. Sie können aber ebenso Interessen vertreten, die aus falscher Information oder Unkenntnis entstanden sind und deren Durchsetzung für sie in Zukunft verhängnisvoll sein wird.

All dies betont die Wichtigkeit der wissenschaftlichen Erforschung von gesellschaftlichen Prozessen und Beziehungen, weil die gewonnenen Erkenntnisse zugunsten der progressiven gesellschaftlichen Entwicklung sowie der Zukunftsinteressen der Majorität des Volkes anwendbar sind. Aber solche Forschungen und sozialen Schlußfolgerungen werden auch Unzulänglichkeiten, Einseitigkeiten, Fehler aufweisen und dürfen daher nie als »letzte«, *absolute* Wahrheiten angesehen und schon gar nicht von Minderheiten der Mehrheit aufgezwungen werden. Gesellschaftliche Theorien, die dann überhaupt die Interessenproblematik vereinfachen oder ignorieren, das »Interesse« der Arbeiter als das einzig progressive gesellschaftliche Interesse interpretieren und dieses »Interesse« schließlich aus veralteten und dogmatischen sozial-ökonomischen Analysen ableiten, müssen für das Interesse der Majorität der Gesellschaft gefährlich werden.

Moralische und politische Interessenreflexion

Wenn man menschliche Interessen als wichtig bezeichnet, hat man sich schon seit jeher moralische Einwände anhören müssen. Vor allem die Machtorgane und ihre offiziellen Ideologen, in der Vergangenheit wie in der Gegenwart, betrachten die Moral als direkten Gegensatz zu den Interessen. Während letztere zu verpönen seien, wird die Moral verherrlicht, ja vergöttlicht. In dieser Hinsicht stehen auch die kommunistischen Machthaber allen vorangegangenen »Ausbeuterorganen« in nichts nach. Auch hier wird – ebenso wie in den westlichen Staaten – die moralische »Seelenmassage« fortwährend auf jene Interessen angesetzt, die nicht den Vorstellungen der Mächtigen entsprechen. Der Appell an die »gesellschaftliche Moral« wurde und wird noch weithin als das Mittel angesehen, durch das unerwünschte Interessen von den Gesellschaftsmitgliedern selber überwunden werden sollen.

Solche moralische Einflußnahme, sobald sie gegen reale Interessen breiter sozialer Gruppen eingesetzt wird, war und ist wenig erfolgreich; sozial entgegengesetzte Interessen und Interessenkämpfe kann sie schon überhaupt nicht aus der Welt schaffen. Zwar beeinflussen moralische Prinzipien das menschliche Handeln sehr stark, aber nur unter der Voraussetzung, daß sie von den Menschen als die ihnen *eigenen* Prinzipien akzeptiert oder internalisiert werden. Man übersieht gern, daß unterschiedliche Moralsysteme existieren, daß die Moral nicht künstlich geschaffen oder anderen Menschen etwa oktroyiert werden kann. Man verkennt überhaupt allzuleicht das Wesen der Moral und ihren Zusammenhang mit den menschlichen Interessen.

Wir werden das falsche Verständnis der Moral an Kants *Praktischer Vernunft* aufzeigen, denn diese ist die systematisch am exaktesten ausgearbeitete Theorie jener ethischen Vorstellungen, die unter einem Teil der Bevölkerung bis heute überwiegen. Auch wenn in neukantianischen Kreisen Kants Gottverbundenheit nicht vor der Moral hervorgehoben wird, so wird diese doch weiterhin als »die Macht des Guten« über den Menschen aufgefaßt, deren Ursprung unerklärt bleibt und deren Zusammenhang mit den menschlichen Interessen übersehen wird.

Bei Kant wird die objektive Moralität mit den »Regeln des göttlichen Willensausdruckes« identifiziert* und steht als verbindlicher, von empirischen Erfahrungen unabhängiger Imperativ im Gegensatz zur menschlichen Interessen- und Sinnestätigkeit. Als »göttliche Schaffung« ist die Moral absolut, von den Menschen nicht veränderbar, und erscheint ihnen als objektive Notwendigkeit. Die »objektiven moralischen Verbindlichkeiten sind vernünftig« und treten als »allgemeine, formelle Motive der freiwilligen menschlichen Tätigkeit« auf. Die moralische Notwendigkeit steht als »objektive, praktische Notwendigkeit« gegen die »pathologische, subjektive Notwendigkeit«, die aus den »subjektiven Sinnen und aus dem Gefühl des Angenehmen und Unangenehmen entsteht«.**

Die absolute Gegenüberstellung der gefühlsmäßigen Antriebe menschlichen Handelns und der a priori existierenden, vernunftmäßigen Verhaltensmaßregeln, die von »außen kommen« und den Menschen – entgegen seinem reinen Lustgefühl – zu einer »vernünftigen« Handlungsweise führen, scheint bis heute aktuell. Auch bei Kant ist das »höchste Sittengesetz als kategorischer Imperativ« nicht primär der Ausdruck einer Gottesgesinnung, sondern das Ergebnis seiner Annahme der Existenz bestimmter, empirisch nicht zu verifizierender, transzendenter Ideen und Prinzipien. Hinsichtlich der Moral spiegelt sich in dieser Einstellung vor allem das Nichtverständnis des Zusammenhangs zwischen objektiv gegebenen, größere historische Etappen überdauernden und allgemein ak-

---

* »Alle objektive Moralität können wir ansehen als subjektive Moralität des göttlichen Willens, aber nicht als subjektive Moralität des menschlichen Willens. Die göttlichen Gesinnungen sind moralisch gut; aber nicht des Menschen. Die göttliche Gesinnung oder die göttliche subjektive Moralität stimmt also überein mit der objektiven Moralität, und wenn wir der objektiven Moralität gemäß handeln, so handeln wir auch dem göttlichen Willen gemäß. Demnach sind alle moralische Gesetze *praecepta*, weil sie Regeln sind des göttlichen Willens.«
I. Kant, Eine Vorlesung Kants über Ethik, hrsg. von P. Menzer, Berlin 1924, S. 29.
** »Der etwas tut, weil es angenehm ist, wird pathologisch necessiert; der etwas tut, weil es gut ist, an und für sich gut ist, der handelt nach Motiven und wird praktisch necessiert.«
I. Kant, ebenda, S. 20.

zeptierten moralischen Grundsätzen und den Interessen und Erfahrungen einzelner Menschen, die für Kant nur als egoistische Gefühle, Gefühle der Selbstliebe und des Eigennutzes, existierten. Die pathologischen Antriebe führen zu Uneinigkeiten in der Gesellschaft, und nur die moralischen Motive konnten und können freiwillige gesellschaftserhaltende Handlungen einzelner hervorbringen. Die Unfähigkeit, diese moralischen Prinzipien aus den Interessen heraus zu erklären, die Interessen in ihrer inneren Widersprüchlichkeit zu sehen und den historischen Verallgemeinerungsprozeß individueller Erfahrungen zu verstehen, führt unausweichlich zur Annahme außermenschlicher, überirdischer Gesetzgebung.

In Wahrheit gibt es jedoch keine absoluten, ein für allemal gültigen moralischen Regeln, und ihr Ursprung ist auch nicht überirdisch, sondern das Resultat sehr, sehr langer, für einzelne Generationen unmerklicher Erfahrungsverallgemeinerungen. Menschliche Gemeinschaften, in denen alle oder doch der Großteil der Angehörigen bestimmte gemeinsame Interessen haben, ein Zusammengehörigkeitsgefühl, ein gleiches Schicksal und gegenseitiges Abhängigkeitsbewußtsein, entwickeln durch Generationen hindurch Regeln ihres Zusammenlebens. Immer wieder entstehende, sich anhäufende und spontan verallgemeinerte Erfahrungen über gemeinschaftsstörendes und gemeinschaftsförderndes Verhalten einzelner, führt zur Bildung von Begriffen negativer und positiver, verurteilter und beispielhafter, schlechter und guter Verhaltensweisen. Von Generation zu Generation tradiert, werden sie zu allgemein akzeptierten Vorstellungen, und mit der Zeit verliert sich aus dem Bewußtsein der Menschen deren empirischer Ursprung.*

Es ist aber keineswegs so, daß die Interessen der Menschen immer nur selbstsüchtig, eigennützig sind. Sie sind innerlich widersprüchlich, und ob-

---

* »Die allgemeinen Bedürfnisse und die allgemeinen Interessen der Gemeinschaft zeigen sich im Laufe der Entwicklung der Urgemeinschaft durch das Entstehen bestimmter Moralprinzipien. Die Gesellschaft fordert von den einzelnen die Einhaltung bestimmter Verhaltensregeln, ohne daß die Moralprinzipien schriftlich formuliert sind. Sie werden von Generation zu Generation überliefert; der junge Mensch eignet sie sich nicht nur durch die Morallehren der Älteren, sondern vor allen Dingen durch eigene Beobachtung der Verhaltensweise der Erwachsenen sowie anhand der Erfahrungen aus dem Verhalten anderer an, die verschiedene Übertretungen der gesellschaftlichen Moral verurteilen. Die auf diese Weise übernommenen Moralprinzipien bildeten sich jedoch selbst allmählich im Laufe der jahrtausendelangen Entwicklung als Forderungen heraus, die die gesamte Gesellschaft an das Verhalten und Handeln der einzelnen stellt. (...) Diese gesellschaftlichen Forderungen oder Moralnormen blieben mitunter während vieler Generationen unverändert oder änderten sich nur unmerklich, so wie sich die ökonomischen Bedingungen selbst unwahrnehmbar langsam veränderten. Auf diese Weise wurden sich die Menschen verständlicherweise nicht bewußt, daß bestimmte Moralprinzipien allge-

wohl sie immer mit starken Emotionen verbunden sind, werden nicht nur
solche Interessen des Menschen Lustgefühle und andere starke Regungen
hervorrufen, die auf ihn selbst ausgerichtet sind, sondern auch solche, deren Objekt andere Menschen, die Beziehung zu anderen Menschen, die
Tätigkeit anderer, das Kollektiv, die Gruppe, die Gemeinschaft sind.*
Aus dem allgemeinen Wesen dieser altruistischen Interessen vieler erwachsen Erkenntnisse von Verhaltensweisen, die die Gemeinschaft festigen und diesen Interessen entsprechen. Die Menschen bewundern etwa
den Mut, die Ehrlichkeit, die Aufopferungsbereitschaft, die Offenheit, die
Schlichtheit und die Ausdauer der anderen schon allein deshalb, weil sie
die Gemeinschaft schützen, stärken, »inniger« machen, oder weil die
Taten selbst sie erregen. So werden diese Verhaltensweisen zu verallgemeinerten positiven Handlungsweisen umgedeutet und *verwandeln sich
in moralische Normen.* Die gegensätzlichen Verhaltensweisen werden verurteilt, verabscheut und zu prinzipiell amoralischen Handlungen erklärt.

Doch nicht nur aus den altruistischen, sondern ebenso aus den eigennützigen Interessen erwachsen die moralischen Prinzipien. Kant hatte
nicht recht, wenn er das Gefühl des Angenehmen als zufälliges, rein sub-
jektives Gefühl charakterisierte, aus dem keine moralischen Normen entstehen könnten**.

---

meine wesentliche Merkmale ihrer eigenen Interessen ausdrücken, daß sie eine gewisse
selbständige Erscheinungsform einiger Seiten dieser allgemeinen Interessen sind.«
O. Šik, Ökonomik, Interessen, Politik, Praha 1962, S. 333–334.
* »Der Mensch hat immer ein Interesse an der Befriedigung einiger *seiner eigenen*
(materiellen oder geistigen) Bedürfnisse, beziehungsweise sein Interesse ist nur auf seine
eigene Person gerichtet; das bezeichnet man allgemein als Egoismus. Gleichzeitig kann
der gleiche Mensch auch ein Interesse für andere, für die Befriedigung ihrer Bedürfnisse,
Interessen und Wünsche haben und bereit sein, sich für diese Interessen zu opfern. Das
bezeichnet man landläufig als Altruismus. Wir denken hierbei aber bestimmt nicht an
eine nur zum Schein für andere ausgeübte opportunistische Tätigkeit in verborgenem
eigenen Interesse, sondern an die wirklich tiefen Gefühle, die durch bestimmte besondere
gesellschaftliche Verhältnisse hervorgerufen werden und daher auch ein *tatsächliches
Interesse für andere* bedeutet. Es stimmt daher nicht, daß der Mensch neben seinem
eigenen Interesse kein wirkliches Interesse für andere haben kann; denn da ihn ein
bestimmtes Verhältnis zu anderen, die Hilfe für andere, gewisse Dienste für andere
usw. gefühlsmäßig anregen und ihm oftmals tiefe Befriedigung bringen, ist das auch ein
persönliches Interesse.«
O. Šik. ebenda, S. 343.
** »Beruht das Principium auf einem moralischen Gefühl, wo man die Handlungen
nach dem Wohlgefallen oder Mißfallen, nach dem Ekel oder überhaupt nach dem
Gefühl des Geschmacks beurteilt, so beruht es auch auf einem zufälligen Grunde. Denn
wenn jemand eine Annehmlichkeit woran hat, so kann ein anderer einen Abscheu davor
haben; so spucken die Wilden den Wein aus, den wir gerne trinken.«
I. Kant, Eine Vorlesung Kants über Ethik, hrsg. von P. Menzer, Berlin 1924, S. 16.

Da finden wir wieder die Unfähigkeit, in einzelnen konkreten Interessen die allgemeinen Wesenszüge aufzudecken und jene Verallgemeinerungen wissenschaftlich nachzuvollziehen, die in Wirklichkeit spontan und während vieler Generationen von den Massen vollzogen werden. Auch die in Einzelheiten differenten Interessen und interessenmäßigen Handlungen einzelner haben Gemeinsamkeiten, die entweder der Gemeinschaft schaden, dieser gegenüber neutral sind oder ihr nützlich sein können. Es ist eine weitverbreitete Simplifizierung, die auch Kant wieder macht: daß jedes eigennützige Interesse eigentlich als gemeinschaftsschädlich und daher als amoralisch aufzufassen sei.

Die Menschen sind immer von sich selber ausgegangen, ob sie nun auf sich bezogene oder auf andere Menschen, auf die Gemeinschaft abzielende Interessen verfolgten.* Aber selbst eigenbezogene Interessen, deren Objekt zum Beispiel bestimmte Sachen für die eigene Verwendung oder Konsumtion sind, *müssen* sich nicht auf Kosten einer Interessenbeschränkung der anderen Gemeinschaftsmitglieder oder überhaupt zu deren Ungunsten realisieren. Sie *können* allerdings in dieser Richtung durchgesetzt werden. Es hängt vor allem von dem Charakter der ökonomischen Verhältnisse ab, welche Eigeninteressen als allgemein notwendige, die Gemeinschaft und die Interessen anderer Mitglieder nicht störende Interessen aufgefaßt, und welche Interessendurchsetzungen als gemeinschaftsgefährdend oder asozial verstanden werden.

Während die gesellschaftlich notwendigen Tätigkeiten oder deren allgemeinste Ausdrücke als »gute« Verhaltensweisen fixiert wurden (»fleißige und harte Arbeit«, »Sparsamkeit und bescheidener Lebenswandel« etc. »sind gut«), obwohl die entsprechenden interessenmäßigen Stimulationen oft sehr eigennützigen Charakter haben, bekam das eigennützige Verhalten, das sich auf Kosten der Interessen anderer Gemeinschaftsangehöriger durchsetzt, die »bösen« Bewertungen (»Aneignung durch Diebstahl«, »Faulheit und Bettelei«, »Schwelgerei und Schuldenmachen« etc. »sind schlecht«). Nicht also das eigennützige Interesse selber oder die ihm entsprechende Verhaltensweise, sondern nur die allgemein als gesellschaftlich schädlich anerkannten Interessen und *Handlungen* rufen negative moralische Bewertungen hervor.

Selbstverständlich werden die einzelnen moralischen Grundsätze durch

---

* »Selbst in der abgeschmackten kleinbürgerlichen deutschen Form, worin Sancho den Widerspruch der persönlichen und allgemeinen Interessen erfaßt, mußte er übrigens einsehen, daß die Individuen, wie sie nicht anders konnten, immer von sich ausgegangen sind und daher beide von ihm notierte Seiten Seiten der persönlichen Entwicklung der Individuen sind ...«
K. Marx, F. Engels, Die Deutsche Ideologie, Berlin 1953, S. 253.

den Verstand aufgenommen, jedoch geht es hier hauptsächlich um das
vernunftmäßige Begreifen und moralische Beurteilen jener Verhaltensweisen, die allgemein begrüßt und von der interessenverfolgenden Mehrheit akzeptiert werden, sowie jener Verhaltensweisen, die allgemein den
Interessen in der Gemeinschaft widersprechen und immer wieder Anstoß
erregen.* Diese Erkenntnisse werden den Individuen jeweils durch die
Erziehung vermittelt und in der eigenen Lebenserfahrung jedes einzelnen
bereichert und individuell konkretisiert. Als mehr oder weniger akzeptierte Normen beeinflussen sie dann die Interessen und Handlungen einzelner, können bei ihnen gemeinschaftlich ausgerichtete Interessen hervorrufen oder stärken oder aber gesellschaftlich schädliche, eigennützige In-
teressenverfolgungen abbremsen.

So ist die Moral ein jeweils historisch entstandenes System von Verhaltensregeln, die in ihrer verallgemeinerten Form die gesellschaftlich
nützlichen und schädlichen, aber fast immer interessenmäßig stimulierten
Handlungs- oder Verhaltensweisen der Menschen fixieren. Als verbreitete
und historisch tradierte Verhaltensregeln drücken die moralischen Normen die allgemeinen Interessen der Menschen aus, soweit diese den ökonomischen Verhältnissen entsprechen. Eine diesen Verhältnissen allgemein
widersprechende Interessenwahrnehmung erscheint jeweils als Amorali-
tät. Die Moral entstand und entwickelte sich also ausgesprochen weltlich:
als gesellschaftlicher Maßstab der Menschen, als anerkannter Kodex ihrer
interessenmäßigen, der Gemeinschaft entsprechenden Handlungen.**

Daß moralische Grundsätze oder ganze Moralsysteme in die großen
Religionen aufgenommen wurden und hier eine phantastische, vergött-
lichte Ausdrucksform erhielten, ändert nichts an ihrem irdischen, empirischen Ursprung. Vor allem die religiös fixierten ethischen Gebote erhalten

---

* »Der positive Inhalt der Moral wird aus den gesellschaftlichen Bedürfnissen heraus
geboren und ist nur in Beziehung auf sie verständlich. Nicht in der *Vernunft* oder dem
rationellen Interesse, daß *überhaupt* »gesetzmäßig« gehandelt wird, sondern vielmehr
in dem gesellschaftlichen Interesse, welches *eines so und so zu bestimmenden gesetzmäßigen Handelns notwendig bedarf*, liegt der Entstehungs- und, für den Menschen als
Gesellschaftswesen, zugleich der psychologisch wirksame *Verpflichtungsgrund* der moralischen Normen.«
    C. Schmidt, Nochmals die Moral, in: Marxismus und Ethik, S. 122, Frankfurt/M. 1970.
** »F. (Feuerbach) macht also nicht die Moral zum Maßstab des Menschen, sondern
umgekehrt den Menschen zum Maßstab der Moral: gut ist, was dem Menschen gemäß
ist, entspricht; schlecht, verwerflich, was ihm widerspricht. (...) Allerdings macht also
F. die Ethik zur Religion, aber nicht als Zweck, sondern nur als Folge, nicht, weil ihm,
wie dem ›aufgeklärten Protestantismus‹, dem Rationalismus, Kantianismus, das moralische Wesen, d. h. das Wesen der Moral, sondern weil ihm das wirkliche, sinnliche,
individuelle *menschliche Wesen* das *höchste, d. i. religiöse Wesen* ist.«
    L. Feuerbach, Philosophische Kritiken und Grundsätze, Leipzig 1969, S. 289.

sich relativ lange und führen auch zu Konservierungen solcher moralischer Normen, die sich als spontan tradierte Regeln aus dem Volksbewußtsein verflüchteten oder sich sogar überlebten. Ebensowenig wird das Wesen der Moral durch die historisch später eintretende Aufnahme der meisten moralischen Prinzipien in die Rechtssysteme geändert. Auch die juristisch fixierte Form von Handlungscodices, die sich vor allem durch den repressiven, direkten Zwangscharakter von den moralischen Geboten unterscheidet, führt nicht zur Negierung der weiter bestehenden, durch das Recht nicht zu ersetzenden moralischen Systeme.

So wie jedoch die moralischen Grundsätze die gemeinschaftlichen und gemeinschafterhaltenden Interessen der Menschen reflektierten, so konnten sie zu freiwillig akzeptierten Grundsätzen eben nur jener Gesellschaftsteile werden, die entsprechende Interessen hatten. Sobald sich jedoch die Gesellschaft in Klassen mit wesentlich unterschiedlichen oder gegensätzlichen Interessen aufspaltete, konnte auch keine einheitliche, für alle geltende Moral mehr bestehen. Vieles von dem, was zum Beispiel den Sklavenhältern als moralisch galt, konnte nicht zugleich von den Sklaven als moralisch empfunden werden. Bestimmte Prinzipien, besonders die sehr allgemeinen Charakters, behielten gesamtgesellschaftliche Gültigkeit, und es sind auch diese allgemeinsten Moralregeln, die über einzelne Länder und auch sozio-ökonomische Systeme überhaupt hinauswachsen können und die sich eventuell bis in unsere Zeit auch erhalten haben.*

Daneben existierten und existieren jedoch jeweils spezifische Moralvorstellungen, die die gemeinschaftlichen Interessen allein der Angehörigen bestimmter Gesellschaftsgruppen, Klassen oder Schichten ausdrücken und die daher mit der geschichtlichen Liquidation dieser Gruppen ebenfalls verschwinden.** Als »gut« oder »schlecht«, »nützlich« oder »schädlich« wird moralisch immer das Handeln oder die Verhaltensweise bewertet, die den gemeinschaftlichen Interessen der gegebenen sozialen Gruppierung, der Klasse, Schicht, Profession, in ihrer jahrzehnte-, ja sogar jahrhundertelangen Erfahrungsentwicklung entsprechen oder widersprechen.

In dem Augenblick, in dem wir aber die erfahrungsgemäße und inter-

---

* »Dieselben Bedingungen, derselbe Gegensatz, dieselben Interessen mußten im ganzen und großen auch überall gleiche Sitten hervorrufen.«
K. Marx, F. Engels, Die Deutsche Ideologie, Berlin 1953, S. 52.
** »In Wirklichkeit hat jede Klasse, sogar jede Berufsart, ihre eigne Moral und bricht auch diese, wo sie es ungestraft tun kann ...«
F. Engels, Ludwig Feuerbach und der Ausgang der klassischen deutschen Philosophie, S. 289.

essengebundene Entstehung der Moral begreifen, müssen wir auch klar erkennen, warum die Moral von keinem Individuum und von keiner Machtinstitution künstlich geschaffen werden kann, und warum moralische Prinzipien von keiner Macht der Welt gesellschaftlichen Gruppen von außen, gegen ihre grundsätzlichen Interessen, oktroyiert werden können. Alle Versuche, ökonomisch entgegengesetzte Interessen durch moralische oder religiöse Beeinflussungen in ihrem Wesen zu ändern, müssen scheitern.

In Situationen, in denen eine gesellschaftliche Einheit gegensätzliche soziale Interessengruppen geschaffen hat, können allgemeinste moralische Prinzipien nur immer *schwächere* interessenmäßige Gemeinsamkeiten dieser Einheit ausdrücken. Solche moralischen Prinzipien werden daher die entscheidenden, wesentlichen Interessengegensätze nicht überbrücken können. Deshalb werden auch alle Versuche von Staats- oder anderen Machtorganen, die Interessengegner mit Hilfe von allgemeinen moralischen Appellen von ihren Interessenkämpfen abzubringen, nur minimale Erfolge aufweisen. Sie können diese Interessenkämpfe hier und da abschwächen, in ihrem Wesen jedoch nicht ändern.*

Bestimmte Interessendurchsetzungen abzuschwächen, war auch der Sinn jeweils der verschiedenen religiösen, philosophischen, ideologischen Beeinflussungen mit ihrem moralisch ausgerichteten Appell. Weil bisher in keinem System, inklusive des »sozialistischen«, die sich entwickelnden ökonomischen und nichtökonomischen Bedürfnisse und Interessen voll befriedigt werden konnten, weil die Interessen der arbeitenden Majorität der Gesellschaft stärker unterdrückt wurden, als die Interessen einer kleinen privilegierten Minderheit rechtfertigen konnten, und weil die daraus resultierenden Interessengegensätze und -kämpfe die Existenz der Systeme bedrohten, mußte auch immer wieder versucht werden, durch moralische Einflüsse in abschwächender Weise auf die Durchsetzung von Interessen und auf die Entwicklung einzuwirken.

Der Großteil der verbreiteten und einflußreichen Religionen hat nicht nur bestimmte moralische Grundsätze in vergöttlichter Form aufgenommen, sondern auch einen phantastischen geistigen Ersatz für nicht zu realisierende irdische Bedürfnisse und Interessen, sowie »himmlische« Ge-

---

* »Von der Wirksamkeit der ›moral suasion‹, der Seelenmassage, der eindringlichen Appelle, die zumeist in beschwörend pathetischem Tone vorgetragen werden, halten heute wohl selbst die begabten Prediger vom Dienst nicht mehr sehr viel; sie dürfte, und darüber wird niemand mehr in Trauer verfallen, endgültig abgewirtschaftet haben, nachdem ihr in unserem Lande nun auch von den maßgebenden Wirtschaftsorganisationen abgeschworen worden ist.«
W. Linder, Einkommenspolitik – Chance oder Illusion? NZZ, Nr. 61, 6. II. 1972.

rechtigkeitskompensationen für große, seit jeher als Ungerechtigkeit empfundene soziale Unterschiede geschaffen. Bei vielen Menschen haben religiöse Einflüsse ihre Interessen wirksam limitiert, haben deren emotionelle Stärke verschiedentlich abgeschwächt und eine Duldsamkeit und ein Sichabfinden mit bestehenden Unterschieden der Interessendurchsetzung bewirkt und dadurch schließlich langandauernde Interessenunterdrückung geschaffen. Für nicht wenige Menschen ist die »religiöse Nahrung«, besonders bei ihren unbefriedigten irdischen Bedürfnissen und Interessen, zu einem echten und starken geistigen Bedürfnis geworden, dessen Befriedigung das Abtun allzu realer Ängste, Plagen und Nöte auf Erden erleichtert.

In den Anfängen des Kapitalismus, in einer Situation der wachsenden sozialen Gegensätze und Konflikte, kommt es zu einer Abschwächung des moralischen Einflusses der Kirche auf die Menschen. Es entsteht das Suchen nach neuen, der wissenschaftlichen Entwicklung entsprechenden ethischen Theorien. Daß Kant das Sittengesetz in seiner transzendentalen Auffassung hervorgehoben hat, ist gleichbedeutend mit dem Versuch, ein über den menschlichen Interessen und Trieben stehendes, allgemein verbindliches Instrument für die Überwindung gesellschaftlicher Konflikte aufzudecken.

Dieser, wie auch jeder vergleichbare Versuch, gesellschaftliche Interessenkonflikte mit einer verstärkten Betonung der Moral und mit entsprechenden moralischen Einwirkungen zu überwinden, entsprach jeweils dem Interesse bestimmter sozialer Gruppen in der Geschichte. Immer schon argumentierten jene sozialen Gruppen mit der Moral, die sich die Überwindung eines gesellschaftlichen Konflikts so vorstellten, daß die entgegengesetzte soziale Gruppe mittels akzeptierter moralischer Verbindlichkeiten auf die eigene Interessendurchsetzung verzichten wird.

Ob nun alte, konservative, oder aber neue, aufstrebende Klassen versucht waren, durch moralische Aufforderungen ihre Interessen durchzusetzen – immer war es zugleich ein Ausdruck der Intention, die eigenen Interessen als Allgemeininteresse darzustellen und sie moralisch zu begründen und zu untermauern. Natürlich wurden jeweils solche moralischen Prinzipien hervorgehoben, die entweder der Erhaltung und Festigung, oder im Gegenteil der Veränderung der gegebenen Verhältnisse, Systeme oder Institutionen dienen sollten. Ebenso lagen aber auch in der Vergangenheit den verschiedenen Religionen und Glaubensrichtungen jeweils bestimmte Interessen zugrunde, die aber einen überirdischen, moralischen, Allgemeingültigkeit vortäuschenden Ausdruck bekamen. Es geht hier nicht um die Untersuchung des Wesens und der Funktion der

Religion und schon gar nicht der spezifischen Seiten verschiedener Religionen, sondern nur um den Aufweis der Tatsache, daß sich auch innerhalb der Religion unterschiedliche, spezifische Interessen sozialer Gruppen, Schichten und Klassen bestimmter historischer Epochen, als auch die jeweils existierenden (in moralischen Grundsätzen ausgedrückten), allgemeineren Interessen widerspiegeln. Interessen bestimmter Stämme, Völker, unterdrückter Rassen, Interessen der Sklaven, Leibeigenen, aber zum Beispiel auch der antifeudalen, aufstrebenden Bourgeoisie in ihrem Kampf um Emanzipation, Gleichberechtigung und Staatsbildung, verbunden jeweils mit dem Versuch, die spezifischen Interessen in ethisch verbindender Allgemeinform auszudrücken – alle diese Interessen finden ihre gleichsam überirdische Reflexion in den verschiedensten Religionen.

Mit religiösen Begründungen oder Bemäntelungen konnten daher jeweils sowohl Kämpfe gegen Unterdrückung, soziale Rebellion, als auch Straf-, Polizei- und Kriegsexpeditionen durchgeführt werden. Schon immer dienten dabei die religiösen Vorstellungen entweder als überirdische Bestätigung, daß die sehr irdischen Interessenbestrebungen berechtigt seien, oder – und dies in überwiegendem Maße – als geistige Kompensation nicht realisierbarer, frustrierter weltlicher Interessen und Wünsche.

Weil jedoch die Religion für viele Menschen noch ein reales Bedürfnis, eine ihnen verständliche geistige Ausdrucksweise moralischer Prinzipien, eine »höhere« Begründung ihrer irdischen Bestrebungen ist, werden entstehende Interessenkonflikte einstweilen auch ihre konfessionell-institutionelle Widerspiegelung erhalten. In Zeiten wesentlich anwachsender sozialer Änderungsbedürfnisse, breiter Interessenbewegungen für Systemänderungen, werden auch starke religiöse Reformbestrebungen zutage treten. Je mannigfacher die humanen Forderungen, die Forderungen für weitergehende menschliche Befreiungen in bestimmten Gesellschaftssystemen gestellt werden, um so stärker werden auch religiöse Unterstützungen und ethisch-religiöse Begründungen solcher irdisch-humaner Forderungen zutage treten, die zugleich die Form innerkonfessioneller Reformkämpfe annehmen können.

Auch wenn Moral, Religion, Ideologie u. ä. sozialökonomisch und interessenmäßig basiert sind, haben sie dennoch eine relativ selbständige Entwicklung, sind also nicht passive, bloße Widerspiegelungen von Interessen. Sie können zwar die Interessen bestimmter sozialer Gruppen nicht beseitigen oder in ihrem wesentlichen Inhalt ändern, aber sie können sehr wohl auf diese einwirken.

Der Einfluß der moralischen Vorstellungen und religiösen Ideen auf die ökonomischen Interessen kann zur Änderung ihrer Intensität, ihrer Rangordnung, ihrer Bewußtseinsform, ihrer Motivationsbedeutung führen. Geistige Einflüsse können bei einzelnen die Bedürfnisse selbst ändern oder aber auch dazu führen, daß zuvor öffentlich ausgedrückte ökonomische Interessen verheimlicht werden. Bei einzelnen Menschen oder kleinen Bevölkerungsgruppen kann schließlich ein bestimmter ideeller Einfluß sogar zur Unterdrückung ihrer ökonomischen Interessen führen. Bei der *Mehrheit* der Menschen allerdings wird sich die wesentliche Substanz ihrer ökonomischen Interessen nicht ohne gleichzeitige Änderung ihrer ökonomischen Tätigkeit und Lebensbedingungen ändern.

Die ökonomischen Interessen bleiben die stärksten und ausgedehntesten Triebkräfte der ökonomischen Tätigkeit und können in ihrem wesentlichen Inhalt nicht überwunden werden. Große soziale Gruppen werden ihre ökonomischen Interessen, im Einklang mit ihrer Gruppen- oder Klassenmoral, auch gegen allgemeine Moralpredigten der Obrigkeit verfolgen. Eine Anzahl einzelner Individuen wird dann immer die eigenen Interessen, sogar gegen die allgemeinen Gruppeninteressen, zuungunsten anderer Gruppenangehöriger, das heißt auch gegen die Gruppenmoral, durchsetzen. Solche rücksichtslos eigennützig handelnden Individuen haben keine oder nur minimale moralische Hemmungen und daher oft auch keine Gewissensbisse. Während äußerliche moralische Einwirkungen auf solche Individuen noch hier und da einen Einfluß haben können, werden die Versuche von Staatsorganen, mit Moralpredigten die »widerspenstigen« Interessen bestimmter sozialer Gruppen zu überwinden, mit Sicherheit scheitern, da die Moral größtenteils nicht den Gruppen entspricht, von ihnen nicht vernunftmäßig akzeptiert wird.*

Auch die vernünftigsten, öffentlich verkündigten Argumente, die rational erkannte Zusammenhänge und Folgen bestimmter Handlungen aufzeigen – zum Beispiel die für die Mehrheit verheerenden Folgen des rein interessenmäßigen Vorgehens einer gesellschaftlichen Minderheit –, werden im allgemeinen bei dieser Minderheit auf taube Ohren stoßen. Die Interessen einer solchen Minderheit rufen eine innere Abwehr und Ignoranz

---

* »Aber die öffentliche Meinung der einen Klasse wirkt nicht auf die gegnerische Klasse. Wohl kann die Gesellschaft, solange es keine Klassengegensätze in ihr gibt, durch die Macht ihrer Meinung das einzelne Individuum im Zaume halten und zur Befolgung ihrer Gebote zwingen, wenn der soziale Trieb in seiner Brust dazu nicht ausreicht. Aber die öffentliche Meinung versagt, wo nicht das Individuum wider die Gesellschaft, sondern Klasse wider Klasse steht. Da muß die herrschende Klasse andere Zwangsmittel eingreifen lassen, will sie sich durchsetzen, Mittel der überlegenen physischen oder ökonomischen Macht, der überlegenen Organisation, aber auch der überlegenen Intelligenz.«
K. Kautsky, Ethik und materialistische Geschichtsauffassung, in: Marxismus und Ethik, Frankfurt/M. 1970, S. 248.

aller Vernunftgründe hervor, sobald diese als interessenfeindlich erkannt sind. Hat dann diese Minderheit eine Machtstellung inne, wird sie versucht sein, mit allen ihr zur Verfügung stehenden Mitteln die ihr interessenfeindlichen Ideen und Argumentationen zu unterdrücken*. Jede Interessengruppe wird dabei jene Gedanken als »vernünftig« darstellen, die ihren Interessen entsprechen. Eben deshalb können die verschiedenen Interessengruppen nur unter wirklich demokratischen Bedingungen, bei bestehender Freiheit von Interessengruppierungen und ideeller Argumentation, um eine Mehrheitsunterstützung erkämpfen.

Die ökonomischen Interessen stellen vorrangig die Basis der politischen Interessen dar, das heißt, sie verwandeln sich bei bestimmten Menschengruppen in ein starkes Interesse, eine Änderung der Machtverhältnisse durchzusetzen, und das ist ein *politisches* Interesse. Politische Interessen können in der Folge auch die verschiedensten politischen Ideen und Ideologien hervorrufen, die entweder über und durch die vorhandenen ökonomischen Interessen breiter Menschenmassen eben diese Massen für politische und ökonomische Wandlung zu gewinnen oder im Gegenteil durch Zukunftsversprechungen und Täuschungen die Menschen von einer Änderung der gegebenen Verhältnisse abzubringen versuchen. Daß einfache Menschen nicht immer die Wege und Bedingungen für eine konsequentere Durchsetzung ihrer eigenen Interessen kannten, wurde schon immer politisch ausgenutzt. Politiker – in Wirklichkeit entgegengesetzte Interessen verfolgend – wußten dann jeweils als Vertreter der Volksinteressen mit »vernünftig« klingenden politischen Zielsetzungen aufzutreten.**

Eben weil politische Gruppierungen – neben wirklichen und ehrlichen Interessenvereinigungen – vielen oder den meisten Angehörigen der Organisationen oder Bewegungen Interessen vortäuschten und fremden

---

* »Zwischen den Interessen und der Erkenntnis besteht ein dialektischer Zusammenhang. Bestimmte Bedürfnisse und Interessen der Menschen, namentlich die materiellen Bedürfnisse, spornen das Bestreben an, das Wesen und die Gesetzmäßigkeit der Erscheinungen zu erkennen. Die Erkenntnis selbst ruft Interesse an weiteren Erkenntnissen hervor, und die neue, tiefere Erkenntnis wirkt wiederum auch auf die Entwicklung anderer Interessen, kann einige frühere Interessen der Menschen vertiefen und gegebenenfalls auch verändern. ... Wo aber die Erkenntnis einer Notwendigkeit in Widerspruch zu den Interessen steht, werden die Menschen versuchen, auch gegen diese Erkenntnis zu handeln, werden sie sich nicht eingestehen, werden sie ignorieren oder bei anderen unterdrücken.«
O. Šik, Ökonomie, Interessen, Politik, Praha 1962, S. 313/314.
** »Was Wut provoziert, sind nicht so sehr entgegenstehende Interessen als die ›Scheinheiligkeit‹, der Schein von Vernunft, hinter dem man sie zu verbergen trachtet.«
H. Arendt, Macht und Gewalt, München 1970, S. 67.

Machtinteressen dienten, entstanden vereinzelt auch wissenschaftliche Versuche, den Inhalt und die Entwicklungstendenzen von ökonomischen, politischen und anderen gesellschaftlich wichtigen Interessen verschiedener sozialer Gruppen objektiv zu erforschen. Eine solche wissenschaftliche Interessenerforschung wurde aber bis zum heutigen Tag von den Mächtigen dieser Welt nicht nur finanziell nicht gefördert, sondern meist sogar zielbewußt unterdrückt. Die Mittel und Möglichkeiten einzelner Wissenschaftler waren so immer beschränkt und konnten die objektiv notwendige, breite und komplexe Forschung großer Institute und Forschungsteams nicht ersetzen.

Außerdem ist die Objektivität und Erkenntnismöglichkeit einzelner Wissenschaftler immer sozial beschränkt. Auch wenn einzelne Gesellschaftswissenschaftler die Erkenntnis objektiver, wesentlicher Widersprüche innerhalb der Gesellschaft und die Untersuchung ihrer Lösungs- oder Überwindungsmöglichkeiten als ihr stärkstes Lebensinteresse betrachten und dadurch zu einer möglichst wahrheitsgetreuen Wiedergabe der Realität getrieben werden, können sie niemals die *volle* Wahrheit erfassen und zu ihrer Erkenntnis nur relativ beitragen. Mit der Erforschung verschiedener objektiver Widersprüche, unnötiger sozialer Mängel und Verluste, besserer gesellschaftlicher Bedingungen und Lebensmöglichkeiten werden sie immer die interessenmäßige Unterstützung jener sozialen Schichten oder Klassen erlangen, die sich in der gegebenen sozialen Lage benachteiligt oder unterdrückt fühlen. Die Identifikation mit den Interessen der Bedrängten und Unterdrückten und der Versuch, ihnen mit neuen wissenschaftlichen Erkenntnissen zu helfen, kann für manchen Gesellschaftswissenschaftler auch zu seinem stärksten persönlichen Interesse werden. Nicht selten mögen anerzogene oder freiwillig akzeptierte moralische Regungen seine wissenschaftliche Tätigkeit mit dem Ziel, soziale Befreiungsmöglichkeiten aufzudecken, bekräftigen. Er kann so zu möglichst rationalen Erkenntnissen gelangen. Jedoch werden ihn allzu starke Emotionen und soziale Interessen in manchen Fällen auch zu unzulässigen Vereinfachungen und falschen Schlußfolgerungen verführen.

Obwohl solche Gefahren tatsächlich bestehen, sollte jeder wissenschaftliche Versuch, reale Lösungs- und Überwindungsformen bestehender gesellschaftlicher Widersprüche zu entdecken, als das höchste gesellschaftswissenschaftliche Engagement angesehen werden. Nur muß man auch damit rechnen, daß richtige oder teilweise richtige Erkenntnisse, die gesellschaftliche Reformmöglichkeiten zeigen, immer in eine bestimmte Beziehung zu den Interessen der Gesellschaft kommen. So wie es Interessen bestimmter Gruppen, Schichten, Klassen geben wird, die diese Erkenntnisse begrüßen und verteidigen werden, so werden andere versucht sein, sie zu verneinen, sie zu bagatellisieren und wenn möglich zu unterdrücken. Allzu starke Interessen sind für wissenschaftliche Erkenntnisse stets gefährlich, da Emotionen leicht dazu verleiten, Wunschvorstellungen den rationalen Erkenntnissen vorzuziehen.

Nicht nur die interessenmäßigen Gegner bestimmter Erkenntnisse, sondern auch deren Anhänger, besonders wenn sie sich zu einer politischen Partei organisieren, können für wissenschaftliche Erkenntnisse sehr gefährlich werden. Sobald ein politisches Interesse an einer Gesellschaftsreform entsteht, kann es früher oder später zum Parteiprogramm, zum »Interesse der Partei« erstarren, und als solches wird es immer dazu neigen, auch die ursprünglich richtigsten Erkenntnisse zu dogmatisieren, sie dem politischen Ziel zu unterstellen. Wird dann das »Programm«, der »Beschluß«, die »Direktive« der Partei zum Kriterium der »Richtigkeit wissenschaftlicher Erkenntnisse«, ist es um die Wissenschaft geschehen. Nur dort, wo die Gesellschaftswissenschaft unabhängig von politischen Zielen und Machtaspirationen die Gesellschaft erforschen und ihre Erkenntnisse frei veröffentlichen darf, kann sie den progressiven sozialen Interessen wirklich nützlich sein.

Machtinteressen jeder Art sind der größte Feind objektiver gesellschaftlicher Erkenntnisse. Ob es Interessen von Gruppen sind, die die Macht innehaben oder erst um die Macht kämpfen, ob Interessen von konservativen oder von progressiven, von antireformistischen oder reformfreudigen Schichten oder Klassen, nur zu leicht werden *machthungrige* Politiker als Repräsentanten solcher Gruppen dazu neigen, die Gesellschaft so zu schildern, wie es ihren Machtzielen entspricht. Auch Politiker, die progressive Gesellschaftsänderungen mit eigenen Machtaspirationen verbinden, werden schwerlich neuen, beziehungsweise die alten Vorstellungen korrigierenden Erkenntnissen zugänglich sein, sobald dadurch ihre Machtziele im geringsten gefährdet werden könnten. Es sind vor allem diese Machtinteressen, die auch aus den marxistischen Erkenntnissen eine dogmatische Religion, eine entfremdete Ideologie machten: eine Ideologie, die als arbeiterfreundlich ausgegeben wird, in Wirklichkeit aber arbeiterfeindlichen Machtinteressen dient.

Im weiteren werden wir versuchen, die Unzulänglichkeiten, Vereinfachungen und Fehler in den Schlußfolgerungen von Karl Marx aufzuzeigen, die die Interessen der Arbeiter betreffen. Aber am verhängnisvollsten ist die dogmatische, offizielle »marxistische« Vorstellung, daß die einst »aufgedeckten Interessen« der Arbeiter die gesellschaftlich nützlichsten und fortschrittlichsten sind und nun der Gesellschaft auch machtmäßig und mit *allen* Mitteln aufgezwungen werden müssen. Die damit

zusammenhängende Ignoranz gegenüber den real sich ändernden gesellschaftlichen Bedingungen und den sich fortwährend kompliziert entwik-
kelnden Interessen und das Übersehen der Wichtigkeit von Systemmecha-
nismen, in denen sich die Interessen wirklich manifestieren und durchsetzen können, sind der Ausdruck der gefährlichsten Einseitigkeit der
marxistischen Theorie. Revolutionäre Vorschläge zur Veränderung der
ökonomischen Situation, in denen die Rolle und Funktion von sehr fein
differenzierten und dauernd sich ändernden Interessen in der ökonomischen Entwicklung ignoriert werden, müssen unvollkommen, ja falsch
sein.

Modifizierung sozialistischer Interessen

Solange in der anfänglichen kapitalistischen Produktion die manuell tätigen Arbeiter zahlenmäßig (verglichen mit allen anderen Angestellten)
weit überwogen, ihre Anzahl sich mit der Ausweitung des Kapitals absolut und relativ vergrößerte, die industrielle Produktion die größte Zahl
der Arbeitskräfte absorbierte – so lange schien die gesellschaftliche Entwicklung zu einer allmählichen Proletarisierung der absoluten Mehrheit
der Gesellschaft zu führen. Marx rechnete mit einer sehr starken Vereinfachung der sozialen Struktur und sah in der Arbeiterklasse das notwendige soziale Konzentrat der Kapitalentwicklung. Durch die vorausgesetzte wachsende Ausbeutung und Verelendung der Arbeiter sollte bei
dieser Klasse das Interesse an der revolutionären Beseitigung des Kapitalismus und an ihrer eigenen Deproletarisierung entstehen.

Mit dieser – angeblich objektiv bedingten – sozialen Entwicklung verband Marx daher seine Erwartung der sozialistischen Transformation.
Die Interessen der Arbeiter waren für ihn die Interessen des Teils der
Gesellschaft, der nicht nur ihre Produktion und ökonomische Basis sicherte, sondern auch zur absoluten Mehrheit der Gesellschaft heranwachsen
sollte. Diese Interessen hatten zur historisch notwendigen Beseitigung des
Kapitals und zu seiner Ersetzung durch ein fortschrittlicheres System zu
führen. Die Aufdeckung der ökonomischen Stellung und »Entwicklungs-
perspektiven« der Arbeiterklasse verband Marx daher auch mit seinen
Sympathien und seiner praktischen politischen Arbeit für diese Klasse.

Die tatsächliche Entwicklung des Kapitalismus führte jedoch weder zur
erwarteten Vereinfachung der sozialen Struktur, noch zur zahlenmäßigen
Mehrheit der Arbeiter in der Gesellschaft. Innerhalb der industriellen
Produktion wuchs zwar die Zahl der manuellen Arbeiter absolut, aber

der Anteil der überwiegend geistig tätigen Menschen nahm ebenfalls ständig zu, so daß die Zahl der Arbeiter im Verlauf der Entwicklung relativ sank. Von einer höheren Entwicklungsstufe der kapitalistischen Gesellschaft an wächst auch die Beschäftigungszahl außerhalb der industriellen Produktion schneller als innerhalb, so daß der *Anteil* der Arbeiter an der Gesamtzahl der Bevölkerung – trotz ihres eventuell zahlenmäßigen absoluten Wachstums – zu sinken beginnt.* Wie im weiteren aufgezeigt, führte die spätere kapitalistische Entwicklung auch nicht zu der erwarteten Verelendung der Arbeiter. Damit ging auch die letzte Voraussetzung von Marx für die revolutionäre Beseitigung des Kapitalismus nicht in Erfüllung.

Dennoch bleibt die Arbeiterklasse auch im gegenwärtigen Kapitalismus eine relativ breite soziale Klasse, deren überwiegend produktive Arbeit noch für eine lange Entwicklungsperiode eine entscheidende Bedeutung für die Produktion und damit für die gesamte gesellschaftliche Entwicklung haben wird. Auch wenn die Klasse selbst sehr vielschichtig strukturiert ist, unterscheidet sie sich durch bestimmte wesentliche soziale Züge von anderen Gesellschaftsgruppen. Für alle Arbeiter ist eine überwiegend physische, manuelle Tätigkeit in der Wirtschaft (im breitesten Sinne des Wortes, das heißt nicht nur eine einfache Handarbeit, sondern auch die Bedienung von Maschinen, Aggregaten, Automaten etc.) charakteristisch. Diese Arbeit wurde größtenteils nicht zu ihrem eigentlichen Bedürfnis und Interesse, da sie mit ein paar Ausnahmen sehr monoton, anstrengend, uninteressant und nicht gerade aufmunternd oder anregend

---

* Der Anteil der Arbeiter an der Zahl der Erwerbspersonen als auch an der Bevölkerung hat in der Bundesrepublik Deutschland von 1950 bis 1970 folgendermaßen abgenommen:

Berichts-monat	Erwerbs-personen in Mio	Arbeiter in Mio	Prozent der Arbeiter von Erwerbspers.	Bevölkerung in Mio	Prozent der Arbeiter von Bevölkerung
Sept. 1950	23,4	11,9	51,6	49,9	23,8
Okt. 1957	25,9	13,3	51,6	54,2	24,5
Juni 1961	26,5	12,8	48,6	56,1	22,8
April 1963	26,5	13,2	49,7	57,5	22,9
Mai 1965	26,6	12,9	48,7	59,0	21,8
April 1967	25,9	12,2	47,4	59,8	20,4
April 1970	26,3	12,4	47,4	61,8	20,0

Quelle: J. Bretschneider, J. Husmann, F. Schnabel, Handbuch einkommens-, vermögens- und sozialpolitischer Daten, Köln 1970.

ist.* Größtenteils ist es eine sogenannte repetitive Teilarbeit. Die Arbeit wird von den Arbeitern allgemein nur als notwendige Bedingung des Verdienstes und der Lebenserhaltung angesehen und auch so absolviert. Lohn und Konsum der Arbeiter bewegen sich im Durchschnitt auf der unteren Ebene der gesellschaftlichen Einkommens- und Konsumpyramide und bilden ihr entscheidendes ökonomisches Interesse.**

Im Unterschied zu Angestellten, Beamten, der »Technostruktur« und anderen Lohnempfängern, haben die Arbeiter im allgemeinen eine niedrigere und einfachere Arbeitsqualifikation. Daraus folgt nicht nur die durchweg niedrigere Entlohnung, sondern durch die relativ leichte Ersetzbarkeit der Arbeiter im Arbeitsprozeß auch eine durchschnittlich labilere Stellung in der kapitalistischen Wirtschaft.*** Eine solche Stellung wiederum drückt sich in der Entwicklung eines spezifischen Arbeiterbewußtseins aus, für das – im Unterschied zu dem stark individualisierten Denken der vorwiegend geistig arbeitenden Lohnempfänger – die Anlehnung

---

* Vgl. hierzu etwa die umfangreiche englische Studie von Goldthorpe/Lockwood/Bechhofer/Platt: Der »wohlhabende« Arbeiter in England, Bd. III. Dort heißt es: »Bei der Beurteilung der Ergebnisse größerer Untersuchungen von Fabrikarbeitern scheint es, daß zumindest unter den Monteuren und Maschinisten in unserem Sample – deren Tätigkeiten besonders arbeitsgeteilt und ›rationalisiert‹ waren – die Anzahl derer, die angaben, daß ihre Arbeit monoton sei, daß die Arbeit nicht ihre volle Aufmerksamkeit in Anspruch nehme und daß das Arbeitstempo zu schnell sei, bei jedem Vergleich sehr hoch ist.« S. 65
** Vgl. auch: Gibt es noch ein Proletariat?, A. Feuersenger (Hrsg.). P. Jostock macht dort Angaben über die Nettoeinkommen der Arbeitnehmerhaushalte in der BRD (1957) und sagt: »Aus diesen Zahlen ergibt sich also, daß für Dreiviertel aller Arbeiterhaushaltungen nach wie vor die Lebenshaltung fast das gesamte Einkommen verschlingt. Die meisten leben von der Hand in den Mund, nicht aus Mutwillen, sondern weil ihnen kaum eine andere Wahl bleibt. Trotz der allmählichen Anhebung des Lohnniveaus in den letzten Jahrzehnten besteht der proletarische Lebenszuschnitt für die große Mehrheit noch immer weiter.« S. 10
Man führe sich vor Augen, daß in der BRD im Jahre 1970 die durchschnittliche Nettolohn- und Gehaltsumme je beschäftigtem Arbeitnehmer bei 855 DM im Monat lag (vgl. Handbuch einkommens-, vermögens- und sozialpolitischer Daten, a. a. O., Tab. C 12), und man stelle sich weiterhin vor, daß sehr oft drei bis vier Personen von dieser Summe ihren Lebensunterhalt bestreiten müssen.
*** »Nach einer längeren Einarbeitungszeit kann jeder durchschnittliche Arbeiter die gestellten Qualifikationsansprüche erfüllen, denn die Arbeit verlangt keine besondere Vorbildung: eine mehrmonatige praktische Anlernung genügt, um die Arbeiter in ausreichendem Maße zu qualifizieren. Dieser Umstand beläßt auch die Automationsarbeiter in einer Situation der Ersetzbarkeit, wodurch ein wichtiges Merkmal proletarischer Existenz erhalten bleibt.«
H. Kern, M. Schumann, Industriearbeit und Arbeiterbewußtsein, Frankfurt/M. 1970, S. 283.

an das Arbeiterkollektiv typisch ist. In der organisierten Solidarität, in den Gewerkschaften und neuerdings immer mehr in dem Kampf um das Mitbestimmungsrecht wird die soziale Absicherung der labilen individuellen Stellung gesucht.* Diese Organisierung dient natürlich zugleich dem Kampf um die Durchsetzung der Lohninteressen, die alle Lohnempfänger aber immer schon gemeinsam haben.

Das Lohn- und Konsuminteresse verbindet die Arbeiter interessenmäßig immer grundsätzlicher mit anderen Schichten von Lohnempfängern, die innerhalb der kapitalistischen Gesellschaft entstehen. Nur ein kleinerer Teil der vorwiegend geistig tätigen Lohnempfänger hat bereits eine solche innere interessenmäßige Beziehung zu der eigenen Tätigkeit, daß er diese auch unter den Bedingungen einer unabhängig von der Tätigkeit gesicherten Lebenslage freiwillig weiterführen würde. Der größere Teil auch dieser geistig tätigen Lohnempfänger – im Grunde die gesamte Beamtenschaft – arbeitet nur um des Lohnes willen und würde bei einer vollkommen freien und vom Lohn unabhängigen Auswahl der Betätigung den verschiedensten »Hobbys« nachgehen oder sich in einer abwechslungsreichen, kreativen, innerlich zufriedenstellenden, eventuell auch gesellschaftliche Anerkennung bringenden Betätigung ausleben.

Die absolute Mehrheit der Bevölkerung sind die eigentlichen Lohnempfänger. Diese sind weithin weder an der eigenen Lohnarbeit interessiert, noch haben sie an der unternehmerischen Tätigkeit und an der Kapitalentwicklung irgendein Interesse. Aus dieser Einstellung heraus würden die Lohnempfänger versucht sein, die Löhne so hoch wie möglich hinaufzuschrauben und die Menge der Arbeit soweit wie möglich zu verringern. Dem steht aber das Interesse eines sehr kleinen Teils der Gesellschaft, der eigentlichen Kapitalisten und anderer kapitalverbundener Individuen (Manager, Wirtschaftsfunktionäre etc.), gegenüber. Durch ihr Profitinteresse sind diese an einer Entwicklung der fremden Arbeit und der Löhne interessiert, bei der der Profit zumindest die notwendige Investitionstätigkeit und die Kapitalentwicklung sowie ihren eigenen höchstmöglichen Konsum sichert. Nur durch den Druck dieser Kapitalinteressen und durch den dauernden Kampf zwischen den kapitalinteressierten und den lohninteressierten Menschen konnte sich in der bisherigen kapitalistischen Entwicklung das gesellschaftlich notwendige Wachstum der Unterneh-

---

* »Das Arbeiterbewußtsein bleibt jedenfalls insofern Kollektivbewußtsein, als es den alle betreffenden Tatsachen der Ersetzbarkeit und Unsicherheit Rechnung trägt: Unsere Feststellung, daß die Arbeitsplatzsicherheit von allen Arbeitergruppen heute noch durchgängig pessimistisch bewertet wird, läßt deutlich dieses gemeinsame Merkmal des gesellschaftlichen Denkens der Arbeiterschaft erkennen.«
Ebenda, S. 273.

mungen und des Kapitals durchsetzen.

Die Bedingungen dieses Interessenkampfes änderten sich allerdings wesentlich mit der Vollbeschäftigung in den industriell hochentwickelten Ländern. Daß die Nachfrage allgemein schneller wuchs als das Angebot von Arbeitskräften, änderte das Kräfteverhältnis zwischen den Lohn- und den Kapitalinteressen so, daß die gesellschaftlich notwendigen Entwicklungen der produktiven und der unternehmerischen Tätigkeit immer schwerer voranzutreiben sind und immer größere Probleme mit sich bringen. Die *gesellschaftlich notwendige* Arbeit (die Arbeitszeit, die gesellschaftlich allgemeine Intensität, Produktivität, Qualität etc. der Arbeit) der Produzenten kann nicht mehr durch den alten Druck der Arbeitslosigkeit gesichert werden. Die Desinteressiertheit am Kapital führt zur wachsenden produktiven Verschwendung seitens der Arbeiter. Einseitige Lohnkämpfe und das Mißtrauen gegenüber den kapitalistischen Profiten machten eine erfolgreiche Inflationsbekämpfung unmöglich. Die engbegrenzten privaten Kapitalinteressen führen zu einer einseitigen materiellen Produktions- und Konsumtionsentwicklung, bei der der Mensch und seine allseitige humane Entwicklung immer mehr unterdrückt werden.

Im weiteren Verlauf dieser Arbeit werden all diese Probleme noch eingehend behandelt. Hier muß allerdings schon konstatiert werden, daß eben im weiterhin bestehenden Gegensatz zwischen Lohninteressen und Kapitalinteressen in der Gesellschaft, der in neuen Bedingungen einer optimalen wirtschaftlichen und humanen gesellschaftlichen Entwicklung immer größere Hindernisse in den Weg stellt, die objektive Grundlage einer weiterhin aktuellen Idee der sozialistischen Gesellschaftstransformation zu sehen ist.

Sowenig sich jedoch die ursprüngliche marxistische Vorstellung über die Entwicklung der Arbeiterklasse im Spätkapitalismus bewahrheitet hat, so wenig kann auch die sozialistische Gesellschaft jene Form und jene Entstehungsursache aufweisen, die Marx erwartete und die von orthodoxen »Marxisten« aus engen Machtinteressen heraus noch heute aufrechterhalten wird. In kapitalistisch hochentwickelten Ländern, in denen die Arbeiterklasse weder die Mehrheit darstellt noch verelendet und auch nicht mehr der alleinige und entscheidende Träger der weiteren gesellschaftlichen Entwicklung ist, kann auch nicht mehr ein Interesse der Arbeiter an einer revolutionären Vernichtung des Kapitalismus entstehen. Die Arbeiter, ebenso wie der Großteil aller anderen Lohnempfänger, sehen ihre Möglichkeit einer Durchsetzung von Lohn- und Konsuminteressen, die im Grunde von keiner sozialen Kraft begrenzt werden können. Nur die wachsende Erkenntnis der Inflationsgefahr kann auf übertriebene

Lohnsteigerungen bremsend einwirken. Dies verstärkt jedoch den Kampf der Lohnempfänger um die Kontrolle und die Aufteilung der Profite und erweitert ihr Interesse an der Kapitalentwicklung.

Mit der Steigerung des materiellen Konsums in den entwickelten Ländern dehnen sich auch die nichtökonomischen Bedürfnisse und Interessen schnell aus. Besonders bei den qualifizierteren und besser bezahlten Lohnempfängern, die auch durch ihre überwiegend geistige Arbeit kulturelle Interessen schneller entwickeln, wächst der Widerstand gegen den einseitig forcierten materiellen Konsum. Die studierende Jugend, vor allem aus den Schichten der Intelligenz stammend, drückt die Opposition leidenschaftlich und zuweilen radikal aus.

Auch wenn kleinere Teile der Arbeiter, der anderen Lohnempfänger und der Jugend in ihrer Revolte gegen den grundlegenden kapitalistischen Widerspruch unter den Einfluß der orthodoxen »marxistischen« Ideologie gelangen, sieht der größere und noch wachsende Teil der arbeitenden Menschen in entwickelten Industrieländern, daß der sowjetische Kommunismus die Lösung der aktuellen Probleme nicht leisten kann. Schnell wird klar, daß die Verstaatlichung der Produktionsmittel nicht zur Überwindung der entfremdeten Arbeit und zu einer humaneren Entwicklung führt, sondern eine allgemeine Bürokratisierung der Produktion und der Gesellschaft insgesamt mit sich bringt.

Doch das Interesse an einer Überwindung des Gegensatzes zwischen Lohnempfängern und Kapitaleigentümern, zwischen engbegrenzten Lohninteressen und immer weniger durchschlagkräftigen privaten Kapitalinteressen, wächst sehr schnell zu einem breiten Gesellschaftsinteresse an. Es sind eben nicht nur die Arbeiter, die an der Beseitigung dieses Gegensatzes interessiert sind, sondern im Grunde alle Lohnempfänger. Bei den Arbeitern und der gesamten technischen Intelligenz, letztlich bei allen wirtschaftlich tätigen Menschen, steigt das Interesse an einer kollektiven Kapitalbeteiligung, an der Überwindung des engbegrenzten Privilegs eines privaten Eigentums an Kapital. Ja, nicht nur die Lohnempfänger selber, sondern auch ein immer größer werdender Teil der kapitalinteressierten Menschen (vor allem der Manager, Wirtschaftsfunktionäre etc.) werden mehr und mehr den fossilen Charakter dieses sozialen Gegensatzes zwischen Lohninteressen und Kapitalinteressen erkennen.

Die technische und die ökonomische Intelligenz, die Techniker, Ingenieure, Produktionsorganisatoren, Projektanten, Konstrukteure, Forschungsarbeiter, Wissenschaftler, die heute innerhalb und außerhalb der großen Betriebe arbeiten, sind vor allem zur entscheidend treibenden Kraft der weiteren Entwicklung der gesellschaftlichen Produktivkräfte geworden. Sie sind heute der wichtigste Bestandteil dieser Produktivkräfte*, und sie werden auch immer mehr zu aktiven Vorkämpfern progressiver sozial-ökonomischer Veränderungen, die eine effektivere und den gesellschaftlichen Bedürfnissen und Interessen besser angepaßte Entwicklung der Produktivkräfte sichern können.**

Als eine solche Änderung wird von dieser Schicht vor allem die Überwindung der Kapitalabhängigkeit großer Betriebe von den betriebsfremden privaten Aktieneigentümern angesehen, die für die Entwicklung dieser Betriebe, ihre technischen, ökonomischen und sozialen Bedürfnisse überhaupt kein Interesse haben, sondern nur auf die Dividendenentwicklung sehen. Nicht das Schicksal der Betriebe und Betriebskollektive ist das Interesse dieser entfremdeten Kapitaleigentümer. Ihr einseitiges Dividendeninteresse wird zum immer größeren Hindernis für eine bessere Arbeit der Betriebe, bei der die diese viel konsequenter mit den sozialen Bedürfnissen der unmittelbaren Mitarbeiter und den humanen Bedürfnissen der Gesellschaft insgesamt in Übereinstimmung gebracht werden könnten.

Der technischen und ökonomischen Intelligenz in den großen Betrieben wird früher als den Arbeitern bewußt, daß die Umwandlung des entfremdeten Eigentums in kollektives Eigentum aller Betriebsmitarbeiter, das heißt in eine moderne Form eines kollektiven Eigentums an Produktionsmitteln, das ich als Kollektivkapital bezeichne, immer mehr heranreift. Eben deshalb erwächst dieses Bewußtsein in den Köpfen der techno-ökonomischen Intelligenz, weil ihr Interesse immer mehr in Widerspruch

---

* Auch wenn Marx einst als wichtigsten Bestandteil der Produktivkräfte die Arbeitskräfte der eigentlichen Arbeiter hervorhob, was in seiner Zeit vollkommen verständlich war, so hat er jedoch auch schon die Wissenschaft als Bestandteil der allgemeinen gesellschaftlichen Produktivkräfte verstanden.

Das Kapital als »In-sich-Absorbierer und Aneigner ... der Produktivkräfte der gesellschaftlichen Arbeit und der allgemeinen gesellschaftlichen Produktivkräfte, wie (zum Beispiel) der Wissenschaft«.

K. Marx, Theorien über den Mehrwert, Erster Teil. In: K. Marx, F. Engels, Werke, Bd. 26, Erster Teil, S. 368.

** »Die Entwicklung der Technik erfordert nicht nur mehr Ingenieure, sie führt zur Verwissenschaftlichung der Produktion, zur Beschäftigung von spezialisierten Organisatoren, Arbeitspsychologen, Produktionsplanern usw. (...) In Betrieb und Büro zieht der Typ eines qualifizierten Experten ein, der sich für Produktion, Technik und Organisation, Verbesserung des Produkts, Ermittlung und Befriedigung der Bedürfnisse des Publikums an sich interessiert und dem die privaten Konkurrenzinteressen der Unternehmung nicht nur nicht gleichgültig sind, sondern in hohem Maße als Hindernis der eigenen Tätigkeit erscheinen. Vom Fortschritt der Produktionstechnik und Gesellschaftswissenschaft hervorgebracht, arbeitet diese Produktionsintelligenz unermüdlich für weiteren Fortschritt und für die Schaffung kooperativer Formen technischer und wirtschaftlicher Organisation.«

P. Sering, Jenseits des Kapitalismus, Lauf bei Nürnberg 1946, S. 47–48.

mit der alten Profitverteilung und -Verwendung kommt, die von den
entfremdeten Kapitaleigentümern bestimmt werden. Die Schaffung von
kulturell-menschlichen Arbeitsbedingungen, die Ermöglichung initiativer
Mitentscheidung über Betriebstätigkeiten, die – später eingehend behan-
delte – Unterscheidung einer Maximierung und Optimierung des Profits
als ökonomisches Grundkriterium der Betriebe, die zielbewußtere Koordinierung der gesamten außer- und innerbetrieblichen Bildungsentwicklung mit den zukünftigen Produktionsbedürfnissen, die Überwindung
einer wachsenden Vernichtung der Lebensbedingungen durch das Produktionswachstum usw. – dies alles macht einen Übergang zu einer Eigen-
tumsform des Kapitals notwendig, bei der zwar das Interesse an einer
effektiven Wirtschaftsentwicklung nicht vernichtet, die Kapitalentwicklung aber vor allem den Interessen der arbeitenden Menschen selbst unterstellt wird.*

Durch eine solche Kollektivierung des Kapitals würde seine Entfremdung von den Produktivkräften und der Majorität der Gesellschaft überhaupt überwunden. Die Verantwortung für die Kapitalentwicklung
würde jenen Menschen zufallen, die an einer effektiven und humanen
Entwicklung der Produktivkräfte gleichermaßen interessiert sind und eine
solche Kapitalentwicklung heute viel rationaler beurteilen können als die
entfremdeten Aktieneigentümer. Das System kleiner, gesetzlich begrenzter Aktieneigentümer, ähnlich dem System von Sparern, müßte während
einer langen Übergangsperiode nicht abgeschafft werden, da es eine sozialistische Wirtschaftsentwicklung nicht behindert. Ohne Überwindung des
großen privaten Aktieneigentums bleibt aber jede Form von Kollektiv-
eigentum illusorisch, und die Betriebsmitarbeiter können nicht zu wirklichen Eigentümern ihrer Betriebe werden. Vor allem durch die kollektive
Aneignung der entscheidenden Profitteile und durch die Art, in der über
die Prinzipien ihrer Benutzung durch gewählte Aufsichts- oder Verwal-
tungsräte entschieden wird, kann sich das kollektive Kapitaleigentum
ausdrücken.

Auch bei einer immer breiteren Masse von nichtökonomisch tätigen
Menschen (Wissenschaftlern, Publizisten, Künstlern, Pädagogen, Ärzten
etc.) setzt sich das Wissen durch, daß die Kapitalentfremdung der gesell-

---

* »True owners are involved directly and psychologically in the fate of an enterprise;
and this description better fits the employees of the corporation, not its stockholders.
For these employees, the corporation is a social institution which they inhabit. It is
politically and morally unthinkable that their lives should be at the mercy of a financial
speculator.«
D. Bell, The corporation and society in the 1970's. Referat für das Internationale
Seminar »Socialism in changing societies« in Tokyo 1972, S. 29.

schaftlichen Majorität zu einem wachsenden Hindernis für die optimale Wirtschaftsentwicklung und für die sozusagen vollere, humanere Entwicklung der gesamten Gesellschaft wird. Die Erkenntnis, daß es eine kapitalistische Grundlage für die drückende menschliche Entfremdung gibt, bringt mehr und mehr Menschen dazu, diese kapitalistische Entfremdungsbasis überwinden zu wollen. Besonders jene Schichten, die unmittelbar an einer schnelleren Entfaltung der tertiären Sphäre (vor allem der kulturellen, medizinischen, bildungsmäßigen, urbanistischen etc. Tätigkeitssphäre) interessiert sind, kommen mehr oder weniger bewußt in einen wachsenden Widerspruch zu engbegrenzten privaten Kapitalinteressen.

Dieses wachsende Interesse an einer sozialistischen Überwindung des gesellschaftlich nicht mehr genügenden privaten Kapitalinteresses führt jedoch keineswegs zu der ursprünglichen marxistischen, sozialistischen Vorstellung. Die Lösung des kapitalistischen Widerspruchs wird immer weniger in der Verstaatlichung der Produktionsmittel oder überhaupt in einer Diktatur des Proletariats gesucht. Es ist vielmehr die Erkenntnis, daß die Verstaatlichung der Produktionsmittel weder die benötigte optimale Entwicklung der Produktivkräfte und der gesamten Wirtschaft noch die geforderte Humanisierung und Überwindung bestimmter Entfremdungsprozesse sichern kann. Eine optimale Entwicklung der Produktivkräfte aber und die notwendige Humanisierung der Gesellschaft wird von offiziellen »Marxisten« in ihrer Verstaatlichungstheorie konsequent ignoriert, so daß ihre Ideologie immer weniger die heutigen aktuellen Entwicklungsanforderungen und sozialen Interessen reflektiert.

III. Die Entfremdungstheorie und ihre offizielle Ignorierung

Der marxistische Humanismus

Viele Bücher sind über dieses Thema geschrieben, unzählige Diskussionen über den Entfremdungsbegriff und über das Verhältnis des jungen zum reifen Marx geführt worden.* Welche Ansichten man auch in diesem Zusammenhang vertritt, eines steht fest: die Entfremdungstheorie kann aus dem Marxismus nicht entfernt werden, sie muß vielmehr bei jeder Beurteilung sozialistischer Ideen in Betracht gezogen werden.

Es ist kein Zufall, daß die Entfremdung als spezifisches theoretisches Problem in der offiziellen »marxistischen« Ideologie sowjetischer Spielart überhaupt nicht existiert**, sondern einfachhin mit der Theorie der Ausbeutung gleichgesetzt wird. Der Terminus »Entfremdung« wird als der weniger konkrete, von Hegel übernommene Begriff verstanden, der in den frühen Arbeiten von Marx, zum Beispiel in den Ökonomisch-philosophischen Manuskripten von 1844, einen noch unklaren, allzu abstrakten Begriff gibt, der später durch den konkreteren Terminus »Ausbeutung« mitsamt deren sozialen Folgen überholt wurde.

Es besteht die Meinung, die theoretischen Ansichten von Marx hätten sich – neben anderem – auch in dem Begriff der Entfremdung weiterentwickelt, und dessen Inhalt sei durch die späteren Arbeiten, vor allem durch die ökonomische Analyse des Kapitalismus konkretisiert und präzi-

---

* Siehe dazu eine sehr übersichtliche Zusammenfassung dieser Diskussion in »Meuterei auf den Knien« von H. Dahm, Olten 1969.
** Aus diesem Grund wird auch in keinem der offiziellen sowjetischen Lehrbücher, weder in dem Lehrbuch der Grundlagen des Marxismus-Leninismus – mit seinen 925 Seiten in der deutschen Dietz-Ausgabe – noch in dem Lehrbuch der Politischen Ökonomie, die Existenz eines solchen Problems überhaupt erwähnt. Auch die Entfremdung der Arbeiter im Kapitalismus wird hier nicht speziell erwähnt, und das ganze Problem wird durch die Erklärung der kapitalistischen Ausbeutung und Verelendung der Arbeiter erschöpft. Ebenso wird durch die Beseitigung des Privateigentums im Sozialismus auch die Entfremdung der Menschen als beseitigt angesehen.

siert worden. Mit der Entwicklung dieser marxistischen Interpretation
der Entfremdung und der Bestimmung der Ausbeutung als ihrem exaktesten Ausdruck habe Marx – so behaupten verschiedene sowjetische
Theoretiker – zugleich eine Kritik an den vorangegangenen bürgerlichen
Definitionen dieses Begriffs in der Philosophie, in der politischen Ökonomie und in der utopisch kommunistischen Theorie angebracht.* Durch
die Gleichsetzung der Entfremdungs- mit der Ausbeutungstheorie und
dadurch, daß die letztere als Konkretisierung der ersteren interpretiert
wird, verschwindet die Entfremdung als spezifisches gesellschaftliches Problem; damit wird aber zugleich die Überwindung der Entfremdung auf
die Überwindung der Ausbeutung durch die sozialistische Revolution
reduziert.**

Ohne Zweifel ist die Analyse der kapitalistischen ökonomischen Verhältnisse durch Marx die Weiterentwicklung seiner ursprünglich abstrak-
teren Definition von Entfremdung; sie gibt eine exaktere Erklärung der
Stellung der Arbeiter in der Produktion und in der Gesellschaft insgesamt: der Art der Aneignung und Verteilung ihrer Produktionsresultate,
der Beziehung der Arbeiter zur eigenen Arbeit, zu den Produktionsbedingungen, zu den Waren usw. – exakter als dies etwa in den Ökonomisch-philosophischen Manuskripten enthalten ist.*** In diesem Sinne ist

---

* Siehe etwa L. N. Paschitnow, U istokov revoluzionogo perevorota v filosofii (An
den Quellen der revolutionären Wendung in der Philosophie, Moskau 1960.
** Auch in neuesten marxistischen Arbeiten wird diese Behauptung wiederholt. So schrei-
ben z. B. H. Hiebsch und M. Vorwerg:
»Die Grundstruktur des sozialistischen Menschenbildes sei erkennbar in seiner Beziehung zur Arbeit, zur gesellschaftlichen Produktion, in seiner (gnostischen) Beziehung zur
objektiven Realität und in seiner Beziehung zur Gesellschaft.
Hinsichtlich dieser Beziehungen ist zufolge der sozialistischen Revolution die ›Entfremdung‹ aufgehoben (obzwar ihre Überbleibsel noch längere Zeit in den Köpfen der
Menschen herumspuken).«
H. Hiebsch, M. Vorwerg, Einführung in die marxistische Sozialpsychologie, Berlin
1971, S. 51.
Durch die Realisierung der »sozialistischen« Verhältnisse ist also die Entfremdung in
ihrem Wesen aufgehoben, und nur mehr ihre »Überbleibsel« sind zu bekämpfen.
*** »Die Verwirklichung der Arbeit ist ihre Vergegenständlichung. Diese Verwirkli-
chung der Arbeit erscheint in dem nationalökonomischen Zustand als *Entwirklichung* des
Arbeiters, die Vergegenständlichung als *Verlust und Knechtschaft des Gegenstandes*,
die Aneignung als *Entfremdung*, als *Entäußerung*.
Die Verwirklichung der Arbeit erscheint so sehr als Entwirklichung, daß der Arbeiter
bis zum Hungertod entwirklicht wird. Die Vergegenständlichung erscheint so sehr als
Verlust des Gegenstandes, daß der Arbeiter der notwendigsten Gegenstände, nicht nur
des Lebens, sondern auch der Arbeitsgegenstände, beraubt ist. Ja, die Arbeit selbst wird
zu einem Gegenstand, dessen er nur mit der größten Anstrengung und mit den unregel-
mäßigsten Unterbrechungen sich bemächtigen kann. Die Aneignung des Gegenstandes

es die Konkretisierung jener abstrakten Charakteristik, die in den angeführten Manuskripten gegeben wird, besser gesagt: der Charakteristik des
ökonomischen Verhältnisses als der Basis dieser Entfremdung. Der weiteren Erforschung und wissenschaftlichen Analyse gerade dieses ökonomischen Verhältnisses hat Marx sein ganzes späteres Lebenswerk gewidmet.

Wie ich im weiteren zeigen will, besitzen viele der grundlegenden
ökonomischen Theorien von Marx einen wesentlich erkenntnissystemati-
schen Wert, trotz mancher seiner vereinfachten und vorzeitigen soziolo-
gischen Schlußfolgerungen, Applikationen und Postulate. Diese ökonomischen Erkenntnisse widerlegen sein ursprüngliches theoretisches Konzept
keineswegs grundsätzlich. Vielmehr erweitern und vertiefen sie diesen
Ansatz, der ja ein Ausdruck seiner beginnenden ökonomischen Orientierung und seiner weitergehenden Fachstudien ist. Auch hinsichtlich seiner
Methode und seines philosophischen Einstiegs kann schwerlich ein Widerspruch zwischen den frühen und den späteren Arbeiten konstruiert werden, wie es manche westliche Autoren gern aufweisen möchten.* Schon
in den Ökonomisch-philosophischen Manuskripten hatte Marx die Grundgedanken der materialistischen Dialektik entwickelt, die er später natürlich weiter ausarbeitete und konsequent präzisierte.

Gerade seine grundlegende materialistische Geschichtsauffassung führte
ihn – im Unterschied zu Hegel – zur Erforschung der realen, nicht mysti-
schen Entfremdung der Menschen. War der Mensch, in seiner gesellschaftlich differenzierten Entwicklung und aus der Sicht der dialektischen
Objekt-Subjekt-Beziehung, als soziales Wesen interpretiert worden, so
mußte die Annahme des entscheidenden Einflusses der objektiven gesellschaftlichen Verhältnisse auf seine Entfremdung notwendig zur Analyse
der ökonomischen Verhältnisse führen. Es ist zweifellos eine wissenschaftliche Konsequenz, wenn die anfänglich überwiegend deduktiv gezogene
Schlußfolgerung – daß nämlich die ökonomischen Verhältnisse am ent-

---

erscheint so sehr als Entfremdung, daß, je mehr Gegenstände der Arbeiter produziert,
er um so weniger besitzen kann und um so mehr unter die Herrschaft seines Produkts,
des Kapitals, gerät.«
    K. Marx, F. Engels, Historisch-kritische Gesamtausgabe, Werke, Schriften, Briefe,
Bd. 3, Berlin 1932, S. 83.
    * Siehe bei Robert Tucker:
    »Es zeigt sich deutlich eine Kluft zwischen dem philosophischen Kommunismus der
Marxschen Manuskripte von 1844 beziehungsweise dem ›ursprünglichen Marxismus‹,
wie ich ihn genannt habe, und dem ›wissenschaftlichen Sozialismus‹, wie ihn Marx und
Engels im ›Kommunistischen Manifest‹ von 1848 und in anderen, späteren Schriften
entwickelten.«
    R. Tucker, Karl Marx. Die Entwicklung seines Denkens von der Philosophie zum
Mythos, München 1963, S. 211.

scheidendsten die Entwicklung der menschlichen Gesellschaft und ihrer sozialen Struktur bestimmen – durch eingehendere Analysen nun bestätigt oder widerlegt werden sollten. Diese Entwicklung von Marx selber, bei der aber nur ein anfänglich mehr deduktiv gewonnener, theoretischer Standpunkt durch nachfolgende Analysen und induktive theoretische Erkenntnisse überprüft werden sollte, ist in den Naturwissenschaften ein ganz selbstverständlicher Vorgang. Durch systematische Überlegungen, beginnende, meist noch an der Oberfläche liegende Beobachtungen sowie durch schöpferisches Denken gewonnene neue theoretische Hypothesen sind gewöhnlich die ersten Schritte auf dem Weg zu neuen Erkenntnissen, die allerdings erst auf Grund eingehender Analysen und kritischer Untersuchungen als wissenschaftliche Erkenntnisse bestätigt (oder falsifiziert) werden können.* Auch der Weg von Marx, auf dem er vom philosophischen, juristischen und historischen Studium und von anfänglich recht abstrakten Deduktionen zu einer ausführlichen ökonomischen Analyse überging, kann ihm schwerlich als eine methodische Inkonsequenz vorgeworfen werden. Eine solche Entwicklung sollte vielleicht so mancher heutige Philosoph auch durchmachen.

Eine andere Frage ist allerdings, ob die späteren, nicht ausschließlich ökonomischen Arbeiten von Marx und Engels ihre ursprünglich aufgestellten und späterhin noch vertieften historisch-materialistischen Theorien auch wirklich genügend untermauert haben. Eine Kritik in dieser Richtung müßte aber zumindest auf einer noch umfangreicheren Untersuchung der allgemeinen Geschichte und ihrer inneren Zusammenhänge

---

* Selbstverständlich können die Analysen von gesellschaftlichen Beziehungen oder Entwicklungen gewöhnlich nicht auf dieselbe Art verifiziert werden, wie es bei den meisten Naturwissenschaften, nämlich durch das Experiment, möglich ist. Auch wenn Lenin stets betont hat, daß allein die Praxis die Richtigkeit theoretischer Erkenntnisse beweisen kann, bietet nur ein geringer Teil der gesellschaftlichen Theorien diese Möglichkeit. Erstens ist es schwer möglich, durch zielbewußte Änderungen ganzer Gesellschaftseinheiten Theorien, die die Gesellschaft als Ganzes betreffen (Makrotheorien), zu überprüfen. Nur dort, wo es um Mikrotheorien geht, ist dies denkbar. Zweitens handelt es sich bei gesellschaftlichen Theorien meist um solche, die als *zeitliche* ideelle Konzentrationen wesentliche Prozesse *langfristiger* Entwicklung zusammenfassen und daher auch nicht durch kurzfristige Experimente bewiesen werden können. Als das »gewollte Wesentliche« würden Experimente erst innerhalb *langfristiger* konkreter Entwicklungen eine zeitliche Gesetzmäßigkeit entweder beweisen oder widerlegen.

Deshalb ist auch die Richtigkeit gewisser Erkenntnisse, die die Gesellschaft als Ganzes, gesellschaftliche Gesetzmäßigkeiten etc., betreffen, so schwer zu beweisen, und man kann nur mit der Überzeugungskraft der Logik bei der Erklärung der wesentlichen inneren Zusammenhänge vieler gesellschaftlicher Phänomene rechnen. In dem Moment bleibt natürlich auch das Feld offen für »Glauben« und »Nichtglauben«, »emotional unterlegtes Akzeptieren« und »emotional unterlegtes Ablehnen«.

basieren als die, die Marx und Engels selbst zur Fundamentierung ihrer historischen Hypothesen und Theorien unternahmen. Eine nicht konkret bewiesene, rein philosophische Kritik ihrer »Philosophie der Weltgeschichte«* kann gegenüber den verschiedenen Marx-Engelsschen Analysen wichtiger historischer Etappen und Momente, sowie gegenüber vielen späteren und auch heutigen – die ursprünglichen Thesen eher bestätigenden als widerlegenden – historisch-analytischen Arbeiten schwerlich bestehen.**

Weil Marx sich später auf die Analyse des Kapitalismus konzentrierte und die Gesetzmäßigkeit der kapitalistischen wie der allgemeinen historischen Entwicklung zu beweisen versuchte, kann natürlich leicht der Eindruck entstehen, als habe er seine ursprüngliche Ausrichtung auf den Menschen und sein Interesse an der Überwindung menschlicher Selbstentfremdung verlassen.*** In Wahrheit aber hat Marx weder das subjektive Interesse für den Menschen noch das Suchen von objektiven Bedingungen für die Überwindung der menschlichen Entfremdung aufgegeben. Berechtigt wäre allenfalls die Frage, ob er dieses subjektiv gestellte Ziel auch tatsächlich erreicht hat.

* »Zum Beispiel ist die materialistische Geschichtsauffassung mit ihrem Schema einer Aufeinanderfolge einzelner Perioden vom primitiven Kommunismus über die asiatische, antike, feudale und bourgeoise Geschichtsepoche zum abschließenden Weltkommunismus nicht nach dem Schema einer wissenschaftlichen Theorie konzipiert, sondern eher nach dem Schema einer Philosophie der Weltgeschichte im klassischen westlichen Sinne.«
R. Tucker, Karl Marx. Die Entwicklung seines Denkens, München 1963, S. 6.
** Die Erkenntnis einer Gesetzmäßigkeit in der gesamten historischen Entwicklung kann nicht dadurch widerlegt werden, daß in verschiedenen Weltteilen, Ländern und Gesellschaftseinheiten die konkrete historische Entwicklung nicht voll der üblich erwähnten Aufeinanderfolge von Urgemeinschaft, Sklaverei, Feudalismus und Kapitalismus entsprochen hat. Auch wenn etwa die Sklaverei überhaupt nicht existierte, oder erst viel später auf dem Boden von feudalen oder sogar frühkapitalistischen Gesellschaften eingeführt wurde, bedeutet das nicht die Widerlegung der grundlegenden Erkenntnis, daß die Gesellschaft im allgemeinen wesentliche Systemänderungen vor allem auf Grund der Vorwärtsentwicklung der Produktivkräfte durchgemacht hat. Von den ursprünglichen Stammgemeinschaften, ob nun über Sklavengesellschaften oder nicht, zu feudalen Systemen mit mehr oder weniger freien Bauernwirtschaften, und schließlich über die Ausweitung von handwerksmäßigen Produktionsformen, Marktbeziehungen, Handel und Manufakturen zum Entstehen von kapitalistischen Produktionsformen und ihnen entsprechenden bürgerlichen Systemen, das ist vor allem jene allgemeine Produktions- und Gesellschaftsentwicklung, die durch die Geschichtsforschung nicht widerlegt, sondern im allgemeinen bestätigt wird.
*** Man glaubt, zwei verschiedenen Systemen von Marx, zwei verschiedenen Lehren, gegenüberzustehen. Der auffallendste Unterschied besteht darin, daß der selbstentfremdete Mensch, um den sich die ursprüngliche Lehre dreht, bei der späteren Version ganz aus dem Blickfeld gerät. In der Tat ist der reife Marxismus eine Gedankenwelt, in der ›der Mensch‹ offenbar gar nicht vorkommt.«
R. Tucker, ebenda, S. 211.

Die konsequente Entwicklung von Marx

Das Interesse für den realen Menschen, für die Erkenntnis seiner gesellschaftlichen Bedingtheit und die Einsicht in die Dynamik dieses Mensch-
Gesellschaft-Verhältnisses sind eigentlich das von Anfang an für Marx
charakteristische subjektive Interesse, das ihn bis zu seinem Lebensende
nicht verlassen hat. Bereits in seiner Dissertation (Die Differenz der Demo-
kritischen und Epikureischen Naturphilosophie), in der er noch keinen
materialistischen Standpunkt eingenommen hatte und noch voll unter
dem Einfluß Hegels stand, beschäftigte ihn die Epikureische Philosophie
im Verhältnis zum Materialismus des Demokritos vor allem auf seiner
Suche nach einer »materialistischen Philosophie, welcher die Konzeption
der Bewegung, der Entwicklung und der Freiheit nicht fremd wäre.«[*]
Diese Ausrichtung zeugte bereits vom Interesse des jungen Marx für eine
Philosophie, die die äußeren Lebensbedingungen des Menschen nicht als
unveränderliche bloße Gegebenheiten auffaßte.

Seine Tätigkeit in der *Rheinischen Zeitung* brachte ihm die verschiedensten sozialen Lebensprobleme der arbeitenden Menschen noch näher und
förderte sein Interesse an einer tieferen Erkenntnis der materiellen
Grundlage ihrer sozialen Stellung. Eben dieses Ziel, die materiellen Interessen der Menschen und ihre ökonomische Determination näher zu erkennen[**], brachte Marx zur Lektüre der Werke utopischer Sozialisten und
Kommunisten und zu einer intensiven ökonomischen Forschung.

Sowohl in seiner Kritik der Hegelschen Rechtsphilosophie, als dann
besonders in den Ökonomisch-philosophischen Manuskripten von 1844 ist
seine humanistische Einstellung eindeutig. Hier schon, in seiner Vermenschlichung der Hegelschen Dialektik, ist der Mensch Ausgangspunkt und Ziel
seiner Kritik an Hegel. Noch bevor er wissenschaftlich auf die geschicht-

---

[*] Siehe P. Togliatti, Von Hegel zum Marxismus, Voprosy filosofii (sowj. Journal)
Moskau 1955, Nr. 4.
[**] »Mein Fachstudium war das der Jurisprudenz, die ich jedoch nur als untergeordnete
Disziplin neben Philosophie und Geschichte betrieb. Im Jahr 1842/43, als Redakteur
der ›Rheinischen Zeitung‹, kam ich zuerst in die Verlegenheit, über sogenannte materielle
Interessen mitsprechen zu müssen.«
»Meine Untersuchung mündete in dem Ergebnis, daß Rechtsverhältnisse wie Staatsfor-
men weder aus sich selbst zu begreifen sind noch aus der sogenannten allgemeinen Entwicklung des menschlichen Geistes, sondern vielmehr in den materiellen Lebensverhält-
nissen wurzeln, deren Gesamtheit Hegel, nach dem Vorgang der Engländer und Franzosen des 18. Jahrhunderts, unter dem Namen ›bürgerliche Gesellschaft‹ zusammenfaßt,
daß aber die Anatomie der bürgerlichen Gesellschaft in der politischen Ökonomie zu
suchen sei.«
K. Marx, F. Engels, Werke, Bd. 13, Berlin 1964, S. 7, 8.

liche Rolle der Arbeiter stößt, ergreift er – durch seine humanistische Einstellung getrieben – die Partei der Arbeiter, weil die realen Lebensprobleme der arbeitenden Menschen von Anfang an sein Interesse bilden. Es ist also nicht mehr der abstrakte Mensch, sondern ganz konkret der Arbeiter in der kapitalistischen Gesellschaft, dessen Entfremdung von den verschiedensten Gesichtspunkten aus untersucht und charakterisiert wird. Aus der allgemein humanistischen Einstellung kommt Marx zum *Kampf* für die Interessen der Arbeiter: der am meisten entfremdeten und geknechteten Klasse.* Es geht ihm jedoch nicht nur um die Befreiung dieser Klasse, sondern um die Schaffung solcher gesellschaftlichen Verhältnisse, in denen sich der Prozeß einer Überwindung der Entfremdung überhaupt vollziehen kann. Ohne die Befreiung der Arbeiter gibt es keine Befreiung der Menschen.**

Die Befreiung der arbeitenden Menschen von Ausbeutung, Elend und Unterdrückung konnte jedoch nicht durch moralische Aufrufe und Predigten über Nächstenliebe erreicht werden. Die Erkenntnis, daß die ökonomischen Verhältnisse die soziale Stellung der Menschen bestimmen und diese Verhältnisse wieder durch die Entwicklung der Produktivkräfte entscheidend bestimmt werden, führte Marx zu der Schlußfolgerung, daß diese Verhältnisse nicht beliebig, sondern nur dann geändert werden können, wenn der Entwicklungsstand der Produktivkräfte dies ermöglicht und notwendig macht. Dieser historisch-materialistische Standpunkt bedeutete aber nicht die Aufgabe der humanistischen Ziele, ja, er bedeutete nicht einmal die Absage an soziale Bestrebungen und Kämpfe innerhalb

---

* »Die Kritik der Religion endet mit der Lehre, daß der Mensch das höchste Wesen für den Menschen sei, also mit dem kategorischen Imperativ, alle Verhältnisse umzuwerfen, in denen der Mensch ein erniedrigtes, ein geknechtetes, ein verlassenes, ein verächtliches Wesen ist, Verhältnisse, die man nicht besser schildern kann als durch den Ausruf eines Franzosen bei einer projektierten Hundesteuer: Arme Hunde! Man will euch wie Menschen behandeln!«
K. Marx, Zur Kritik der Hegelschen Rechtsphilosophie, Werke, Bd. 1, Berlin 1932, S. 614-615.
** Dies ist auch das von Tucker bejahte Resümee aus Marxens Gedankengang:
»Wenn dann weiterhin die Gesellschaft im Proletariat jetzt eine rebellierende, eigentumslose Masse erzeugt, so liefert das den Beweis dafür, daß der selbstentfremdete Mensch danach strebt, seine Entfremdung zu überwinden und seine menschliche Natur dadurch wiederzugewinnen, daß er die Ordnung der Welt, die ihn zu einem entfremdeten Wesen gemacht hat, über den Haufen wirft. Demzufolge ist der Kommunismus, obwohl er die Klassenideologie des Proletariats ist, dazu bestimmt, nicht nur den materiellen Interessen dieser einen Klasse zu dienen, sondern das universelle geistige Bedürfnis des Menschen nach Beendigung seiner Selbstentfremdung zu befriedigen.«
R. Tucker, Karl Marx. Die Entwicklung seines Denkens, München 1963, S. 147.

der bestehenden Verhältnisse (etwa der Kämpfe der Arbeiter um bessere Arbeits- und Lohnbedingungen im Kapitalismus).* Aber Marx betonte die Wichtigkeit radikaler Lösungen. Weil er die wesentlichen Veränderungsmöglichkeiten und -notwendigkeiten der kapitalistischen Verhältnisse erkannt hatte, glaubte er zugleich Perspektiven der Beseitigung menschlicher Entfremdung überhaupt entdeckt zu haben.

Die Untersuchung der kapitalistischen Ökonomik – im Sinn der Erkenntnis ihrer Änderungsmöglichkeiten oder -notwendigkeiten und der vorerst (aus der historisch allgemein fixierten Prämisse) hypothetisch angenommenen Notwendigkeit entsprechend – bedeutet also kein Abgehen von den humanistischen Zielen: Das subjektive Ziel freilich, radikale soziale Veränderungsmöglichkeiten zu finden, wurde dem wissenschaftlichen Vorgehen untergeordnet, bei dem nicht subjektiv erwünschte, sondern objektiv ökonomisch notwendige Änderungen erhellt werden sollten. Deshalb kann das Forschungsresultat wieder nur einer sachlichen Kritik unterzogen werden. Es muß nämlich beurteilt werden, ob die Beweise der notwendigen Systemveränderung richtig waren, oder ob sie nicht, durch seine subjektiven humanistischen Absichten beeinflußt, zu vereinfachten oder voreiligen Schlußfolgerungen führten, die den ökonomischen Realitäten nicht voll entsprechen. Dazu genügt es aber wiederum nicht, bei allgemeinen philosophischen Behauptungen zu bleiben, sondern es bedarf einer sachlichen Untersuchung der marxistischen Ökonomie.

Obwohl also der ursprüngliche Marxismus, mit seinem Anspruch auf Wissenschaftlichkeit, ablehnt, als ein ethisches System angesehen zu werden, so impliziert das nicht die Verneinung ethischer Ziele überhaupt, wenn man ethische Ziele als das Bestreben, die Gesellschaft zu verbessern und den Menschen zu vermenschlichen, definiert. Nur sind diese Ziele nicht das Resultat eines Wunschdenkens, sondern sollen das Ergebnis einer wissenschaftlich erkannten und bewiesenen Entwicklungsgesetzmäßigkeit sein, die die Vermenschlichung der sozialen Bedingungen und mit ihr die Überwindung der Menschentfremdung fordert.** Durch die richtige Erkenntnis zukünftiger gesellschaftlicher Entwicklungserfordernisse (Über-

---

* »Bei ihren Versuchen, den Arbeitstag auf seine früheren rationellen Ausmaße zurückzuführen oder, wo sie die gesetzliche Festsetzung eines Normalarbeitstags nicht erzwingen können, die Überarbeit durch Steigerung des Lohns zu zügeln, eine Steigerung nicht nur in Proportion zu der verlangten Überzeit, sondern in größerer Proportion, erfüllen die Arbeiter bloß eine Pflicht gegen sich selbst und ihren Nachwuchs. Sie weisen bloß das Kapital mit seinen tyrannischen Übergriffen in seine Schranken zurück.«
K. Marx, F. Engels, Werke, Bd. 16, Berlin 1962, S. 144.
** Siehe dazu auch:
Ernst Bloch, Karl Marx und die Menschlichkeit, Reinbek bei Hamburg 1969; Adam Schaff, Marxismus und das menschliche Individuum, Reinbek bei Hamburg 1970.

windung der erkannten Widersprüche und Entwicklungshindernisse), nach denen sich das Sein der arbeitenden Menschen im Sinne einer gesellschaftlichen Humanisierung ändert, können geschichtlich progressive Entwicklungen beschleunigt und ethische Ziele realisiert werden.

Arons falsche Interpretation

Die marxistische historisch-materialistische Methode wird von Raymond Aron falsch interpretiert und dann natürlich »leicht« widerlegt.* Er unterstellt Marx nicht, daß er von den humanistischen Zielen Abstand genommen hätte, sondern behauptet im Gegenteil, daß er als Ergebnis seiner Geschichtsphilosophie die Beseitigung der menschlichen Entfremdung intendierte. Er schreibt dem Marxismus eine Philosophie zu, die ebenso wie die Hegelsche den »totalen Sinn der Geschichte« erfassen und wiedergeben will, und sieht in dieser Philosophie die theoretische Begründung der durch die Sozialisierung der Produktionsmittel möglichen Überwindung menschlicher Entfremdung als das aufgedeckte »Endziel der Geschichte«.** Die Beseitigung der menschlichen Entfremdung wird also als das von Marx philosophisch aufgestellte »Endziel« interpretiert, das er als den »Endzweck der Geschichte« erkannt haben soll. Die Revolution, die Sozialisierung etc. sind dann die Mittel, diesen Endzweck und dieses Endziel zu erreichen.

Die derart interpretierte Geschichtsphilosophie ist dann leicht zu widerlegen: Erstens könne die so fixierte »Notwendigkeit des Kommunismus« nicht »im Sinne des Determinismus« bewiesen werden, und zweitens könne ein »geschichtlicher Endzweck« nicht bewiesen werden, wenn die »Geschichte noch nicht abgeschlossen ist«.***

* Siehe Raymond Aron, Die heiligen Familien des Marxismus, Hamburg 1970.
** Die Revolution »möchte diese Entfremdung überwinden und erreichen, daß das konkrete Individuum lebt und arbeitet, indem es direkt an der Allgemeinheit teilhat, eine Revolution und eine Vergesellschaftung der Produktionsmittel voraussetzt. Das Individuum hört auf, für andere Individuen zu arbeiten, es arbeitet für die Allgemeinheit des Staates. So findet sich der Endzweck der Geschichte nach Ansicht des Marxismus mehr oder weniger determiniert.«
»Die Mission des Proletariats läßt sich nur im Lichte der Philosophie begreifen, der Hegelschen oder Marxschen Philosophie, die sie durch Aufdeckung des totalen Sinns der Geschichte dem Proletariat offenbaren kann und muß.«
Raymond Aron, ebenda, S. 33–34.
*** »Nun, daß der Aufstieg des Kommunismus notwendig sei, um die wahre Idee des Menschen und der Geschichte zu verwirklichen, besagt noch nicht, daß dieser Aufstieg im Sinne des Determinismus notwendig sei.«

Eine so simplifizierte Interpretation der Marxschen Methode kann diese in Wahrheit aber nicht widerlegen – sie wird bei denkenden Marxisten nur ein Lächeln hervorrufen. Der Marxismus ist nicht die Hegelsche Methode, bei der die Entfremdung durch die Rückkehr des – durch das objektivierte Sein entfremdeten – Geistes zu sich selbst überwunden wird. Dieses Moment kann nicht einfach in die materielle Realität verlegt und als notwendiger Endpunkt der realen Geschichtsentwicklung angesehen werden. Es ist nicht das »Zusichzurückkehren« des *Menschen* aus seiner Entfremdung, das der erkannte Sinn der historischen Entwicklung sein soll. Eine solche Auffassung eines »Sinns der Geschichte« wäre nichts anderes als die Einführung einer höheren Idee in den Geschichtsverlauf, eine »Sinngebung« dieser Geschichte, also wieder nur eine idealistische »Vorsehung« oder »Gottlenkung«. Eine solche Philosophie könnte tatsächlich mit den Aronschen Argumenten leicht widerlegt werden.

Zwar ist die Suche nach Überwindungsmöglichkeiten der menschlichen Entfremdung der Ausgangspunkt und das Ziel der Untersuchungen von Marx, aber nicht mit den Methoden einer »Geschichts-Sinnerforschung«. Die geschichtliche Vergangenheit brachte nur die Erkenntnis eines allgemeinsten, gesetzmäßigen Entwicklungswiderspruchs innerhalb der menschlichen Gesellschaft, dessen Erkenntnis nicht mehr für die Zukunft aussagen konnte, als daß auch der Kapitalismus nur ein historisch entstandenes sozialökonomisches System sei und auf Grund der weiteren Entwicklung der Produktivkräfte auf einer bestimmten Entwicklungsstufe sich überleben und notwendig durch ein höhergestelltes, den Entwicklungsbedürfnissen der Produktivkräfte besser entsprechendes System abgelöst würde. Da sich in der Vergangenheit immer eine soziale Klasse fand, die mit den alten ökonomischen Verhältnissen unzufrieden war und durch ihren Kampf gegen diese zur Geburtshelferin neuer Verhältnisse wurde, kann der Schluß gezogen werden, daß auch der Kapitalismus durch den Kampf einer sich ähnlich verhaltenden Klasse überwunden werden würde.

Wie bereits gesagt, kann natürlich die Richtigkeit dieses Entwicklungsgesetzes angezweifelt und mit adäquaten geschichtlichen Beweisen widerlegt werden. Aber die historisch-logische Methode kann nicht dadurch

---

»Der Marxismus möchte dem Ziel, das er sich gesteckt hat, das heißt der demnach freien Zukunft das Prestige der absoluten, der rationalen, der totalen Wahrheit, die einer abgeschlossenen Geschichte vorbehalten ist, bewahren. Wie läßt sich eine wahre totale Philosophie der Geschichte behaupten, solange die Geschichte noch nicht abgeschlossen ist?«
Raymond Aron, ebenda, S. 34–35.

aus dem Weg geräumt werden, daß man sie durch eine »Geschichtssinn-Aufdeckung« ersetzt. Marx suchte nicht das »Ziel«, den »Sinn«, zu dem die Geschichte hinstrebt, sondern er analysierte, wie die Menschen durch ihre mehr oder weniger zielbewußte Tätigkeit manchmal unwesentliche und manchmal auch wesentliche Änderungen der gesellschaftlichen Verhältnisse bewirken. Wenn man nicht versucht ist, eigene, ideelle Ziele in die Geschichte hineinzuinterpretieren, wird man in ihr immer nur die Entwicklung von produktiv-gesellschaftlichen Bedingungen menschlicher Zielsetzungen und zugleich das Resultat jeweils realisierter menschlicher Ziele sehen können. Man wird also entdecken, daß sich die Menschen bei ihrer ökonomischen oder nichtökonomischen Tätigkeit Ziele setzten und daß sie durch ihre zielbewußte Tätigkeit direkt oder indirekt auch Änderungen ihres gegenseitigen Verhältnisses herbeiführten. Doch diese Änderung von gesellschaftlichen Verhältnissen war bei dem Großteil (bei ihrer Produktion, bei naturwissenschaftlichen und technischen Forschungen, bei Entdeckungen und Innovationen etc.) nicht das Ziel. Selbst wenn die Menschen bei ihrem ideologischen, politischen, revolutionären und ähnlichen Handeln die Veränderung gesellschaftlicher Verhältnisse verfolgten, waren ihre Vorstellungen von zukünftigen Verhältnissen meist nur Visionen oder Wunschträume, von denen sich die spätere Realität erheblich unterschied.

Auch wenn die heutige sowjetische Realität wesentlich anders ist, als noch Marx sich sozialistische Verhältnisse vorstellte, so reicht es nicht hin, Marx einfach ein Wunschdenken zu unterstellen. Wir müssen vor allem untersuchen, inwieweit seine Vorstellungen auf Grund der Analyse von Widersprüchen innerhalb der kapitalistischen Gesellschaft berechtigt waren, und ob die sowjetische Revolution und sozialistische Praxis den theoretisch postulierten Bedingungen überhaupt entsprechen.

Jedenfalls sagte Marx nie, daß »die Beseitigung der menschlichen Entfremdung der Sinn der geschichtlichen Entwicklung« sei, sondern er versuchte durch eine Analyse der kapitalistischen Ökonomik zu beweisen, daß die ganz konkrete, durch die kapitalistischen Verhältnisse hervorgerufene Form der menschlichen Entfremdung durch neue gesellschaftliche Verhältnisse überwunden werden müsse. Diese neuen, sozialistischen Verhältnisse würden eben durch die Beseitigung der konkreten kapitalistischen Entfremdungsbeziehungen den Entwicklungsbedürfnissen der Produktivkräfte besser entsprechen und deshalb ihre progressive Entwicklung ermöglichen. Das ist eine ganz andere Beweisführung, die man durch Arons Argumentation nicht aus der Welt schaffen kann, auf Grund der heutigen Entwicklungserfahrungen allerdings prüfen muß.

Auf der einen Seite geht es also um die marxistische Annahme, radikale humane Ziele* könnten ohne radikale Änderung der sozio-ökonomischen Verhältnisse nicht erreicht werden. Auf der anderen Seite wird aber die Änderung dieser Verhältnisse nicht aus dem humanen Ziel deduziert, sondern im Gegenteil: die Analyse der konkreten kapitalistischen Entwicklungswidersprüche soll beweisen, daß die vom Kapitalismus konkret hervorgerufene Entfremdung der Menschen zum größten Entwicklungshindernis wird und daß daher die Beseitigung dieser Entfremdungsform durch neue Verhältnisse zu einer notwendigen Bedingung für die weitere Entwicklung wird. Dabei taucht aber die berechtigte Frage auf, ob die radikale sozialistische Veränderung der ökonomischen Verhältnisse auch die notwendige Beseitigung der kapitalistischen Entfremdungsursachen in sich einschließt, das heißt, ob die Überwindung der konkreten kapitalistischen Form der menschlichen Entfremdung als ein Kriterium für sozialistische Verhältnisse auch heute noch angesehen werden soll.

Die Beantwortung dieser Frage verlangt vor allem eine nähere Untersuchung des Begriffsinhalts »Entfremdung«.

Entfremdungsbegriff und Ausbeutung

Wie bereits gezeigt, gibt es für die heutige offizielle »marxistische« Theorie kein spezifisches Problem der menschlichen Entfremdung, da diese das soziale Wesen der Entfremdung mit dem Begriff der kapitalistischen Ausbeutung gleichsetzt. Aus demselben Grund wird unsere Frage auch von dieser Seite aus bedenkenlos positiv beantwortet werden. Man wird behaupten, daß die Beseitigung der Ausbeutung durch die Vergesellschaftung der Produktionsmittel nicht nur mit der Beseitigung der menschlichen Entfremdung gleichzusetzen ist, sondern zugleich den fortschrittlichen Charakter der sozialistischen ökonomischen Verhältnisse garantiert.

Diese Auffassung entspricht aber weder der Definition der Entfremdung bei Marx, noch den wissenschaftlichen Anforderungen der marxistischen Methode, die ja die Notwendigkeit einer dauernden Analyse gesellschaftlicher Phänomene und Prozesse, sowie einer dauernden Konfrontation aller Theorien mit der gesellschaftlichen Realität hervorhebt.

Bereits bei Marx war der Begriff der menschlichen Entfremdung viel breiter gefaßt. Obgleich er die ökonomische Entfremdung als die wesent-

---

* »Radikal sein heißt die Sache an der Wurzel fassen. Die Wurzel für den Menschen ist aber der Mensch selbst.«
K. Marx, Zur Kritik der hegelschen Rechtsphilosophie, Werke, Bd. 1, Berlin 1932, S. 614.

liche Grundlage aller Entfremdung charakterisiert, war für ihn diese damit dennoch nicht erschöpft. Auch historisch sah er die kapitalistische Form der Entfremdung als aktuelles Problem, aber keineswegs als das einzig und allein existierende. Wesentliche Züge einer menschlichen Entfremdung sind bereits vor dem Kapitalismus zu finden. Um so mehr muß für einen kritischen Marxisten die Frage auftauchen, ob diese Entfremdung mit Entstehen des sowjetischen Systems wirklich beseitigt wird. Eine solche Fragestellung kann der offizielle »Staatsmarxismus« aber gar nicht zulassen.

Mit dem Begriff der Entfremdung bezeichnet Marx vor allem bestimmte Beziehungen zwischen den Menschen, hebt aber als krassesten Ausdruck solcher entfremdeten Beziehungen die Selbstentfremdung der Menschen hervor. Diese ist jedoch für ihn nicht mehr die Hegelsche Entfremdung im Sinne der Entäußerung des absoluten Geistes durch die menschliche Substanz selbst*, sondern im Gegenteil die Entfremdung des Bewußtseins beim realen Menschen: als Ausdruck seiner Stellung unter bestimmten gesellschaftlichen Bedingungen.

Während das arbeitende, produzierende, denkende, die Natur zielbewußt ändernde Wesen zum Menschen geworden ist, haben Verhältnisse, in denen sich die Produktion entwickelte, die Arbeit dem Menschen immer mehr entfremdet und ihn selbst des Bewußtseins seiner Gattungsspezifik beraubt. Statt durch die Arbeit geistvoller, werden die arbeitenden Menschen geistloser; statt mehr Zeit für ihre geistige Entwicklung zu gewinnen, schufen sie nur die geistige Betätigungsmöglichkeit der Nichtarbeitenden; statt durch die Arbeit ihre Freuden zu vermehren, hat ihnen die Arbeitsintensität auch die spärlichen Freuden immer weniger menschlich gestaltet.**

Entfremdung ist also die ganze Art des Lebens arbeitender Menschen,

---

* »Dies Thun und Werden aber, wodurch die Substanz wirklich wird, ist die Entfremdung der Persönlichkeit, denn das *unmittelbar,* das heißt *ohne Entfremdung* an und für sich geltende Selbst ist ohne Substanz und das Spiel jener tobenden Elemente; *seine* Substanz ist also seine Entäußerung selbst, und die Entäußerung ist die Substanz, oder die zu einer Welt sich ordnenden und sich dadurch erhaltenden geistigen Mächte.«
G. W. F. Hegel, Phänomenologie des Geistes, Stuttgart 1964, S. 3.
** Es kommt daher zum Resultat, daß der Mensch (der Arbeiter) nur mehr in seinen tierischen Funktionen, Essen, Trinken und Zeugen, höchstens noch Wohnung, Schmuck etc., sich als frei tätig fühlt, und in seinen menschlichen Funktionen nur mehr als Tier. Das Tierische wird das Menschliche und das Menschliche das Tierische.
Essen, Trinken und Zeugen etc. sind zwar auch echt menschliche Funktionen. In der Abstraktion aber, die sie von dem übrigen Umkreis menschlicher Tätigkeit trennt und zu letzten und alleinigen Endzwecken macht, sind sie tierisch.
K. Marx, Ökonomisch-philosophische Manuskripte, Werke, Bd. 3, Berlin 1932, S. 86.

die Begrenzung und Verstümmelung ihrer Interessen, ihr trostloses und wenig Freude bringendes Dahinleben und ihr dadurch sich verlierendes Bewußtsein der eigenen menschlichen Erhabenheit. Und alles das wurde durch die lange und ermüdende Arbeitszeit, durch die starre Arbeitsteilung und die von ihr geschaffene einseitige und monotone Tätigkeit und schließlich durch die Arbeit für andere, die fremde Aneignung von Arbeitsresultaten, hervorgerufen. So wird also Selbstentfremdung des Menschen zum Ergebnis der Entfremdung seiner eigensten menschlichen Tätigkeit und ihrer Resultate.* Unter diesen Bedingungen verliert er das Bewußtsein seiner Stärke und seines Wesens als Mensch, dessen generationenlange Arbeit, Erkenntnis und Denken allen Geist hervorgebracht hat. Statt sich durch menschliche Betätigung Freude zu machen, wird der Mensch von der Arbeit unterjocht; statt durch die Unterjochung der Natur zum freien Menschen zu werden und sich der menschlichen Freiheit zu freuen, sind die Verhältnisse zum Herrscher über ihn geworden und haben ihn zum Arbeitstier gemacht.

Diese Bedingungen entstanden nicht erst mit dem Kapitalismus, sondern es ist die allgemeinste Charakteristik von ökonomischen und sozialen Verhältnissen, in denen eine klassenmäßige Arbeitsteilung, eine den Produzenten fremde Aneignung von Produktionsresultaten, entfremdete Arbeitsantriebe und Leitungen, bürokratische Administrationen und Verwaltungen und eine fremde Staatsmacht entstanden.

* »Worin besteht nun die Entäußerung der Arbeit? Erstens, daß die Arbeit dem Arbeiter *äußerlich* ist, das heißt nicht zu seinem Wesen gehört, daß er sich daher in seiner Arbeit nicht bejaht, sondern verneint, nicht wohl, sondern unglücklich fühlt, keine freie physische und geistige Energie entwickelt, sondern seine Physis abkasteit und seinen Geist ruiniert. Der Arbeiter fühlt sich daher erst außer der Arbeit bei sich und in der Arbeit außer sich. Zu Hause ist er, wenn er nicht arbeitet, und wenn er arbeitet, ist er nicht zu Haus. Seine Arbeit ist daher nicht freiwillig, sondern gezwungen, *Zwangsarbeit.* Sie ist daher nicht die Befriedigung eines Bedürfnisses, sondern sie ist nur ein *Mittel,* um die Bedürfnisse außer ihr zu befriedigen. Ihre Fremdheit tritt darin rein hervor, daß, sobald kein physischer oder sonstiger Zwang existiert, die Arbeit als eine Pest geflohen wird. Die äußerliche Arbeit, die Arbeit, in welcher der Mensch sich entäußert, ist eine Arbeit der Selbstaufopferung, der Kasteiung. Endlich erscheint die Äußerlichkeit der Arbeit für den Arbeiter darin, daß sie nicht sein eigen, sondern eines andern ist, daß sie ihm nicht gehört, daß er in ihr nicht sich selbst, sondern einem andern angehört.«
K. Marx, F. Engels, Historisch-kritische Gesamtausgabe, Werke, Schriften, Briefe, Bd. 3, Berlin 1932, S. 85–86.
»Wenn wir nun gesehn haben, daß in bezug auf den Arbeiter, welcher sich durch die Arbeit die Natur *aneignet*, die Aneignung als Entfremdung erscheint, die Selbsttätigkeit als Tätigkeit für einen andern und als Tätigkeit eines andern, die Lebendigkeit als Aufopferung des Lebens, die Produktion des Gegenstandes als Verlust des Gegenstandes an eine fremde Macht, an einen *fremden* Menschen ...«
K. Marx, Ökonomisch-philosophische Manuskripte, Werke, Bd. 3, Berlin 1932, S. 94.

Diese vielseitige und von Marx so allgemein charakterisierte Entfremdung kann nicht mit der kapitalistischen Ausbeutung einfach gleichgesetzt werden. Nicht nur daß sie bereits vorkapitalistische ökonomische Beziehungen einschließt: die so interpretierte Entfremdung ist auch viel breiter, umfaßt auch nichtökonomische Beziehungen und sogar die Sphäre der menschlichen Psyche. Von dieser breitesten humanen Problematik ausgehend und das Ziel einer synthetischen Rückkehr zu ihr (nach eingehenden analytischen Arbeiten) verfolgend, hat Marx dieses Gesamtwerk zeitmäßig nicht mehr bewältigen können. Nach einer lebenslangen Arbeit, ökonomischen Analysen, strapaziert durch praktische politische Aktivität, persönliche materielle Sorgen und politische Verfolgungen, kam Marx nicht mehr zu einer eingehenden Untersuchung weiterer Sphären menschlicher Entfremdung, und um so weniger zu einer synthetisierenden Rückkehr zum Menschen: dem eigentlichen Ausgangspunkt der gesamten Erforschung ökonomischer und historischer Gesetzmäßigkeiten.

Deshalb kann auch die marxistische Konsequenz der Vergesellschaftung der Produktionsmittel und Überwindung von Klassenverhältnissen nur als eine der *Grund*bedingungen auf dem Weg zur Überwindung der menschlichen Entfremdung angesehen werden. Aber damit ist das Problem bei weitem noch nicht gelöst. Ganz abgesehen davon verliert auch der Begriff der Vergesellschaftung von Produktionsmitteln, ohne daß man gleichzeitig entfremdungsüberwindende ökonomische und sozialeVerhältnisse schafft, vollkommen seinen sozialistischen Inhalt. Deshalb sollten Ideologen, die sich zu Nachfolgern von Marx zählen, seine Entfremdungstheorie auch in ihrer Totalität erfassen und den Menschen wirklich in den Mittelpunkt ihrer theoretischen als auch praktisch-politischen Tätigkeit stellen.*

---

* Dies drückt auch ein tschechischer Philosoph aus der Zeit der allseitigen theoretischen Vorbereitung der tschechoslowakischen Reformbewegung aus:
»In den Anfängen von Marxens Entwicklung ist mit einer überraschenden ›Verschwendung‹ (Mehring) ein zwar nur geläufiges, aber voll überzeugendes Bild des Menschen und seiner Welt entworfen. Diesem totalen Blick entsprangen die ökonomischen und historischen Analysen des späteren Werkes von Marx, ohne daß Marx Zeit gefunden hätte, die ganze Welt seines Denkens wieder philosophisch zu schließen. (Darum handelte es sich damals schließlich gar nicht, denn der historische Prozeß forderte die Konkretheit – im Denken und in der Tätigkeit.) Heute, wenn wir durch unsere eigene historische Situation *gezwungen* sind zu suchen, wohin zu gehen nach der Überschreitung der Barriere von Klassenhindernissen, kehren wir zu Marx' Denken als Totalität zurück, welche durch eine zentrale Idee innerlich gebunden ist: die Konzeption des Menschen.«
Jan Šindelář, Co řeší filosofická antropologie? (Was löst die philosophische Anthropologie?) Svoboda, Praha 1966, S. 28.

Marktverhältnisse und Entfremdung

Doch auch die ökonomische Entfremdung des Menschen als Resultat einer klassenmäßigen Arbeitsteilung und klassenmäßigen Aufteilung der Produktionsresultate ist noch immer eine historisch spezifische Form der ökonomischen Entfremdung. Es gibt bestimmte, noch allgemeinere Züge einer ökonomischen Entfremdung, die nicht erst dort auftauchen, wo Klassengegensätze in der Ökonomik auftreten, sondern grundlegendere, historisch frühere Ursachen haben. *Diese* Entfremdung ist nämlich älter als der Kapitalismus.

Die Arbeitsteilung in der Gesellschaft, die vorrangige Marktproduktionen und Marktverhältnisse hat entstehen lassen, ruft bereits auf Grund dieses ihres Charakters eine ökonomische Entfremdung der Menschen hervor. Kleine Bauern oder Handwerker, die überwiegend für den Markt, also für fremde, größtenteils unbekannte Menschen produzieren, unterliegen dem Prozeß der ökonomischen Entfremdung. Die Marktverhältnisse sind es, die, besonders seit »Erfindung« des Geldes, diese Entfremdung hervorrufen. Auch wenn sich mit der Entwicklung der Marktverhältnisse früher oder später überall eine klassenmäßige Aufteilung in der Gesellschaft durchsetzt, muß die allgemeinere Arbeitsteilung und müssen die Marktverhältnisse von der klassenmäßigen Aufteilung der Gesellschaft sowohl geschichtlich als auch sachlich gesondert betrachtet werden, da auch die Überwindung dieser beiden historischen Prozesse wieder nur historisch nacheinander, also nicht gleichzeitig vor sich gehen kann.

Bereits das Entstehen von einfachen Marktproduktionen und Geldverhältnissen führt zu einer Verschleierung und Versachlichung der wechselseitigen menschlichen Beziehungen, die Marx als Fetischisierung dieser Beziehungen bezeichnet hat. Die ursprünglich durchsichtigen, direkten gesellschaftlichen Beziehungen zwischen den Angehörigen einer Urgemeinschaft – bei direkt gemeinsamer Produktion und Konsumtion – werden durch die Entwicklung der gesellschaftlichen Arbeitsteilung, Verselbständigung von privaten Produzenten, Entstehung ausgedehnter Märkte und eines durch Geld vermittelten Austausches von immer undurchsichtigeren Beziehungen abgelöst. Die Menschen verlieren das Verständnis des gesellschaftlichen Charakters dieser Marktbeziehungen: sie erscheinen ihnen nur als gegenseitige Beziehung von Sachen. Das sind sie in Wirklichkeit auch, aber die Existenz indirekter gegenseitiger menschlicher Verhältnisse – *hinter* diesen sachlichen Beziehungen – wird durch die Ware-Geld-Ware-Beziehung verdeckt und verschwindet so aus dem Be-

wußtsein der Menschen.*
Schon diese Marktbeziehungen also rufen eine gegenseitige Entfremdung der Menschen hervor. Die Arbeit der meisten kleinen Produzenten
selbst, besonders der Handwerker, ist zwar noch – durch das nötige Geschick, durch die dauernde Abwechslung, durch neue schöpferische Einfälle
etc., die sie verlangt – deren direktes Interesse geblieben.** Auch das
unmittelbare Arbeitsresultat des Produzenten ist sein Eigentum und das
Ergebnis seiner eigenen Tätigkeit. Doch die Bestimmung dieses Produkts,
seine Nützlichkeit für andere, seine Konsumtion oder Nichtkonsumtion,
wird von dem Produzenten nicht mehr beherrscht. Auch wenn das vermit-
telte Ziel seiner Produktion der Konsum ist, das heißt die Erzielung von
Gebrauchswerten, geliefert durch andere Produzenten, kann der vereinzelte private Produzent nicht mehr erkennen, ob seine Arbeit gesellschaftlich nützlich und notwendig war oder nicht.

Die Menschen beherrschen ihre gesellschaftlichen Beziehungen nicht mehr,
sie werden von diesen unterjocht. Das Leben des einzelnen hängt nicht
mehr von seiner Arbeit allein ab, sondern von Zusammenhängen, die
keiner mehr durchschauen und bewältigen kann. Auch mit Fleiß und
Geschick produzierte Produkte können vielleicht nur mit Verlust oder gar
nicht verkauft werden, während andere Produzenten bei geringerem Arbeitsaufwand reicher werden können. Es genügt, daß eine Produktart
von vielen Produzenten im Übermaß (im Verhältnis zum Bedarf) und
eine andere in ungenügendem Ausmaß produziert wird, und schon hat
dies kaum zu bewältigende Auswirkungen und ruft völlig unterschiedliche Lebensentwicklungen einzelner hervor.

* »Das Geheimnisvolle der Warenform besteht also einfach darin, daß sie den Menschen
die gesellschaftlichen Charaktere ihrer eigenen Arbeit als gegenständliche Charaktere der
Arbeitsprodukte selbst, als Gesellschaften dieser Dinge zurückspiegelt, daher auch das
gesellschaftliche Verhältnis der Produzenten zur Gesamtarbeit als ein außer ihnen existie-
rendes gesellschaftliches Verhältnis von Gegenständen.«
    K. Marx, Das Kapital, Bd. I, Berlin 1967, S. 86.
** »Die Teilung der Arbeit war in den Städten zwischen den einzelnen Zünften noch
ganz naturwüchsig und in den Zünften selbst zwischen den einzelnen Arbeiten gar nicht
durchgeführt. Jeder Arbeiter mußte in einem ganzen Kreise von Arbeiten bewandert
sein, mußte Alles machen können, was mit seinen Werkzeugen zu machen war; der beschränkte Verkehr und die geringe Verbindung der einzelnen Städte unter sich, der
Mangel an Bevölkerung und die Beschränktheit der Bedürfnisse ließen keine weitere
Teilung der Arbeit aufkommen, und daher mußte Jeder, der Meister werden wollte,
seines ganzen Handwerks mächtig sein. Daher findet sich bei den mittelalterlichen Handwerkern noch ein Interesse an ihrer speziellen Arbeit und an der Geschicklichkeit darin,
das sich bis zu einem gewissen bornierten Kunstsinn steigern konnte.«
    K. Marx, F. Engels, Die Deutsche Ideologie, Werke, Bd. 3, Berlin 1932, S. 52.

Gesellschaftliche Differenzierungen werden von fast undurchschaubaren Prozessen vorangetrieben und rufen Unsicherheit, Angst, zugleich auch Eigentumsneid, Haß den Reichen gegenüber, sowie Vergötterung des Reichtums und Geldes hervor. Jeder versucht, seine Waren zu verkaufen und bei anderen Bedürfnisse zu wecken, um die Befriedigung seiner eigenen Bedürfnisse zu sichern. Er wird dabei auch nicht mehr vor der Vernichtung anderer zurückschrecken, falls dies der maximale Verkauf zu gebieten scheint. Wer seine Waren zu Geld gemacht hat, wer Geld, viel Geld angehäuft hat, hört auf, abhängig zu sein: er wird zum Herrscher über die anderen. Die Fetischisierung des Geldes wird zum anschaulichen Ausdruck der Verdinglichung menschlicher Beziehungen und der gegenseitigen Entfremdung der Menschen durch die Marktbeziehungen.*

Diese Entfremdung der Menschen ist die historisch älteste und allgemeinste. Auch wenn sie sich von einer bestimmten Stufe der Entwicklung an und in bestimmten ökonomischen Verhältnissen mit der klassenmäßigen und ausbeuterischen Entfremdung vereint, mit ihr ineinanderfließt, muß sie doch im Zuge einer wissenschaftlichen Analyse herausgeschält und von dieser unterschieden werden. Andernfalls bleibt man nur bei einer moralisch entrüsteten, philosophisch vielleicht ganz gut klingenden Charakterisierung der Entfremdung, aber es wird auch nur bei dieser moralischen Aburteilung bleiben.

Sucht man nämlich wissenschaftlich Wege zur Überwindung menschlicher Entfremdung, dann kann man das nur, indem man wesentliche ökonomische und soziale, die Entwicklung bremsende Widersprüche der Gegenwart aufzeigt, deren Lösung objektiv herangereift ist. Wird durch die Überwindung dieser Widersprüche die progressive Weiterentwicklung der Gesellschaft ermöglicht, und werden dabei zugleich neue, bestimmte Entfremdungsprozesse beseitigende, gesellschaftliche Bedingungen geschaffen, so sind solche gesellschaftlichen Änderungen und Entfremdungsüberwindungen realistisch. Werden jedoch Entfremdungserscheinungen

---

* »Jeder Mensch spekuliert darauf, dem anderen ein *neues* Bedürfnis zu schaffen, um ihn zu einem neuen Opfer zu zwingen, um ihn in eine neue Abhängigkeit zu versetzen und ihn zu einer neuen Weise des *Genusses* und damit des ökonomischen Ruins zu verleiten. Jeder sucht eine *fremde* Wesenskraft über den anderen zu schaffen, um darin die Befriedigung seines eigenen eigennützigen Bedürfnisses zu finden. Mit der Masse der Gegenstände wächst daher das Reich der fremden Wesen, denen der Mensch unterjocht ist, und jedes neue Produkt ist eine neue *Potenz* des wechselseitigen Betrugs und der wechselseitigen Ausplünderung. Der Mensch wird um so ärmer als Mensch, er bedarf um so mehr des *Geldes*, um sich des feindlichen Wesens zu bemächtigen, und die Macht seines *Geldes* fällt gerade in umgekehrtem Verhältnis als die Masse der Produktion, das heißt seine Bedürftigkeit wächst, wie die *Macht* des Geldes zunimmt.«
K. Marx, Ökonomisch-philosophische Manuskripte, Werke, Bd. 3, Berlin 1932, S. 127.

nur angeklagt, ihre Beseitigung wunschgemäß gepredigt und nur als die
Sache ihrer Austreibung aus den Köpfen oder den Seelen der Menschen
angesehen, oder werden sogar Veränderungen des Systems selber angestrebt, die aber durch die vorangegangene Entwicklung ökonomisch noch
nicht herangereift sind, so bleibt es immer nur bei dem frommen Wunsch,
diese Änderungen zu erzielen.

So kann und muß auch der Sozialismus eine bestimmte Form der
menschlichen Entfremdung überwinden, die durch die kapitalistischen
sozial-ökonomischen Verhältnisse hervorgerufen wird. Er kann dies jedoch nur, insofern die Veränderungen dieser kapitalistischen Verhältnisse
durch gegenwärtige entwicklungsbremsende Widersprüche innerhalb des
Kapitalismus selber notwendig werden. Die Notwendigkeit einer Veränderung kann und muß dabei vor allem eine ökonomische Analyse beweisen. Nur wenn solche sozial-ökonomischen Änderungen *objektiv*
herangereift sind und zugleich charakteristische kapitalistische Entfremdungserscheinungen beseitigen, wird es sich tatsächlich um sozialistische
Veränderungen handeln. Selbstverständlich wird eine so objektiv herangereifte Entfremdungsüberwindung zugleich zur objektiven Bedingung
für die weitere progressive gesellschaftliche Entwicklung, also zugleich
zum Kriterium des sozialistischen Charakters des neuen Systems.

Der Sozialismus kann und muß also ganz bestimmte gegenwärtige kapitalistische Widersprüche und damit zusammenhängende Entfremdungserscheinungen überwinden, sollen die anwachsenden Widersprüche nicht
immer größere Entwicklungsschwierigkeiten und Katastrophen in der
Gesellschaft hervorrufen. Das kann jedoch nur die Überwindung bestimmter *spezifischer* Entfremdungsformen bedeuten, während *allgemeinere* Widersprüche und mit ihnen zusammenhängende Entfremdungserscheinungen möglicherweise noch nicht beseitigt werden können. Die Entfremdung zum Beispiel, die durch die starre Arbeitsteilung, die Existenz
einer ökonomisch erzwungenen, noch nicht zum eigentlichen menschlichen
Bedürfnis gewordenen Arbeit und durch die damit zusammenhängenden
Marktverhältnisse hervorgerufen wird, kann auch im Sozialismus noch
nicht beseitigt werden. Alle verfrühten, gewaltsam erzwungenen System-
veränderungen führen nicht nur dazu, daß solche »unerwünschten« Entfremdungen gar nicht beseitigt werden, sondern vertiefen im Gegenteil
die Widersprüche und Entfremdungsprozesse.

Im Zusammenhang mit der allgemeinen Behandlung des philosophischen Problems der Entfremdung muß betont werden, daß die sozialistische Überwindung bestimmter kapitalistischer oder überhaupt klassen-
mäßiger Widersprüche und damit verbundener Entfremdungen noch nicht

die Beseitigung der starren Arbeitsteilung, der ökonomisch erzwungenen, nichtkreativen Arbeit und der Marktverhältnisse bedeutet. Sie kann deshalb auch nicht jenes allgemeinere Wesen der Entfremdung beseitigen, das solche Beziehungen charakterisiert. Alle praktischen Versuche in dieser Hinsicht sind gescheitert, und die radikalen »Anti-Markt- und Anti-Geldtheorien« bleiben utopische Wunschträume.

Marx selbst hat seine moralisch starke und historisch sicherlich zutreffende Kritik an der menschlichen Entfremdung aus seinen Frühschriften, nach der ökonomischen Analyse des Kapitalismus, in seinem Werk »Das Kapital« bereits viel nüchterner formuliert, er hat von einer langen Übergangsetappe zu kommunistischen Verhältnissen gesprochen. Aber seine Vorstellung von den Zusammenhängen zwischen Marktverhältnissen und Privateigentum hat er nicht mehr korrigiert, und er hat daher auch weiterhin geglaubt, daß die Marktverhältnisse schon mit der Liquidierung des Privateigentums beseitigt werden. Demzufolge sollte dies nicht nur die Überwindung der klassenmäßig hervorgerufenen Entfremdung, sondern auch der durch die Arbeitsteilung und die Marktverhältnisse bewirkten Entfremdung bedeuten.

Diese Prämisse und die aus ihr gezogenen Schlußfolgerungen haben sich als falsch erwiesen. Praktische »sozialistische« Veränderungen in dieser Hinsicht waren verfrüht und unrealistisch. Machtmäßig geschaffene Systemzüge haben aber auch nicht zur Überwindung herangereifter kapitalistischer Widersprüche und Entfremdungserscheinungen geführt, sondern haben diese im Gegenteil noch vertieft. Diese Tatsache führt zu dem Schluß, daß das heutige sowjetische System noch überhaupt kein *sozialistisches* System darstellt. Das wird aber noch eingehender aufgezeigt werden müssen.

Die angesprochene Entwicklung hängt – neben vielem anderen – mit der theoretischen Simplifizierung der Entfremdungsproblematik zusammen. Die Identifizierung der Entfremdung mit der ökonomischen Ausbeutung und die vollkommene Ignorierung aller anderen Entfremdungserscheinungen, sowie ihrer Zusammenhänge mit der ökonomischen Entfremdung, hat weitgehende praktische Folgen. Nichtgelöste oder neugeschaffene außerökonomische Entfremdungsprozesse wirken ihrerseits wieder auf die ökonomischen Verhältnisse ein und rufen hier ökonomische Entfremdungen hervor.

Der Zusammenhang aller Entfremdungsprozesse

Haben die vergangenen ökonomischen Verhältnisse zur Entfremdung der
Arbeit und der Arbeitsresultate und dadurch zur Selbstentfremdung des
arbeitenden Menschen geführt, so entstand daraus notwendigerweise auch
seine Entfremdung von den Mitmenschen, vom Staat, von der Gesellschaft. Unfähig, mit seinen eigenen Lebensproblemen fertig zu werden
und den »Sinn des Lebens« zu begreifen, ohne aktive Beteiligung an der
Staatstätigkeit, unterdrückt von einer mächtigen Bürokratie, ohne Einfluß
auf irgendeine Änderung der gesellschaftlichen Entwicklung, auf Entscheidungen über Krieg oder Frieden –, im wahrsten Sinne des Wortes ohn-
mächtig, wird der Mensch zu gesellschaftlicher Gleichgültigkeit und zum
politischen Desinteresse getrieben. Allen Sphären, in denen gesellschaftliche Entscheidungen gefällt werden, seien sie wirtschaftlicher, sozialer
oder politischer Art, steht die Masse arbeitender Menschen fremd gegenüber. Nicht nur die Produktivkräfte, sondern alle gesellschaftlichen Beziehungen sind zu entfremdeten Entscheidungsbereichen geworden. Auf
den eigenen individuellen Lebenskampf ausgerichtet, der niemanden
interessiert und jedem »anderen« zur Last fällt, kann der Mensch allein
seine Einsamkeit und menschliche Sinnlosigkeit nicht überwinden.* Sein
unerfreuliches und unbefriedigendes Los schreibt er den Mitmenschen zu,
und alle zusammen sind Opfer entäußerter gesellschaftlicher Verhältnisse,
in denen sich bisher nur privilegierte, nicht weniger entfremdete, aber
mit der Entfremdung nicht unzufriedene Schichten wohl gefühlt haben.**

* Sogar der Selbstmord und sein Anwachsen in der Gesellschaft ist zum krassesten Ausdruck der menschlichen Selbstentfremdung und Einsamkeit geworden, der Unfähigkeit,
mit der eigenen Lebensstellung fertig zu werden. Marx zitiert in einem seiner Artikel aus
dem Jahre 1845 die Worte von Jaques Peuchet, einem Archivbewahrer der Pariser Poli-
zeipräfektur. Sie sind heute nicht überholt, sondern eher noch aktueller geworden: »Was
ist das in der Tat für eine Gesellschaft, wo man die tiefste Einsamkeit im Schoß von
mehreren Millionen findet; wo man von einem unbezwingbaren Verlangen, sich selbst zu
töten, überwältigt werden kann, ohne daß irgendeiner uns errät? Diese Gesellschaft ist
keine Gesellschaft, sie ist, wie Rousseau sagt, eine Wüste, bevölkert mit wilden Tieren.
In den Stellen, die ich bei der Administration der Polizei bekleidet habe, bildeten die
Selbstmorde einen Teil meiner Attribution; ich wollte kennen lernen, ob in ihren bestimmten Ursachen sich nicht einige finden würden, deren Wirkung man zuvorkommen
könnte. Ich hatte über diesen Gegenstand eine umfassende Arbeit unternommen. Ich
fand, daß außer einer totalen Reform der jetzigen Gesellschaftsordnung alle andern Versuche vergeblich sein würden.«
    Zit. aus: K. Marx, Peuchet vom Selbstmord, Werke, Bd. 3, Berlin 1932, S. 394-395.
** »Die besitzende Klasse und die Klasse des Proletariats stellen dieselbe menschliche
Selbstentfremdung dar. Aber die erste Klasse fühlt sich in dieser Selbstentfremdung wohl
und bestätigt, weiß die Entfremdung als *ihre eigene Macht*, und besitzt in ihr den *Schein*
einer menschlichen Existenz; die zweite fühlt sich in der Entfremdung vernichtet, er-

Eine Arbeitsteilung, bei der die geistige, kreative, menschliche Tätigkeit nur das Privileg einer kleinen sozialen Schicht ist (mit dem meist nicht nur die Befriedigung durch die eigene Tätigkeit, sondern zugleich auch die Beseitigung der materiellen Not und Sorgen, die freie Entfaltung von Genuß und Lebensfreuden verbunden ist*), muß auf der einen Seite menschlichen Neid und Haß, und auf der andern Seite Überlegenheit, Überheblichkeit des Intellekts, Überschätzung und Vergöttlichung des eigenen Geistes hervorrufen. Die Überwindung dieser Entfremdung geistiger Tätigkeit kann auch bei einer Verstaatlichung von Produktionsmitteln nicht als entferntes Zukunftsziel nach einer ungeheuren Produktionsentfaltung angesehen werden. Vielmehr verlangt sie auch zielbewußte gesellschaftliche Beeinflussung der Bedürfnisentwicklung, bei der nicht einseitige Produzenten- oder Machtinteressen auf Kosten von Arbeitszeitverkürzungen und der geistigen Entwicklung arbeitender Menschen die materielle Produktion und Konsumtion vorantreiben.

Genauso wird die wirtschaftsleitende, staatspolitische, gesellschaftsverwaltende Tätigkeit eine entfremdete und entfremdende Tätigkeit bleiben, wenn sie von bestimmten Schichten – ohne Verständnis, Einfluß und Beteiligung der arbeitenden Menschen – vollzogen wird. Ob nun diese leitende und verwaltende Tätigkeit im Interesse und unter der Kontrolle nur einzelner herrschender Klassen durchgeführt wird, oder verselbständigte technokratische und bürokratische Machtinteressen ausdrückt: es bleibt eine fremde, der geleiteten, nichtentscheidenden und abhängigen Arbeit breiter Volksmassen übergeordnete Tätigkeit. Wo über die arbeitenden Menschen ohne sie entschieden wird, wo anhäufende Erfahrungen diesen zu Bewußtsein bringen, daß wesentlichste Entscheidungen in der Gesellschaft durchgeführt werden, ohne daß sie diese beeinflussen können, wo das Interesse ökonomisch oder politisch mächtiger Personen für die Staatsbeschlüsse wichtiger sind als die realen Interessen arbeitender Massen – dort bleibt der Staat diesen entfremdet, selbst wenn die offizielle

---

blickt in ihr ihre Ohnmacht und die Wirklichkeit einer unmenschlichen Existenz. Sie ist, um einen Ausdruck von Hegel zu gebrauchen, in der Verworfenheit die *Empörung* über diese Verworfenheit, eine Empörung, zu der sie notwendig durch den Widerspruch ihrer menschlichen *Natur* mit ihrer Lebenssituation, welche die offenherzige, entschiedene, umfassende Verneinung dieser Natur ist, getrieben wird.«
K. Marx, F. Engels, Werke, Bd. 3, Berlin 1932, S. 206.
* »(...) weil mit der Teilung der Arbeit die Möglichkeit, ja die Wirklichkeit gegeben ist, daß die geistige und materielle Tätigkeit – daß der Genuß und die Arbeit, Produktion und Konsumtion, verschiedenen Individuen zufallen ...«
K. Marx, F. Engels, Die Deutsche Ideologie, Berlin 1953, S. 28.

Staatspropaganda angeblich alles »im Namen des Volkes« durchführt*.
Ohne Wahlmöglichkeit der arbeitenden Menschen zwischen verschiedenen Alternativen bei den wesentlichen gesellschaftlichen Entscheidungen,
ohne Verständnis wenigstens der grundlegenden Zusammenhänge dieser
Alternativen, ihrer differenzierten Entstehung und ihrer Folgen, ohne
institutionalisierte Interessen- und Meinungspluralitäten, ohne Opposi-
tionsfreiheit und ohne Rechte der Minderheiten – ohne alles dies gibt es
keine reale Durchsetzung von Volksinteressen. Dieselben Bedingungen
müssen sowohl bei Entscheidungen über Volksvertreter als auch über
Gesellschaftsprozesse gewährleistet sein. Wo nur proklamiert wird, daß
die Regenten die Interessen des Volkes vertreten, in Wirklichkeit aber nur
von und für bestimmte »Eliten« gehandelt wird, manifestiert sich die Entfremdung der Massen in ihrer politischen Gleichgültigkeit und Passivität,
in ihrem Rückzug ins private, individuelle Leben und zeigt sich in der Ver-
armung, Beschränkung der menschlichen Initiative und der Menschen selber. Auch die Förderung vollkommen einseitiger, egoistischer materieller
Bedürfnisse und Interessen wird die Folge dieser Entfremdung sein.
    Schon dieser innere Zusammenhang aller gesellschaftlichen Prozesse und
ihre Einwirkung auf den Menschen, auf seine Psyche, auf seine Interessenentwicklung, auf seine Beziehungen zu den anderen Menschen, auf
seine Liebe, auf seine gesellschaftliche Initiative, zeigt die Unhaltbarkeit
der sowjetischen Spielart »marxistischer« Simplifizierung, in der die Entfremdungsproblematik mit der Ausbeutung identifiziert wird. Dementsprechend falsch ist natürlich auch die Vorstellung, daß die Vergesellschaftung der Produktionsmittel allein die Entfremdung beseitigt. Ohne die
Entfremdung in der politischen Sphäre zu beseitigen, kann die ökonomische Entfremdung nicht aufgehoben werden. Wird dann noch obendrein unter Vergesellschaftung einfach Verstaatlichung der Produktionsmittel verstanden, dann impliziert das bereits eine Negation des
Grundcharakters einer sozialistischen, die kapitalistische Form der Entfremdung überwindenden Gesellschaft.
    Auch wenn die volle Überwindung der menschlichen Entfremdung ein
langwieriger Prozeß ist, der höchstwahrscheinlich in seiner Totalität niemals zu realisieren sein wird, so muß der Sozialismus dennoch die wesent-

---

* »Erst wenn der wirkliche individuelle Mensch den abstrakten Staatsbürger in sich
zurücknimmt und als individueller Mensch in seinem empirischen Leben, in seiner individuellen Arbeit, in seinen individuellen Verhältnissen, *Gattungswesen* geworden ist,
erst wenn der Mensch seine ›*forces propres*‹ als *gesellschaftliche* Kräfte erkannt und organisiert hat und daher die gesellschaftliche Kraft nicht mehr in der Gestalt der *politischen* Kraft von sich trennt, erst dann ist die menschliche Emanzipation vollbracht.«
    K. Marx, Zur Judenfrage, Werke, Bd. 1, Berlin 1932, S. 599.

lichen Schritte in der Überwindung der charakteristisch kapitalistischen Form der Entfremdung tun, soll er ein echter Sozialismus sein. Allein für die Vergesellschaftung der Produktionsmittel muß die *Überwindung der Entfremdung der Arbeiter* zu diesen Produktionsmitteln, zu ihrer Benutzung, zu der Produktion, zu den Produktionsresultaten, als ein Grund*kriterium* dieser Sozialisierung angesehen werden. Die *Verstaatlichung* wird auch dann noch *keine Sozialisierung* bedeuten, wenn sie unter bestimmten Entwicklungsbedingungen vorübergehend die Produktionssteigerung beschleunigt. Auch ein Staatsmonopolismus kann die Entwicklung der Produktivkräfte in Entwicklungsländern fördern, ohne ein Sozialismus zu sein. Nur in höchstentwickelten Wirtschaftsbedingungen hat Marx die Voraussetzung für das Entstehen wirklicher sozialistischer Verhältnisse gesehen, da diese ohne eine relativ lang dauernde kapitalistische oder staatskapitalistische Vorentwicklung (die die nötigen wirtschaftlichen, politischen, kulturellen, intellektuellen u. ä. Bedingungen für den Sozialismus schafft) nicht realisiert werden können.

Wenn Marx im Kapitalismus in der Entfremdung der Produktionsbedingungen von den Arbeitern ein wachsendes Hindernis für die Entwicklung der Wirtschaftlichkeit und der Produktionseffektivität sieht*, dann muß der Sozialismus eine Überwindung dieser Fremdheit schaffen, soll er eine effektivere Entwicklung der Produktivkräfte als der Kapitalismus sichern. Hier haben wir auch die Antwort auf die Frage, wie das Kriterium einer real beginnenden Überwindung der Entfremdung der arbeitenden Menschen, als Kriterium einer sozialistischen Entwicklung, mit der Grundforderung einer effektiveren Entwicklung der Produktivkräfte zusammenhängt.

Ohne daß die Herrschaft der arbeitenden Menschen über ihre Produktivkräfte und Produktionsverhältnisse wirklich beginnt, wird keine Vergesellschaftung der Produktivkräfte möglich sein. Das Wachstum der Produktivkräfte allein ist ein abstraktes Kriterium, bei dem deren sozialistischer Charakter, deren sozialistische Benutzung und sozialistische Entwicklung nicht bewiesen ist. Nur wo die ökonomische Entfremdung der Menschen ihren Betrieben und ihrer Produktion gegenüber wirklich überwunden wird, wo sie mitverwalten und über die Betriebe, die Be-

---

* »Endlich verhält sich, wie früher gesehen, der Arbeiter in der Tat zu dem gesellschaftlichen Charakter seiner Arbeit, zu ihrer Kombination mit der Arbeit anderer für einen gemeinsamen Zweck, als zu einer ihm fremden Macht; die Verwirklichungsbedingungen dieser Kombination sind ihm fremdes Eigentum, dessen Verschleuderung ihm völlig gleichgültig wäre, würde er nicht zur Ökonomisierung desselben gezwungen. Ganz anders ist dies in den den Arbeitern selbst gehörigen Fabriken, zum Beispiel zu Rochdale.«
K. Marx, Das Kapital, Bd. III, Berlin 1967, S. 95–96.

triebsleitungen und die Produktionsresultate mitentscheiden, wo sie über die makrowirtschaftliche Entwicklung informiert sind, wo sie diese Entwicklung durch Alternativentscheidungen beeinflussen können, wo der Staat aufhört, ihnen fremd zu sein, dort werden auch die Produktionsbedingungen wirklich sozialisiert sein. Auch wenn alles das nicht die Beseitigung der Entfremdung überhaupt bedeuten wird und neue Entfremdungsformen durchaus wieder auftauchen können, müssen dennoch mindestens die Entfremdungsformen beseitigt werden, die durch den heutigen Stand der hochentwickelten Industrieproduktion entstehen.

Was hilft es, wenn die Produktion wächst, den Menschen selber aber dieses Wachstum gleichgültig ist? Die Menschen müssen die Möglichkeit haben, das Wachstumstempo der Produktivkräfte wirklich zu beurteilen. Sie müssen wissen und verstehen, wie es gemessen und ausgedrückt wird, sie müssen entscheiden können, ob es schneller oder langsamer wachsen soll, und sie müssen die Alternativen verstehen können. Sie müssen auch über die Strukturentwicklung aufgrund verschiedener Nationaleinkommensverteilung, über die schnellere Steigerung der materiellen oder der nichtökonomischen Konsumtion usw. beschließen können. Ohne diese Mitentscheidungsmöglichkeit bleibt die Entscheidungsfällung eine entfremdete Angelegenheit und die Sozialisierung eine Fiktion.

Ein System, in dem wegen der tatsächlichen ökonomischen und sozialen Verhältnisse die meisten der arbeitenden Menschen weiterhin *nur* ein Konsumtions- und Lohninteresse haben und vollkommen kapitaldesinteressiert sind, in dem die Entwicklung der Betriebe, der Mehrwertverteilung und -verwendung, die staatliche Wirtschaftspolitik der politischen Repräsentanten, die Organe und Institutionen, die wesentlichsten politischen Entscheidungen also und die öffentliche Meinungsbildung außerhalb der Entscheidungsmitbeteiligung und der Interessen der arbeitenden Menschen liegen, kann kein sozialistisches System sein. Die Konzentration und Monopolisierung aller Meinungs- und Entscheidungsbildungen in den Händen zentraler politischer Organe, bei faktischem Ausschluß der arbeitenden Bevölkerung, führt zu der klaren Bestimmung: ein solches System ist ein *staatsmonopolistisches.* Eine Erweiterung und Entfaltung der Interessen arbeitender Menschen, vor allem durch entsprechende Änderungen der gesellschaftlichen (ökonomischen, politischen, kulturellen, moralischen etc.) Verhältnisse, das Heranwachsen von kollektiven Kapitalinteressen, von Interessen um die volkswirtschaftliche, politische und kulturelle Entwicklung der Gesellschaft, die wesentliche Erweiterung der nichtökonomischen Interessen aufgrund eines relativ hohen Lebensniveaus und die sozial bedingte Möglichkeit ihrer Realisierung, die zielbewußt geförderte Eingliederung der Menschen in eine aktive gesellschaftliche Entscheidungstätigkeit – alle diese Momente müssen ein *sozialistisches* Gesellschafts-system charakterisieren. Wo die ökonomischen und kulturellen Entwick-lungsbedingungen solche Systemaspekte objektiv noch nicht zulassen, oder wo das politische Regime die potentiellen, herangereiften Systemänderun-gen unmöglich macht, wird auch eine offiziell dauernd wiederholte Selbst-bezeichnung als »sozialistisch« das Wesen solcher Systeme nicht sozialisti-scher machen.

Adam Schaff hat als erster die Existenz einer weitgehenden Entfrem-dung im heutigen »Sozialismus« behauptet, aber er hat aus dieser Tatsache die Frage nach dem sozialistischen Charakter der bestehenden Verhält-nisse selbst nicht gestellt. Im Gegenteil: auch er sieht das Kriterium der *verstaatlichten Produktionsmittel* als das offizielle Grundkriterium des Sozialismus an, obwohl Marx selber – wie wir noch sehen werden – diese Verstaatlichung als Form der Sozialisierung nicht gemeint hat, da Ent-eignung durch den »proletarischen« Staat mit Verstaatlichung der Pro-duktion und ihrer Leitung nicht gleichzusetzen ist. Ob nun infolge perpetuierter erkenntnistheoretischer Simplifizierungen oder unter dem Druck der »sozialistischen« Wissenschaftszensur: Schaff jedenfalls verbin-det seine Kritik der Entfremdung im Sozialismus mit dem Ausdruck der Hoffnung, daß sie durch einen Appell in dieser Richtung bekämpft wer-den kann.* Wie sollte man bei dieser Gelegenheit nicht an die fünfzig Jahre hindurch dauernd wiederholten Aufforderungen zur Bekämpfung der Bürokratie in der UdSSR denken.

In Wirklichkeit ist die weitestgehende Entfremdung der arbeitenden Menschen in den heutigen »sozialistischen« Staaten systemimmanent und kann unter Beibehaltung der Grundzüge dieses Systems nicht überwunden werden. Das System selbst hat nicht sozialistischen Charakter, obgleich die Bezeichnung von seinen Machthabern aufrechterhalten wird. Um je-doch das Wesen des Sozialismus, in seiner Verbindung mit einer industriell hochentwickelten Gesellschaft, besser verstehen zu können, müssen wir uns noch weiterhin und sehr eingehend mit der marxistischen, vor allem der ökonomischen Theorie befassen.

---

* »Das Übel besteht nicht darin, daß im Sozialismus Entfremdung existiert, es beginnt erst, wenn man sie nicht bewußt bekämpft. Die Überlegenheit der sozialistischen Ord-nung über die kapitalistische aber beruht in diesem Falle nicht darauf, daß sie eine von aller Entfremdung freie Ordnung ist, sondern darauf, daß es im Sozialismus bessere Bedingungen gibt, diese Entfremdung bewußt zu bekämpfen.«
A. Schaff, *Marxismus und das menschliche Individuum*, Reinbek bei Hamburg 1970, S. 100.

Zweites Kapitel

Wert-, Mehrwert-
und Markttheorie

I. Der Frühkapitalismus und die Werttheorie

Ziel der ökonomischen Analyse

War einmal angenommen, daß die gesellschaftliche Entwicklung gesetzmäßig verläuft und daß es vor allem der grundlegende Widerspruch zwischen den Produktivkräften und Produktionsverhältnissen ist, der sich auch in sozialen Klassengegensätzen widerspiegelt und schließlich zur revolutionären Änderung der ökonomischen Verhältnisse und der ganzen Gesellschaft führt, so war es nur selbstverständlich, daß Marx eine Analyse der kapitalistischen Ökonomie in Angriff nahm. Es galt zu erforschen, ob und wie sich diese allgemeinste Gesetzmäßigkeit innerhalb des kapitalistischen Systems durchsetzt und in Erscheinung tritt. Eine langjährige ökonomisch-analytische Arbeit, in Verbindung mit verschiedenen historischen Arbeiten über wichtige revolutionäre Entwicklungsperioden, denen sich vor allem Engels zuwandte, schienen wieder die angenommene Ausgangsthese zu bestätigen und vertieften die entstandene historisch-materialistische Theorie.

In der Zeit der anfänglichen Entwicklung des Kapitalismus traten nicht nur ungeheure Not, Ausbeutung und deprimierende soziale Stellung des städtischen Proletariats klar zu Tage, sondern diese Zustände riefen auch die ersten spontanen Arbeiterorganisationen, Kämpfe und sozialistischen Theorieansätze ins Leben. Wollte sich nun Marx mit der bloßen Konstatierung dieser Stellung des Proletariats und mit utopischen Verbesserungsvorschlägen nicht begnügen, sondern die Gründe der wachsenden sozialen Gegensätze, das Wesen der Ausbeutung und die zu erwartenden Entwicklungstendenzen aufdecken, war es notwendig, sich in breitestem Ausmaß einer Analyse des kapitalistischen Wirtschaftssystems zuzuwenden. Nur mit Hilfe einer solchen Analyse konnten die Perspektiven einer sozialen Befreiung der Arbeiter, und zugleich die Perspektiven einer historischen Überwindung des Kapitalismus wissenschaftlich aufgedeckt werden. Sowohl eine humanistische Grundauffassung, hervorgerufen durch die Existenz aktueller menschlicher Entfremdung und Ausbeutung, als auch ein philosophisch bedingtes Ziel, die konkrete Ausdrucksform der historischen Notwendigkeit und Vergänglichkeit des Kapitalismus aufzuzeigen, führten Marx also zur ökonomischen Analyse dieses Systems.*

Die Analyse des Kapitalismus führte zur Erkenntnis seines prinzipiellen Widerspruchs und der Entwicklungsperspektive jener Klasse, deren Interesse sie zum Kampf gegen den Kapitalismus führen und die in dieser Weise zu seiner Überwindung beitragen sollte. Die Arbeiterklasse, die ausgebeutete und unterdrückte Klasse, sollte mit der mächtigen Entwicklung der Produktivkräfte ebenso schnell anwachsen und gegen dieses System immer mehr revoltieren, ja, es eines Tages stürzen.

In der Arbeitswerttheorie, die Marx von Ricardo übernahm, weiter ausarbeitete und entwickelte, sah er die Grundlage einer Erkenntnis der kapitalistischen Ausbeutung und der anwachsenden sozialen Gegensätze. Es ist daher notwendig, mit der Werttheorie zu beginnen, denn diese bildet die theoretische Grundlage der gesamten marxistischen Ausbeutungs- und Verelendungstheorie und ist deshalb auch zwangsläufig zum Scheideweg der Theoretiker geworden, die die revolutionäre Beseitigung des Kapitalismus entweder bejahen oder verneinen.

Von dem Augenblick an, da die marxistische Theorie zur Grundlage eines organisierten politischen Kampfes mit dem Endziel der Beseitigung des Kapitalismus wurde – eines Kampfes, der sich selbst als Klassenkampf bezeichnete –, entzweite sich auch die ökonomische Theorie. Die marxistische Ökonomie wurde nicht nur von den antikommunistischen Ökonomen abgelehnt, vielmehr wurde sie auch in späteren Jahren, als man in den meisten kapitalistischen Ländern an den Hochschulen ökonomische Theorie lehrte, größtenteils ignoriert oder totgeschwiegen. Ganze Generationen von Ökonomen erfuhren nichts mehr über die marxistische Theorie: im Zweifelsfall lernten sie sie original überhaupt nicht kennen.

Dasselbe wiederholte sich später mit umgekehrten Vorzeichen in der Sowjetunion und in anderen kommunistischen Ländern. Die westliche ökonomische Theorie wurde hier vollkommen übersehen und als unwis-

---

* »Der bisherige Sozialismus kritisierte zwar die bestehende kapitalistische Produktionsweise und ihre Folgen, konnte sie aber nicht erklären, also auch nicht mit ihr fertig werden; er konnte sie nur einfach als schlecht verwerfen. Je heftiger er gegen die von ihr unzertrennliche Ausbeutung der Arbeiterklasse eiferte, desto weniger war er imstande, deutlich anzugeben, worin diese Ausbeutung bestehe und wie sie entstehe. Es handelte sich aber darum, die kapitalistische Produktionsweise einerseits in ihrem geschichtlichen Zeitabschnitt, also auch die Notwendigkeit ihres Untergangs, darzustellen, andrerseits aber auch ihren innern Charakter bloßzulegen, der noch immer verborgen war.«
K. Marx, F. Engels, Werke, Bd. 19, Berlin 1962, S. 208, 209.

senschaftlich abgetan. Nicht nur die theoretischen Begriffe und Kategorien, sondern weithin sogar die ökonomische Terminologie entwickelten sich auf beiden Seiten unabhängig voneinander. Noch nie wurde eine Wissenschaft derart in zwei einander total entfremdete Gebiete gespalten – und dies noch nicht einmal aus systematischer Notwendigkeit, sondern immer mehr aus Interessen- und Machtgründen. Mit dem Ziel einer Objektivierung der ökonomischen Theorie und der Aufdeckung des Standes der marxistischen Theorie, die zur Richtlinie für die sowjetische Praxis wurde, und vor allem auch bei ihrer rückblickenden Bewertung aus der Sicht der heutigen Erfahrungen und Erkenntnisse, ist es notwendig, vor allem die Wert-, Mehrwert- und Verelendungstheorie zu behandeln. Dabei wird der positiven marxistischen Erklärung nur so viel Aufmerksamkeit gewidmet, als erforderlich ist, um die heutige Bewertung dieser Theorien verständlich zu machen.

Werttheorie

Sehr oft wird wieder der methodologische Zusammenhang, in dem der Begriff »Wert« (im Sinne von »Arbeitswert«) entstand, außer acht gelassen und so das Verständnis dieses Begriffs erschwert. Nur wenn man sich Bedingungen vorstellt, unter denen die größte Menge aller gehandelten Waren noch von Kleinproduzenten (Handwerkern und Bauern) oder in relativ kleinen kapitalistischen Manufakturen mit überwiegender Handarbeit erzeugt wurde, wird auch die logische Entstehung dieses Begriffs klarer. Es ist die Zeit des Übergangs von einer einfachen handwerklichen zu einer industriellen Warenproduktion – wobei auch in der kapitalistischen Produktion der weitaus größte Teil des Kapitals für Arbeitskräfte ausgelegt werden mußte, während die Unterschiede in der Ausstattung mit festem Kapital noch relativ klein waren.

Betrachtet man die Preisrelationen einzelner Warenarten, so treten große Preisunterschiede zwischen verschiedenen Warenarten vor allem als Unterschiede der in ihnen enthaltenen verschiedenen Arbeitsmengen hervor. Waren, die relativ arbeitsaufwendig waren, hatten höhere Preise als Waren, für deren Fertigung weniger Arbeit aufgewendet wurde. Bei allen Warenarten schwankten die Preise unaufhörlich, wobei aber die markanten Preisunterschiede zwischen arbeitsmäßig sehr unterschiedlich aufwendigen Gütern nicht verschwanden.

Ähnlich war es aber auch bei den Arbeitsmitteln und bei den allmählich zahlreicheren einfachen Maschinen, Ausrüstungen und Antriebswerken. Die größte Zahl der benutzten Maschinen wurde noch handwerklich, überwiegend durch Handarbeit in Manufakturen erzeugt. Auch ihre Preisunterschiede wurden vor allem durch die Unterschiede der verausgabten Arbeitsmenge bestimmt. Was lag hier näher als die Vorstellung, daß es im Grunde die Arbeit ist, die den Wert aller Waren bestimmt, und daß dieser Arbeitswert die Grundlage der Warenpreise sei.

Es war dies zuerst Ricardos sehr abstrakte Theorie der menschlichen Arbeit, die sowohl in allen Arbeitsmitteln enthalten sei als auch von den arbeitenden Menschen ausgegeben werde. Die Arbeit geriet so zur Wertsubstanz aller sich bewegenden Marktpreise. Ricardo faßte die »vorangegangene Arbeit« (Arbeit in den verbrauchten Produktionsmitteln enthalten, im weiteren als vergegenständlichte Arbeit bezeichnet) und die jedesmal hinzugefügte lebendige Arbeit zu einer unterschiedslosen Arbeit zusammen, die in ihrer quantitativen Gesamtheit den Wert der Ware bestimme. Die qualitativen Unterschiede zwischen verschiedenen Arbeitsarten überbrückt Ricardo, indem er eine bestimmte Menge qualifizierterer Arbeit als eine entsprechend größere Menge einfacher Arbeit gelten ließ. De facto wurde also alle Arbeit als unterschiedslose, abstrakte Arbeit aufgefaßt, ohne daß Ricardo noch den Doppelcharakter der Arbeit klar unterscheiden und erklären konnte.*

Auch wenn er bereits zwischen Wert, als der allgemeinen Substanz, und dem Preis, als der konkreten Ausdrucksform dieser Substanz, unterscheiden konnte, so war er nicht imstande, dies durch die Widersprüchlichkeit der Ware selbst, ihrer gegensätzlichen Seiten zu erklären. Die Einheit und die Widersprüchlichkeit zwischen dem Arbeitswert als Substanz und dem Marktpreis als konkretem Phänomen, blieben noch theoretisch ungeklärt. Ricardo sah zwar den Einfluß von Angebot und Nachfrage auf die Bewegung der Preise, aber er konnte diese Tatsache nicht in theoretischen Einklang mit seiner Werttheorie bringen. Dazu fehlten ihm vor allem jene wichtigen Erkenntnisse der Dialektik, die – als Ergebnis eines jahrhundertelangen philosophischen Suchens und Denkens – in der Dialektik Hegels einen Höhepunkt erreichten und dann von Marx materialistisch umgewandelt und auf »die Gesellschaft« appliziert wurden.

Aus demselben Grund blieb auch die Tatsache einer bereits klar zu Tage tretenden Profitentwicklung innerhalb der Warenpreise, die mit der Arbeitswerttheorie nicht in Übereinstimmung zu bringen war, von Ricardo ungeklärt. Da er seine Wertabstraktion nicht konsequent weiterführte,

---

* »Der Wert eines Gutes oder die Menge irgendeines anderen, für welches es sich austauschen läßt, hängt von der verhältnismäßigen Menge der zu seiner Produktion erforderlichen Arbeit ab und nicht von der größeren oder geringeren Vergütung, die für diese Arbeit bezahlt wird.«
D. Ricardo, Grundsätze der Volkswirtschaft und Besteuerung, Jena 1921, S. 9.

kam er auch nicht auf die Substanz des Profits und dessen Entwicklungs-
gründe durch andere widersprüchliche Entwicklungszusammenhänge.
Es war eine theoretische Stärke von Marx, der in weit ausgereifteren
kapitalistischen Verhältnissen lebte und an viele Erfahrungen und vorangegangene wissenschaftliche Erkenntnisse anknüpfen konnte, daß er in
einzigartiger Weise ein tiefgehendes philosophisches Wissen und Denken
mit seinen jahrelangen analytischen ökonomischen Arbeiten verbinden
konnte. Wie Marx die materialistische Umwandlung und praktische
Anwendung der Hegelschen Dialektik unternahm, ist bewundernswert
und gehört heute zu jenen Vorgängen in der ökonomischen und überhaupt
gesellschaftlichen Forschung, die nicht genug hervorgehoben werden können. Es ist leider eine Unkenntnis und weitgehende Unterschätzung eben
dieser Methodenfrage in der heutigen ökonomischen Theorie, die nicht
nur bei den Marx-Gegnern, sondern ebenso bei der Mehrheit der offiziellen und machtkonformen »Marxisten« die Klärung vieler ökonomischer
Probleme erschwert.

Diese Feststellung soll überhaupt nicht zu einer oberflächlichen – eben
seiner Methodologie nicht entsprechenden – Glorifizierung von Marx führen oder gar die Tatsache vieler seiner verfehlten und vereinfachten
Schlußfolgerungen vertuschen. Aber es geht darum, daß die objektive
Dialektik einfach nicht aus der realen Welt entfernt werden kann, und
daß alle – meist interessenmäßig motivierten – Versuche, sie zu übersehen
und die Dinge um uns ohne ihre Hilfe zu erklären, entweder scheitern
müssen oder oberflächlich bleiben.

Alle uns umgebenden Phänomene haben ihren wesenhaften Kern, der
immer in sich widersprüchlich sein wird: Ausdruck widersprüchlicher Zusammenhänge. Dieser Aspekt ist es, der sich dann notwendig in der
widersprüchlichen Entwicklung dieser Phänomene widerspiegelt. Wer die
Allgemeinheit dieser innerlichen Widersprüchlichkeit der Dinge nicht
kennt oder anerkennt, wird auch immer Schwierigkeiten bei der Erklärung spezifischer Widersprüchlichkeiten in der einen oder anderen er-
forschten spezifischen Sphäre der objektiven Realität haben. Jene wesentlich widersprüchlichen Zusammenhänge, deren Erkenntnis durch die
Naturwissenschaften heute niemand mehr bezweifeln würde, deren objektive Existenz die Technik respektieren und ausnutzen muß (man denke –
um ein Beispiel von Tausenden zu erwähnen – an die zu respektierende
und zu überwindende Widersprüchlichkeit von Kräften und Energien bei
der Realisierung des künstlichen Fluges), werden – innerhalb ökonomischer
Phänomene aufgedeckt – von vielen Ökonomen noch heute als unnötiger
und unwissenschaftlicher philosophischer Ballast abgelehnt.

Es ist nun aber einmal so, daß die produzierten Waren ihr innerlich

widersprüchliches Wesen haben, Ausdruck widersprüchlicher gesellschaftlicher Zusammenhänge sind, ohne deren Verständnis auch die Warenpreise
nicht richtig interpretiert werden können und eine tiefere Sicht auf die
ökonomischen Verhältnisse schlechthin fehlt. Marx hat das große Verdienst, dieses innerlich widersprüchliche Wesen der Waren als erster klar
erkannt zu haben. Und das kann ihm – trotz der später verschiedentlich
eintretenden Vulgarisierungen dieser Erkenntnis – nicht abgesprochen
werden.*

Die Ware ist auf der einen Seite ein Tauschobjekt, durch das die produzierenden und handelnden Menschen jeweils anderen Menschen jenen
Wert übergeben, für dessen Schaffung sie eine Menge bereits verdinglich-
ter (in den verbrauchten Produktionsmitteln bereits enthaltener) oder neu
hinzugefügter (lebendiger) Arbeit ausgelegt haben. Diese Arbeit ist bisher
während der ganzen langen historischen Etappe, seit es die Warenproduktion gibt, von den Menschen im wesentlichen nicht aus reiner Freude an
der Arbeit selber aufgewendet worden, sondern weil es bei der entwik-
kelten Arbeitsteilung einfach notwendig war, einen Tauschwert zu erstel-
len. Nur dadurch, daß sie für diese Tauschwerte Gegenwerte in anderer,
für sie benötigter Produktform erhielten, waren sie bereit, diese Arbeit
zu verrichten und dabei auch die eigenen Produktionsmittel so effektiv als
nur möglich einzusetzen und zu verbrauchen.

Es ist ein Faktum, daß die Arbeit für andere, für die Gesellschaft, die
absolute Mehrheit der Menschen bis heute nicht wesentlich erfreut, daß
sie nicht zu ihrem eigentlichen Bedürfnis und Interesse geworden ist, und
daß die Menschen bei freier Entscheidung in ihrer Mehrheit einer anderen,
sie mehr befriedigenden, Tätigkeit nachgehen würden. Daß sie diese Arbeit trotzdem tagtäglich, oft nur routinemäßig und bis zur Erschöpfung
verrichten, ist darauf zurückzuführen, daß sie allein durch diese Arbeit
für andere all jene Lebens- und Produktionsmittel bekommen können,
ohne die sie nicht leben können. Ohne tiefes Verständnis dieser – bis heute
gültigen – Arbeitsbedingungen und wesentlichsten Ursachen der Arbeit
für andere kann kein ökonomisches Problem verstanden werden. Und
dieses Verständnis ist zugleich die Grundlage der Erkenntnis, daß die
verausgabte Arbeit immer ein wesentliches Moment der Ware sein wird,
das heißt, von diesem Aspekt her ihren Tauschwert bestimmen wird, auch
wenn sie durch andere, gegensätzlich wirkende Zusammenhänge von
diesem Wert abweichen wird.

---

* »Wer die Arbeitslehre schlechthin negiert, negiert damit nicht nur den Marxismus, der
getroffen werden soll, sondern die gesamte Klassik, insbesondere auch *Ricardo*, auf den
Marx sich gerade in der Arbeitswertlehre ausdrücklich beruft und stützt.«
E. Salin, Politische Ökonomie, Tübingen–Zürich 1967, S. 106.

Andererseits muß aber jede Ware zugleich Gebrauchswert sein, das heißt eine Sache mit spezifischen Eigenschaften und Qualitäten, durch die bestimmte Bedürfnisse der Menschen befriedigt werden. Dieser Gebrauchs- oder Nutzwert wird immer durch bestimmte spezifische Arten der Arbeit erzeugt: durch solche (erlernte oder erfahrungsmäßig angeeignete) konkreten Arbeitsweisen und Vorgänge, bei denen – unter Benutzung ganz bestimmter Produktionsmittel – auch ganz bestimmte spezifische Gebrauchswerte entstehen können. Entscheidend ist dann aber nicht mehr die Menge der verausgabten Arbeit, sondern deren Qualität: ihr Nutzen. Die Waren haben nur dann Gebrauchswert, wenn sie wirklich menschliche Bedürfnisse, welcher Art sie auch immer sein mögen*, befriedigen. Es wird daher immer erst die soziale Bewertung des Gebrauchswerts einzelner Waren und ihr Verkauf zu Konsumzwecken den »endgültigen« Wert festlegen. Erst wenn die Waren sich als Gebrauchswerte bewähren, bestätigt sich auch, daß die zu ihrer Herstellung verausgabte Arbeit nicht zwecklos war, und daß diese ebenfalls als unterschiedslose, abstrakte Arbeit einen realisierbaren Wert geschaffen hat.**

Im wesentlichen sind heute alle Gebrauchsgüter das Resultat menschlicher Produktion, bei der eine Menge von verschiedenen Produktionsmitteln und die unterschiedlichsten konkreten Arbeiten (fortgeschrittene Arbeitsteilung) notwendig sind. Alle diese Arbeiten, nur von ihrer unterschiedslosen Seite, unter ihrem quantitativen Aspekt (relativ höhere Qualität drückt sich nur als entsprechend größere Quantität aus), sowie alle vergangene unterschiedslose in den verbrauchten Produktionsmitteln enthaltene Arbeit (vergegenständlichte Arbeit), werden als wertschaffende Arbeit betrachtet. Wenn man also von konkreter und abstrakter Arbeit spricht, so sind es nicht zwei verschiedene Arbeiten, sondern es handelt sich nur um eine unterschiedliche Betrachtungsweise, wobei die abstrakte Arbeit eben eine Abstraktion ist, bei der die Unterschiedlichkeiten der einzelnen konkreten Arbeiten unberücksichtigt bleiben, und diese unterschiedslose, abstrakte Arbeit nur ihrer Quantität nach gesehen wird.

---

* »Die Ware ist zunächst ein äußerer Gegenstand, ein Ding, das durch seine Eigenschaften menschliche Bedürfnisse irgendeiner Art befriedigt. Die Natur dieser Bedürfnisse, ob sie zum Beispiel dem Magen oder der Phantasie entspringen, ändert nichts an der Sache. Es handelt sich hier auch nicht darum, wie die Sache das menschliche Bedürfnis befriedigt, ob unmittelbar als Lebensmittel, das heißt als Gegenstand des Genusses, oder auf einem Umweg, als Produktionsmittel.«
K. Marx, Das Kapital, Bd. I, Berlin 1962, S. 49.
** »Endlich kann kein Ding Wert sein, ohne Gebrauchsgegenstand zu sein. Ist es nutzlos, ist auch die in ihm enthaltene Arbeit nutzlos, zählt nicht als Arbeit und bildet daher keinen Wert.«
K. Marx, Das Kapital, Bd. I, Berlin 1962, S. 55.

Dieser Aspekt hat einen wichtigen Erkenntniswert, denn er führt zum Verständnis einer wesentlichen Seite des Austauschprozesses von Waren. Der Tauschprozeß und der in ihm sich jeweils durchsetzende Tauschwert von Waren ist ein Vorgang, in dem sich jeweils zwei gegensätzlich wirkende Zusammenhänge durchsetzen, deren Ignorierung durch die nichtmarxistische Ökonomie sie notwendig zu einer ziemlich oberflächlichen Interpretation dieses Tauschprozesses und vor allem der Preise geführt hat. Es ist aber bemerkenswert, daß erst die bürokratische »sozialistische« Praxis die Wichtigkeit der Erkenntnis dieses inneren Wesens des Tauschwerts von Waren wieder hervorgehoben hat. Deshalb muß hier also etwas eingehender die von Marx aufgedeckte Tatsache der dauernd sich durchsetzenden widersprüchlichen Zusammenhänge (die in der Bewegung des Tauschwerts erscheinen) behandelt werden. In der Leugnung oder Simplifizierung dieser widersprüchlichen Zusammenhänge liegt auch einer der Hauptgründe der Divergenz zwischen der marxistischen und nichtmarxistischen Ökonomie.

Die nichtmarxistische Ökonomie hat, sowohl aus erkenntnistheoretischen Gründen (Ablehnung oder Vernachlässigung der Dialektik), als auch aus später im einzelnen zu behandelnden Interessengründen, den Doppelcharakter der Waren und vor allem den Arbeitswert als Erklärung der einen Wesensseite der Waren abgelehnt und lehnt diesen bis heute ab. Später werden wir sehen, daß die offizielle, dogmatische »marxistische« Ökonomie diesen Doppelcharakter der Waren zwar formell und verbal reproduziert, aber die Problematik des Gebrauchswerts so simplifiziert und in der »sozialistischen« Praxis unterschätzt, daß sich die Dimension des Gebrauchswerts nicht durchzusetzen vermag und daß schließlich auch die arbeitsmäßig bestimmte Wertgröße vernachlässigt wird.

Preisbewegung

Marx bezeichnete als Tauschwert das quantitative Verhältnis, in dem eine Ware gegen eine andere ausgetauscht wird.* Auf einer bestimmten Stufe der Warenproduktion und Marktentwicklung entstand die Geldform dieses Tauschwerts, das heißt der sich allgemein durchsetzende Aus-

---

* »Der Tauschwert erscheint zunächst als das quantitative Verhältnis, die Proportion, worin sich Gebrauchswerte einer Art gegen Gebrauchswerte anderer Art austauschen, ein Verhältnis, das beständig mit Zeit und Ort wechselt.«
K. Marx, Das Kapital, Bd. I, Berlin 1962, S. 50.

tausch von Waren gegen Geld, und damit jeweils ein quantitatives Verhältnis zwischen Ware und Geld. Dieser im Geld ausgedrückte Tauschwert einer Ware wird als Preis bezeichnet.

Und eben in den ewigen Bewegungen der Tauschwerte, später der Warenpreise, treten vor allem ihre erwähnten gegensätzlichen Wert- und Gebrauchswertzusammenhänge in Erscheinung. Das Verhältnis zwischen Arbeitswert und Preis tendiert zur steten Annäherung des Preises an den Wert, also eigentlich zum Austausch der Waren gemäß der in ihnen enthaltenen gesamten (vergegenständlichten wie lebendigen) Arbeitsmenge. Werden alle Waren zu Preisen verkauft, die ihrem Wert entsprechen, dann heißt das eigentlich: alle verausgabten Arbeitsmengen werden äquivalent ausgetauscht, jeder Warenverkäufer erhält für die Arbeitsmenge, die in seiner Ware enthalten ist, die gleiche Arbeitsmenge in der Form anderer Waren (durch Geldvermittlung) zurück. Der Zusammenhang zwischen Arbeitsmenge – Wert – Preis führt also zu einer Äquivalenz der durch Waren und Geld ausgetauschten Arbeitsmengen.

Dabei ist besonders wichtig zu sehen, daß nur eine solche Menge Arbeit sich in den Marktaustauschen durchsetzen und realisieren kann, die das Ergebnis einer gesellschaftlich notwendigen Produktivität der Arbeit ist. Als solche erscheint jeweils jene Produktivität, die während des jeweiligen Entwicklungsstadiums der Produktivkräfte, bei der gegebenen durchschnittlichen Technik, Technologie, Qualifikation der Arbeitskräfte, Organisation der Produktion, und bei der Produktion der entscheidenden Menge der einzelnen Warenarten auftritt. Durch die Konkurrenz werden alle Produzenten gezwungen, dieser – auf allen Entwicklungsstufen jeweils potentiellen – gesellschaftlichen Produktivität der Arbeit möglichst nahezukommen oder diese sogar zu überschreiten. Nur diejenige Menge Arbeit wird jeweils als wertbestimmte Arbeit bei den einzelnen Warenarten gelten, die Ausdruck der gesellschaftlich notwendigen Produktivität der Arbeit ist.*

Freilich hat Marx nie behauptet, daß die Preise immer nur den Wert

---

* »Gesellschaftlich notwendige Arbeitszeit ist Arbeitszeit, erheischt, um irgendeinen Gebrauchswert mit den vorhandenen gesellschaftlich-normalen Produktionsbedingungen und dem gesellschaftlichen Durchschnittsgrad von Geschick und Intensität der Arbeit darzustellen.«
K. Marx, Das Kapital, Bd. I, Berlin 1962, S. 53.
»... weil der Wert der Waren bestimmt ist nicht durch die Arbeitszeit, die ihre Produktion ursprünglich kostet, sondern durch die Arbeitszeit, die ihre Reproduktion kostet, und diese infolge der Entwicklung der gesellschaftlichen Produktivkraft der Arbeit fortwährend abnimmt.«
K. Marx, Das Kapital, Bd. III, Berlin 1962, S. 411.

ausdrücken, wie es so oft vereinfacht – von beiden Seiten – behauptet wird. Er hat ebenso die anderen Zusammenhänge von der Seite des Gebrauchswerts her gesehen, die immer wieder den Preis zu einer vom Wert selber abweichenden quantitativ anderen Höhe bewegen. Im dritten Band des *Kapital* behandelt er vor allem den inneren Zusammenhang der Gebrauchswerte (aller Waren derselben Warensorte) sowie der Bedürfnisse, die ihnen in der Gesellschaft gegenüberstehen und als gesellschaftliche Nachfrage in Erscheinung treten. Es ist also der wichtige Übergang von der Analyse der einzelnen Ware zur gesellschaftlichen Warenmasse, wobei derselbe Gebrauchswert einer Masse gleichartiger Waren zur Befriedigung einer Masse gleichartiger gesellschaftlicher Bedürfnisse dient.* Marx zeigte, daß jeweils spezifische Gebrauchswerte (Waren derselben Art) von allen Konsumenten in einer bestimmten Menge gefordert werden – und dies auf Grund der Bewertung von Gebrauchswerten hinsichtlich der Befriedigung objektiv (physiologisch oder gesellschaftlich) entstandener Bedürfnisse. Dabei ist eben nicht die *individuelle* Bewertung der Gebrauchswerte entscheidend, sondern ihre gesellschaftliche Bewertung im Hinblick auf die Bedürfnisse. Und das kommt in der gesamten gesellschaftlichen Nachfrage zur Geltung.**

Bei der so verstandenen Bewertung der Gebrauchswerte gibt es natürlich nicht nur individuelle Unterschiede, also unterschiedliche Bewertung durch ein jedes Subjekt, sondern zugleich *wesentliche* Verallgemeinerungen, das heißt ähnliche Bewertungen durch gleiche soziale Schichten oder Einkommensgruppen, so daß bei jeder dieser Schichten eine bestimmte Höhe des Bedarfs einer bestimmten Warenart im Verhältnis zu anderen Warenarten besteht – nämlich ihre Einstufung in der Nachfrage. Die Bewertung einer Warenart durch eine Einkommensschicht unterscheidet sich von der durch andere Einkommensschichten, die diese Warenart entweder in größerer oder kleinerer Menge verlangen.*** Sehen wir von die-

---

* »Dagegen bei Zufuhr und Nachfrage ist die Zufuhr gleich der Summe der Verkäufer oder Produzenten einer bestimmten Warenart, und die Nachfrage gleich der Summe der Käufer oder Konsumenten (individueller oder produktiver) derselben Warenart. Und zwar wirken die Summen aufeinander als Einheiten, als Aggregatkräfte. Der einzelne wirkt hier nur als Teil einer gesellschaftlichen Macht, als Atom der Masse, und es ist in dieser Form, daß die Konkurrenz den *gesellschaftlichen* Charakter der Produktion und Konsumtion geltend macht.«
K. Marx, Das Kapital, Bd. III, Berlin 1962, S. 203.
** »Daß die Ware Gebrauchswert hat, heißt nur, daß sie irgendein gesellschaftliches Bedürfnis befriedigt.«
K. Marx, Das Kapital, Bd. III, Berlin 1962, S. 194.
*** »Nachfrage und Zufuhr, bei weiterer Analyse, unterstellen die Existenz der verschiedenen Klassen und Klassenabteilungen, welche die Gesamtrevenue der Gesellschaft unter

sen sozialen Nachfrage-Unterschieden ab, entsteht in jedem Augenblick
der Entwicklung eine Gesamtnachfrage nach jeweils einzelnen Warenarten,
die immer in ein bestimmtes Verhältnis zum Gesamtangebot tritt.* Und
eben dieser Zusammenhang zwischen verschiedenen Gebrauchswerten, der
Nachfrage – in der sich die gesamtgesellschaftlichen Bedürfnisse und Bewertungen widerspiegeln – und ihrem Angebot, wirkt auch auf die Preisentwicklung ein und führt laufend und immer wieder von neuem zu
Abweichungen des Preises vom Wert. Dabei ist die Erkenntnis von Marx
wichtig, daß die Rolle des Werts im Verhältnis zum Gebrauchswert in
ihrer sich gegenseitig bedingenden Existenz entscheidend ist. Das tritt
auch in dem Verhältnis des gesellschaftlichen Angebots und der gesellschaftlichen Nachfrage in Erscheinung. Wie es keine Wertrealisierung dort
gibt, wo die Ware den Bedürfnissen nicht entspricht und keinen Gebrauchswert hat, so entsteht in einer warenproduzierenden, marktwirt-
schaftlichen Gesellschaft auch keine Nachfrage unabhängig von dem Preis
der Waren. Die Bewertung der Waren durch die Käufer ist niemals eine
einseitige Bewertung ihres Gebrauchswerts, sondern steht immer im Zusammenhang mit dem Warenpreis.

Waren kommen immer mit einem Preis auf den Markt, und die einzelnen Käufer vergleichen dabei ihren Gebrauchswert mit anderen Gebrauchswerten und deren Preis. Nach ihren finanziellen Möglichkeiten
entscheiden sie sich dann für jene Waren, die für sie – unter Abwägung
des Preises und je nach ihrer individuellen Bewertung, die ihrerseits wieder gesellschaftlich bedingt und beeinflußt ist – einen Gebrauchswert
haben. Sie stufen also die verschiedenen Waren bei gegebenem Preis und
bei gegebenem Einkommen zu einem gegebenen Zeitpunkt in ihre Nachfrage ein und bilden so in ihrer gesellschaftlichen Masse die gesellschaftliche
Nachfrage.

Die selbstverständliche Tatsache, daß die Waren immer mit einem Preis
auf den Markt kommen, erklärt aber noch nicht die entscheidende Bedeu-

---

sich verteilen und als Revenue unter sich konsumieren, die also die von der Revenue ge-
bildete Nachfrage bilden:...1
    K. Marx, Das Kapital, Bd. III, Berlin 1967, S. 205.
* »Waren werden gekauft als Produktionsmittel oder als Lebensmittel – wobei es nichts
ändert, daß manche Sorten Waren beiden Zwecken dienen können – um in die produktive oder individuelle Konsumtion einzugehen. Es findet also Nachfrage für sie statt von
den Produzenten (hier Kapitalisten, da unterstellt, daß die Produktionsmittel in Kapital
verwandelt sind) und von den Konsumenten. Beides scheint zunächst zu unterstellen,
auf Seite der Nachfrage ein gegebenes Quantum gesellschaftlicher Bedürfnisse, dem auf
der andern Seite bestimmte Quanta gesellschaftlicher Produktion in den verschiedenen
Produktionszweigen entsprechen.«
    K. Marx, Das Kapital, Bd. III, Berlin 1967, S. 197–198.

tung ihres Wertes gegenüber ihrem Gebrauchswert. Es bedeutet nichts anderes, als daß die Produzenten auf Grund ihrer Erfahrungen, Prognosen oder Marktforschungen für ihre Waren einen solchen Preis fixieren, bei dem sie erwarten, daß diese innerhalb der gesamten angebotenen Menge und bei möglichst großem Profit verkauft werden. Bei den gegebenen Preisen entwickelt sich dann eine Nachfrage nach Waren, die entweder – bei Gleichheit des Angebots und der Nachfrage – zu einer vorübergehenden Beibehaltung dieses Preises führen, oder bei eintretender Ungleichheit dieses Verhältnisses zu einer entsprechenden Änderung des Preises führen, bis ein *Gleichgewichtspreis* erreicht ist. Die entscheidende Rolle des Wertes tritt erst dadurch in Erscheinung, daß bei jedem vorübergehend fixierten Gleichgewichtspreis immer ein Verhältnis dieses Preises zum (Arbeits-) Wert der jeweiligen Ware entsteht, wobei eventuelle Abweichungen des Preises von diesem Wert im weiteren zu gewissen Reaktionen in der Produktion führen. Durch diese wird – in dieser oder jener Form – der Wert innerhalb der Preise zum entscheidenden Verhältnis.

Wenn es darum geht, die Durchsetzung des Wertes innerhalb der Preisbewegung zu erklären, muß man die Begründung von Marx vor dem Hintergrund jener Produktions- und Marktbedingungen sehen, unter denen er lebte und die er analysierte. Welche Bedeutung die Werttheorie noch für die Gegenwart hat, werden wir uns erst im weiteren und in Verbindung mit nichtmarxistischen Markttheorien vergegenwärtigen. Wir behandeln also im weiteren die Mehrwert- und Produktions-Preis-Theorie, um durch sie die Definition von Marx im Zusammenhang mit der ihm zeitgenössischen Art der Wertdurchsetzung in den Preisbewegungen zu erläutern.

Mehrwerttheorie

Marx entwickelt aus seiner Werttheorie konsequent die Mehrwerttheorie. Ist der Wert nur der Ausdruck der gesamten Menge von Arbeit, die in den Waren enthalten ist – wobei die vorausgegangene, vergegenständlichte und die neuhinzugefügte, lebendige Arbeit innerhalb jedes kapitalistischen Betriebs unterschieden wird –, so sind die Arbeiter respektive alle direkt produktiven Menschen jeweils die Schöpfer des neuen Wertes. Es ist unrichtig, wenn in vielen späteren Simplifizierungen nur die vorwiegend physische Arbeit der Arbeiter als wertschöpfend bezeichnet wird. Marx sprach immer von dem gesamten Produktionskollektiv innerhalb einer Fabrik als von dem produktiven, wertschaffenden Kollektiv, das physisch und geistig tätige Menschen beschäftigt, zu denen er sogar auch alle nötigen Arbeitsaufseher etc. zählte.* Die Arbeit dieses gesamten Produktionskollektivs schafft den neuen Wert und fügt diesen dem vergegenständlichten Wert der bei der Produktion verbrauchten Produktionsmittel hinzu.

Die Kapitalisten als Eigentümer der produzierten Ware realisieren dann bei dem Verkauf den ganzen Wert der Ware (noch einmal vorausgesetzt, daß der erzielte Preis der Waren dem Wert gleicht), das heißt nicht nur den vergegenständlichten, den sie vorher bei dem Einkauf von Produktionsmitteln selbst bezahlen mußten, sondern auch den in ihrem Betrieb neugeschaffenen Wert. Ob nun vor oder erst nach dem Verkauf – sie müssen natürlich aus diesem neugeschaffenen Wert den produktiven Arbeitern einen Teil in der Form von Löhnen auszahlen. Auf welche Art auch immer dieser Lohn der produktiven Menschen bestimmt wird, er ist jeweils nur ein Teil des neugeschaffenen Wertes – wobei jener Teil, der den Lohnanteil des gesamten produktiven Kollektivs übersteigt, von Marx als Mehrwert bezeichnet wurde.

Wir werden noch im weiteren die Lohnbestimmung und Lohnentwicklung, wie Marx sie sah, erörtern. Hier sei einstweilen festgehalten, daß der Wertteil, der für die Löhne ausgezahlt wird, für den Kapitalisten als der Teil seines Kapitals erscheint, für den er Arbeitskräfte kaufte. Bei

---

* »Mit der Entwicklung der spezifisch kapitalistischen Produktionsweise, wo viele Arbeiter an der Produktion derselben Ware zusammenarbeiten, muß natürlich das Verhältnis, worin ihre Arbeit unmittelbar zum Gegenstand der Produktion steht, sehr verschieden sein. Zum Beispiel die früher erwähnten Handlanger in einer Fabrik (145) haben nichts direkt mit der Bearbeitung des Rohstoffs zu tun. Die Arbeiter, die die Aufseher der direkt mit dieser Bearbeitung zu tun Habenden bilden, stehen einen Schritt weiter ab; der Ingenieur hat wieder ein andres Verhältnis und arbeitet hauptsächlich nur mit seinem Kopf etc. Aber das *Ganze dieser Arbeiter,* die Arbeitsvermögen von verschiedenem Werte besitzen, obgleich die angewandte Masse ziemlich dieselbe Höhe behauptet, produzieren das Resultat, das sich – als das *Resultat* des bloßen Arbeitsprozesses betrachtet, in *Ware* oder einem *materiellen Produkt* ausspricht; und alle zusammen, als Atelier, sind sie lebendige Produktionsmaschinen dieser *Produkte,* wie sie, den gesamten Produktionsprozeß betrachtet, ihre Arbeit gegen Kapital austauschen und das Geld der Kapitalisten als Kapital reproduzieren, das heißt als sich verwertenden Wert, sich vergrößernden Wert.

Es ist ja eben das Eigentümliche der kapitalistischen Produktionsweise, die verschiedenen Arbeiten, also auch die Kopf- und Handarbeiten – oder die Arbeiten, in denen die eine oder die andere Seite vorwiegt – zu trennen und an verschiedene Personen zu verteilen, was jedoch nicht hindert, das das materielle Produkt das *gemeinsame Produkt* dieser Personen ist oder ihr gemeinsames Produkt in materiellem Reichtum vergegenständlicht:...«

K. Marx, Theorien über den Mehrwert I, Berlin 1965, S. 386–387.

Nichtkenntnis oder Ablehnung der Arbeitswerttheorie ist es für ihn einfach der Teil des Kapitals, den er für Lohnzahlungen verwenden muß.
Aus der Sicht der Werttheorie ist das jener Teil des Kapitals, der, im
Unterschied zu dem für den Einkauf von Produktionsmitteln ausgegebenen Kapitalanteil, nach dem Warenverkauf nicht nur die eigene Werthöhe
wieder einträgt, sondern noch einen Mehrwert dazu. Den Kapitalteil, der
dem Wert der Produktionsmittel entspricht, bezeichnet Marx als konstantes, gleichbleibendes Kapital (Symbol: c), während er den Kapitalteil,
der für die Löhne ausgezahlt wird, variables, veränderliches Kapital
(Symbol: v) nannte. Der Wert des variablen Kapitals ist also ein Teil
des realisierten neuen Wertes (woran sich auch dann nichts ändert, wenn
dieser Wertteil vom Kapitalisten im voraus bezahlt wurde) und bringt
jeweils noch einen Mehrwert ein, der dem Kapitalisten zufällt. In dieser
Mehrwertaneignung sah Marx das Wesen der kapitalistischen Ausbeutung.

Der Mehrwert (Symbol: m) erhält nach dem Verkauf der Ware die
Form des Bruttoprofits. Während ein Teil des Verkaufserlöses also den
Wert des konstanten Kapitals zurückfließen läßt, ein weiterer den Wert
des variablen Kapitals einbringt, tritt der Mehrwert im wesentlichen
vorerst als unverteilter Bruttoprofit auf. (Einen Teil des Mehrwerts bilden auch noch die gesamten Handelskosten und Handelsprofite, die insgesamt aus einem Mehrwertteil gedeckt werden. Das heißt, daß erst beim
Verkauf der letzten Ware, nach dem sie in die Konsumtionssphäre eintritt,
ihr voller Wert realisiert wird, so daß der produktive Kapitalist vom
Handelskapitalisten nur den Warenwert bezahlt bekommt, von dem die
Handelskosten und der Handelsprofit bereits abgezogen sind. Aber diese
ganze Problematik kann in der vorliegenden komprimierten Wiedergabe
der marxistischen Theorie nur angedeutet werden.) Der Bruttoprofit wird
natürlich weiter aufgeteilt, und zwar wird er sowohl zur Deckung eventueller Kreditzinsen, Bodenrenten etc. benutzt, als auch um die Steuern
verkürzt.

Sollte nun im Kapitalismus in den Warenpreisen jeweils der eigentliche
Wert der Waren realisiert werden, wie das in der langen vorkapitalisti-
schen Periode der einfachen Warenproduktion (Produktion der Handwerker und Bauern) überwiegend der Fall war, würden zwischen Kapitalisten verschiedener Branchen notwendigerweise große Unterschiede in
der Profitrate entstehen. Ist nun der Profit im wesentlichen der im Geld-
erlös ausgedrückte Mehrwert und wird dieser Profit im Verhältnis zum
gesamten eingesetzten konstanten plus variablen Kapital als Profitrate
berechnet, dann müßte bei einer angenommenen Gleichheit der Preise
und Arbeitswerte auch die Profitrate dort am höchsten sein, wo das vari-

able Kapital den größten Anteil am gesamten Kapital hat.

Die proportionale Zusammensetzung des konstanten und variablen Kapitals bezeichnete Marx als die organische Kapitalzusammensetzung (c : v), und die organische Zusammensetzung eines einzelnen Kapitals, in der der Anteil des konstanten Kapitals größer ist als bei der gesellschaftlichen Durchschnittszusammensetzung, nannte er die höhere organische Zusammensetzung. Angenommen, nur das variable Kapital sei das mehrwertschaffende, so müßten folglich in allen Branchen, in denen die organische Kapitalzusammensetzung niedrig und der Anteil des variablen Kapitals relativ hoch ist, auch höhere Profitraten entstehen. Das hieße natürlich: Kapitalisten würden im Verhältnis zum von ihnen insgesamt verauslagten Kapital, das sie nur mit dem Ziel anlegen, den Profit zu erzielen, ganz unterschiedliche Profitraten gemäß der organischen Zusammensetzung des Kapitals erzielen. In Wirklichkeit waren aber zur Zeit von Marx die Profitunterschiede im wesentlichen nicht durch die Unterschiedlichkeit der organischen Zusammensetzung des Kapitals in den verschiedenen Branchen bestimmt, sondern waren eher unterschiedlich *innerhalb* der Branchen, zwischen technisch fortgeschrittenen und zurückgebliebenen Betrieben.

Diese Tatsache, die Ricardo bereits konstatieren, aber nicht mehr begründen konnte, wird von Marx mit der Produktionstheorie abgedeckt. In dieser sahen viele nichtmarxistische Ökonomen ein Abgehen von seiner im ersten Band des *Kapital* geschilderten Werttheorie und fanden sie deshalb auch innerlich widersprüchlich (als Widerspruch zwischen dem ersten und dritten Band). In Wirklichkeit ist es nur eine logisch legitime Methode einer theoretischen Erklärungsweise: zuerst werden abstrakte Zusammenhänge und Begriffe erklärt, bei denen von den konkreten Bedingungen und Zusammenhängen abgesehen wird, um auf das Wesentliche zu kommen, und erst dann werden weitere und weitere Konkretisierungen hinzugezogen. Die Produktionspreistheorie ist also – obwohl natürlich immer noch eine theoretische Verallgemeinerung – eine konkretere Erklärung der Werterscheinung und Wertdurchsetzung unter den Bedingungen der kapitalistischen Wirtschaft des 19. Jahrhunderts.

Produktionspreistheorie

Bei der abstrakten Erklärung des Wertbegriffs im ersten Band des *Kapital* begnügt sich Marx mit folgender, vereinfachten Erklärung, der Wertgröße einer Ware: Der Wert wird durch die gesellschaftlich notwendige Arbeitszeit abgesteckt, die für die Produktion der Ware eines bestimmten Gebrauchswerts benötigt wird.* Von dieser sehr abstrakten Bestimmung der Wertgröße aus erklärt er dann eingehender den Produktionspreis als eine spezifisch kapitalistische Ausdrucksform des Wertes.

Im Kapitalismus werden die Waren nicht von den Eigentümern der Produktionsmittel selbst produziert, wie es bei der handwerklichen Produktion der Fall war, sondern in den Unternehmen, deren eigentlicher Sinn die dauernde Verwertung des angelegten Kapitals ist, das heißt: die ständige Vergrößerung des Kapitalwertes um den Mehrwert. Im allgemeinen Konkurrenzkampf aller Kapitalisten wird jeder von ihnen immer wieder gezwungen, sein Kapital so anzulegen, daß es einen möglichst hohen Profit einbringt. Der erzielte Mehrwert wird zwar teilweise verbraucht, aber zum anderen Teil wird er immer wieder in neues Kapital umgewandelt, kapitalisiert – wodurch das ursprüngliche Kapital vergrößert wird und einen abermals größeren Mehrwert einbringen muß. Die Effektivität des angelegten Kapitals kommt in der erzielten Profitrate zum Ausdruck. Je größer dann das angelegte Kapital ist und je effektiver es verwendet wird, um so größer ist sowohl der Gesamtprofit als auch die Profitrate – was wieder eine um so schnellere Erweiterung des Kapitalvolumens ermöglicht.

In dieser kapitalistischen Produktionsweise mußte sich auf einer gewissen Stufe der Entwicklung zwangsläufig eine gesellschaftlich durchschnittliche Profitrate bilden. Unter den Bedingungen der anfänglichen, auf einem niedrigen Konzentrationsgrad beruhenden kapitalistischen Produktionsweise, in der Monopolgebilde nur Ausnahmeerscheinungen waren und der einsetzende Kapitalfluß durch monopolistische Schranken nicht wesentlich gebremst wurde, zog immer wieder das aus Mehrwert sich bildende freie Kapital in jene Produktionssphären, in denen die höchsten Profitraten auftraten. Durch Erweiterungen der kapitalistischen Produktion in diesen Branchen vergrößerte sich das Warenangebot, die Warenpreise sanken, und dadurch verringerte sich auch relativ die Profitrate. Im Verhältnis zu diesem Trend verlangsamte sich die Produktionserweiterung in Branchen mit relativ niedrigeren Profitraten, wo freistehendes Kapital nicht investiert wurde oder eher von dort abfloß. Dadurch erweiterte sich die Produktion langsamer, die Warenpreise stiegen, und demzufolge vergrößerte sich wiederum die Profitrate.

---

* »Es ist also nur das Quantum gesellschaftlich notwendiger Arbeit oder die zur Herstellung eines Gebrauchswerts gesellschaftlich notwendige Arbeitszeit, welche seine Wertgröße bestimmt. Die einzelne Ware gilt hier überhaupt als Durchschnittsexemplar ihrer Art. Waren, worin gleich große Arbeitsquanta enthalten sind, oder die in derselben Arbeitszeit hergestellt werden können, haben daher dieselbe Wertgröße.«
   K. Marx, Das Kapital, Bd. I, Berlin 1962, S. 54.

Durch diese stetige Kapitalbewegung setzte sich eine Tendenz zur gesellschaftlich durchschnittlichen Profitrate durch – wobei dieses Moment wirklich nur als allgemeine Tendenz aufgefaßt werden kann, denn die konkrete Profitrate war natürlich in jedem Moment und in jedem Betrieb verschieden. Es ist jedoch eine gewisse durchschnittliche Spanne der Profitrate in allen Branchen, ohne Rücksicht auf ihre organische Kapitalzusammensetzung, als Ergebnis dieses relativ flexiblen und ungehinderten Kapitalflusses in Richtung der im Moment auftauchenden höchsten Profitrate festzustellen.

Der bei einer solchen Kapitalbewegung sich bildende Durchschnittsprofit verschiedener Produktionsbranchen war natürlich *innerhalb* dieser Branchen nicht mit dem Profit der einzelnen kapitalistischen Unternehmer identisch. Innerhalb jeder Branche gab es kapitalistische Betriebe mit den verschiedensten Produktionsbedingungen und Arbeitsproduktivitäten. Während sich der Warenpreis am Markt für alle Waren derselben Art im wesentlichen immer einheitlich bildete, hatten deren Produzenten als Ausdruck ihrer unterschiedlichen Produktionsbedingungen unterschiedliche Produktionskosten. Fortschrittliche Betriebe mit moderner Technik und Technologie, mit guter Produktionsorganisation, mit rationeller Nutzung aller Produktionsressourcen etc. hatten relativ niedrige Produktionskosten, bei dem vorausgesetzten Marktpreis also eine relativ hohe Profitrate. Betriebe mit rückständigen Produktionsbedingungen und relativ hohen Produktionskosten hatten dementsprechend auch eine niedrigere Profitrate.

Als durchschnittliche Produktionsbedingungen und Produktionskosten innerhalb einer Branche erschienen jeweils jene ungefähr gleichen Bedingungen, in denen die Mehrheit einer gegebenen Ware (Ware desselben Gebrauchswertes) produziert wurde. Nicht die Durchschnittskosten mußten dem arithmetischen Mittel der Produktionskosten entsprechen, sondern in manchen Fällen die relativ niedrigeren, in anderen die relativ höheren Produktionskosten, mit denen die ausschlaggebende Mehrheit einer bestimmten Warensorte bei gegebenen Marktbedingungen produziert wurde. Im allgemeinen waren es eben jene Produktionsbedingungen und Kosten, mit denen die Mehrheit der verkaufbaren Waren auf der gegebenen Entwicklungsstufe bei Anwendung der üblichen Technik und Technologie, ihrer rationellen Nutzung, optimaler Produktionsorganisation, möglichst kleinen Verlusten etc., also bei einer – durch die Konkurrenz erzwungenen – allgemein verbreiteten und erreichbaren Produktionsweise produziert wurde.

Diese gesellschaftlich notwendigen Produktionskosten einer Ware sind also nach Marx die Produktionskosten, zu denen sich jeweils innerhalb einer Branche auch der ungefähre durchschnittliche Profit gesellte. Die gesellschaftlich notwendigen Produktionskosten, zusammen mit dem entsprechenden, zum jeweiligen Zeitpunkt sich ergebenden durchschnittlichen Profit, bezeichnete Marx als den *Produktionspreis.* Dieser Produktionspreis drückt also wieder nur eine Substanz der konkreten Marktpreise aus – jene relativ stabilere Wertgröße innerhalb der konkret schneller fluktuierenden Marktpreise. Der Produktionspreis ist der konkretere theoretische Ausdruck für den Wert unter Bedingungen, unter denen der Mehrwert nicht immer von den Branchen angeeignet werden kann, in denen er auch wirklich geschaffen wird, sondern durch den flexiblen Kapitalfluß mehr oder weniger gleichmäßig unter alle Produktionsbranchen verteilt wird.

Der Gesamtprofit in der Gesellschaft insgesamt ist im wesentlichen der Ausdruck des gesamten Mehrwerts, der durch eine durchschnittliche Profitrate unter alle Branchen aufgeteilt wird. In den Branchen mit relativ hoher organischer Zusammensetzung des Kapitals, in denen also das relativ kleinere variable Kapital auch einen niedrigen Mehrwert schafft, ist der durchschnittliche Profit höher, als es dem hier geschaffenen Mehrwert entspräche. In Branchen mit relativ niedriger organischer Kapitalzusammensetzung dagegen ist der hier erzielte Durchschnittsprofit niedriger als der wirklich geschaffene Mehrwert. Soviel die einen mehr realisieren, um soviel müssen die anderen weniger realisieren. Alle zusammen realisieren nicht mehr, als an gesamtem Mehrwert produziert ist.

Innerhalb der Branchen erzielen dann, wie gesagt, jene Kapitalisten den durchschnittlichen Profit, die die gesellschaftlich notwendigen Produktionskosten erreichen. Die Kapitalisten mit günstigeren Produktionseinrichtungen und niedrigeren Kosten erreichen bei dem gegebenen Marktpreis über den durchschnittlichen hinaus noch einen Extraprofit. Es ist der Unterschied ihrer niedrigeren Produktionskosten im Vergleich mit den gesellschaftlich überwiegenden Kosten. Währenddessen können die Kapitalisten mit rückständigen Produktionseinrichtungen und relativ höheren Produktionskosten nicht einmal den durchschnittlichen Profit realisieren und müssen sich mit einem niedrigeren begnügen.

Bei dieser Erläuterung der Produktionspreise hat Marx gleichzeitig seinen Wertbegriff konkretisiert. Zum Unterschied vom ersten Band des *Kapital,* in dem er die einzelne Ware analysierte und die Konkurrenzbedingungen beiseite ließ, zeigt er im dritten Band den Einfluß der Konkurrenz auf die Produktionsbedingungen. Durch die Konkurrenz bilden sich jeweils innerhalb aller Branchen jene ökonomisch überwiegenden Produktionsbedingungen, in denen sich die gesellschaftlich notwendige Arbeit bei der Produktion einzelner Gebrauchswerte vorübergehend fixiert. Sie kommt in den gesellschaftlich überwiegenden notwendigen Produktionskosten zum Ausdruck, während der geschaffene Mehrwert – als anderer Teilausdruck des geschaffenen Wertes – mehr oder weniger proportional unter den verschiedenen Branchen aufgeteilt wird.

Die Produktionspreise bildeten also – nach Marx – immer nur die Werthöhe einzelner Warensorten, um die der konkrete Marktpreis oszilliert. Neben dem Wertzusammenhang kommt hier der Gebrauchswertzusammenhang ins Spiel. Bei jeder Warenart bildet sich in jedem Moment ein konkretes Verhältnis zwischen Angebot und Nachfrage. Die Nachfrage war das Ergebnis der jeweiligen gesellschaftlichen Bewertung der einzelnen Gebrauchswerte im Verhältnis zu ihrem fixierten Preis. Der sich vorübergehend bildende, Angebot und Nachfrage ausgleichende Gleichgewichtspreis schuf innerhalb jeder Branche eine bestimmte Profitrate im Verhältnis zu den durchschnittlichen Produktionskosten. War nun diese Profitrate wesentlich höher als die Profitraten in den übrigen Branchen, setzte früher oder später ein Kapitalzufluß ein, und die Produktion begann sich hier zu erweitern. In Branchen, in denen der gleichgewichtige Marktpreis hingegen eine relativ kleinere Profitrate zuzüglich zu den durchschnittlichen Produktionskosten hervorrief, erfolgte schrittweise eine zur Nachfrage relative Verminderung der Produktion und daher ein Ansteigen sowohl der Preise als auch der Profitrate.

Unter diesen Bedingungen wurde die Profitrate zum wichtigsten Barometer der Kapitalbewegung und diese wieder zu einem spontanen Mechanismus, durch den sich die Produktionsstruktur jeweils der Nachfragestruktur anpaßte. Obgleich sich in den steten Schwankungen der Marktpreise unmittelbar der Einfluß des Gebrauchswertes, das heißt des Verhältnisses zwischen der angebotenen Menge und dem Umfang der Nachfrage, reflektierte, war es doch immer der umgewandelte Wert (Produktionspreis), der langfristig den Marktpreis und dadurch das Angebot entscheidend beeinflußte. War der Marktpreis wesentlich höher als der Produktionspreis, die erzielte Profitrate also höher als die durchschnittliche Profitrate, setzte eine Reaktion der Kapitalbewegung und der Produktion ein, und in Kürze näherte sich wiederum der Marktpreis dem Produktionspreis an.

Ist es also auf der einen Seite die gesellschaftlich notwendige Arbeitszeit (Wert) oder der Produktionspreis, der den Marktpreis einer bestimmten Ware bestimmt und dadurch auch die Nachfrage quantitativ beeinflußt, so ist es auf der anderen Seite die den – preislich ausgedrückten – Gebrauchswert bestimmende quantitative Nachfrage in ihrem Verhältnis zur angebotenen Menge dieser Ware, die den Marktpreis und im weiteren

auch den Produktionspreis (Wert) wieder beeinflußt.* Sinkt nämlich der
Marktpreis durch eine geringere Nachfrage gegenüber dem Angebot
wesentlich, so wird sich nicht nur die Menge der angebotenen Ware verkleinern, sondern im weiteren auch der gegebene Produktionspreis (Wert)
sinken. Der Preisfall führt zumeist primär zum Niedergang jener Kapitalisten, die mit veralteten Produktionsmethoden und höchsten Kosten produzieren. Fällt der Preis unter die Kosten, werden sie früher oder später
aus der Produktion verdrängt.**

Bei dieser Preisbewegung werden die relativ besseren oder sogar besten
Produktionsbedingungen mit den niedrigen Kosten eine Zeitlang zu den
wertbestimmenden Bedingungen.*** Zugleich aber wird diese Bewegung –
neben der Produktionsverringerung – auch Bemühungen der übrigen
Unternehmer hervorrufen, ihre Produktionsbedingungen zu verbessern,
um auch bei den gesenkten Marktpreisen wieder höhere Profite zu erzielen. Das kann im weiteren zu einem Sinken der Produktionskosten bei
allen oder doch den meisten Kapitalisten in dieser Branche führen, so
daß in einem gewissen Augenblick wieder die verbesserte durchschnittliche
Produktionssituation zu der Bedingung wird, die bei dem gegebenen
Marktpreis einen gesellschaftlich durchschnittlichen Profit erzielen und
den Produktionspreis bestimmen läßt. Bei dem gesenkten Preis kann sich
dann entweder vorübergehend Angebot und Nachfrage stabilisieren,
oder wieder die Nachfrage anfangen zu steigen, wobei es abermals zu
einer Preissteigerung und der darauffolgenden Erweiterung der Produktion käme, und so weiter.

Diese Dialektik der widersprüchlichen und doch einander beeinflussenden

---

* »Zu dieser Konfusion – Bestimmung der Preise durch Nachfrage und Zufuhr, und
daneben Bestimmung der Nachfrage und Zufuhr durch die Preise – kommt hinzu, daß
die Nachfrage die Zufuhr, und umgekehrt die Zufuhr die Nachfrage bestimmt, die Produktion den Markt und der Markt die Produktion.«
     K. Marx, Das Kapital, Bd. III, Berlin 1964, S. 201.
** »Die Minimalgrenze des Verkaufspreises der Ware ist gegeben durch ihren Kost-
preis. Wird sie unter ihrem Kostpreis verkauft, so können die verausgabten Bestandteile des produktiven Kapitals nicht völlig aus dem Verkaufspreis ersetzt werden. Dauert
dieser Prozeß fort, so verschwindet der vorgeschossene Kapitalwert. Schon von diesem
Gesichtspunkt aus ist der Kapitalist geneigt, den Kostpreis für den eigentlichen *inneren*
Wert der Ware zu halten, weil er der zur bloßen Erhaltung seines Kapitals notwendige
Preis ist.«
     K. Marx, Das Kapital, Bd. III, Berlin 1964, S. 47, 48.
*** »Endlich, wenn die Masse der produzierten Waren größer ist, als zu den mittlern
Marktwerten Absatz findet, so regeln die unter den besten Bedingungen produzierten
Waren den Marktwert.«
     K. Marx, Das Kapital, Bd. III, Berlin 1964, S. 188.

Wert- und Gebrauchswertbedingungen, die sich in der Bewegung der Preise widerspiegeln und durch diese selbst wieder verändert werden, ist eine der tiefsten Erkenntnisse der Warenproduktion und Marktbeziehungen bei Marx. Trotz späterer Änderungen der kapitalistischen Verhältnisse und trotz der erhobenen Einwände, daß ein solcher Mechanismus nur unter den Bedingungen eines vollkommenen Marktes funktionieren könnte, wird noch gezeigt werden, daß man sogar bei einem unvollkommenen Markt die Realität dieser wesentlichsten gegensätzlichen Faktoren und Zusammenhänge – auch wenn diese weniger flexibel, in längeren Zeitabständen auftreten und sich in verschwommeneren und verdeckenderen Preisen ausdrücken – nicht bestreiten kann. Ja, Marx selbst formulierte sogar die Bedingungen, unter denen sich dieser Preismechanismus in der eben geschilderten Form realisieren kann – was als sein Versuch einer Charakteristik von *vollkommenen* Marktbedingungen angesehen werden kann.*

* »Damit die Preise, wozu Waren sich gegeneinander austauschen, ihren Werten annähernd entsprechen, ist nichts nötig, als daß 1. der Austausch der verschiedenen Waren aufhört, ein rein zufälliger oder nur gelegentlicher zu sein; 2. daß, soweit wir den direkten Warenaustausch betrachten, diese Waren beiderseits in den annähernd dem wechselseitigen Bedürfnis entsprechenden Verhältnismengen produziert werden, was die wechselseitige Erfahrung des Absatzes voraussetzt; und 3., soweit wir vom Verkauf sprechen, daß kein natürliches oder künstliches Monopol eine der kontrahierenden Seiten befähige, über den Wert zu verkaufen, oder sie zwinge, unter ihm loszuschlagen. Unter zufälligem Monopol verstehen wir das Monopol, das dem Käufer oder Verkäufer erwächst aus dem zufälligen Stand von Nachfrage und Angebot.«
K. Marx, Das Kapital, Bd. III, Berlin 1964, S. 187.

II. Monopolismus
und nichtmarxistische Preistheorie

Grundlagen nichtmarxistischer Preistheorie

Man kann kaum behaupten, spätere nichtmarxistische oder sogar anti-marxistische Preistheorien hätten die Erkenntnisse von Marx widerlegt. Eher ist zu sehen, daß sich die objektiven Preisbedingungen wesentlich verändert haben. Es entwickelten sich Verhältnisse, in denen der Wert immer weniger in den Marktpreisen zum Ausdruck kam, da vor allem auch sein konkreterer Ausdruck, der Produktionspreis, immer schwerer und unklarer zu fassen war. Die Differenz zwischen den konkreten Marktpreisen und den (Arbeits-) Werten entwickelte sich mit der Zeit bei den einzelnen Warenarten derart unterschiedlich, und die Profitraten erreichten eine solche Differenz, daß die theoretisch angenommene Arbeits-werthöhe mit exakten Mitteln oder Berechnungen nicht mehr bewiesen werden konnte.

Vor allem war es die mächtige industrielle Entwicklung, die bei der fortschreitenden Arbeitsteilung eine immense Erweiterung der Anzahl von Produktarten, ein breiteres Sortiment der betrieblichen Produktions-programme, sowie schnell um sich greifende Produktionsänderungen, tech-nischen Fortschritt und Innovationen mit sich brachte. Zugleich damit entstand das Phänomen, das als »Mikromonopol« bezeichnet werden kann: eine sich immer mehr realisierende Sonderstellung einzelner Waren-arten, bei denen sich nicht nur die Profitraten unterschiedlich entwickelten und einen nur theoretisch angenommenen durchschnittlichen Profit meist überschritten, sondern deren Produktion und Verkauf auch nicht ohne weiteres durch Kapitalzufluß erweitert werden konnte. All dies, was spä-ter unter dem Begriff »unvollkommene Konkurrenz« zusammengefaßt wurde, bremste einen Ausgleich von verschiedenen Profitraten und die Realisierung einer allgemeinen durchschnittlichen Profitrate bei verschie-denen Warenarten und Branchen.

Schon die Tatsache allein schien die marxistische Theorie zu widerlegen.

Zugleich trat aber auf den sich schnell entwickelnden Märkten immer mehr die Rolle der Konsumenten, ihrer Konsumwünsche, der Werbung, der Firmenmarken etc. hervor. Wachsende Verkaufsschwierigkeiten, Teil- oder Gesamtkrisen, Bankrotte, soziale Spannungen – dies alles zeigte immer mehr die Notwendigkeit, den Marktmechanismus eingehender zu untersuchen und eine konkretere Erklärung für den Zusammenhang zwischen Nachfrage und Marktpreisen zu finden. Eine wachsende Masse von Arbeitslosen, billige Arbeitskräfte und der so immer weniger ins Bewußtsein tretende Faktor einer begrenzten Arbeitsmenge förderten auch die Geringschätzung des »Arbeitswertes«. Ohne Zweifel aber rief vor allem die anwachsende sozialistische Bewegung, die in der Wert- und Mehrwerttheorie ihre ideologische Grundlage fand, einen interessenmäßig begründeten Widerstand unter einem Teil der Ökonomen hervor, der zu einer strikten Ablehnung der Arbeitswerttheorie und ihrer marxistischen philosophischen Grundlage führte.

Grenznutzentheorie

Aus diesen objektiven, wirtschaftlichen wie interessenmäßigen Bedingungen entstand eine Richtung innerhalb der ökonomischen Theorie, die vornehmlich in der Preistheorie von dem Begriff »Arbeitswert« vollkommen abging. In der Grenznutzentheorie* entstand der erste systematische Versuch, die Preise von der Nachfrageentwicklung, der subjektiven Nutzenbewertung gemäß, im Verhältnis zur Menge oder Knappheit der Güter zu erklären. Es war eine theoretische Entwicklung, die durch die Erforschung der wechselseitigen Zusammenhänge zwischen den Mengen angebotener Güter und der Nachfrageentwicklung gekennzeichnet war, vor allem also eine Richtung verfolgte, die in der marxistischen Theorie allzu wenig Beachtung gefunden hatte. Besonders die weitere Entwicklung der Grenznutzentheorie, der Übergang zu den ökonomisch meßbaren Substitutionsverhältnissen, die Entdeckung der Elastizität der Nachfrage und die konkreteren Erkenntnisse über die Zusammenhänge zwischen den einzelnen Gütermengen, Preisen und der Nachfrage, stellen eine wichtige wissenschaftliche Entwicklung dar.

Von allem Anfang an lag der größte Mangel dieser Theorie in ihrer Einseitigkeit. Für sie war typisch, daß die produktive Grundlage allen Warenaustausches ignoriert, die Produktionsinteressen übersehen, ihr ent-

---

* Entwickelt vor allem von H. H. Gossen, C. Menger, W. S. Jevons und M. L. Walras in der zweiten Hälfte des 19. Jahrhunderts.

scheidender Einfluß auf das mengenmäßige Produktionsangebot der Waren, der jeweils objektiv gegebenen Produktionskosten geleugnet und deren Einfluß wiederum auf die Preise und dadurch auch auf die Nachfrage negiert wurde. Um so weniger wurde beachtet, daß die Nachfrage nicht nur rückwirkend die Preise und dadurch die Menge angebotener Waren beeinflußte, sondern gleichzeitig abermals eine Interessensituation und Reaktion in der Produktion hervorrief, die nicht nur durch einen »Nutzengewinn« oder »Nutzenverlust« erklärt werden konnten. Diese Produktionsinteressen und Reaktionen beeinflußten ihrerseits immer wieder entscheidend die Produktionsbedingungen und Produktionsmengen – und dadurch auch die Preise und die Nachfrage.

Es zeigte sich sehr bald, daß mit dem Nutzwert allein die Preisrelationen und die Preisentwicklung nicht zu erklären sind. Die Bewertung des Nutzens durch die Konsumenten, die immer auf der Grundlage gegebener Preise vor sich geht, kann eine Preisbewegung nur innerhalb gewisser Spannen hervorrufen, die für die Produktion überhaupt noch erträglich sind. Sinken die Preise unter eine bestimmte Grenze, so können die diesbezüglichen Waren nicht produziert werden – so daß in der Folge die Nutzwerte immer nur in Begleitung von Preisen innerhalb bestimmter Spannen bewertet zu werden vermögen. So ist die Nutzenbewertung selbst durch die Produktion entscheidend bestimmt. Ohne bereits existierende, durch die Produktion fixierte Preise würden sich vollkommen andere Bewertungen der Güter durch die Konsumenten ergeben.

Wird der Grenznutzentheorie häufig ihr individualpsychologischer Ansatz vorgeworfen, so ist dabei meines Erachtens nicht primär das zu kritisieren, sondern eher das Übersehen des Verhältnisses zwischen dem »einzelnen« und dem »Allgemeinen« in den Bedürfnissen. Da man irrtümlicherweise glaubte, psychische Regungen könnten nicht verallgemeinert werden, während die Ökonomie mit meßbaren Größen und Nachfragefunktionen zu arbeiten hat, glaubte man auch, die psychologische Erklärung des Nutzwertes müsse von der Ökonomie abgelehnt werden. Dabei vergaß man, daß die Güter an sich keinen Nutzwert haben und daß sie mit ihren sachlichen Eigenschaften nur durch die menschliche Bewertung – im Hinblick auf deren Bedürfnisse – zu Gebrauchswerten werden können. Selbstverständlich wird die Ökonomie vor allem mit den gesellschaftlichen, ökonomischen Erscheinungsformen der menschlichen Bedürfnisse arbeiten, die in der Marktwirtschaft als Nachfrage auftreten. Dennoch sind die Bedürfnisse der Menschen schwerlich als Regungen zu erklären, die außerhalb ihrer Gefühle und Psyche entstehen. Auch wenn es heute weitaus überwiegend Bedürfnisse sind, die nicht nur physiologisch erklärt werden können, sondern immer gesellschaftlich (Produktion, ökonomische

Stellung, moralische Einflüsse, Tradition, Mode etc.) bedingt sind, so treten sie doch immer wieder als bestimmte individuelle psychische Impulse und Bewußtseinsregungen auf, die sich bei den einzelnen Individuen konkret unterscheiden werden.

Zugleich werden aber die Bedürfnisse von sozialen, vor allem von Einkommensgruppen, von Schichten, Klassen, und schließlich die Bedürfnisse der ganzen Gesellschaft etwas Gemeinsames behalten: gemeinsame Impulse, die sich etwa in einer gemeinsamen Bewertung von Waren und ihrem Einkauf in bestimmten Mengen zeigen. Auch wenn daher vor allem die Psychologie jene Anreize, Impulse und Regungen von Individuen zu erklären hat, die als Bedürfnisse in Erscheinung treten – wobei die verschiedensten individuellen Besonderheiten zu erkennen sein werden –, kann und muß die Ökonomie diese psychischen Regungen als soziale Verallgemeinerungen auffassen, die eine objektiv auffindbare, wesentliche menschliche Verhaltensweise ausdrücken. Sie muß sich dabei vor allem mit den ökonomischen Zusammenhängen, also der ökonomisch, durch Produktion, Handel, Verteilung, ökonomische Stellung etc. gegebenen Bedingtheit der Bedürfnisse, sowie mit deren Rückwirkung auf die Ökonomik befassen. So wie die Bedürfnisse daher echte psychische Phänomene sind, so sind sie immer gesellschaftlich und vor allem ökonomisch bedingt und daher auch grundlegende ökonomische Kategorien.

Der Gebrauchswert einer Ware ist also nicht nur die Eigenschaft gewisser Dinge »an sich«; vielmehr ist er diese Eigenschaft in ihrer menschlichen, und zwar nicht individuellen, sondern sozialen Bewertung, die durch ihren Einkauf und Übergang in die Konsumsphäre zum Ausdruck kommt. Als ein solches spezifisches ökonomisches Verhältnis muß er zwar von den Ökonomen eingehender untersucht werden, kann aber allein nicht die Preisgestaltung erklären.

Produktionskosten

Deshalb entwickelte sich auch die nichtmarxistische ökonomische Theorie in dem Sinne weiter, daß sie sich notwendigerweise wiederum der Respektierung des gegenseitigen Verhältnisses zwischen Produktion und Konsumtion zuwandte. Daß A. Marshall* die Produktionskosten heranzog, war ein Zeichen für die aufkommende Erkenntnis: die Produktionsbedingungen können bei der Erklärung des Phänomens nicht beiseite gelassen werden. Bei Marshall wird sogar die langfristig entscheidende Rolle der Produktionskosten in der Preisbeeinflussung gegenüber der kurzfristigen Bestimmung durch den Nutzwert betont. Das entspricht mit Sicherheit der Tatsache, daß die Veränderungen in den Produktionsbedingungen langsamer vor sich gehen als die der Bedürfnisse und der Nachfrage. Dies kommt auch in dem Unterschied von kurzfristig flexibleren Preisbewegungen, die durch Änderungen zwischen Nachfrage und Angebot hervorgerufen werden, und von längerfristig sich durchsetzenden Preisänderungen, die durch Änderungen der Produktionskosten hervorgerufen sind, zum Ausdruck. Ob nun zum Beispiel Senkungen der Produktionskosten sich direkt in Preisänderungen widerspiegeln, oder ob erst schnellere Produktions- und Angebotserweiterungen im Verhältnis zur Nachfrage die Preise indirekt zum Sinken bringen – im wesentlichen sind es relativ weniger flexible Prozesse als die Veränderungen in der Nachfragestruktur.

Sei es diese Produktionskostentheorie bei Marshall oder seinen Nachfolgern, sei es die Grenzkostentheorie, die kombinierte Durchschnitts- und Grenzkostentheorie (Schnittpunkt der Grenzkosten- und der Durchschnittskostenkurve), sei es die Theorie der konstanten Produktionskosten von J. M. Clark** (in der eigentlich der Preiseinfluß der Produktionskosten wieder eingeschränkt wird), oder sei es schließlich die monopolistische Grenzkostentheorie (Ausgleich der Grenzkosten und des Grenzumsatzes), in allen treten die Produktionskosten immer nur als Preise der Produktionsfaktoren auf, die für die Produktion einer bestimmten Wareneinheit benötigt werden. Das ist aber die Definition der Preise durch Preise. Von Preisen der verbrauchten Produktionsfaktoren werden Preise der Waren abgeleitet, unter ihnen wieder auch die der Produktionsmittel, und von diesen dann wieder die Produktionskosten und so immer weiter. Die Schlange, die sich in den Schwanz beißt, zum Prinzip erhoben.

Eine konkretere Analyse der Warenpreise kann die Produktionskosten sicherlich nicht außer acht lassen, und deshalb stellt auch die Entwicklung

---

* A. Marshall, Principles of Economics, Ninth Edition, London 1961.
** J. M. Clark, Studies in the Economics of Overhead Costs, Chicago 1938.

der ganzen nichtmarxistischen Preistheorie eine wichtige Entwicklung in der Klärung des Phänomens »Preis« dar. Die Erkenntnis hauptsächlich der Zusammenhänge, die mehr an der Oberfläche hervortreten und quantifizierbar sind, konnte erweitert werden. Gleichzeitig entfernte man sich aber von der Bestimmung des tieferen, verdeckten Wesens der Produktionskosten und der Preise.

Für Marshall war die Theorie der Produktionskosten noch ein Versuch, die Arbeitswerttheorie von Ricardo mit der Grenznutzentheorie von Jevons* zu vereinbaren, aber er hat das tiefere Wesen der Preise ausdrücklich nicht untersucht. Doch schon Wieser verdunkelte die Arbeitssubstanz wieder und versuchte die Kategorie der »Produktionskosten« mit dem abstrakten Begriff des »Verzichts« oder »Opfers« zu erklären. Jede ökonomische Wahl war für ihn eine Wahl zwischen dem Verzicht (sei es an einem geopferten Reichtum oder an freier Zeit) und der Befriedigung eines Verlangens. Es geht hier wiederum nicht in erster Linie um den Subjektivismus seiner Auffassung, sondern darum, daß er einen konkreteren, der Wirklichkeit näherkommenden Begriff (den der Arbeit) nicht aufgriff und zu einem nebulöseren überging – zu einem Begriff, der außerdem nicht einmal jenes psychische Gefühl eines kapitalistischen Warenproduzenten richtig charakterisiert.

Wenn es etwa um die Produktionsmittel geht, die sich ein Kapitalist schafft, so ist deren Einkauf meist kein Verzicht auf Konsumgüter, die er sich statt dessen hätte einkaufen können, und noch weniger auf die Möglichkeit, andere Erzeugnisse zu produzieren**, wie Wieser meinte. Vielleicht mußten die frühen kleinen kapitalistischen Unternehmer damals noch zwischen dem Konsum und der weiteren Produktion alternativ abwägen. Je größer aber das private Kapital ist, um so weniger geht der Einkauf von Produktionsmitteln auf Kosten des privaten Konsums der Kapitalisten. Die Produktion von anderen als den Erzeugnissen, deren Produktionskosten als Opfer bewertet werden, würde im allgemeinen

---

* W. St. Jevons, The Theory of Political Economy, London 1871.
** »Wenn der Geschäftsmann von einem Kostenaufwande spricht, so bezeichnet er die erforderten Mengen von Produktivmitteln, aber es wird außerdem die assoziierende Vorstellung von einem Opfer erweckt, das durch den Aufwand verursacht ist. Worin besteht dieses Opfer? ... Das Opfer besteht darin, daß er durch die Widmung für ein bestimmtes Erzeugnis die Möglichkeiten einschränkt oder ganz ausschließt, andere Erzeugnisse herzustellen. ... Dieses Opfer ist im Kostenbegriff ausgesagt: die Produktionskosten sind die Menge von Kostenproduktivmitteln, die für ein bestimmtes Produkt erfordert sind und daher anderen Produkten entzogen werden.«
F. Fr. v. Wieser, Theorie der gesellschaftlichen Wirtschaft, in: Grundriß der Sozialökonomik, I. Abteilung, Wirtschaft und Wirtschaftswissenschaft, Tübingen 1914, S. 198.

dann noch weitaus mehr Produktionsmittel und Arbeit verlangen. Nur durch fachliche Spezialisierung können Produktionskosten relativ niedriger gehalten werden, als wenn *ein* Produzent *alles* produzieren müßte. In diesem Sinne *sichern* also die Produktionskosten eines spezialisierten Warenproduzenten gerade die Ersparnisse und sind daher kein Opfer: sie bedeuten nicht die Aufgabe einer Produktion von anderen Erzeugnissen.

Der Einkauf von Produktionsmitteln ist also kein Verzicht oder Opfer, genauso wie die produzierten Waren für den kapitalistischen Eigentümer keinen Nutzen haben und er es absolut nicht als Opfer empfindet, wenn er sie verkauft. Sie sind für ihn nur ein Mittel, Gebrauchswerte zu bekommen, das heißt, durch ihren Verkauf gewinnt er alle benötigten Konsumgüter für sich und seine Familie und überdies weitere, vermehrte Produktionsmittel und Arbeitskräfte. Dabei wird er sehr gern auf die Produktion anderer Erzeugnisse verzichten, um noch zusätzliche, höhere Einkommen aus seiner spezialisierten Produktion zu gewinnen, usw.

Mit dem Begriff des »Verzichts« oder des »Opfers« ist also gar nichts erklärt. Vielleicht wird monotone, ermüdende, unbeliebte Arbeit von den arbeitenden Individuen als Opferung von Freizeit oder Zeit, in der sie eine befriedigendere Tätigkeit ausüben könnten, empfunden. Vielleicht wird dieses Gefühl eventuell so auch psychologisch charakterisiert. Aber für dieses »Opfergefühl« gibt kein Mensch dem anderen einen Pfennig. Weder das Gefühl des »Opfers« noch das des »Verzichts« wird bei der Festsetzung der Preise tatsächlich bewertet – ganz abgesehen davon, daß es eben vor allem nicht die Arbeit des Wareneigentümers oder Warenverkäufers ist, die ausgegeben wurde und die er mithin als »Opfer« fühlen könnte, sondern die Arbeit anderer Menschen, der eigentlichen Produzenten in seinem Unternehmen.

Es ist die *Arbeit* der Menschen – von der absoluten Majorität der Menschen sehr ungern und nur durch die Arbeitsteilung und den Nichtbesitz von notwendigen Konsumgütern gezwungen und jeweils für andere verrichtet –, die die Substanz der Produktionskosten und daher auch der Preise bildet, ohne daß die Menschen sich dessen bewußt werden. Wie wir im weiteren sehen werden, ist zwar der unmittelbare Einfluß der Produktion auf die Preise durch die Produktionskosten entscheidend. Aber sowohl in den Preisen der Produktionsfaktoren selbst, wie in allen Preisen, treten immer wieder nur zwei wesentliche Tauschzusammenhänge in Erscheinung: die Arbeit (Arbeitswert) und der Nutzen (Gebrauchswert).

Je mehr die konkreten Marktpreise von der Menge der in einzelnen Waren enthaltenen Arbeit aus bestimmten Gründen abweichen, um so mehr wird diese Komponente der Preissubstanz verdeckt, und um so schwerer ist es, sie zu beweisen. Fehlt dann noch der Wille, diese verdeckte Substanz zu entschleiern – etwa in der Aversion gegen die Mehrwerttheorie und ihren ideologischen Mißbrauch –, so verliert sie sich vollkommen aus dem Bewußtsein der Menschen. Doch in der unmittelbaren Gegenwart entstanden und entstehen gesellschaftliche Verhältnisse, in denen die Ignorierung dieser wesentlichen Substanz der Tauschverhältnisse für die Menschen sehr verhängnisvoll werden könnte. Je schwerer sich das anfangs erwähnte Äquivalenzprinzip (Austausch gleicher Mengen gesellschaftlich notwendiger Arbeit) durch machtmäßige Unterdrückung von Marktbedingungen durchsetzt, um so wichtiger wird die Rückkehr der ökonomischen Wissenschaft zu dieser Problematik. Unbeendete Diskussionen zwischen »Arbeitswert« und »Grenznutzen«, ökonomische Theorien, die ihrer Abstraktion wegen von den meisten heutigen Ökonomen übergangen werden, Argumente, die als nicht exakt zu beweisendes »Philosophieren« abgetan werden – dies alles muß wieder von der Wirtschaftswissenschaft aufgegriffen und tiefergehend durchdacht werden, will diese Wissenschaft eine ihrer größten gesellschaftlichen Aufgaben erfüllen: die Verhütung nämlich von immensen, unnötigen ökonomischen Verlusten, wenn nicht sogar von Katastrophen.

Bedeutung der Monopolbedingungen

Es geht nun eigentlich darum, zu fragen, warum die Produktionskosten und daher auch die Preise weiterhin die gesamte, für die Waren aufgewandte Arbeit ausdrücken, obwohl dies an den konkreten Preisen der späteren kapitalistischen Entwicklung, vor allem des 20. Jahrhunderts, schwerlich exakt nachgewiesen werden kann. Die neuerliche Hervorhebung dieses verdeckten Preisinhalts wird heute durch die Erkenntnis angespornt, daß in westlichen Marktverhältnissen, trotz aller differenzierter Abweichungen einzelner Preise von ihrem Wert (Produktionspreis), sich doch eine Tendenz der Arbeitsäquivalenz durchhält und ein Druck auf ein stetes Vorwärtstreiben der gesellschaftlich notwendigen Arbeitsproduktivität in den einzelnen Branchen besteht.

Im Unterschied dazu wurde in der östlichen »sozialistischen« Wirtschaft, wo die Marktbeziehungen unterdrückt wurden, die Tendenz zur Arbeitsäquivalenz beseitigt, denn die zentrale Planung und Kontrolle kann nicht sicherstellen, daß ein gleiches Einkommen verschiedener Betriebe auch nur ungefähr die gleiche Menge des gesellschaftlich notwendigen Arbeitsaufwandes für die Herstellung wirklich benötigter Gebrauchswerte darstellt. Damit sind gleichzeitig die Bedingungen für eine optimale Arbeitsproduktivität verschwunden. Die verheerenden Folgen dieser ökonomischen Verhältnisse, die nur durch eine starke politische Macht aufrechterhalten werden, führt zur nachträglichen Erkenntnis der großen Bedeutung echter Marktverhältnisse und Marktpreise – ein Aspekt, der sogar aus dem Bewußtsein mancher westlicher Ökonomen zu verschwinden beginnt.

Mit diesen Erfahrungen tritt zugleich auch die Bedeutung der beiden wesentlichsten Widersprüche hervor, die die Preisentwicklung bestimmen. Erst die Erfahrung eines unterdrückten Marktes erleichtert eine tiefere Einsicht in den Marktmechanismus, seine ökonomische Wirkung und damit auch die gegensätzlichen Wert- und Gebrauchswertzusammenhänge der Marktpreise. Erst dann wird deutlich, daß sich diese Prozesse weiterhin vollziehen – selbst unter den stark monopolisierten kapitalistischen Bedingungen des 20. Jahrhunderts, unter denen vor allem der Zusammenhang zwischen Wert und Preis zu verschwinden scheint.

Jedes Monopol bremst die Transparenz des Marktes oder legt dem freien Kapitalfluß gewisse Hindernisse in den Weg. Das ist aber keine Beseitigung der Konkurrenz, wie es manchmal falsch formuliert wird. Die Konkurrenz drückt das notwendige Streben aller Marktsubjekte nach der Erreichung eines vorteilhaften Austausches (Verkaufs oder Einkaufs) von Waren unter Bedingungen aus, unter denen die Arbeit der Mehrheit aller an der Warenproduktion beteiligten Menschen nur so weit ausgeführt wird, wie sie den größtmöglichen Nutzeffekt erreichen kann. Und dieses notwendige Streben der Marktsubjekte nach dem höchstmöglichen ökonomischen Effekt kann nicht von den Monopolen beseitigt werden, denn es ist das notwendige Resultat grundlegender, von Monopolen nicht zu beeinflussender Produktions- und Tauschverhältnisse. Die Konkurrenz wird also von den Monopolen nicht beseitigt, aber die Bedingungen für die Erreichung der Ziele des Konkurrenzstrebens werden durch Monopole ungleich gemacht, wodurch auch der ökonomische Effekt für verschiedene Warenproduzenten stark unterschiedlich wird.

Das ökonomische Monopol, das grundsätzlich eine ausschließliche Stellung von Warenproduzenten oder Händlern bedeutet, ist also nicht der polare Gegensatz der Konkurrenz, sondern der ökonomischen Gleichheit. Es bedeutet die Schaffung ökonomischer Chancenungleichheit und dadurch Veränderung der Konkurrenzbedingungen; nicht Schwächung der Konkurrenz, sondern ihre und ihrer Resultate Differenzierung. Zugleich schaffen aber die Monopole in gewissem Sinne noch eine Intensivierung des Konkurrenzstrebens. Das Monopol kann sich nur innerhalb der Konkurrenz erhalten, und diese beseitigt nicht die Bildung von Monopolen, sondern führt immer wieder zum Entstehen wie allerdings auch zur Überwindung von Monopolen.

Unter einer Monopolstellung ist die Produktion solcher Gebrauchswerte, oder ihre Produktion unter solchen technischen und produktiven Bedingungen, oder schließlich ihr Verkauf unter solchen Angebotsbedingungen zu verstehen, die von anderen ökonomischen Subjekten innerhalb einer bestimmten Zeit nicht erreicht werden können. Diese Ausschließlichkeiten drücken sich ökonomisch in Monopolprofiten aus, deren Besonderheit im weiteren erklärt wird. Man kann dabei Mikro- und Makromonopole unterscheiden.

Als *Mikromonopol* wird die ausschließliche Produktion oder der ausschließliche Verkauf jeweils einzelner Produkte verstanden, die in einer spezifischen Art – mit spezifischem Gebrauchswert – produziert werden und die während einer relativ langen Zeit von keinem anderen Produzenten nachgeahmt werden können. Auch der Verkauf von Produkten unter relativ günstigen, ausschließlichen Verkaufsbedingungen oder mit ausschließlichen Einflußmöglichkeiten auf den Konsumenten gehört hierher.

Ein *Makromonopol* bezieht sich auf die Produktion ganzer Gruppen von Produkten, also Branchen, in ausschließlichen Produktionsgegebenheiten, die während einer relativ langen Zeit von anderen Produzenten nicht erreicht werden können. Im Unterschied zu Mikromonopolen, bei denen es vor allem die Unkenntnis des Know-how oder das gesetzlich geschützte Unikat oder andere nicht zu wiederholende Besonderheiten der Produktionsverfahren oder des Verkaufs einzelner Produkte sind, also Ausschließlichkeiten, die von kleinen und großen Betrieben gleichermaßen erreichbar sind, stehen die Makromonopole in einem unmittelbaren Zusammenhang mit dem Vorhandensein von Riesenunternehmen.

Solche Mammutunternehmen stellen zwar ein breites Sortiment der verschiedensten Produkte her (von denen viele von gar keiner besonderen, nichtnachahmbaren Art sind). Sie produzieren diese aber in einem sehr großen Umfang und unter bestimmten technischen Produktionsbedingungen, so daß auf relativ lange Sicht anderen Unternehmen gegenüber ein Vorsprung entsteht. Meistens wird von diesen Unternehmen die Marktnachfrage nach Produkten dieser Branche entweder voll oder mindestens vorrangig gedeckt. Nur bei einer solchen Massenproduktion können die erwähnten fortschrittlichsten technischen Produktionsbedingungen geschaffen und aufgrund dessen auch einzigartig niedrige Produktionskosten erreicht werden. Ein eventuelles Konkurrenzunternehmen, das die gleichen Massenproduktionsbedingungen erreichen wollte, würde dies nur bei der gleichen Massenproduktion erzielen können. Das müßte zu einer Ausbreitung des Angebots führen, und die Marktpreise würden erheblich gesenkt, respektive die Nachfrage weit überschritten.

Die Existenz der Mikro- sowie der Makromonopole drückt sich also ökonomisch dadurch aus, daß die betreffenden Waren (seien es einzelne, mikromonopolisierte Warenarten, oder makromonopolisierte Warengruppen) zu Preisen verkauft werden können, die im Verhältnis zu den Produktionskosten sehr hoch liegen und eine gesellschaftlich weit überdurchschnittliche Profitrate einbringen. Bei den Makromonopolen können Preise einzelner Warensorten sehr unterschiedlich liegen, aber der gesamte Umsatz im Verhältnis zu den Produktionskosten sichert wiederum eine überdurchschnittlich hohe Profitrate. Diese wird zwar sehr unterschiedlich sein, aber prinzipiell wird sie durch einen Extraprofit die, theoretisch zu berechnende, durchschnittliche Profitrate der Gesellschaft insgesamt überschreiten.

Preisentwicklung im Monopolismus

Die große Ausbreitung von Mikro- und Makromonopolen sowie Oligopolen gegen Ende des 19. und während des 20. Jahrhunderts, als Zeichen der technisch, qualitativ und strukturell schnell fortschreitenden Produktion und als Zeichen der um sich greifenden Konzentration der Produktion und des Kapitals, schuf Bedingungen, unter denen der profitausgleichende Kapitalfluß immer mehr der profitdifferenzierenden Kapitalentwicklung wich. Aus diesem Grunde entstanden so starke Abweichungen der Marktpreise von den Produktionskosten, daß der Begriff des Produktionspreises oder des Arbeitswertes scheinbar völlig sinnlos wurde und keinen wissenschaftlichen Erkenntniswert mehr besaß. Deshalb bediente sich auch die nichtmarxistische Ökonomie weiterhin nur mehr des Begriffs »Produktionskosten«, um den Zusammenhang zwischen Produktion und Preis theoretisch zu erfassen. Auch die Begriffe »durchschnittlicher Profit«, »Extraprofit« etc. verschwanden, der Begriff »durchschnittliche Produktionskosten« verlor an Bedeutung. Statt dessen wurde vorrangig die Grenzkostentheorie verfolgt.

Doch diese theoretische Entwicklung, so sehr sie die ökonomische Erkenntnis bereicherte, führte sie andererseits nur zu ungenügenden Einsichten in verschiedene verdeckte ökonomische Zusammenhänge und Prozesse. Vor allem die Faktoren der Kapitalbewegung zwischen den Branchen, die Kapitalanlageinteressen, ihr Einfluß auf die Struktur- und Produktionskostenentwicklung und schließlich auf die Marktpreise konnten nicht exakt begriffen werden.

Mit der Begründung der Preise durch die Grenzkosten auf der Angebotsseite unter den Bedingungen eines vollkommenen Marktes wird zwar festgehalten, daß der Preis noch die letzten, relativ höchsten Produktionskosten, die zur Produktion und Deckung der gefragten Warenmenge notwendig sind, abdecken muß. Aber es besagt nichts darüber, daß für alle Kapitalisten bei der Beurteilung der Anlagemöglichkeiten ihrer Geldkapitalien nicht die Grenzkosten, sondern primär die ökonomisch durchschnittlichen Kosten (im erwähnten marxistischen Sinn) interessant sind. Sie werden die tatsächlich entstandenen, allgemein notwendigen (durchschnittlichen) Produktionskosten, alle zukünftigen progressiven technischen Möglichkeiten und mit ihnen zusammenhängenden potentiellen Kostensenkungen, sowie die Nachfrage-Elastizität der diesbezüglichen Produktgruppen etc. erkennen wollen und dementsprechend ihre Kapitalentscheidungen treffen. Mit Sicherheit werden sie über die Investitionen dann nicht aufgrund der Grenzkosten in irgendeiner Branche, sondern nach dem Gesichtspunkt der Profitmaximierung entscheiden. Das heißt: sie müssen von der Erwartung ausgehen, daß auch bei einem erweiterten Angebot und eventuell niedrigeren Marktpreisen ihre Produktionskosten einen zumindest durchschnittlichen Profit sichern. Welche Situation dabei für die Konkurrenzunternehmen entsteht, wird die Kapitalisten wohl kaum interessieren.

Unter den Bedingungen eines vollkommenen Marktes kann der Einfluß der Kapitalbewegung auf die Marktpreise also nur mit Hilfe solcher Begriffe wie »Durchschnittskosten« oder »Durchschnittsprofit« gefaßt werden. Aber viel wichtiger ist, daß man auch unter den Bedingungen des – der Realität eher entsprechenden – unvollkommenen Marktes und sogar unter den späteren, verstärkt monopolistischen und oligopolistischen kapitalistischen Bedingungen nicht ohne die Theorie der durchschnittlichen Kosten auskommt. Und das, weil auch in solchen Situationen die Konkurrenz nicht beseitigt wurde, sondern nur starke ökonomische Ungleichheiten entstanden sind, bei denen der Konkurrenzkampf weitere, oft noch schärfere Formen angenommen hat.

Die nichtmarxistische Preistheorie abstrahiert hier vollkommen von den faktischen Konkurrenzbedingungen, indem sie den gleichgewichtigen Marktpreis unter den Bedingungen eines unvollkommenen Marktes für abhängig erklärt von den Produktionsmengenentscheidungen der Monopolisten oder Oligopolisten, die das Angebot bei den Mengen abbremsen, bei denen ihr Grenzumsatz sich mit ihren Grenzkosten ausgleicht.[*]

[*] »Sobald jedoch die Grenzkosten den Grenzumsatz übersteigen, wird man die Produktion einschränken müssen. Wo liegt das Gleichgewicht? Offenbar da, wo Grenzkosten und Grenzumsatz einander gleich sind (GU = GK). Hier, und nur hier, am Punkte

Es ist ein abstrakt angenommenes Monopol, bei dem der Produzent das Angebot im Hinblick auf seinen maximalen Profit bestimmen kann. Dabei muß er nur mit der – von seinem Willen unabhängigen – Nachfrage-Elastizität rechnen. In Wirklichkeit ist das nur in ganz wenigen Fällen möglich. Monopolisten oder Oligopolisten können die produzierte und angebotene Warenmenge fast niemals so regulieren, daß sie bei der augenblicklich gegebenen Nachfragekurve die produzierte Menge dort abstoppen, wo sie den höchsten Profit erzielen. Dies wäre eine Entscheidung, die alle bestehenden Konkurrenzmöglichkeiten ignoriert und sich früher oder später für einen solchen Produzenten sehr verlustreich auswirken müßte.

Weil in der kapitalistischen Wirtschaft kein Mikro- und noch weniger ein Makromonopol ein absolutes Monopol darstellen, sondern immer wieder von neuem auf eine verstärkte Konkurrenz stoßen, sind auch die Monopolisten gezwungen, stets mit dieser Konkurrenz zu rechnen. Als Konkurrenzprodukte monopolisierter Produktionen treten selbstverständlich nicht nur genau dieselben Gebrauchswerte auf, die der Monopolist produziert, sondern auch Substitute, das heißt Produkte mehr oder weniger unterschiedlicher Gebrauchswerte, deren Konsum die Konsumtion erstgenannter Produkte verdrängen kann. Eine solche Substitutionskonkurrenz hat natürlich jedes Mikromonopol. Diese ist um so größer, je höher der Marktpreis des monopolisierten Produkts relativ zu seinen ökonomisch durchschnittlichen Kosten liegt. Auch Produkte, die ein monopolisiertes Produkt überhaupt nicht oder nur in geringem Maße ersetzen können, solange sie denselben Preis haben, können sich bei niedrigerem Preis in eine gefährlich konkurrierende Substitution des Monopolprodukts verwandeln. Je höher dann die Profitrate des Monopolprodukts, um so mehr Substitutionen können ihm konkurrieren und schließlich auch zur Senkung seines Preises führen.

Ebenso wird sich das Makromonopol bei einer überhöhten Profitrate früher oder später Konkurrenzangebote schaffen. Bei einer breiten Gruppe von Produktarten wird ein Makromonopolist immer nur solche von ausschließlichem Gebrauchswert (Mikromonopol) produzieren, während sein eigentliches Monopol für das gesamte Branchenangebot in den technisch ausschließlichen Produktionsbedingungen besteht, die dadurch, daß man

seines maximalen Umsatzgewinnes, erreicht das Unternehmen seine optimale Lage.«
»Unvollständiger oder monopolistischer Wettbewerb besagt, daß das Unternehmen, dank der Tatsache, daß es nicht *allzu viele Konkurrenten* gibt, die *genau das gleiche Erzeugnis* anbieten, einen gewissen Einfluß auf seine Verkaufspreise auszuüben vermag.«
P. A. Samuelson, Volkswirtschaftslehre, Köln 1955, S. 472, 482.

mit ihnen eine ungemein breite, fast die gesamte Nachfrage deckende Produktion liefert, monopolistisch niedrige Kosten sichern. Nicht die Produkte, sondern die Produktions*bedingungen* sind es, die von anderen Produzenten bei begrenzter Nachfrage nicht so leicht nachgeahmt werden können. Weil aber viele Produktarten eines Makromonopolisten ohne Schwierigkeit auch von anderen Produzenten erzeugt werden könnten und meist auch tatsächlich erzeugt werden, kann er monopolistische Profite nicht durch den Versuch erzielen, relativ hohe Marktpreise durch Drosselung der Produktion und des Angebots auf dem Pegel der für ihn günstigsten Produktionskosten zu erreichen. Meist muß er die Produktion beständig, über den Schnittpunkt der Grenzkosten und des Grenzumsatzes hinaus, ausweiten und sich bei gesenkten Preisen auch mit einer niedrigeren als der maximalen Profitrate begnügen, um der bestehenden oder drohenden Konkurrenz entgegenzuwirken. Trotzdem bleibt ihm noch ein überdurchschnittlicher, monopolistischer oder oligopolistischer Profit.

Kaum ein Makromonopol kann die Konkurrenz anderer, kleinerer oder mittlerer Betriebe, innerhalb der gleichen Branche voll ausschließen. Weil das Monopolunternehmen seine technisch spezifische Produktionskapazität nicht unbegrenzt ausweiten kann, während eine ebensolche neue Kapazität das Angebot weit über die Nachfrage ausdehnen würde (denn eine technisch bestimmte Kapazität ist immer an eine minimal große Produktion gebunden), können neben der monopolistischen Produktion sehr oft noch kleine oder mittlere Betriebe bestehen, die das große Monopolangebot mit relativ kleinen Mengen ergänzen und sich dabei mit viel niedrigeren Profitraten begnügen als der Monopolist. Der Monopolist erzielt weiterhin Profite durch seine extrem niedrigen Produktionskosten, die die anderen nicht erreichen können. Schon aus dem Grund kann die Menge der angebotenen Ware größer sein als die Menge, die dem Monopolisten einen maximalen Profit garantieren würde. Um so mehr ist das natürlich in oligopolistischen Branchen der Fall.

Jeder Monopolist, also auch einer, der am Markt im gegebenen Augenblick keine Konkurrenz hat, wird immer wieder seine durchschnittlichen Kosten im Verhältnis zum gesamten Umsatz, also auch seine Profitrate im Verhältnis zu der Entwicklung der Profitraten in anderen Branchen beobachten. Dabei wird er sie meist schon von selbst – gegenüber den jeweils maximalen Möglichkeiten – etwas niedriger halten, um Konkurrenzangebote nicht durch überhöhte Preise allzusehr zu provozieren. Aber auch dort, wo die Monopolisten keine solche Prognosen machen, wird früher oder später ihr maximaler Monopolprofit einen Konkurrenzdruck heraufbeschwören und teils durch Substitutionen oder durch dieselben Produkte, teils durch neue, noch fortschrittlichere und mehr Kosten sparende Produktionsbedingungen zu einer Erweiterung des Angebots und schließlich zu Preis- und Profitsenkungen führen.

Langfristige Profitausgleichs-Tendenzen

Zwar sind also die Profitunterschiede bei den einzelnen Produkten und Branchen kurzfristig gesehen sehr hoch, und kein einheitlicher durchschnittlicher Profit ist zu erkennen. Auf lange Sicht wird sich aber immer wieder eine Tendenz zum Ausgleich der Profitrate zwischen verschiedenen Branchen zeigen, selbst wenn diese noch eine ziemlich breite Spanne hat. Das freie Kapital wird wie bislang besonders in die Branchen fließen, die extrem hohe Profitraten ermöglichen. Und auch sehr starke Monopole und Oligopole können langfristig nicht verhindern, daß ihre Extraprofite entweder durch die Erweiterung eines Konkurrenzangebots (derselben Produkte oder von Substituten) oder – unter stetem potentiellen Konkurrenzdruck – durch eigene Produktionserweiterungen und Preissenkungen kleiner werden.

Es sind also umfassende Monopolbedingungen, die ökonomische Ungleichheit und stark unterschiedliche Profitraten geschaffen haben. Dadurch ist der Mechanismus der Produktionspreise verschwunden. Gleichzeitig haben diese Monopolbedingungen aber die Konkurrenz und mit ihr die – wenn auch nur sehr langfristig und in einer breiten Spanne zum Ausdruck kommende – Tendenz des Profitratenausgleichs zwischen allen Produktionsbranchen nicht abschwächen können.

Der geschaffene Arbeitswert ist weiterhin die Substanz aller Preise. Aber er ist wegen der monopolistisch und oligopolistisch allgemein verzerrten Aufteilung des Mehrwerts nicht mehr zu berechnen. Die ökonomisch ungleiche Stellung aller Produzenten ist so differenziert, daß diese auch den selbst produzierten Mehrwert oder Teile des anderswo erzeugten Mehrwerts in völlig divergierender Höhe bei ihren Preisen realisieren können. Trotz dieser differenzierten Umverteilungen des Mehrwerts kann schwerlich widerlegt werden, daß die Menschen in ihrem gegenseitigen Austausch immer wieder nur ihre verschiedenen Arbeitsresultate austauschen, daß sie nur durch diesen wertmäßigen Austausch die Realisierung gesellschaftlich notwendiger Arbeit sichern können und daß sich schließlich auch durch einen weiterhin anhaltenden Kapitalfluß, trotz monopolistischer Hindernisse, eine Einkommenstendenz durchsetzt, die dem gesellschaftlich notwendigen Arbeitsaufwand in den einzelnen Branchen entspricht.

Man kann zwar nicht berechnen, inwieweit die Preise einzelner Waren ihrem theoretisch angenommenen Wert entsprechen und inwieweit sie durch die verschieden starken Monopole und Oligopole von den Werten entfernt oder über diese hinaus angehoben werden. Aber der Sinn der Werttheorie besteht auch nicht darin, mit ihrer Hilfe allein die Preise erklären zu wollen. Entscheidend für die Annahme dieser Theorie ist die Erkenntnis der Tendenz zur Arbeitsäquivalenz, die sich in der Marktwirtschaft zeigt. Durch die Konkurrenz und die profitausgleichende Tendenz der Kapitalbewegung erweist sich trotz aller Monopolhindernisse die Notwendigkeit, die Markteinkommen der verschiedenen Branchen ungefähr und langfristig im Verhältnis zu angelegtem Kapital und (vergegenständlichter und lebendiger) Arbeit auszugleichen.

Sobald in einer Branche die Entwicklung der Produktivität und Intensität der Arbeit und/oder die Ausnutzung und Entwicklung der Produktionsmittel im Vergleich zu anderen Branchen rückläufig wird und in dieser Branche dennoch relativ hohe Preise und Profite entstehen, wird sich früher oder später durch eine Konkurrenzkapitalbewegung notwendig eine Annäherung der Arbeits- und Einkommensentwicklung an gesellschaftlich durchschnittliche Bedingungen vollziehen. Die Monopole können eine solche Ausgleichsbewegung nur hic und da verzögern, nicht aber prinzipiell beseitigen. Die Monopolisierung führt also zu einer Verzerrung des notwendigen Äquivalenz- oder Wertprinzips. Solange es jedoch Konkurrenzbedingungen gibt, wird sich dieses Prinzip durchsetzen.

Auch wenn also der Arbeitswert oder der Produktionspreis durch die realen Marktpreise nicht mehr konkret berechnet und bewiesen werden können, so kann man die grundlegende Erkenntnis, daß die Marktpreise durch zwei gegensätzliche ökonomische Zusammenhänge und daher auch widersprüchliche Interessensphären bestimmt werden, in keinem Fall widerlegen. Auf der einen Seite zeigt sich mehr und mehr die verdeckte, aber entscheidende Notwendigkeit, die Einkommen relativ äquivalent zur Menge der verausgabten, lebendigen und vergegenständlichten Arbeit zu verteilen. Dabei wird eine solche langfristige Umverteilung des Mehrwerts zu intendieren sein, die in der Wirtschaft das gesellschaftlich notwendige Interesse an einer proportionalen Entwicklung und Verteilung der gesellschaftlichen Arbeit gewährleistet. Es ist das notwendige *Prinzip der Äquivalenz der Arbeit,* das die Realisierung der gesellschaftlich notwendigen Arbeit in allen Branchen und in der erforderlichen Produktivität bewirkt. Auf der anderen Seite muß sich weiterhin die Notwendigkeit einer solchen Preisbewegung zeigen, durch die die gesellschaftliche Nachfrage an den

Umfang der einzelnen Güterangebote immer wieder angepaßt wird und die Angebote flexibel der Marktnachfrage folgen. Es ist das *Prinzip der Knappheitsüberwindung*, das das notwendige Interesse an der qualitativen und technischen Entwicklung der Produktion fördert.

Äquivalenz- und Knappheitsüberwindungsprinzip

So wie das Arbeitsäquivalenzprinzip von den westlichen, nichtmarxistischen Ökonomen unterschätzt wird, so wird das Knappheitsüberwindungsprinzip von den »marxistischen« Ökonomen vernachlässigt. Die einen übersehen, daß die Menschen in der Gesellschaft ganz spontan und auch aufgrund langfristiger Erfahrungen die Einkommen mit den Arbeitsaufwänden in den verschiedenen Branchen und Berufen vergleichen. Die anderen ignorieren, daß die Gebrauchswerte der verschiedensten Waren von den Menschen dauernd abgeschätzt und gegeneinandergehalten werden.

Die nichtmarxistischen Ökonomen sehen nicht mehr, daß die menschliche Arbeit – in ihrem weitesten Sinn als geistige und physische, wissenschaftlich schöpferische und monoton produktive Arbeit – die wesentliche Grundlage aller Waren und des gesellschaftlichen Reichtums überhaupt ist.* Sie sehen weiterhin nicht, daß sich diese Arbeit nur entwickeln kann, wenn durch die gesellschaftlichen ökonomischen Verhältnisse immer wieder ein mehr oder weniger äquivalenter Austausch von Arbeit im qualitativen und quantitativen Sinn stattfindet. Auch wenn die Abweichungen von diesem Äquivalenzprinzip häufiger, differenzierter und längerfristig vor sich gehen, auch wenn in dieser immerwährenden und sich weiter differenzierenden Abweichungsbewegung die Äquivalenztendenz so gut wie nicht mehr zu erkennen ist, setzt sie sich doch noch als wesentlichste, verdeckte und langfristige Tendenz im Kapitalismus durch und sichert die gesellschaftlich notwendige Entwicklung der produktiven Arbeit. Am Faktum des Äquivalenzprinzips ändert sich nichts, egal, ob es nun von

---

* »Wenn man unter ›Arbeit‹ nur körperliche Arbeit versteht, so ist natürlich mit der Arbeitswertlehre nichts anzufangen. Aber so primitiv ist Marx nicht gewesen. Seine Auffassung ist, daß bei vollkommener Konkurrenz der Wert jeder Ware proportional zu der in ihr enthaltenen Arbeit ist. Da er hierunter nicht jede zufällige, sondern die gesellschaftlich notwendige Arbeitsmenge begreift, läßt sich durchaus die vorangegangene Ausbildung, läßt sich die geistige Arbeit, läßt sich der technische Fortschritt subsumieren.« E. Salin, Politische Ökonomie, Tübingen–Zürich 1967, S. 106.

der immer stärker pragmatisch ausgerichteten westlichen ökonomischen Theorie geleugnet wird oder nicht. Wird dann dieser theoretische Einstieg im Westen noch durch die vollkommene Unterdrückung des Äquivalenzprinzips in der sowjetischen »sozialistischen« Praxis – entgegen allen dogmatischen verbalen Betonungen des Wertgesetzes – erschwert, so verliert sich das Verständnis seiner Bedeutung vollkommen.

Soll sich auf der jeweiligen Stufe der Arbeits- und Konsumentwicklung die gesellschaftlich notwendige Arbeit realisieren, und sollen nicht allzu große Verluste und Spannungen entstehen, dann müssen im Warenaustausch zwischen Marktsubjekten zwei Gleichheitstendenzen erscheinen. Erstens müssen *im Warenaustausch für gleiche*, vergegenständlichte und lebendige *Arbeit* wenigstens ungefähr und auf lange Sicht *gleiche Einkommen entstehen*, um das erforderliche Interesse an der langfristigen Entwicklung aller *gesellschaftlich notwendigen* Arbeiten zu schaffen. Zweitens müssen für alle *gleichen Einkommen auch die gleichen Konsummöglichkeiten gesichert sein*, um bestimmten Individuen nicht die Möglichkeit zu geben, für ihr Einkommen vorrangig Güter mit höherem, gesellschaftlich stärker gefragtem Gebrauchswert zu konsumieren, während andere mit demselben Einkommen gezwungen werden, auf diese zu verzichten oder niedriger bewertete als Ersatz zu konsumieren: nur weil die ersteren in ungenügender Menge produziert, aber nicht zu Knappheitspreisen verkauft wurden.

Simplifiziert man nun diese Prinzipien, so nimmt das sehr oft die folgenden theoretischen Formen an. Vor allem »Marxisten« verstehen meistens unter gesellschaftlich notwendiger Arbeit nur eine bestimmte Menge Arbeit verschiedener Berufe. In Wahrheit ist nur jene Arbeit gesellschaftlich notwendig (und kann daher auch von der Gesellschaft anerkannt werden), die
erstens mit der gesellschaftlich allgemeinen und potentiellen Produktivität und Intensität durchgeführt wird, und die
zweitens Gebrauchswerte für die Gesellschaft geschaffen hat, wie sie qualitativ und quantitativ benötigt werden.
Diese Komplexität zu leugnen und die gesellschaftlich notwendige Arbeit so einfach zu interpretieren, hat in der »sozialistischen« Praxis nachhaltige Folgen.

Bei Unterdrückung des Äquivalenzprinzips werden zum Beispiel Arbeitskollektive, die sich anstrengen und wirtschaftlich produzieren, die gesellschaftlich notwendige Arbeitsintensität einhalten, die Produkte verbessern, neue, nützlichere in die Produktion einführen, die Technologie entwickeln usw., dieselben oder niedrigere Einkommen erhalten als Betriebskollektive, die zwar formal die geplante Menge von Produkten liefern, das aber in effektiver, qualitativer und technischer Hinsicht ungenügend. Ein solcher Prozeß muß natürlich früher oder später zu einem Desinteresse an der gesellschaftlich nicht bewerteten Entwicklungsmannigfaltigkeit der Arbeit und Produktion führen. Besonders die intellektuell anstrengenden und zeitraubenden qualitativen Verbesserungen der Produktion, die sich in einer optimalen Proportion zum rein quantitativen Arbeitsaufwand entwickeln müssen und innerhalb des Marktmechanismus auch voll bewertet werden, werden in ökonomischen Verhältnissen, in denen sich das Äquivalenzprinzip durch die Marktunterdrückung verliert und durch keine Staatsplanung und Staatskontrolle gesichert werden kann, immer stärker eingeschränkt.

Bei den Vertretern des Konzepts der ökonomischen Knappheit ist dann folgende Meinung verbreitet: Auf der einen Seite wird die Möglichkeit der absichtlich oder künstlich geschaffenen Knappheit durch die kapitalistischen Monopole sehr oft überschätzt – was gleichzeitig eine Unterschätzung der Konkurrenz in der westlichen Ökonomik bedeutet. Auf der anderen Seite wird aber zugleich die allgemeine und dauernde Knappheitssituation bagatellisiert – was ein Ausdruck des Nichtverständnisses der notwendigen, auf der gegebenen Entwicklungsstufe nicht vollkommen zu beseitigenden Widersprüchlichkeit zwischen der Bewegung der Produktionsstruktur und der Bedürfnisstruktur ist. Die Wichtigkeit und bisherige Unersetzlichkeit des Marktes für die Lösung dieser Widersprüche wird heute auch von manchen westlichen, nichtmarxistischen Ökonomen abgetan.

III. Die Schlußfolgerungen von Marx aus der Wert- und Preistheorie

Die Betonung des Produktionspreises

Es ging hier nicht darum, die marxistische und die gesamte, sehr umfangreiche, nichtmarxistische Preistheorie im einzelnen zu vergleichen. Wie schon anfangs erwähnt, soll mit der hier vorgenommenen Rekapitulation marxistischer Theorien, und unter ihnen auch der Wert- und Mehrwerttheorie, nur deutlich gemacht werden, aufgrund welcher Erkenntnisse und Vorstellungen die »sozialistische« Praxis einst entstand, und inwieweit Mängel und Widersprüche dieser *Praxis* teilweise einen Ursprung bereits in vereinfachten *theoretischen* Schlußfolgerungen haben.

Vor allem mußte darauf hingewiesen werden, daß Marx die zwei widersprüchlichen Seiten der Preisbewegung sehr wohl analysiert hat. Die ihm oft unterstellte Vereinfachung, die marxistische Preistheorie basiere nur auf der Arbeitswerttheorie, war ein deutliches Zeichen für die Ignoranz seiner Kritiker und der Interpreten dieser Theorie, manchmal auch für eine böswillige Verleumdung. In Wirklichkeit sah Marx den Einfluß des Gebrauchswertes über seine Bewertung durch die Konsumenten auf die Preisbewegung selber und über diese wieder auf den Arbeitswert (natürlich immer bei dem jeweils vorgegebenen Preis). Aber Marx lebte in einer Zeit, in der der Markt transparenter war als später – weshalb auch die Tendenz zu einer allgemeinen durchschnittlichen Profitrate, also des Produktionspreises, viel offensichtlicher zu Tage treten konnte. So waren für ihn die Abweichungen der Preise vom Wert oder Produktionspreis nur jeweils kurzfristige, vorübergehende Erscheinungen. Den Wert sah er als die entscheidende Seite der Preisfixierung, als die Bestimmungsseite der langfristigen Preistendenzen und Preisrelationen.

Natürlich wußte Marx, daß alle Monopolerscheinungen die flexible Kapitalbewegung bremsten und zu Hindernissen für den Profitausgleich wurden. Er untersuchte vor allem das Bodenmonopol und gewann auch – bei der Erklärung der Bodenrente – den Begriff des Monopolpreises und Monopol-Extraprofits.* Mehr oder weniger eindeutig verknüpfte er jedoch die Monopolbedingungen vor allem mit den Bedingungen der Agrarproduktion, auch wenn er die zukünftige ansteigende Monopolisierung – aus der anwachsenden Konzentration der Produktion und des Kapitals hervorgehend – richtig voraussah. Produktionsmonopole, verbunden mit monopolisiertem Bodeneigentum, waren zwar die Grundlage der Bodenrente und konnten auch weitere monopolisierte Extraprofite schaffen**, aber sie waren in der gesamten kapitalistischen Entwicklung vorerst doch Nebenerscheinungen. In der industriellen Entwicklung waren nicht monopolistische Hindernisse der Kapitalbewegung, sondern die relativ freie Kapitalbewegung und die Profitausgleichstendenz das allgemeine, typische Merkmal.

Das soll jedoch nicht heißen, daß jemals so etwas wie ein absolut vollkommener Markt mit vollkommen gleichen Informations-, Bewegungs- und Verkaufsbedingungen für alle Kapitalisten bestand. Die Hindernisse einer profitausgleichenden Tendenz konnten in dieser Zeit noch übersehen werden. Es waren Bedingungen, unter denen die Profitausgleichsbewegungen stärker als die Profitdifferenzierungsbewegungen waren. Außerdem hatte Marx seine Aufmerksamkeit vor allem auf die, damals besonders scharf hervortretenden, sozialen Widersprüche ausgerichtet, und so interessierte ihn die Werttheorie als Grundlage der Mehrwerttheorie viel mehr als eine eingehende Preistheorie. Für diese genügt die Erkenntnis der Werttendenz (des Wertgesetzes) gegenüber dem Faktum der konkreten Abweichbewegungen der Preise vom Wert (Produktionspreis).

---

* Siehe K. Marx, Das Kapital, Bd. III, Berlin 1964, S. 769–772.
** »Auf jeden Fall ist diese absolute, aus dem Überschuß des Werts über den Produktionspreis entspringende Rente bloß ein Teil des agrikolen Mehrwerts, Verwandlung dieses Mehrwerts in Rente, Abfangung desselben durch den Grundeigentümer; ganz wie die Differentialrente entspringt aus Verwandlung von Surplusprofit in Rente, Abfangung desselben durch das Grundeigentum, bei allgemein regulierendem Produktionspreis. Diese beiden Formen der Rente sind die einzig normalen. Außerhalb derselben kann die Rente nur auf eigentlichem Monopolpreis beruhen, der weder vom Produktionspreis, noch vom Wert der Waren, sondern vom Bedürfnis und der Zahlungsfähigkeit der Käufer bestimmt ist, und dessen Betrachtung in die Lehre von der Konkurrenz gehört, wo die wirkliche Bewegung der Marktpreise untersucht wird.«
K. Marx, Das Kapital, Bd. III, Berlin 1964, S. 772.

Ursachen der Arbeitsäquivalenz

Marx war sich vollkommen bewußt, daß das eigentliche Wesen des Wertgesetzes, nämlich das Arbeitsäquivalenzprinzip, sehr tiefe Ursachen hat und daß diese nicht mit dem privaten Eigentum und privaten Warenbeziehungen identisch sind. Die Notwendigkeit des Äquivalenzprinzips leitete er aus einem bestimmten Charakter der Arbeit ab, der wiederum durch einen gewissen Entwicklungsstand der Produktivkräfte und der damit zusammenhängenden starren Arbeitsteilung bedingt wird.

Trotz eines erheblichen technischen Fortschritts und eines qualitativen Sprungs in der Entwicklung der Produktivkräfte innerhalb des kapitalistischen Systems ist die Arbeitszeit für die Menschen noch relativ lang geblieben, und bei einer entwickelten Arbeitsteilung muß die Mehrheit der Menschen Arbeiten ausführen, die sehr anstrengend, monoton und uninteressant sind, und an die sie überdies im wesentlichen das ganze Leben gebunden sind. Es ist also eine Arbeit, die den körperlichen und geistigen Fähigkeiten der meisten Menschen keinesfalls ein freies und schöpferisches Spiel erlaubt, sondern im Gegenteil ihren Geist abstumpft und ihren Körper einseitig verkrüppelt. Außer vielleicht einer schmalen Schicht schöpferisch tätiger Menschen (Wissenschaftler, Künstler, Forscher, Techniker, Manager etc.) würde die absolute Mehrheit der arbeitenden Menschen – wie ich in einem anderen Zusammenhang schon betonte – bei vollkommen freier Wahl sich eine andere Tätigkeit wählen als die, zu der sie unter den gegebenen Umständen gezwungen wird. Es sind also Bedingungen, unter denen die Arbeit für die Mehrzahl der Menschen nicht zu ihrer freiwilligen, schöpferischen und stimulierenden Tätigkeit, zu ihrem eigentlichen Interesse geworden ist, sondern nur zur unabwendbaren Vorbedingung, alle lebensnotwendigen Güter und andere Annehmlichkeiten zu erreichen.

Marx sah dann ganz klar, daß solche Arbeitsbedingungen auch mit der Abschaffung des Privateigentums noch lange nicht überwunden werden können, und daß auch die Arbeit nicht zum eigentlichen Interesse der Menschen würde, solange diese Tendenzen vorherrschten. Weiterhin seien die Menschen geneigt, eine – persönlich nicht reizvolle, wenn auch gesellschaftlich notwendige – Arbeit für die Gesellschaft nur unter der Voraussetzung auszuüben, daß die Gesellschaft die Resultate dieser Tätigkeit auch nach der aufgewendeten Arbeit verteilt. Diese äquivalente Verteilung von Arbeitsprodukten, die eigentlich zugleich eine bestimmte Form eines äquivalenten Arbeitsaustausches ist – nach Abzug und Sicherung aller anderen gesellschaftlich benötigten Sphären –, stellte Marx am konkretesten in der bereits erwähnten Kritik des Gothaer Programms dar.* An der Gültigkeit des von Marx herausgearbeiteten Prinzips kann heute wohl kein »Marxist« zweifeln. Was aber die größten Auseinandersetzungen hervorruft, ist die Frage, wie dieses Prinzip realisiert werden soll und wie lange die Verteilungsepoche dauern soll. Marx selbst hatte nämlich in dieser Hinsicht recht schlichte Vorstellungen – er hat sich über diese zukünftigen »Detailprobleme« den Kopf nicht allzusehr zerbrochen – sehr zum Leidwesen natürlich jener »Marxisten«, die in jeder kritischen Auseinandersetzung mit vereinfachten oder nicht realisierbaren Anschauungen von Marx einen »antimarxistischen Revisionismus« sehen. Im sowjetischen Machtbereich gilt so etwas daher als ein antimarxistischer Akt.

Beseitigung der Warenbeziehungen

So wie Marx nämlich die Notwendigkeit sah, das Äquivalenzprinzip beizubehalten, solange die Arbeit der meisten Menschen nicht zu ihrem eigentlichen Lebensinteresse geworden ist, so glaubte er zugleich, daß diese Arbeitsäquivalenz mit dem Übergang zum Sozialismus von der Gesellschaft direkt gesichert werde. Mit dem Privateigentum sollten zugleich die Waren- und Marktbeziehungen abgeschafft werden.

Für Marx galten die Warenbeziehungen zwischen den Menschen nur als Zeichen für die gegenseitige Fremdheit der warenproduzierenden Menschen, die durch das private Eigentum der Produktionsmittel hervorgerufen wurde. Ob kleine Familienkooperationen (Handwerker, Bauern etc.) oder große industrielle Kooperationen (Manufakturen, Fabriken,

---

* »Womit wir es hier zu tun haben, ist eine kommunistische Gesellschaft, nicht wie sie sich auf ihrer eigenen Grundlage *entwickelt* hat, sondern umgekehrt, wie sie eben aus der kapitalistischen Gesellschaft *hervorgeht,* also in jeder Beziehung, ökonomisch, sittlich, geistig, noch behaftet ist mit den Muttermalen der alten Gesellschaft, aus deren Schoß sie herkommt. Demgemäß erhält der einzelne Produzent – nach den Abzügen – exakt zurück, was er ihr gibt. Was er ihr gegeben hat, ist sein individuelles Arbeitsquantum. Zum Beispiel der gesellschaftliche Arbeitstag besteht aus der Summe der individuellen Arbeitsstunden. Die individuelle Arbeitszeit des einzelnen Produzenten ist der von ihm gelieferte Teil des gesellschaftlichen Arbeitstags, sein Anteil daran. Er erhält von der Gesellschaft einen Schein, daß er soundso viel Arbeit geliefert (nach Abzug seiner Arbeit für die gemeinschaftlichen Fonds), und zieht mit diesem Schein aus dem gesellschaftlichen Vorrat von Konsumtionsmitteln so viel heraus, als gleich viel Arbeit kostet. Dasselbe Quantum Arbeit, das er der Gesellschaft in einer Form gegeben hat, erhält er in der andern zurück.«
K. Marx, F. Engels, Werke, Bd. 19, Berlin 1962, S. 20.

Betriebe) – immer waren es für ihn Arbeitskooperationen, die den anderen Kooperationen oder der Gesellschaft insgesamt nur deshalb fremd gegenüberstanden, weil sie sich auf der Grundlage des privaten Eigentums an Produktionsmitteln entwickelten. Die privaten Produktionsmitteleigentümer entscheiden vollkommen selbständig über ihre Resultate und wollen diese Arbeitsresultate nur als Waren produzieren, das heißt als Produkte, die gegen andere Waren in einem ganz bestimmten Verhältnis austauschbar sind und ihnen zumindest jene Arbeit, die für ihre Produktion verausgabt wurde (vergangene, vergegenständlichte und neue, lebendige Arbeit), in Form anderer Waren zurückbringen.

Für Marx war also das Privateigentum die Grundlage der gegenseitigen Fremdheit der einzelnen warenproduzierenden Kooperationen: es verhinderte, über alle diese Arbeiten im größeren Interesse der gesamten Gesellschaft und gesellschaftlich direkt zu entscheiden. Nur die Privateigentümer machten unmöglich, daß die gesamte Gesellschaft durch ihre gesellschaftlichen Organe über die gesamte Produktion und Verteilung der Produkte entscheidet. Sobald das private Eigentum abgeschafft sei, müßten auch die Eigentumsbarrieren zwischen den einzelnen Produktionskooperationen verschwinden, die gesamte Produktion müßte sich eigentlich zu einer riesigen gesamtgesellschaftlichen Kooperation umwandeln, innerhalb welcher dann alle produktiven Arbeiten auch einheitlich nach einem einzigen großen Plan geleitet würden.*

Erst durch diese Vergesellschaftung der Produktionsmittel würde jede Arbeit zu einer gesellschaftlich *direkt* durchgeführten Arbeit werden**, im Unterschied zu der *indirekt* gesellschaftlichen Arbeit innerhalb der privaten Warenproduktion, bei der die Arbeiten zwar für die Gesellschaft ausgeführt, aber nicht von gesellschaftlichen Organen bestimmt werden. Durch eine solche Vergesellschaftung würden die Produkte aufhören, Waren zu sein, das heißt, sie wären nicht mehr Träger eines Tauschwerts und könnten somit auch keinen Arbeitswert mehr ausdrücken. Die Menge der für die Produktion einzelner Warenarten verausgabten Arbeit müßte nicht mehr indirekt, durch den Tauschwert der Waren, ausgedrückt wer-

---

* »Mit der Besitzergreifung der Produktionsmittel durch die Gesellschaft ist die Warenproduktion beseitigt und damit die Herrschaft des Produkts über die Produzenten. Die Anarchie innerhalb der gesellschaftlichen Produktion wird ersetzt durch planmäßige bewußte Organisation.«
K. Marx, F. Engels, Werke, Bd. 20, Berlin 1962, S. 264.
** »Sobald die Gesellschaft sich in den Besitz der Produktionsmittel setzt und sie in unmittelbarer Vergesellschaftlichung zur Produktion verwendet, wird die Arbeit eines jeden, wie verschieden auch ihr spezifisch nützlicher Charakter sei, von vornherein und direkt gesellschaftliche Arbeit.«
K. Marx, F. Engels, Werke, Bd. 20, Berlin 1962, S. 288.

den, sondern würde direkt und im vorhinein von den gesellschaftlichen Organen planmäßig bestimmt.*

Marx hatte also tatsächlich die Vorstellung, die Warenproduktion und somit auch die Marktbeziehungen würden abgeschafft, und daher müßten auch der Warenwert und sein preismäßiger Ausdruck verschwinden. Er sah aber genau, daß die Ermittlung der gesamten Arbeit, die für die Produktion der einzelnen Produktarten benötigt würde, nicht unter den Tisch fallen dürfe – und das sowohl wegen der notwendigen planmäßigen Verteilung der gesellschaftlichen Arbeit auf die einzelnen Produktionssparten und Produktarten**, als auch wegen der noch notwendigen Verteilung eines bestimmten Teils des Gesamtprodukts unter die Produzenten je nach der Menge und Qualität der von ihnen geleisteten Arbeit.

Durch diese grundlegende Änderung verschwand für Marx und Engels natürlich auch das Problem der inneren Widersprüchlichkeit der Arbeit, der Waren, der Preise und des Marktes. Die konkrete Arbeit sowie alle benötigten Produktionsmittel würden planmäßig für die Produktion aller konkreten Gebrauchswerte zugeteilt, und zwar in dem Umfang, in dem diese Gebrauchswerte – nach ihrem »leicht« zu erfassenden gesellschaftlichen Bedarf – benötigt würden.*** Alles sollte direkt in Naturalgrößen und konkret ausgedrückt und berechnet werden, alle Produkte sollen nur so weit produziert werden, wie das entsprechende Bedürfnis vorhanden ist. Die Verallgemeinerung der verschiedensten konkreten, qualitativ unterschiedlichen Arbeiten zu bloßen Mengen unterschiedsloser einfacher

---

* »Innerhalb der genossenschaftlichen, auf Gemeingut an den Produktionsmitteln gegründeten Gesellschaft tauschen die Produzenten ihre Produkte nicht aus; ebensowenig erscheint hier die auf Produkte verwandte Arbeit *als Wert* dieser Podukte, als eine von ihnen besessene sachliche Eigenschaft, da jetzt, im Gegensatz zur kapitalistischen Gesellschaft die individuellen Arbeiten nicht mehr auf einem Umweg, sondern unmittelbar als Bestandteile der Gesamtarbeit existieren. Das Wort ›Arbeitsertrag‹, auch heutzutage wegen seiner Zweideutigkeit verwerflich, verliert so allen Sinn.«
    K. Marx, F. Engels, Werke, Bd. 19, Berlin 1962, S. 19, 20.
** »... nach Aufhebung der kapitalistischen Produktionsweise, aber mit Beibehaltung gesellschaftlicher Produktion, die Wertbestimmung vorherrschend in dem Sinn, daß die Regelung der Arbeitszeit und die Verteilung der gesellschaftlichen Arbeit unter die verschiedenen Produktionsgruppen, endlich die Buchführung hierüber, wesentlicher denn je wird.«
    K. Marx, Das Kapital, Bd. III, Berlin 1964, S. 859.
*** »Allerdings wird auch dann die Gesellschaft wissen müssen, wieviel Arbeit jeder Gebrauchsgegenstand zu seiner Herstellung bedarf. Sie wird den Produktionsplan einzurichten haben nach den Produktionsmitteln, wozu besonders auch die Arbeitskräfte gehören. Die Nutzeffekte der verschiedenen Gebrauchsgegenstände, abgewogen untereinander und gegenüber den zu ihrer Herstellung nötigen Arbeitsmengen, werden den Plan schließlich bestimmen. Die Leute machen alles sehr einfach ...«
    K. Marx, F. Engels, Werke, Bd. 20, Berlin 1962, S. 288.

Arbeitszeit sollte dabei zielbewußt und direkt erfolgen, um eine gerechte, äquivalente Verteilung der Konsumgüter für den individuellen Verbrauch zu sichern.

Mit solchen theoretischen Vorstellungen ging man später an die praktische Verwirklichung der sozialistischen Ideen. Die Waren- und Marktbeziehungen hatten zu verschwinden – das wurde zu einem Grunddogma marxistisch-sozialistischer Zielvorstellungen. Was Wunder, daß deshalb auch später die »marxistische« Ökonomie, und vor allem die offiziell anerkannte sowjetische Ökonomie, der Markt- und Preisproblematik keine weitere Beachtung mehr schenkten: daß sie dies als ein rein kapitalistisches, dem Untergang geweihtes Problem ansahen und sich überhaupt bei der gesamten Erklärung ökonomischer Beziehungen im Kapitalismus fast ausschließlich mit den von Marx, Engels und Lenin (eine Zeitlang auch von Stalin) aufgestellten Theorien begnügten. Was Wunder dann aber auch, daß die westliche, nichtmarxistische Ökonomie – von dem abstrakten und realitätsfremden Wiederkäuen der hundert Jahre alten Theorien angewidert – diese Theorien vollkommen ignorierte und Hypothesen entwickelte, die die konkreten Preisbewegungen exakter erklären konnten. Auch wenn man dabei unter Verwendung allein des Begriffs »Produktionskosten« ohne den Begriff »Arbeitswert« auskommen konnte, so zeigt die heutige Entwicklung (in der plötzlich die grundlegenden ökonomischen und sozialen Verhältnisse in Frage gestellt werden), daß die Erkenntnis der Wertbeziehungen in einer wissenschaftlichen Ökonomie eben nicht übersehen werden darf. Aber das will ich später eingehend dokumentieren.

Vorerst ist es angebracht, auf eine Tendenz in der westlichen ökonomischen Theorie hinzuweisen, die dadurch, daß sie die Rolle des Marktes im heutigen Kapitalismus unterschätzt, bestimmte banal-marxistische Vorstellungen unterstützt. Auch wenn diese Richtung nicht viele Anhänger hat, so wird sie – besonders bei der Jugend – fälschlicherweise für progressiv gehalten.

IV. Die Rolle des Marktes und seine Grenzen

Die Methodologie von J. K. Galbraith

Am eindrucksvollsten ist die Rolle des Marktes in dem Buch *Die moderne Industriegesellschaft* von J. K. Galbraith* bagatellisiert. Es ist eine der wenigen neuen, nichtmarxistischen Theorien, die in gewissem Sinne die offizielle »marxistische« ablehnende Einstellung zum Markt unterstützt. Daher ist es auch kein Zufall, daß Galbraith in der letzten Zeit in den Ostblock-Staaten propagandistisch hochgespielt wird, obwohl seine Theorie in krassem Widerspruch zur marxistischen Theorie steht. Offensichtlich genügt schon, daß es eine Theorie ist, die die wachsende Bedeutung der Planung als Gegensatz zum Markt für die westliche Wirtschaft hervorhebt. Wir wollen uns hier diese Theorie etwas eingehender ansehen.

Galbraith versucht hauptsächlich zu beweisen, daß für die großen westlichen Korporationen, deren Produktion durch die sogenannte Technostruktur bestimmt wird, der Markt und das Ziel der Profitmaximierung nicht mehr so wesentlich seien. Statt dessen sei der Plan der Korporationen entscheidend, dem der Markt immer mehr angepaßt, und der vorrangig durch ganz andere Intentionen als die Profitmotivation der Technostruktur beeinflußt wird. In den sehr komplizierten und völlig unzureichend bewiesenen Argumentationen von Galbraith können zwei tragende Säulen herauskristallisiert werden:
Erstens: Der Markt wird den geplanten Zielen der Firma unterworfen.**

---

* J. K. Galbraith, Die moderne Industriegesellschaft, München 1968.
** »Die Firma ist weit davon entfernt, sich den Marktgegebenheiten zu unterwerfen; sie hat den Markt nach besten Kräften den eigenen Planungszielen dienstbar gemacht. Preise, Kosten, Produktion und die sich hieraus ergebenden Erlöse werden nicht vom Markt, sondern von der Planung der Firma festgelegt – innerhalb eines breiten Spielraums, der noch untersucht werden soll.«
Ebenda S. 130.

Zweitens: Die Tätigkeit des Betriebes wird den Motiven der Techno-struktur adaptiert.*

Bevor wir auf diese zwei Standpunkte gesondert eingehen, ist vorerst zum Vorgehen von Galbraith allgemein zu sagen: Selten ist eine Methode in der Ökonomie aufgekommen, bei der die Ziele und Vorhaben der öko-nomischen Subjekte, ungeachtet der sie bestimmenden Prozesse, so stark hervorgehoben werden. Im allgemeinen sind die Ökonomen gezwungen, die objektiven Zusammenhänge innerhalb der Wirtschaft zu erforschen, das heißt jene Zusammenhänge und Beziehungen zwischen den verschie-denen ökonomischen Prozessen, die sich allgemein und zwangsläufig, unabhängig von zufälligen Fähigkeiten und Willensausrichtungen einzel-ner Individuen realisieren. Selbstverständlich wird dabei die subjektive Tätigkeit nicht übersehen, aber sie wird in ihrer verallgemeinerten Cha-rakteristik und als objektiv determinierte Tätigkeit begriffen. Die allsei-tige Erforschung der Objekt-Subjekt-Beziehung in der Wirtschaft ist eine der grundlegenden Vorbedingungen für ein tieferes Verständnis der Wirt-schaft.

Die Tätigkeit aller Individuen, selbständiger Kollektive und ihrer lei-tenden Personen ist immer durch die materiellen (technischen, produk-tionsmäßigen) und gesellschaftlichen (strukturellen, organisationellen, institutionellen, sozialpsychologischen, konsumbezogenen etc.) Resultate der vorangegangenen Entwicklung und ihrer gegenwärtig fortdauernden Reproduktion begrenzt. Alle Menschen müssen in ihrer Tätigkeit mit der aller anderen (Organisationen, Institutionen etc.), mit den Beziehungen zu diesen anderen, sowie mit dem objektiven Zusammenhang zwischen ihrer eigenen Tätigkeit und der dieser anderen rechnen. Obgleich alle Menschen einen gewissen Spielraum für die Veränderung der eigenen Tätigkeit haben, ist dieser immer ziemlich eng bemessen.

Die durch eigene Interessen und Willen, das heißt initiativ hervorgeru-fenen Tätigkeitsänderungen werden auch immer die Tätigkeit anderer

---

* »Die Planung erwächst aus dem Einsatz von Technologie und Kapital, dem dafür erforderlichen Zeitaufwand und der verminderten Wirksamkeit des Marktes für spe-zialisierte technische Produkte und Talente.

Diesen veränderten Ablauf unterstützt noch die Motivation der Technostruktur. Ihre Angehörigen suchen die Ziele des Großbetriebs ihren eigenen Zielen anzunähern; ent-sprechend sucht der Großbetrieb Verhalten und Ziele der Gesellschaft denen der Mit-glieder seiner Technostruktur zu adaptieren. Auf diese Weise haben soziale Glaubens-sätze zumindest teilweise ihren Ursprung im Produktionsbetrieb. Die Anpassung des Marktverhaltens des Einzelnen wie auch der sozialen Verhaltensweise insgesamt an die Erfordernisse des Produktionsbetriebs und an die Ziele der Technostruktur ist daher ein inhärentes Merkmal des Systems.«

Ebenda S. 239

Menschen (Individuen, Kollektive) beeinflussen – jedoch größtenteils wieder nur in einem eng gesteckten Rahmen. Auch wenn es natürlich Unterschiede zwischen in der Gesellschaft verschieden gestellten Menschen hinsichtlich ihres objektiv determinierten Tätigkeitsrahmens gibt, auch wenn leitende Personen oder politische Machthaber über einen breiteren Bewegungsrahmen verfügen als zum Beispiel einfache Arbeiter, so werden auch diese »freieren« Personen allgemein und wesentlich fixierte gesellschaftliche Beziehungen nicht ändern können.

Durch die initiative, nur in objektiv determiniertem Rahmen sich ändernde Tätigkeit werden zwar auch die Beziehungen zwischen den Menschen – in unserem Fall: die ökonomischen Verhältnisse – sich allmählich ändern, aber sehr, sehr langsam, für den Betrachter der Gegenwart fast unmerklich. Nur rückblickend und über lange Entwicklungsperioden hinweg können wir durch gedankliche Induktionen, Zusammenfassungen und durch Vergleichsstudien größere Veränderungen von Entwicklungsperioden feststellen, die konkret Jahrzehnte, ja, oft Jahrhunderte dauern.

Natürlich gibt es auch bestimmte Augenblicke in der Geschichte, in denen sich relativ plötzlich, durch die spontane Bewegung großer Massen, wesentliche Veränderungen der gesellschaftlichen Beziehungen und Systeme ergeben. Besonders diese revolutionären Umstürze werden von den Marxisten hervorgehoben, sehr oft aber auch übertrieben: als theoretische Untermauerung von Wunschvorstellungen. In Wirklichkeit waren jedoch auch solche revolutionären Veränderungen höchstens relativ schnelle Wechsel in der politischen Macht, und nur sehr selten politische Beschleunigungen einer produktionsmäßig schon lange heranreifenden wirtschaftlichen Entwicklung.

Jedoch nicht um die Erklärung der Entwicklungswege ökonomischer Verhältnisse geht es hier, sondern um die Betonung ihres objektiven Charakters. Diese Verhältnisse sind nicht abhängig von den Wünschen und Zielen einzelner Individuen oder sozialer Schichten, sondern werden von diesen nur sehr unmerklich, durch ihre eng abgesteckte Produktionsinitiative beeinflußt. Dagegen sind es die ökonomischen Verhältnisse, mit ihren sehr langsam sich ändernden Prozessen, die die Motivationen und die grundlegenden Ziele individueller und kollektiver Tätigkeit determinieren. Würde Galbraith nicht die Augen vor dieser objektiven Determiniertheit verschließen, würde er statt dessen die Objekt-Subjekt-Beziehungen in der gegenwärtigen Ökonomik wirklich allseitig und tiefgehend erforschen, so müßte er auch die objektiv begrenzte Handlungsfreiheit der Individuen erkennen.

Methodologisch ist Galbraith eigentlich ein Antipode jener »Marxisten«, die die freie, initiative Tätigkeit von Individuen und Betrieben prinzipiell leugnen. Dennoch, oder eben deshalb, kann er sich mit ihnen in den »Planvorstellungen« sehr leicht einigen. Ist für Galbraith die Planung das Resultat »technostruktureller Entscheidungen, denen die Gesellschaft angepaßt (adaptiert) wird«, so ist für die »Marxisten« die Planung der Ausdruck einer Applikation erkannter objektiver ökonomischer Gesetze, die bewußt durch den Plan respektiert werden.* Galbraith schreibt seiner Technostruktur Möglichkeiten zu, bei denen er ihre Begrenztheit durch den objektiven Markt vergißt. Er liefert dadurch zugleich Argumente an jene sowjetischen »Planungseliten«, die in einem breiten Ausmaß willkürlich und ohne Marktkriterien planen, auch wenn sie dies propagandistisch als »erkannte Notwendigkeit« ausgeben. Während Galbraith die Fehler nur in der Theorie macht, führt die »sozialistische« Planung in der Wirtschaftspraxis zu unvorstellbaren Verlusten.

Objektiv determinierte Markttätigkeit

Galbraith behauptet, daß die Technostruktur versucht, die Tätigkeit des Betriebes ihren eigenen Zielen, und daß die Großbetriebe dann wieder versuchen, die Ziele der Gesellschaft diesen Technostruktur-Zielen zu adaptieren. In Wirklichkeit sind jedoch die *grundlegenden* Ziele der Betriebe und innerhalb dieser wieder der Technostruktur durch die objektiv gegebenen Marktbeziehungen bedingt. Diese Produktions- und Marktverhältnisse erzwingen sich bestimmte wesentlichste Entwicklungen der Betriebe, mit denen die Technostruktur in allen Großbetrieben rechnen muß, durch die sie in ihrem Denken und Handeln determiniert ist und bei deren Ignorierung sie vollkommen scheitern müßte, respektive die betreffenden Betriebe liquidiert würden.

Natürlich handelt es sich um *prinzipielle* Prozesse, die als solche von manchen westlichen Ökonomen übersehen werden, weil sie als »selbstverständlich« aufgefaßt werden. Aber eben in dieser »Selbstverständlichkeit« ist ihr objektiv notwendiger Charakter enthalten. Erst wenn diese Ökonomen einmal wirklich die ökonomische *Realität* in »sozialistischen« Ländern erleben würden – also diese nicht nur aus Propagandalektüren

---

* »Die Planung der Volkswirtschaft kann nur dann positive Resultate bringen und die proportionale Entwicklung der Volkswirtschaft sowie eine dauernde Produktionssteigerung sichern, wenn sie richtig die Anforderungen des ökonomischen Grundgesetzes des Sozialismus und des Gesetzes der planmäßigen Wirtschaftsentwicklung reflektiert. Die sozialistische Planung basiert auch auf der Applikation aller anderen ökonomischen Gesetze des Sozialismus.«
Politische Ökonomie, Sowjetisches Lehrbuch, 4. tschechische Ausg., Praha 1963, S. 476.

oder von touristischen Besuchen her kennen würden –, in denen die Marktbeziehungen tatsächlich abgeschafft beziehungsweise in ihren Grundfunktionen unterdrückt wurden, ginge ihnen die ökonomische Bedeutung dieser »selbstverständlichen« Marktprozesse auf.

Ich werde noch zeigen, welchen Einfluß die Technostruktur in eigener
Initiative auf die Marktverhältnisse ausüben kann. Zuerst müssen wir
aber sehen, wozu sie durch die Marktverhältnisse *objektiv gezwungen
wird*, mit anderen Worten: welche wesentlichen Prozesse der Betriebstätigkeit der Markt zugunsten der Gesellschaft erzwingt. Diese Tätigkeits-
prozesse müssen von den leitenden und entscheidenden Personen der Betriebe gesichert werden, will der Betrieb als solcher überhaupt überleben.
Da es *wesentliche* Prozesse sind, kann ihre konkrete Erscheinungsform
und ihr konkreter Zeitablauf im einzelnen sehr verschieden sein. Aber
dadurch unterscheidet sich immer das allgemeine Wesen von den einzelnen
Phänomenen.

Auch ein unvollkommener Markt erzwingt sich, wenn auch ebenso
unvollkommen und nur als langfristige Tendenz,

erstens, daß die Produktion sich in solchen Strukturen und Proportionen
entwickelt, die den ökonomisch realen (durch das Verteilungssystem bestimmten) Bedürfnissen entsprechen;

zweitens, daß die Produktion sich bei möglichst effektiver Ausnutzung
der Produktionsfaktoren entwickelt und zu ihrer qualitativen Entwicklung und zum Wachstum der Arbeitsproduktivität führt;

drittens, daß die Produktion die benötigten Nutzwerte vermehrt, die
Steigerung ihrer Qualität und die Erzeugung neuer, für die Gesellschaft
nützlicherer Produkte sichert.

Eine allseitig harmonisierte Entwicklung dieser drei Produktionsnot-
wendigkeiten, bei der dauernd der höchste Effekt mit den minimalsten
Mitteln erreicht würde, könnte man als optimale Entwicklung bezeichnen.
Selbstverständlich wird der Markt *allein* die optimale Entwicklung der
Produktion nicht sichern. Die Produktion wird nicht in jedem Moment
und nicht ohne zeitweilige Fehlproduktionen, Verluste und krisenhafte
Unterbrechungen den gesellschaftlichen Bedürfnissen entsprechen. Später
werden wir die konkreteren Ursachen solcher krisenhaften Unterbrechungen und anderer Störungen zwischen den Produktions- und Bedürfnisentwicklungen sehen. Trotz der dauernden kleinen oder manchmal großen
Störungen und Widersprüche zwischen Produktions- und Bedürfnisentwicklung gibt es heute keine andere Möglichkeit, als mit Hilfe des Marktes
eine arbeitsteilig fortgeschrittene Produktionsstrukturentwicklung mit
der Nachfragestrukturentwicklung einer anspruchsvollen Gesellschaft zu
harmonisieren.

Gerade am »sozialistischen« Versuch, eine gesellschaftlich notwendige Entwicklung der Produktion ohne reale Marktbeziehungen zu sichern, ist am klarsten ersichtlich, warum das nicht möglich ist. Nicht ohne, sondern nur *mit* Hilfe des Marktes kann eine gesellschaftlich notwendige Produktionsentwicklung beeinflußt werden. Natürlich impliziert das nicht die Ablehnung von Maßnahmen, mit denen Krisen und andere Mikro- oder Makrostörungen und Unvollkommenheiten des Marktes zusätzlich überwunden werden könnten. Nicht aber *gegen* den Markt, sondern nur durch Ausnutzung seiner Grundprinzipien kann das erreicht werden.

Die Grundprinzipien des Marktes schließen folgende Beziehungen ein: Erstens: Die Konsumenten müssen die Möglichkeit einer Wahl zwischen verschiedenen Produzenten haben. Trotz fortwährend entstehender monopolistischer Begrenzungen darf keine absolute Monopolisierung entstehen, mit der ja die Wahlmöglichkeit verschwinden würde. Es muß zumindest eine potentielle Konkurrenz bestehen bleiben.

Zweitens: Die Produktionsbetriebe müssen über ihr Einkommen gezwungen werden, ihre Produktion auf das gesellschaftliche Optimum hin zu entwickeln. Wenn also die Tätigkeit des Betriebes zur Annäherung seiner Produktionsstruktur an die Nachfragestruktur, zu einer effektiveren Produktionsfaktornutzung, zur Produktion verbesserter und nützlicherer Waren, zur optimalen Kombination dieser drei Entwicklungsprozesse führt, muß sein Einkommen relativ steigen. Im Gegensatz dazu muß er relativ verlieren und wenigstens potentiell durch eine ökonomische Liquidation bedroht sein: wegen einer weniger wünschenswerten Warenstruktur; wegen einer gesellschaftlich weniger effektiven Nutzung der Produktionsfaktoren; wegen technischer Rückständigkeit; wegen qualitativ rückständiger und wenig nützlicher Produkte.

Nur wo sich diese Grundprinzipien des Marktes durchsetzen, trägt der Markt zur Optimierung der Produktionsentwicklung bei, auch wenn diese nicht voll erreicht wird. Wo diese Grundprinzipien jedoch unterdrückt werden, kann unter den gegenwärtigen Bedingungen einer arbeitsteilig hochentwickelten Industrieproduktion keine optimale und nicht einmal eine dem Optimum sich annähernde Produktion erreicht werden. Das ist nicht allein und nicht vor allem die Folge von Erkenntnisschwierigkeiten und der technischen Unmöglichkeit, eine *optimale* Produktion innerhalb der ganzen Gesellschaft planmäßig zu sichern, sondern das Ergebnis objektiver, nicht zu beseitigender Interessenwidersprüche.

Wie vorangehend analysiert, ist gegenwärtig für die absolute Mehrheit der Bevölkerung die Arbeit nicht das eigentliche Bedürfnis oder auch nur Interesse, sondern eine ökonomisch erzwungene Notwendigkeit. Das stärkste ökonomische Interesse dieser Bevölkerungsmehrheit ist nämlich das Konsuminteresse. Diese grundlegenden Tatsachen sind wieder objektiv bedingt: durch den gegebenen Stand der Produktivkräfte, durch die starre Arbeitsteilung und die Art der Arbeit, durch die begrenzten Konsummöglichkeiten und die gegebene Bedürfnisentwicklung. Unter diesen Bedingungen kann nur das früher erwähnte Äquivalenzprinzip und das Knappheitsüberwindungsprinzip, das sich durch Warenaustausch und Preisbewegungen realisiert, die Menschen zu der gesellschaftlich benötigten Arbeit zwingen.

Nur unter Bedingungen, unter denen die Menschen zumindest ungefähr und langfristig für ihre Arbeit ein relativ höheres oder niedrigeres Wertäquivalent bekommen – und zwar in dem Maß, in dem sich die Arbeit dem gesellschaftlichen Optimum annähert oder von ihm entfernt –, und alle sodann im Rahmen gleicher Einkommen die gleichen Konsummöglichkeiten haben, wird auf der heutigen Stufe der Entwicklung eine gesellschaftlich notwendige Arbeitsleistung überhaupt erreicht werden können. Und eine solche gesellschaftlich notwendige Arbeit kann wieder nur dann erreicht werden, wenn die Betriebe über den Marktmechanismus zu einer – dem Optimum sich annähernden – Produktion gezwungen werden. Schon dort, wo das Äquivalenz- und das Knappheitsüberwindungsprinzip wegen allzu starker monopolistischer Entwicklungen nur verzerrt ins Spiel kommen, wird sich auch die Produktion vom gesellschaftlichen Optimum entfernen. Wo dann absolute Monopolisierungen und Unterdrückungen der Markt-Grundprinzipien eintreten, wie zum Beispiel im »sozialistischen« System, können sich das Äquivalenz- und das Knappheitsüberwindungsprinzip überhaupt nicht halten, und die Produktion wird sich konträr zum Optimum entwickeln.

Diesen objektiven Anforderungen des Marktes kann sich kein Betrieb und daher auch keine Technostruktur eines Betriebes entziehen. Die objektiven Marktanforderungen *müssen* von der Technostruktur respektiert werden, soll der Betrieb nicht liquidiert werden. Ob die Technostruktur sich dieser objektiven Erfordernisse theoretisch bewußt ist oder nicht, sie wird aufgrund ihrer empirischen Erfahrungen in Hinblick auf objektive Marktanforderungen handeln. Jede leitende und entscheidungsbefugte Person oder Gruppe von Personen in Großbetrieben wird dauernd bemüht sein, die Produktion des Betriebs in gesellschaftlichem Sinne zu optimieren – was zugleich eine Optimierung des Profits einschließt.

Die Technostruktur jedes Betriebes weiß: wenn sie nicht mit einer solchen Mikrostruktur produziert, die der Entwicklung der Nachfragestruktur entspricht, wird der Betrieb Verluste haben. Natürlich haben die Großbetriebe, besonders in der Stellung von Mono- oder Oligopolisten, die Möglichkeit, die Entwicklung der Nachfrage sehr stark zu beeinflussen. Wir werden darauf später noch zurückkommen. Aber diese Beeinflussungsmöglichkeit darf nicht überschätzt werden.

Solange es das Prinzip einer Wahlmöglichkeit und wenigstens einer potentiellen Konkurrenz gibt, hat jeder Betrieb damit zu rechnen, daß sich jeweils am Markt eine Nachfragestruktur bildet, die nicht nur er selbst, sondern gleichfalls alle anderen Produzenten mehr oder weniger beeinflussen. Für jeden Betrieb heißt dies, daß seine eigene Beeinflussung doch wieder nur ein kleiner Teil innerhalb der gesamten Konsumentenbeeinflussung ist. Daß ein bestimmter Großbetrieb durch sein Advertisement, seine Marke, seine Verkaufslage etc. gegenüber anderen Produzenten mehr erreicht, bedeutet natürlich überhaupt nicht, daß auch die Nachfragestruktur für ihn nicht mehr *objektiv* gegeben wäre. Sie wird von unendlich mehr »fremden«, von der Tätigkeit eines Betriebs unabhängigen Faktoren als etwa von seiner eigenen Tätigkeit beeinflußt. Auch die Nachfrage nach irgendeinem monopolisierten Produkt ist abhängig von der Entwicklung der gesamten Nachfragestruktur, und die Änderung der Nachfrage nach vollkommen verschiedenen Waren anderer Betriebe (zum Beispiel durch das Auftreten neuer Produkte, oder durch Preisänderungen anderer Waren, oder durch Modeänderungen etc.) kann gleichzeitig die Nachfrage nach diesem Produkt wesentlich beeinflussen.

Deshalb muß die Technostruktur auch dauernd versuchen, ihren Betrieb an die Spitze zu bringen, Innovationen durchzusetzen, neue, bessere Produkte einzuführen, die Konkurrenz durch relative Kostensenkungen und eventuell auch Preissenkungen zu überflügeln etc. Kurz: sie hat unter Bedingungen, unter denen nur die *Möglichkeit der Beeinflussung* des Marktes und nicht seiner »Dienstbarmachung« gegeben ist, mit der objektiven Gefahr zu rechnen, daß bei immer wieder eintretenden Diskrepanzen zwischen der Produktionsstruktur- und der Nachfragestruktur jene Produzenten verlieren, die gegenüber der Konkurrenz zurückbleiben und vom Markt verdrängt werden. *Bei einer exakt nicht möglichen Vorhersage* wird erst der konkrete Markt aufdecken, welche produktive Tätigkeit die gesellschaftliche Anerkennung durch den Verkauf erhält, das heißt, wer die »richtigen«, die wirklich gefragten Waren mit einer genügenden Produktivität und mit nicht zu hohen Kosten erzeugt hat. Erst der Markt also wird exakt bestätigen, welche Arbeit den gesellschaftlichen Bedürfnissen entspricht, welche technisch und produktiv genügend fortgeschritten war, und welche als überflüssige oder rückständige Arbeit nicht anerkannt und eliminiert wird.

Man kann natürlich die Frage stellen, ob es »gut« oder »schlecht« sei, daß es einen Markt gibt. Aber mit ethischen Kategorien kommt man hier nicht weiter. Es gibt heute nicht die Möglichkeit, die Produktion von

Millionen Arten von Produkten, bei deren dauernder Innovation und bei stetiger Bedürfnisentwicklung, mit der Nachfragestruktur planmäßig zu harmonisieren, wobei dann gleichzeitig die gesellschaftlich höchstmögliche Produktivität und effektivste Ausnutzung der Produktionsfaktoren gesichert werden muß. Die künstliche Abschaffung der historisch entstandenen Marktfunktionen hat der Gesellschaft viel mehr Verluste gebracht, als unter Bedingungen des Marktmechanismus überhaupt je entstehen.

Alle Methoden, die bei Aufrechterhaltung des Marktes dazu dienen, die Fehlentscheidungen in der Produktion soweit wie möglich zu beschränken, die Marktentwicklung so genau wie möglich vorauszusehen und die Produktion ihr anzupassen, die Mikro- sowie Makrostörungen zwischen Produktionsstruktur- und Nachfragestrukturentwicklung durch rechtzeitige Produktions- oder Verteilungsänderungen zu vermeiden oder wenigstens schnell zu überwinden, entsprechen natürlich dem Interesse der Gesellschaft. Soweit einfach die Produktion mit dem Markt harmonisiert wird, ohne daß dabei der – wenigstens potentielle – Marktdruck auf die Produzenten (der diese ökonomisch zwingt, die Produktivkräfte möglichst effektiv auszunutzen und weiterzuentwickeln, die Nachfrage flexibel zu decken und mit fortschrittlicheren Produkten zu versorgen) beseitigt wird, soweit ist diese Harmonisierung auch anzustreben. Wer jedoch unter Planung eine Koordinierung von Produktion und Bedürfnissen und zugleich die Eliminierung des Marktdrucks versteht und glaubt, die Technostruktur werde auch ohne Interesse an einer Profitmaximierung die Produktion in richtiger Weise leiten, oder gar meint, daß das in den westlichen Großbetrieben schon so sei, der ignoriert einfach die gegenwärtig notwendige ökonomische Rolle des Marktes.

Die Profitoptimierung

Es ist vor allem notwendig, den Profit als konzentrierten Ausdruck des ökonomischen Effekts von der Aneignungsweise dieses Profits zu unterscheiden. Auch wenn beides eng zusammenhängt, so hilft dem Verständnis die gedankliche Trennung des allgemeinen Wesens des Profits von seiner jeweils spezifischen sozialen Aneignung.

Es geht hier nun nicht um die Binsenwahrheit, daß der Profit, als die Differenz zwischen Produktionskosten und Betriebsumsätzen, den ökonomischen Effekt dieses Betriebs ausdrückt. Es geht vielmehr um die Tatsache, daß noch niemand eine günstigere Ausdrucksform dieses ökonomischen Effekts erdacht hat und daß der Effektausdruck so lange wirksam ist, solange es einen durch Geld vermittelten Warenaustausch gibt. In ihm manifestiert sich sowohl das Interesse der Gesellschaft an einem minimalen Verbrauch an vergegenständlichter oder lebendiger Arbeit bei der Produktion benötigter Güter sowie an einer maximal möglichen Bedürfnisdeckung im Verhältnis zur aufgebrachten Arbeit.

In der Profitentwicklung können jene grundlegenden ökonomischen Prozesse am exaktesten ausgedrückt werden, die dem allgemeinsten gesellschaftlichen Interesse entsprechen: die Minimisierung des Arbeitsaufwandes (Kosten) im Verhältnis zum erstrebten Nutzen oder die Maximierung des Nutzens im Verhältnis zum Arbeitsaufwand. Dieser Gesichtspunkt brachte die allgemeine Meinung mit sich, daß die Maximierung des Profits eine ökonomische Notwendigkeit ist, die den allgemeinen Interessen entspricht. Soweit man dabei von der Aufteilung des neugeschaffenen Wertes auf Löhne und Profite absieht, also in dem Profit nicht die Geldform des Mehrwerts sieht, trifft das auch zu. Es ist im Interesse aller, also auch der Arbeiter, daß mit dem relativ geringsten Arbeitsaufwand der relativ höchste Nutzeffekt erzielt wird. Doch vom Aufteilungsprozeß kann in einer kapitalistischen Gesellschaft nicht abstrahiert werden.

Die Maximierung des Profits drückt nämlich nicht nur die allgemein erstrebenswerte Erzielung des höchsten ökonomischen Effekts aus, sondern auch bestimmte Prozesse, die von Lohnempfängern und teilweise auch Konsumenten gleichermaßen negativ beurteilt werden müssen. Der Profit wurde in der kapitalistischen Vergangenheit zum Beispiel dadurch maximiert, daß die Löhne möglichst minimal gehalten wurden, während die Arbeit der Arbeiter maximal intensiviert wurde. Zugleich hatten monopolistische Produzenten immer vorübergehend die Möglichkeit, die Preise ihrer Monopolprodukte sehr hoch hinaufzutreiben und so die Profite auf Kosten der Konsumenten zu maximieren. In den frühkapitalistischen Gegebenheiten war eine derartige Maximierung der Profite üblich und entsprach daher nur teilweise (als Effektivitätsentwicklung) dem Allgemeininteresse, während sie durch die zuletzt angeführten Prozesse *gegen* die Interessen der breiten Masse arbeitender und konsumierender Menschen erreicht wurde und so nur im Interesse der Kapitalisten lag.

Mit dem Entstehen der Vollbeschäftigung hat sich die Möglichkeit einer Maximierung der Profite durch Minimisierungen der Löhne und maximale Intensivierung der Arbeit erheblich verringert. Später wird das eingehender behandelt werden. Hier müssen wir aber festhalten, daß die Vollbeschäftigung und die starke gewerkschaftliche Organisiertheit der Arbeiter Bedingungen geschaffen haben, unter denen die Profite nur ausnahmsweise durch eine Minimisierung der Löhne maximiert werden können. Steigen die Profite aufgrund herabgedrückter oder zurückgebliebener Löhne allzusehr, dann wird dieser Prozeß durch erfolgreiche Lohnkämpfe größtenteils wieder geändert.

Besonders die Leitungen der Großbetriebe müssen mit dieser neuen Situation rechnen. Es sind nicht irgendwelche moralischen Erwägungen, die sie sehr oft zu der Auszahlung höherer Löhne führen, sondern es ist die Erfahrung und Erkenntnis, daß Verluste, die durch Lohnkämpfe und Streiks für die Firma entstehen, bei rechtzeitig gehobenen Löhnen oder dauernden Lohnpräferenzen vermieden werden können. Durch eine geschickte Lohnpolitik und andere materielle oder soziale Präferenzen und Stimuli kann sogar eine höhere Arbeitsinitiative und Produktivitätssteigerung erreicht werden, bei der die höheren Löhne nicht zu Profitverlusten, sondern eventuell zu Profitvergrößerungen und diese wieder zu einem Lohnwachstum usw. führen.

Das Management der Großbetriebe wird aber nicht nur unter den neuen Bedingungen von einer Lohnminimierung abgehen, sondern auch möglichen Preismaximierungen zielbewußt ausweichen. So entstand bald die Einsicht, daß hochgetriebene Preise von Monopolprodukten zwar vorübergehend die Profite maximieren, aber zugleich der Konkurrenz – sei es innerhalb der eigenen Branche oder der Produktion von Substitutionsgütern – gefährlich große Chancen einräumen. Die Absatzschwierigkeiten oder Preissenkungen, die durch eine verstärkte Konkurrenzentwicklung erzwungen wurden, waren oft größer als die vorübergehenden Gewinne aus den Preismaximierungen. Deshalb werden nun überwiegend auch bei Monopolprodukten nicht mögliche Maximalpreise, sondern solche Preise angesetzt, bei denen die Profite zwar prinzipiell, aber nicht im Übermaß steigen.* Eine in erfahrungsgemäß »vernünftigen« Grenzen gehaltene Profitentwicklung läßt der Konkurrenz geringere Möglichkeiten und sichert einen stabileren Umsatz, als kurzsichtige Profitmaximierungen es täten.

Durch diese Entwicklung haben sich bestimmte Prozesse, in denen monopolistische Profitmaximierungen vor allem auf Kosten der Arbeiter und Konsumenten erreicht wurden, geändert. Um so intensiver werden in den Großbetrieben Produktivitätssteigerungen und Erfindungen gefördert, die die Kosten relativ senken und die Umsätze vergrößern. Es ist also eine gesellschaftlich notwendige und nützliche Effektivitätssteigerung, die auch im Wachstum der Profite zum Ausdruck kommt. Weil aber

---

* »Dazu kommt, daß die Furcht vor neuer Konkurrenz und einer aufgestörten öffentlichen Meinung das Unternehmen davon abhält, bei der Preisfestsetzung gar zu ›unverschämt‹ zu sein.«
P. A. Samuelson, Volkswirtschaftslehre, Köln 1955, S. 502.

der Begriff der monopolistischen Profit*maximierung* immer auch die erwähnten antisozialen Prozesse in sich einschloß, sollte man eine gesellschaftlich erforderliche Steigerung der Profite als *Profitoptimierung* bezeichnen.

Die *Profitoptimierung* ist also eine gesellschaftlich notwendige Profitmaximierung, die jedoch nicht mehr durch spezifisch monopolistische und antisoziale Maßnahmen erreicht wird. Eine solche Profit- oder Mehrwertentwicklung ist nicht das Ergebnis subjektiver Überlegungen der Technostruktur, sondern das Ergebnis mehr oder weniger erkannter ökonomischer Notwendigkeiten unter Bedingungen, unter denen zwar noch gegensätzliche Lohn- und Kapitalinteressen bestehen, die Vollbeschäftigung aber Lohnminimierungen im wesentlichen nicht mehr zuläßt. Die maximale Steigerung der Produktionseffektivität ist jedoch weiterhin eine objektive Notwendigkeit, ohne die eine wirtschaftliche Nutzung der Produktionsfaktoren und die höchste Nutzwertschaffung der Arbeit nicht garantiert wäre.

Es sind daher objektive ökonomische Verhältnisse, die die Technostruktur zwingen, um die Erreichung eines optimalen Profits ihres Betriebes bemüht zu sein. Das ist dann keinesfalls ein vereinfachtes Profitstreben, eine Profitgier, die vielleicht die Einstellung der frühen Kapitalisten charakterisiert. Wenn Galbraith dieses Profitstreben ironisiert, so kann das höchstens eine Reaktion auf simpelste Profittheorien, nicht aber auf die viel kompliziertere objektive Realität sein. In der ökonomischen Wirklichkeit ist der Profit eine objektiv notwendige Geldform des Mehrwerts, in deren Entwicklung sich zugleich die gesellschaftliche Effektivität der Betriebstätigkeit: ihre dem Optimum sich mehr oder weniger annähernde Entwicklung manifestiert.

Unter Bedingungen, unter denen die erwähnten Grundprinzipien des Marktes zum Tragen kommen, wird auch eine, dem Optimum sich nähernde Tätigkeit des Betriebes in einem im Verhältnis zu den Kapitalkosten relativen Wachstum des Profits, eine vom Optimum abweichende Tätigkeit dagegen im relativen Sinken des Profits zum Ausdruck kommen. Die Notwendigkeit eines Profitwachstums hat daher viel tiefere Gründe als die bloße »Profitgier« von Kapitalisten.

Das kapitalistische Profitinteresse ist eine historisch unausweichliche Form eines objektiv notwendigen Kapitalinteresses. Auch wenn sich die personifizierten Träger des Kapitalinteresses ändern oder ändern werden, so wird sich die Notwendigkeit des Profits selber noch auf lange Sicht nicht beseitigen lassen – ebensowenig wie die Optimierung seiner Entwicklung. Es werden weiterhin gesellschaftliche Träger des Profitinter-

esses, des Interesses an seiner Optimierung da sein müssen, denn ebenso
wie der Profit selbst, ist auch das ökonomische Interesse an einer Optimierung auf der gegenwärtigen Stufe der Entwicklung gesellschaftlich
bedingt.

Interessenmäßige Tätigkeitsmotivation

In einer Gesellschaft, in der für die Mehrheit ihrer Mitglieder die Arbeit
noch nicht zum eigentlichen Bedürfnis und Interesse geworden ist, genügt
eine rein theoretische Erkenntnis der Arbeitsnotwendigkeit alleine eben
nicht zu ihrer Durchführung. Ohne gesellschaftlichen Druck würde die
Mehrheit individuell und subjektiv über die eigene Arbeitstätigkeit entscheiden. Nur das Konsum- oder Lohninteresse führt die Menschen zur
Arbeit für andere, und durch die erwähnten Grundprinzipien des Marktes
werden sie zu der *gesellschaftlich notwendigen Quantität und Qualität*
der Arbeit ökonomisch gezwungen.

Ebenso kann auch die effektivste Entwicklung des Kapitals nicht nur
der »Vernunft« der Technostruktur überlassen werden. Obwohl ein Teil
der Technostruktur bereits ein Interesse an der eigenen, teils kreativen,
teils sonst befriedigenden Tätigkeit hat, und besonders die Spitzen der
Technostruktur, die Manager, auch nicht mehr vornehmlich einer Steigerung der materiellen Entlohnung wegen arbeiten, so muß dennoch ein
Interesse an der Optimierung der Profite da sein.

Die Technostruktur wird zwar bei ihrem Interesse an der eigenen
Tätigkeit (technische Entwicklungsvorschläge, Erfindungen, Organisati-
onsverbesserungen, ökonomische Analysen, Marktforschungen, Planungsarbeiten etc.) die Produktion des Betriebs initiativ fördern. Die Entscheidung aber, ob eine Steigerung der Produktivität des Betriebs, seine
Produktverbesserungen, seine Mikrostrukturveränderungen usw. zufrie-
denstellend sind oder nicht – diese Frage kann nicht dem subjektiven
Wertmaßstab der Technostruktur überlassen bleiben. Weder ein einzelner
noch eine Gruppe von Menschen, sogar bei vorausgesetztem Eifer, die
Produktionstätigkeit zu verbessern, kann jemals beurteilen, ob diese
»Verbesserungen« nicht noch weiter zu gehen hätten, ob alle fortschrittlichen Potenzen wirklich ausgeschöpft, ob die durchgeführten Produktionsänderungen rechtzeitig oder verspätet durchgeführt wurden.

Hinge die Tätigkeit der Technostruktur nur von ihrem eigenen Urteil
ab, so spielte auch die Entwicklung des Profits keine allzu große Rolle. Bei
der Ausübung ihrer technisch-ökonomischen Tätigkeit würde sie sich auch

mit kleineren als den optimalen Profiterhöhungen zufriedengeben. Dies würde aber nur ein Zeichen einer weniger optimalen Produktion des Betriebs sein – was nicht den Interessen der Gesellschaft entspricht. Daß die privaten Kapitaleigentümer bis zu einer bestimmten Entwicklungsstufe an dem effektivsten Einsatz ihres Kapitals interessiert sind, daß sie die Profit- oder Dividendenentwicklung unablässig beobachten und branchenmäßig vergleichen, das Management der Betriebe kontrollieren oder durch Kapitalverlegungen unter Druck setzen – diese Tatsache ist wieder nur die historisch notwendige Ausdrucksform des nicht wegzudiskutierenden Kapitalinteresses.

Bei aller Initiative, allen Einfällen und Verdiensten der Technostruktur – sei es in der Produktion, im Verkauf, oder sei es im Advertisement der Betriebe – wird diese subjektive Tätigkeit also unumgänglich unter einem objektiven gesellschaftlichen Druck stehen: die objektiven Marktbedingungen trotz aller Fremdeinflüsse zu respektieren und die Optimierung der Profite zu verfolgen. Ob der Betrieb mehr oder weniger effektiv arbeitet, mehr oder weniger neue Produkte einführt, die Struktur der Produktion flexibler oder weniger flexibel ändert, die Löhne oder Preise mehr oder weniger anhebt – all das hängt nur scheinbar vom Willen der Technostruktur ab. In Wirklichkeit hat sie einen nur sehr eng begrenzten Rahmen der freien Entscheidungsmöglichkeit, soll der Betrieb als solcher sich behaupten und erhalten bleiben.

Auch daß das Management eines großen Konzerns zu bestimmten Zeiten diesen oder jenen Sektor (Betrieb, Fabrik etc.) zielbewußt erhalten kann, ohne überhaupt einen Profit einbringen zu müssen, ja sogar Verluste aufweisen kann, spricht natürlich nicht gegen die allgemeine Notwendigkeit der Profitoptimierung. Die verschiedensten Erwägungen, die Absicht, bestimmte Positionen am Markt zu erhalten, bei Verfolgung langfristiger Profitziele (die Taktik auch, über Verlustpreise bestimmter Produkte andere, profitable Waren leichter anzubringen, und die Intention, ein Betriebsgebäude später umzubauen und dann seine vorübergehenden Verluste auszugleichen etc.), können zu solchen vorübergehenden, aber durchaus zielbewußten Profitverlusten führen, ohne daß man daraus die Schlußfolgerung einer nicht mehr geltenden Profitoptimierung ziehen könnte.

Wenn nun Galbraith bei dieser ökonomischen Realität auf einmal die Maximierung des Profits als entscheidendes Motiv der Technostruktur ablehnt (ohne damit natürlich die objektiv notwendige Optimierung der Profite zu verstehen), und darüber hinaus Motivationen angibt, die in Wirklichkeit keine Motive für die ökonomische Tätigkeit sind, dann dient das dem Verständnis der ökonomischen Verhältnisse keineswegs.

Die von Galbraith angeführten Motivationen der Technostruktur sind unvollkommen: teils ungenau, teils unklar. Sie verdunkeln das notwendige Streben nach einer Optimierung des Profits, das weiterhin als *allgemeinste* Motivation fungiert, auch wenn das nicht allen Angehörigen der Technostruktur bewußt wird. Galbraith führt folgende Motivationen der Individuen auf, sich an die Ziele von Gruppen oder Organisationen anzuschließen:

erstens, den Zwang,

zweitens, den Lohn,

drittens, die Identifikation mit den Zielen der Organisation,

viertens, die Adaption der Ziele der Organisation an die Ziele des einzelnen.* Für die Technostruktur seien dann die unter *drittens* und *viertens* angeführten Motivationen entscheidend für ihren Beitritt zur Korporation.

Im Unterschied zu den beiden ersten Motiven sagen aber gerade die danach angeführten nichts über die eigentlichen ökonomischen Motive aus. Es ist klar, daß zum Beispiel ein Sklave unter Zwang arbeiten muß, oder daß ein Arbeiter für den Lohn arbeitet. Was für ein Arbeitsmotiv aber etwa ein Manager hat, wenn er nicht um Geld arbeitet, ist weder aus der »Adaption« noch aus der »Identifikation« ersichtlich. Die »Identifikation« sagt nichts darüber aus, mit *welchen* tragenden oder entscheidenden ökonomischen Interessen und Zielen sich jemand identifiziert. Und die »Adaption« der Ziele vieler an die Ziele einzelner ist kein Kriterium dafür, *welche* Ziele der einzelne verfolgen kann und muß.

Es mag natürlich so »starke Willensmenschen« geben, die in ihrer Ma-

---

* »1. Die Gruppe kann ihr Vorhaben zwangsweise durchsetzen. Hinter jedem Mann mit einem Spaten steht ein anderer mit einer Keule. (...) Diese Motivation läßt sich ohne viel Phantasieaufwand als *Zwang* bezeichnen.

2. Die Unterordnung unter das gemeinsame Ziel läßt sich erkaufen – am Ende des Grabens steht der Mann mit dem Geld. (...) Für diesen Anreiz bietet der einzelne der Organisation undifferenzierte Zeit und Arbeit. Das ist die *pekuniäre Motivation*.

3. Der einzelne kann durch seine Einfügung in die Gruppe zu dem Schluß gelangen, daß ihre Ziele den seinen überzuordnen seien. (...) Nach Professor Simon könnte man diese Art der Motivation als *Identifizierung* bezeichnen.

4. Schließlich kann der einzelne der Organisation dienen, nicht weil er ihre Ziele über die eigenen stellt, sondern weil er hofft, sie auf diese Weise mit den eigenen Zielen besser in Einklang zu bringen. (...) Die Verfolgung der Ziele einer Organisation aufgrund der Aussicht oder Hoffnung, daß diese Ziele irgendwie den Vorstellungen des einzelnen angenähert werden können, ist ein wichtiger Beweggrund. Aber im Gegensatz zum Zwang, der pekuniären Belohnung oder selbst der Identifizierung wird er in der Theorie der Organisation sehr gering geachtet. Da ein Name dafür geprägt werden muß, schlage ich *Adaption* vor.«

J. K. Galbraith, Die moderne Industriegesellschaft, München 1968, S. 151–153.

nagerfunktion die Unterordnung aller anderen Menschen unter ihren eigenen Willen als die höchste Befriedigung ansehen. Das etwa wären Machtinteressen. Die Möglichkeit dieses Vollzugs des *eigenen* Willens kann ein wichtiges Motiv ihrer Tätigkeit für die Firma sein. Welche positiven Ziele sie jedoch in ihrer Leitungstätigkeit verfolgen müssen, und durch welche konkreten ökonomischen Interessen diese bestimmt werden, ist aus der abstrakten »Motivation« allein nicht ersichtlich. Wollte der Spitzenmanager nicht die Optimierung des Profits verfolgen, sollte er den Verkauf der Produkte unter dem Druck der Konkurrenz nicht sichern, dann könnte er den Arbeitern des Betriebes keine entsprechende Lohnentwicklung garantieren und würde den Aktionären nicht die verlangten Dividenden bringen. Dann wäre er aber auch die längste Zeit Spitzenmanager gewesen.

Das Machtmotiv allein genügt in einer Marktwirtschaft für eine erfolgreiche ökonomische Tätigkeit eben nicht. Auch ein sehr willensstarker Direktor wird die realen Kapitalinteressen ebenso wie die Konsum- und Lohninteressen seiner Mitarbeiter respektieren und den Betrieb so führen müssen, daß er diese auch befriedigt. Durch welche Ausrichtung der betrieblichen Tätigkeit er das erreicht, hängt nur teilweise von seinem eigenen Handeln und seiner Initiative ab – nämlich nur insofern, als diese von der objektiven Marktnotwendigkeit bestimmt sind.

Hier taucht eines der wichtigsten Probleme der gegenwärtigen kapitalistischen Entwicklung auf, mit dem wir uns sehr eingehend befassen werden: der immer schwieriger zu lösende Widerspruch zwischen privatem Kapitalinteresse der Kapitaleigentümer und dem immer mehr die Entwicklung bremsenden Kapitaldesinteresse der Lohnempfänger unter den heutigen Bedingungen der Vollbeschäftigung. Dieser Widerspruch hat schwerwiegende Folgen, unterscheidet sich aber in den hochentwickelten kapitalistischen Ländern deutlich von den Widersprüchen des Kapitalismus, wie Marx sie noch charakterisiert hat. Diesen heute aktuellen Widerspruch zwischen Lohninteresse und privatem Kapitalinteresse deckt Galbraith allerdings nicht auf. Mit seinen unrealistischen und recht simplen Planungstheorien unterstützt er de facto nur die bürokratisch willkürlichen, nichtökonomischen und antisozialen Planungspraktiken in »sozialistischen« Ländern. Auch wenn er subjektiv den Weg für eine fortschrittliche Planung im Westen freimachen will, so kann er das nicht mit einer billigen und letztlich utopischen Antimarkttheorie; denn damit hilft er der Sache nicht, sondern schadet ihr nur.

Konsummanipulation

Betrachten wir nun, inwieweit die einzelnen mono- oder oligopolistischen Betriebe den Markt ihren jeweils partikulären Profitinteressen entsprechend manipulieren können. Auf der einen Seite werden die Manipulationsmöglichkeiten einzelner Firmen überschätzt, auf der anderen Seite wird die tatsächlich zunehmende Manipulierung der Konsumenten durch die gesamte materielle Produktion und vor allem durch die Monopole unterschätzt.

Die Überschätzung der Marktmanipulation seitens einzelner Großbetriebe entspringt gleichermaßen der Überschätzung des Einflusses der Werbung auf die Konsumenten und der Unterschätzung des Konkurrenzdrucks auf jede einzelne Produktionsfirma. Es trifft zwar zu, daß die Produktionsbetriebe mit ihren dauernden Neuentwicklungen und mit dem ungeheuren Werbeaufwand die Konsumenten zu einem Konsum verführen, der sich ohne den Einfluß der Produzenten anders gestaltete. Eine pauschale Verurteilung dieser Tatsache aber würde neben der Ablehnung wirklich negativer und gesellschaftlich unerwünschter Prozesse auch objektiv nützliche und notwendige Prozesse treffen.

Es war hauptsächlich die Produktion, die durch ihre eigene Entwicklung neue konkrete Bedürfnisse geschaffen hat. Seit Beginn der menschlichen Produktivität besteht eine Wechselwirkung zwischen Produktion und Konsum, in der die Produktion entscheidenden Einfluß auf die konkrete Gestaltung des Konsums hatte. Während die ursprünglichen, allgemeinsten biologischen Bedürfnisse der menschlichen Vorfahren sich von den tierischen Bedürfnissen nicht unterschieden und durch naturwüchsige Dinge befriedigt wurden, war die Erzeugung des ersten durch Menschenhand geformten Produkts mit der Entstehung eines *menschlichen* Bedürfnisses verbunden. Wenn auch die biologischen Bedürfnisse weiterhin die grundlegenden geblieben sind, durch die sich der Mensch vom Tier nicht unterscheidet*, so haben sie sich mit der Jahrtausende währenden Entwicklung der menschlichen Produktion immer mehr gewandelt, haben immer wieder neue konkrete Formen erhalten, wurden diversifiziert, sind von gesellschaftlich bedingten Bedürfnissen ergänzt und flankiert worden.

Die Befriedigung menschlicher Bedürfnisse war immer nur der Aus-

---

* »Der Hunger ist ein natürliches Bedürfnis; er bedarf also einer *Natur* außer sich, eines Gegenstandes außer sich, um sich zu befriedigen, um sich zu stillen. Der Hunger ist das gegenständliche Bedürfnis eines Leibes nach einem außer ihm seienden, zu seiner Integrierung und Wesenäußerung unentbehrlichen Gegenstandes.«
K. Marx, Kritik der Hegelschen Dialektik und Philosophie überhaupt, In: Marx-Engels, Die Heilige Familie und andere philosophische Frühschriften. Berlin 1953, S. 85.

gangspunkt für neue Bedürfnisse. Die Bedürfnisse treten immer als sich entwickelnder ideeller Trieb der Produktion, als die Forderung nach weiteren, nach mehr und nach neuen Produkten auf.* Während aber das sich *wiederholende* Bedürfnis beim Konsumenten vorerst auch als ganz konkretes Bild bekannter Produkte, als Verlangen nach diesen Produkten auftritt und sich höchstens quantitativ ändern kann, hat das qualitativ *neue* Bedürfnis zunächst nur eine sehr abstrakte ideelle Form einer *besseren* Befriedigung vorhandener Bedürfnisse oder die sehr ungenauer Wunsch- und Phantasievorstellungen verschiedener weiterer Lebenserleichterungen, Lebensbereicherungen, Lustgefühle etc. Erst die Produktion von neuen Gebrauchswerten schafft auch neue konkrete Bedürfnisse, die entweder die alten ergänzen oder diese ändern.**

Sobald freilich die Produktion durch die gesellschaftliche Arbeitsteilung zur Warenproduktion wurde, waren es immer weniger konkrete Wunschvorstellungen der Konsumenten, die die Produktion neuer Waren vorantrieben, sondern die Produzenten kamen den abstrakten Vorstellungen

---

* »... es ist daher ebenso klar, daß die Konsumtion den Gegenstand der Produktion *ideal setzt,* als innerliches Bild, als Bedürfnis, als Trieb und als Zweck. Sie schafft die Gegenstände der Produktion in noch subjektiver Form. Ohne Bedürfnis keine Produktion. Aber die Konsumtion reproduziert das Bedürfnis.«
K. Marx, Grundrisse der Kritik der politischen Ökonomie, Berlin 1953, S. 13.
** »Der Antreibung der Produktion durch die Konsumtion entspricht von seiten der Produktion, daß sie 1) der Konsumtion das Material, den Gegenstand liefert. Eine Konsumtion ohne Gegenstand ist keine Konsumtion; also schafft nach dieser Seite, produziert die Produktion die Konsumtion. 2) Aber es ist nicht nur der Gegenstand, den die Produktion der Konsumtion schafft. Sie gibt auch der Konsumtion ihre Bestimmtheit, ihren Charakter, ihren finish. Ebenso wie die Konsumtion dem Produkt seinen finish als Produkt gab, gibt die Produktion den finish der Konsumtion. *Einmal* ist der Gegenstand kein Gegenstand überhaupt, sondern ein bestimmter Gegenstand, der in einer bestimmten, durch die Produktion selbst wieder zu vermittelnden Art konsumiert werden muß. Hunger ist Hunger, aber Hunger, der sich durch gekochtes, mit Gabeln und Messer gegessenes Fleisch befriedigt, ist ein anderer Hunger als der rohes Fleisch mit Hilfe von Hand, Nagel und Zahn verschlingt. Nicht nur der Gegenstand der Konsumtion, sondern auch die Weise der Konsumtion wird daher durch die Produktion produziert, nicht nur objektiv, sondern auch subjektiv. Die Produktion schafft also den Konsumenten. 3) Die Produktion liefert dem Bedürfnis nicht nur ein Material, sondern sie liefert dem Material auch ein Bedürfnis. Wenn die Konsumtion aus ihrer ersten Naturroheit und Unmittelbarkeit heraustritt – und das Verweilen in derselben wäre selbst noch das Resultat in der Naturroheit steckenden Produktion –, so ist sie selbst als Trieb vermittelt durch den Gegenstand. Das Bedürfnis, das sie nach ihm fühlt, ist durch die Wahrnehmung desselben geschaffen. Der Kunstgegenstand – ebenso jedes andere Produkt – schafft ein kunstsinniges und schönheitsgenußfähiges Publikum. Die Produktion produziert daher nicht nur einen Gegenstand für das Subjekt, sondern auch ein Subjekt für den Gegenstand.«
K. Marx, ebenda, S. 13–14.

der Konsumenten nach »mehr« und »neu« mit dauernd erweiterten und konkreten neuen Produktionen zuvor. Das unternehmerische Interesse der Produzenten, ihr Interesse an der Erweiterung ihrer Einkommen, Profite, ihres Kapitals und ihrer Reproduktion, trieb sie unter dem Druck der Konkurrenz zu der dauernden Schaffung von mehr und neuen Produkten und provozierte damit auch neue, wachsende Bedürfnisse bei den Konsumenten. Diese Produktionstätigkeit war und ist auch im heutigen Kapitalismus nur möglich auf der Grundlage der allgemeinsten Konsumentwicklungstendenz, der grundlegenden menschlichen Tendenz, »mehr und besser oder überhaupt teilweise neu zu konsumieren«. Ohne die menschliche Konsumtendenz, in der neben konservativen auch dauernd verändernde, umwälzende Züge auftreten, könnte auch die Produktion sich nicht entwickeln und ändern.

Das Produktionsinteresse kann daher ohne das menschliche Konsuminteresse nicht verstanden und nicht bewertet werden. Es handelt sich nur um zwei Seiten einer Münze, wobei jedoch die eine nicht ein passives Abbild der anderen ist, sondern beide in ihrer wechselseitigen wesentlichen Beeinflussung relative Selbständigkeit haben. Die Konsumtion muß nicht passiv alles aufnehmen, was die Produktion liefert; sie wird sich in einer konkreten Bedürfnisentwicklung auch teilweise und vorübergehend vom Produktionsangebot abwenden. Währenddessen kann die Produktion ebenso teilweise und vorübergehend Produkte liefern, die nicht in der Richtung der Konsumentwicklung liegen, sie muß also die Bedürfnisse nicht immer voll decken.

Diese beiderseitige relative Verselbständigung der Produktion und der Konsumtion bedeutet unter den Bedingungen einer Marktwirtschaft tatsächlich eine nur *teilweise* und *vorübergehende* Verselbständigung, die daher auch nicht überschätzt werden sollte. Eben weil die stärksten Monopolisten dennoch nie *absolute* Monopolisten sind und stets mit einer – zumindest potentiellen – Konkurrenz rechnen müssen, können die einzelnen Firmen, innerhalb der Produktion für die individuelle Marktnachfrage, jeweils nur vorübergehend und in einem beschränkten Ausmaß *gegen* die wesentliche Richtung der Bedürfnisentwicklung produzieren. Sobald sie in einem größeren Ausmaß Produkte liefern, die der Bedürfnisentwicklung qualitativ und quantitativ nicht entsprechen, könnten sie diese trotz intensivster Werbung und psychologischer Beeinflussung der Konsumenten nicht verkaufen. Sogar in den »sozialistischen« Ländern, in denen die Konsumenten überhaupt keine oder nur eine sehr beschränkte Wahlmöglichkeit zwischen verschiedenen Produzenten haben und die Produzenten absolute Monopolisten sind, bleiben immer wieder große und wachsende Mengen von Waren unverkäuflich liegen, während auf der anderen Seite

wachsende Geldsummen der Konsumenten mangels Waren nicht ausgegeben werden können. Diese relativ selbständige Entwicklung der Bedürfnisse muß in einer Marktwirtschaft respektiert werden, und sobald
die Produzenten diese auch nur kurzfristig ignorieren, träte früher oder
später ein neuer Produzent und ein neues Produktangebot auf, die in der
gewünschten Richtung fungierten.

Die Werbung einzelner großer Firmen kann zwar vorübergehend einen
Teil der Konsumenten auch täuschen und zu einem Konsum verleiten, zu
dem sie sich ohne diese Werbung nicht entschlossen hätten. Da jedoch auch
die anderen großen Firmen der Branche und Unternehmen in Substitu-
tionsbranchen eine ähnliche Werbung entwickeln, heben die Werbewir-
kungen einander auf. Werden die Konsumenten kurzfristig durch diesen
oder jenen Werbefeldzug zu einem Konsum verleitet, der sie später enttäuscht, wird dieser sich allmählich wieder ändern. Die *wesentlichste
Bedürfnisentwicklung* muß also auch in einer unvollkommenen Marktwirtschaft – trotz der großen Fehlerquote der Monopole – von den
Produzenten respektiert werden.

Dennoch haben die Monopolisten, vor allem die Makromonopolisten,
allgemein auch einen negativen Einfluß auf die Konsumentwicklung. Eben
durch den konkurrenzmäßig verstärkten Kampf um den Konsumenten
zwischen den Giganten werden auch unzweckmäßige, überflüssige Neuerungen produziert und den Konsumenten mit Hilfe eines bombastischen
Advertisements »verkauft«. Auch wenn die Konsumenten nach einem
bestimmten Zeitablauf einmal Täuschungen aufdecken und durch allmähliche Änderung ihrer Nachfrage korrigierend auf die Produktion einwirken, entstehen immer wieder von neuem monopolistische Konsumver-
zerrungen und Konsumübertreibungen. Allgemein bedeutet das dann für
die Gesellschaft: ein Teil der Produktionsressourcen wird auf die Dauer
vergeudet, ein Teil unnützer Produktion und Konsumtion entsteht, große
Mittel (Produktionsmittel sowie Arbeitskräfte und Konsumgüter) werden
für eine teilweise übertriebene und unnötige Werbetätigkeit verschleu-
dert*, und schließlich wird durch diesen Teil überflüssigen Konsums der
potentiell größere Konsum anderer, nützlicherer Produkte oder Dienstleistungen vereitelt.

---

* »Forschung und Reklame sind teuer; jedoch ihre Ergebnisse kumulieren sich; der Erfolg schafft neue Erfolge, der Gewinn neue Gewinne, Kleinunternehmer können schon
deswegen nur beschränkt mit derartigen Firmen konkurrieren. Obwohl ihre Leistungsfähigkeit und Dynamik gar nicht bestritten wird, wird von seiten der Kritiker einge-
wandt, daß die Allgemeinheit *noch* besser fahren würde, wenn der volle Ertrag der gestiegenen Leistungsfähigkeit den Verbrauchern zugute käme oder *der* Forschung zu-
flösse, die nicht auf Gewinnerzielung, sondern technische Verbesserung gerichtet sei, zu-
mal dies den Vorteil hätte, daß fortan weniger Dollar für ›Seifenopern‹, schöne Reden

Daß die Mono- und Oligopole in einem bestimmten, schwer meßbaren Ausmaß unnötige Produktions- und Konsumentwicklungen initiieren, sollte erstens nicht zu einem Übersehen ihrer ausschlaggebenden, wesentlich notwendigen und den Bedürfnissen entsprechenden positiven Produktionsentwicklungen führen. Zweitens dürfte man dann staatliche Monopole nicht als Mittel gegen die negativen monopolistischen Vergeudungen sehen. Mit welcher Interessenstruktur auch immer die Verstaatlichung der Produktion erreicht wird – immer impliziert sie absolute Produktionsmonopole, die zu einem den Konsumenten gegenüber weit stärkeren Diktat durch die staatlichen Produzenten führen, stärker, als dies unter den Bedingungen selbst einer unvollkommenen Marktwirtschaft möglich wäre.

Die durch die Monopoltendenzen innerhalb der Marktwirtschaft hervorgerufenen gesellschaftlichen Verluste sind aber so groß, daß die Gesellschaft sich mit ihnen nicht zufriedengeben sollte. Man denke nur an den durch die Produktion stark manipulierten und maßlos übertriebenen Modewechsel, der keinen anderen Zweck verfolgt, als durch möglichst schnelle Übergänge der Konsumenten von einem Konsumartikel zum anderen die gesteigerten Absätze und Produktionen aufrechtzuerhalten. Hier geht es wiederum nicht um »Predigten« gegen den allgemeinen und objektiven Zug der Bedürfnisentwicklung, der auch ein dauerndes Streben nach neuen, besseren, schöneren Produkten eigen ist. Der einseitig erzeugte, durch einen sozialen Druck der Produzenten auf die Konsumenten mit Hilfe von Massenmedien und sehr oft sogar durch künstliche Herabsetzungen der Lebensdauer von Konsumgütern erreichte unnötige Konsum*

und patentierbaren Krimskrams, sondern für die Fundamentalwissenschaften ausgegeben würden.«

P. A. Samuelson, Volkswirtschaftslehre, Köln 1955, S. 502.

* »Die neuerliche Begeisterung vieler Geschäftsleute für die ›planmäßige Obsoleszenz‹ gehört zu den wichtigsten Entwicklungen der Nachkriegszeit. Die Benutzung der ›planmäßigen Obsoleszenz‹ als Mittel, die äußere Form des Erzeugnisses oder die innere Einstellung des Verbrauchers zu beeinflussen, stellt die Quintessenz der Gesinnung des Wegwerfens dar.«

Packard unterscheidet im folgenden drei Arten von Obsoleszenzen, wie sie im amerikanischen Alltag unschwer zu erkennen sind, und belegt diese mit einer Fülle von Beispielen.

Funktionelle Obsoleszenz (Das heißt: Ein vorhandenes Erzeugnis veraltet durch Einführung eines neuen, das seine Funktion besser erfüllt.

Qualitative Obsoleszenz. Das heißt: Ein Erzeugnis versagt oder verschleißt zu einem bestimmten, geplanten, gewöhnlich nicht allzu fernen Zeitpunkt.

Psychologische Obsoleszenz. Das heißt: Ein Erzeugnis, das qualitativ und in seiner Leistung noch gut ist, wird als überholt und verschlissen betrachtet, weil es aus Modegründen oder wegen anderer Veränderungen weniger begehrenswert erscheint.«

Quelle: V. Packard, Die große Verschwendung, Düsseldorf 1960, S. 71–73.

ist nicht mehr das Resultat einer freien Wahl der Konsumenten und ihrer normalen Bedürfnisentwicklung. Werden hier auf der einen Seite überflüssige Produktion und Konsumtion durchgesetzt – wobei Sachmittel, Arbeit und dadurch Zeit vergeudet werden –, können auf der anderen Seite genuine soziale und kollektive Bedürfnisse in der Gesellschaft nicht befriedigt und ebensowenig die ihnen entsprechende Produktion entwickelt werden.*

Das sind vor allem Bedürfnisse, die nicht über den Markt vermittelt werden, weil ihnen entweder keine genügende Kaufkraft entspricht, oder weil sie überhaupt nicht als individuelle Marktnachfrage in Erscheinung treten. Zu den ersten gehören die grundlegenden Lebensbedürfnisse der *Social Poverty*, die bis heute auch in den industriell reichsten Staaten anzutreffen ist und sich vor allem aus alten, schwachen und kranken Menschen zusammensetzt, deren soziale Unterstützungen und Lebensbedingungen größtenteils dem durchschnittlichen Reichtum dieser Nationen nicht entsprechen. Umverteilungen des Nationaleinkommens, Hebungen der Sozialeinkünfte, würden dem Arbeitslohn bei weitem nicht konkurrieren und könnten trotzdem die Marktnachfrage auf Kosten von unnötigen Konsumverschwendungen erweitern.

Eine noch kleinere Bedeutung kommt bedauerlicherweise heute den gesellschaftlichen Bedürfnissen zu, die von der Produktion weitgehend ignoriert werden,weil hier keine Marktimpulse wirksam werden. Ein stetig wachsender Teil der realen menschlichen Bedürfnisse kann sich nicht mehr über den Markt durchsetzen und schon gar nicht den Produzenten gegenüber als individuelle Marktnachfrage auftreten. Es sind Bedürfnisse, die als kollektive, gesellschaftliche Bedürfnisse für große Bevölkerungsteile manifest werden. Dazu gehören Bildungsbedürfnisse, der Bedarf an Wissenschaft und Grundlagenforschung, in immer größerem Ausmaß Bedarf an medizinischen Dienstleistungen (besonders die modernen Heil- und Präventivverfahren benötigen immer größere Ärzte-, Personal- und Instrumentenagglomerationen), urbanistische Bedürfnisse, Bedarf an Umweltschutz etc. Alle diese öffentlichen Bedürfnisse können sich nicht mehr durch die spontane Nachfragentwicklung von Individuen über den Markt manifestieren, sondern nur durch zielbewußt organisierte öffentliche Dienstleistungen über Aufträge von gesellschaftlichen Institutionen.

Eine derart organisierte Nachfrage von gesellschaftlichen Organen, die

---

* »Dieselbe Produktions- und Konsumtionstendenz, die den Überfluß und die Anziehungskraft des fortgeschrittenen Kapitalismus verursacht, bewirkt die Verewigung des Existenzkampfes, die zunehmende Notwendigkeit, Nicht-Notwendiges zu produzieren und zu konsumieren.«
H. Marcuse, Versuch über die Befreiung, Frankfurt/M. 1969, S. 78.

die Deckung kollektiver Bedürfnisse sichern, ist natürlich nichts Neues. Die Aktualität des Problems besteht jedoch darin, daß diese Bedürfnisse in Wirklichkeit – besonders in unserer Zeit – viel schneller wachsen, als sie sich organisieren können, und daß ihre schnellere und breitere Befriedigung auf einen immer stärkeren Widerstand der Produzenten stößt. Besonders die großen Firmen, in ihrer eingelaufenen und durch Konsumanreize ständig erweiterten Produktion, werden größeren strukturellen Produktionsänderungen sehr vehement und über starken politischen Einfluß entgegenwirken. In diesen makrostrukturellen Konservierungsbestrebungen werden sich sogar die unternehmerischen Interessen und die unmittelbaren Lohninteressen der Arbeiter vereinigen.

Da eine erweiterte Befriedigung von kollektiven Bedürfnissen und ihre eventuell noch schnellere Entwicklung nur dadurch möglich wird, daß ein wesentlich größerer Teil der Produzenteneinkommen (sowohl der Unternehmer als auch der Lohnempfänger) durch die Gesellschaftsorgane über Steuern abgeschöpft wird und dann als strukturell wesentlich neue Nachfrage der Produktion gegenüber auftritt, kann das einseitige Produzenteninteresse dem stark entgegenwirken. Solange die Produzenten unter den gegebenen kapitalistischen Verhältnissen einen so starken Einfluß auf die verschiedensten gesellschaftlichen, politischen Institutionen haben, so lange kann eine wesentliche Änderung der Befriedigung sozialer, kollektiver Bedürfnisse und Interessen in der Gesellschaft schwerlich erwartet werden.*

Die Produzenten werden öffentlich mit der wachsenden Marktnachfrage argumentieren – wobei sie aber verschweigen, daß ein Teil dieser Nachfrage überhaupt eine monopolistisch manipulierte, übertriebene Nachfrage ist, hinter der sich in Wirklichkeit immer wieder eine im nachhinein aufgedeckte und immer von neuem entstehende Vergeudung verbirgt. Zweitens verschweigen sie dann, daß ein weiterer Teil dieser Nachfrage verschwinden würde, wenn in den gesellschaftlichen Institutionen sich die »Nichtproduzenteninteressen« stärker artikulieren und durch wesentliche Umverteilungen des Nationaleinkommens eine schnellere Deckung von kollektiven Bedürfnissen erreichen könnten.**

---

* »Die Konsumtion ist der einzige Zweck aller Produktion, und das Interesse des Produzenten sollte nur insoweit berücksichtigt werden, als es zur Förderung des Konsumtionsinteresses nötig ist. Diese Maxime ist so vollkommen einleuchtend, daß es abgeschmackt sein würde, sie noch besonders begründen zu wollen. Allein es scheint, daß die Produktion und nicht die Konsumtion als Endzweck aller Industrie und alles Handels betrachtet wird.«
A. Smith, Inquiry into the Nature and Causes of the Wealth of Nations, nach der deutschen Ausgabe von H. Waentig, Jena 1920, 4. Buch, S. 518–519.
** »In dem Maße, wie die bestehende Gesellschaft irrational ist, führt die an geschicht-

Produktion und Umweltschutz

Besonders klar tritt die Irrationalität der einseitigen Industrieentwicklung durch die allmähliche Vernichtung der Umwelt zutage. Die Industrieproduktion wird in einem solchen Maß und in einer solchen Struktur hochgetrieben, daß die ökologischen Verhältnisse in gefährlichem Ausmaß bedroht sind. Diese zerstörende Auswirkung auf die Natur wird dabei ignoriert. Darüber hinaus wird aber auch die Einführung von Umweltschutzmaßnahmen laufend erschwert. Ohne zielbewußten Schutz und ausgleichende Maßnahmen muß diese industrielle Entwicklung die Umwelt gesundheitlich mehr und mehr gefährden und antihuman pervertieren.

Nur zu einem Teil könnten die Industriebetriebe selbst Schutzmaßnahmen ergreifen. In wachsendem Ausmaß überschreiten aber die notwendigen Vorkehrungen die Möglichkeiten und Kompetenzen der Betriebe (urbanistische Lösungen, Transportänderungen, Wasserregulierungen, Reservationen, Aufforstungen etc.), ja, sie verlangen sogar international koordinierte Schritte.

Abgesehen von den technischen Problemen, Schwierigkeiten und Lösungsunklarheiten, sind es die ökonomischen und politischen Gegebenheiten, die sowohl die Benutzung technisch bereits erprobter Schutzmaßnahmen als auch die schnellere Entwicklung neuer technischer Lösungen bremsen, wenn nicht gar verhindern. Effektive Schutzvorrichtungen in den Betrieben selbst einzuführen, stößt schon auf Schwierigkeiten, da diese meist mit großen unproduktiven Kosten verbunden sind, die sehr oft differenzierte Kostenentwicklungen unterschiedlich gelegener Betriebe derselben Branche hervorrufen. Es sind daher konkurrenzbedingte Hindernisse, die nicht ohne zielbewußte ökonomische Maßnahmen und Eingriffe von seiten des Staates, aber nicht durch Gesetze allein, überwunden werden können.

Noch viel schwerwiegender ist aber das Problem jener Schutzmaßnahmen, die nicht von den Betrieben, sondern vom Staat, und in wachsendem Ausmaß sogar in zwischenstaatlicher Kooperation, durchgeführt werden

licher Rationalität orientierte Analyse das negative Element in den Begriff ein – Kritik, Widerspruch und Transzendenz. Dieses Element läßt sich dem Positiven nicht angleichen. Es ändert den Begriff völlig in seiner Intention und Gültigkeit. So werden bei der Analyse einer Wirtschaft, sie sei kapitalistisch oder nicht, die als eine »unabhängige« Macht gegenüber den Individuen auftritt, die negativen Züge (Überproduktion, Arbeitslosigkeit, Unsicherheit, Verschwendung, Unterdrückung) nicht begriffen, solange sie bloß als mehr oder weniger unvermeidliche Nebenprodukte erscheinen, als die ›Kehrseite der Medaille‹ von Wachstum und Fortschritt.«
H. Marcuse, Der eindimensionale Mensch, Neuwied/Berlin 1967, S. 236.

müssen. Hier handelt es sich um so große Ausgaben und gleichzeitig Produktionsstrukturänderungen (völlig neue Branchen, verbunden mit der Produktion verschiedenster Umweltschutzvorrichtungen, Einrichtungen, Umsiedlungen, Transportverlegungen etc.), daß ihre Realisierung ohne zielbewußte Eingriffe durch gesamtgesellschaftliche Organe in die bestehende und sich spontan langfristig reproduzierende Produktionsstruktur gar nicht vorstellbar ist.

Ganz bestimmt entspricht die Realisierung all dieser, schon lange fällig gewordener Schutzmaßnahmen den Interessen der breitesten Bevölkerungsmehrheit, und in diesem Sinn geht es eigentlich um eine große Änderung der Struktur der menschlichen Bedürfnisse. Der Unterschied zu früheren Änderungen in der Struktur von Bedürfnissen und Produktionen, die mehr oder weniger spontan über den Markt durchgesetzt werden konnten, besteht darin, daß es sich um ausgesprochen soziale Bedürfnisse sehr großen Ausmaßes handelt, die nur durch eine enorme Ausweitung der Staatsausgaben realisiert werden können. Sie haben einen sehr hohen Minimalwertumfang und können ohne konkrete technische Varianten und Planberechnungen in einzelnen Ländern gar nicht abgeschätzt werden. Die Ausgaben und ihre produktive Deckung werden aber mit Sicherheit – auch bei ihrer zeitlichen Ausdehnung – so hoch sein, daß sie wahrscheinlich nur mit relativer Beschränkung anderer Produktionsbranchen und Neuverteilung der Produktionsressourcen – besonders unter den Bedingungen des heutigen Arbeitskräftemangels – durchgeführt werden können.

All dies ist aber überhaupt nicht denkbar ohne zielbewußte staatliche Lenkung und genaue Vorstellungen und Berechnungen. Eine nur abstrakte und allgemein geführte Propaganda zugunsten eines intensiveren Umweltschutzes, ohne konkrete Zielsetzungen und ökonomische Maßnahmen, wird höchstwahrscheinlich keine wesentlichen Resultate bringen.

Hier tritt also vor allem wieder die Notwendigkeit einer gesamtwirtschaftlichen Plantätigkeit zutage, wenn man überhaupt einen wirklichen Überblick über die notwendigen Umweltschutzmaßnahmen, ihre wertmäßigen Ausmaße, die technischen Möglichkeiten und die benötigten strukturellen Änderungen bekommen will. Zugleich sollte man aber von vornherein erkennen, daß diese ganze Entwicklung in einen gewissen Widerspruch mit den unmittelbaren Interessen der Produzenten kommen muß, und dies nicht nur mit den Interessen der betroffenen Unternehmer, sondern auch der Arbeiter. Obwohl die Umweltschutzmaßnahmen langfristig auch den Bedürfnissen *aller* Produzenten entsprechen, darf nicht übersehen werden, daß erstens die unmittelbaren, kurzfristigen Interessen (konservative Interessen an der Beibehaltung der bestehenden

Produktions- und Arbeitsstruktur) gegenüber langfristigen sozialen Interessen immer die stärkeren sind, und daß zweitens bei noch existierenden Interessenwidersprüchen innerhalb der Produktion notwendig Versuche der Interessengegner entstehen müssen, die Umweltschutzmaßnahmen jeweils als die Sache des anderen und als nur von ihm – von seiner steuerlichen Belastung – abhängig anzusehen.

Dabei besteht die Gefahr, daß nicht erst die Realisierung von Umweltschutzmaßnahmen, sondern bereits die eventuelle Ausarbeitung von diesbezüglichen Plänen auf starken Widerstand der Produzenten stoßen muß, und daß die Maßnahmen durch einseitige Produzenteninteressen schon im Planungsstadium unobjektiv begrenzt oder verzerrt werden könnten. Man soll ja nicht glauben, reale Pläne einer solchen wirtschaftlichen und sozialen Bedeutung könnten nur von ein paar Expertenkommissionen oder Apparaten ausgearbeitet werden – ohne daß Vertreter der sozialen Schichten, deren ökonomische und arbeitsmäßige Stellung durch die großen Änderungen betroffen ist, entscheidend beteiligt sind. Sollen sich aber dabei unmittelbare Produzenteninteressen nicht wieder auf Kosten der Konsumenteninteressen, besser gesagt: der breitesten humanen Interessen aller Menschen durchsetzen, dann wäre es notwendig, von Anfang an die zielbewußte institutionelle Beteiligung der Vertreter von Nichtproduzenten (Naturwissenschaftlern, Ärzten, Soziologen, Publizisten, Künstlern, Urbanisten, Lehrern, Hausfrauen etc.) bei den Planungsarbeiten zu sichern. Nur bei ausgewogener Vertretung von Produzenten- und Nichtproduzenteninteressen, und dies bereits in den Planungs- und entscheidenden politischen Organen, kann man überhaupt Pläne aufstellen und verwirklichen, die den allgemeinen langfristigen humanen Interessen der Nationen entsprechen könnten.

Die Lösung dieses immer dringenderen Problems kann aber nicht in einer Verstaatlichung der Produktionsmittel und in dirigistischer Zentralplanung gesehen werden, denn dies führt zur Bürokratisierung und zu einer noch stärker monopolisierten Vergewaltigung der Bedürfnisse und Interessen der Bevölkerung. Im westlichen, kapitalistischen, und im östlichen »sozialistischen« oder staatsmonopolistischen System gibt es soziale Strukturen und mächtige Interessengruppen, die durch ihr Wirken eine ansteigende Umweltgefährdung hervorrufen und deren Beseitigung auch noch erschweren. Es sind zwei verschiedene, wesentlich unterschiedliche soziale Systeme, und sie führen daher auch über verschiedene Mechanismen und Zusammenhänge zu einer wachsenden Umweltgefährdung. Dabei kann man kaum sagen, in welchem der beiden Systeme das negative Resultat größer ist. In beiden führt es jedenfalls zu einer für die Menschen immer unheilvolleren Entwicklung.*

Wer die Lösung des Umweltproblems jedoch nur in Maßnahmen gegenüber den Produzenten sucht, die die Umwelt durch ihre Produktionstätigkeit gefährden, der vereinfacht die ganze Sache. Erstens ist nicht immer klar und eindeutig festzustellen, welcher Produzent und in welchem Ausmaß eine Verschmutzung der Umwelt hervorruft. Vor allem in Industrie-Ballungszentren, und dann noch besonders bei Luftverpestungen, wird die konkrete Fixierung des »Übeltäters« sehr oft kaum zu bewältigende Schwierigkeiten mit sich bringen. Die Versuche mancher Ökonomen, die sogenannten Sozialkosten, die durch die umweltverschmutzende Produktionstätigkeit anfallen, den Produzenten zu berechnen, wird daher nur beschränkt möglich sein.

Werden dann diese Sozialkosten nicht den tatsächlichen Urhebern angerechnet, sondern allen Produzenten in einem gewissen Umkreis nach einem allgemeinen Schlüssel als Strafbuße auferlegt, dann wird damit das Ziel, die Einschränkung der Umweltverschmutzung, nicht erreicht. Daß die »unschuldigen« Betriebe genauso bestraft werden wie die eigentlichen Urheber, kann nicht zu einer größeren Umsicht, sondern im Gegenteil nur zu einer noch größeren Gleichgültigkeit aller Produzenten gegenüber den Umweltfolgen führen. Die *allgemeine, nichtkonkrete* »Bestrafung« ist nichts anderes als ein zusätzliches Steuersystem zugunsten der öffentlichen Hand, aber nicht ein wirklich erfolgreiches Mittel gegen die Umweltgefährdung. Sie kann daher nur als finanzielle Deckung bestimmter nachträglicher Säuberungsmaßnahmen der Behörden einen umweltschützenden Sinn haben.

Zweitens ist jedoch die Umweltverschmutzung nicht als ein nur ökonomisches Übel anzusehen und kann daher auch nicht nur als »Verlust« oder »Kosten« der Produktion betrachtet werden. Ein solcher Einstieg vereinfacht die ganze Sache unerträglich. In Wirklichkeit handelt es sich um eine viel breitere und neuartige soziale Frage, die erst auf einer hohen Stufe der industriellen und konsumtionellen Entwicklung aufkommt. Sie ist das Zeichen neuartiger Bedürfnisse und Interessen der Menschen in hochentwickelten Systemen, in denen sich die gesamte vorangegangene Produktions- und Konsumentwicklung widerspiegelt.

Auf einer sehr hohen Stufe der industriellen Entwicklung gehen zwei Prozesse Hand in Hand. Auf der einen Seite entsteht tatsächlich eine

* »Das Umweltproblem ist offensichtlich beiden Wirtschaftssystemen inhärent. Beide Systeme müssen somit überwunden werden, das heißt, eine neue, umweltkonforme Wirtschaftsordnung muß sich von beiden uns geläufigen Systemen abheben.«
H. Ch. Binswanger, Plädoyer für eine umweltgerechte Wirtschaftsordnung, in: Tagesanzeiger Magazin, Nr. 52, 1971, S. 6.

Pervertierung der Umwelt durch eine gewaltige, spontane Produktionsentwicklung, die für die Menschen immer gesundheitsschädlicher und unerträglicher wird. Zugleich damit wird aber auch ein so hoher materieller Konsum gesichert, daß er von einem bestimmten Moment an kaum mehr vergleichbar weiter gesteigert werden kann. Für die Menschen wird ein immer und immer stärkerer und schnellerer Konsum von Lebensmitteln, Kleidung, Wohnungseinrichtungen, Fahrzeugen etc. zunehmend uninteressant; bei einem wachsenden Bevölkerungsteil entstehen sogar Zeichen eines Überdrusses. Dagegen steigern sich rasch ganz neue Ansprüche: auf angenehmeres, sauberes, ruhiges Wohnen, auf möglichst häufigen, wenn nicht dauernden Aufenthalt in gesunder Natur, auf schnelleren, sicheren und weniger nervenaufreibenden Verkehr, auf mehr Freizeit, kulturelle Betätigung, auf Bildungssteigerung usw.

All diese neuen Bedürfnisse und Interessen sind nicht nur eine Reaktion auf die Umweltverschmutzung, sondern zugleich der Ausdruck einer wesentlichen Wandlung der Bedürfnis- und Interessenstruktur. Diese ist nicht zu trennen von den tatsächlichen Reaktionen auf widerliche Umweltverpestungen. Allein durch Schutzmaßnahmen gegen Umweltverschmutzungen würde dieses Problem allerdings nicht zu lösen sein. Den Menschen erscheinen bereits solche Lebensbedingungen als unerträglich, die bei ihnen auf einem niedrigeren Konsumniveau noch überhaupt keinen Widerwillen hervorrufen. Die tatsächliche Schaffung völlig neuer Lebensbedingungen, neuer Freizeiteinrichtungen, neuer Entspannungsund Selbstbesinnungsmöglichkeiten werden viel wichtiger gefunden als die dauernde Aneignung neuer Konsumgüter.

Zugleich mit Umweltschutzmaßnahmen müssen daher moderne Entwürfe und Wandlungen auf den Gebieten der Architektur, Urbanistik, Transport, Freizeitgestaltung, Bildung, Medizin, Rekreation, Sport etc. vorangetrieben werden. Das wird wesentlich mehr Mittel erfordern als die vorangegangene Steigerung des individuellen materiellen Konsums und bedarf daher auch einer weiteren, sehr effektiven Produktionsentwicklung – bei gleichzeitiger wesentlicher Änderung der sozio-ökonomischen Verhältnisse, innerhalb derer sich die Produktion entwickelt.

Nur eine demokratisch-sozialistische Transformation, mit der der soziale Widerspruch zwischen Lohn- und Kapitalinteressen überwunden und der Widerspruch zwischen Produzenten- und Nichtproduzenteninteressen institutionell und über eine makroökonomische Planung neu gelöst würde, könnte eine konsequentere Sicherung des Umweltschutzes sowie überhaupt wesentliche Änderungen in der Konsumentwicklung und eine weitere Humanisierung der Gesellschaft mit sich bringen.

Markt und Planmäßigkeit

Die Diskussion zwischen den Vertretern der Marktwirtschaft und den Anhängern der Planwirtschaft beziehungsweise Gegnern des kapitalistischen Marktes ist schon sehr lange in Gang. Die Anlässe dazu waren oft sehr verschieden, doch immer gab und gibt es dabei bis heute die Ansicht, der Markt solle ganz oder teilweise durch eine volkswirtschaftliche Planung ersetzt werden. Dagegen treten alsbald Leute auf, die eine zentrale staatliche Planung als unvereinbar mit der Marktwirtschaft ablehnen und in ihr sogar die Vernichtung aller ökonomischen Grundgesetze überhaupt sehen. In den letzten Jahrzehnten allerdings hat sich in Spezialistenkreisen, vor allem nach den Nachkriegserfahrungen in den »sozialistischen« Ländern, die Erkenntnis herauskristallisiert, daß langfristig weder der Markt allein, noch die volkswirtschaftliche Planung ohne Markt eine effektive und besonders den langfristigen gesellschaftlichen Interessen untergeordnete Wirtschaftsentwicklung sichern könne.

Da vielen Ökonomen diese Diskussionen aber nicht überzeugend und nicht konkret genug sind, und da die meisten anderen Gesellschaftswissenschaftler (Philosophen, Soziologen, Politologen) die Auseinandersetzung bis heute nicht kennen oder nichts von ihr wissen wollen, werden immer noch einseitige Theorien »für« oder »gegen« den Markt oder die Planung verbreitet. Selbstverständlich spiegelt sich in solchen Einstellungen primär eine sehr tief fundierte ideologische Einstellung der verschiedensten Gesellschaftswissenschaftler, denn für viele von ihnen ist weiterhin der »Markt« ein Synonym für »Privateigentum an Produktionsmitteln« oder schlechthin für »Kapitalismus«, so daß ihre ideologisch begründete Einstellung für oder gegen den Kapitalismus automatisch zu einer Apologetik oder Verketzerung des Marktes führt.

Diese Identifikation des Marktes mit dem Kapitalismus vollziehen westliche, eindeutig antisozialistische Ökonomen* ebenso wie offizielle »marxistische« Ideologen der »sozialistischen« Länder, eventuell auch des Westens. Aus ideologischen Gründen und, vor allem, aus Machtinteressen werden – wie ich schon deutlich machte – in den »sozialistischen« Staaten alle Versuche, die Grundfunktionen des Marktes wieder einzuführen und auf bestimmte Weise mit einer modernen Planung zu koppeln, als »kapitalistische Revision« und »Antisozialismus« verfolgt, dementsprechende Theorien und Diskussionen unterdrückt und ihre Träger scharfen Repressalien ausgesetzt.

---

* Zum Beispiel L. v. Mises, W. Eucken, F. A. v. Hayek, W. Röpke, A. Müller-Armack, L. Erhard, u. a.

Die Diskussion in den westlichen Ländern entbrannte bereits in den zwanziger Jahren als Reaktion auf die russische Revolution, und besonders dann in den dreißiger Jahren. Es war vor allem Ludwig von Mises, der bereits 1920 und später erneut in den dreißiger Jahren eine scharfe Kritik der Planwirtschaft publizierte* und damit eine wissenschaftlich fruchtbare Diskussion in Gang brachte. Auch wenn er ebenso einseitig die Unvereinbarkeit der Planung mit der Marktwirtschaft behauptete, so hat er doch den prinzipiellen Mangel des dirigistischen Plansystems erkannt.

Es ist nicht möglich und gar nicht die Aufgabe dieser Arbeit, jetzt und hier die gesamte Diskussion zu reproduzieren. Ökonomen ist sie zudem genügend bekannt, und die Wiederholung der verschiedenen Ansichten ihrer Teilnehmer, auf der einen Seite der von L. v. Mises, F. A. v. Hayek, L. Robbins, und auf der anderen Seite ihrer Opponenten O. Lange und M. Dobb**, würde nichts Neues bringen. Wichtig ist jedoch die Zusammenfassung und Hervorhebung bestimmter Argumente und Erkenntnisse vor dem Hintergrund der Erfahrungen aus »sozialistischen« Ländern der letzten Jahrzehnte, sowie in Hinblick auf die heute wieder aufkommenden Unterschätzungen und Bagatellisierungen des Marktes.

Herauszuschälen aus dieser Diskussion ist vor allem die Kritik der Planwirtschaft hinsichtlich ihrer nichtrationalen und uneffektiven Entwicklung, die durch die Tatsache hervorgerufen ist, daß ihr die Marktpreise fehlen, und somit das Basisinstrument für Effektivitätsberechnungen. Die Erfahrungen und theoretischen Analysen, die in vielen »sozialistischen« Ländern während der letzten Jahrzehnte gemacht wurden, haben bestätigt, daß enorme wirtschaftliche Verluste aufgrund der Unterdrückung des Marktes, der Marktpreise, marktgebundener Einkommen, jeglicher Konkurrenz und der freien Wahl der Konsumenten entstehen. In manchen dieser Länder, vor allem in Polen, der Tschechoslowakei, Ungarn, teilweise auch in der UdSSR, wurden zu bestimmten Zeiten harte und kritische Diskussionen geführt, die die Unrationalität, Widersinnigkeit und die wirtschaftlichen Verluste der dirigistischen Planwirtschaft offen auf den Tisch legten. Teilweise ist der Westen über diese Diskussionen informiert worden, aber die konkrete Fülle der angeführten Argumente, Fakten und Beweise ist dennoch nicht genügend bekannt geworden oder gerät in Vergessenheit. Ein Teil westlicher »marxistischer«

---

* L. v. Mises, Die Wirtschaftsrechnung im sozialistischen Gemeinwesen, in Archiv für Sozialwissenschaften, 1920, Economic Calculation in the Socialist Commonwealth, Collectivist Economic Planning, London 1938.
** Eine kurze, aber gut informierende Zusammenfassung dieser Diskussion findet man bei Claudio Napoleoni, Grundzüge der modernen ökonomischen Theorien, Frankfurt/M. 1968.

Gesellschaftswissenschaftler übergeht diese Auseinandersetzung heute unter dem Eindruck der gegenwärtigen Verhetzung solcher Ansichten und angesichts einer ausgedehnten Gegenpropaganda in den »sozialistischen« Staaten. Er tut sie als »antisozialistische und revisionistische« Übertreibung ab.

Viele wichtige theoretische Publikationen aus der »liberalen« Periode gelangten überhaupt nicht in den Westen, und es ist gar nicht ratsam, sie heute hervorzuheben, um ihre Autoren in der gegenwärtigen »Eiszeit« nicht unnötig zu gefährden. Auch wenn ich eine tiefergehende Analyse der »sozialistischen« Praxis hier nicht liefern kann, so muß nach den bisher veröffentlichten Analysen* dennoch die Unmöglichkeit gesehen werden, die großen wirtschaftlichen Verluste ohne Existenz marktmäßiger Kriterien und Motivationen zu verhindern. Jeder westliche Ideologe, der für eine Abschaffung des Marktes plädiert oder dessen Überwindung durch ein Plansystem als eine bereits heute entstehende oder unausweichliche, naheliegende Zukunft der westlichen Wirtschaft ansieht, sollte sich obligatorisch mit jenen Argumenten und Analysen auseinandersetzen, die aus der östlichen Erfahrung entstanden sind und publiziert wurden.

Es erwies sich bereits eindeutig, daß der Markt *nicht nur* wegen nicht zu bewältigender technischer Schwierigkeiten nicht ersetzt werden kann. Das haben schon F. A. Hayek und L. Robbins hervorgehoben: Millionen von Gleichungen aufgrund von Millionen von Informationen und einzelnen Berechnungen in einer so kurzen Zeit durchzuführen, damit sie bei der Planrealisierung überhaupt noch gültig sind, ist unmöglich. Vor allem die auch weiterhin nicht zu beseitigenden Interessengegensätzlichkeiten zwischen den Betrieben und der Gesellschaft im »Sozialismus« selber machen deutlich: ohne Marktfunktionen geht es nicht. Auch die früher einmal progressive Idee von O. Lange, den Markt bei den Produktionsmitteln durch eine staatliche Preisfixierung zu simulieren, also zentral fixierte Gleichgewichtspreise durch »sukzessive Approximationen« zu schaffen, erwies sich bei der gegebenen Informations- und Interessenlage als unrealistisch. Die Kritik dieser Vorstellung, die ich in meinem Buch »Plan und Markt im Sozialismus«** niedergelegt habe, erhalte ich aufgrund aller späteren Erfahrungen nicht nur aufrecht, sondern verschärfe sie noch.

---

* Siehe O. Šik: Plan und Markt im Sozialismus, Wien 1967.
 —, Fakten der tschechoslowakischen Wirtschaft, Wien 1969.
 —, Der Strukturwandel der Wirtschaftssysteme in den osteuropäischen Ländern, Zürich 1971.
 —, Reform und Restauration in der tschechoslowakischen Wirtschaft, Zeitschrift für Ostforschung, 20. Jg., 1971/Heft 3.
** Siehe O. Šik, Plan und Markt im Sozialismus, Wien 1967, S. 270–272.

Mit keinem einzigen sachlichen Argument sind bis heute die Beweise der tschechoslowakischen Reformer widerlegt worden, daß die Betriebe ohne Marktbedingungen die gesellschaftlich benötigte Mikrostruktur der Produktion, ihre flexible Änderung gemäß der Bedürfnisänderung, die initiative qualitative Verbesserung und Einführung neuer Produkte, die wirtschaftlichste Ausnutzung der Produktionsfaktoren, die höchstmögliche Produktivität, die effektivste Entwicklung der Investitionen etc. keineswegs sichern können. Den Betrieben fehlen nicht nur die nötigen Marktsignale und das Interesse an einer solchen Tätigkeit, sondern durch die faktische Planmotivation entstehen bei ihnen sogar verzerrte und den gesellschaftlichen entgegengesetzte Interessen.* Und eben dieser Widerspruch zwischen dem Interesse einerseits der Betriebe (vor allem der ganzen Belegschaft und nicht nur des Managements), ihre Tätigkeit nur in dem Maß und in der Richtung technisch, qualitativ, strukturell, produktiv zu ändern, wie dies durch einen Gesellschaftsdruck erzwungen und durch eine gesellschaftliche Entlohnung kompensiert wird, und andererseits dem Interesse der Gesellschaft, ihre Bedürfnisse dauernd, voll und flexibel, bei effektivster Ausnützung aller Produktionsressourcen, zu decken – dieser Widerspruch wird von allen Gegnern des Marktes geleugnet. Sie sehen nicht, daß ohne Markt weder ein spontaner Mechanismus, noch ein gesellschaftliches Planungs- oder Kontrollorgan imstande ist, die detaillierten und konkreten Bedürfnisse und die effektivste und flexibelste Produktion zu bestimmen, also die Interessen der Gesellschaft konkret auszudrücken und zu kontrollieren. Sie ignorieren die Tatsache, daß die Entscheidung *nicht nur* der *Willkür* der Betriebe überlassen wird, sondern diese obendrein durch die *notwendig* simplifizierten Plankriterien zu einer ungesellschaftlichen Tätigkeit gezwungen werden.

Wenn man daher die Marktfunktionen im Westen bagatellisiert, dann

---

* Noch 1970, also nach der gewaltmäßigen Unterdrückung der Reform, wurde in der ČSSR eine Konferenz der Internationalen Ökonomischen Assoziation abgehalten, zum Thema »Marktbeziehungen und Planung«, auf der fast alle Teilnehmer die Unersetzlichkeit des Marktes für die Wirtschaft aufzeigten. Hier eine präzise und kurze Begründung des Schweden Lindbeck:

»A system with central administrative planning without, or with a very limited use of markets cannot be expected to perform very well from the point of view of static allocative efficiency in complex economies. Because of deficiencies in information (about preferences and opportunity costs) as well as deficiencies in incentives, we would expect non-optimum factor proportions, non-optimum holdings of inventories, deficiencies in investment criteria and thereby connected misallocation of the capital stock, as well as a poor adjustment of the quality of products and services to the wishes of buyers.«

A. Lindbeck, On the Efficiency of Competition and Planning, IEA-Conference, Liblice Castle, 1970, S. 6.

begeht man zwei Fehler. Erstens wird der bis heute hier noch bestehende
Marktdruck, der Wettbewerb und die Wahlmöglichkeit der Konsumenten
theoretisch unterschätzt und die Manipulierungsmöglichkeiten des Marktes durch die großen Betriebe übertrieben. Und zweitens wird eine zweifellos zu bemerkende starke monopolistische und supermonopolistische
Tendenz, die in Wahrheit die Konkurrenz sehr ungleich macht, als Beschränkung der Konkurrenz positiv aufgefaßt, ja, sogar noch als progressive Entwicklung begrüßt.* Weil diese Einstellung mit einer Identifizierung von Markt und Kapitalismus verbunden ist, wird in einer
planmäßigen Überwindung des Marktes die Bestätigung einer notwendigen Entwicklung in Richtung einer »sozialistischen« *Zukunft* gesehen.

In Wirklichkeit aber besteht in allen westlichen Ländern noch ein starker Konkurrenzdruck, der auch die größten Korporationen dauernd
zwingt, ihre Produktionsstruktur der Bedürfnisstruktur anzugleichen,
und ihre Produktion effektiv und qualitativ optimal zu gestalten. Erst
die wirkliche Beseitigung des Marktes und jeglicher (auch der potentiellen)
Konkurrenz im »Sozialismus« deckt dies eigentlich auf und zeigt, wie
eine Produktion pervertiert, wenn der Markt wirklich aufhört zu funktionieren. Die westlichen Ideologien, die, teils zu Recht und teils übertrieben, die Manipulation der Konsumenten durch die großen Monopole und
Oligopole kritisieren, müßten über die Vergewaltigung der Konsumenten
durch die absolut monopolisierten Produzenten und Staatsplaner in den
»sozialistischen« Ländern entsetzt sein. Leider haben bei ihnen sehr oft
die ideologischen Vorurteile und nicht analytische Komparativforschun-
gen die Oberhand.

Aber auch die faktische Manipulation der Bedürfnisentwicklung in der
westlichen Wirtschaft durch die großen Betriebe und Konzerne als eine
nicht unbedeutende Antimarkt-Tendenz sollte nicht zu einer Resignation
in dieser Hinsicht führen. Schon gar nicht kann darin eine zukunftgemäße
Entwicklung begrüßt werden. Wem es nicht um die Ideologie, sondern
tatsächlich um die Interessen der Bevölkerung, der arbeitenden Menschen
geht, der muß Wege und Mittel suchen, wie nicht der Markt überhaupt,
mitsamt seinen positiven und, wie gezeigt, nicht zu ersetzenden Funktio-

---

* »Hier wird nicht dem Wettbewerb das Wort geredet, und die Darstellung der Tendenz
zur Abschaffung des Wettbewerbs in der Bundesrepublik enthält kein Bedauern. Denn
der ›freie‹ unternehmerische Wettbewerb ist nichts anderes als das einer bestimmten
historischen Epoche optimal angepaßte Instrument der Ausbeutung im Dienste des Kapitalismus. (...) Mit dem Wettbewerb verschwindet die Legitimationsgrundlage des gesamten Systems.«
  J. Huffschmid, Die Politik des Kapitals, Konzentration und Wirtschaftspolitik in der
Bundesrepublik, Frankfurt/M. 1969, S. 67.

nen beseitigt wird, sondern wie seine Mängel und negativen Resultate überwunden werden können.

Bei diesem Argument kommen wir naturgemäß zur Begründung der Planmäßigkeit, also zur Argumentation gegen die Plangegner, die jede planmäßige Tätigkeit als antiökonomisch ablehnen. Vor allem müssen wir uns die Beschränktheit des Marktes, aus der die Notwendigkeit einer gesellschaftlichen Marktbeeinflussung und Planmäßigkeit erwachsen soll, vor Augen führen. In dieser Hinsicht sind vier Hauptgründe zu erwähnen.

Erstens ist es die Tatsache, daß der Markt kein vollkommener Markt ist und niemals war, und vor allem im Spätkapitalismus starke monopolistische Ungleichheiten und Mängel aufweist. Soll jedoch das Kind nicht mit dem Bade ausgeschüttet werden, kann man den Markt nicht deshalb beseitigen wollen, weil ein Teil der Marktsubjekte durch ihre Markttätigkeit größere Vorteile erringt als die anderen Marktteilnehmer. Der Weg von monopolistischen Marktmängeln zum absoluten Staatsmonopol mit Marktunterdrückung führt nämlich von *teilweiser* zur *vollkommenen* Diktatur der Produzenten über die Konsumenten. Eher muß es darum gehen, durch konsequentere antimonopolistische Tätigkeiten, vor allem durch ökonomische Maßnahmen (Unterstützung der Konkurrenz, sowohl der heimischen als auch der Konkurrenzimporte, progressive Reklamebesteuerungen, Spezialbesteuerungen von Differenzialrenten etc.), aber auch – wenn nötig – mit administrativen Antikartellmaßnahmen diese monopolistischen Vorteile zu beseitigen oder wenigstens einzuschränken.

Das Ziel dieser antimonopolistischen Politik sollte vor allem die dauernde Überwindung jener monopolistischen Extraprofite sein, die nicht der Initiative subjektiver Produktionstätigkeit der Betriebe, sondern ihrer objektiv gegebenen, exklusiven Stellung und Lage entspringen. Sie hätte sich gegen monopolistische Praktiken zu wenden, bei denen aufgrund objektiv außerordentlicher Produktionsstellungen potentiell höhere Produktionen abgebremst werden. Ist die Nachfrage elastisch, und führt die monopolistisch gebremste Steigerung einer Produktion zur Erhaltung relativ hoher Preise, zur Aneignung von Extraprofiten und damit zur Abbremsung einer Konsumsteigerung, so entsprechen alle gesellschaftlich möglichen Maßnahmen in Richtung entweder einer Überwindung der monopolistischen Stellung oder einer Abschöpfung der so erlangten Extraprofite den gesellschaftlichen Interessen.

Die meistens angeführten Argumente von Marktgegnern, daß man monopolistische Extraprofite nicht aufdecken kann, muten insofern sehr naiv an, als dieselben Marktgegner vom planenden Staat unvergleichlich mehr und eingehendere Kenntnisse verlangen. Viel leichter müßte es für

ein zentrales Organ sein, unverdiente, übermäßige monopolistische Profite aufzudecken, als alle Faktoren der Produktion und damit auch die
konkreten Produktionskosten, den konkreten Profit etc. jedes einzelnen
Betriebs dirigistisch zu planen. Das Problem besteht nicht in der technisch-
ökonomischen Unmöglichkeit, konsequentere antimonopolistische Maßnahmen von Staats wegen durchzuführen, sondern in der bisherigen Un-
lust der interessenmäßig ganz bestimmt zusammengesetzten Organe, eine
solche antimonopolistische Politik konsequent zu betreiben.

Solange die Produzenten, und vor allem die großen Konzerne, einen
entscheidenden Einfluß auf die politischen Organe haben, so lange kann
nicht mit einer konsequenten antimonopolistischen Politik gerechnet werden. Die Bemühungen müssen also vor allem dahingehen, in allen wichtigen politischen und wirtschaftlichen Organen eine Vertiefung der Demokratie in dem Sinn zu erreichen, daß eine paritätische Vertretung von
Produzenten und Nichtproduzenten institutionell gesichert wird. Auch in
den »sozialistischen« Staaten haben die Vertreter der Produzenteninteressen, oder haben die Bürokraten, die mit einer bestimmten Produktionsbasis interessenmäßig verbunden sind, die Mehrheit in allen wichtigen
Partei- und Staatsapparaten und -organen. Nur solche politischen Organe,
die gleich starke Vertretungen der Nichtproduzenten- und Produzenteninteressen aufweisen, könnten auch eine wirklich konsequente antimonopolistische Politik machen, mit deren Hilfe die monopolistischen Mängel
des Marktes weitgehend beschränkt würden.

Zweitens wird der Markt allein nie etwas über seine eigene Zukunft
besagen können. Der Markt spiegelt immer nur die Bedürfnisstruktur
wider, die aufgrund der vergangenen Produktion und Verteilung entsteht. Wie sich jedoch die Produktionsstruktur, die Produktionsarten, die
Produktionskosten und -preise, die Beschäftigung, die Einkommensaufteilung, und daher auch die Nachfragestruktur in der Zukunft gestalten
werden, und inwieweit die zukünftige Produktionsstruktur dieser Nachfragestruktur entsprechen wird – darüber kann der gegenwärtige Markt
nur sehr wenig aussagen. Es ist vor allem dieses Argument – der Mangel
der Korrektur der Produktionsentwicklung durch den Markt *a posteriori*,
gegenüber einer planmäßigen Produktions- und Marktbestimmung *a
priori* –, das M. Dobb in der erwähnten Diskussion der dreißiger Jahre
brachte.*

Natürlich wäre es für die Gesellschaft von Vorteil, wenn sie die zukünftige Marktnachfrage voraussehen und bereits im vorhinein die Produktionsstruktur mit den Bedürfnissen harmonisieren könnte. Dies war

* M. Dobb, On Economic Theory and Socialism, London 1955.

gerade die marxistische Grundvorstellung, die spontane Marktentwicklung durch eine »bewußte Planung« zu ersetzen. Jedoch in dieser Hinsicht zeigte sich die ganze Dürftigkeit dieses Konzepts. Die bisherige Praxis beweist die Unmöglichkeit einer rationalen Vorherbestimmung der konkreten Produktionsgestaltung, die wieder durch jede unvorhergesehene Änderung irgendeines Produktionsfaktors und -prozesses auch die Nachfrageentwicklung verändert. Deshalb und wegen der damit verbundenen krassen Widersprüche zwischen Produktions- und Bedürfnisentwicklung in den »sozialistischen« Ländern entstand die Meinung, daß eine alleinige, »marktersetzende« Planung unzulänglich sei.

Dieses Argument kann aber nicht die Preisgabe einer Planung überhaupt bedeuten. Allerdings muß man daraus die Schlußfolgerung ziehen, daß einmal die Art der Planung wesentlich geändert werden, und daß andererseits der Markt unumgängliche Korrektur und auch Ausgangspunkt jeglicher Planung sein muß. Ohne hier die neue Planung eingehend behandeln zu können, ist wohl die wesentlichste Änderung der Übergang vom verbindlichen, dirigistischen und zentralen Plan zu einem volkswirtschaftlichen, makroökonomischen *Orientierungsplan* für die Betriebe, der zugleich zu einer verbindlichen Grundlage für die Wirtschaftspolitik der Regierung wird. Nur als eine zusätzliche, unverbindliche Orientierung über die staatlich fixierten Ziele und die zu erwartende Wirtschaftspolitik von seiten der Regierung können die makroökonomischen Pläne zu einer Hilfe für die Betriebe werden: bei deren eigenen Marktforschungen und Zukunftsentscheidungen.

Drittens ist der Markt allein nicht imstande, die stets eintretenden und mit schwerwiegenden Verlusten verbundenen Störungen der gesellschaftlichen Reproduktionsentwicklung zu verhindern. Diese makroökonomischen Reproduktionsstörungen sind so bedeutend und weisen so wichtige Modifizierungen gegenüber der Zeit von Marx auf, daß ich ihnen ein besonderes und umfangreiches Kapitel widme. Aus diesem wird ein weiteres und sehr gewichtiges Argument für eine progressive Koppelung von Plan und Markt, sowie für eine planmäßige Regulierung der makromäßigen Entwicklung des Marktes deutlich werden.

Viertens schließlich ist der Markt allein heute nicht mehr imstande, bestimmte wichtige Bedürfnisentwicklungen der Gesellschaft zu reflektieren und dementsprechende Änderungen der Produktionsstruktur zu erzwingen. Wie oben eingehend diskutiert, hat die spontane Produktions- und Marktentwicklung die ständige Tendenz, die bestehende Produktions- und Konsumtionsstruktur zu reproduzieren, unnötigen Konsum zu schaffen und andere gesellschaftliche Bedürfnisse nicht genügend zu befriedigen. Die sozialen, bildungsmäßigen, kulturellen, medizinischen, urbanistischen, umweltschützenden u. ä. Bedürfnisse können nur durch eine *planmäßige* Umverteilung des Nationaleinkommens – bei vorausschauenden und rechtzeitigen Änderungen der Produktionsbedingungen sowie vieler anderer sozialer Prozesse – befriedigt werden. Ohne makroökonomische Berechnungen und Pläne wird kein politisches Organ ein echtes Wirksamwerden dieser gesellschaftlichen Interessen erreichen.

Wie bei der antimonopolistischen Politik gilt auch hier, daß nur eine neue *interessenmäßige* Zusammensetzung aller politischen, wirtschaftspolitischen und planenden Organe und Kommissionen eine wirkliche Durchsetzung solcher immenser Produktions- und Konsumstrukturänderungen sichern könnte. Solange die Produzenten, im weitesten Sinne des Wortes, das heißt nicht nur Unternehmer, sondern auch die Arbeiter und Angestellten der Produktion, den entscheidenden Einfluß auf die politischen Organe haben und die Mehrzahl aller Politiker immer wieder vor den unmittelbaren Interessen der Produzenten kapituliert, so lange wird von der Notwendigkeit von Umweltschutzmaßnahmen, Bildungsbedürfnissen, sozialen und medizinischen Mängeln etc. nur geredet – beseitigt oder geändert werden sie nicht.

Auch wenn die Befriedigung aller gesellschaftlichen Bedürfnisse dem Interesse der Produzenten entspricht, wird ihr *unmittelbares* Interesse an der Erhaltung der gegebenen und eingefahrenen Produktionsstruktur immer das stärkere sein. Viele Unternehmer werden sich gegen wesentliche Steueranhebungen zugunsten anderer Branchen und Produktionsentwicklungen wehren, auch wenn die strukturellen Änderungen des Konsums zum großen Teil wieder neue Produktionen erfordern. Alle Umstrukturierungen, die etwa mit Umschulungen, Umorientierungen, Arbeitsplatzwechsel etc. zusammenhängen, werden auf den Widerstand der Arbeiter stoßen, obwohl die einseitig entwickelte und künstlich forcierte Produktions- und Konsumstruktur ihnen immer menschenunwürdigere Lebensbedingungen schafft. Sogar Gewerkschaftsorganisationen und vor allem bürokratisierte Funktionäre werden für die Erhaltung der eingefahrenen Struktur kämpfen.*

Deshalb kann eine wirkliche Änderung von eingefahrenen Strukturentwicklungen nur dadurch erreicht werden, daß erstens die bereits er-

---

* Zum Beispiel: »Gut 10 Millionen Arbeitnehmer, das heißt zwei Fünftel der aktiven Bevölkerung, sind nämlich in Großbritannien gewerkschaftlich organisiert, aber nicht etwa auf Branchen- oder Betriebsebene, sondern in *über 500 Berufsverbänden,* die in ständigem Seilziehen auch bei schwindenden Berufen um Mitgliederbestand, Anstellungszwang und Konservierung von unter anderen Voraussetzungen errungenen Privilegien gegen Unternehmer und Regierung, aber auch untereinander kämpfen.« Gt., Englands Arbeitslosigkeit als Sonderfall in NZZ, 27. 2. 1972.

wähnte paritätische politische Vertretung von Produzenten und Nichtproduzenten, und zweitens eine demokratische makroökonomische Orientierungsplanung eingeführt wird. Bereits bei dieser und durch diese
Planung sollten die unmittelbaren Interessen der Produzenten durch die
Interessen der Nichtproduzenten beschränkt werden können. Sich nur auf
die »Vernunft« der Produzenten zu verlassen, wäre ein Fehler.

Ich glaube auch nicht wie J. K. Galbraith, daß der entscheidende Einfluß der Produzenten auf die Staatsorgane durch die Wachsamkeit der
Öffentlichkeit, der Bürger, überwunden werden kann.* So wie Galbraith nicht die Notwendigkeit einer Vervollkommnung der Marktfunktionen gegen die einseitigen Produzenteninteressen sieht, so unterschätzt
er die Potenzierung des Produzentendiktats bei der Einführung einer
gesamtstaatlichen Planung, wenn nicht ein Gegengewicht der Nichtproduzenten bei dieser Planung institutionell gesichert wird. Nur mit Hilfe
organisierter Nichtproduzenteninteressen, die sich bereits bei der Aufstel-
lung von makroökonomischen Alternativplänen durchsetzen würden,
allein bei paritätischer Besetzung auch der höchsten politischen Organe
und bei der notwendigen Einigung von Produzenten- und Nichtprodu-
zentenkammern über die zukünftige makroökonomische Entwicklung,
könnte eine humanere Gesellschaftsentwicklung beginnen.

Auch wenn die großen, makrostrukturellen Änderungen und gesellschaftlichen Bedürfnisdeckungen mit Hilfe einer demokratischen Makroplanung gesichert werden sollten, bedeutet das nicht die Ausschaltung des
Marktes in dieser Sphäre. Ideologen, die die wachsenden »nichtmarktmäßigen« Bedürfnisse als Argument gegen den Markt vorbringen, verwechseln zwei Sachen: Einmal, daß ganz bestimmte Bedürfnisse nicht
spontan auf dem Markt erscheinen können und daß zu ihrer Befriedigung
der Eingriff bestimmter Gesellschaftsorgane notwendig ist. Eine andere
Sache ist dann die gesellschaftlich (staatlich u. ä.) hervorgerufene, direkt
oder indirekt auftretende Nachfrage nach solchen Produkten, mit deren
Hilfe die gesellschaftlichen Bedürfnisse gedeckt oder materiell fundiert

---

* In dem Interview des *Spiegel* mit J. K. Galbraith antwortete dieser auf eine dies-
bezügliche Frage folgendermaßen:
Spiegel: »Bei einer engen Verbindung zwischen Staat und Industrie scheint uns die
Gefahr sehr groß, daß die Industrie den Staat beherrscht. Genau das haben die Japaner
vorexerziert. Die enge Zusammenarbeit des Staates mit der Industrie hat doch die Aus-
wüchse hemmungsloser industrieller Expansion noch begünstigt.«
Galbraith: »Ich will diese Gefahr nicht leugnen. Auch in dem fortgeschrittenen Stadium des Industriestaates, den ich meine, könnte derartiges passieren. Worauf es stets
ankommt, ist eine wachsame Öffentlichkeit, die dafür sorgt, daß die Staatsautorität dem
Bürger verantwortlich bleibt.«
Aus *Spiegel* Nr. 3, 26. Jg., 10. 1. 1972, S. 89.

werden sollen. Auch diese Nachfrage darf ein Marktangebot von seiten verschiedener Produzenten nicht beseitigen, wenn das Interesse der Produzenten an einer effektiven und qualitativ hochstehenden Produktion nicht verschwinden soll. Auch die Planmäßigkeit dieser Nachfrage- und Produktionsentwicklung ändert also nichts an der Notwendigkeit des Marktes, soll es nicht zu gesellschaftlichen Effektivitätsverlusten kommen.

Die Koppelung von Markt und Planmäßigkeit bedeutet natürlich gleichzeitig eine Begrenzung der Marktspontaneität und die gesellschaftlich bewußte, langfristige Regulierung seiner Makroentwicklung. Durch die planmäßig beeinflußte Verteilung und Umverteilung des Nationaleinkommens, die staatliche Wirtschafts- und vor allem die Einkommenspolitik, die staatlich direkt oder indirekt hervorgerufene Nachfrageentwicklung, die antimonopolistische Politik usw., werden der Umfang des Marktes, seine Grundstruktur, das Tempo seiner Entwicklung und seine sozial-ökonomische Einwirkung zugunsten der langfristigen Produzenten- und Nichtproduzenteninteressen planmäßig reguliert. Eine solche Verbindung von Plan und Markt, die zugleich der Ausdruck wesentlicher Aneignungs- und Entscheidungsänderungen in der Gesellschaft wäre, müßte im Zuge einer demokratischen Sozialisierung angestrebt werden.*

Die Gesellschaft braucht also sowohl eine hocheffektive Wirtschaftsentwicklung, ohne die das notwendige Mehrprodukt für die enorm wachsenden nichtökonomischen Bedürfnisse und Tätigkeiten nicht gesichert werden kann, als auch eine immer konsequentere Unterstellung der Entwicklungsrichtung und Struktur der Produktion unter die humanen, gesellschaftlichen Bedürfnisse und Interessen. Das erstere kann bei den langfristig gegebenen Bedingungen des Charakters und der Teilung der Arbeit nicht ohne reale Marktverhältnisse gesichert werden. Das zweite verlangt dann eine makroökonomische, planmäßige Regulierung der Wirtschaftsentwicklung, die auch eine planmäßige Beeinflussung der Marktentwicklung einschließt.

---

* Es geht mir also bei der planmäßigen Regulierung des Marktes nicht nur darum, sich so gut wie möglich den Umformungen anzupassen, die durch die Warenverhältnisse erzwungen werden. Das unterlegt nämlich Ch. Bettelheim meiner Plan- und Marktauffassung in seinem Buch »Ökonomischer Kalkül und Eigentumsformen«, Berlin 1970, S. 96. Aus allen meinen Darlegungen auch in den früheren Arbeiten ist immer wieder klar ersichtlich, daß die langfristigen *Änderungen der Konsumtions- und Produktions-Makrostruktur* in sozialistischen Bedingungen aufgrund demokratischer, planmäßiger Entscheidungen durchgesetzt werden sollten. Bettelheims Verzerrung meiner Plan-Markt-Auffassung entspricht höchstwahrscheinlich seinen ideologischen Deduktionen, sowie seinen eigenen, sehr abstrakten Vorstellungen über sozialistische Planungsmöglichkeiten. Erst in der Arbeit über das Modell des demokratischen Sozialismus wird es möglich sein, eingehender die falschen Voraussetzungen von Ch. Bettelheim aufzuzeigen.

Die sowjetische Unterdrückung der realen Marktverhältnisse führt zu einer pervertierten Entwicklung der Produktion, bei der weder die Mitarbeiter der Produktionsbetriebe, noch die arbeitenden Menschen in ihrer Gesamtheit als Konsumenten über die Produktionsentwicklung entscheiden können. Die Ziele der Produktion werden von einer produktionsentfremdeten Bürokratie festgelegt und vor allem ihren Machtinteressen unterstellt. In den Betrieben entwickeln sich notwendigerweise antigesellschaftliche Produktionsimpulse und Produktionsentscheide, weil das Lohninteresse der Belegschaften bei nicht vorhandenen Marktkriterien auch – und oft nur – durch antioptimale Produktionsentwicklungen realisiert werden kann. Die Bedürfnisse der Menschen, als individuelle Konsumenten und als gemeinschaftliche Verbraucher, können sich weder über einen Markt noch über eine direkte Beeinflussung der Produktions- und Verteilungspläne als gegenüber der Produktion entscheidend durchsetzen. Das Konsuminteresse der Bevölkerung wird stark unterdrückt, und der Widerspruch zwischen den arbeitenden Menschen und der bürokratischen Machtschicht wächst immer mehr an.

In der kapitalistischen Wirtschaft, in der der Markt funktioniert, entstehen auf unterschiedlichen Entwicklungsstufen unterschiedliche Widersprüche, durch die die Beschränktheit der spontanen Marktentwicklung in Erscheinung tritt. Nur die kapitalistische Anfangsentwicklung, mit ihren typischen sozialen Widersprüchen, ist von der offiziellen marxistischen Theorie reflektiert worden.

In Ländern, in denen die kapitalistische Industrialisierung beginnt oder das Industriewachstum eine mittlere Entwicklungsstufe erreicht hat, bleibt das Wachstum des inneren Marktes zeitweilig sehr stark hinter dem Produktionswachstum zurück. Eine ungenügende Lohn- und Konsumentwicklung der arbeitenden Bevölkerung, die durch Mangel und Elend, periodische Überproduktionskrisen und Produktionsrückschläge gekennzeichnet ist, drückt die Beschränktheit der spontanen Marktentwicklung in erschütternden sozialen Gegensätzen aus. Die marxistische Reflexion dieses widersprüchlichen Prozesses und die vereinfachte Vorstellung einer Lösung dieses Widerspruches durch Vergesellschaftung der Produktionsmittel und planmäßige Harmonisierung der Produktion und Konsumtion werden im weiteren eingehend behandelt. In industriell hochentwickelten kapitalistischen Ländern ist es nicht mehr die relativ ungenügende Marktentwicklung, die die Beschränktheit des Marktes ausdrückt. Im Gegenteil ist es seine einseitig übertriebene, forcierte Entwicklung, die zu einer wachsenden Entfremdung der Produktion von den produktiv arbeitenden Menschen und zu einem wachsenden Widerspruch zwischen der markt-

mäßigen Konsumentwicklung und den nicht-marktmäßigen gesellschaftlichen Bedürfnissen führt.

Die Produktionsentwicklung in den großen Betrieben, die ein maxima-
les Wachstum von Dividenden für immer mehr entfremdete Kapitaleigentümer sichern muß, gerät in wachsenden Widerspruch mit den Interessen
der Belegschaft dieser Betriebe. Die spontane Reaktion der Arbeiter auf
die wachsenden Profite und Dividenden ist vor allem der starke und organisierte Lohnkampf. Bei den Betriebsbelegschaften und vor allem bei der
technisch-ökonomischen Intelligenz – als der immer entscheidenderen Produktivkraft in den Betrieben – entwickeln sich jedoch neben den Lohninteressen wichtige weitere Interessen, die anfangs schon erwähnt
wurden.[*] Diese Interessen rufen einen wachsenden Widerwillen hervor
gegen die Abschöpfung in der Form von Dividenden aus den Betrieben
zugunsten völlig fremder Aktionäre, die keine Produktionsverantwor-
tung und keinen aktiven Produktionseinfluß mehr haben. Auch die sich
vertiefende Erkenntnis der techno-ökonomischen Intelligenz über die Ursachen einer inflationären Entwicklung und die Schädlichkeit spontaner
Einkommensentwicklungen bewirkt ein wachsendes Interesse an der Umwandlung des privaten Kapitaleigentums in kollektives Kapitaleigentum.

Das Entstehen eines Kollektivkapitals würde zu einer humaneren Verwendung des Mehrwerts innerhalb der großen Betriebe führen, das heißt
sowohl eine effektive, profit-optimierende Kapitalentwicklung als auch
eine konsequentere Anpassung der Betriebsentwicklung (der arbeits-
mäßigen, sozialen, kulturellen, bildungsmäßigen, gesundheitlichen u. a.
Bedingungen) an die Interessen der Mitarbeiter/Miteigentümer sichern.
Der Widerspruch zwischen der marktmäßigen, durch das Interesse der
Produzenten forcierten Konsumentwicklung und der ungenügenden Dek-
kung der nichtökonomischen gesellschaftlichen Bedürfnisse würde damit
allein allerdings nicht gelöst werden. Die Überwindung dieses Widerspruchs bedarf eben einer makroökonomischen Orientierungsplanung, mit
deren Hilfe die zukünftige Aufteilung des Nationaleinkommens und die
Proportion zwischen der individuellen marktmäßigen Nachfrage und der
gesellschaftlichen Konsumentwicklung festgesetzt würde. Die gesellschaftlich demokratische und planmäßige Entscheidung über die makrostrukturelle Konsumentwicklung würde zwar die Effektivitätsfunktion des
Marktes nicht aufheben, aber zugleich seine Entwicklung den bewußt
fixierten Makroentwicklungszielen der Gesellschaft unterstellen.

Doch auch die makroökonomische Planung kann eine einseitige Durchsetzung der starken Produzenteninteressen noch nicht verhüten, wenn sich

---

[*] Siehe S. 97 und 99.

nicht zugleich entsprechende institutionelle Änderungen bei der Planaufstellung und Planakzeptierung vollziehen. Wenn in den Planungsorganen und in den politischen Organen, die die Pläne annehmen, Vertreter der Produzenten oder von den Produzenten stark abhängige Politiker überwiegen, kann eine einseitige Ausrichtung der Pläne nicht verhindert werden. Nur eine solche Änderung des politisch-ökonomischen Systems, bei der die zielbewußte und paritätische Vertretung von Produzenten und Nichtproduzenten in allen planenden und politischen Organen gesichert wird, kann auch eine den allgemeinen, humanen Interessen angepaßte Wirtschaftsentwicklung garantieren. Das immer stärkere Interesse der Nichtproduzenten, der Wissenschaftler, Pädagogen, Ärzte, Künstler, Publizisten, Urbanisten, Rekreations- und Sportorganisatoren usw. an einer Konsum- und Produktionsentwicklung, bei der sich ihr Tätigkeits- und Interessenfeld schneller ausweiten könnte, wird früher oder später bei wachsender Unterstützung durch alle Konsumenten zu einer solchen institutionellen Gesellschaftsänderung führen.

Auch wenn die eingehende Analyse des Modells eines humanen und demokratischen Sozialismus in dieser Arbeit noch nicht durchgeführt werden kann, führt die Behandlung des Problems »Markt und Plan« notwendigerweise zu einer Darlegung der Grundzüge einer sozialistischen Gesellschaft, deren Strukturverhältnisse einem industriell hochentwickelten Land entsprechen. Eine progressive Verbindung von Plan und Markt, bei der sich die gegenwärtigen Interessen arbeitender Menschen gegenüber der wirtschaftlichen Entwicklung konsequenter durchsetzen können, bildet ein wesentliches Prinzip der herangereiften sozialistischen Wandlungen.

Nicht durch die von Marx erwartete Verelendung und Radikalisierung der Arbeiter wird der Sozialismus in industriell hochentwickelten Ländern entstehen. Nur eine von produktiv und nichtproduktiv arbeitenden Menschen politisch durchgesetzte Beseitigung des sozialen Gegensatzes zwischen Kapitalinteressen und Lohninteressen durch Kollektivierung des Kapitals und eine neue, institutionell und demokratisch gesicherte planmäßige Austragung der gegensätzlichen Interessen zwischen Produzenten und Nichtproduzenten können in entwickelten kapitalistischen Ländern den Übergang zu einer humanen, sozialistischen Gesellschaftsordnung bringen.

Betrachten wir nun näher, warum die Verelendungstheorie von Marx nicht der hochentwickelten kapitalistischen Realität entspricht und unter welchen Bedingungen sie Geltung hat.

Drittes Kapitel

Widersprüche
des Kapitalismus

I. Verelendungstheorie

Bedeutung

Die Vorstellung von Marx über die Beseitigung des privaten Eigentums und die Marktbeziehungen leitet sich natürlich nicht aus der Werttheorie her. Getreu seiner allgemeinsten Erkenntnis des jeweils historisch heranreifenden Widerspruchs zwischen den Produktivkräften und den Produktionsverhältnissen, ging es Marx um die eingehende Analyse der kapitalistischen Produktionsverhältnisse und die Aufdeckung der wachsenden Barriere für die Weiterentwicklung der Produktivkräfte. Erst durch den Nachweis dieses Widerspruchs und aller seiner konkreten Erscheinungsformen innerhalb der kapitalistischen Gesellschaft glaubte Marx die Bestätigung gefunden zu haben, daß die kapitalistischen Produktionsverhältnisse beseitigt werden müssen. Dieser Definition des kapitalistischen Grundwiderspruchs müssen wir uns also jetzt zuwenden.

Die Mehrwerttheorie, mit der Marx die spezifisch kapitalistische Form der Ausbeutung begründete, war zugleich das theoretische Fundament für seine Interpretation des ökonomischen Grundwiderspruchs zwischen Arbeit und Kapital, sowie des Klassengegensatzes zwischen dem Proletariat und der Bourgeoisie. Diesen Widerspruch faßte Marx nicht nur statisch, sondern aufgrund seiner Analyse der kapitalistischen Entwicklung auch dynamisch auf. Obwohl er selbst im Anfangsstadium des Kapitalismus lebte und nur eine historisch recht kurze Entwicklungsepoche dieses Systems erforschen konnte, hat er nicht nur die vorangegangene Entwicklung beschrieben, sondern gesetzmäßige Entwicklungstendenzen und gleichzeitig die notwendige Verschärfung verschiedener Widersprüche und vor allem des erwähnten Grundwiderspruchs des Kapitalismus formuliert.

Neben richtigen Einsichten, die die spätere Entwicklung bestätigte, sind in seinem Werk auch verschiedene Vereinfachungen und Fehlschlüsse zu finden. Sie wären vollkommen verständlich und würden – wie bei jedem

I. Verelendungstheorie

anderen Sozialtheoretiker – nicht weiter ins Gewicht fallen, wenn sie nicht zu unantastbaren ideologischen Dogmen geworden wären. Das ist natürlich nicht die Schuld von Marx selber, sondern von späteren, vor allem den gegenwärtigen offiziellen »Marxisten«, die, interessenmotiviert, seinen methodologischen Grundsatz der »steten Konfrontierung aller Theorie mit der Wirklichkeit« vergessen. Im weiteren wird deshalb wieder nicht nur seine positive, die »sozialistische« Praxis vorbereitende Entwicklungstheorie des Kapitalismus widergegeben, sondern es sollen auch jene Thesen aufgezeigt werden, die durch die bisherigen Erfahrungen als unzureichende Vereinfachungen enthüllt wurden.

Lohnentwicklung

Nach Marx ist der Lohn im Kapitalismus der Preis der spezifischen Ware Arbeitskraft. Die Arbeitskraft wird vom Arbeiter an den Kapitalisten verkauft, und dieser setzt sie in der Produktion ein, wo sie Mehrwert schafft. In der Fähigkeit der Arbeitskraft, Mehrwert zu produzieren, besteht ihr Gebrauchswert für den Kapitalisten. Würde die Arbeitskraft keinen Mehrwert einbringen, so würde sie vom Kapitalisten auch nicht gekauft werden.

Der Wert dieser spezifischen Ware, der wie bei allen anderen Waren die Substanz des Preises, hier also des Lohns, bildet, ist laut Marx indirekt durch den Wert jener Waren bestimmt, die der Arbeiter für die Erhaltung und Reproduzierung seiner Arbeitskraft braucht. Nicht nur die notwendigsten materiellen Güter, die er zur physischen Erhaltung seiner eigenen Arbeitskraft sowie zur Schaffung neuer Arbeitskräfte benötigt, sondern auch die Deckung aller jener Lebensbedürfnisse, die jeweils historisch und gesellschaftlich bedingt sind*, bestimmen den Wert der Arbeitskraft. Dieser Wert ist langfristig die bestimmende Substanz des Lohns, auch wenn dieser, wie alle Preise, unter dem Einfluß des sich flexibel ändernden Verhältnisses zwischen Angebot und Nachfrage auf und ab schwankt.

Mit der näheren Erläuterung dieser sowohl physisch als auch historisch-gesellschaftlich gegebenen Produktions- und Reproduktionsbedürfnisse der Arbeitskraft hat sich Marx nicht näher befaßt, und er hat auch da-

---

* »Außer durch dies rein physische Element ist der Wert der Arbeit in jedem Land bestimmt durch einen *traditionellen Lebensstandard*. Er betrifft nicht das rein physische Leben, sondern die Befriedigung bestimmter Bedürfnisse, entspringend aus den gesellschaftlichen Verhältnissen, in die die Menschen gestellt sind und unter denen sie aufwachsen.

K. Marx, F. Engels, Werke, Bd. 16, Berlin 1962, S. 148.

durch spätere, sehr heftige und bis heute andauernde Diskussionen hervorgerufen. Es ist nicht so schwer, sich gewisse durchschnittliche Bedürfnisse der Arbeiterklasse vorzustellen, deren Deckung während einer
relativ kurzen Periode in einem bestimmten Land für die dauernde Produktion und Reproduktion der Arbeitskräfte benötigt wird, und die entsprechend den Qualifikationskosten (verschieden qualifizierte Arbeitskräfte) verschieden sind. Aber die langfristige Entwicklung dieses Wertes
der Arbeitskräfte ist Gegenstand von Auseinandersetzungen. Marx hat
nämlich niemals ausdrücklich die Möglichkeit einer Steigerung dieser Bedürfnisse und damit des Wertes der Arbeitskräfte bestritten, doch hat er
diesen Wert für die jeweilige Entwicklungsetappe und Gesellschaft als
gegeben und konstant angenommen* und hat weiterhin ausdrücklich in
verschiedenen Arbeiten notwendige Entwicklungsprozesse des Kapitals,
die eine Tendenz des steten Herabdrückens der Reallöhne auf das physische Existenzminimum aufweisen, hervorgehoben.**

Selbstverständlich hat Marx die Wichtigkeit des dauernden Kampfs
der Arbeiter und ihrer Gewerkschaften gegen diese Tendenz nicht unterschätzt. Doch er war der Überzeugung, daß der Kampf zwar in bestimmten Perioden, besonders in Konjunkturzeiten, auch Lohnerhöhungen einzubringen vermag, aber die allgemeine Tendenz der Lohnherabdrückung
auf das Existenzminimum nicht beseitigen kann. Er glaubte, daß der
Trend zur Verschlechterung ihrer Lage nur aufzuhalten, jedoch nicht zu
beseitigen sei.***

---

* »Der Wert der Arbeitskraft ist bestimmt durch den Wert der gewohnheitsmäßig notwendigen Lebensmittel des Durchschnittsarbeiters. Die Masse dieser Lebensmittel, obgleich ihre Form wechseln mag, ist in einer bestimmten Epoche einer bestimmten Gesellschaft gegeben und daher als konstante Größe zu behandeln.«
K. Marx, Das Kapital, Bd. I, Berlin 1962, S. 542.
** »... muß die Arbeiterklasse die zum Leben und zur Fortpflanzung absolut unentbehrlichen Lebensmittel erhalten. Der *Wert* dieser unentbehrlichen Lebensmittel bildet
daher die äußerste Grenze des *Werts der Arbeit*.«
»Diese wenigen Andeutungen werden genügen, um zu zeigen, daß die ganze Entwicklung der modernen Industrie die Waagschale immer mehr zugunsten des Kapitalisten
und gegen den Arbeiter neigen muß und daß es folglich die allgemeine Tendenz der
kapitalistischen Produktion ist, den durchschnittlichen Lohnstandard nicht zu heben,
sondern zu senken oder den *Wert der Arbeit* mehr oder weniger bis zu seiner *Minimalgrenze* zu drücken.«
K. Marx, F. Engels, Werke, Bd. 16, Berlin 1962, S. 147, 151.
*** »Da nun die Tendenz der *Dinge* in diesem System solcher Natur ist, besagt das etwa,
daß die Arbeiterklasse auf ihren Widerstand gegen die Gewalttaten des Kapitals verzichten und ihre Versuche aufgeben soll, die gelegentlichen Chancen zur vorübergehenden Besserung ihrer Lage auf die bestmögliche Weise auszunutzen? Täte sie das, sie
würde degradiert werden zu einer unterschiedslosen Masse ruinierter armer Teufel,
denen keine Erlösung mehr hilft. Ich glaube nachgewiesen zu haben, daß ihre Kämpfe

Auf diesen Ansichten von Marx basierend entstand später der Begriff der sogenannten absoluten Verelendung der Arbeiter im Kapitalismus, der als theoretisches Fundament bis heute vom offiziellen »Marxismus« verteidigt wird. Entgegen aller Realität versuchen die Dogmatiker, die keine Revision von Marx zulassen können, zu beweisen, daß die Arbeiter mit der Entwicklung des Kapitalismus immer mehr verelenden. Im Unterschied zur sogenannten relativen Verelendung wird hier die absolute Verelendung betont.*

E. Mandel behauptet, daß es bei Marx keine »Theorie der absoluten Verelendung« gibt, daß ihm diese vielmehr nur von den »Revisionisten« in der deutschen Sozialdemokratischen Partei zugeschrieben wurde, woraufhin auch der »orthodoxe Marxismus« das Argument aufgegriffen hätte und diese Theorie bis heute »mit Verbitterung und Unredlichkeit verteidigt« und somit »die marxistische Theorie nur in Verruf gebracht hat«.** Es ist zwar wahr, daß Marx die Bezeichnung »absolute Verelendung« nie ausdrücklich gebraucht hat, aber Mandel kann wiederum nicht bestreiten, daß Marx – wie schon die vorangegangenen Zitate und weitere Aussprüche beweisen – mit dieser Tendenz der permanenten Verschlechterung der Lage der Arbeiter gerechnet hat. Eine »Verteidigung« von Marx, die seine ausdrücklichen Ansichten einfach übersieht, statt sie klar zu korrigieren, kann nicht seiner theoretischen Rechtfertigung dienen.

Es ist nicht wahr, daß Marx nur die Idee der absoluten Verelendung

---

um den Lohnstandard von dem ganzen Lohnsystem unzertrennliche Begleiterscheinungen sind, daß in 99 Fällen von 100 ihre Anstrengungen, den Arbeitslohn zu heben, bloß Anstrengungen zur Behauptung des gegebenen Werts der Arbeit sind und daß die Notwendigkeit, mit dem Kapitalisten um ihren Preis zu markten, der Bedingung inhärent ist, sich selbst als Ware feilbieten zu müssen.«

»Sie sollte nicht vergessen, daß sie gegen Wirkungen kämpft, nicht aber gegen die Ursachen dieser Wirkungen; daß sie zwar die Abwärtsbewegung verlangsamt, nicht aber ihre Richtung ändert; daß sie Palliativmittel anwendet, die das Übel nicht kurieren.«
K. Marx, F. Engels, Werke, Bd. 16, Berlin 1962, S. 151, 152.
* »Wie bereits gesagt, hat der reale Lohn im Kapitalismus eine sinkende Tendenz. Die Entwicklung des Kapitalismus vergrößert dauernd den Unterschied zwischen dem realen Lohn und dem Wert der Arbeitskraft, zwischen den historisch entstehenden Bedürfnissen der Arbeiter auf der einen Seite und der Lohnhöhe auf der anderen Seite.«
Politische Ökonomie (tschechische Ausgabe des sowjetischen Lehrbuchs), Praha 1963, S. 138.
»Der Lohn wird in diesen Bedingungen immer ungenügender für die normale Reproduktion der Arbeitskraft. Im Zusammenhang damit verschlechtert sich die Lage der Arbeiter absolut. Die Intensifikation der Arbeit führt zu einem Wachstum der Unfälle in der Produktion, denn das Kapital verletzt systematisch die notwendigen Maßnahmen für den Arbeitsschutz und die Sicherheit.«
Ebenda, S. 139.
** E. Mandel, Marxistische Wirtschaftstheorie, Frankfurt 1968, S. 159.

des aus der Produktion ausgestoßenen Teils des Proletariats vertreten hat.* Das ist sogar eine ausgesprochene Fehldeutung und Ignorierung der Zusammenhänge zwischen der Entwicklung der Arbeitslosigkeit auf der einen und der Löhne der Arbeiter auf der anderen Seite, sowie zwischen der Entwicklung des Kapitals einerseits und der Arbeitslosigkeit andererseits – Zusammenhänge, die Marx ausdrücklich analysiert hat. Auch Mandel – obwohl den »orthodoxen Marxismus« kritisierend – kann nicht von dem dogmatischen Standpunkt loskommen, daß alles Wesentliche, was Marx über den Kapitalismus gesagt hat, richtig sei. Neben gewiß sehr wichtigen und richtigen Erkenntnissen hat Marx aber auch voreilige und falsche Schlüsse gezogen, zu denen – neben anderen – eben auch seine Schlußfolgerung über die notwendige Entwicklung der Arbeitslosigkeit und ihres Einflusses auf die Stellung der gesamten Arbeiterklasse im Kapitalismus gehört.

Entwicklung der Arbeitslosigkeit

Marx war tatsächlich der Ansicht, daß die Kapitalentwicklung zu einer wachsenden Arbeitslosigkeit führen würde, die sodann einen wachsenden Druck auf die Entwicklung der Löhne und der Arbeitsintensität aller Arbeiter hervorrufen würde.** Die gewerkschaftliche Organisation der Arbeiter konnte diese Entwicklung zwar bremsen, aber, nach Marx, nicht

* »Was man bei Marx findet, ist die Idee der absoluten Verelendung nicht der Arbeiter, der Lohnarbeiter, sondern jenes Teils des Proletariats, den das kapitalistische Regime aus dem Produktionsprozeß ausstößt. Arbeitslose, Greise, Kriegsbeschädigte, Invaliden, Krüppel, Kranke usw., die Lazarusschicht des Proletariats, wie Marx sagt, die Ärmsten der Armen, die ›das Brandmal der Lohnarbeit tragen‹. (...) Zu dieser ständigen, absoluten Verelendung des Lumpenproletariats muß man übrigens noch die *periodisch* auftretende absolute Verelendung der von der konjunkturellen Arbeitslosigkeit, von den Lohnsenkungen während der Krise usw. betroffenen Arbeiter zählen.«
   E. Mandel, ebenda S. 160.
** »*In demselben Maß also, worin die Arbeit unbefriedigender, ekelhafter wird, in demselben Maß nimmt die Konkurrenz zu und der Arbeitslohn ab.* Der Arbeiter sucht die Masse seines Arbeitslohns zu behaupten, indem er mehr arbeitet, sei es, daß er mehr Stunden arbeitet, sei es, daß er mehr in derselben Stunde liefert. Durch die Not getrieben, vermehrt er also noch die unheilvollen Wirkungen der Teilung der Arbeit. Das Resultat ist: *Je mehr er arbeitet, um so weniger Lohn erhält er,* und zwar aus dem einfachen Grunde, weil er in demselben Maß seinen Mitarbeitern Konkurrenz macht, sich daher ebenso viele Konkurrenten aus seinen Mitarbeitern macht, die sich zu ebenso schlechten Bedingungen anbieten wie er selbst, weil er also in letzter Instanz *sich selbst Konkurrenz macht, sich selbst als Mitglied der Arbeiterklasse.*«
   K. Marx, F. Engels, Werke, Bd. 6, Berlin 1961, S. 420.

die gesetzmäßige Entwicklung der »Kapitalzusammensetzung« ändern
und daher auch nicht das Wachstum der von ihr hervorgerufenen Arbeitslosigkeit aufhalten.

Die theoretische Schlußfolgerung von Marx beruht auf einer falschen
Prämisse, auch wenn diese zu seinen Lebzeiten durch die tatsächliche Entwicklung bestätigt zu sein schien. Er sah richtig, daß bei der Kapitalerweiterung der konstante Kapitalanteil (Produktionsmittel) am schnellsten wuchs – schneller als das variable Kapital (Lohnausgaben). Das
variable Kapital stieg zwar absolut ebenfalls an, aber nur im Verhältnis
zum gesamten Kapital: das heißt, es sank relativ. Die Wirkung der progressiven technischen Produktionsentwicklung rief schon immer arbeitssparende Konsequenzen hervor. Aus dieser Entwicklung der Kapitalzusammensetzung folgte, daß zwar die Zahl der beschäftigten Arbeiter
absolut stieg, aber in einem relativ zum Kapitalwachstum sich verlang-
samenden Tempo.

Gleichzeitig führt diese kapitalistische Produktionsentwicklung zu einer
ansteigenden Konzentration der Produktion, zum Wachstum großer,
technisch fortgeschrittener Betriebe. Die Großbetriebe rufen wiederum
einen Konkurrenzdruck auf die kleinen Betriebe hervor, dem diese nicht
gewachsen sind. Sie werden in steigendem Tempo entweder liquidiert
oder von den Großen verschlungen, so daß die Zentralisierung des Kapitals weiter vorangetrieben wird. Da die kleinen Betriebe eine niedrigere
Kapitalzusammensetzung als die großen haben, führt ihre Liquidation zu
der Freisetzung einer größeren Zahl an Arbeitskräften, als von den großen
Betrieben aufgenommen werden können.

Diese Kapitalentwicklung, gemeinsam mit dem natürlichen und bei den
Paupers besonders schnellen Wachstum der Arbeiterklasse, das sich noch
verstärkt durch die fortschreitende Proletarisierung der Klein- und Mittelproduzenten, sollte zu einem anwachsenden Überschuß an unbeschäf-
tigten Proletariern, der sogenannten industriellen Reservearmee, führen.
Besonders das Vordringen der kapitalistischen Produktion in die Landwirtschaft beschleunigt die Proletarisierung und das Wachstum der – teilweise verdeckten – Arbeitslosigkeit. Gleichzeitig mit dem Wachstum der
Arbeitslosenarmee und der Zahl der proletarischen *Paupers* sollte auch
die Arbeitsintensität und Ausbeutung der gesamten Arbeiterklasse anwachsen. So sah Marx die Entwicklungszusammenhänge und die gesetzmäßige Entwicklungstendenz des Kapitalismus.*

Die dauernde Erweiterung der kapitalistischen Produktion, begleitet

---

* »Je größer der gesellschaftliche Reichtum, das funktionierende Kapital, Umfang und
Energie seines Wachstums, also auch die absolute Größe des Proletariats und die Produktivkraft seiner Arbeit, desto größer die industrielle Reservearmee. Die disponible

von der Konzentration und Zentralisation der Produktion und des Kapitals, sollte auf einer gewissen Entwicklungsstufe alle nichtkapitalistischen Produktionsweisen – halbfeudale Landwirtschaften, Handwerksproduktionen etc. – beseitigen und zu einer vereinfachten, polaren Klassenstruktur führen. Am schnellsten sollte die Arbeiterklasse wachsen, die sich nicht nur zahlenmäßig zur stärksten Klasse der Gesellschaft zu entwickeln hätte, sondern die Hand in Hand mit der Konzentration und Zentralisation der Produktion tendenziell zu einer interessen- und bewußtseinsmäßig homogenen und immer besser organisierten Gesellschaftskraft werden sollte. Die relativ steigende Arbeitslosigkeit und die, durch die Ungleichmäßigkeit der Entwicklung einzelner Branchen und Betriebe hervorgerufene Interessendifferenzierung der Arbeiter, würden den Konkurrenzdruck unter den Arbeitern verstärken, wodurch ihr Kampf gegen die wachsende Ausbeutung und Verelendung wieder geschwächt wäre.

In der Anfangsphase der kapitalistischen Entwicklung verliefen diese Prozesse tatsächlich in der beschriebenen Weise und führten auch zu den dargelegten sozialen Ergebnissen. Die Arbeiterklasse wuchs schneller als jener Teil des wachsenden Kapitals, der sie beschäftigte. Die Zahl der Arbeitslosen stieg absolut und relativ im Verhältnis zur wachsenden Zahl der Proletarier. Der Kampf um die Arbeit und daher der Arbeiter untereinander war stärker als die gewerkschaftliche Einheit und Solidarität. Die zyklische Kapitalbewegung und mit ihr die Krisenjahre vertieften noch den allgemeinen Trend und schufen Jahre stark anwachsender Ausbeutung und zunehmenden Elends.*

Die um sich greifende Armut erfaßte alle Arbeiterfamilien und rief verständlicherweise immer mehr Verzweiflung, aber auch radikale Reak-

Arbeitskraft wird durch dieselben Ursachen entwickelt, wie die Expansivkraft des Kapitals. Die verhältnismäßige Größe der industriellen Reservearmee wächst also mit den Potenzen des Reichtums. Je größer aber diese Reservearmee im Verhältnis zur aktiven Arbeiterarmee, desto massenhafter die konsolidierte Übervölkerung, deren Elend im umgekehrten Verhältnis zu ihrer Arbeitsqual steht. Je größer endlich die Lazarusschicht der Arbeiterklasse und die industrielle Reservearmee, desto größer der offizielle Pauperismus. *Dies ist das absolute, allgemeine Gesetz der kapitalistischen Akkumulation.«*
K. Marx, Das Kapital, Bd. I, Berlin 1962, S. 673–674.
* »(...) es war eine, wenn auch teilhafte, doch unbestreitbare Wahrheit, daß die kapitalistische Wirtschaftsgesellschaft nicht eine harmonische Abgestimmtheit aller ihrer Teile sicherte, sondern in Marxens Zeit auf der rücksichtslosen Ausnutzung der Schwächeren beruhte; daß nicht jeder einzelne mit gleichen Rechten und gleichen Aussichten in den wirtschaftlichen Wettbewerb eintrat, sondern daß der Besitzer der Produktionsmittel ein dauernd wachsendes Übergewicht über den Arbeiter besaß, der nichts als seine Arbeitskraft anzubieten hatte und der vor Marx noch wenig von den Möglichkeiten einer Verbesserung der Arbeitsbedingungen durch Zusammenschluß ahnte.«
E. Salin, Politische Ökonomie, Tübingen–Zürich 1967, S. 110.

tionen und revolutionäre Stimmungen hervor. Es ist das Bild jener frühen kapitalistischen Entwicklung, das sich – wenn auch in modifizierten Formen – so doch im wesentlichen in vielen heutigen Entwicklungsländern wiederholt.

Voreilige Schlußfolgerung von Marx

Der grundsätzliche Fehler von Marx war eigentlich, daß er die absoluten Akkumulations- und Erweiterungsmöglichkeiten des Kapitals unterschätzte. Vor allem auf der Basis der sich verstärkenden Konzentration der Produktion und des Kapitals sowie einer progressiven technischen Entwicklung und Produktivitätssteigerung vergrößerte sich in den ältesten kapitalistischen Ländern der jährliche absolute Umfang des Mehrwerts in einem früher nicht denkbaren Tempo. Der immense Umfang der Profite ermöglichte eine so schnelle Akkumulation und Erweiterung des Kapitals, daß auch das variable Kapital – obgleich weiterhin im Verhältnis zum gesamten Kapitalumfang relativ sinkend – sich absolut vergrößerte. Und zwar so sehr, daß es schließlich stärker anwuchs als die Zahl der inländischen Arbeitskräfte. So entstand in den höchstentwickelten kapitalistischen Ländern schließlich sogar Vollbeschäftigung.

Auch wenn dadurch die zyklische Entwicklung nicht beseitigt wurde, sollte sie im späteren durch die Vollbeschäftigungstendenz am wesentlichsten beeinflußt werden. Auf jeden Fall hatte aber die allmähliche Verkleinerung der Arbeitslosen-(»Reserve«-)armee einen sehr starken Einfluß auf die Entwicklung der sozialen Stellung der gesamten Arbeiterklasse. Die allmählich schneller anwachsende Nachfrage nach Arbeitskräften gegenüber ihrem Angebot implizierte zugleich einen sich relativ verkleinernden Konkurrenzdruck auf die Löhne und Arbeitsintensität der beschäftigten Arbeiter, was nicht nur direkt ihre Lage verbesserte, sondern auch die objektiven Bedingungen für eine fortschreitende Vereinheitlichung und für die Stärkung ihrer gewerkschaftlichen Organisiertheit und ihres Kampfes schuf. Dies ermöglichte wieder das Wachstum der Reallöhne und im weiteren auch Kürzungen der Arbeitszeit.

Es zeigt sich, daß die von Marx als Gesetz formulierte Verelendung der Arbeiterklasse innerhalb des Kapitalismus in Wirklichkeit nur eine Tendenz der *frühen* kapitalistischen Entwicklung zum Ausdruck bringt. Solange eben eine noch ungenügend breite Produktionsbasis einen nicht genügend großen Umfang an Mehrwert liefert, kann die zu kapitalisierende Mehrwertmenge keine solche Vergrößerung des variablen Kapitals sichern, die die stark anwachsende Zahl der proletarisierten Arbeitskräfte absorbieren könnte. Es ist gleichzeitig die ungenügende Menge an Mehrwert unter den Bedingungen eines Überflusses an billigen Arbeitskräften, die die Kapitalisten dazu bringt, diesen Mehrwert durch möglichste Verlängerung der Arbeitszeit, Intensivierung der Arbeit, Herabsetzung der Löhne etc. maximal zu vergrößern – um ihn ebenso schnell wieder kapitalisieren zu können. All diese Bedingungen und Zusammenhänge untersucht zwar die marxistische Theorie, verallgemeinert sie aber als Gesetzmäßigkeit für den gesamten Kapitalismus.

Mit dem Entstehen eines Überflusses an Kapital in den entwickelten kapitalistischen Ländern änderten sich auch alle jene von Marx geschilderten Zusammenhänge. In den Grundzügen wurde dies nun auch in der Wachstumstheorie von N. Kaldor ausgedrückt*, und zwar in seiner Schilderung der zwei Stadien der kapitalistischen Wirtschaftsentwicklung. Es soll hier nicht näher auf seine Wachstumstheorie eingegangen werden, in der er die Rolle des Marktmechanismus überschätzt und jene sozialen Folgen übersieht, die durch rein marktmäßig, a posteriori korrigierte Wachstumswidersprüche bis in die heutigen Tage entstehen. Auf dieses Problem kommen wir später. Aber die eigentliche Produktions- und Wachstumsgrundlage der wesentlich unterschiedlichen Situation der Arbeiter im 19. und 20. Jahrhundert in den ältesten kapitalistischen Ländern hat er sehr wohl erfaßt. Mit dem Entstehen eines Kapitalüberschusses und mit beginnender Vollbeschäftigung verschwindet vor allem die Ursache der von Marx aufgezeigten Verelendung der Arbeiter.

Ausbeutungstheorie

Die Mehrwerttheorie von Marx ist in ihren Grundzügen richtig, und alle westlichen Theorien, die ohne diese Aufteilung des neugeschaffenen Wertes auszukommen versuchen, sind in ihrer Erklärung grundlegender makroökonomischer Zusammenhänge beschränkt. Solange der Lohn arbeitender Menschen vor allem für Konsumgüter oder Dienstleistungen ausgegeben wird, sich nur minimal in Kapital verwandelt und deshalb bei den Lohnempfängern im Grunde auch kein Kapitalinteresse aufkommen läßt, so lange hat es einen theoretischen Erkenntniswert, diesen durch Lohn ausgedrückten Arbeitskraftwert vom Mehrwert zu unterscheiden. Die gesellschaftlichen Aneigner und Verwender des Mehrwerts müssen auch ein gesellschaftlich notwendiges, dem Lohninteresse gegenüberstehen-

---

* N. Kaldor, Essays on Economic Stability and Growth, London 1960.

des Kapitalinteresse haben.

Auch wenn der Wert der Arbeitskraft unter den Bedingungen der Vollbeschäftigung nicht mehr durch einen *langfristig konstanten* Konsumgüterkorb bestimmt wird oder noch weniger zu einem Existenzminimum tendiert, so wird er im Durchschnitt doch weiterhin durch gesellschaftlich jeweils kurzfristig gegebene Bedürfnisse und ihre notwendige ökonomische Befriedigung bestimmt. In jedem Land entwickelt sich jeweils für bestimmte Zeitperioden ein durchschnittliches Ausmaß von materiellen und kulturellen Bedürfnissen, deren Befriedigung als notwendig und gesellschaftlich begründet empfunden wird. Bei schnell wachsender Produktion ändern sich auch rasch die bildungsmäßigen Qualifikationsanforderungen, die materiellen Lebensbedingungen, die modischen Zwänge, die hygienischen Selbstverständlichkeiten, die kulturellen Ansprüche, die notwendigen Transportmittel, die Freizeitbedürfnisse der Lohnempfänger. Aus dem Deutlichwerden solcher sich ändernden Bedürfnisse, sowie der entsprechenden Preisentwicklung, geht auch der gewerkschaftliche Kampf um die Lohnentwicklung hervor.*

Mit der Steigerung der Arbeitsproduktivität und der Profitrate in volkswirtschaftlichem Maßstab wachsen die Investitionsvorhaben, die zugleich die allgemeine Nachfrage nach Arbeitskräften vergrößern. In dieser Situation sehen die Lohnempfänger die Möglichkeit gegeben, den Umfang ihres Konsums durch Lohnerhöhungen zu erweitern. Die Gewerkschaftsforderungen werden diesen Druck organisiert – wenn nötig mit Kampfmethoden – durchsetzen. Für eine kurze Zeit wird sich wieder ein neuer, höherer durchschnittlicher Konsumumfang stabilisieren, der den durchschnittlichen Wert der Arbeitskraft festlegt. Um diesen jeweils kurzfristig fixierten Wert der Arbeitskraft wird weiterhin der konkrete Lohn, je nach der sich different bildenden Angebots- und Nachfragesituation in den verschiedenen Tätigkeitsbranchen, oszillieren.

Die Arbeiter oder Lohnempfänger betrachten immer wieder den so für einzelne Perioden bestimmten durchschnittlichen Konsumumfang als den selbstverständlichen Gegenwert für den Verkauf ihrer Arbeitskraft. Sie werden unter den Bedingungen des entfremdeten Kapitaleigentums ihre Lohnansprüche nicht den Argumenten über »Investitionsbedürfnisse«

---

* »Je bedeutungsvoller mit alledem die allgemein-zivilisatorischen Bedürfnisse geworden sind, die durch den Arbeitslohn abgedeckt werden müssen, desto mehr erweitert sich auch jener Spielraum für den Lohnkampf, den die Gewerkschaften schon Marx zufolge ohne Verletzung des ›Wertgesetzes‹ des Arbeitslohnes ausschöpfen können. Je mehr sich aber dieser Spielraum vergrößert, desto unbestimmter wird der ›Wert‹ der Arbeitskraft selbst als eine ›Größe‹, die mit der Höhe des Lohnes verglichen werden könnte.«
W. Hofmann, Verelendung, in: Folgen einer Theorie, Essays über »Das Kapital« von Karl Marx, Frankfurt/M. 1967, S. 51.

unterordnen. In der Vollbeschäftigung kann dies zugleich eine Ursache der Inflationsentwicklung bilden, die noch behandelt wird.

Durch den organisierten Kampf der Lohnempfänger in Situationen, in denen ihr Einfluß auf die Grundaufteilung des neugeschaffenen Wertes auf Löhne und Mehrwert erheblich gestiegen ist, wird langfristig – innerhalb ständiger größerer oder kleinerer Abweichungen – eine Beteiligung der Löhne am Nationaleinkommen entstehen, die durch das Verhältnis von Konsumtion und Investitionen gegeben ist. Der Konsum wird aber weiterhin große, klassenmäßig unterschiedliche Modifikationen aufweisen. Der Mehrwert muß langfristig den Konsum der privaten Kapitaleigentümer, der nichtproduktiven Gesellschaftsmitglieder und den gesellschaftlichen Konsum, wie die für den gesamten Konsum benötigte Investitionsentwicklung sichern. Hat der durch Steuern und Staatsausgaben gedeckte gesellschaftliche Konsum und der Umfang der Investitionen relativ zu wachsen, so wird sich auch notwendig ein entsprechendes Wachstum der Mehrwertrate realisieren. In der kapitalistischen Praxis kann sich diese objektiv notwendige Entwicklung aber nur als fortwährend gestörte Tendenz durchsetzen. Immer wieder wird es Perioden geben, in denen der Mehrwert die objektiv benötigte Größe übersteigen, dann wieder Zeiten, in denen er seine ungenügende Höhe durch Preissteigerungen erreichen wird.

Langfristig wird sich so eine objektiv notwendige Verschiebung der Proportion zwischen produktiven Löhnen und dem Mehrwert vollziehen – wobei die Mehrwertrate steigen oder in bestimmten Perioden auch konstant bleiben kann. Die statistischen Angaben erlauben keine exakte Beobachtung der Mehrwertrate. Auf jeden Fall wird aber der jeweils konkrete Anteil der produktiven Löhne am Nationaleinkommen in bestimmten Augenblicken oder Zeitabschnitten unter den langfristigen Trend sinken. Er wird jedoch im allgemeinen nicht so weit sinken, daß – bei der gegebenen Anzahl von Lohnempfängern – der durchschnittliche *individuelle* Lohn unter den Wert der Arbeitskraft – den jeweils gesellschaftlich fixierten durchschnittlichen Konsumumfang – sinken würde. Auf der anderen Seite kann aber der Lohnanteil auch nicht so steigen, daß die notwendigen Investitionen gefährdet würden. Erkämpfte übersteigerte Lohnforderungen werden immer durch Preissteigerungen kompensiert, ja, sogar überschritten.* So entsteht eine potentielle Aufteilungsspanne, innerhalb derer die erkämpfte konkrete Aufteilung sowohl ein

---

* »Diese sich aus der Struktur des Lohnanteils ergebende Tendenz zu geringen Veränderungen ist – wie bereits erwähnt – überdies in einen Rahmen eingebettet, der keine allzu radikalen Abweichungen nach unten oder oben zuläßt. Denn einerseits muß den Arbeitern das Lebensminimum garantiert sein, und das steigt mit der wachsenden Kom-

zeitweiliges Zurückbleiben des gesamten Konsums hinter der Produktionsentwicklung mit Rezessionserscheinungen, als auch eine inflationäre Konsumentwicklung nicht ausschließt.*

Ist also die Steigerung der Produktivität und der Profitrate der Ausgangspunkt der Lohnkämpfe, so kann aber nur die *makroökonomische* Entwicklung der Profitrate, besser gesagt: der wachsende Anteil des gesamten Mehrwerts am Nationaleinkommen auch Bedingungen für das Wachstum der realen Löhne schaffen. Differenzen zwischen der Profitentwicklung einzelner Branchen und Betriebe sind objektiv nötig und können über die objektiv mögliche oder notwendige Lohnentwicklung nichts aussagen. Sowohl der gewerkschaftliche Kampf der Lohnempfänger, als auch die Gegenaktionen der Unternehmer müssen sich langfristig an der Entwicklung der Makroeinkommensverteilung orientieren.** Es ist ein gesellschaftlich fundierter, interessenmäßig gegensätzlicher Kampf um die Grundaufteilung der Einkommen in Löhne und Mehrwert, der aber letztendlich den objektiven Zusammenhängen eines langfristigen ökonomischen Wachstums erliegt.

Der Versuch verschiedener westlicher Ökonomen, die weiterhin bestehenden Interessengegensätze im Kapitalismus zu leugnen und aus diesen Gründen die Mehrwerttheorie abzulehnen, dient nicht der Entwicklung tiefgehender und notwendiger theoretischer Einsichten. Betrachtet man etwa die Argumentation Schumpeters gegen die Mehrwerttheorie, so sieht man auf den ersten Blick, wie das wissenschaftliche Niveau der Argumen-

pliziertheit der Arbeit, und anderseits hängt das Funktionieren der kapitalistischen Wirtschaft davon ab, daß den Unternehmern ein Einkommen zufällt, das sie als entsprechend erachten.«

K. W Rothschild, Der Lohnanteil am Gesamteinkommen, in: Weltwirtschaftliches Archiv, Bd. 78, Heft 2, 1957, S. 179.

* »Die Klasse der Besitzenden wird nicht immer relativ reicher und die der Arbeiter relativ ärmer, vielmehr bleiben die Proportionen langfristig gewahrt. Kurzfristig allerdings zeigen sich doch erhebliche Schwankungen in der Einkommensverteilung.«

W. Krelle, Ist eine Umverteilung der Einkommen in der modernen Volkswirtschaft möglich? in: Die Aussprache, 4, 1957, Arbeitsgemeinschaft selbständiger Unternehmer (Hrsg.), S. 103.

** »Solange also nicht das Bestreben besteht, auf dem Wege der produktivitätsorientierten Lohnpolitik *individuelle* Lohnanteile zu stabilisieren, sondern sich jeder Einzelbereich an dem gesamtwirtschaftlichen Produktivitätsfortschritt ausrichtet, ist das Aggregationsproblem kein Argument gegen den hier zu Diskussion stehenden verteilungstheoretischen Ansatz. Eine Konstanz der gesamtwirtschaftlichen Lohnquote ist nicht an unveränderliche Mikroquoten gebunden, sondern wir müssen ... umgekehrt feststellen, daß in einer sich in ihrer Struktur wandelnden Wirtschaft ständige Fluktuationen der Mikroquoten *notwendige Voraussetzung* einer konstanten Makroquote sind.«

G. Bombach, Die verschiedenen Ansätze der Verteilungstheorie, aus: Einkommensverteilung und technischer Fortschritt, Berlin 1959, S. 108.

tation durch den vorausgesetzten ideologischen Zweck sinkt. Die Ansichten von Marx werden vereinfacht, ohne daß der Autor seine Interpretationen durch konkrete Zitate belegt.

Abgesehen von dem emotional verbreiteten, von beiden Seiten pejorativ gemeinten Klang des Begriffs »Ausbeutung«, kann sein rational mit der Mehrwerttheorie erklärter Inhalt nicht durch die folgenden Argumente Schumpeters widerlegt werden. Schumpeter behauptet, daß der »Ausbeutungscharakter der Gewinne ein vollkommenes Konkurrenzgleichgewicht unmöglich machen würde«*. Warum aber das Faktum, daß die Kapitaleigentümer sich den Mehrwert aneignen und mit ihm disponieren (was natürlich nicht bedeutet, daß sie ihn voll konsumieren), schließlich zu einer solchen Steigerung der Löhne führen sollte, daß der Gewinn gegen Null geht, ist einfach nicht zu verstehen. Es ist doch nicht zu bestreiten, daß die Kapitalisten nicht nur subjektiv bestrebt, sondern auch objektiv immer gezwungen waren, den Profit zu maximieren, ungeachtet dessen, ob die Ausbeutungstheorie akzeptiert oder nicht akzeptiert wird. In der notwendigen Erweiterung der kapitalistischen Produktion wurde aber langfristig nicht nur die Nachfrage nach Arbeitskräften, sondern auch die Lohnhöhe angehoben, bis schließlich die Vollbeschäftigung entstand. Trotz der Lohnsteigerungen und des nicht endenden Drangs nach höheren Profiten werden diese natürlich nicht auf Null sinken, sondern können im Gegenteil absolut und in bestimmten Perioden eventuell auch relativ (im Verhältnis zu den Löhnen) wachsen.

Das ist dann nicht nur den Monopolen zuzuschreiben, sondern müßte auch unter Bedingungen einer theoretisch erwogenen »vollkommenen Konkurrenz« so sein. Der Mehrwert muß, wie gesagt, nicht nur die Konsumbedürfnisse der Kapitalisten decken, sondern auch die notwendigen, durch die Konkurrenz erzwungenen wachsenden Investitionen, und er muß schließlich die gesamte nichtproduktive Konsumtion und nichtproduktive Investitionen sichern, die aus den Steuern (Redistribution des Mehrwerts) gedeckt werden. Würden die Profite aufgrund der Lohnsteigerungen so weit sinken, daß sie – neben den verbindlichen Steuern – nicht mehr die notwendigen Investitionen decken würden, dann könnte sich die Produktion nicht erweitern. Die notwendig ungleichmäßige

---

* »Überdies kann nachgewiesen werden, daß ein vollkommenes Konkurrenzgleichgewicht nicht in einer Situation bestehen kann, in der alle Kapitalisten-Arbeitgeber Ausbeutungsgewinne machen. Denn in diesem Falle würde jeder einzelne versuchen, die Produktion auszudehnen, und die Massenwirkung dieses Unterfangens würde unvermeidlich dahin tendieren, die Lohnsätze zu erhöhen und derartige Gewinne auf Null zu reduzieren.«
J. A. Schumpeter, Kapitalismus, Sozialismus und Demokratie, Berlin 1950, S. 54.

Entwicklung würde bei dem gegebenen Konkurrenzkampf unmittelbar zu Bankrotten der schwächsten Kapitalisten und im weiteren vor allem der Produzenten von Investgütern führen, die nicht genügend Absatz finden (Krisen). Dadurch würde so lange Arbeitslosigkeit entstehen oder sich vergrößern und Lohnsenkungen hervorrufen, bis die notwendige Profitsteigerung wieder erzielt ist.

Die marxistische Theorie der kapitalistischen Aneignung des Mehrwerts kann also wirklich nicht mit so primitiven Argumenten widerlegt werden, wie Schumpeter das versucht. Der Mehrwert ist nur eine spezifisch historische Form des Surplus- oder Mehrprodukts (die Produktion übersteigt den Konsum der Produzenten), das immer existierte und natürlich auch im Sozialismus existieren muß. Die Mehrwerttheorie von Marx erklärt die historische Notwendigkeit dieser spezifisch kapitalistischen Form des Mehrprodukts. Niemals in der Geschichte haben sich die produktiven Käfte das ganze Produkt ihrer Arbeit aneignen können, und immer mußte es ein Mehrprodukt geben, das in der Marktwirtschaft notwendigerweise den Wertausdruck annimmt. Marx selbst betonte nicht nur die Notwendigkeit der kapitalistischen Aneignung, sondern auch die historisch progressive Rolle des Kapitalismus.* Ob nun das Mehrprodukt einst von Sklavenhaltern oder von den Feudalherren angeeignet wurde oder ob es in der Form des Mehrwerts den Kapitalisten oder im bürokratischen »Sozialismus« dem Staat zufällt – die Existenz dieses Mehrprodukts kann schwerlich mit Hinweisen auf Gleichgewichtsprobleme bestritten werden.

Was aber wirklich eine schwerwiegende Vereinfachung in der Ausbeutungstheorie darstellt, ist die These, daß der gesamte Mehrwert im Kapitalismus nur den Kapitalisten zufällt, respektive nur ihren Interessen dient. Zu Lebzeiten von Marx war zwar die Rolle der Tätigkeiten, die außerhalb der Produktion ausgeübt und aus dem Mehrwert finanziert wurden, in weitaus höherem Maße eine Tätigkeit *für* die Kapitalisten. Diese hatten auch einen viel intensiveren Einfluß auf die gesamte Staatstätigkeit, als das heute der Fall ist. Trotzdem waren bereits damals die verschiedensten sozialen Dienstleistungen zu einem Teil auch Tätigkeiten für die arbeitenden Menschen. Entsprechend der Erweiterung und Konzentration der kapitalistischen Produktion war etwa eine relative Aus-

---

* »Die Bourgeoisie hat in ihrer kaum hundertjährigen Klassenherrschaft massenhaftere und kolossalere Produktionskräfte geschaffen als alle vergangenen Generationen zusammen. Unterjochung der Naturkräfte, Maschinerie, Anwendung der Chemie auf Industrie und Ackerbau, Dampfschiffahrt, Eisenbahnen, elektrische Telegraphen, Urbarmachung ganzer Weltteile, Schiffbarmachung der Flüsse, ganze aus dem Boden hervorgestampfte Bevölkerungen – welch früheres Jahrhundert ahnte, daß solche Produktionskräfte im Schoß der gesellschaftlichen Arbeit schlummerten.«
K. Marx, F. Engels, Werke, Bd. 4, Berlin 1959, S. 467.

weitung dieser Dienstleistungen zu erwarten. Daß aber heute der offizielle »Marxismus« einen beträchtlichen und wachsenden Teil des Mehrwerts ignoriert, der nach seiner Umverteilung im Kapitalismus auch den arbeitenden Menschen wieder zugute kommt, richtet sich schließlich gegen ihn selbst.

Eine exakte Berechnung der Mehrwertrate ist wegen der ungenügend gesicherten statistischen Methode kaum möglich. Noch schwieriger sind daher Versuche, die Mehrwertrate verschiedener Länder und Systeme präzis zu vergleichen. Schwierigkeiten bereitet dabei schon die Berechnung des »neugeschaffenen Wertes« in der Produktion, und nur ungenau kann die Entlohnung der produktiven Kräfte, vor allem in der Landwirtschaft und bei anderen selbständigen Klein-Produzenten, berechnet werden. Interessante Übersichten, unter Angabe verschiedener »Value added«-Angaben, die dem marxistischen Begriff des »neugeschaffenen Wertes« nahekommen, hat der tschechische Ökonom J. Krejčí aufgrund von statistischen Angaben der UNO und des tschechoslowakischen statistischen Jahrbuchs ausgearbeitet. Hier einige Übersichten:

Volkswirtschaftlicher Vergleich*

	ČSSR 1962	Ungarn 1965	Polen 1962	Frankr. 1959	Österr. 1961	Norw. 1965
1. Net value added	178,366	172,212	426,687	184,082	127,395	347,098
2. Entlohnung der Beschäftigten	85,373	90,516	169,221	85,286	63,545	184,503
3. Einkommen privater Landwirte	—	—	77,656	19,627	12,109	29,818
4. Angaben 2 + 3	85,373	90,516	246,877	104,913	75,654	214,321
5. Mehrwert (Angaben 1–4)	92,993	81,696	179,810	79,169	51,741	132,777
6. Mehrwert als Prozent aus Net value added	52,1	47,4	42,1	43,0	40,6	38,2
7. Mehrwert als Prozent der Arbeitsentlohnungen (2 + 3)	108,9	90,3	72,8	75,5	68,4	62,0

* J. Krejčí, University of Lancaster, 1972
Comparable data elaborated by the Economic Commission for Europe on the basis of national input-output tables, figures in millions of national currency.

Die Einkommen privater Landwirte wurden von dem *Net value added* voll abgerechnet, da in den angeführten westlichen Ländern kleine und mittlere Bauern, größtenteils selbst arbeitend, überwiegen. Die Respektierung einer kleinen Menge »ausgebeuteter« Landarbeiter, deren Mehrwertschaffung hier ausgelassen ist, würde die globalen Angaben in Spalte 3 bei den betreffenden Ländern höchstwahrscheinlich reduzieren. Um jedoch diesen nicht exakt zu erkennenden und zu beseitigenden Fehlrechnungen auszuweichen, wurden Vergleiche des Mehrwerts auch für die verarbeitende Industrie angestellt. Da in manchen westlichen Ländern das *Value added* inklusive indirekten Steuern, in anderen exklusive berechnet wird, wurden zwei Tabellen mit jeweils entsprechenden Angaben auch aus östlichen Ländern ausgearbeitet:

Verarbeitende Industrie*
(Durchschnitt von fünf Jahren: 1963–1967)

	Anteil der Löhne und Gehälter am *Value added*	Mehrwert als Prozent der Löhne u. Gehälter
Bundesrepublik Deutschland	40,7 Prozent	145,4 Prozent
Ungarn	37,3 Prozent	169,2 Prozent
Jugoslawien**	30,7 Prozent	214,9 Prozent
UdSSR***	29,0 Prozent	243,3 Prozent

* J. Krejčí, Market prices (including turnover tax) concept calculated according to the UN Statistical Yearbooks.
** nur Nettolöhne.
*** Lohnangaben ohne Naturentlohnungen, sowie gesamte Industrie (inkl. Bergbau).

Verarbeitende Industrie*
(Durchschnitt von fünf Jahren: 1963–1967)

	Anteil der Löhne und Gehälter am Value added	Mehrwert als Prozent der Löhne u. Gehälter
USA	50,9 Prozent	96,8 Prozent
Belgien	48,7 Prozent	104,9 Prozent
Italien	63,2 Prozent	58,3 Prozent
Spanien**	45,9 Prozent	117,3 Prozent
Schweden	55,7 Prozent	79,2 Prozent
England	64,4 Prozent	54,9 Prozent
Japan***	34,1 Prozent	193,4 Prozent

(Für die Tschechoslowakei konnten nur Angaben aus der *gesamten* Industrie und nur für die Jahre 1967–1970 erlangt werden. In der verarbeitenden Industrie allein wäre die Mehrwertrate größer.)

ČSSR	48,0 Prozent	108,5 Prozent

Diese ungefähre Übersicht besagt nichts über die Verwendung des Mehrwerts und schon gar nichts über die Ursachen der recht unterschiedlichen Mehrwertraten. Hier ging es nur um den Versuch, den Begriff Mehrwert hinsichtlich der sehr unterschiedlichen Vorstellungen – und trotz der nicht ganz zu überwindenden statistischen Schwierigkeiten – zu konkretisieren. Erst eine spezielle Analyse der »sozialistischen« Praxis kann etwas über die Verwendung des Mehrwerts im »sozialistischen« System aussagen. Gegenüber einseitigen und propagandistischen Behauptungen, im »Sozialismus« sei die Ausbeutung beseitigt, muß jedoch schon hier gesagt werden, daß ein großer und wachsender Teil des Mehrwerts im »Sozialismus« nicht im Interesse der arbeitenden Menschen angelegt wird. Staatliche Ausgaben für riesige bürokratische Apparate, für unzweckmäßige und entfremdete Propagandaaktionen, für unvorbereitete, verschwenderisch durchgeführte und weit weniger als im Kapitalismus effektive Investitionen, für immer größere, die Produktions- und Außenhandelsverluste deckende Subventionen, für wachsende Läger nicht benötigter und periodisch liquidierter Produkte etc. – alles dies bedeutet, daß der Mehrwert

---

* J. Krejčí, Value added (factor cost) concept calculated according to the U.N. Statistical Yearbooks.
** Nur 1963–1966.
*** Nur 1963–1966 und Lohnausgaben ohne Naturalentlohnungen.

nicht im Interesse der arbeitenden Menschen verwendet wird.*

Ebensowenig können allerdings die für das Gesundheits-, Sozial-, Schulwesen, in wachsendem Maß auch für die kulturelle Entwicklung aufgebrachten Ausgaben, die in kapitalistischen Ländern aus dem Mehrwert gedeckt werden, einfach als Ausgaben *gegen* die Interessen der arbeitenden Menschen dargestellt werden. Auch der Einfluß dieser Menschen auf die Tätigkeit des Staates kann nicht bestritten werden; aber dieses Problem wird noch gesondert behandelt.

Was nach allen »sozialistischen« Erfahrungen keineswegs übergangen werden kann (so wie das bisher in der marxistischen Theorie der Fall war), ist die Rolle des Mehrwerts bei der Entwicklung der Gründertätigkeit in der Produktion. Die Gründung neuer Betriebe war immer ein Risiko, da sie vor allem auf Voraussagen der zukünftigen Verkaufsmöglichkeiten basierte. Auch im Sozialismus kann dieses Risiko nicht vollkommen eliminiert werden, und wenn man es dennoch auf bürokratische Weise beseitigt, führt das zu total verantwortungslosen Entscheidungen. Im gegenwärtigen Kapitalismus, und im »Sozialismus« gleichermaßen, gibt es Bedingungen, unter denen das Risiko zukünftiger Verluste bei Betriebsneugründungen nicht beseitigt werden kann. Auch wenn dieses Risiko heute nicht unbedingt von einzelnen Individuen getragen und zum Beispiel kollektiviert werden kann, so werden es aber auf der gegebenen Entwicklungsstufe Menschen, Privatleute oder Kapitalkollektive nur dann eingehen, wenn die Möglichkeit zukünftiger Verluste durch die Aussicht auf gewisse »Gegenleistungen« aufgewogen wird.

Auch wenn also nicht behauptet wird, daß eine derartige Motivation *nur* dem privaten Profitstreben eigen sein kann, so ist dies historisch mit dem Kapitalismus verbunden und müßte deshalb auch in der Theorie als ein – auf einer bestimmten Entwicklungsstufe notwendiger – Entwicklungsstimulus anerkannt werden. Wenn der Marxismus den Anspruch auf eine wissenschaftliche Erklärung historischer Entwicklungsnotwendigkeiten erhebt, dann muß er auch die volle historische Funktion und Aufteilung des Mehrwerts richtig deuten. Auf einer bestimmten Entwicklungsstufe kann die Neugründung von Betrieben nur mit Hilfe des Profitansporns ökonomisch gesichert werden. Ohne eine bestimmte Entlohnung für diese Gründertätigkeit würde im Kapitalismus die produktive Entwicklung zum Schaden der gesamten Menschheit nicht vorangetrieben werden. Ökonomische *Incentives* können weder auf der kapitalistischen noch sozialistischen Entwicklungsstufe durch bloße Bewußtseinsformen oder moralische Motivationen ersetzt werden.

---

* Siehe darüber konkretere Angaben in O. Šik, Fakten über die tschechoslowakische Wirtschaft, Wien 1969.

Hat nun Marx die eigentliche Tätigkeit der Kapitalisten in der Produktion und der ganzen Wirtschaft, wie etwa die Leitung der Produktion, des Handels, die Finanztätigkeit etc. speziell erwähnt und als wesentlichen Bestandteil der gesamten produktiven Tätigkeit angesehen*, für die auch der entsprechende Teil aus dem Mehrwert abgerechnet werden muß, so hat er die für das Risiko der Neugründung wichtige Entlohnung der Kapitalisten übersehen. Ohne diese historisch notwendige Entlohnung theoretisch in Anschlag zu bringen, bleibt aber die Mehrwerttheorie weiterhin ungenügend.

Es ist inkonsequent, die Notwendigkeit von ökonomischen Interessen und daher materiellen Anreizen für die eine oder andere ökonomische Tätigkeit über eine lange historische Epoche anzuerkennen, aber die unhintergehbare Bedeutung spezieller Anreize für die risikoreiche Gründung neuer Betriebe zu ignorieren. Solange es in der Gesellschaft einen relativen Mangel an materiellen Gütern und Arbeit gibt, wird niemand Kapital anlegen, das durch ungenügende Entwicklungen des zukünftigen Marktes verloren werden kann, ohne Aussicht auf bestimmte Gewinnchancen. Der spezifische Lohn für solche Unternehmertätigkeit und drohende Verluste führen zu viel durchdachteren, geprüfteren und allseitiger analysierten Entscheidungen, als dies bei unmittelbar gewinn- und verlustlosen Gründerentscheidungen der Fall wäre. Während einer sehr langen historischen Entwicklung – im Grunde so lange, wie der Markt nicht exakt prognostiziert werden kann und die materiellen Güter relativ knapp sind – kann ein solch spezifischer materieller Lohn also nicht beseitigt werden, auch wenn er nicht immer nur von Privateigentümern angeeignet werden muß (wie gesagt, kann es auch Neugründungen von Kapitalkollektiveigentümern geben).

Der heutige »Marxismus« kann die Notwendigkeit dieses materiellen Anreizes überhaupt nicht anerkennen, da er vollkommen auf dem Boden der risikolosen, bürokratischen, »planmäßigen« Entscheidung steht. Doch auch eine staatliche Entscheidung über die Gründung eines neuen Betriebes bleibt eine Risikoentscheidung insofern, als der zukünftige Bedarf bestimmter Produktionen nicht genau vorhergesehen werden kann und die Investitionen »verpulvert« werden können (und auch in der »sozialistischen« Praxis in nie dagewesenem Ausmaß tatsächlich verpulvert werden).

---

* »Einerseits in allen Arbeiten, worin viele Individuen kooperieren, stellt sich notwendig der Zusammenhang und die Einheit des Prozesses in einem kommandierenden Willen dar, und in Funktionen, die nicht die Teilarbeiten, sondern die Gesamttätigkeit der Werkstatt betreffen, wie bei dem Direktor eines Orchesters. Es ist dies eine produktive Arbeit, die verrichtet werden muß in jeder kombinierten Produktionsweise.«
K. Marx, Das Kapital, Bd. III, Berlin 1964, S. 397.

Solange also in den gegebenen Arbeits- und Knappheitsbedingungen Neugründungen mit ökonomischen Risiken verbunden sind, kann auch die Bedeutung bestimmter ökonomischer Anreize nicht übergangen werden. Sie sind notwendig, sollen nicht riesige Verluste aus bürokratischen, von ökonomischen Anreizen zwar befreiten, aber auch ebenso verantwortungslosen (weil nicht die eigene Tasche betreffenden) Neugründungen auf die ganze Gesellschaft abgewälzt werden.

Aus all dem folgt, daß man mit einer vereinfachten Mehrwerttheorie die kapitalistische Aneignung nicht darstellen kann. Die Vorstellungen über die kapitalistische Ausbeutung werden simplifiziert, auch wenn die Existenz der kapitalistischen Mehrwertaneignung selbst nicht bestritten werden kann. Wird in der Mehrwerttheorie die Aufteilung und historische Funktion des Mehrwerts genauer erklärt und jener Mehrwertteil erwähnt, der als Entlohnung der eigenen, wirtschaftlich notwendigen Tätigkeit der Kapitalisten sowie ihrer Risikoübernahmen entspricht, und schließlich auch jener Teil angesprochen, der durch den Staat zugunsten der werktätigen Menschen umverteilt und benutzt wird, so verliert diese Theorie ihren einseitig emotionalen Charakter und begreift die Realität umfassender.

Auch wenn der von den Kapitalisten angeeignete Mehrwert größtenteils wieder kapitalisiert wird und nur ein minimaler Teil ihren Konsumzwecken dient, so ist aber eben diese private Kapitalisierung des Mehrwerts die Grundlage einer dauernd anwachsenden wirtschaftlichen Macht einer kleinen Gruppe von Menschen, die heute immer mehr zum Hindernis für eine effektivere und humanere gesellschaftliche Entwicklung wird.

Entwicklung der Arbeitersituation

Auch wenn es geraten war, an dieser Stelle verschiedene aktuelle Vereinfachungen der marxistischen Mehrwerttheorie zu behandeln, deren Wichtigkeit noch von den späteren Ausführungen unterstrichen wird, so muß betont werden: Marx hat mit der Darstellung der Ausbeutung selbst nicht die Notwendigkeit des Sozialismus begründet. Im Unterschied zu vielen heutigen emotionalen Verurteilungen der kapitalistischen Ausbeutung sah Marx in ihr vollkommen rational eine historische Notwendigkeit, ohne die die Gesellschaft nicht jene großen Produktionserfolge erreicht hätte, die nicht mehr zu bestreiten sind.* Soweit er sich aus ethischen Motiven

---

* »Ein Vergleich der – einkommensvermittelten – durchschnittlichen ›Lebenslage‹ der Angehörigen unterschiedlicher gesellschaftlicher Gruppen widerspricht überhaupt der

negativ über diese Ausbeutung äußerte, geschah das immer bei der Schilderung jener Arbeits- und Lebensverhältnisse, die für die damalige Situation des Großteils der Arbeiter charakteristisch war. Aber natürlich sah er die Begründung des Sozialismus nicht in dieser Ausbeutung und sozialen Situation der Arbeiter selbst, also, negativ, in einer moralischen Verurteilung des Kapitalismus, sondern in der historischen *Entwicklung* des Kapitalismus und seiner sozialpolitischen Folgen selber. Die innerhalb dieser Entwicklung entstehenden ökonomischen, sozialen und politischen Konflikte sollten die Überlebtheit der kapitalistischen Verhältnisse beweisen und zu ihrer revolutionären Überwindung führen.

Es war für Marx eben nicht das Problem einer »gerechteren Verteilung der Einkommen«, wie das heute von einem großen Teil der Ökonomen und Politiker im Westen behauptet wird. Die Bewegung für eine »*gerechte* Verteilung«, bei der es nur um die Vergrößerung des Anteils der Lohnempfänger geht, ist außerstande, objektive Kriterien für eine solche »gerechte« Verteilung zu benennen. Demgegenüber postulierte Marx die Abschaffung der klassenmäßigen Aufteilung der Produktionsmittel und die damit verbundene Verteilung des Sozialprodukts als notwendiges Resultat der wachsenden Widersprüche des kapitalistischen Wirtschaftssystems. In ihrer Abschaffung sah er die Grundbedingung für eine effektivere Entwicklung der Produktivkräfte und schließlich der Gesellschaft insgesamt.

Schon in der Charakteristik jenes Kapitalentwicklungswiderspruchs allerdings, aufgrund dessen die Verelendung der Arbeiterklasse vorausgesagt wurde, unterlief Marx ein grundsätzlicher Fehler. Nur in kapitalistisch unterentwickelten Ländern, bei einem Mangel an Kapital, entsteht ein verelendetes Proletariat, dessen schwere und zeitweilig sich verschlechternde soziale Bedingungen es radikalisieren und zur revolutionären Bewegung treiben. Hier, nur unter solchen Bedingungen, in der Vergangenheit wie in der Gegenwart, wird das Proletariat, unterstützt von dem schnell anwachsenden Teil der verarmten Landbevölkerung, zum revolutionären Kampf gegen das kapitalistische System getrieben.

Wo die Arbeitslosigkeit und die Verelendung der Arbeiter zurückgeht, ändert sich notwendig auch der Kampf und das Ziel der Arbeiter. Das heißt nicht, daß die klassenmäßigen Interessengegensätze zwischen Lohn-

überpersönlichen Natur des Kapitalverhältnisses: sie ist auch der sonstigen Betrachtungsweise von Marx fremd und führt zum *ökonomischen Moralismus.* Gerade die anklagende Tendenz der Theorie einer ›absoluten‹ und ›relativen‹ Verelendung aber ist es offenbar gewesen, die ihr, auch in der herrschenden kommunistischen Lehre, bis in das neueste Schrifttum hinein, einen festen Platz gesichert hat.«

W. Hofmann, Verelendung, in: Folgen einer Theorie; Essays über »Das Kapital« von Karl Marx, Frankfurt/M. 1967, S. 36.

empfängern und Kapitaleigentümern und eine daraus resultierende unterschiedliche Einstellung zur Kapitalentwicklung verschwinden. Aber wie diese Gegensätze selbst einen anderen ökonomischen Inhalt bekommen, ändert sich auch ihr sozialpolitischer Ausdruck. Alle Versuche, die marxistische Revolutionstheorie ohne Rücksicht auf die wesentlichen Unterschiede zwischen der Ökonomik von kapitalistisch unterentwickelten und hochentwickelten Ländern aufrechtzuerhalten, führt zu realitätsfremden ideologischen Dogmen und schließlich zur Diskreditierung des »Marxismus« selber.

Auch alle Versuche, die fortschreitende Verelendung der Arbeiter aufgrund der wachsenden Mehrwertrate (Verhältnis von Mehrwert zum variablen Kapital $=\frac{m}{v}$), also die sogenannte relative Verelendung nachzuweisen und daraus die Schlußfolgerung der notwendigen Revolutionierung der Arbeiterklasse zu ziehen, sind nur Ausdrucksformen einer dogmatischen und vereinfachenden Einstellung zur Wirklichkeit. Das relative Wachstum des Mehrwerts allein muß noch keinen sozialen Widerstand und keinen revolutionären, zur direkten Beseitigung des Kapitalismus führenden Kampf hervorrufen, solange dieses relative Mehrwertwachstum die notwendige Vorbedingung der Vollbeschäftigung und eines Wachstums der Reallöhne und der Deckung anderer sozialer Bedürfnisse der arbeitenden Menschen ist. Solange also der relativ wachsende Mehrwert zum Beispiel der Sicherung jener Investitionen dient, mit deren Hilfe alle Produktionsressourcen und technischen Innovationen für ein möglichst hohes Wachstum des Nationaleinkommens genutzt werden können, und auf dieser Grundlage auch die Reallöhne und der Konsum der Lohnempfänger gehoben werden, so lange kann diese Entwicklung nicht als Verelendung der Arbeiter bezeichnet werden.

Aber auch wenn die orthodoxen »Marxisten« und neben ihnen ebenfalls »Marxisten« anderer Schattierungen eine solche Entwicklung als »Verelendung« bezeichnen (zum Beispiel E. Mandel*), so werden sie dadurch keine revolutionäre Aktion der Arbeiter bewirken. Nur jene Theorien und Ideologien können Massenbewegungen hervorrufen, die den Erfahrungen der Masse entsprechen. Nur kleine Gruppen – und diese

---

* »Die Erscheinung der *relativen Verelendung* ist tatsächlich das hervorstechendste Merkmal der kapitalistischen Produktionsweise. Die Steigerung der Mehrwertrate ist für das Kapital das wichtigste Werkzeug für die Akkumulation des Kapitals und zugleich seine Hauptwaffe, mit der es dem tendenziellen Fall der durchschnittlichen Profitrate entgegenwirken kann. Der ausbeuterische Charakter der kapitalistischen Wirtschaft offenbart sich gerade in dieser Steigerung der Mehrwertrate.«
E. Mandel, Marxistische Wirtschaftstheorie, Frankfurt/M. 1968, S. 161.

nur vorübergehend – können von falschen Ideologien entgegen den Massenerfahrungen beeinflußt werden. Die Theorie der »relativen Verelendung« ist allzu simpel und verschweigt vor allem, daß auch bei einer Vergesellschaftung der Produktionsmittel der Mehrwert relativ anwachsen müßte, wenn eine optimale Erhöhung der Reallöhne oder eine andere Bedürfnisdeckung sichergestellt werden soll.

Selbstverständlich dient die relative Mehrwertsteigerung im Kapitalismus wieder vor allem der Erweiterung des privaten Kapitals. Aber diese Tatsache allein besagt noch nichts über die historische Überlebtheit des Kapitalismus. Dadurch wird noch nicht bewiesen, daß diese ökonomischen Verhältnisse die Entwicklung der Produktivkräfte bremsen und daß andere Verhältnisse eine schnellere und effektivere Entwicklung garantieren würden. Auch wenn man das Wörtchen »Verelendung« in allen Fällen deklinieren wird – es wird keine soziale Revolution hervorrufen. Die Einstellung der Arbeiterklasse in hochentwickelten kapitalistischen Staaten ist nicht das Resultat »opportunistischer Arbeiterparteien und Gewerkschaften«, wie es die Sowjetideologen gerne behaupten, sondern umgekehrt: die starke Sozialdemokratie (in manchen Ländern starke Gewerkschaften) ist die notwendige politische Erscheinungsform einer hochentwickelten kapitalistischen Gesellschaft, in der zwar die spezifischen Interessen der Lohnempfänger noch nicht verschwunden sind und weiterhin durch Kämpfe gewahrt werden müssen, aber in der zugleich die fatale Notwendigkeit der Verelendung der Arbeiterklasse aufgehoben ist.

Natürlich soll damit nicht gesagt werden, daß sich der Mehrwert im hochentwickelten Kapitalismus immer nur so entwickelt, daß eine optimale Investitionstätigkeit und auf ihrer Grundlage eine optimale Bedürfnisbefriedigung der Gesellschaft insgesamt gesichert wird. Wenn das tatsächlich zutreffen sollte, wäre eine Veränderung des kapitalistischen Systems nicht notwendig und auch nicht durchsetzbar. Auch N. Kaldors Wachstumstheorie* ist nicht zutreffend, denn er behauptet, daß die Profitrate oder die Profitgröße und im Zusammenhang mit ihr die Sparquote sich jeweils den Bedürfnissen einer optimalen Investitionsentwicklung anpassen und die Löhne nur ein Residuum dieser Entwicklung seien. Wenn die Sparquote – nach Kaldor – den optimalen Investitionsbedarf übersteigt oder nicht erreicht, wird sie durch den Marktmechanismus, durch Änderungen der Nachfrage nach Investitionsgütern, ihre Preisänderungen und schließlich Profitänderungen wieder den optimalen Investitionserfordernissen angepaßt. Mit anderen Worten: der Mehrwert wird

* Siehe N. Kaldor, Alternative Theories of Distribution, in: Review of Economic Studies, S. 83 ff., 1956.

durch bestimmte Schwankungen automatisch nur an die Bedürfnisse der optimalen Investitionsentwicklung angepaßt, während die Löhne sich im Grunde nur so entwickeln, wie sie sich gar nicht anders entwickeln könnten, sollte die optimale Investitionsentwicklung nicht gefährdet werden.

In Wirklichkeit kann der Mehrwert aber übermäßig anwachsen, zum Beispiel als Ergebnis nachhinkender Löhne bei gleichzeitig übertrieben angewachsener Produktion von Investitionsgütern. Dies wird in einem bestimmten Augenblick zu einer größeren Sparquote führen als den optimalen Investitionsbedürfnissen entspricht. Ein a posteriori, spontan erreichtes Gleichgewicht würde durch eine krisenhafte Preissenkung der Investitionsgüter, Produktionssenkungen, Entlassungen von Arbeitskräften und Profitsenkungen zur Annäherung an den Gleichgewichtspunkt führen. Das alles aber bei entstehender Arbeitslosigkeit, und vorher einer unnötig abgebremsten Lohnentwicklung. Bei einer a priori vorangegangenen, schnelleren Lohnsteigerung, mit einer gleichzeitig schneller wachsenden Nachfrage nach Konsumgütern sowie schnellerem Produktionswachstum ohne übermäßige Investitionsgüterproduktion, hätte es überhaupt nicht zu einer übermäßigen Mehrwert- oder Profitentwicklung mit Krisenfolgen kommen müssen. Also nicht nachträgliche krisenartige Verringerungen der Profite, sondern vorangehende, rechtzeitige Lohnerhöhungen müssen von den Arbeitern als bessere Lösung angesehen werden.

Es gibt aber im entwickelten Kapitalismus nicht nur die Möglichkeit einer zu langsamen Lohnentwicklung und eines schnelleren Wachstums der Mehrwertquote, als das den Erfordernissen der optimalen Investitionsentwicklung entspricht, sondern in der Vollbeschäftigung kann auch der umgekehrte Fall einer zeitweise zu kleinen Mehrwertquote eintreten. Später werden wir uns eingehender mit dieser Frage beschäftigen. Hier sei nur vermerkt, daß in verschiedenen Ländern die Mehrwertquote nicht ausreicht, um etwa eine schnellere Entwicklung der technischen Forschung, der Innovationen und der investitionsmäßig bedingten technischen Fortschritte zu sichern – ganz zu schweigen von der ungenügenden Deckung verschiedener gesamtgesellschaftlicher Bedürfnisse (Umweltschutz etc.).

Aus all dem folgt, daß die relative Steigerung des Mehrwerts allein noch keine Verelendung impliziert, daß aber eine optimale Verteilung des Nationaleinkommens auf Löhne und Mehrwert im Kapitalismus keineswegs selbstverständlich garantiert ist. Unter den Bedingungen des sozialen Gegensatzes zwischen Lohn- und Kapitalinteressen kann die Aufteilung des Nationaleinkommens auf Löhne und Mehrwert nicht ohne ständigen Kampf um diese Aufteilung vor sich gehen. Das Resultat dieses Kampfes wird bei weitem nicht sozusagen automatisch eine optimale Aufteilung sichern, sondern im Gegenteil wird es in der Vollbeschäftigung eher eine inflationäre (wechselseitige Überholung der Löhne und Preise) und damit eine nicht-optimale Entwicklung hervorrufen. Doch dies kann schwerlich im Kapitalismus geändert werden. Das Problem der effektivsten Weiterentwicklung der Produktivkräfte stellt sich hier anders, als Marx das vorausgesehen hat.

Entwicklungsländer und Revolutionen

Zu Lebzeiten von Marx war jene Situation der Arbeiter charakteristisch, die durch den Ausdruck der Verelendung am deutlichsten dargestellt werden kann. Und diese Situation hat nicht nur die Theorie der revolutionären Beseitigung des Kapitalismus hervorgerufen, sondern in Rußland auch tatsächlich zu seinem Sturz geführt. Es ist kein Zufall, daß revolutionäre Bewegungen und schließlich auch siegreiche Aufstände nicht in den am meisten entwickelten Ländern zur Beseitigung des Kapitalismus führen, wie sich Marx das vorgestellt hatte, sondern gerade in Ländern, in denen die kapitalistische Entwicklung zwar begonnen hat, damit auch eine Verelendung der arbeitenden Bevölkerung mit sich bringt, diese jedoch noch nicht überwinden kann.

In diesen Entwicklungsländern schafft die wachsende Not des entstehenden Städteproletariats einen revolutionären Boden, der durch das noch größere Elend auf dem Lande besonders verstärkt wird. Feudale oder halbfeudale Verhältnisse auf dem Land bedeuten immer die Existenz einer Landbevölkerung, deren Lebensniveau meist auf das Lebensminimum herabgedrückt ist. Durch das allmähliche Vordringen des Kapitals in die landwirtschaftliche Produktion wird die völlige Expropriation kleiner Bauern sowie die Verdrängung von Arbeitskräften durch Produktivitätssteigerungen in Großbetrieben beschleunigt. Neben verdeckter Arbeitslosigkeit (Gelegenheitsarbeitern) entsteht eine zunehmende volle Proletarisierung, mit einer wachsenden Bewegung dieser Menschen in die Stadt, wo sie schnell die industrielle Reservearmee vergrößern. Der Druck der Arbeitslosen verschlechtert laufend die Lohn- und Arbeitsbedingungen der angestellten Arbeiter.

Diese Situation, die auch für das zaristische Rußland um die Jahrhundertwende charakteristisch war, ist noch in den meisten heutigen Entwicklungsländern Südamerikas, Asiens, Afrikas vorzufinden. Neben Großgrundbesitzern, ob nun halbfeudalen Charakters mit steigender Marktproduktion, oder in der Form moderner kapitalistischer Großfarmen oder Lebensmittelmonopole, gibt es eine große Zahl landloser Pächter oder

Zwergbauern auf schlechtestem Boden und eine immer größere Masse
verelendeter Proletarier, die wegen mangelnden Kapitals weder auf dem
Land noch in der Stadt die notwendigsten Lebensbedingungen finden.*
Das inländische Kapital in der Industrie ist meistens zu klein und zer-
splittert und kann auch unter heutigen Bedingungen immer schwerer mit
dem Import von billigen Waren aus Massenproduktionen hochentwickelter Länder konkurrieren. Die Akkumulation und Konzentration dieses
inländischen privaten Kapitals verläuft sehr langsam und ist manchmal
vollkommen illusorisch.** Ebenso langsam verläuft natürlich auch die
Schaffung neuer Arbeitsplätze. Schutzzölle gegen den konkurrierenden
Import würden die Warenpreise heben – was aber in Hinblick auf die
notleidende Bevölkerung die Situation noch verschlechtert. Außerdem dienen Schutzzölle in den Entwicklungsländern, in denen bereits große, monopolistische Unternehmen bestehen – meistens übrigens aus entwickelten
Ländern stammend –, der Erhaltung hoher Monopolpreise und sind
gegen die verarmte Bevölkerung gerichtet.
    Die Anlagen fremden Privatkapitals könnten zwar die Industrialisie-
rung dieser Länder beschleunigen, aber einmal sind sie zu klein, weil nicht
das notwendige Interesse privater Kapitalisten aus entwickelten Ländern
an solchen Kapitalexporten vorhanden ist. Nicht in allen Branchen finden
Produktionsbetriebe – aufgebaut mit Kapital aus entwickelten Ländern –
genügend Absatzmärkte in den Entwicklungsländern, und oft schaffen
weite Transportwege auf entfernte Märkte, trotz niedriger Produktionskosten, allzu hohe Gesamtkosten und damit Konkurrenzunfähigkeit.
Außerdem müßte für die verarbeitende Industrie die nötige Infrastruktur
geschaffen werden (Erziehung und Schulung von qualifizierten Arbeitern
und Fachkräften, der Aufbau einer breiten Infrastruktur, komplettieren-
de Branchen, usw.). Und das verlangt sehr große und langfristige Kapital-

---

* »As land and other complementary factors, such as managers, technicians, and skilled
workers, are limited in quantity and an increase in their supply calls for investment,
the explanation of the large – seale involuntary idleness – that is, in the terms of the
modern approach, unemployment and underemployment – can thus be reduced to:
an insufficiency of capital from internal savings and foreign capital inflow.«
    G. Myrdal, Asian Drama, New York 1968, Vol. II, S. 996.
** »Als Investitionsmöglichkeit bleibt dann nur die Ausweitung der exportierbaren Pro-
duktmenge an Rohstoffen übrig, eine Möglichkeit, die freilich abhängig ist von der Produktionstechnik und der Art der Märkte, die beliefert werden sollen. Viele Rohmateria-
lien, besonders Öl, Metalle und bestimmte industrielle Erzeugnisse, müssen in großem
Maßstab produziert werden, wenn die Kosten niedrig gehalten und zufriedenstellende
Umsätze garantiert werden sollen. Produktion in großem Maßstab aber erfordert große
Investitionen.«
    P. A. Baran, Über die politische Ökonomie unentwickelter Länder, in: Unterdrückung
und Fortschritt, Frankfurt/M. 1968, S. 112.

anlagen. Die Gewinnung von Rohstoffen aus den Entwicklungsländern ist daher für die kapitalistischen Betriebe der Industriemächte der einfachere und profitablere Weg. Vorwiegend mit diesem einseitigen und durchaus nicht »entwicklungshelfenden« Ziel also werden Investitionen in den Entwicklungsländern unternommen.*

Auch die Angst vor Revolutionen und Nationalisierungstendenzen bremst heute private Kapitalexporte in Entwicklungsländer.

Zweitens aber stoßen private Anlagen ausländischen Kapitals sehr oft auf das Desinteresse der Entwicklungsstaaten selbst. Ob sich dahinter nun das Interesse der anwachsenden nationalen Bourgeoisie verbirgt, oder eine Aversion gegen Fremdkapitalanlagen, deren Erträge teilweise (Mehrwertteile) wieder aus dem Land gezogen werden – meist ist diese Tendenz das Ergebnis schlechter Erfahrungen mit ausländischem Kapital und der Angst vor politischen Abhängigkeiten dieser jungen Staaten. Besonders die Reexporte eines großen Teils des Mehrwerts in die Länder der Kapitaleigentümer bremsen die weitere Industrialisierung der Entwicklungsländer und lösen berechtigten Widerstand aus. So betrug zum Beispiel der Nettokapitalzufluß nach Peru im Jahre 1969 rund 83 Millionen US-Dollar, während der Nettokapitalabfluß (Nettodevisenabfluß aus Kapitalerträgen) rund 146 Millionen Dollar ausmachte.**

Aus verschiedenen Gründen verläuft also in den heutigen Entwicklungsländern die Erweiterung des privaten Kapitals sehr langsam, und dieses kann nicht die schneller wachsenden Mengen an proletarischen Arbeitskräften absorbieren. Die wachsende Zahl von Arbeitslosen und Lumpenproletariern, zusammen mit den niedrigen und manchmal auch sinkenden Reallöhnen der beschäftigten Arbeiter bedeuten oft deren absolute Verelendung. Nur aufgrund dieser Zustände ist die wachsende

---

* »In one country, where manufactured goods are produced, there are side effects of a most important positive nature. Raw materials are processed, this means that skills are involved, that workers are educated and trained, that the population in general has to be literated, that the knowledge industry has to be established, that scientific laboratories are founded, that subsidiary industries have to be created, that a basis is made that can be converted into a military potential, that the psychology of autonomy is emerging, and so on. And in the other countries, the developing countries, raw materials are extracted, but for this to happen there are almost no positive side effects. All that is needed is a hole in the ground to extract ore or for oil to pour out, some simple means for transportation down to a ship waiting on the coast, and ample profit to the owners of the raw materials. In developed countries one has to create, in developing countries one only has to own for this interaction process to take place.«
J. Galtung, Development policies in Latin America, Bulletin for Peace Proposals, Vol. 1, No. 3, 1970, S. 277.
** Vgl. International Financial Statistics, IMF (Hrsg.), Vol. XXIV, Nr. 12, Dec. 71, S. 286.

Revolutionierung der Bevölkerung und eine immer stärkere Verbreitung von sozialistischen Ideen in den meisten Entwicklungsländern zu verstehen, auch wenn unter »Sozialisierung« sehr vereinfacht staatliches Eigentum, staatliche Investitionen und staatliche Planung verstanden wird.

Zweifellos hat auch die Russische Revolution die Entwicklung in Rußland auf der Stufe unterbrochen, auf der der Kapitalismus noch nicht seinen Höhepunkt erreicht hat und noch nicht zur Systembremse für die weitere Entwicklung der Produktivkräfte geworden ist – wie Marx meinte –, sondern im Gegenteil auf der Stufe, auf der er seine historische Rolle noch gar nicht realisieren konnte. Nicht eine hochentwickelte und zahlenmäßig überwiegende Arbeiterklasse ging daran, die »überlebten kapitalistischen Verhältnisse durch fortschrittlichere sozialistische zu ersetzen«, sondern eine Masse verelendeter Bauern und Arbeiter in Soldatenuniform, deren revolutionäre Entschlossenheit durch die furchtbaren Kriegsverhältnisse potenziert wurde, stürzte ein verhaßtes System. Was danach kam, war notwendigerweise durch die wirtschaftliche Unterentwickeltheit dieses Landes – unter anderem – gekennzeichnet.

Trotz aller entgegengesetzten subjektiven revolutionären Absichten erzwang sich der Stand der Produktivkräfte das Entstehen eines Systems, das nur die nichterfüllten Aufgaben des Kapitalismus beschleunigt nachholen konnte. Es konnte aber nicht die Widersprüche der kapitalistischen Gesellschaft nach sozialistischen Prinzipien überwinden, sondern führte bestimmte kapitalistische Entwicklungsprozesse und Wesenszüge in der Form eines absoluten, bürokratischen Staatsmonopolismus ad absurdum. Mit dieser Entwicklung kam eine allgemeine Diskreditierung sozialistischer Ideen in entwickelten kapitalistischen Ländern, wobei im übrigen bis heute noch kein System mit wirklich sozialistischen Wesenszügen realisiert wurde.

Die Beschleunigung der Industrialisierung

Obgleich das sowjetische System nicht gerade als Beispiel eines sozialistischen Systems gelten kann, wird es von vielen Entwicklungsländern als Vorbild für eine staatlich gelenkte Beschleunigung der notwendigen Industrialisierung angesehen. Auch wenn mit der Entstehung von revolutionären politischen Regimen in Entwicklungsländern zu rechnen ist, die Verstaatlichung und staatliche Investitionstätigkeit unter ideologischen Flaggen eines »Sozialismus« – sei er »marxistischer« oder spezifisch nationalistischer Prägung – durchführen, so wird es sich in Wirklichkeit nie unmittelbar um den Aufbau *sozialistischer* Gesellschaften handeln. Bestenfalls wird ein volksdemokratisches System entstehen, daß durch eine tatsächliche Beschleunigung der Industrialisierung und schnellere Verminderung des Elends der Bevölkerung auf der gegebenen Entwicklungsstufe auch progressive Züge annehmen kann.

Revolutionäre Systeme, die sich selbst – in der einen oder anderen Form – als »sozialistisch« bezeichnen, könnten jedoch auf der heutigen Entwicklungsstufe und aufgrund der Erfahrungen und Erkenntnisse der sowjetischen Entwicklung die negativen »sozialistischen« Entwicklungsformen vermeiden. Um so mehr wird dies möglich sein bei *volksdemokratischen* Regimen, die als solche bereits jenen negativen Entwicklungsfolgen ausweichen können, die undemokratische und bürokratische politische Einparteien-Regime notwendigerweise mit sich bringen. Auch wenn die sowjetische Problematik hier nicht durchdiskutiert werden kann, so ist im Zusammenhang mit der Lösung der Verelendung breiter Bevölkerungsmassen in Entwicklungsländern kurz nur folgendes zu sagen.

Jede Beschleunigung der Industrialisierung in Entwicklungsländern, die die Zahl der Arbeitsplätze schnell vergrößert, wird gegen die Verelendung gerichtet sein. Aber erst dann, wenn das Kapital, und innerhalb dessen das variable Kapital, schneller wächst als die Zahl der angebotenen Arbeitskräfte, wird die Verelendung tatsächlich ab- und nicht zunehmen. Solange jedoch Hand in Hand mit der Industrialisierung auch die Rationalisierung und Marktorientierung der landwirtschaftlichen Produktion zunimmt, die zu einer schnelleren Arbeitskräftefreisetzung führt als der Aufnahmefähigkeit von Arbeitskräften durch die Industrie entspricht, wird die Verelendung weiter anwachsen.

Die marktausgerichtete Entwicklung der landwirtschaftlichen Produktion kann nicht aufgehalten werden, denn sie ist sogar eine Vorbedingung jeder Industrialisierung. Durch die wechselseitige Entwicklung von Bedürfnissen (attraktive industrielle Produkte für die Landbevölkerung und Lebensmittel für die Stadtbevölkerung) werden notwendigerweise patriarchale (selbstversorgende) landwirtschaftliche Produktionen überwunden. Durch wachsende Marktbeziehungen werden Vorbedingungen für die Industrialisierung geschaffen.

Die Entwicklung einer marktmäßigen landwirtschaftlichen Produktion kann auf zweierlei Art zu einer Verelendung der arbeitenden Bevölkerung führen. Es ist dies aber keine notwendige Begleiterscheinung einer Marktentwicklung, sondern man kann der Verelendung durch bewußte staatliche Einwirkung vorbeugen.

Als erstes muß die am meisten verbreitete private Kapitalisierung der landwirtschaftlichen Produktion erwähnt werden. Ob nun durch eine

Differenzierung kleinbäuerlicher Marktproduzenten kapitalistische Groß-
bauern oder durch kapitalistische Verwandlung feudaler Latifundien
marktausgerichtete Großfarmen entstehen – immer führt eine derartige
kapitalistische Entwicklung zur Rationalisierung der landwirtschaftlichen
Produktion. Zugleich damit werden Arbeitskräfte, die sich in der ursprünglichen, größtenteils selbstversorgenden Produktion miternähren
konnten, freigesetzt. Im Unterschied zu der ursprünglichen Naturalwirt-
schaft muß die kapitalistische Marktproduktion konkurrenzfähig und
daher auch möglichst kostensparend gehalten werden. Ohne Rücksicht
auf soziale Auswirkungen befreit sie sich von Tausenden und Zehntau-
senden von Arbeitskräften, die plötzlich auf den städtischen Arbeitsmärk-
ten ihre Ernährung suchen müssen.

Auch wenn dieser Prozeß sowohl durch die Freisetzung von Arbeitskräften als auch durch wachsende Lieferungen von Lebensmitteln auf die
städtischen Märkte Grundbedingungen für eine Industrialisierung schafft,
kann er bei einer spontanen Entwicklung nicht mit der Industrialisierung
koordiniert werden. Größtenteils verläuft die Freisetzung von Arbeitskräften – verbunden mit der natürlichen Vermehrung der proletarisierten
Bevölkerung – schneller als die Akkumulation des industriellen Kapitals
und die damit verbundene Arbeitsplatzvermehrung. In Ländern, in denen
dann feudaler oder halbfeudaler Großgrundbesitz schon an und für sich
zu einer ungenügenden Ernährung und Verelendung der bäuerlichen
Bevölkerung geführt hat, wird die Kapitalisierung dieser Latifundien das
Elend abermals vergrößern.

In manchen Fällen können aber auch Industrialisierungsvorhaben aufgrund von eingeführtem Auslandskapital der inländischen Kapitalisierung
der Landwirtschaft vorauseilen und dann durch mangelnde Arbeitskräfte
gebremst werden, wie das zum Beispiel in manchen heutigen afrikanischen
Ländern der Fall ist. Hier werden vor allem Konsumanreize durch Indu-
striegüter eine Erweiterung der landwirtschaftlichen Marktproduktion
herbeiführen. Damit zusammen wird dann wieder eine Freisetzung von
Arbeitskräften für die Industrieproduktion vor sich gehen.*

Wo jedoch das Angebot freier Arbeitskräfte aufgrund des ungenügenden variablen Kapitals schneller wächst als die Nachfrage, gerät dieser

---

* »Wenn das Leben in einem Dorf generationenlang dasselbe bleibt, und wenn niemand
aus der Gemeinschaft ein Beispiel gibt, wie man durch eigene Anstrengungen und die
Bereitschaft zur Risikoübernahme einen immer höheren Lebensstandard erreicht, besteht
kein Anreiz für die Bewohner, an den bisherigen Dispositionen im Haushalt oder im
Betrieb etwas zu ändern. Hier liegt einer jener ›Teufelskreise‹ vor, die für manche Entwicklungsländer charakteristisch sind. Der Einbruch in eine derartige traditionelle Gesinnung erfolgt in der Gegenwart unter anderem durch technische Instrumente, wie
Fernsehen und Radio, während bei den Entwicklungsländern des frühen 19. Jahrhun-

Zustand zugleich zu einem Druck auf die Löhne und die Arbeitsintensität der angestellten Arbeiter und resultiert notwendigerweise in einer tendenziellen Verelendung der Bevölkerung. Die nationalen politischen Regime in Entwicklungsländern, die auf diesen Verelendungsprozeß mit dem Versuch reagieren, die Industrialisierung zu beschleunigen, können dies unter heutigen Bedingungen entweder durch Erleichterungen für den Zufluß fremden Kapitals (eventuell durch Begrenzung von Mehrwertabflüssen u. ä.), oder im Gegenteil durch Verstaatlichungen von fremden Großbetrieben erreichen, um zusätzliche Akkumulationsmittel für staatliche Investitionen auf Kosten von ehedem aus dem Land fließenden Profitteilen zu erlangen. Das wird zumeist unter der Parole einer »sozialistischen« Entwicklung durchgeführt.

Nur eine spezielle Analyse könnte die Vor- und Nachteile der verschiedenen und verschieden kombinierten Vorgänge unter den unterschiedlichen Bedingungen verdeutlichen. Hier geht es nicht um eine solche Untersuchung, sondern nur um den Hinweis auf eine mögliche Verelendung der zweiten Art, die durch übertriebene und einseitige staatliche Industrialisierungsförderungen erzielt wird.

Sobald eine politische Macht in einem Entwicklungsland versucht, kurzfristig allzu große finanzielle Mittel zu zentralisieren, um eine starke staatliche Industrie übertrieben schnell aufzubauen, kann dies zu einer plötzlichen Verelendung der landwirtschaftlichen Bevölkerung führen. Ob nun durch überhöhte Besteuerungen der Landbevölkerung oder durch staatliche, administrative Preisdifferenzierungen und strenge Preiskontrollen, durch die die Industriepreise künstlich gehoben und die Agrarpreise gesenkt werden – die Last der forcierten Industrialisierung wird nur auf Kosten einer erheblichen Verelendung der Agrarbevölkerung realisiert werden können. Die so finanzierte Industrialisierung in der UdSSR ist in Wahrheit eine zielbewußte Ausbeutung der Bauern – was sogar Stalin seinerzeit offen, wenn auch mit üblich »patriotischer« Begründung, zugab.*

derts der Reisende oder der Vorarbeiter bzw. der Betriebsleiter das ›Neue‹ vermittelt und damit die persönliche Kommunikation gewahrt bleibt.«
W. G. Hoffmann, Wachstumsnotwendige Wandlungen in der Sozialstruktur der Entwicklungsländer, in: Entwicklungsländer, Köln–Berlin 1968, S. 86.
* »Mit der Bauernschaft verhält es sich bei uns in dieser Hinsicht folgendermaßen: Sie zahlt dem Staat nicht nur die üblichen Steuern, direkte und indirekte, sondern sie muß außerdem *überzahlen* durch verhältnismäßig hohe Preise für Industriewaren – das als erstes –, und sie wird mehr oder minder *unterbezahlt* durch die Preise für landwirtschaftliche Erzeugnisse – das als zweites.
Das ist eine zusätzliche Besteuerung der Bauernschaft im Interesse der Hebung der Industrie, die für das ganze Land, darunter auch für die Bauernschaft arbeitet.«
J. W. Stalin, Werke, Bd. 11, Berlin 1954, S. 140–141.

Eine solche »umgekehrte« Verelendung eines Teils der Bevölkerung
wird natürlich nur ein politisches Regime verfolgen, das in der Industrialisierung nicht vorrangig ein Mittel zur Schaffung von Arbeitsplätzen und
zur Hebung des Lebensstandards der Bevölkerung, sondern die schnelle
Basisbildung einer starken militärischen Macht sieht. Die sozialen Ergebnisse dieser Industrialisierungsentwicklung sind für die landwirtschaftliche Bevölkerung nicht minder verheerend als die Resultate einer spontanen kapitalistischen Industrialisierung, die mit der anfänglich wachsenden
Arbeitslosigkeit und Verelendung der Bevölkerung verbunden ist.

Als allgemein optimale wirtschaftspolitische Wirkung von Regimen in
Entwicklungsländern kann deshalb nur eine Tätigkeit angesehen werden,
die der Verelendung der Bevölkerung sowohl durch eine Kombination
von Industrialisierungsbeschleunigungen (heimisches Privatkapital, fremdes Kapital und staatliche Investitionen) als auch durch Abbremsung
eines zu schnell wachsenden Angebots von Arbeitskräften zielbewußt ent-
gegenwirkt. In dieser Hinsicht wirken vor allem Bodenreformen, mit
denen eine breitere Ernährungsbasis für die Landbevölkerung geschaffen
wird, und die Unterstützung der bäuerlichen oder kollektiven landwirtschaftlichen Produktion in technischer, technologischer, kommerzieller
Hinsicht. Durch Hebung der Produktivität werden so wachsende Hektar-
erträge, Marktlieferungen, aber auch finanzielle Mittel für die Industrialisierung ohne Verelendung der Landbevölkerung gewonnen.* Auch die
allseitige Unterstützung von freiwilligen landwirtschaftlichen Genossenschaften kann – sogar bei anfänglicher Nivellierung des Konsums – in
Ländern mit ökonomisch nicht zu bewältigenden Bevölkerungszahlen
progressiv wirken. Selbstverständlich gehören auch Regulierungen des
Populationszuwachses hierher.

Die staatlich zielbewußt gelenkte Beschleunigung der Industrialisierung
und die allgemeine wirtschaftliche und kulturelle Entwicklung, die aus
dem Interesse der arbeitenden Menschen entspringt und mit Hilfe einer

---

* »Unser kurzer Überblick über die agrarwirtschaftliche Lage in den armen Ländern
scheint die Auffassung zu bestätigen, daß eine merkliche Vergrößerung der Gesamt-
produktivität nur durch eine nachdrückliche Förderung der Industrie zu erreichen sei,
denn einzig im Gefolge einer vermehrten industriellen Produktivität könnten landwirtschaftliche Maschinen, Düngemittel, elektrische Energie usw. der Agrarwirtschaft tatsächlich zugute kommen; nur eine steigende Nachfrage nach Arbeitern vermöchte die
Löhne auf dem Lande anzuheben und damit eine Modernisierung der Landwirtschaft
einzuleiten; und einzig aufgrund wachsender industrieller Produktion ließen sich Landarbeiter durch Maschinen ersetzen und die freigewordene menschliche Arbeitskraft für
andere Berufe und Tätigkeiten gewinnen.«
P. A. Baran, Über die politische Ökonomie unterentwickelter Länder, in: Unterdrückung und Fortschritt, Frankfurt/M. 1968, S. 117,

nationalen, revolutionären, antiimperialistischen Macht durchgeführt wird, bezeichnet man in verschiedenen Entwicklungsländern sehr oft und nur zu gern als »sozialistische« Entwicklung. Auch wenn die real entstehenden Systeme lange Entwicklungsetappen höchstens verkürzen, nicht aber überspringen können, und daher in ihrem wesentlichen Inhalt objektiv nicht als sozialistisch bezeichnet werden können, so ist es dennoch notwendig, drei Industrialisierungsentwicklungen zu unterscheiden.

Eine zugunsten der arbeitenden Menschen geleitete Wirtschaftsentwicklung, bei der der Verelendung und dem Hunger ständig und zielbewußt vorgebeugt wird, unterscheidet sich wesentlich von spontanen kapitalistischen Entwicklungen, in denen die anfängliche Verelendung der Menschen als unausweichliches Resultat der Industrialisierung hingenommen wird. Während der letztere Entwicklungsweg ohne Zweifel als *kapitalistisch* zu benennen ist, könnte man den ersten Entwicklungsprozeß als *volksdemokratischen* Weg bezeichnen – egal, unter welchen ideologischen Vorzeichen er verläuft oder wie er von den eigenen Machthabern genannt wird. Von beiden unterscheidet sich dann noch ein dritter Weg, der zwar die privatkapitalistische Entwicklung gewaltsam unterdrückt, aber durch die machtausgerichtete staatsmonopolistische Tätigkeit eine rücksichtslose Industrialisierung forciert, bei der die Verelendung und Unterdrückung breiter Schichten arbeitender Menschen durch eine Machtbürokratie der kapitalistischen Entwicklung wenig schuldig bleibt. Dies ist der eigentliche *machtbürokratische staatsmonopolistische* Entwicklungsweg.

Volksdemokratische Regime, denen es tatsächlich um solche Wirtschaftsbeschleunigungen geht, die der arbeitenden Bevölkerung einen Vorteil bringen sollen, hätten vor allem jene Entwicklungsprozesse als Priorität anzusehen, bei denen ein hinreichendes Interesse entweder der Kapitaleigentümer oder der direkten Produzenten an einer möglichst effektiven Kapitalnutzung und einem *optimalen* Wachstum der Profite und der Investitionen entsteht. Werden nur Wege zu einer schnelleren Erweiterung des Staatseigentums gesucht, ohne Beachtung der notwendigen unmittelbaren Kapitalinteressenentwicklung, so kann eine *bürokratisierte* Produktions- und Investitionstätigkeit dem Volk größere Verluste bringen als eine rein privatkapitalistische Entwicklung. Nur ein notwendiges unternehmerisches Interesse (am vorteilhaftesten: kombiniertes Privat- und Kollektivkapitalinteresse), dessen potentiell negative Auswirkungen durch eine soziale staatliche Wirtschaftspolitik, Investitionstätigkeit und Beeinflussung der Entwicklung des Arbeitsmarkts (Unterstützung der Landwirtschaft, Populationsmaßnahmen etc.) eingeschränkt werden, kann eine effektive Industrialisierung zugunsten des Volkes sichern. In derselben Richtung bewegen sich anfängliche politische und wirtschaftliche Stützungen einer internationalen Konkurrenzfähigkeit der inländischen Produktion – ohne aber ihre effektive Entwicklung durch eine volle Beseitigung des Konkurrenzdrucks abzubremsen.

II. Reproduktions- und Krisentheorie

Sollte die ständige Erweiterung des Kapitals nach Marx eine immer mehr ausgebeutete und zunehmend verelendete Arbeiterklasse als Trägerin des antikapitalistischen, sozialistischen Interesses und Bewußtseins schaffen, dann hätte die wachsende Anarchie und krisenhafte Vernichtungstendenz der kapitalistischen Produktion die Beseitigung der kapitalistischen Verhältnisse zu erzwingen. Die Ausweitung des indirekt gesellschaftlichen Charakters der Produktion, die immer mehr in Gegensatz zur *privaten* Aneignung der Produktionsresultate kommen mußte, sollte immer häufiger sich wiederholende, vernichtendere Krisen, mit immer größeren Verlusten an Produktivkräften hervorrufen. Dieser – kurz als Widerspruch zwischen gesellschaftlicher Produktion und privater Aneignung bezeichnete – Antagonismus, der die verhängnisvollsten Folgen für die Arbeiter haben mußte, sollte sie zu einem bestimmten Zeitpunkt schließlich zur sozialistischen Revolution treiben.

Der Aufdeckung dieses Widerspruchs, der als spezifisch kapitalistische Form des historisch allgemeinen Widerspruchs zwischen Produktionsverhältnissen und Produktivkräften aufgefaßt wurde, widmete Marx viel Arbeit. Trotzdem findet man in seinen Werken keine spezielle, abgeschlossene Behandlung der kapitalistischen Krisen, sondern nur vereinzelte und verstreute Hinweise. Die Notwendigkeit der Krisen ergibt sich vielmehr für den aufmerksamen Leser des *Kapital* aus der Reproduktionstheorie (*Das Kapital*, Bd. II): aus der Erkenntnis der von Marx aufgezeigten Entwicklungstendenz der einzelnen Kapitalkomponenten, sowie der damit zusammenhängenden Widersprüche zwischen Produktion und Einkommensentwicklung. Zu einer speziellen Zusammenfassung dieser Krisenentwicklung kam Marx nicht mehr, obwohl Schlußfolgerungen aus den Krisen auf die Notwendigkeit der Kapitalbeseitigung im *Kapital*, Bd. III, sowie in Engels' *Antidühring* enthalten sind.

Bedeutung der Reproduktionsformeln

Die Darstellung der grundlegenden Zusammensetzungen und inneren Zusammenhänge des gesellschaftlichen Produktionsprozesses hat für die Makroökonomie einen bedeutenden wissenschaftlichen Erkenntniswert, der bis heute von der westlichen, nichtmarxistischen ökonomischen Theorie nicht genügend anerkannt wurde. Obgleich das mathematische Instrumentarium der modernen Wachstumstheorie die Wiedergabe verschiedener makroökonomischer Funktionen sehr erleichtert und präzisiert hat, konnte infolge der beharrlichen Ignorierung der Mehrwerttheorie in der nichtmarxistischen Ökonomie eine Simplifizierung der verfolgten makroökonomischen Analyse nicht vermieden werden, die bis heute in bestimmter Hinsicht eine Schwäche der westlichen Wachstumstheorie gegenüber der marxistischen Reproduktionstheorie bewirkt hat.

Marx sah richtig, daß das Grundproblem der kapitalistischen Produktion nicht in der Sphäre ihrer Mikrostruktur liege, in der Harmonisierung der Produktion einzelner konkreter Warenarten oder Branchen mit der Nachfragestruktur, sondern in der Sphäre ihrer Makrostruktur, noch genauer gesagt: in dem gegenseitigen Verhältnis der zwei allgemeinsten Produktionsgruppen, der sogenannten Gruppe I (Produktion von Produktionsmitteln) und der Gruppe II (Produktion von Konsumgütern). Er sah nicht nur die gegenseitige Entwicklungsabhängigkeit dieser beiden Gruppen, sondern zugleich auch ihre *relative* Entwicklungsselbständigkeit. Vorübergehend können sich beide Gruppen unabhängig voneinander entwickeln, wobei allerdings ein ernster Widerspruch zwischen ihnen entsteht. Auf einer bestimmten Stufe der kapitalistischen Entwicklung gibt es nicht nur die Möglichkeit, sondern auch die periodische Notwendigkeit des Anwachsens dieses Widerspruchs, der mit der wesentlich unterschiedlichen Konsumbestimmung der Produkte dieser zwei Produktionsgruppen zusammenhängt (die im Kapitalismus ebenfalls einen grundsätzlich unterschiedlichen sozialen Charakter haben).

Die produzierten Produktionsmittel (Produkte der Gruppe I) dienen dem produktiven Konsum, das heißt dem Konsum in der Produktion. Sie werden im Kapitalismus im Grunde immer von Kapitalisten gekauft, werden zu ihrem Eigentum und daher wieder zu einem Teil ihres Kapitals. Ihr produktiver Konsum dient der Produktion neuer Produkte und, ob direkt oder indirekt, letzten Endes immer der Produktion von Konsumgütern. Ihr Konsum bedeutet also immer zugleich Produktion, was – wie wir sehen werden – auch für die Präzisierung des Begriffs »Investition« wichtig ist.

Die Konsumgüter hingegen dienen direkt dem Konsum der Menschen (im weiteren werden wir von *persönlichem Konsum,* sei es individueller oder gesellschaftlicher Art sprechen). Sie werden also auch von Arbeitern gekauft und werden bei ihrem Übergang in die Konsumsphäre nicht zu Kapital. Eine Steigerung des Konsums und der Produktion von Gebrauchsgütern verlangt auch die Steigerung der Produktion und des Konsums von Produktionsmitteln. Ohne gesteigerten persönlichen Konsum hat auch die Steigerung der Produktion von Produktionsmitteln keinen Sinn. Trotzdem kann und muß in gewissen Gegebenheiten die Entwicklung der Produktion von Produktionsmitteln sich zeitweilig und vorübergehend gegenüber der Entwicklung der Produktion von Konsumgütern verselbständigen.*

Marx verfolgt vor allem den makroökonomischen Zusammenhang zwischen den wichtigsten Wert- oder Einkommensteilen der Produktion (c + v + m) und jenen zwei großen Gruppen von Gebrauchswerten, nämlich den Produktionsmitteln und den Konsumgütern, die jeweils eine unterschiedliche Bedeutung in bezug auf den Verwendungszweck der verschiedenen Wertteile haben.** Auch wenn die Verelendungstheorie in entwickelten kapitalistischen Ländern nicht mehr richtig ist, kann doch schwerlich bestritten werden, daß die Löhne der produktiven Arbeiter (v) im wesentlichen nur für den Einkauf von Konsumgütern verwendet werden, und daß man von jenem verschwindend *kleinen* Teil, der von den Löhnen für Produktionsmittel ausgegeben wird (Aktien u. ä.), in einem vereinfachten Schema abstrahieren kann. Das bedeutet zugleich, daß der Einkauf der Produktionsmittel im wesentlichen nur aus dem Wert des konstanten Kapitals (c) und einem bedeutenden Wertteil des Mehrwerts (mc) bestritten wird. Es besteht also ein wesentlicher Zusammenhang zwischen dem gesamten Lohnumfang (v) in der ganzen Produktion und allen

---

* »Außerdem findet, wie wir gesehn haben (Buch II. Abschn. III,1), eine beständige Zirkulation statt zwischen konstantem Kapital und variablem Kapital (auch abgesehn von der beschleunigten Akkumulation), die insofern zunächst unabhängig ist von der individuellen Konsumtion, als sie nie in dieselbe eingeht, die aber doch durch sie definitiv begrenzt ist, indem die Produktion von konstantem Kapital nie seiner selbst wegen stattfindet, sondern nur, weil mehr davon gebraucht wird in den Produktionssphären, deren Produkte in die individuelle Konsumtion eingehn. Dies kann jedoch eine Zeitlang ruhig seinen Weg gehn, durch die prospektive Nachfrage gereizt ...«
K. Marx, Das Kapital, Bd. III, Berlin 1964, S. 316–317.
** »Die Rückverwandlung eines Teils des Produktwerts in Kapital, das Eingehn eines andern Teils in die individuelle Konsumtion der Kapitalisten – wie der Arbeiterklasse – bildet eine Bewegung innerhalb des Produktenwertes selbst, worin das Gesamtkapital resultiert hat; und diese Bewegung ist nicht nur Wertersatz, sondern Stoffersatz, und ist daher ebensosehr bedingt durch das gegenseitige Verhältnis der Wertbestandteile des gesellschaftlichen Produkts wie durch ihren Gebrauchswert, ihre stoffliche Gestalt.«
K. Marx, Das Kapital, Bd. II, Berlin 1963, S. 393.

verkauften Konsumgütern (bezeichnet als Gruppe II), sowie zwischen dem gesamten Umfang des konstanten Kapitals (c) und des Mehrwerts (mc) und allen verkauften Produktionsmitteln (bezeichnet als Gruppe I).

Diese Zusammenhänge, die eine grundlegende Bedeutung für die Entwicklung des gesellschaftlichen Reproduktions-, also dauernd sich wiederholenden Produktionsprozesses, haben, versucht Marx mit Hilfe seiner Reproduktionsschemen darzustellen. Dabei abstrahiert er von dem Außenhandel und von eventuell vorkommenden Geldüberschüssen und Ersparnissen in der Wirtschaft. Auch von möglichen Differenzen zwischen Wert und Preis wird hier abgesehen, so daß Wert und Preis identisch sind. Er zeigt vor allem die Notwendigkeit gewisser Wertgleichungen zwischen Einkommensteilen, die aus der Produktion innerhalb eines Landes entstehen, und den Werten jener Produktgruppen, für die diese Einkommensteile im wesentlichen ausgegeben werden.

Im Unterschied zu den späteren, mit Keynes beginnenden nichtmarxistischen, makroökonomischen Gleichgewichts- und Wachstumstheorien interessiert Marx nicht nur der Zusammenhang zwischen der Entwicklung der gesamten Konsumtion und den Investitionen als Vorbedingung einer ausgewogenen Entwicklung, sondern er unterscheidet innerhalb der Gesamtkonsumtion zwischen dem Konsum, der produktiven Löhnen (v) entspricht, und dem, der aus dem Mehrwert gedeckt wird. Während der aus dem Mehrwert gedeckte Konsum der Kapitalisten und nichtproduktiven Lohnempfänger zu Lebzeiten von Marx für die Entwicklung der gesamten Konsumtion keine entscheidenden Probleme schuf, war der aus produktiven Löhnen gedeckte Konsum ein sozial bedingtes Entwicklungsproblem.

Die später stark beachtete Entwicklung der Ersparnisse und deren Zusammenhang mit der Investitions- und Einkommensentwicklung ist zwar in den Reproduktionsschemen auch enthalten, doch die Umwandlung der Ersparnisse in Investitionen findet bei Marx noch keine spezielle Beachtung. Als Ersparnisse wird eigentlich die Geldakkumulation aufgefaßt, das heißt der Mehrwertteil, der von den Kapitalisten nicht für den persönlichen Konsum, sondern zur Erweiterung des produktiven Kapitals benutzt wird. Diese Betrachtungsweise entspricht wieder der Zeit von Marx, da die Ersparnisse im wesentlichen nur aus dem Mehrwert, den kapitalistischen Profiten, entstanden, und ihre kapitalistische Verwendung war für Marx eine Selbstverständlichkeit. Vom Standpunkt der Arbeiter war nicht die Entwicklung der kapitalistischen Ersparnisse und ihre Umwandlung in produktives Kapital ein Problem, sondern die zu langsame Entwicklung der Löhne im Verhältnis zur Geldakkumulations-(Ersparnis-) und Kapitalentwicklung.

Nur aus dem stark unterschiedlichen Entwicklungstempo der verschiedenen Wertteile waren damals auch die wirtschaftlichen Krisen zu erklären. Um dies jedoch beweisen zu können, müssen wir kurz die Reproduktionsschemen erläutern. Der Kürze halber gehen wir sogleich zum Schema der erweiterten Reproduktion (Wachstumsschema) über[*]:

$$Pr_I = c_I + v_I + m_I$$

$$mc_I + mv_I + mr_I$$

$$Pr_{II} = c_{II} + v_{II} + m_{II}$$

$$mc_{II} + mv_{II} + mr_{II}$$

Pr_I = Gesamtwert (Preis) der Produktionsmittel
Pr_{II} = Gesamtwert (Preis) der Konsumgüter
c_I, c_{II} = konstantes Kapital im Wert der Produktionsmittel resp. Konsumgüter enthalten
v_I, v_{II} = variables Kapital im Wert der Produktionsmittel resp. Konsumgüter enthalten
m_I, m_{II} = Mehrwert im Wert der Produktionsmittel resp. Konsumgüter enthalten
mc_I, mc_{II} = Mehrwertteil bestimmt für die Erweiterung des konstanten Kapitals in der Reproduktion von I resp. II
mv_I, mv_{II} = Mehrwertteil bestimmt für die Erweiterung des variablen Kapitals in der Reproduktion von I resp. II
mr_I, mr_{II} = Mehrwertteil bestimmt für die Konsumtion der Kapitalisten in Gruppe I resp. II (wobei damit zugleich die Konsumtion der nichtproduktiven Kräfte gemeint ist, welche aus diesem Mehrwertteil erhalten wird)

Marx führt nun drei Gleichungen an, deren Einhaltung die Grundbedingung der ununterbrochenen, krisenlosen Entwicklung der dauernd erweiterten (wachsenden) Reproduktion seien:

1. $c_I + v_I + m_I = c_I + mc_I + c_{II} + mc_{II}$

$$mc_I + mv_I + mr_I$$

2. $c_{II} + v_{II} + m_{II} = v_I + mv_I + mr_I + v_{II} + mv_{II} + mr_{II}$

$$mc_{II} + mv_{II} + mr_{II}$$

3. $v_I + mv_I + mr_I = c_{II} + mc_{II}$

[*] K. Marx, Das Kapital, Bd. II, Berlin 1963, Abt. 3.

In der ersten Gleichung wird die Wert-(Preis-)gleichheit zwischen der gesamten Produktion von Produktionsmitteln und jenen Wert- oder Einkommensteilen, die für den Einkauf von Produktionsmitteln bestimmt sind, aufgezeigt. Jene Teile der Einkommen, sowohl der Kapitalisten in Gruppe I als auch in Gruppe II, die dem verbrauchten konstanten Kapital entsprechen (c = Produktionskosten inklusive Amortisationen, nach Abzug der Lohnkosten), als auch jene Teile der Mehrwerte (Profite), die für die Erweiterung des konstanten Kapitals bestimmt sind (also zum Einkauf weiterer Produktionsmittel dienen = mc), müssen dem Gesamtwert (Gesamtpreis) der produzierten und angebotenen Produktionsmittel entsprechen. Ist der Gesamtwert der angebotenen Produktionsmittel größer als die zu ihrem Einkauf bestimmten Einkommensteile, dann können nicht alle Produktionsmittel verkauft werden, ist er kleiner, so können nicht alle Produktionsbedürfnisse gedeckt werden.

In der zweiten Gleichung wird die Wert-(Preis-)gleichheit zwischen der gesamten Produktion von Konsumgütern und jenen Wert- oder Einkommensteilen, die für den Einkauf von Konsumgütern bestimmt sind, gezeigt. Alle Löhne der Gruppe I und II, sowie jene Mehrwertteile, die zur Erweiterung der Löhne (mehr Arbeitskräfte, eventuell auch Lohnerhöhungen), als auch für die persönliche Konsumtion der Kapitalisten bzw. der nichtproduktiven Kräfte bestimmt sind, müssen dem Gesamtwert (Gesamtpreis) der Konsumgüter entsprechen. Wie bereits erwähnt, ist bei Marx von der Tatsache abstrahiert, daß ein Teil der Löhne auch für Dienstleistungen ausgegeben wird, was aber am Wesen der Sache nichts ändert. Ist der Gesamtwert der Konsumgüter wieder höher als die zu ihrem Einkauf bestimmten Einkommen, so bleibt der entsprechende Teil unverkäuflich; ist er niedriger, so können nicht alle Konsumbedürfnisse gedeckt werden.

In der dritten Gleichung wird der wichtige wechselseitige Zusammenhang zwischen Wertteilen von Gruppe I und II gezeigt. Die ausgezahlten und erweiterten Löhne sowie der zur kapitalistischen persönlichen Konsumtion dienende Mehrwertteil der Gruppe I müssen sich in Konsumgüter umwandeln. In Gruppe II müssen sich wieder der Wertteil des verbrauchten konstanten Kapitals, als auch der zu seiner Erweiterung dienende Mehrwertteil in Produktionsmittel umwandeln. Im Unterschied zu den anderen Wertteilen, die sich jeweils gegen Produkte der eigenen Gruppe umtauschen, müssen die hier erwähnten Wertteile (also $v_I + mv_I + mr_I$ und $c_{II} + mc_{II}$) sich jeweils gegen Produkte der entgegengesetzten Gruppe austauschen. Sollen deshalb weder in Gruppe I noch in Gruppe II unverkäufliche Produktionsüberschüsse oder ungedeckte Einkommensteile entstehen, muß zwischen $v_I + mv_I + mr_I$ und $c_{II} + mc_{II}$ eine Wertgleichheit existieren.

Alle diese Wert- und Produktverteilungen und Gleichungen haben bis heute einen wichtigen Erkenntniswert. Es ist zum Nachteil der westlichen Wachstumstheorien, daß sie die Wachstumszusammenhänge zwischen Gruppe I und II, sowie die Grundaufteilung in Löhne und Profite ignorieren. Obwohl die Produktionsgruppen I und II nicht organisationsmäßig getrennt sind (innerhalb eines Betriebes gibt es sehr oft die Produktion sowohl von I als auch von II) und ihre Abgrenzung daher statistische Schwierigkeiten machen würde, sollten die ökonomisch wichtigen Unterschiede zwischen der Entwicklung dieser zwei grundverschiedenen Produktarten nicht vergessen werden. Auch in Situationen, in denen die Aufteilung des Nationaleinkommens auf Löhne und Profite weiterhin das Resultat interessenmäßig entgegengesetzter Bemühungen und Kämpfe ist, bei denen die Löhne innerhalb einzelner Perioden überhaupt nicht nur das optimale Ergebnis einer optimalen Profit- und Investitionsentwicklung sind, wie es in Kaldors Modell* der Fall ist, bedeutet das Übersehen dieses Problems eine theoretische Lücke.

Marx hat nie behauptet, daß die angeführten Gleichungen sich stetig durchsetzen, im Gegenteil geht aus seinen verschiedensten anderen Erkenntnissen klar ihre laufende Verletzung hervor. Die Gleichgewichte müssen sich nur schließlich und endlich, langfristig, in gewissen Perioden durchsetzen, sonst würde die gesellschaftliche Produktion zusammenbrechen. Nur als langfristige Tendenz, unter kleineren oder größeren Produktionsverlusten, Vernichtung von Waren und Produktivkräften, nichtgedeckten Bedürfnissen, partiellen oder allgemeinen Krisen können sich die angeführten drei Gleichungen *tendenziell* realisieren.

Die Notwendigkeit von periodischen allgemeinen Wirtschaftskrisen auf einer bestimmten kapitalistischen Entwicklungsstufe, als Ausdrucksform zunehmender Verletzungen dieser Gleichgewichte, und gleichzeitig der spontanen Art ihrer vorübergehenden Wiederherstellung, muß gesondert behandelt werden.

---

* »But in a model which makes the amount of profits actually generated in the production process dependent on the rate of investment and makes the rate of investment in turn dependent on the growth of profits, it is necessary to postulate a certain minimum ›bouyancy‹ in entrepreneurial behaviour in order to ensure that the investment necessary to generate the profits which call forth a further increase in investment in the next period actually does take place, so that productivity, total output, profits and investment continue to grow.«
Quelle: N. Kaldor, Essays on Economic Stability and Growth, London 1960, S. 272.

Krisen und Konjunkturen

Aus dem Faktum der kapitalistischen Mehrwertaneignung allein folgt noch keinesfalls, daß die angeführten Gleichgewichte etwa überhaupt nicht zu realisieren seien. Ja, sogar die Anfangsbedingungen des Kapitalismus mit seinen Subsistenzlöhnen schließen – statisch gesehen – die Möglichkeit einer gleichgewichtigen Produktion nicht aus. Auch bei noch so niedrigen Löhnen genügt es, wenn der Mehrwert jene Größe erreicht, die der Höhe aller erforderlichen Investitionen sowie der einkommensgedeckten persönlichen Bedürfnisse der Kapitalisten und nichtproduktiven Kräfte oder Institutionen entspricht, um den ganzen Mehrwert zu realisieren. Doch in der Entwicklung, also dynamisch gesehen, müssen in bestimmten Bedingungen Widersprüche zwischen gewissen Einkommensteilen und jenen Produktgruppen entstehen, die zur Deckung dieser Einkommensteile bestimmt sind.*

Im Frühkapitalismus wuchs das variable Kapital, also die Lohnumfänge (v), von allen Wertteilen am langsamsten. Sowohl das konstante Kapital als auch der Mehrwert wuchsen schneller als das variable Kapital. Das heißt, daß auch der gesamte Warenwert, sowohl der Produktion I als auch II, schneller wuchs als das gesamte variable Kapital. Der Wert der gesamten Produktion II, also der Konsumgüter, diente zu einem bestimmten Teil natürlich auch zur Deckung des persönlichen Konsums der Kapitalisten und der nichtproduktiven Kräfte und Institutionen. Der größte Teil war jedoch zur Deckung der produktiven Löhne bestimmt. Eine Zeitlang konnte jeweils die schneller wachsende Wertmenge der Konsumgüter – im Verhältnis zu v – durch einen wachsenden Konsum der Kapitalisten oder der nichtproduktiven Kräfte ausgeglichen werden. Aber auch dieser Konsum wuchs nur beschränkt und konnte die schneller wachsende Wertmenge von Konsumgütern gegenüber den viel langsamer wachsenden Löhnen nicht absorbieren.

Natürlich hätte eine *sehr schnelle* Ausweitung der Produktion I, auch

---

* »Gleichzeitig mit dem Fall der Profitrate wächst die Masse der Kapitale, und geht Hand in Hand mit ihr eine Entwertung des vorhandenen Kapitals, welche diesen Fall aufhält, und der Akkumulation von Kapitalwert einen beschleunigenden Antrieb gibt.

Gleichzeitig mit der Entwicklung der Produktivkraft entwickelt sich die höhere Zusammensetzung des Kapitals, die relative Abnahme des variablen Teils gegen den konstanten. Diese verschiedenen Einflüsse machen sich bald mehr nebeneinander im Raum, bald mehr nacheinander in der Zeit geltend; periodisch macht sich der Konflikt der widerstreitenden Agenten in Krisen Luft. Die Krisen sind immer nur momentane gewaltsame Lösungen der vorhandenen Widersprüche, gewaltsame Eruptionen, die das gestörte Gleichgewicht für den Augenblick wiederherstellen.«

K. Marx, Das Kapital, Bd. III, Berlin 1964, S. 259.

bei dem *relativ* langsamer wachsenden, in ihr enthaltenen variablen Kapital (im Verhältnis zum konstanten) einen absolut so großen Umfang von v_I sichern können, daß dadurch auch die ganze Überproduktion an Konsumgütern hätte abgeschöpft werden können. Aber dadurch mußte wieder in Gruppe I eine solche Mehrwertmasse entstehen, und innerhalb dieser ein so großer Teil zur Konsumtion der Kapitalisten bestimmt (mr_I) sein, der nicht dem realen Konsum entsprechen konnte. Je schneller die Ausweitung der Produktion I, desto intensiver auch ihre Konzentration und Zentralisierung und damit auch relative Verminderung der Zahl der Kapitalisten. Auch wenn die Kapitalistenkonsumtion pro Kopf immer relativ groß war, wurde sie doch im Frühkapitalismus durch die überwiegende Spartendenz sehr beschränkt, und auch die nichtproduktive Konsumtion wurde nur sehr langsam erweitert.*

So mußten in bestimmten Augenblicken notwendig große Überproduktionen entstehen. Gehen wir von einem Gleichgewichtszustand aus, so mußte immer wieder das anfänglich schnelle Wachstum der Gruppe II in einem bestimmten Augenblick auf Absatzschwierigkeiten stoßen, da das Wachstum der Löhne relativ zurückblieb und auch die Nachfrage der Kapitalisten und nichtproduktiven Kräfte und Institutionen nicht dem Wachstum der angebotenen Konsumgüter entsprach. Wachsende Mengen von Konsumgütern, die anfangs der Nachfrage aus Gruppe I ($v_I + mv_I +$ mr_I) entsprachen, wurden allmählich nicht in dem Umfang gekauft, in dem mr_I sich vergrößerte. Während für $v_I + mv_I$ Konsumgüter gekauft wurden, wurde ein wachsender Teil von mr_I nicht für Konsumgüter ausgegeben, sondern verwandelte sich in Ersparnisse. So mußten in Gruppe II allmählich wachsende Läger unverkäuflicher Produkte entstehen. Ebenso mußte bei dem wachsenden $v_{II} + mv_{II} + mr_{II}$ wieder mr_{II} sich am schnellsten vergrößern – wobei auch die Zahl der Kapitalisten und ihr Konsum hinter diesem Wachstum zurückblieb und das ganze mr_{II} nicht zum Einkauf von Konsumgütern ausgegeben wurde. Deshalb konnte die Gruppe II nicht den gesamten Umfang von Konsumgütern, der sowohl für die Gruppe I ($c_{II} + mc_{II}$) als auch für die eigene Gruppe ($v_{II} + mv_{II} + mr_{II}$) bestimmt war, verkaufen. Eine Zeitlang wurde diese Disproportion sogar durch das Kreditwesen noch vergrößert. Kredite, von

---

* »Dann wäre eine Krise nur erklärlich aus Mißverhältnis der Produktion in verschiedenen Zweigen, und aus einem Mißverhältnis, worin der Konsum der Kapitalisten selbst zu ihrer Akkumulation stände. Wie aber die Dinge liegen, hängt der Ersatz der in der Produktion angelegten Kapitale großenteils ab von der Konsumtionsfähigkeit der nicht produktiven Klassen; während die Konsumtionsfähigkeit der Arbeiter teils durch die Gesetze des Arbeitslohns, teils dadurch beschränkt ist, daß sie nur so lange angewandt werden, als sie mit Profit für die Kapitalistenklasse angewandt werden können.« K. Marx, Das Kapital, Bd. III, Berlin 1964, S. 501.

den Kapitalisten der Gruppe II aufgenommen, erlaubten ihnen noch eine gewisse Zeit, ihr Produktionswachstum aufrechtzuerhalten und auch in wachsendem Maße Produktionsmittel von I abzunehmen, obgleich ihre Warenlager sich bereits drohend vergrößerten.

Solange die Gruppe I alle ihre Produkte absetzt, wird auch ihre Produktion dauernd erweitert. Die Produktion von Produktionsmitteln wird in der Konjunktur, in der Zeit reger Investitionstätigkeit, ungeheuer vorangetrieben.* Auch innerhalb dieser Gruppe wächst wieder c und m am schnellsten. Der wachsende Konkurrenzdruck zwingt die Kapitalisten immer mehr, die organische Zusammensetzung ihres Kapitals (c : v) zu erhöhen und die Produktivität und die Mehrwertrate zu vergrößern. Doch in einem bestimmten Moment beginnen notwendigerweise auch Absatzschwierigkeiten dieser Gruppe. Ihr Zusammenhang mit der Gruppe II, der zeitweilig in der Hochkonjunktur und einer sich selbst vorantreibenden und akzelerierenden Produktion für die Produktion selber nicht zu existieren scheint, tritt auf einmal zutage. Die immer stärker anwachsenden Läger von Produktionsmitteln, direkt für die Produktion der Gruppe II bestimmt, werden zu Alarmsignalen.

Die Gruppe II, deren Produktion die Marktnachfrage überstiegen hat, bekommt die Absatzschwierigkeiten durch erzwungene Preis- und Profitsenkungen zu spüren. Die sinkende Profitrate erzwingt das Abbremsen der Akkumulation. Das Wachstum wird gestoppt. Die größten Kapitalisten gehen zu einer einfachen Reproduktion über, das heißt, sie erweitern ihr Kapital nicht mehr und versuchen eine mehr oder weniger konstante Produktion zu erhalten, mit der Absicht, ihre veralteten und amortisierten Maschinen zukünftig zu ersetzen und sich durch Neuorganisierungen und technische Neuerungen der Betriebe den erschwerten Absatzbedingungen anzupassen. Verschiedene kleine Kapitalisten werden sogar schon zu Bankrotten und Betriebsschließungen gezwungen. Doch in dem Augenblick, in dem die Gruppe II aufhört, ihr Kapital zu erweitern, und die Nachfrage nach Produktionsmitteln sinkt, beginnen Absatzschwierigkeiten in der Gruppe I.

Auch hier konnten wieder Kredite die Produktion noch eine Zeitlang aufrechterhalten, doch dadurch wird die Überproduktion nur vergrößert. In einem bestimmten Moment werden die Absatzschwierigkeiten so groß,

---

* »...Je entwickelter die kapitalistische Produktion und je größer daher die Mittel plötzlicher und anhaltender Vermehrung des aus Maschinerie usw. bestehenden Teils des konstanten Kapitals, je rascher die Akkumulation (wie namentlich in Zeiten der Prosperität), desto größer die relative Überproduktion von Maschinerie und andrem fixem Kapital...«

K. Marx, Das Kapital, Bd. III, Berlin 1964, S. 129.

daß in dieser Gruppe die Produktion abgebremst wird. Die verschärften Konkurrenzbedingungen und Absatzschwierigkeiten führen zu Bankrotten der schwächsten Kapitalisten, während die größten versuchen, die Produktion einzuschränken und alle möglichen Sparmaßnahmen zu ergreifen. Da jedoch in der Gruppe I – vor allem in der Schwerindustrie – schon immer die Produktionskonzentration relativ groß war, führten Produktionssenkungen, Sparmaßnahmen und besonders dann Betriebsbankrotte vor allem zur Abnahme der Beschäftigtenzahl und zu Vergrößerungen der Arbeitslosenzahl.* Hand in Hand damit gehen dann auch Lohnsenkungen und daher eine schnelle Verminderung der Nachfrage nach Konsumgütern.

Sobald sich dieser Trend in der Gruppe I durchsetzt, ist das immer das deutlichste Zeichen für eine Krise, die eine Kettenreaktion hervorruft und lawinenartige Folgen hat. Die absolute Verkleinerung der Beschäftigtenzahl, des Lohnumfangs und der Nachfrage nach Konsumgütern vergrößert die Überproduktion in der Gruppe II schnell und ruft hier weitere Produktionssenkungen hervor. Diese führen direkt und indirekt – durch weitere Verminderung der Nachfrage nach Produktionsmitteln und durch Produktionssenkungen in Gruppe I – zu einer Vergrößerung der Arbeitslosigkeit.

Sobald eine solche Krisensituation entsteht, vergrößert sich rasch der Mangel an Kapital. Die Nachfrage nach Krediten, mit denen man die Zeit zu überbrücken hofft, wächst stark an, und die Zinssätze, die in der Konjunktur relativ niedrig sind, erreichen ihren Höchststand.** Die Zusammenbrüche und Bankrotte kleiner Kapitalisten vermehren sich, und die Läger unverkäuflicher Waren wachsen ins Unermeßliche bei gleich-

---

* »A prevalence of losses or declining profits makes each individual entrepreneur try to buttres his own position by reducing costs and restricting production. The demand for producer's goods falls off, new curtailments of production follow with corresponding decrease in employment and purchasing power. The consequence is a new decline in prices and a further drop in profits (or greater losses) followed by another wave of restrictions in production and employment, etc. The individual producers' efforts to meet the situation by curtailing expenses of production are, as far as society as a whole is concerned.«
Lundberg, E., Studies in the theory of economic expansion, New York 1964, S. 181.
** »Wenn man die Umschlagzyklen betrachtet, worin sich die moderne Industrie bewegt – Zustand der Ruhe, wachsende Belebung, Prosperität, Überproduktion, Krach, Stagnation, Zustand der Ruhe etc., Zyklen, deren weitere Analyse außerhalb unserer Betrachtung fällt –, so wird man finden, daß meist niedriger Stand des Zinses den Perioden der Prosperität oder des Extraprofits entspricht, Steigen des Zinses der Scheide zwischen der Prosperität und ihrem Umschlag, Maximum des Zinses bis zur äußersten Wucherhöhe aber der Krisis.«
K. Marx, Das Kapital, Bd. III, Berlin 1964, S. 372.

zeitiger allgemeiner Not. Preise und Produktionsausstoß sinken sehr schnell. Die größten Kapitalisten werden gezwungen – um überhaupt zu überleben –, ihre Produktionskosten stark herabzusetzen und ihren veralteten, wenn auch nicht immer voll amortisierten Maschinenpark und die Ausrüstungen durch neue zu ersetzen.*

Aber eben durch diese Ersatz- und Rationalisierungsinvestitionen sowie Modernisierungsbestrebungen beginnt ein Wendepunkt in der Nachfrage nach Produktionsmitteln. Die Produktion der Produktionsmittelindustrie hört auf zu sinken, die Preise stabilisieren sich, der tiefste Punkt ist erreicht. Die Produktion und die stark gesunkene Nachfrage beginnen sich auszugleichen, und die Krise verwandelt sich in eine Depression.

Aufgrund technischer Neuerungen und Kostensenkungen in Gruppe I beginnen die Profite hier sogar wieder langsam zu steigen. Auch die Beschäftigtenzahlen und die Lohnsummen stabilisieren sich – was wieder zu einer Beruhigung der Konsumgüterpreise führt. Auch in der Gruppe II beginnt deshalb eine allgemeine Auswechslung des Maschinenparks und der Einrichtungen. Die Wirtschaft belebt sich und beginnt allmählich einer neuen Konjunktur zuzustreben.

Das Wachstum der Profite führt zu erweiterten Investitionen. Die in der Krise zurückgezogenen Gelder kommen zum Vorschein, und der unternehmerische Optimismus setzt sich durch. Die anwachsende Beschäftigtenzahl, sowie die in der Krise herabgedrückte, nun aber um so schneller wachsende kapitalistische Konsumtion, rufen eine steigende Nachfrage nach Konsumgütern hervor. Die Gruppe II beginnt ihre Produktion auszudehnen, die Nachfrage nach Produktionsmitteln steigt, und noch schneller akzelerieren die Investitionen in Gruppe I. Das Kapital zirkuliert flüssiger und vermehrt sich schnell. Auch wenn gegenüber der unmittelbaren Nachkrisenperiode – in der das zurückgezogene Geldkapital wieder zum Vorschein kommt, verstärkt angeboten wird und der Zinssatz am niedrigsten liegt – nun der Zinssatz wieder etwas ansteigt, so bleibt er doch in der Konjunktur dank dem dauernd erneuerten genügenden Kapitalangebot relativ niedrig.** Der allgemeine Boom erreicht seinen

---

* »Andrerseits zwingt der Konkurrenzkampf, namentlich bei entscheidenden Umwälzungen, die alten Arbeitsmittel vor ihrem natürlichen Lebensende durch die neuen zu ersetzen. Es sind hauptsächliche Katastrophen, Krisen, die solche vorzeitige Erneuerung des Betriebsgeräts auf größrer gesellschaftlicher Stufenleiter erzwingen.«
K. Marx, Das Kapital, Bd. II, Berlin 1963, S. 171.
** »Hat der Reproduktionsprozeß wieder den Stand der Blüte erreicht, der dem der Überanspannung vorhergeht, so erreicht der kommerzielle Kredit eine sehr große Ausdehnung, die dann in der Tat wieder eine ›gesunde‹ Basis leicht eingehender Rückflüsse und ausgedehnter Produktion hat. In diesem Zustand ist der Zinsfuß immer noch niedrig, wenn er auch über sein Minimum steigt. Es ist dies in der Tat der *einzige* Zeitpunkt,

Höhepunkt, wobei dieselben inneren Entwicklungswidersprüche ihn in einem bestimmten Augenblick wiederum in eine neue Krise verwandeln. So wiederholt sich der Zyklus immer von neuem.

Fehler der Krisentheorie

Marx und Engels waren überzeugt, daß die kapitalistische Entwicklung den Widerspruch zwischen gesellschaftlicher Arbeit und privater Aneignung immer mehr verschärfen würde, was in einer wachsenden Produktionsanarchie und bei sich wiederholenden, immer gewaltigeren und vernichtenderen Krisen in Erscheinung treten würde.* Durch diese Entwicklung würde sich immer klarer die Überlebtheit der kapitalistischen Produktionsverhältnisse manifestieren und die Notwendigkeit ihrer revolutionären Beseitigung vor allem in das Bewußtsein jener Klasse dringen, deren Lebensbedingungen sich durch diese Entwicklung immer weniger menschlich gestalten würden.

wo gesagt werden kann, daß niedriger Zinsfuß, und daher relative Reichlichkeit des verleihbaren Kapitals, zusammenfällt mit wirklicher Ausdehnung des industriellen Kapitals. Die Leichtigkeit und Regelmäßigkeit der Rückflüsse, verknüpft mit einem ausgedehnten kommerziellen Kredit, sichert das Angebot von Leihkapital trotz der gesteigerten Nachfrage, und verhindert das Niveau des Zinsfußes zu steigen.«
K. Marx, Das Kapital, Bd. III, Berlin 1964, S. 505.
* »Wodurch überwindet die Bourgeoisie die Krisen? Einerseits durch die erzwungene Vernichtung einer Masse von Produktivkräften; andererseits durch die Eroberung neuer Märkte und die gründlichere Ausbeutung der alten Märkte. Wodurch also? Dadurch, daß sie allseitigere und gewaltigere Krisen vorbereitet und die Mittel, den Krisen vorzubeugen, vermindert.«
K. Marx, F. Engels, Werke, Bd. 4, Berlin 1959, S. 468.
»Und so ist es jetzt in allen Ländern Europas eine Wahrheit, erwiesen für jeden vorurteilsfreien Geist und nur geleugnet durch die interessiert klugen Prediger eines Narrenparadieses, daß keine Entwicklung der Maschinerie, keine chemische Entdeckung, keine Anwendung der Wissenschaft auf die Produktion, keine Verbesserung der Kommunikationsmittel, keine neuen Kolonien, keine Auswanderung, keine Eröffnung von Märkten, kein Freihandel, noch all diese Dinge zusammengenommen das Elend der arbeitenden Masse beseitigen können, sondern daß vielmehr umgekehrt, auf der gegenwärtigen falschen Grundlage, jede frische Entwicklung der Produktivkräfte der Arbeit dahin streben muß, die sozialen Kontraste zu vertiefen und den sozialen Gegensatz zuzuspitzen. Während dieser ›berauschenden Epoche‹ ökonomischen Fortschritts hob sich der *Hungertod* beinahe zum Range einer Institution in der Hauptstadt des Britischen Reiches. In den Annalen des Weltmarkts ist dieselbe Epoche gekennzeichnet durch die rasche Wiederkehr, den erweiterten Umfang und die tödlichere Wirkung der gesellschaftlichen Pest, die man *industrielle und kommerzielle Krise* heißt.«
K. Marx, F. Engels, Werke, Bd. 16, Berlin 1962, S. 9–10.

Auch diese Schlußfolgerung hat sich als falsch erwiesen: Marx hat die Entwicklung des variablen Kapitals nicht richtig vorausgesehen – ganz davon abgesehen, daß er die Rolle des nichtproduktiven Konsums unterschätzte –, und die sinkende Tendenz der Profitrate hat er übertrieben bewertet.

Marx meinte, daß die stetig wachsende organische Zusammensetzung des Kapitals zu einer sinkenden Profitrate ($\frac{m}{c+v}$) führen müßte, denn das konstante Kapital, das keinen Mehrwert schafft, sollte schneller wachsen als der Mehrwert. Natürlich wußte er, daß bestimmte Prozesse entgegengesetzt wirken (Steigerung der Mehrwertrate, sinkende Preise des konstanten Kapitals, Außenhandel mit Entwicklungsländern und Kapitalausfuhr dorthin etc.). Durch diese Prozesse würde die Profitrate wieder gehoben. Doch nach Marx können all diese Vorgänge den Fall der Profitrate nur abbremsen, unregelmäßig machen, nicht aber aufhalten, so daß man von einem tendenziellen Sinken der Profitrate sprechen müsse.* Doch dieser im 19. Jahrhundert tatsächlich sinkenden Profitrate maß Marx eine allzu große Bedeutung bei. Er glaubte, in ihr eben den Ausdruck der Untergrabung des eigentlichsten Entwicklungsmotivs des Kapitals zu sehen. Jener Profittrieb, der die Produktivkräfte zu einer immer stärkeren Ausdehnung und zu größerem Wachstum brächte, würde zugleich einen anhaltenden Fall der Profitrate herbeiführen, der periodisch Krisen auslösen und zugleich immer eindringlicher die Unfähigkeit des kapitalistischen Systems, die Produktivkräfte nach den uneingeschränkten Bedürfnissen der Menschen zu entwickeln, zum Ausdruck brächte.**

* »Wenn man die enorme Entwicklung der Produktivkräfte der gesellschaftlichen Arbeit selbst nur in den letzten 30 Jahren, verglichen mit allen frühern Perioden, betrachtet, wenn man namentlich die enorme Masse von fixem Kapital betrachtet, das außer der eigentlichen Maschinerie in die Gesamtheit des gesellschaftlichen Produktionsprozesses eingeht, so tritt an die Stelle der Schwierigkeit, welche bisher die Ökonomen beschäftigt hat, nämlich den Fall der Profitrate zu erklären, die umgekehrte, nämlich zu erklären, warum dieser Fall nicht größer oder rascher ist. Es müssen gegenwirkende Einflüsse im Spiel sein, welche die Wirkung des allgemeinen Gesetzes durchkreuzen und aufheben, und ihm nur den Charakter einer Tendenz geben, weshalb wir auch den Fall der allgemeinen Profitrate als einen tendenziellen Fall bezeichnet haben.«
K. Marx, Das Kapital, Bd. III, Berlin 1964, S. 242.
** »Andrerseits, soweit die Rate der Verwertung des Gesamtkapitals, die Profitrate, der Stachel der kapitalistischen Produktion (wie die Verwertung des Kapitals ihr einziger Zweck), verlangsamt ihr Fall die Bildung neuer selbständiger Kapitale und erscheint so als bedrohlich für die Entwicklung des kapitalistischen Produktionsprozesses; er befördert Überproduktion, Spekulation, Krisen, überflüssiges Kapital neben überflüssiger Bevölkerung. Die Ökonomen also, die wie Ricardo die kapitalistische Produktionsweise für die absolute halten, fühlen hier, daß diese Produktionsweise sich selbst eine Schranke

Die Rolle der Profitrate wurde in den allgemeinen Wirtschaftskrisen nur insofern deutlich, als bei auftretenden Absatzschwierigkeiten und Preissenkungen auch die Profitrate schnell sank. Während in der Konjunktur durch die Steigerung des relativen Mehrwerts (Produktivitätssteigerungen) und bei relativ stabileren Preisen der Fall der Profitrate gebremst wurde, führten die krisenmäßigen Absatzschwierigkeiten und Preissenkungen schnell auch zu abnehmender Profitrate. Die neuen Produktionskosten (technische Innovationen etc.) der überlebenden Kapitalisten mußten sich den niedrigen Preisen anpassen, die organische Zusammensetzung des Kapitals wuchs, so daß nach der Krise die Preise und Profitraten größtenteils nicht mehr die Höhe erreichten, die sie vor der Krise hatten. Die vor allem bei Krisen auftretende Erneuerung des Kapitals, zusammen mit dem Wachstum seiner organischen Zusammensetzung (technischer Fortschritt), stabilisierte dann wieder für eine gewisse Zeit die gesunkene Profitrate. So setzte sich der tendenzielle Fall der Profitrate vor allem in den periodischen Krisen durch.

In Situationen, in denen die niedrige und relativ sinkende Kaufkraft der Arbeitermassen die Hauptursache der Krisen wurde*, mußte schließlich die durch den plötzlichen Fall der Profitrate ausgelöste Krise als absurde Verhaltensweise des Kapitals angesehen werden, die logischerweise die Überzeugung, daß das Kapital bald ausgespielt hätte, hervorrief. Statt bei relativen Überproduktionen durch sinkende Preise und sinkende Profitraten mit einer höheren Nachfrage, größeren Absatzmöglichkeiten und insofern auch einer Aufrechterhaltung der Produktion zu rechnen, reagierten die Kapitalisten auf den plötzlichen Fall der Preise und Profite mit Produktionssenkungen und Entlassungen – was natürlich die Krisenlawine erst recht ins Rollen brachte.

Diesen Fall der Profitrate, mit dem jeweils die Krise begann und der sich in ihr überhaupt erst ausbreitete, sah Marx richtig. Auch seine Kritik

schafft, und schieben daher diese Schranke nicht der Produktion zu, sondern der Natur (in der Lehre von der Rente). Das Wichtige aber in ihrem Horror vor der fallenden Profitrate ist das Gefühl, daß die kapitalistische Produktionsweise an der Entwicklung der Produktivkräfte eine Schranke findet, die nichts mit der Produktion des Reichtums als solcher zu tun hat; und diese eigentümliche Schranke bezeugt die Beschränktheit und den nur historischen, vorübergehenden Charakter der kapitalistischen Produktionsweise; bezeugt, daß sie keine für die Produktion des Reichtums absolute Produktionsweise ist, vielmehr mit seiner Fortentwicklung auf gewisser Stufe in Konflikt tritt.«
    K. Marx, F. Engels, Werke, Bd. 25, Berlin 1964, S. 251–252.
* »Der letzte Grund aller wirklichen Krisen bleibt immer die Armut und Konsumtionsbeschränkung der Massen gegenüber dem Trieb der kapitalistischen Produktion, die Produktionskräfte so zu entwickeln, als ob nur die absolute Konsumtionsfähigkeit der Gesellschaft ihre Grenzen bilde.«
    K. Marx, Das Kapital, Bd. III, Berlin 1964, S. 501.

eines Gesellschaftssystems, bei dem die Produktion periodisch stagnierte und schrumpfte, nur weil die Profitrate zu sinken begann, während auf der anderen Seite Massen von Menschen einen Mangel an Konsumgütern oder Hunger und Not litten, ist voll verständlich. Doch mit seiner Voraussage, daß die Krisen sich dauernd vertiefen und die Profitrate tendenziell fallen würde, irrte sich Marx. Er unterschätzte hier sowohl bestimmte *objektive* Entwicklungsprozesse des Kapitalismus, als auch die Möglichkeit einer sich organisiert ändernden subjektiven Verhaltensweise der Kapitalisten oder des Staates im Kapitalismus. Diese Flexibilität im Verhalten haben wir aber gerade heute zu verzeichnen.

Änderung der objektiven Bedingungen

Wie bereits aufgezeigt, führt die kapitalistische Entwicklung auf einer relativ hohen Entwicklungsstufe zu anderen als den von Marx erwarteten Resultaten. Diese objektiven Änderungen haben auch einen wesentlichen Einfluß auf die zyklische Entwicklung genommen und sind als Grundursache einer Abschwächung allgemeiner Wirtschaftskrisen anzusehen.

Als wesentlichster Prozeß ist hier vor allem das bereits erwähnte schnellere Wachstum des gesamten variablen Kapitals im Verhältnis zur Zahl der inländischen Arbeitskräfte zu nennen – was also eine Änderung der Lohnentwicklung bedeutet. Je kleiner die industrielle Reservearmee und je stärker die gewerkschaftliche Organisiertheit der Arbeiter in den entwickelten kapitalistischen Ländern wurde, um so stabiler wurde auch – *langfristig gesehen* – der Anteil der Löhne am Nationaleinkommen. Die durchschnittlichen Löhne sowie deren Gesamtumfang weisen in fast allen Statistiken, sowie diesbezüglichen ökonomischen Analysen entwikkelter Länder, ein langfristig absolutes Wachstum auf.* Aber auch diese langfristige Entwicklung widerlegt einmal nicht, daß kurzfristige zyklische Schwankungen der Beteiligung der Löhne am Nationaleinkommen

---

* Siehe darüber zum Beispiel:
   E. Streissler: Long Term Structural Changes in the Distribution of Income, in: Zeitschrift für Nationalökonomie, Bd. 29, 1969, S. 39–110.
   E. Helmstädter: Die Entwicklung der Einkommensverteilung in der Bundesrepublik Deutschland unter verteilungstheoretischem Aspekt 1950–1965, in: Jahrbücher für Nationalökonomie und Statistik, Bd. 179, 1966, S. 389–418.
   S. Kuznets: Modern Economic Growth – Rate, Structure and Spread, New Haven and London 1966.
   W. Krelle: Verteilungstheorie, Tübingen 1962.

möglich sind*, und weiterhin nicht, daß Überproduktionen entstehen können. Das schnellere absolute Wachstum des variablen Kapitals (des Lohnumfangs) ist zwar ein wichtiger Faktor in der Tendenz der Krisenabschwächung, da er gegen die Überproduktion wirkt. Aber dieser Faktor ist nicht allein entscheidend, denn auch bei gleichbleibendem Anteil des Lohnumfangs am Nationaleinkommen muß der Mehrwert nicht voll realisiert werden, kann also eine Überproduktion hervorrufen, während auf der anderen Seite auch ein relativ wachsender Mehrwert nicht zur Überproduktion führen muß. Nur wenn der geschaffene Mehrwert durch Investitionen und durch Konsum nicht in voller Höhe verbraucht wird, kommt es zur Überproduktion.

In diesem Zusammenhang gewinnt ein weiterer Faktor an Wichtigkeit, der auch gegen Überproduktionen vorbeugt. Es ist die wachsende nichtproduktive Tätigkeit, die – wie anfangs erwähnt – allgemein als tertiärer Sektor aufgefaßt wird. Der Einfachheit halber werde ich in diesem Sektor die gesamte Tätigkeit außerhalb der Wirtschaft zusammenfassen, also alle nichtproduktiven Dienstleistungen, das Gesundheits-, Sozial-, Bildungswesen, Publikationstätigkeit, Massenmedien, Verwaltungs-, Verteidigungs- und Sicherheitsapparat etc. Alle diese nichtproduktiven Tätigkeiten werden mit materiellen, in der Produktion erzeugten Gütern ausgestattet, und zwar sowohl in der Form von Konsumgütern für den individuellen Konsum der hier tätigen Menschen, als auch mit »kollektiven« Konsumgütern, die für die diesbezüglichen Institutionen gebraucht werden (Gebäude, Einrichtungen, Instrumente, Materialien etc.). Diese nichtproduktive, aber gesellschaftlich nützliche Tätigkeit muß also materiell aus einem Teil des Mehrwerts gesichert werden. Größtenteils geschieht das durch die umverteilende Tätigkeit des Staatsbudgets – wobei ich hier von jenen Dienstleistungen absehe, die aus den produktiven Einkommen *direkt* bezahlt werden. Den gesamten Wert der im tertiären Sektor über die Staatsausgaben (sowohl individuell als auch gesellschaftlich) verbrauchten Güter bezeichne ich mit dem Symbol D'.

Im Unterschied zur frühkapitalistischen Zeit, in der der Umfang dieses tertiären Sektors noch relativ klein war und sich fast überhaupt nicht änderte, ist er im 20. Jahrhundert erheblich angewachsen und vor allem nach dem Zweiten Weltkrieg zum dynamischsten Wachstumssektor geworden. Während im Frühkapitalismus die Absorption eines Mehrwertteils durch diesen tertiären Sektor relativ klein war und mehr oder weniger konstant blieb, so daß sie keine antizyklische Funktion ausüben konn-

* Was auch zum Beispiel J. M. Müller bestätigt – Nivellierung und Differenzierung des Arbeitseinkommens in Deutschland seit 1925, Duncker u. Humblot, Berlin 1954, Volkswirtschaftliche Schriften, Heft 13, S. 27–33.

te, ist sie besonders nach 1945 zu einem wichtigen – antizyklisch wirken-
den – »Konsumfaktor« geworden. Eben jener Teil des wachsenden Mehrwerts, der weder für die Kapitalerweiterung, noch für den individuellen
Konsum der Kapitalisten Verwendung findet, wird in wachsendem Ausmaß im tertiären Sektor verbraucht, so daß die möglichen Überproduktionen abgeschwächt werden.

Noch in den Jahren vor 1939 wirkten diese antizyklischen Bremsen
nur ungenügend. Im Gegenteil: alle von Marx angeführten Krisenursa-
chen wurden hier in beinahe klassischer Form Realität. Die Produktionsentwicklung nach dem Ersten Weltkrieg war allgemein durch einen sehr
schnellen technischen Fortschritt und eine erhebliche Produktionskonzentration charakterisiert. Die organische Zusammensetzung des Kapitals
vergrößerte sich sehr schnell. Obwohl die Beschäftigtenzahl anwuchs und
auch die durchschnittlichen Löhne stiegen, vergrößerten sich die Produktivität und der relative Mehrwert noch schneller. Der größte und schnell
wachsende Teil des Mehrwerts wurde kapitalisiert und verwandelte sich
in Investitionen. Ein relativ konstanter Teil des Mehrwerts wurde für
den – damals noch immer nicht bedeutenden – tertiären Sektor und für
den individuellen Konsum der Kapitalistenklasse ausgegeben. Trotz
wachsenden Lohnumfangs (v) in der Produktion konnten die produktiven
Kräfte nur einen *relativ* sinkenden Teil des Konsumgüterangebots abschöpfen, da eben der Mehrwert schneller wuchs.

Die in einem bestimmten Augenblick aufkommende Überproduktion,
die weder durch einen wachsenden Konsum des tertiären Sektors (D'),
noch durch weitere Investitionstätigkeit (bei bereits überdimensionierten
Produktionskapazitäten) beseitigt werden konnte, wurde durch eine
schnellere Vergrößerung der realen Löhne ebenfalls nicht beseitigt. Unter
dem wachsenden Konkurrenzdruck und bei steigenden Absatzschwierigkeiten versuchte vielmehr jeder Kapitalist, seinen Profit möglichst zu
vergrößern, bei Konjunkturrückgang seinen persönlichen Konsum einzuschränken und an Löhnen und Investitionen soweit wie möglich zu sparen.
Auf Preissenkungen und Profitrückgänge reagierten alle in gleicher, kri-
senfördernder Weise: durch weitere Investitionseinschränkungen, Ratio-
nalisierungsmaßnahmen und Beschäftigungsabbau. So mußte der Widerspruch zwischen Produktion und Konsumtion radikal anwachsen, zu
einem bestimmten Zeitpunkt die Krise auslösen und in den Jahren 1930
bis 1933 in der ganzen kapitalistischen Welt einen der verheerendsten
Produktionsrückschläge bewirken.

Keynes' Theorie

Die gesamte Entwicklung der kapitalistischen Wirtschaft nach dem Ersten Weltkrieg schuf objektive Gegebenheiten, in denen notwendigerweise auch neue theoretische ökonomische Überlegungen und Ansätze aufkommen mußten. Selbstverständlich ist es immer das Verdienst eines bestimmten Menschen, der als erster die objektiv entstandenen Bedingungen analysieren und die angesammelten Erfahrungen verallgemeinern kann. Doch sind es vor allem die objektiven Änderungen und Erfordernisse selbst, die sich früher oder später eine entsprechende theoretische Reflexion erzwingen.

Erste objektive Grundlage der Keynesschen Theorie* ist der faktisch entstandene relative Kapitalüberfluß, bei dem die Kapitalakkumulation schon lange nicht mehr durch Konsumverzicht und äußerste Spartendenzen gesichert werden mußte. Im Gegenteil: die bis dahin viel gepriesene Enthaltsamkeit und Sparfreude der Kapitalisten wurde in der Praxis, und daher auch früher oder später in der Theorie, zum direkten Hindernis für die kapitalistische Entwicklung.

Ersparnisse waren und sind immer eine Vorbedingung der Kapitalakkumulation. Doch ist die Einstellung der Kapitalisten zu Ersparnissen notwendigerweise anders unter den Bedingungen des niedrigen Konzentrationsgrades und der weitgehenden Zersplitterung der Produktion des 19. Jahrhunderts, als unter den Bedingungen der hochkonzentrierten, monopolistischen und finanzkapitalistischen Wirtschaft unseres Jahrhunderts. Für die Situation vieler kleiner, zersplitterter Kapitaleigentümer war die Anhäufung von Ersparnissen die notwendige Voraussetzung für deren Kapitalisierung und dadurch der Ausnutzung potentieller Produktivkräfte. Die bürgerliche ökonomische Theorie, diese Bedingungen reflektierend, konnte nicht anders, als die Enthaltsamkeit und gesellschaftliche Nützlichkeit des Sparens hervorzuheben.

Wenn genügend Ersparnisse vorhanden und dazu noch stark konzentriert sind, tritt nicht mehr ihre Anschaffung, sondern im Gegenteil ihre kapitalistische Nutzung, als Vorbedingung einer beschleunigten Kapitalentwicklung, in den Vordergrund. Wenn es darauf ankam, die stark angewachsenen und konzentrierten Sparsummen zu Investitionszwecken auszugeben, um einer relativen Überproduktion entgegenzuwirken, dann wurde die kapitalistische Enthaltsamkeit zu einem überlebten Dogma.

Zwar hätte auch früher bei aufkommender Überproduktion eine geförderte Investitionstätigkeit krisenvorbeugend gewirkt. Als aber der

* J. M. Keynes, Allgemeine Theorie der Beschäftigung, des Zinses und des Geldes, München und Leipzig 1936.

individuelle Kapitalist nur über ein relativ kleines Kapital verfügte, das
ihm auch nur ein konkurrenzmäßig und zeitlich eng begrenztes Opera-
tionsfeld absteckte – wobei er in den Zeiten anwachsender, unverkäuflicher Warenlager um sein kapitalistisches Dasein überhaupt bangen mußte –, hätte eine Theorie, die ihm geraten hätte, in solchen Momenten mehr
zu investieren, nur absurd klingen müssen. Eine derartige Theorie konnte
deshalb gar nicht erst entstehen, geschweige denn sich durchsetzen.

In einer Situation überwiegender großer Industriekonzernbildung und
Finanzkonzentrationen, in der Enthaltsamkeit zum Unfug wird und in der
man statt dessen riesige und dabei paradoxe Überproduktionen entstehen
läßt, mußte früher oder später eine entsprechende theoretische Begründung
kommen. Statt positiver Bewertung der Ersparnisbildung als Basis der
kapitalistischen Akkumulation mußte die Investitionstätigkeit als Grundlage der Einkommensschaffung und des Konsums, und mußte vor allem
das Gleichgewicht zwischen Ersparnissen und Investitionen besonders betont werden.* Dadurch wurden natürlich die Ersparnisse, als Voraussetzung von Investitionen, nicht unterschätzt, zugleich wurde allerdings ihre
Kehrseite unterstrichen, daß nämlich ihre Vergrößerung gegenüber den
Investitionen notwendigerweise auf der anderen Seite einen ungenügenden Konsum beziehungsweise Absatzschwierigkeiten zur Folge hat.

Doch nicht nur diese objektive Änderung in der Entwicklung des Kapitals, sondern auch die damit zusammenhängende Änderung der Stellung
der Arbeiterklasse machen entsprechende theoretische Überlegungen notwendig. Die Stärke und Organisiertheit der Arbeiter war so angewachsen,
und ihr revolutionäres Bewußtsein, besonders nach der geglückten Revolution in Rußland, war so verbreitet, daß jede neue Wirtschaftskrise in
entwickelten kapitalistischen Ländern zum unmittelbaren Revolutions-
herd werden konnte. Auch wenn die Krisen früher von den Kapitalisten
nicht gerade freudig begrüßt wurden, so stellten sie doch keine direkte
politische Bedrohung dar. Außerdem wurden bei den größten Kapitalisten die Krisenverluste meistens durch Konzentrations- und Machtzu-
wachs ausgewogen. Doch nach dem Ersten Weltkrieg wurden solche Prozesse politisch gefährlich, und es mußten Wege gefunden werden, diesen
vorzubeugen.

---

* »Die herkömmliche Analyse war sich bewußt, daß Ersparnis vom Einkommen abhängt, aber sie übersah die Tatsache, daß Einkommen von der Investition abhängt, in
solcher Weise, daß, wenn sich die Investition ändert, sich das Einkommen notwendigerweise genau in jenem Grad ändern muß, der erforderlich ist, um die Änderung in den
Ersparnissen gleich der Änderung in der Investition zu machen.«
G. M. Keynes, Allgemeine Theorie . . ., München und Leipzig 1936, S. 154.

Früher oder später mußte die Einsicht entstehen, daß die einst positiv bewertete industrielle Reservearmee, als »Druckmittel« auf die Löhne, sowie die möglichst niedrigen Löhne, als Bedingung großer Ersparnisse und der Akkumulationsbewegung, entwicklungshemmend wirken. Das Ziel der Vollbeschäftigung und des optimalen Lohnanstiegs als Grundlage einer notwendigen Marktentwicklung und ausgewogenen Wirtschaft kam als neues Orientierungsdatum hinzu. Dieses war auch ausschlaggebend für die Erhaltung des Kapitalismus und galt als das Abwehrmittel gegen revolutionäre Gefahren.

Dabei wird zugleich jede Förderung der Marktnachfrage, und in Zusammenhang damit auch die staatlich unterstützte antizyklische Förderung der Investitionstätigkeit, der tertiären Sphäre und der staatlichen Aufträge in den Vordergrund geschoben.* Die Entdeckung des Investitionsmultiplikators sowie der Nützlichkeit, die Einkommens- und Konsumentwicklung durch staatlich geförderte Investitionstätigkeit und Aufträge zu akzelerieren, war ein wichtiger Schritt zur Einsicht in krisendämmende Faktoren und Maßnahmen. Alles das wurde natürlich zugleich von allen Kräften, die interessenmäßig in den Kapitalismus verwickelt waren, als endliche »Widerlegung« der marxistischen Ansätze begrüßt.

Mängel der antizyklischen Theorie

Es ist selbstverständlich, daß die nichtmarxistische ökonomische Theorie an der Kenntnis antizyklischer Eingriffsmöglichkeiten und an der Erhaltung der kapitalistischen Produktion interessiert ist – im Unterschied zur marxistischen Reproduktionstheorie, die von Anfang an gegen den Kapitalismus ist und daher Wege zur Überwindung solcher Krisen auch gar nicht erst sucht. Der interessenmäßig und nach der Russischen Revolution immer stärker an der Macht orientierte sowjetkommunistische Antikapitalismus mußte früher oder später zu einer theoretischen Erstarrung

---

* »Während ich eine sozial geleitete Investitionsrate befürworte, die sich eine fortschreitende Abnahme in der Grenzleistungsfähigkeit des Kapitals zum Ziel setzt, würde ich gleichzeitig alle Arten der Politik unterstützen, die den Hang zum Verbrauch vermehren. Denn es ist unwahrscheinlich, daß wir mit dem bestehenden Hang zum Verbrauch Vollbeschäftigung beibehalten könnten, was immer wir in bezug auf die Investition unternehmen würden. Es ist daher Raum für die Zusammenarbeit beider Politiken, für eine Förderung der Investition und gleichzeitig eine Förderung des Verbrauches, nicht nur auf das Niveau, das mit dem bestehenden Hang zum Verbrauch mit der vermehrten Investition übereinstimmen würde, sondern auf ein noch höheres Niveau.«
J. M. Keynes, Allgemeine Theorie . . ., München und Leipzig 1936, S. 275, 276.

führen, bei der die Krisen als ein notwendiges und zunehmend gewolltes Phänomen des Kapitalismus selber angesehen, und alle Möglichkeiten ihrer Überwindung, die nicht das kapitalistische Eigentum selber in Frage stellen, dogmatisch abgelehnt wurden. Die kapitalistisch orientierte theoretische Entwicklung führte jedoch zur Erkenntnis bestimmter Voraussetzungen des Gleichgewichts und später des Wachstums und stellt daher im Vergleich zur sowjetmarxistischen Theorie einen wissenschaftlichen Fortschritt dar.

Aber – wie bereits erwähnt – macht sich in dieser Theorie eine Ablehnung aller früheren Erkenntnisse von Marx bemerkbar, ohne daß dabei bereits überholte und noch weiterhin geltende Ansichten nach systematischen Gesichtspunkten auseinandergehalten werden. Die starre Ablehnung aller marxistischen Theorien führt überdies zur Ablehnung solcher Erkenntnisse und Kategorien, die auch in der Gegenwart einen wichtigen Erkenntniswert haben.

Vor allem ist es die marxistische Teilung der Produktion in Gruppe I und II (Produktionsmittel und Konsumgüter), sowie die Grundaufteilung des in der Produktion geschaffenen Wertes auf Arbeitslöhne (variables Kapital) und Mehrwert, welche in einer modifizierten Form die heutigen Wirtschaftsprobleme besser verstehen lassen. Die bisherige Ablehnung dieser Aufteilungen erschwert die Erkenntnis wichtiger Gleichgewichtskomponenten – was in der Konsequenz eine nur ungenaue und oberflächliche Kenntnis der Ursachen zyklischer – wenn auch abgeschwächter – Störungen im heutigen Kapitalismus ergeben kann.

Übersieht man den grundlegenden Unterschied zwischen der Verwendung der Löhne und des Mehrwerts, so schwindet auch die Bedeutung ihrer getrennten Verfolgung. Die nichtmarxistische Theorie ignoriert die Tatsache, daß die Löhne nur relativ geringe Sparsummen schaffen und daß sie größtenteils für individuellen Konsum wieder ausgegeben werden, während der relativ größte Teil der Ersparnisse aus dem Mehrwert stammt. Arbeitet man nur mit der allgemeinen Kategorie der Ersparnisse, so übersieht man die soziale Basis ihres Entstehens. In der Gleichgewichtstheorie wird nahezu folgerichtig vergessen, daß die relativ unansehnlichen Ersparnisse der Lohnempfänger keine Überproduktionsprobleme schaffen können, sondern daß es vor allem die Mehrwertaneignung ist, die Gleichgewichtsstörungen hervorruft.

Wenn Keynes die »sinkende Konsumtionsneigung« und »steigende Sparneigung« als psychologische Resultate einer Einkommenssteigerung faßt*, so wird dadurch der *wesentliche* Unterschied zwischen Lohnein-

---

* »Unser normales psychologisches Gesetz, daß bei einer Zu- oder Abnahme des Realeinkommens des Gemeinwesens auch sein Verbrauch zu- oder abnehmen wird, nur nicht

kommen und Kapitaleinkommen direkt verdeckt, indirekt freilich wird
er bestätigt: In der Realität gibt es natürlich niemals absolut scharfe
Grenzen zwischen verschiedenen Gruppen und Phänomenen, niemals nur
schwarz und weiß, immer handelt es sich um Übergänge. Aber das
darf nicht die wesentlichen Unterschiede verwischen. (*Wenn* ein Phänomen differenziert erkannt werden soll – und nur diese Erkenntnishaltung
ist sinnvoll –, so muß es auch *erkannt* werden: in der konkreten Fülle
mannigfaltigster Phänomene ist ein Argument, das nur »Übergänge« gelten lassen will, in Wahrheit erkenntnisverwischend. Ideale Typisierungen
im Sinne Max Webers leisten dagegen die Erkenntnis des jeweils Typischen bei gleichzeitiger Anerkennung der Tatsache, daß solche Übergänge zwar real, für eine systematische Erkenntnis aber gegenüber den
Gruppenspezifika sekundär sind.) So wie zum Beispiel das tatsächliche
Bestehen von Übergangsformen zwischen Pflanze und Tier nicht den
wesentlichen Unterschied zwischen beiden Phänomengruppen eskamotie-
ren kann, so können auch faktische Übergänge zwischen Lohn- und Kapitaleinkommen, hinsichtlich ihres Entstehens und ihrer Benutzung, den
wesentlichen Unterschied zwischen ihnen nicht vom Tisch wischen. Es ist
wahr, daß Einkommenssteigerungen im wesentlichen auch gesteigerte
Spareigungen hervorrufen. Dennoch ist bei der absoluten Majorität der
Lohnempfänger der ersparte Teil ein nur geringfügiger Prozentsatz ihrer
Einkommen – woran auch ein Grüppchen der allerhöchsten Lohnempfänger nichts ändert.

Nach internen Schätzungen der verschiedensten Banken kann in den
entwickelten westeuropäischen Industrieländern bei durchschnittlichen
Löhnen mit Ersparnissen von etwa 10 bis 15 Prozent gerechnet werden.
Auch wenn der absolute Umfang dieser Ersparnisse aus Löhnen beacht-
lich ist, kann pro Jahr nur ein kleinerer Teil davon für Investitionszwecke
verwendet werden. Erstens wird jährlich ein großer Teil der Ersparnisse
wieder von den Banken abgehoben und von den Lohnempfängern verbraucht, so daß nur der zuwachsende positive Saldo investitionsmäßig zur
Geltung kommen könnte. Zweitens wird aber auch ein Teil der Ersparnisse von den Banken wieder an Lohnempfänger für Konsumzwecke
verliehen. Auch wenn diese Kredite immer wieder zurückfließen, so ist
doch ein Teil der ersparten Gelder damit ständig gebunden.

Wäre die Kapitalakkumulation wirklich nur von Ersparnissen aus
Lohneinkommen abhängig gewesen, so hätte jene schnelle Kapitalent-

so schnell kann deshalb (...) in den Satz übersetzt werden, daß Δ Cw und Δ Yw das
gleiche Vorzeichen haben, daß aber Δ Yw $>$ Δ Cw, wobei Cw der Verbrauch, in Lohn-
einheiten gemessen, ist.«
J. M. Keynes, Allgemeine Theorie ..., München und Leipzig 1936, S. 98.

wicklung, die in Wirklichkeit vor sich geht, niemals erreicht werden können. Tatsächlich aber wird diese schnelle Kapitalakkumulation im Grunde aus den Ersparnissen gedeckt, die aus den Kapitaleinkommen, also aus der Mehrwertaneignung stammen. Der Mehrwert übersteigt natürlich die Konsumbedürfnisse der Mehrwertaneigner erheblich, und deshalb machen die Ersparnisse den weitaus größten Prozentsatz dieser kapitalistischen Einkommen aus. Keynes' mehr psychologische Deutung der Konsum- und Sparneigung ist zwar nicht grundsätzlich falsch, aber sie verdeckt die viel tiefere und wesentlichere marxistische Erklärung der objektiv (gesellschaftlich) bedingten subjektiven Interessen der Kapitalisten, die unter den gegebenen historischen Umständen zu Trägern des notwendigen Akkumulationsprozesses geworden sind. Sie sparen nicht nur deshalb, weil sie kein steigendes Interesse an individuellem Konsum haben, sondern weil sie historisch zu Aneignern jenes Mehrprodukts wurden, aus dem die Produktionsakkumulation immer gedeckt wurde und noch gedeckt wird, und weil diese Akkumulation in der Form von Privatkapital ihrem persönlichem Interesse vollkommen entspricht. Daß nun mit der Entwicklung des Kapitalismus und der Steigerung der Lohneinkommen diese Kapitalakkumulation durch die Ersparnisse aus dem Lohneinkommen noch beschleunigt wird, kann die Richtigkeit der Mehrwerttheorie nicht in Frage stellen.

Der Mehrwert (das Mehrprodukt) ist immer der Teil des gesellschaftlichen Nettoprodukts, der jenen Teil dieses Nettoprodukts übersteigt, der den Schöpfern dieses Produkts als Lohn zum individuellen Konsum übergeben wird. Im wesentlichen werden daher die Kapitalakkumulation (Nettoinvestitionen) und der nichtproduktive Konsum beziehungsweise der Konsum der Kapitalisten (mr) auch nur aus diesem Mehrwert gedeckt. Daß die produktiven Lohnempfänger dann noch einen kleinen Teil ihrer Löhne sparen, ändert nichts am Wesen der Sache, nämlich daran, daß der Mehrwert (das Mehrprodukt) die eigentliche Basis der Kapitalakkumulation ist.

Es ist zwar wahr, daß bei der Keynesschen Gleichgewichtsformel $\frac{S}{Y} = \frac{I}{Y}$ sowie bei jeder Weiterentwicklung dieser Formel der Ursprung der Ersparnisse übersehen werden kann, denn wichtig ist nur ihre investitionsmäßige Verwendung. Aber für die Erhaltung einer ausgeglichenen Entwicklung ist zu beachten, daß es nicht primär die Ersparnisse der Lohnempfänger sind, die die potentielle Krisengefahr schaffen. Diese relativ kleineren und vor allem nur langsam und ziemlich regelmäßig ansteigenden Ersparnisse könnten leicht ins Kalkül genommen werden. Was aber ein dauerndes und theoretisch eben wenig beachtetes Gleichgewichtsproblem bleibt, ist der relativ große und sich schnell ändernde Mehrwertteil, der weder individuell verbraucht, noch investitiv verwendet wird. Was sich zu bestimmten Zeiten aus der Geldform ziemlich fließend in die Produktform umsetzt und daher auch auf der anderen Seite eine kontinuierliche Produktion hervorruft, beginnt in bestimmten Momenten in wachsenden Ersparnissen zu erstarren und bewirkt auf der anderen Seite Warenlageranhäufung und Produktionsdrosselung.

Dies kann dann nicht einfach durch ein psychologisch motiviertes Unternehmermißtrauen erklärt werden, denn dadurch wird wieder der objektive Grund dieses plötzlich auftretenden Mißtrauens verdeckt* und der Zusammenhang zwischen der Investitionsentwicklung und der Konsumgüterproduktion, sowie zwischen dieser und der Lohnentwicklung eben nicht aufgedeckt. Man kann nicht erwarten, daß die kapitalistischen Unternehmen bei wachsender Marktnachfrage, steigendem Umsatz und bei Perspektiven einer andauernden absoluten Profitvergrößerung die Investitionen von selber verkleinern. Nur Absatzschwierigkeiten, oder zumindest Signale einer sich überhitzenden Investition, bei der die Nachfrage hinter den Erwartungen (den geschaffenen Produktionskapazitäten) zurückbleibt und die Gefahr großer Preis- und Profitsenkungen abzusehen ist, werden die Umwandlung von *anwachsenden* Teilen der Ersparnisse in Investitionen verhindern.** Der eigentliche Grund einer im Verhältnis zu der Sparquote relativ abnehmenden Investitionstätigkeit ist vorrangig in einer relativ rückläufigen Marktentwicklung zu suchen, die ihrerseits vor allem auf eine ungenügende Lohn- und Konsumentwicklung zurückzuführen ist.

Auch wenn die Investitionsentwicklung selbst eine Lohnentwicklung schafft, so muß diese eben nicht in der notwendigen Proportion vor sich

---

* »Verwahrung ist auch einzulegen gegen den – hier wie auch sonst in der ökonomischen Theorie grassierenden – *dilettantischen Psychologismus*, der zu ›anthropologischen‹ Grundtatsachen verflüchtigt, was im wirklichen sozialen Leben seinen ganz bestimmten Ort – nämlich in der *Unternehmenswelt*, nicht bei den Unselbständigen, selten bei den Konsumenten – hat, und der die Entscheidungen der Spitzengremien von Aktiengesellschaften, Konzernen und Verbänden mit den Mitteln einer ins Kollektive gesteigerten *Individualpsychologie* erklären will.«
W. Hofmann, Theorie der Wirtschaftsentwicklung, Sozialökonomische Studientexte, Bd. 3, S. 100, Berlin 1971.
** »The chief reason why the multiplier theory can tell us but little about the effects of a certain increase in investment is not its fluctuation, but the fact that it leaves out of account the reaction of a certain change in the volume of output and in the general business situation on profit expectations and the willingness to invest (the marginal efficiency of capital).«
B. Ohlin, In the light of Swedish theory, what is a fair judgment of Keynes? in Keynes and the Classics, Boston 1964, S. 58.

gehen, um auch die benötigte Konsumgüterentwicklung zu forcieren – die
dann wieder die fortschreitende Investitionstätigkeit sichern würde. Es
geht also um die Mißachtung der notwendigen Proportion zwischen dem
Wachstum der Löhne, ihrer konsummäßigen Anwendung und dem
Wachstum der Konsumgüterproduktion auf der einen und dem Wachstum
des Mehrwerts, aus ihm resultierender Ersparnisse, Investitionen und
Investgüterproduktion auf der anderen Seite. Doch dieses Problem ist
nicht mehr mit den allgemeinen Kategorien der westlichen Gleichgewichts-
oder Wachstumstheorien in den Griff zu bekommen, sondern es bedarf
der Aufteilung der Produktion und der Einkommen im Sinne der marxistischen Reproduktionstheorie.

Modifizierung der marxistischen Gleichgewichtsformel

Halten wir uns noch einmal die drei marxistischen Gleichgewichtsformeln
vor Augen:

a) $c_I + v_I + m_I = c_I + mc_I + c_{II} + mc_{II}$

$$mc_I + mv_I + mr_I$$

b) $c_{II} + v_{II} + m_{II} = v_I + mv_I + mr_I + v_{II} + mv_{II} + mr_{II}$

$$mc_{II} + mv_{II} + mr_{II}$$

c) $v_I + mv_I + mr_I = c_{II} + mc_{II}$

Betrachten wir zuerst die Gleichung b). Bis heute kann man annehmen,
daß beim Einkauf von Konsumgütern von seiten der Lohnempfänger
(also für $v_I + mv_I + v_{II} + mv_{II}$) nicht besondere Einkaufs- und Verkaufsschwierigkeiten auftauchen. Es wird natürlich dauernd strukturelle
Probleme geben: das Sinken der Nachfrage nach bestimmten und das
Steigen der Nachfrage nach bestimmten anderen Gütern. Aber dieses
besondere Problem wird auch laufend durch den Markt und die Produktionsstrukturänderungen gelöst und betrifft nicht das Wesen des Krisen-
problems, so daß wir es hier beiseite lassen können.
    Was nun die Ersparnisse der Lohnempfänger angeht, das heißt jene
Einkommensteile, die vorübergehend nicht für Konsumgüter ausgegeben
werden, so betreffen diese unser Problem, aber wie bereits gesagt, sind es
eben nicht die Ersparnisse der Lohnempfänger, die die größten Schwierigkeiten bereiten. Laufend werden Spargelder in Sparkassen oder Banken

eingezahlt und vorwiegend für Konsumzwecke wieder abgehoben. Und wenn auch die Einzahlungen langfristig die Auszahlungen überschreiten und der Saldo anwächst, so wird diese Summe zwar das Problem vergrößern, aber nicht seine Hauptursache sein. Außerdem müßte noch untersucht werden, ob diesem relativ langsam wachsenden Saldo auf der einen nicht ein notwendig anwachsender Vorrat an Konsumgütern auf der anderen Seite entspricht. Deshalb wollen wir einstweilen von diesen Ersparnissen abstrahieren.

Das eigentliche und wesentliche Problem besteht im Mehrwert, der zu einem bestimmten Teil eben auch für Konsumgüter ausgegeben werden muß (mr), damit sein anderer Teil laufend kapitalisiert werden kann (mc + mv). Wächst der jährliche Mehrwert im Verhältnis zum Lohn, dann kann dieser Zuwachs zwar in zusätzliches Kapital verwandelt, also investiert werden, aber nur in dem Umfang, in dem das aus dem zusätzlichen Kapital entstehende zusätzliche Produkt wieder gekauft und konsumiert werden kann. Und dieses zusätzliche Produkt kann natürlich bei wieder relativ anwachsendem Mehrwert nicht dauernd die Form von Produktionsmitteln haben und von den Kapitalisten in noch größere Investitionen umgewandelt werden, ohne daß sich entsprechend auch der Konsum vergrößert, für den final die Investitionstätigkeit bestimmt ist. Da aber der Konsum vor allem in seinem Wachstum durch das Wachstum der Löhne (v) bestimmt ist, während der Konsum der Kapitalisten (mr) gewöhnlich nicht dem Wachstum des gesamten Mehrwerts (m) entspricht, sondern relativ eher abnimmt, so muß bei wachsender Produktion und relativ wachsendem Mehrwert (im Verhältnis zur Produktion), sowie bei *relativ* sinkendem Konsum der Lohnempfänger (v) und der Kapitalisten (mr) in einem bestimmten Moment die dauernd anwachsende Kapitalisierung des Mehrwerts (mc + mv) abgebremst werden.

Und das geschieht dann, wenn die Gruppe II nicht wenigstens die Menge von Konsumgütern verkaufen kann, die durch ein proportional wachsendes mr_I und mr_{II} gekauft werden müßte, jedoch wegen des relativ sinkenden realen Einkaufs aus diesen Mehrwertteilen zunehmend weniger realisiert wird. Dabei setzen wir noch voraus, daß alle Konsumgüter in der Werthöhe von $v_I + mv_I$ und $v_{II} + mv_{II}$ verkauft werden. Wenn hier obendrein eine Lücke klafft, etwa durch Ersparnisse eines Teils der Löhne, dann vergrößert sich natürlich der Widerspruch.

Wenn also die Produktion der Gruppe II schneller anwächst als jene Einkommensteile, die für den Konsum tatsächlich ausgegeben werden, bleibt nicht nur ein Überschuß an Konsumgütern liegen, sondern die Gruppe II muß auch ihre Einkäufe bei Gruppe I drosseln. Die Gruppe II kann nicht alle Produktionsmittel von Gruppe I kaufen, die für sie in der Werthöhe von $v_I + mv_I + mr_I$ bereitstehen. Sie ist gezwungen, ihre zuvor wachsenden zusätzlichen Investitionen (mc) zu verringern, also weniger Produktionsmittel von I zu kaufen, als aufgrund des eigenen Wachstums von Gruppe I für Gruppe II bereitgestellt wurden. Wenn also Produktionsmittel im Gesamtwert von $v_I + mv_I + mr_I > II \, c + mc$ vorhanden sind, und zwar in der Höhe jenes Teils von mr, der nicht für Konsumgüter ausgegeben wurde, dann können nicht alle Produktionsmittel verkauft werden. Dann sind aber auch die wachsenden Investitionen in Gruppe I weiterhin unmöglich; sie müssen ebenfalls abgebremst werden.

E. Lundberg hat als erster auf den wechselseitigen Zusammenhang zwischen konsumausgerichteten Einkommen und Investitionen hingewiesen und die Notwendigkeit von Widersprüchen zwischen Ersparnissen und Investitionen bei einer Senkung des einen oder des anderen Prozesses aufgedeckt.* Auch wenn er dabei noch nicht die eigentliche Ursache der begrenzten Konsumentwicklung und der schnelleren Ersparnissteigerung in der wesentlich unterschiedlichen Entwicklung und Verwendung der Lohneinkommen (v) und Mehrwerteinkommen (m) gesehen hat, so ist seine Schlußfolgerung über die Dynamik von Diskrepanzen zwischen Ersparnissen und Investitionen eine der Realität weit mehr entsprechende Beobachtung, als die statischen Gleichgewichtsbedingungen von Keynes das sind.

Freilich hat Keynes punktuell recht: *durch den Staat* angefachte Investitionen, gedeckt aus steuermäßigen Einnahmen (natürlich vor allem der nicht ausgegebenen Mehrwertteile), schaffen auch zusätzliche Lohnumfänge (mv), die wieder die Nachfrage nach Konsumgütern vergrößern. Dadurch kann Gruppe II wieder mehr Produktionsmittel kaufen usw. Aber einmal würde der ja weiterhin anwachsende Mehrwert in Kürze denselben Widerspruch nur dann nicht hervorrufen, wenn sein stetig wachsender überschüssiger Teil vom Staat auch durch progressive Steuern abgeschöpft würde. Dies entspricht aber nicht Keynes' Vorstellung. Und weiterhin würde auch der Staat nur unnötige Investitionen tätigen, bei denen der Konsum ungenügend wachsen würde, nämlich nur in der Höhe von (mv), so daß, eigentlich künstlich, immer mehr unnötige Investitionen durchgeführt würden, nur um den Produktionsüberschuß dauernd abzuschöpfen. Das hat Keynes zwar als Möglichkeit gesehen, aber als wirt-

---

* »When new investments in the way defined are dependent upon consumers' demand; and when, further, the size of these investments at the same time constitutes a necessary condition of sufficient demand, every swing upwards must lead to discrepancies between savings and investments and consequent downward development.«
E. Lundberg, Studies in the Theory of economic expansion, New York 1964, S. 214.

schaftliche Vergeudung verworfen.* Die Lösung konnte er nicht finden.

Wenn wir statt des allzu allgemeinen westlichen Begriffs »Investition«, unter dem produktive wie nichtproduktive langfristige Anlagen (das heißt also Einkäufe sowohl von Produktionsmitteln als auch von langfristigen Konsumgütern) verstanden werden, nun produktive Investitionen von nichtproduktiven – seien es staatliche oder seien es individuelle – Investitionen unterscheiden, so kommen wir der Lösung näher. Nichtproduktive Investitionen sind nichts anderes als ein Einkauf von Konsumgütern mit langfristigem Verbrauch, durch deren Konsum aber keine neuen Produkte geschaffen werden. Ob eine Schule, ein Krankenhaus oder ein Wohnhaus gebaut wird: es ist die Produktion von Konsumgütern, durch deren Ankauf und Verbrauch keine neue Produktion entsteht. Es ist also eindeutig der Konsum von Konsumgütern aus der Gruppe II, durch deren wachsende Konsumtion natürlich auch wieder eine wachsende Nachfrage nach Produktionsmitteln aus Gruppe I entsteht.

Während also bei tatsächlich produktiven Investitionen von seiten des Staates zwar kurzfristig neue Produktionsimpulse dadurch entstehen können, daß erstens ein Teil von nichtverkaufbaren Produktionsmitteln abgeschöpft wird, und zweitens die Beschäftigungszahl und der Lohnumfang sich vergrößert, so wird aber zugleich die Produktion und die Mehrwertrate weiter gesteigert. Insofern sind produktive Investitionen des Staates keine echte Lösung des angeführten Widerspruchs – es sei denn, man gäbe sich zufrieden mit ganz unsinnigen und gesellschaftlich gesehen unnötigen Investitionssteigerungen, nur um jede Überproduktion durch staatliche Investitionen abzuschöpfen. Aber nicht nur, daß diese durch den Staat und mit Hilfe von wachsenden Steuern gesteigerte Produktion für die Produktion keine Lösung ist, sie kann außerdem nur durchgeführt werden, solange freie Arbeitskräfte vorhanden sind. Ist dieser Punkt erreicht, kann so durch staatliche Investitionen das Gleichgewicht nicht mehr hergestellt werden.

Da aber heute in den entwickelten westlichen Ländern überall eine Lage entstanden ist, die durch Vollbeschäftigung und Mangel an Arbeitskräften charakterisiert ist, mußten auch die modernen Wachstumstheorien

---

* »Das Graben von Löchern im Erdboden, bezahlt aus Ersparnissen, wird nicht nur die Beschäftigung, sondern auch das reale Einkommen der Volkswirtschaft an nützlichen Gütern und Dienstleistungen vermehren. Es ist aber nicht vernünftig, daß sich ein verständiges Gemeinwesen damit begnügen sollte, von solchen zufälligen und oft verschwenderischen Linderungen abhängig zu bleiben, nachdem wir einmal die Einflüsse verstanden haben, von denen die wirksame Nachfrage abhängt.«
J. M. Keynes, Allgemeine Theorie..., München und Leipzig 1936, S. 184.

mit der Unterscheidung dieser zwei wesentlichen Entwicklungsperioden des Kapitalismus kommen.* Bereits Harrod unterscheidet in seiner Wachstumstheorie die Situation eines Überflusses an Arbeitskräften von der der Vollbeschäftigung. Ohne ausdrücklich von zwei verschiedenen Etappen der kapitalistischen Entwicklung zu sprechen, wie später Kaldor, zeigt er doch wesentlich unterschiedliche Kapitalentwicklungen in diesen unterschiedlichen Gegebenheiten.

Aber sowohl Harrod als auch Domar und Kaldor widmen ihre Aufmerksamkeit ausschließlich dem Zusammenhang zwischen der Entwicklung der Sparquote und der Investitionsquote im Hinblick auf ein ausgeglichenes Wachstum unter unterschiedlichen Wachstumsbedingungen, ohne daß sie die Notwendigkeit einer ausdrücklichen Beachtung des Zusammenhangs zwischen hier der Produktion von Investgütern und Konsumgütern und dort der Entwicklung der Löhne und des Mehrwerts gesehen hätten. Nicht einer der genannten Wachstumstheoretiker betrachtet die Entwicklung der Sparquote vorrangig als ein Resultat der Mehrwertrate. Keiner von ihnen sieht deshalb auch den notwendigen Zusammenhang und Widerspruch zwischen der investitionsmäßigen Anwendung der Mehrwertersparnisse auf der einen und der Entwicklung der Konsumgüterproduktion, die entgegengesetzt bedingt wird durch die Mehrwertentwicklung auf der anderen Seite. Obwohl diese Wachstumstheorie die Notwendigkeit immer wieder entstehender Ungleichgewichte und zyklischer Störungen bei der spontanen Kapitalentwicklung aufzeigen und auch versuchen, verschiedene Voraussetzungen oder Wege der Gleichgewichtsherstellung aufzudecken, können sie die eigentliche Ursache der Gleichgewichtsstörung so lange nicht voll aufdecken, solange sie den Widerspruch zwischen Produktion und Konsumtion, hervorgerufen durch den eigentlichen Widerspruch innerhalb der Nationaleinkommensaufteilung, übersehen.

Halten wir uns stets vor Augen: das eigentliche Problem besteht darin, daß genausoviel investiert werden muß, damit bei effektivster Entwicklung der Produktion und voller Ausschöpfung der potentiellen Produktivkräfte – also in Vollbeschäftigung – die optimale Proportion zwischen der Produktion der Investgüter (Gruppe I) und der Produktion der Konsumgüter (Gruppe II) erreicht wird. Diese optimale Proportion bedeutet, daß die Gruppe I nicht mehr und nicht weniger Produktionsmittel (Investgüter) produziert, als für ihre eigene Reproduktion und für die Produktion der Gruppe II benötigt wird; während die Gruppe II nicht mehr und nicht weniger produzieren darf, als zur Deckung der konsumausge-

* Vgl. R. Harrod, Towards a Dynamic Economics, London 1949, und vgl. auch N. Kaldor, Essays on Economics Stability and Growth, London 1960.

richteten Einkommensteile benötigt wird. Und dies alles bedingt dann eine sozial so geartete Aufteilung der Einkommen, daß jene Einkommensteile, die im Grunde für Konsumgüter ausgegeben werden, genau dem Preisumfang der Konsumgüter entsprechen, während jene Einkommensteile, die gespart werden und sich in Investitionen verwandeln, dem Preisumfang der Investgüter entsprechen müssen.

Der eigentliche Grund der Nichteinhaltung dieser Proportionen besteht vor allem darin: der Mehrwert und die aus ihm notwendig entstehenden Ersparnisse erreichen in gewissen Zeitabständen eine solche Höhe, daß die aus ihnen voll entstehenden Investitionen die Bedürfnisse der Gruppe II übersteigen. In solchen Momenten kommt es daher notwendig zur Überproduktion von Investgütern: zu dem Phänomen, das man auch als überhitzte Konjunktur bezeichnen kann, mit der notwendig folgenden Rezession als Folge der übertriebenen Investition. Es handelt sich aber niemals um eine absolute, sondern immer nur um eine relative Überproduktion, die das Resultat einer nicht entsprechenden Einkommensverteilung ist. Vor allem bei der gegebenen Grundaufteilung des Nationaleinkommens auf Löhne und Mehrwert, sowie bei der weiteren Aufteilung des Mehrwerts, kommt es zu einer Einkommensbildung, bei der eben jene sozialen Schichten, die ihr Einkommen *größtenteils* für Konsumgüter ausgeben, zu kleine Teile bekommen haben, während der Anteil der Kapitalisten den Erstaneignern des Mehrwerts in der gegebenen Konsumentwicklung die Bedürfnisse an Ersparnissen und Investitionen übersteigt. Wären die Einkommen so verteilt worden, daß der Konsum schneller gestiegen wäre, hätte die Konsumgüterindustrie, und durch diese auch die Gruppe I, mehr Investitionen gebraucht, während die etwas kleineren Kapitaleinkommen und ihnen entsprechenden Ersparnisse wieder den optimalen Investitionsbedürfnissen entsprechen konnten.

Das bedeutet aber nicht, daß sich nur immer die Verteilung zwischen produktiven Löhnen (v) und dem Mehrwert (m) ändern muß. Dies ist bereits ein Gesellschaftsproblem. In industriell hochentwickelten Ländern geht es eben nicht darum, nur den materiellen Konsum weiter zu heben und nur die richtige Proportion zwischen v und m $\frac{m}{v}$ zu schaffen, sondern, wie schon erwähnt, wird die Befriedigung der gesellschaftlichen Bedürfnisse in Richtung des tertiären Sektors immer wichtiger. Seine Entwicklung wird auch zu einem der wichtigsten Stabilisatoren der gleichgewichtigen Wirtschaftsentwicklung. Durch staatliche, steuermäßige Abschöpfung jenes Teils des Mehrwerts, der – außer der eigentlichen Konsumverwendung der Kapitalisten (mr) – die Höhe der optimalen Investitionsbedürfnisse übersteigt, und durch Benutzung dieses Teils für die

Bedürfnisse des früher definierten tertiären Sektors kann eine Konsumentwicklung gesichert werden, bei der die Produktion sowohl von Gruppe II als auch dann von Gruppe I ins Gleichgewicht mit den aus dem übrigbleibenden Mehrwert gedeckten Investitionen kommt.

Im weiteren Verfolg dieser Umverteilungsrolle des Staates werden wir seine Ausgaben für die Entwicklung des tertiären Sektors, im Sinne des anfangs erklärten Unterschieds zwischen produktiver und nichtproduktiver Tätigkeit, also als Ausgaben für Konsumzwecke verstehen. Geldmittel, die vom Staat in der Form von Steuern sowohl aus den Mehrwertals auch aus den Lohneinkommen abgeschöpft werden, dienen diesem in der Form von Staatsausgaben für den tertiären Sektor zur Beschaffung von Konsumgütern – sei es mit kurzfristiger oder langfristiger, individueller oder sozialer Verbrauchsbestimmung. Wie ebenfalls bereits erwähnt, handelt es sich aber nicht um den Konsum des gesamten tertiären Sektors (ein Teil seiner Tätigkeit wird direkt als Dienstleistungen von den Wirtschaftssubjekten gekauft und bezahlt), sondern nur um den durch Staatsausgaben vermittelten Konsum des tertiären Sektors – bezeichnet mit dem Symbol D'.

Es wäre also erforderlich, durch Einkommenssteuern (Symbol: St) und ihre Umwandlung in staatliche Ausgaben für den tertiären Sektor (D') eine jeweils entsprechende Steigerung des Konsums zu erreichen – egal, ob durch direkten staatlichen Einkauf von nichtproduktiven Investitionen, Gebäuden, Einrichtungen etc. oder indirekt durch Entlohnung nichtproduktiver Kräfte und durch ihren individuellen Konsum. Die so entstehenden reinen Lohneinkommen produktiver als auch nichtproduktiver Kräfte müssen, nach Steuerabzug, in ein solches Verhältnis zu den reinen Profiten gebracht werden, daß bei einer vorausgesetzten Konsumhöhe der Kapitalisten ihre Ersparnisse – zusammen mit vorausgesetzten Ersparnissen aus den reinen Löhnen – in Investitionen umgewandelt werden, die bei voller Ausschöpfung der technischen Potenzen und Arbeitskräfte die benötigte Produktion von Konsumgütern für alle Lohnempfänger und Kapitalisten und auch die benötigte Menge von Produktionsmitteln für Gruppe II wie für Gruppe I sichern.

Dieser Aspekt modifiziert die Reproduktionsgleichungen von Marx in der folgenden Weise:

Pr_I = Gesamtwert (Preis) aller produzierten Produktionsmittel
Pr_{II} = Gesamtwert (Preis) aller produzierten Konsumgüter
V_I = Reiner Lohn (nach Steuerabzug) aller produktiven Kräfte in Gruppe I (alter Lohn und neu hinzugekommener, also v + mv) und ohne Ersparnisse

V_{II} = Dito in Gruppe II
R_I = Mehrwerteinkommen für Konsum der Kapitalisten aus Gruppe I bestimmt
R_{II} = Dito in Gruppe II
S_I = Ersparnisse sowohl der Kapitalisten als auch der Lohnempfänger aus Gruppe I
S_{II} = Dito in Gruppe II
C_I = Verbrauchte Produktionsmittel in Gruppe I
C_{II} = Dito in Gruppe II
J_I = Zusätzliche Investitionen aus Ersparnissen für die Gruppe I bestimmt
J_{II} = Dito für Gruppe II bestimmt
St_I = Steuern von Kapitalisten und Lohnempfängern aus Gruppe I
St_{II} = Dito aus Gruppe II
D' = Gesamtausgaben des Staates für den tertiären Sektor, aus Steuern gedeckt und im Grunde für den (direkten, wie indirekten) Konsum bestimmt

Modifizierte Gleichungen:

a) $Pr_I = C_I + C_{II} + (S_I + S_{II} = J_I + J_{II})$

b) $Pr_{II} = V_I + V_{II} + R_I + R_{II} + (St_I + St_{II} = D')$

c) $V_I + R_I + St_I = C_{II} + J_I$

Die nichtmarxistische makroökonomische Gleichgewichts- und Wachstumstheorie, auf ein altes, noch von A. Smith herstammendes Dogma sich stützend, arbeitet nur mit den Nettoprodukt- und Nationaleinkommensgrößen und läßt den Wert der verbrauchten Produktionsmittel, die in jedem Zeitabschnitt in den Wert des Gesamtprodukts übergehen, unbeachtet. Es ist das Dogma von der immerwährenden Aufteilung aller Werte in Einkommenswerte, nach dem also alle Werte immer wieder zusammengesetzt werden aus Boden-, Kapital- und Arbeitseinkommen und daher kein spezifischer Wert der gesamten verbrauchten Produktionsmittel verfolgt werden muß.* Nach dieser Theorie ist es notwendig, nur das Wachs-

---

* »Wie sich der Preis oder Tauschwert jeder einzelnen Ware für sich in den einen oder anderen oder in alle drei Teile auflöst, so muß der Preis aller Waren insgesamt, welche das ganze jährliche Arbeitsprodukt eines Landes bilden, sich gleichfalls in jene drei Teile auflösen und unter verschiedene Bewohner des Landes sich als Arbeitslohn, als Kapitalgewinn oder als Grundrente verteilen. Hierdurch wird das Ganze, welches jährlich durch die Arbeit einer Nation gesammelt oder hervorgebracht wird, oder, was auf dasselbe hinauskommt, der Preis dieses Ganzen ursprünglich unter die Glieder dieser

tum des Nationaleinkommens zu verfolgen und vom Standpunkt des ausgeglichenen Wachstums seine Aufteilung auf Konsumtion und Ersparnisse oder Investitionen zu untersuchen.

Offenbar genügt dieser Vorgang, und schon wird das marxistische Ziel eines jährlich geschaffenen Gesamtprodukts, seine Aufteilung auf den Wert der verbrauchten Produktionsmittel und den zusätzlichen neugeschaffenen Wert, der als Wert des Nationaleinkommens aufgefaßt wird, abgelehnt. Man behauptet, bei der Verfolgung des Wachstums des Nationaleinkommens werde der eigentliche Wachstumseffekt ohne Doppelzählungen erkannt, und nur seine Aufteilung ließe die Bedingungen des Gleichgewichts erkennen, die in der umfassenden Gleichung von Keynes

$$\Delta Y = \Delta C + \Delta J^*$$

(Zuwachs des Nationaleinkommens ist gleich dem Zuwachs des Konsums und der Investitionen) formuliert sind.

Doch ob man will oder nicht: daß der Wert der verbrauchten Produktionsmittel (C) in die laufend sich durchsetzenden Gleichgewichtsbedingungen mit einbezogen wird und auch eine wichtige Rolle bei der Entstehung von Widersprüchen spielt, darf man nicht übersehen. In jedem Zeitabschnitt, ob wir nun eine Woche, einen Monat oder ein Jahr usw. beobachten, gibt es in jedem Betrieb und in jeder Branche eine Menge von Produktionsmitteln, deren Wert in die Kosten der im jeweils folgenden Zeitabschnitt produzierten Produkte eingehen.

Freilich ist es nicht der ganze Wert des fixen Kapitals, sondern nur jener Teil, der seiner Abnutzung oder Amortisation entspricht, sowie der ganze Wert der verbrauchten Rohstoffe, Hilfsmaterialien etc. Beobachten wir nun die Produktions- und Tauschvorgänge des ganzen Jahres, so ist auch wahr, daß zum Beispiel die innerhalb einer Branche neu produzierten Rohstoffe noch während desselben Jahres in einer anderen Branche als Rohstoffe verbraucht werden können, und daß daher bei der Zusammenzählung aller Produktwerte Doppelzählungen nicht zu vermeiden sind. Nur bei der Abrechnung des Wertes aller verbrauchten Produktionsmittel und bei Berechnung allein des Nettoprodukts – nach der marxistischen Auffassung Nationaleinkommen – kann man dieser Doppelberechnung entgehen.

Volksgemeinschaft aufgeteilt. Arbeitslohn, Gewinn und Rente sind die drei ursprünglichen Quellen alles Einkommens wie aller Tauschwerte. Jedes andere Einkommen fließt zuletzt aus einer oder der anderen dieser Quellen.«
    A. Smith, Der Reichtum der Nationen, Bd. 1, nach der Übersetzung von Max Stirner und der englischen Ausgabe von Cannan (1904), Leipzig 1924, S. 51.
* Die traditionell von Keynes angewandten Symbole haben natürlich einen anderen Inhalt als die von Marx verwendeten und hier weiter benutzten Symbole.

Doch es handelt sich hier nicht darum, den Wachstumseffekt zu berechnen, der tatsächlich durch Beobachtung des gesamten Produkts (Bruttoprodukts) zu vollkommen verzerrten Resultaten führt. Bei der Untersuchung der *Gleichgewichtsbedingungen* geht es um ein ganz anderes Problem, und dabei kann man den Wert der verbrauchten Produktionsmittel nicht einfach beiseite lassen. In jedem Moment werden Konsumgüter gegen bestimmte Einkommensteile eingetauscht, und welchen Zeitabschnitt wir auch verfolgen – nehmen wir das übliche Kalenderjahr an –, bei den Tauschprozessen wird der ganze Wert dieser Konsumgüter realisiert, das heißt sowohl ihre Materialkosten und Amortisationssummen als auch die Einkommensteile, das heißt Lohnkosten und Bruttoprofite vor ihrer Versteuerung: nach marxistischer Auffassung also der alte, vergegenständlichte (Materialkosten + Amortisationen = c) und der neu geschaffene Wert, aufgeteilt in Lohnwert = v + Mehrwert = m. Ob man nun die marxistische Theorie ablehnt oder nicht: die Existenz dieser gesamten Kostenberechnung plus zusätzlicher Erträge beim Verkauf aller Waren, also auch der Konsumgüter, läßt sich schlechterdings nicht bestreiten.

Daraus folgt aber: alle Konsumgüter, die in diesem Jahr erzeugt und verkauft werden sollen, werden natürlich nicht allein aus den Einkommen gekauft, die bei ihrer Produktion entstehen (Gruppe II), sondern auch aus den Einkommen, die im selben Jahr bei der Produktion von Produktionsmitteln (Gruppe I) entstanden. Bezeichnen wir nun alle reinen Einkommensteile aus Gruppe II, die wieder voll für Konsumgüter ausgegeben werden, mit Q_{II}, während jener Wertteil der Konsumgüter, der nicht aus Einkommen der Gruppe II gekauft wird (also nicht Q_{II} entspricht), mit U_{II} symbolisiert wird, dann entspricht nach den zuvor angeführten modifizierten Gleichungen:

$$Q_{II} = V_{II} + R_{II} + St_{II}$$

Wenn wir uns aber ansehen, welchen Werten jener verbleibende Teil der Konsumgüter entspricht, der nicht aus den Einkommen der Gruppe II gekauft wird, also U_{II}, dann sehen wir klar, daß

$$U_{II} = C_{II} + J_{II}$$

denn: $Pr_{II} = C_{II} + \underbrace{V_{II} + R_{II} + St_{II}}_{Q_{II}} + J_{II}$

daher ist auch: $Pr_{II} = U_{II} + Q_{II}$

Aufs Jahr gesehen tritt also auch der Wertteil, der den verbrauchten Produktionsmitteln entspricht (C) in den Austausch ein und darf daher in den Gleichgewichtsbedingungen nicht übersehen werden. Sollen dann alle Konsumgüter verkauft werden, dann ist:

$$U_{II} = (C_{II} + J_{II}) = V_I + R_I + St_I$$

Bezeichnen wir adäquat die Einkommensteile der Gruppe I, die nicht für Produktionsmittel, sondern für Konsumgüter ausgegeben werden müßten, nämlich $V_I + R_I + St_I$, insgesamt als Q_I, dann gilt als Gleichgewichtsbedingung:

$$Q_I = U_{II}$$

Unter diesen Bedingungen kann natürlich auch die Gruppe II alle Produktionsmittel in der Werthöhe von Q_I von der Gruppe I kaufen und damit ihre verbrauchten Produktionsmittel (C_{II}) ersetzen, sowie ihre zusätzlichen Investitionen (J_{II}) durchführen. In Gruppe I werden alle verbleibenden Produktionsmittel, die den Wertteilen $C_I + J_I$ entsprechen und insgesamt als U_I bezeichnet werden, innerhalb der Gruppe ausgetauscht. Betriebe der Gruppe I verkaufen an andere Betriebe der Gruppe I Produktionsmittel, und alle zusammen kaufen voneinander Produktionsmittel in der Werthöhe von U_I und ersetzen auf diese Weise ihr C_I und führen zusätzliche Investitionen in Höhe von J_I durch. Es gilt also:

$$U_I = C_I + J_I$$

Und daher ist auch

$$Pr_I = U_I + Q_I$$

Das sind nun Bedingungen eines *statischen* Gleichgewichts, bei denen wir die Problematik der Ersparnisse einstweilen beiseite gelassen und von allen notwendigen *dynamischen* Widersprüchen abstrahiert haben. Nehmen wir die Ersparnisse noch in unsere Gleichgewichtsformeln auf, ohne noch die Dynamik des ganzen Reproduktionsprozesses zu betrachten, dann kommen wir zu folgenden Gleichgewichtsbedingungen.

Vor allem aus den Mehrwerteinkommen entstehen die größten Ersparnisse, und wir bezeichnen sie mit dem Symbol (ms). Um jedoch den Prozeß ganz zu erfassen, müssen wir auch die Ersparnisse aus den Löhnen in Betracht ziehen. Dabei können natürlich nur solche Ersparnisse gemeint sein, die in der verfolgten Zeitspanne von den Sparern nicht für Konsumzwecke ausgegeben werden. Diese Sparsummen müssen also für Produktionsmittel ausgegeben werden, sollen alle Güter verkauft werden und das Gleichgewicht gewahrt bleiben. In diesem Fall entstehen also Ersparnisse sowohl aus einem Mehrwertteil (ms) als auch aus einem Lohnteil (Symbol: vs) – wobei natürlich der enorme quantitative und daher auch qualitative Unterschied (Arbeitslohn und Mehrwert) beachtet werden muß.

Ziehen wir also außer den Steuern (St) von den verbleibenden Reineinkünften noch die Ersparnisse (ms + vs = s) ab, so verbleiben die für den Konsum bestimmten Löhne (V) und aus dem reinen Mehrwert der Teil, der von den Kapitalisten zum Konsum verwandt wird (R). Alle Ersparnisse, die nicht für Konsumgüter ausgegeben werden, müssen für zusätzliche Investitionen benutzt werden. In der Formel:

$$S_I + S_{II} = S = J$$

nehmen wir dann V als vollkommen bereinigte, für den Konsum bestimmte Löhne, und R als das bereinigte, zum individuellen Konsum bestimmte Einkommen der Kapitalisten, so kommen wir wieder zu unseren modifizierten Gleichungen zurück, die als Bedingung einer jährlich ausgewogenen Produktion anzusehen sind:

a) $Pr_I = C_I + C_{II} + (S_I + S_{II} = J_I + J_{II})$

b) $Pr_{II} = V_I + R_I + V_{II} + R_{II} + (St_I + St_{II} = D')$

c) $\underbrace{V_I + R_I + St_I}_{Q_I} = \underbrace{C_{II} + (S_{II} = J_{II})}_{U_{II}}$

Wollen wir diese Gleichungen der Praxis noch etwas näherbringen – wodurch sie natürlich komplizierter werden –, dann müssen wir zusätzlich die Möglichkeit einer konsummäßigen Verwendung eines Teils der Ersparnisse in Anschlag bringen. Das heißt, daß ein Teil der Ersparnisse, die in Sparkassen oder Banken konzentriert werden, sich in Darlehen der Bevölkerung und von dieser aus in Konsumgüter verwandelt oder an Institutionen verliehen und für sogenannte nichtproduktive Investitionen (Wohnhäuser, Krankenhäuser, Straßen etc.) benutzt wird, deren Produktion wir auch bei Gruppe II berücksichtigt haben. Dadurch verringert sich S, das für produktive Investitionen ausgegeben wird (SJ), um den Teil von S, der für bloßen Konsum und nichtproduktive Investitionen, also insgesamt konsummäßig verwendet wird (SD).

$$S = SJ + SD$$

Also müssen wir die Gleichgewichtsformeln so modifizieren:

a) $Pr_I = C_I + C_{II} + (SJ_I + SJ_{II} = J_I + J_{II})$

b) $Pr_{II} = V_I + R_I + V_{II} + R_{II} + (St_I + St_{II} = D') + SD_I + SD_{II}$

c) $\underbrace{V_I + R_I + St_I + SD_I}_{Q_I} = \underbrace{C_{II} + (SJ_{II} = J_{II})}_{U_{II}}$

Was in diesen Gleichgewichtsformeln bewußt vernachlässigt wird, da es das entscheidende Makrogleichgewicht beziehungsweise seine Störungen nicht mehr beeinflussen kann, ist die Tatsache weiterer Aufteilungen jener Einkommensteile, die für den Konsum bestimmt sind. Selbstverständlich verfolgen wir hier bloß die gleichgewichtige Entwicklung der Produktion und daher der Verteilung und des Austausches materieller Güter. Dienstleistungen sind als nichtproduktive Tätigkeiten beiseite gelassen, da sie auch nicht akkumuliert werden und sich daher nicht in Investitionsgüter verwandeln können. Beachtung findet deshalb nur das Entstehen von Einkommen nichtproduktiv tätiger Menschen oder Institutionen, die sich wieder nur entweder in Konsum oder in Ersparnisse verwandeln können, das heißt letzten Endes nur in Konsumgüter oder Produktionsmittel.

Selbst wenn wir also damit rechnen, daß wiederum Teile der hier verfolgten Einkommensteile, die für den Konsum bestimmt sind ($V_I + V_{II} + R_I + R_{II} + D'$) nicht direkt für Konsumgüter ausgegeben werden, sondern für private Dienstleistungen an weitere nichtproduktiv Tätige bezahlt werden, so ändert das an den angeführten Makrogleichungen nichts mehr. Auch diese weiteren Personen werden mit den überlassenen Geldsummen nur entweder Konsumgüter einkaufen oder Ersparnisse bilden. Deshalb können wir annehmen, daß das gesamte $V + R + D' + S$ nicht nur die für den Konsum bestimmten Einkommen und Ersparnisse der Produktionsmitglieder (Kapitalisten und Lohnempfänger) und die durch staatliche Ausgaben entstandenen Einkommen (D') darstellt, sondern auch die gesamten Einkommen, und deshalb auch Ersparnisse aller nichtproduktiven Kräfte, die von diesen ursprünglichen Einkommen einen Teil abbekommen haben. Ihr Einkommen kann einfach als Einkommensüberlassung – ebenso wie bei Geldgeschenken – aus den ursprünglichen Einkommen angesehen werden.

Geht man von der marxistischen Methode ab, bei der nur die materielle Produktion in das Sozialprodukt aufgenommen wird, und will man auch die Dienstleistungen – wie im Westen üblich – mit einberechnen, dann kann man die Produktion der Dienstleistungen in die Gruppe II aufnehmen. Sie werden dann mit den Konsumgütern identifiziert, und an den zuletzt erwähnten Gleichungen ändert sich dadurch überhaupt nichts mehr.

Wachstumswidersprüche

Bisher wurden die Voraussetzungen für ein ausgewogenes Wachstum angeführt, bei deren Einhaltung sowohl Überproduktionen als auch ungenügende Deckungen von Nachfragen vermieden werden können. Natür-

lich handelt es sich um Makrogleichungen, bei denen also nur der
notwendige Zusammenhang zwischen *wesentlich* unterschiedlichen Produktarten (I und II) auf der einen und der bei ihrer Produktion entstehenden, aber relativ selbständigen Aufteilung der Einkommen (mit
wesentlich unterschiedlicher Verwendungsart) auf der anderen Seite aufgezeigt werden sollte.

Selbst wenn die angeführten Makrogleichungen eingehalten werden,
können strukturelle Disproportionen nicht vermieden werden, die ja zu
Überproduktionen einzelner Branchen oder Warenarten und zu ungenügender Deckung von Nachfragen nach einzelnen Warenarten führen
können. Diese einzelnen strukturellen Disproportionen jedoch können
nicht zu zyklischen Störungen führen und sind mit den Makrostörungen
nicht zu vergleichen. Ohne größere Schwierigkeiten werden sie durch den
Marktmechanismus überwunden. Anders ist das allerdings bei der Nichteinhaltung der Makrogleichungen, also bei Makrostörungen.

Die erkenntnistheoretische Notwendigkeit der Makrogleichgewichtsbe-
dingungen allein bedeutet aber noch nicht, daß diese Bedingungen in der
Praxis auch immer gesichert werden können. Die immer konkreteren
Erkenntnisse sind zwar wichtige Schritte in Richtung eines zielbewußt zu
erreichenden Makrogleichgewichts. Diese Erkenntnis allein gibt freilich
noch nicht die volle Möglichkeit einer beständigen gleichgewichtigen Entwicklung. Dazu wäre es notwendig, daß ein gesamtwirtschaftliches (unter
heutigen Bedingungen: staatliches) Organ sowohl die Entwicklung jener
Faktoren beeinflussen kann, die das Wachstum beider Makrogruppen
(I und II), als auch jener Faktoren, die die Makroaufteilung des gesamten
Einkommens bestimmen.

Auch wenn zwischen der Makroproduktionsstruktur und der Makro-
einkommensaufteilung ein wesentlicher wechselseitiger Zusammenhang
besteht, so sind doch beide Prozesse in ihrer konkreten Entwicklung relativ selbständig und können sich vorübergehend auch so entwickeln, daß
das Gleichgewicht zwischen beiden Prozessen gestört ist. Einmal können
eine Zeitlang Waren produziert werden, die nicht zu verkaufen sind,
sowie andererseits Einkommensteile entstehen, die nicht in Waren umge-
setzt werden. Die Möglichkeit einer solchen widersprüchlichen Entwicklung ist vorerst durch die Existenz des Geldes und der damit verbundenen
Kreditbedingungen gegeben.

Weil es immer größere Geldvorräte gibt, als für eine vollkommen
gleichgewichtige Produktion und einen glatten Austausch aller Produkte
nötig wären, und weil diese Vorräte beim gegebenen Kredit- und Emis-
sionssystem weiterhin ausgedehnt werden können, so können auch immer
zeitweilig Einkommen entstehen, ohne daß vorher verkauft worden wäre,

ebenso wie wieder investiert und produziert werden kann, ohne daß alle vorhergehenden Produkte verkauft wären. Nur aufgrund dieser Geldvorräte und des Kreditwesens ist es daher überhaupt möglich, daß zum Beispiel die Gruppe II weiterhin produziert, ohne alle Konsumgüter verkauft zu haben, und daß die Kapitalisten aus Gruppe II weiterhin genügend Geldmittel zur Verfügung haben und in erweitertem Umfang investieren, ohne zuvor alle ihre Produkte abgesetzt zu haben. Ebenso ist es möglich, daß die Kapitalisten aus Gruppe I weiterhin produzieren, über genügende Geldmittel nicht nur für die Produktionserhaltung, sondern auch für weitere Investitionen verfügen, ohne vorher alle produzierten Produktionsmittel verkauft zu haben.

Nur aufgrund dieser Geldvorräte, ob nun direkt bei den Produzenten oder bei den Banken vorhanden und durch Kreditprozesse in Bewegung gebracht, können überhaupt Produktionen weitergeführt werden, die über eine gewisse Zeitspanne nicht mehr voll abgesetzt werden und, in Lägern anwachsend, auf den späteren Verkauf warten. Nur so ist es aber auch möglich, daß die Produktion der Gruppen I und II zeitweilig weiterwächst, ohne daß auf der anderen Seite die Aufteilung der Einkommen auf $v + m$ oder im weiteren auf $V + R + S + St$ der Wachstumsproportion von I und II entspräche. Während einzelne Disproportionen in der Produktionsstruktur gegenüber der Nachfragestruktur relativ schnell behoben werden können, kann aber ein »Zuviel« der gesamten Produktion II gegenüber dem Gesamtumfang von $V + R + St$ oder das »Zuviel« der gesamten Produktion I gegenüber dem gesamten $C + J$, bei einem gleichzeitigen Anwachsen von S, nicht so leicht beseitigt werden. Bei einer spontanen Entwicklung, bei plötzlichem Absinken des Kreditumfangs und plötzlich in Erscheinung tretendem Einkommensschwund der meistbetroffenen Produzenten, hat das eine allgemeine Krise oder Rezession mit allen ihren Wirtschaftsverlusten und sozialen Implikationen zur Folge.

Doch das Geldsystem schafft nur die Bedingung, nicht die Ursache des zeitweiligen starken Auseinanderklaffens der Makroproduktionsstruktur und der Makroeinkommensverteilung. Der eigentliche Grund dieses Auseinanderklaffens ist noch immer in der im Kapitalismus nicht möglichen Harmonisierung dieser beiden Prozesse zu suchen. Die Schwierigkeit dieser Harmonisierung sodann ist auf die bestehenden Interessenwidersprüche zurückzuführen, die bei der Einkommensaufteilung deutlich werden, und auf die Schwierigkeiten der zentralen, staatlichen, Prognose der optimalen Entwicklung dieser beiden Prozesse und ihrer zweckmäßigen Beeinflussung.

Der Kern aller dieser Schwierigkeiten liegt in der sehr unterschiedlichen und dauernd sich ändernden technischen Entwicklung. Innovationen, qualitative Änderungen der Produktionsmittel, Verbesserungen der Produktionstechnologie, Qualifikationsentwicklung der Arbeitskräfte etc. – dies alles führt zu einer schwer vorhersehbaren und in beiden Gruppen differenzierten Entwicklung sowohl der organischen Zusammensetzung des Kapitals als auch der Steigerung der gesellschaftlichen Produktivität. Bei letzterer muß in der gewachsenen Menge der Produkte entweder das verbrauchte konstante oder das variable Kapital, beziehungsweise beide, also die Produktionskosten im Verhältnis zum Produktionsumfang relativ sinken. Dies resultiert also auch in einer Vergrößerung der Profitrate ($\frac{m}{c+v}$).

Alle diese Prozesse verfolgt selbstverständlich auch die westliche Wachstumstheorie, wenn auch bei unterschiedlichen Bezeichnungen und in anderen Zusammenhängen. Man sieht hier den Konnex zwischen technischer Entwicklung und ihrer kapital- oder arbeitssparenden Wachstumsfunktion.* Jedoch wird das daraus folgende differenzierte relative Wachstum der Profitrate und ihr Zusammenhang mit der Entwicklung beider Produktionsgruppen nicht mehr beachtet.

Würde der technische Fortschritt nicht zu einer Vergrößerung der Produktion im Verhältnis zum angewandten Umfang des Kapitals führen, so würden die einzelnen Unternehmer – seien es individuelle Kapitalisten oder Manager großer Korporationen – bis auf wenige Ausnahmen die neue Technik nicht anwenden. Ob nun kapitalsparend, also bei sinkendem Kapitalkoeffizienten, oder arbeitssparend bei neutralem oder steigendem Kapitalkoeffizienten – immer muß sich der technische Fortschritt produktivitätssteigernd und kostensparend erweisen, denn sonst wäre es vom ökonomischen Standpunkt kein technischer Fortschritt.

Gehen wir dann zuerst von der Annahme unveränderter Preise aus, so wird sich der kostensparende technische Fortschritt immer in einem schnelleren relativen Wachstum des Profits, der Profitrate, zeigen. Ist es ein kapitalsparender Fortschritt, wird nicht nur der Profit, sondern auch das Nettoprodukt (Gesamtumsatz nach Abzug der Kapitalkosten) relativ

* »Es ist eine Tatsache, die sich aus dem Wesen des technischen Fortschritts mit zwingender Konsequenz ergibt, daß jeder technische Fortschritt Produktivkräfte freisetzt. Denn technischer Fortschritt ist ja gleichbedeutend mit einer Senkung der Durchschnittskosten, die auf eine Senkung des mengenmäßigen Einsatzes von Kapital und/oder Arbeit zurückgeht. Kann die ursprüngliche Produktionsmenge nach Einführung des technischen Fortschritts mit einem geringeren mengenmäßigen Faktoreinsatz erstellt werden, so muß im Ausmaß dieser Faktorersparnis eine Freisetzung von Kapital und/oder Arbeit eintreten.« Handwörterbuch der Sozialwissenschaften Bd. 10, Göttingen 1959, S. 313.

wachsen. Dabei können zwar die Lohnkosten absolut wachsen, aber ihr Wachstum darf die Kapitalersparnisse nicht übertreffen, denn sonst wäre es kein kostensparender Prozeß. Wird der Kapitalkoeffizient dagegen wachsen, müssen die Lohnkosten schneller sinken, wenn eine Kostenersparnis erreicht werden soll. Auf die eine oder die andere Weise muß der technische Fortschritt bei vorerst gleichbleibenden Preisen zu einer Steigerung der Profitrate führen.

So muß auch jeder Betrieb kalkulieren, wenn er sich für die Einführung einer neuen Technik entschließt. Besteht diese neue Technik aus verbesserten Produktionsmitteln, die von anderen Produzenten angeboten werden, dann wird die Profiterwartung der Abnehmer den Marktpreis dieser Produktionsmittel – also des konstanten Kapitals – beeinflussen. Wirklich verbesserte, effektivere Produktionsmittel müssen für ihre Produzenten einen vorteilhafteren Preis einbringen: höhere Profite als bei substituierten Produkten – aber ihr Preis muß den Abnehmern zugleich durch ihre Anwendung eine Kostenersparnis garantieren. Allenfalls so wird der technische Fortschritt zunächst nicht nur absolute, sondern auch relative Steigerungen der Profite mit sich bringen.

Selbstverständlich kann diese Profitsteigerung nach einer gewissen Zeit, oder sogar in Kürze, ganz oder zum großen Teil verlorengehen. Das hängt vor allem von der Marktstellung des Produzenten ab. Bei starker Konkurrenz wird der Produzent durch sofortige – den Kostensenkungen teilweise oder voll entsprechende – Preissenkungen versucht sein, den Absatz auf Kosten der Konkurrenten zu erweitern und sogar bei gleichbleibender Profitrate den Profit absolut zu vergrößern. Je stärker aber die Marktstellung in Richtung einer Monopolstellung geht, desto größer ist auch das Wachstum der Profitrate – sei es auch nur vorübergehend. Je verbreiteter dann der Anteil vor allem von Makromonopolen in einer Wirtschaft ist, desto größer ist auch die Steigerung der Profitraten vor allem auf der Grundlage ihres jeweils monopolistischen, technischen Fortschritts. Die breite Monopolisierung ist auch einer der Hauptgründe, warum die von Marx vorausgesetzte Tendenz einer sinkenden Profitrate von einer bestimmten Entwicklungsstufe an nicht mehr in Erscheinung trat. Dabei wird aber die Entwicklung der Profitrate in den einzelnen Branchen stark variieren.

Schon dieses differenzierte Wachstum der Profitraten allein wird zu gewissen Störungen des wirtschaftlichen Gleichgewichts führen, auch wenn es erst in einer ganz bestimmten Entwicklungstendenz zu größeren Störungen, etwa breiteren Überproduktionen mit daraufhin notwendig eintretenden Rezessionen führen muß. Solange allgemeine Differenzen zwischen den verschiedensten Branchen in der Entwicklung der Profitraten verlaufen, können sie sich auch gegenseitig mehr oder weniger ausgleichen und durch den Marktmechanismus allmählich und ohne größere Störungen überwunden werden. Wird aber in einer der beiden Makrogruppen (I oder II) allgemein ein schnelleres Wachstum der Profitrate erreicht als in der anderen, so wird sich notwendig eine Störung des Makrogleichgewichts zwischen den zusammenhängenden Teilen beider Gruppen durchsetzen, denn die ungleichmäßige Entwicklung der Profitrate zwischen beiden Gruppen muß auch zu einer Verungleichung jener Profitteile führen, die jeweils aus einer Gruppe gegen bestimmte Wertteile der anderen Gruppe ausgetauscht werden müssen. Die neugeschaffene Einkommensaufteilung ruft ein Auseinanderklaffen zwischen der Produktion der einen oder der anderen Gruppe und jener Nachfrage nach der Produktion hervor, die jeweils aus der anderen Gruppe kommen muß. Besonders bei einer zeitlich länger anhaltenden Differenz werden diese Makro-Gleichgewichtsstörungen rezessionsmäßige Rückwirkungen auf die Produktion haben.

Nun gibt es verschiedene Gründe, warum in Zeiten eines allgemeinen Booms die Profitrate am schnellsten in der Gruppe I wächst. Jede Steigerung der Produktion, vor allem in der Vollbeschäftigung, führt zu einer schnell wachsenden Nachfrage nach technisch progressiven Investgütern, die vor allem arbeitssparend wirken und zu einer Steigerung der Arbeitsproduktivität führen. Diese Nachfrage ruft wieder eine schnelle Erweiterung und qualitative Entwicklung der Produktion der Gruppe I hervor. Je schneller dann die arbeitssparende organische Zusammensetzung des Kapitals in beiden Gruppen wächst – wobei der Kapitalkoeffizient steigen oder auch neutral bleiben kann –, um so schneller steigen auch Produktion und Investitionen in dieser Gruppe.

Bei dem schnelleren Wachstum der Gruppe I muß der technische Fortschritt natürlich auch zu einem schnelleren Wachstum der Profitrate führen. Überdies ist die Stufe der Konzentration und Monopolisierung in dieser Gruppe allgemein viel höher als in Gruppe II (man bedenke auch, daß ein großer Teil der landwirtschaftlichen Produktion zu Gruppe II gezählt werden muß). Auch wenn der Umfang der Löhne absolut wachsen kann, so wird er das allgemein nicht so schnell tun wie das konstante Kapital, und auf jeden Fall langsamer als die Profite. Sollen die Kosten relativ sinken, können die Löhne nur bei kapitalsparendem Wachstum ebenso schnell wachsen wie die Profite. In der Vollbeschäftigung wird jedoch eher die arbeitssparende Entwicklung und ein schnelleres Wachstum des Umfangs der Profite als der Löhne charakteristisch sein. Dies muß dann bei dem allgemein schnelleren Wachstum von Gruppe I auch zu einem schnelleren Wachstum der Profitrate in dieser Gruppe und damit zu einer Störung des Makrogleichgewichts führen.

Während die Profitrate in Gruppe I im Verhältnis zur kosten- und vor allem arbeitssparenden Kapitalentwicklung wachsen wird – beschleunigt durch den starken Monopolisierungsgrad –, kann die Kapitalentwicklung in Gruppe II *langfristig* nur im Verhältnis zum Wachstum der Nachfrage nach Konsumgütern wachsen. Die schnell wachsende Profitrate in Gruppe I wird jedoch nicht von einer entsprechenden Steigerung von R begleitet sein. Innerhalb der Gruppe II wird die wachsende Profitrate übrigens ebenfalls zu einem langsameren Wachstum von R und einem schnelleren Wachstum von S führen. Das Wachstum der Gruppe II wird deshalb vor allem von der langsamer steigenden Nachfrage von seiten der Lohnempfänger in beiden Gruppen ($V_I + V_{II}$) und vom immer nachhinkenden Wachstum von D' (aus St_I und St_{II} stammend) abhängen.

Es ist also auch in neuerer Zeit weiterhin die *Nachfrage* nach Konsumgütern, die sich aus V_I, V_{II}, R_I, R_{II}, St_I und St_{II} zusammensetzt, periodisch hinter dem gesamten Produktionswachstum zurückbleibt und allmählich das Wachstum der Gruppe II abbremst. Deshalb wird in bestimmten Perioden auch immer wieder ein Teil der produzierten Produktionsmittel, die in I für II produziert werden, schneller anwachsen als die *Nachfrage* nach diesen Produktionsmitteln aus II. Als Resultat einer solchen widersprüchlichen Entwicklung, die das eigentliche Wesen einer überhitzten Konjunktur ausmacht und die schließlich immer zu einer relativen Überproduktion von Gruppe I führt, beginnt das Abbremsen des Wachstums dieser Gruppe mit den allgemeinen Rezessionserscheinungen.*

Lösungsmöglichkeiten

Daß die Rezessionserscheinungen heute nicht mehr so stark sind wie vor dem Zweiten Weltkrieg, wurde bereits auf das relativ schnellere Wachstum der Löhne (v) und des tertiären Sektors (D') zurückgeführt. Die

---

* »Auf der Suche nach einer Erklärung für das Auf und Ab der Kapazitätsauslastung stößt man zunächst auf die Feststellung, daß Kapitalstock und Produktionspotential einer Volkswirtschaft ziemlich stetig wachsen – gegenwärtig mit einer Rate von etwa 5 Prozent jährlich –, so daß eher der Nachfrage- als der Angebotsseite der Schwarze Peter zufällt. Wir wissen auch, daß der Konjunkturzyklus in erster Linie ein Industriezyklus ist. Damit rückt die Nachfrage nach Industrieprodukten in den Mittelpunkt unseres Interesses.«
H. Giersch, Kontroverse Fragen der Wirtschaftspolitik, München 1971, S. 21.

antizyklische Konjunkturpolitik vieler westlicher Staaten hat dabei durchaus nicht immer eine positive Wirkung. Die entsprechenden Maßnahmen
bewegen sich selten – und vor allem nicht zielbewußt – in eine Richtung,
die die notwendige Sicherung der angeführten Makrogleichgewichte her-
beiführt, abgesehen überdies natürlich von all den Schwierigkeiten, die
mit den Interessengegensätzen verbunden sind.

Soweit in einer Depression staatliche Investitionsvorhaben, staatliche
Aufträge, Steuererleichterungen, Diskontsenkungen u. ä. die Investitionen mit ihrer Multiplikatorwirkung ankurbeln und zugleich durch Steigerungen des tertiären Sektors (D') die Konsumbeschleunigung erreichen,
wirken diese Maßnahmen positiv. Soll im Aufschwung jedoch einer Kon-
junkturüberhitzung und der ihr folgenden Rezession vorgebeugt werden,
sind die Kenntnis der größer werdenden Widersprüche und die angewandten Maßnahmen meist nicht differenziert und flexibel genug und
erzielen deshalb auch nicht die notwendige volle Wirkung.

Werden die staatlichen Aufträge und Investitionen gesenkt, die Steuern
und Diskontsätze gehoben, so haben diese Maßnahmen in positiver und
negativer Hinsicht einen Doppeleffekt, und überdies können sie sich im
stark inflationären Wachstum der Geldmenge als zu schwach erweisen.

Das ungenügend differenzierte Abbremsen der Investitionstätigkeit
muß den anwachsenden Widerspruch zwischen der Makroproduktionsstruktur und der Makroeinkommensverteilung durchaus nicht vermindern
helfen: es kann diesen sogar noch vergrößern. Werden die Steuern und
Diskontsätze gehoben und die Staatsaufträge und Staatsinvestitionen so
vermindert, daß dadurch vor allem das Wachstum des tertiären Sektors
(D') abgebremst wird, so bedeutet das nur eine Beschleunigung von ständig anwachsenden Widersprüchen, eine relative Verlangsamung des Kon-
sumwachstums und daher gerade die prinzipielle Beschleunigung des
Rezessionsausbruchs. Wird mit den Steuer- und Diskontmaßnahmen auch
eine Verlangsamung der Investitionstätigkeit erzielt, so kann dies implizit
eine Verminderung der Beschäftigtenzahl und damit wieder eine Verlangsamung der Konsumentwicklung hervorrufen.

Nur eine relative Abbremsung oder Abschöpfung der Profite im Ausmaß der *statt in R* in *zusätzliches S* sich verwandelnden Profitteile – sei
es durch entsprechende Lohnerhöhungen oder durch Steuererhöhungen,
aus denen aber die Ausgaben für D' vergrößert würden – könnte das
benötigte Wachstum der Konsumtion und daher auch der Produktion
der Gruppe II beschleunigen und das Wachstum der überflüssigen Ersparnisse verkleinern. Doch wird die richtige Dosierung dieser Maßnahme
nicht nur äußerst schwierig sein, sondern meistens auch zeitlich, durch
bürokratisch oder politisch bedingte Unflexibilität, verspätet ankommen.

Eine Überdosierung kann dann nur eine Inflationsentwicklung mit entsprechender Vergrößerung der Widersprüche beschleunigen. Unter Bedingungen der kapitalistischen Interessengegensätze zwischen Lohnempfängern und Kapitaleigentümern, und bei Vollbeschäftigung kann selbst eine leichte Übertreibung bei Staatsaufträgen eine ernste Inflationssituation bewirken. Eine besonders aktuelle Art dieser Überdosierung sind militärische Ausgaben des Staates. Die Produktion von Waffen zum Beispiel ist die Produktion spezifischer Konsumgüter, die zwar keine echten Konsumbedürfnisse befriedigen, aber unter den gegebenen politischen Umständen von den Staaten aus ihren Steuereinkünften gekauft und verbraucht werden. Überhöhte staatliche Bestellungen militärischer Güter können in einer Vollbeschäftigung ein Wachstum der Produktion hervorrufen, das die Wachstumsressourcen übersteigt und eine starke Inflation nach sich zieht.

Entsteht durch eine überdosierte Nachfrageentwicklung ein Interesse der Unternehmer, die Produktion über die Möglichkeiten des Arbeitskräfteanstiegs und des technischen Fortschritts zu erweitern, dann kommt es notwendig zu einer übermäßigen Vergrößerung der Geldmenge und zu nochmaligen Preissteigerungen. Die durch Konkurrenz getriebene Suche nach weiteren Arbeitskräften führt zu Steigerungen der Löhne und auch der Preise von Produktionsmitteln. Die Hebung der Kosten erzwingt sich bei anhaltender Nachfragesteigerung nach – sei es normalen oder militärischen – Konsumgütern von seiten des Staates weitere Preissteigerungen. Diese Preissteigerungen werden immer wieder die überdosierten Ausgaben des Staates – ob sie nun aus überhöhten Steuereinnahmen oder durch größere Staatsverschuldung mit überdimensionaler Emission verbunden stammen – ausgleichen oder überholen. Entspricht also das reale Wachstum der Produktion wegen ungenügender Wachstumsressourcen nicht dem Wachstum der Nachfrage nach Konsumgütern welcher Art auch immer, so muß notwendig eine Inflationsentwicklung beginnen. Bei dieser werden dann einmal die Preise der Produktionsressourcen (Kosteninflation) und einmal der Konsumgüter abwechselnd schneller wachsen.

Im Unterschied zu Symptomen einer Überproduktion, bei denen die Konsumentwicklung nicht der Produktionsentwicklung entspricht, ist die Inflation also das Zeichen für einen überdimensionierten Konsumanstieg, der die Möglichkeiten der Produktionssteigerung übertrifft. Auch bei stetig steigenden Preisen kann die Proportion zwischen der Gruppe I und II verzerrt werden und durch die vom überdimensionierten Konsum her angeheizte Nachfrage nach Produktionsmitteln zu relativ noch schnelleren Preis- und Profitsteigerungen in Gruppe I als in II führen. Aufgrund dessen wird vorübergehend – durch schnellere Lohnsteigerungen – auch eine Erweiterung der Arbeitskräfte in Gruppe I – auf Kosten der Gruppe II – und damit schnellere Steigerung der Produktion in Gruppe I erreicht. Bei ständig überdimensionierter staatlicher Einkommensabschöpfung und sich ebenso steigernder Nachfrage nach Konsumgütern, inklusive militärischen Gütern, kann aber keine Überproduktion entstehen, und deshalb wird die Kosteninflation immer wieder in eine Nachfrage-Inflation mit ausgleichender oder akzelerierender Preissteigerung der Konsumgüter sowie folgendem Arbeitskräfterückfluß übergehen.

In einer solchen Situation kann das übliche antizyklische Instrumentarium gegen eine überhitzte Konjunktur nichts ausrichten. Werden bestimmte Staatsausgaben so verringert, daß gerade nur der tertiäre Sektor (D') betroffen wird, während die Rüstungsaufträge weitergehen, dann werden solche halben Maßnahmen die Inflationsentwicklung nicht einschränken. Ja, es kann sich sogar das Wachstum eines Teils des tertiären Sektors so verringern, daß es zu einer Herabsetzung seiner Beschäftigtenzahl und zu vorübergehender Arbeitslosigkeit kommt, ohne daß dabei die Inflation abgebremst wird. Das Aufsaugen der meisten nichtqualifizierten Arbeitskräfte aus den verschiedensten Dienstleistungssektoren durch die Rüstungsbranchen sowie Produktionsmittelproduktionen kann einen Zeitraum in Anspruch nehmen, in dem eine wachsende Arbeitslosigkeit und eine inflationäre Preissteigerung zugleich zu verzeichnen sind.

Gegen eine solche Inflationsentwicklung kann deshalb nur eine radikale Senkung der Staatsausgaben helfen, bei der vor allem die Nachfrage nach jenen Konsumgütern verringert wird, die den stärksten Druck auf die Produktionsressourcen ausüben und vor allem ihre Preissteigerung hervorrufen. Erst dann, wenn die Produktions- und Investitionslage der Entwicklung des Arbeitskräfteangebots und des technischen Fortschritts entspricht, kann auch die Inflation eingedämmt werden.

Aber in der Vollbeschäftigung und bei voll ausgenutzten technischen Wachstumsmöglichkeiten, bei denen der Staat die Überschüsse der Profite (die zuvor die ungenügende Entwicklung des Konsums und daher Überproduktionen verursachten) richtig abschöpft und für D' einsetzt, kann auch eine erkämpfte übermäßige Lohnsteigerung eine Inflationsentwicklung hervorrufen. Es handelt sich nämlich dann um die Bedingungen einer ausgeglichenen Makroproduktionsstruktur und Makroeinkommensverteilung, in der der Profit mehr oder weniger nur die notwendigen Investitionen deckt, die vom steigenden Konsum erzwungen werden. Wird in einer solchen Situation der Konsum durch überdimensionierte Lohnsteigerungen weiterhin beschleunigt, so muß das objektiv notwen-

dige Bedürfnis an Investitionssteigerungen (unter Bedingungen voll aus-
genützter Wachstumsressourcen) auch zu inflationären Preissteigerungen
führen.

Es gibt also sowohl die Möglichkeit eines *über*dimensionierten Wachstums der Profite, bei dem die Konsumentwicklung zurückbleibt, die Investitionen durch nachhinkenden Konsumanstieg immer mehr abgebremst
werden und die Ersparnisse überflüssig anwachsen, als auch die Möglichkeit *unter*dimensionierter Profitentwicklung, bei der die Profitabschöpfung für überdimensionierte Konsumzwecke das notwendige Spar- und
Investitionswachstum unterbindet und zu Preissteigerungen und Inflation führt. Eine optimale, dauernd harmonisierte Abstimmung der Makroproduktionsstruktur mit der Makroeinkommensverteilung bei voller
Ausnutzung aller Wachstumsressourcen ist dann wegen der schwer vorhersehbaren und fortwährend sich ändernden technischen Entwicklung
und wegen der Interessengegensätze in der sozialen Struktur sehr erschwert. In einer Gesellschaft, in der es nicht einmal eine Profitstatistik
geben kann, die Profitaneignung den Lohnempfängern entfremdet ist und
nur eine schmale Gesellschaftsschicht ein Kapital- und Profitinteresse hat,
muß notwendigerweise bei der wachstumsmäßig bedingten, dauernden,
aber sozial entgegengesetzten Entwicklung der Profitrate ein Mißtrauen
zwischen den Interessengegnern und ein schwer regulierbarer Kampf um
die Profitaufteilung entstehen.

Mängel der Wachstumstheorien

Aus den angeführten Gründen können auch die teilweise gegensätzlichen
Modelle verschiedener gegenwärtiger Wachstumstheoretiker nicht die
volle Klärung der immer wieder eintretenden Makrounglegichgewichte
oder die Bedingungen eines ausgeglichenen Wachstums leisten. Weder zum
Beispiel die Vorstellung Harrods von der gleichbleibenden Aufteilung
des Nationaleinkommens bei gleichbleibendem Kapitalkoeffizienten*,
noch die teilweise entgegengesetzte Auffassung Phelps' einer einmal ange-
setzten und langfristig beibehaltenen *gleichen* Investitionsrate (wobei das
Wachstum von der technischen Entwicklung abhängig ist und der Kapital-

---

* »Ist die Bevölkerung stationär und besteht ein stetiger und neutraler technischer Fortschritt, so wird das erforderliche neue Kapital einen konstanten Bruchteil des Einkommens ausmachen, der gleich ist dem Zuwachs des Einkommens (oder Ertrages) in der
betrachteten Periode (ausgedrückt als Bruchteil des Gesamteinkommens), multipliziert
mit dem Kapitalkoeffizienten.«
Quelle: F. F. Harrod, Dynamische Wirtschaft, Wien 1949, S. 41.

koeffizient sich diesem Wachstum anpaßt)* bekommen alle wichtigen
Zusammenhänge des Wachstums im Kapitalismus in den Griff.

Die argumentative Anlehnung aller dieser Modelle an *empirisch* erfaßte
Entwicklungen kann nicht untermauert werden, denn die Begriffsunklar-
heiten (Kapital-, Investitions-, Sozialprodukt-, Technik-, Produktivitäts-
begriff etc.), Berechnungsunterschiede, statistische Vereinfachungen und
Mängel, Geheimhaltungen usw. erlauben es bisher nicht, die notwendige
präzise Erkenntnis aller Faktoren, ihrer Entwicklung und ihres Zusammenhangs mit dem Wachstum zu erreichen. Auf der anderen Seite kann
man dann natürlich ebenso in sehr abstrakten Modellen und bei vereinfachter Anwendung eines gerade passenden Zahlenmaterials bestimmte
Theorien dokumentieren. In den bislang gegebenen statistischen Untersuchungen bleiben innerhalb eines allgemein erkennbaren Wachstums
auch immer wieder eintretende Makrostörungen (siehe dazu als Beispiel
nachfolgende Konjunkturkurve**) sowie wachsende Inflationsprozesse
klar sichtbar. Zu ihrer Erklärung braucht man noch immer theoretische Hypothesen, deren Richtigkeit einstweilen empirisch nicht bewiesen werden
kann, und die daher vor allem durch ihre innere Logik und durch ihre
mehr oder weniger überzeugende Übereinstimmung mit praktischen Erfahrungen wirken müssen. Aus der Logik neuer Theorien können schließlich auch bessere Faktenerforschungen und statistische Methoden erwachsen.

Auch wenn man daher im Augenblick die genaue Entwicklung des
Kapitalkoeffizienten in verschiedenen Ländern sehr schwer nachzeichnen
kann und vor allem noch allzu ungenaue Kenntnisse der Ursachen und
Bedeutung einzelner Schwankungen in seiner Entwicklung bestehen, kann

---

* If there is a golden-age growth path on which the social net rate of return to
investment equals the rate of growth (hence, in one class of models, the fraction of
output saved equals the capital elasticity of output) – or, in market terms, a golden-age
path on which the competitive interest rate equals the growth rate and hence gross
investment equals the gross competitive earnings of capital – then this golden age
produces a path of consumption which is uniformly higher than the consumption path
associated with any other golden age.«
    Quelle: E. Phelps, Second Essay on the Golden Rule of Accumulation, in: The
American Economic Review, Vol. LV 1965, No. 4, S. 793.
** Folgende Konjunkturkurve zeigt die Produktionsschwankungen in den USA in den
Jahren 1947 bis 1957. Sie wurde aufgrund von Angaben ausgearbeitet, die J. Findert
in seinem Buch »Zur Frage des internationalen Konjunkturzusammenhanges von 1946
bis 1958«, Berlin 1961, anführt. Mittels einer Indexberechnung, bei der das durchschnittliche Produktionsvolumen von 1947–1949 als 100 angenommen wird, sind die prozen-
tualen Abweichungen des Produktionsumfangs in den folgenden Jahren von dieser
Basis klar ersichtlich. Die Kurve auf der nächsten Seite zeigt die prozentuale Veränderung der saisonbereinigten Indexwerte der arbeitstäglichen Produktion der USA.

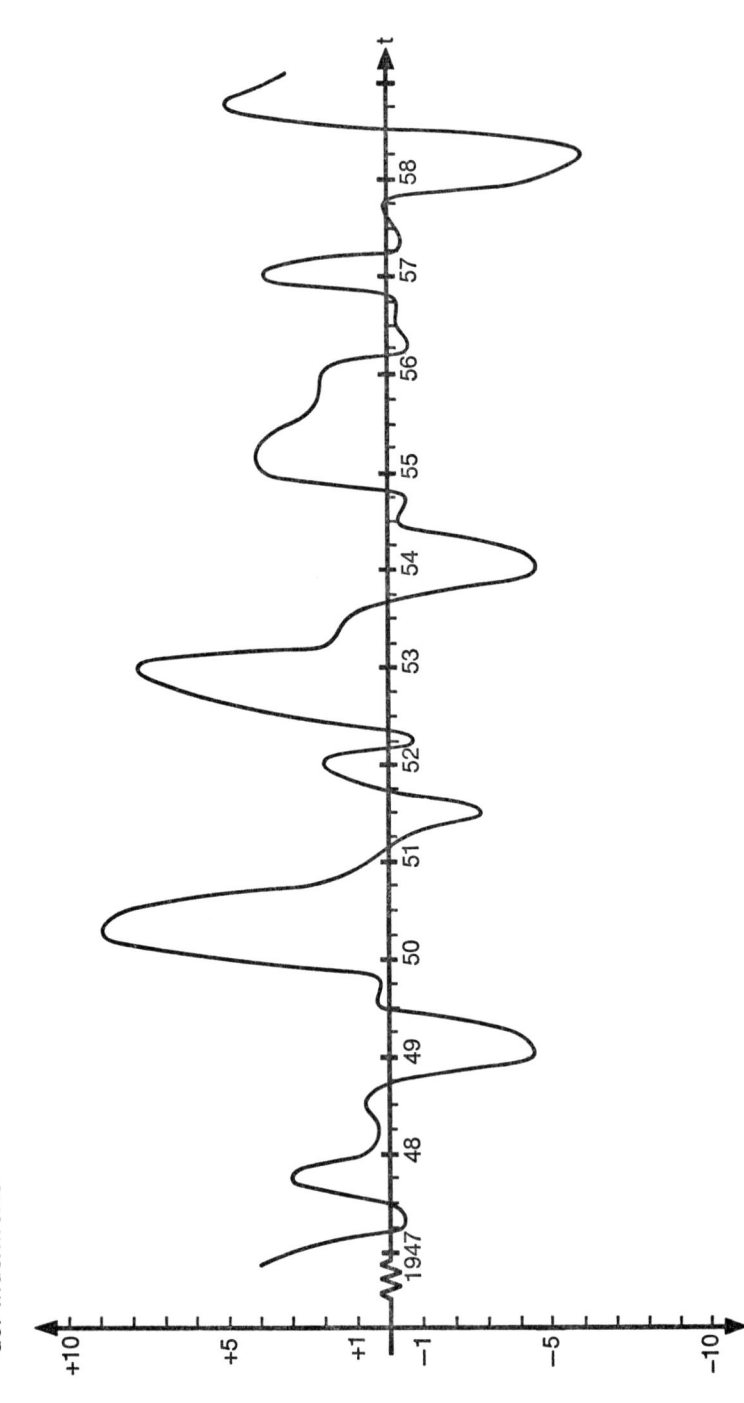

Prozentuale
Veränderung
der Indexwerte

ein Zusammenhang zwischen der technischen Entwicklung und dem Kapitalkoeffizienten schwerlich übersehen werden. Jede technische Verbesserung, sei es der Produktionsmittel selbst, der technologischen Ausnutzung von Produktionsmitteln etc., als auch der Arbeiterqualifikation, wird Änderungen im preislich ausgedrückten Umfang produzierter Waren im Verhältnis zum preislich ausgedrückten Umfang der Produktionsmittel (des Kapitals) hervorrufen. Die verschiedenen Änderungen dieses Verhältnisses in konkreten Mikroprozessen können sich natürlich gegenseitig so kompensieren, daß sie im volkswirtschaftlichen Aggregat verschwinden. Genauso können sich aber auch kurzfristige Schwankungen des aggregierten Verhältnisses während einer längeren Zeit kompensieren und, langfristig statistisch verfolgt, außer acht bleiben – das Verhältnis also als konstant aufgefaßt werden.

Ob dieser Kapitalkoeffizient in industriell entwickelten westlichen Ländern nun tatsächlich eine langfristige Konstanz oder ein langsames Sinken aufweist oder nicht – seine Abhängigkeit von der technischen Entwicklung, so wie sie Phelps und andere Wachstumstheoretiker betonen, kann nicht bestritten werden. Wie groß auch immer der Umfang der Investitionen und der Kapitalvergrößerung ist, die Menge der Produktion im Verhältnis zur durchschnittlichen Kapitaleinheit gemäß der technischen Entwicklung wird sich entsprechend ändern. Nur so kann sich eine technische Verbesserung der Produktionsmittel ökonomisch ausdrücken. Geht es jedoch um eine Verbesserung der Technologie, der Arbeiterqualifikation u. ä., oder auch um verbesserte Produktionsmittel – wobei jedoch der gestiegene Preis dieser Produktionsmittel die Steigerung der Produktion voll ausgleicht –, geht es also kurz um eine technische Entwicklung, bei der der Kapitalkoeffizient gleich bleiben kann, so muß diese sich wenigstens in der Steigerung der Arbeitsproduktivität widerspiegeln. Ansonsten kann sie, ökonomisch, außer acht bleiben.

Bei gleichem, steigendem oder sinkendem, Kapitalkoeffizienten wird also die technische Entwicklung im allgemeinen immer zu einer Änderung der grundlegenden Aufteilung des Nationaleinkommens auf Löhne und Profite führen. Freilich ist es dann möglich, daß durch Lohnsteigerungen oder durch Steuererhöhungen die Proportion der für das weitere Wachstum wichtigen Einkommensteile (V+R+S+St) erhalten bleibt. Nur muß dies als *Möglichkeit* und nicht als Notwendigkeit bezeichnet werden, denn erstens ist die Einkommensaufteilung nicht ein automatisches Resultat des Produktionswachstums, sondern hat ihre relativ selbständigen Zusammenhänge*, und zweitens ist es strittig, ob eine gleichbleibende Profitrate

* »Produktion und Distribution lassen sich damit nicht aus gegebener Technologie und aus den vorhandenen Faktorbeständen ermitteln. Die neoklassische Produktionstheorie

auch zu einer gleichbleibenden Sparrate führt, und ob die daraus resultierende Investitionsrate im Verhältnis zur ständig sich ändernden technischen Entwicklung gleichbleiben soll.

Während nun Harrod allem Anschein nach den gleichbleibenden Kapitalkoeffizienten als für das Wachstum optimal ansieht, dem auch die Einkommensaufteilung in unveränderter Weise entsprechen muß – wobei alle Abweichungen zu Gleichgewichtsstörungen führen –, sieht Phelps den Weg zum höchstmöglichen Konsum in einer gleichbleibenden optimalen Investitionsrate. Wird dauernd ein optimal gewählter, gleichbleibender Teil aus dem Sozialprodukt oder dem Nationaleinkommen, der eigentlich einer gleichbleibenden Profitrate entsprechen sollte, investiert, so wird jeweils auch ein gleichbleibender Teil konsumiert. Die Änderungen in der absoluten Größe dieser beiden Teile würden dann durch die Änderungen der technischen Entwicklung oder Produktivität bestimmt: Je größer oder kleiner der Zuwachs des Sozialprodukts, desto größer oder kleiner auch der Zuwachs der Investitionen und des Konsums.

Doch auch diese Modellvorstellung ist nur eine sehr vereinfachte Abstraktion, die weder der Wirklichkeit entspricht, noch eine optimale Entwicklung sichern würde. Je langfristigere Entwicklungstendenzen als empirische Grundlage dieser Theorie angenommen werden, um so mehr wird von eben jenen Abweichungen und Widersprüchen abstrahiert, die dieser Theorie widersprechen. Erstens wird hier das Wachstum nur als das Resultat der technischen Entwicklung angesehen, ohne zu beachten, daß es vom sozial bedingten Einkommensaufteilungsprozeß immer wesentlich mitbestimmt wird. Zweitens wird der Konsum als ein passives Resultat des Wachstums angesehen, ohne zu bemerken, daß seine Entwicklung selbst wieder das Produktionswachstum bedingt.

Bei zeitlich differenzierter technischer Entwicklung kann in der kapitalistischen Wirklichkeit die Profitrate nicht gleichbleiben, und daher ist schon diese theoretische Voraussetzung nicht realistisch. Aber auch wenn jeweils durch entsprechende Änderungen der Löhne und Steuern und bei vorausgesetzter proportional gleichbleibender Sparentwicklung die Investitionsrate gleichgehalten werden könnte, müßte auch eine dauernd gleichbleibende Aufteilung der Investitionen in Gruppe I und II, bei gleichem technischen Fortschritt und Wachstum in beiden Gruppen, erzielt werden. Diese bereits ganz und gar unwahrscheinlichen Voraussetzungen werfen aber schließlich die entscheidende Frage auf, ob eine gleichbleibende Investitionsrate bei sich schnell änderndem Wachstumstempo auch die besten

hat übersehen, daß das System einen zusätzlichen Freiheitsgrad hat.«
H. Riese, Das Ende einer Wachstumstheorie, Kyklos, Bd. 23, 1970.

Vorbedingungen für eine maximale Konsumsteigerung schafft. Ob große, einschneidende Änderungen im Konsumbereich – etwa eine rasche Lösung der Umweltschutzprobleme – in Jahren eines außerordentlich raschen Wachstums aufgrund wesentlicher technischer Neuerungen auch eine prozentuale Steigerung der Investitionen verlangen würden, um in den darauffolgenden Jahren ein schnelleres Wachstum der strukturell wesentlich geänderten Konsumtion zu sichern.

Auf jeden Fall bleibt aber die Annahme der unveränderten Investitionsquote ein theoretischer Ansatz, der von den realen Einkommensverteilungsproblemen gänzlich absieht. Bei der durch die technische Entwicklung hervorgerufenen wachsenden Produktivität – sei es Arbeits- oder Kapitalproduktivität – wird sich notwendigerweise zunächst das Verhältnis zwischen den Profiten und den Löhnen zugunsten der Profite ändern.* Wofür der Profitzuwachs verwendet werden soll, ist aus den Wachstumsbedürfnissen allein nicht zu ersehen. Aber in einer Gesellschaft, die auf die Erhaltung der Vollbeschäftigung und auf eine stabile Währung bedacht ist, müßte das Wachstum der Investitionen erstens dem Wachstum der Arbeitskräfte entsprechen, das heißt, der Umfang des gewachsenen Kapitals (C + J) sollte bei seiner Qualitätsänderung den benötigten Zuwachs an Arbeitsplätzen garantieren. Er sollte diesen Umfang nicht übersteigen, um nicht eine Kosteninflation hervorzurufen. Würden die Profite, bei einer vorausgesetzten Entwicklung von R und St und dem daraus resultierenden Wachstum von S, diese benötigte Investitionsquote übersteigen, müßte eine entsprechende Beschleunigung des Konsums erreicht werden. Dabei wäre wiederum zu entscheiden, ob durch Steigerungen von v oder St (= D') oder beider Teile in einer gesellschaftlich benötigten Proportion. Diese Verteilungsentscheidung würde also zu einer entsprechenden Änderung der reinen Profitgröße führen, ob nun durch Lohnhebungen oder Steuererhöhungen (mit entsprechendem Ausgabenwachstum für D'), oder durch beide Maßnahmen zusammen.

Natürlich kann ein solches Grundkriterium für die Investitionsentwicklung und die ihr angepaßte Investitionsquote, sowie auch die Einkom-

---

* »In den letzten drei Zyklen dauerte es etwa ein und ein halbes Jahr, bis den konjunkturbedingten Produktivitätszuwächsen entsprechend verstärkte Lohnsteigerungen folgten. In dieser Zeit steigen die Lohnkosten pro Produkteneinheit weniger stark als der Trend; manchmal sinken sie sogar. Im gegenwärtigen Zyklus war der Zeitraum tatsächlich fallender Lohnstückkosten ungewöhnlich lang; die Produktivität stieg während der Rezession und des Aufschwungs stark an, während die Lohnerhöhungen das normale Maß nicht überstiegen, teils infolge zurückhaltender Gewerkschaftspolitik, teilweise wegen eines erstaunlich elastischen Arbeitskräfteangebots, vor allem aus ausländischen Quellen.«

H. Giersch, Kontroverse Fragen der Wirtschaftspolitik, München 1971, S. 25–26.

mensverteilung in der weiteren Entwicklung wieder zu einer Änderung der Produktivitätsentwicklung führen, da der technische Fortschritt der neuen Investitionen nicht mehr so schnell wachsen *muß* wie die vorangegangene Investitionswelle. Die beispielsweise langsamer wachsende Produktivität wird auch zu langsamer anwachsenden Profiten führen – was in der neuen Etappe daher auch zu einer eventuell kleineren Abschöpfung der Profite (egal, ob durch Lohn- oder Steuersteigerungen) führen könnte, um das für die Vollbeschäftigung benötigte Wachstum von S und J zu garantieren. Schon die rein quantitativ sich ändernden Produktivitätsentwicklungen werden also bei einem mehr oder weniger konstanten Arbeitskräftezuwachs notwendig sich ändernde Investitionsraten (prozentuale Verhältnisse zum Brutto- oder Nettoprodukt) verlangen.

Noch deutlicher tritt die notwendige Änderung der Investitionsrate im Verhältnis zur Arbeitskräfteentwicklung hervor, wenn man auf die qualitative Entwicklung sieht. Die in der neuen zeitlichen Etappe, also pro Jahr, produzierten Produktionsmittel können qualitativ unverändert, weniger oder stärker verändert sein als in der vorangehenden Etappe. Die qualitative Entwicklung der jährlichen neuen Produkte und die damit zusammenhängenden Preisänderungen sind unabhängige Variable, die mit den vorangehenden Produktivitäts- und Wachstumsänderungen nicht zusammenhängen. Der preisliche Umfang der neuen Investitionen, die für die Erhaltung der Vollbeschäftigung benötigt werden, kann deshalb als Prozentsatz zum Produkt (Brutto- oder Nettoprodukt) sinken, gleichbleiben oder steigen.

Die Produktivität und das Wachstum sind indessen von der qualitativen Entwicklung der Investitionen beeinflußte Größen. Auch wenn langfristig ein – die Differenzen kompensierendes – gleichbleibendes Tempo der qualitativen Entwicklung und der Preissteigerungen angenommen werden kann – was wieder ungefähr gleichbleibende Produktivitätsentwicklung und Wachstum hervorrufen könnte und wodurch auch die Investitionsrate und schließlich auch der Kapitalkoeffizient langfristig gleichbleiben oder sich nur langsam ändern würden*, so werden sich in der kurzfristigen Entwicklung die qualitativen Änderungen der Produktionsmittel unabhängig und ziemlich verschieden zum jeweils vorangegangenen Wachstum durchsetzen und der für die Vollbeschäftigung benötigte Umfang an neuen Investitionen auch notwendig absolut und relativ variieren.

---

* Siehe dazu auf der nächsten Seite die erarbeiteten Angaben von E. Helmstädter für die Entwicklung des Kapitalkoeffizienten in einigen wichtigen Industrieländern aus seinem Buch *Der Kapitalkoeffizient*, Stuttgart 1969.
Bei der Tabelle wurden nur die Zahlen für die Jahre 1925–1962 herausgegriffen.

Jährliche Entwicklung des durchschnittlichen Kapitalkoeffizienten
in 7 Ländern bzw. Ländergruppen

Jahr	Deutschland	Deutschland	USA	Großbritannien	Südafrika	Südamerika	Südamerika	Norwegen	Deutschland (nur Industrie)	Frankreich (nur Industrie)
1925	5,10	5,91	4,10	3,42	3,71	3,4	3,43	4,11	1,32	
1926	5,39	5,83	3,98	3,31	3,75	3,3	3,54	4,18	1,36	
1927	4,68	5,24	4,10	3,38	3,49	3,2	3,49	4,06	1,11	
1928	4,73	5,19	4,17	3,42	3,46	3,3	3,33	3,94	1,15	
1929	4,74	5,34	4,04	3,32	3,49	3,5	3,43	3,73	1,15	
1930	5,11	5,44	4,70	3,77	3,58	3,8	3,83	3,57	1,31	0,64
1931	5,65	5,84	5,11	4,13	3,66	4,0	3,89	4,04	1,60	0,74
1932	6,21	6,15	6,15	4,93	3,69	3,8	3,91	3,87	1,94	0,84
1933	5,70	5,93	6,26	4,99	3,50	3,3	3,90	3,83	1,71	0,78
1934	5,27	5,71	5,55	4,43	3,43	3,1	3,49	3,74	1,44	0,84
1935	4,94	5,51	4,72	3,82	3,32	3,1	3,39	3,64	1,30	0,87
1936	4,59	5,28	4,21	3,44	3,24	3,0	3,24	3,51	1,18	0,83
1937	4,51	4,91	3,91	3,24	3,28	3,0	3,17	3,50	1,11	0,80
1938	4,36	4,62	4,29	3,53	3,33	3,2	3,21	3,57	1,06	0,85
1939			4,00	3,31		3,1	3,15	3,53	1,05	0,79
1940			3,73	3,10		3,0	3,15		1,12	0,96
1941			3,43	2,89		2,8	2,99		1,18	1,26
1942			3,65	3,15		2,8	3,03		1,26	1,44
1943			3,70	3,30		2,7	2,94		1,32	1,58
1944			3,54	3,30		2,6	2,74		1,25	2,22
1945			3,40	3,26		2,6	2,70			1,62
1946			2,84	2,74		2,6	2,55	3,09		0,94
1947			2,93	2,75		2,7	2,54	2,89		0,78
1948			2,95	2,71		2,7	2,52	2,94		0,70
1949			3,19	2,81		2,7	2,55	3,01		0,67
1950	4,34	4,18	2,92	2,53		2,5	2,53	3,05	1,34	0,67
1951	4,11	3,95	2,95	2,54		2,5	2,51	3,11	1,19	0,62
1952	4,08	3,73	3,01	2,57		2,6	2,53	3,15	1,19	0,67
1953	4,00	3,57	3,03	2,55		2,6	2,54	3,26	1,15	0,69
1954	3,83	3,40				2,5	2,49	3,39	1,11	0,66
1955	3,68	3,17				2,6	2,47	3,40	1,05	0,66
1956	3,71	3,12						2,50	1,07	0,66
1957	3,77	3,09							1,09	0,67
1958	3,81	3,12							1,14	0,70
1959	3,77	3,03							1,13	0,74
1960		2,87							1,10	
1961		2,89							1,13	
1962									1,16	

Bei variierender Entwicklung der Investitionsquote und Sicherung der Vollbeschäftigung wird sich notwendig eine variierende Entwicklung jenes Teils der Profite realisieren, der für den Konsum bestimmt ist. Wird nun die Entwicklung des Kapitalistenkonsums (R) als konstant angenommen, dann müßte jeweils eine sich ändernde Profitgröße, die nach Abrechnung der sich unabhängig ändernden Investitionsquote übrigbleibt, durch Lohnerhöhungen (mv) oder Steuererhöhungen (für D') abgeschöpft werden. Nur in den Zeitabschnitten, in denen kein Überschuß bleibt, also der Profitzuwachs nur die notwendigen Investitionsvergrößerungen deckt, wäre keine Profitabschöpfung nötig, und ihre Durchsetzung durch Lohn- oder Steuererhöhungen würde eine Inflation hervorrufen.

Selbstverständlich müßte auch die Aufteilung der Investitionen und der Arbeitskräfte auf die Gruppen I und II variieren, damit der Produktionszuwachs in beiden Gruppen sowohl die sich einkommensmäßig ändernde Konsumgüternachfrage als auch die variierende Investgüternachfrage abdeckt. Nur dann könnte eine gleichgewichtige Entwicklung gesichert werden. Doch die Einhaltung dieser Variationen in der Einkommensverteilung und im Investitionsbereich, um bei einem dauernd unabhängig sich ändernden technischen Fortschritt eine Vollbeschäftigung und nicht-inflationäre Entwicklung zu sichern, ist äußerst schwierig.

Wollen wir bestimmte langfristige, aber aktuelle Entwicklungstendenzen herausgreifen, so müssen wir den allgemein überwiegenden Einfluß der technischen Entwicklung auf das Wachstum und die Aufteilung der Profite beachten. Nehmen wir an, daß die technische Entwicklung langfristig zu einer steigenden organischen Zusammensetzung des Kapitals führt, daß also c schneller wächst als v. Diese Kapitalentwicklung wird ganz allgemein vorherrschen, auch wenn zu bestimmten Zeiten, bei durchdringenden technologischen Änderungen, vor allem bei Änderungen im Rohstoffbereich oder bei relativen Rohstofferersparnissen, lang anhaltend eine sinkende organische Zusammensetzung des Kapitals festzustellen ist. Gehen wir jedoch von der steigenden organischen Zusammensetzung aus, so wird die differenzierte Entwicklung der Gruppen I und II von der Produktivitäts- und Preisentwicklung abhängen.

Trotz der steigenden organischen Zusammensetzung und des damit zusammenhängenden Investitionszuwachses kann der schnelle technische Fortschritt und die Produktivität bei gleichbleibenden Preisen – mit sinkenden Preisen ist bei einer Vollbeschäftigung nicht zu rechnen – zu einem schnelleren Profitwachstum führen als die Investitionen zunehmen müssen. In dieser Lage muß auch der Konsum schneller als die Investitionen, und daher auch die Gruppe II schneller als die Gruppe I wachsen. Diese

Entwicklung ist sogar bei einem gleichbleibenden Kapitalkoeffizienten möglich – die Profite wachsen schneller als die Kapitalansprüche durch noch schnellere Arbeitseinsparungen –, um so eher bei sinkenden Kapitalkoeffizienten.

Bei dieser Entwicklung wäre schon durch Arbeitsersparnis in der Produktion eine Freisetzung von Arbeitskräften für die tertiäre Sphäre möglich. So könnte etwa die Zahl der Arbeitskräfte in der Produktion langfristig unverändert bleiben, das konstante Kapital bei stetiger technischer Entwicklung anwachsen und die Produktivität und Profitrate noch schneller wachsen. In dieser Situation wäre es unsinnig, zu fordern, daß die Investitionen sich immer proportional zur Profitrate vergrößern müssen. Es wäre im Gegenteil möglich, mit Hilfe des natürlichen Zuwachses an Arbeitskräften und mit Hilfe wachsender steuermäßiger Abschöpfungen der die wachsenden Investitionen überschreitenden Profite eine schnellere Entwicklung der tertiären Sphäre zu ermöglichen. So große Probleme wie Umweltschutz u. ä. können nur unter solchen Voraussetzungen überhaupt gelöst werden.

In einer so schnellen technischen Entwicklung und Produktivitätssteigerung kann also nicht einmal mehr die Vollbeschäftigung zum Grundkriterium der Investitionsentwicklung gemacht werden, denn man kann eine Vollbeschäftigung auch bei Freisetzung von Arbeitskräften in der Produktion mit Hilfe eines schnelleren Beschäftigungszuwachses in der tertiären Sphäre erreichen. Wenn also auch eine sinkende Investitionsquote einer gleichbleibenden oder sogar absolut sinkenden Arbeitskräftezahl entsprechen würde, aber durch eine progressive technische Entwicklung und schnell steigende Produktivität ein solches Mehrprodukt liefern könnte, daß nicht nur eine Steigerung der Reallöhne, sondern auch eine noch schnellere Entwicklung des tertiären Sektors (und dadurch auch eine Vollbeschäftigung) erreicht werden könnte, so ist nicht einzusehen, warum man um eine gleichbleibende Investitionsquote bemüht sein müßte. Aber eine solche Entwicklung zu halten, bedarf bereits einer Einstellung, bei der die überaus starken Produktionsinteressen nicht einen unnützen Konsum – durch übertriebenen Konsumansporn und Manipulation –, unnütze Produktionserweiterungen und daher auch überflüssige Investitionen und Arbeitskräftevergeudungen nach sich ziehen.

Ebenso kann aber heute, in der Vollbeschäftigung und bei bestehenden Interessengegensätzen in der Produktion, eine übertriebene Steigerung der Löhne sehr oft zu einem Hindernis für die schnellere Entwicklung der tertiären Sphäre und der Lösung ernster und herangereifter gesellschaftlicher Probleme werden. Steigen die Löhne schneller als jener Profitzuwachs, der nach Deckung der sich notwendig vergrößernden Investitionen übrigbleibt, so wird es nicht nur unmöglich, wesentliche Erweiterungen der tertiären Sphäre durchzuführen, sondern es werden sogar inflationäre Züge in Erscheinung treten.

In solchen Lagen wird die Notwendigkeit von herangereiften sozialen Veränderungen besonders deutlich, die eine grundsätzliche Lösung, das heißt die Überwindung der sozialen Gegensätze zwischen Kapital- und Lohninteressen herbeiführen.

Entscheidende Bedingungen eines Makrogleichgewichts

Aus allem bisherigen folgt, daß sich als Vorbedingung eines makroökonomischen gleichgewichtigen Wachstums bestimmte Einkommensteile in ganz bestimmten Größen im Verhältnis zur Produktion der beiden Makrogruppen I und II entwickeln müssen. Zugleich wurde aber betont, daß die Aufteilung der Einkommen ihre selbständigen Zusammenhänge hat und daß daher eine relative Eigenentwicklung der finalen Einkommensbildung möglich ist. Sowohl Erkenntnisschwierigkeiten und Informationsmängel als auch Interessengegensätze innerhalb der Produktion bilden wesentliche Hindernisse für eine zielbewußte Harmonisierung der Makroproduktionsstruktur mit der Makroeinkommensentwicklung. Dies sind auch die Hauptursachen bisheriger Schwächen in den konjunkturpolitischen Versuchen westlicher Staaten, den Makrostörungen vorzubeugen oder diese sogar zu überwinden.

Die Entwicklung der beiden großen Makroprozesse im Westen wird staatlicherseits nur mangelhaft, manchmal auch falsch beeinflußt und muß weiterhin als eine überwiegend spontane Entwicklung charakterisiert werden. Dabei realisieren sich widersprüchliche Zusammenhänge, die auch eine widersprüchliche Entwicklung der Makroproduktionsstruktur und der Makroeinkommensbildung, sowie zeitweilige Diskrepanzen zwischen beiden entstehen lassen. Die wichtigsten von ihnen werden wir uns nun bei einer dynamischen Betrachtungsweise näherbringen.

Oben wurde gezeigt, daß die Aufteilung der Einkommen auf v+m sowie auf weitere, abgeleitete Einkommen in den Gruppen I und II vor allem hinsichtlich ihrer Verwendung für Konsumzwecke, oder als Ersparnisse für Investitionszwecke wichtig ist. Dabei wurde gesagt, daß alle Einkommensteile, die für Konsum verwendet und zusammenfassend mit Q symbolisiert wurden, eine ganz bestimmte Proportion zum ersparten und in zusätzliche Investitionen verwandelten Teil der Einkommen ($S = J$)

entwickeln müssen. Wird die notwendige Proportion aus irgendeinem Grund gestört und zu viel oder zu wenig gespart oder konsumiert, dann hat das eine Störung der gleichgewichtigen Entwicklung zur Folge.

In der ersten Aufteilung der Einkommen in der Produktion auf Löhne (v) und auf den Mehrwert (m) ist die Grundursache für die dauernde Abweichung der Ersparnisentwicklung von der Konsumentwicklung zu suchen. Vergrößert sich nämlich m im Verhältnis zu v, und verbleibt dieser Zuwachs im wesentlichen zur Disposition der Kapitaleigentümer, dann ist a priori schon die Grundlage für ein schnelleres Anwachsen der Ersparnisse (ms) gegeben. Weil der Konsum der Kapitalisten (R) nie dem Wachstum von m entspricht, muß mit der entsprechenden Vergrößerung von ms gerechnet werden.

Wächst jedoch v im Verhältnis zu m, dann bedeutet das ein schnelleres Wachstum des Konsums. Auch wenn hier die Ersparnisse ebenfalls steigen, geht es darum, daß das Wachstum des Konsums wesentlich überwiegt.* Das Plus oder Minus von v zuungunsten oder zugunsten von m ruft eine wesentlich unterschiedliche Entwicklung der Proportion zwischen Konsum und Ersparnissen hervor.

Die Aufteilung der Einkommen auf v und m ist aber immer das Resultat der vorangegangenen Entwicklung der Produktivität und der Preise – bei gegebenen Löhnen – und steht in keinem Abhängigkeitsverhältnis zum Umfang der Investitionen, den die zukünftige Produktion verlangen würde. Der Mehrwert bildet zwar die Grundlage der Kapitalakkumulation und daher der zukünftigen Investitionen, aber die zukünftige Größe der Investitionen bestimmt sich aus anderen Faktoren.

Selbstverständlich bleibt der ganze Mehrwert und daher auch sein Zuwachs nicht voll zur Disposition der Kapitaleigentümer. Vor allem wird jeweils ein Teil davon in Löhne rückverwandelt (mv), ob nun bei einer Erweiterung der Zahl der Lohnempfänger in der Produktion, oder – was viel aktueller ist – bei einer Steigerung der nominellen Löhne. Auch über Steuern (St) wird ein Teil des Mehrwertzuwachses abgeschöpft und ver-

---

* »Wenn die Anzahl der Kapitalistenfamilien langsamer wächst als das Gesamtkapital, so daß die Einkünfte aus Kapitalbesitz pro Familie auch bei konstanter Profitrate wachsen, dann hat es die Madison Avenue sehr schwer, das Verhältnis des Konsums zu den Profiten konstant zu halten. Würde die potentielle Profitrate noch dazu aufgrund eines größer werdenden Ausbeutungsgrades steigen, so entstünde daraus leicht eine Absatzkrise, und die Profite würden nicht realisiert. Es gehört zu den Ungereimtheiten des Systems, daß die Gewerkschaften zum Wohlergehen der Kapitalisten beitragen, indem sie die Ausbeutung unter Kontrolle halten, so daß die steigenden Reallöhne einen expandierenden Markt für deren Waren bieten.«
J. Robinson, Eine nochmalige Betrachtung der Werttheorie, in: Folgen einer Theorie. Essay über »Das Kapital« von Karl Marx, Frankfurt/M. 1967, S. 69/70.

wandelt sich vorwiegend in Konsum. Der restliche Teil des Mehrwerts dient dann teils der Konsumtion der Kapitalisten (R), und teils bildet er ihre Ersparnisse (ms). Doch auch diese weitere Aufteilung und Benutzung des Mehrwerts geschieht nicht mit Hinblick auf die real benötigte zukünftige Investitionshöhe, sondern unter dem Einfluß anderer Momente.

Wenn wir nun etwas vereinfacht annehmen, daß die Löhne voll für Konsumzwecke ausgegeben werden, dann können wir uns den notwendig entstehenden Widerspruch zwischen der Entwicklung der Produktionsstruktur und der Einkommensbildung näherbringen. Auch wenn aus den Löhnen ebenfalls zu einem kleinen Teil Ersparnisse entstehen, so wird es diesen Entwicklungswiderspruch nur noch vergrößern, nicht verkleinern. Deshalb wollen wir also vorübergehend die Ersparnisse als wesentlichen Teil des Mehrwerts betrachten, also ms mit S identifizieren. Auch die Besteuerung der Löhne können wir hier beiseite lassen, denn diese Steuern werden wieder für Konsum zur Verfügung gestellt und berühren im wesentlichen nicht das Verhältnis zwischen Konsum und Ersparnissen.

Ausschlaggebend ist daher die Aufteilung von m auf zwei verwendungsmäßig unterschiedliche Teile: den Teil, der für Konsum benutzt wird und der sich aus dem Konsum der Kapitalisten (R), den Steuern aus m (St) und den Lohnerhöhungen (mv) zusammensetzt. Diesen Teil wollen wir zusammenfassend mit dem Symbol X bezeichnen. Im Unterschied dazu wird der andere Teil des Mehrwerts jeweils gespart (S) und im weiteren dem Investitionsbereich (J) zugeführt.

Während das Zustandekommen von X und S unmittelbar zusammenhängt, von spezifischen Aufteilungsprozessen und Kräfteverhältnissen, vor allem der Konsum(Lohn)- und Kapitalinteressendurchsetzung abhängt, sollte die Entwicklung von J von der zukünftig erforderlichen Produktionsentwicklung abhängig gemacht werden und gleich nach diesen zukünftigen Bedürfnissen bestimmt werden. Die Investitionen, also die Menge und Art der zusätzlichen Produktionsmittel, müssen pro Jahr so groß sein und in einer solchen Proportion zwischen Gruppe I und II aufgeteilt werden, daß in den beiden Gruppen in den folgenden Jahren bei Ausnutzung aller Arbeitskräfte und des möglichen technischen Fortschritts eine Produktionsentwicklung gesichert ist, die den produktiven und den konsumtiven Bedürfnissen gleichermaßen entspricht. Die zukünftigen konsumtiven Bedürfnisse werden aber wieder entscheidend durch die zukünftige Lohnentwicklung sowie die Größe der Aufteilung von m auf X und S bestimmt. Die produktiven Bedürfnisse werden dann wieder von der weiteren Konsumentwicklung und von der technischen Entwicklung abhängen.

Sehr vereinfacht können wir uns mit diesem Beispiel die Notwendigkeit einer Aufteilung von m auf X und J im Verhältnis zum benötigten Wachstum der Produktion beider Gruppen klarmachen, aus dem wieder die Grundeinkommen von v und m entstehen und die neue notwendige Aufteilung von m auf X und J usw. – in aufeinanderfolgenden Perioden: einer Entwicklung in drei Etappen. (Die Proportionen sind willkürlich gewählt, und das Beispiel soll nur den gesetzmäßigen Zusammenhang zwischen X und J der einen Gruppe mit X und J der anderen Gruppe, als Bedingung eines gleichgewichtigen Wachstums, demonstrieren.)

Erste Periode

$$C_I + V_I$$
$$800 + 600$$
$$\xrightarrow{\text{Produktions-}}$$

$$C_{II} + V_{II}$$
$$700 + 550$$
$$\xrightarrow{\text{resultat}}$$

$$Pr_I = c_I + v_I + m_I$$
$$2000 = 800 + 600 + 600$$

$$Pr_{II} = c_{II} + v_{II} + m_{II}$$
$$1750 = 700 + 550 + 500$$

Aufteilung von m:

$$m_I = X_I + J_I = (mv_I + R_I + St_I) + J_I$$
$$600 = 300 + 300 = 100 + 150 + 50 + 300$$
$$m_{II} = X_{II} + J_{II} = (mv_{II} + R_{II} + St_{II}) + J_{II}$$
$$500 = 300 + 200 = 80 + 150 + 70 + 200$$

Gleichgewichtsbedingung eingehalten:

$$V_I + X_I = C_{II} + J_{II}$$
$$\underbrace{600 + 300}_{900} = \underbrace{700 + 200}_{900}$$

In der ersten Periode wurden in größerem Ausmaß technisch neue und effektivere Produktionsmittel produziert, deren Benutzung in der zweiten Periode zu einer Steigerung der Produktion und bei relativer Kostensenkung zu einer wesentlichen Vergrößerung der Profitrate führt. Die Erweiterung und Verbesserung der Produktionsfaktoren hat zur Folge:

Zweite Periode

$$C_I + V_I$$
$$1100 + 700$$
$$\xrightarrow{\text{Produktions-}}$$

$$C_{II} + V_{II}$$
$$900 + 630$$
$$\xrightarrow{\text{resultat}}$$

$$Pr = c_I + v_I + m_I$$
$$2700 = 1100 + 700 + 900$$

$$Pr_{II} = c_{II} + v_{II} + m_{II}$$
$$2290 = 900 + 630 + 760$$

Aufteilung von m:

$$m_I = X_I + J_I = (mv_I + R_I + St_I) + J_I$$
$$900 = 500 + 400 = 200 + 200 + 100 + 400$$
$$m_{II} = X_{II} + J_{II} = (mv_{II} + R_{II} + St_{II}) + J_{II}$$
$$760 = 460 + 300 = 150 + 200 + 110 + 300$$

Gleichgewichtsbedingung eingehalten:

$$V_I + X_I = C_{II} + J_{II}$$
$$\underbrace{700 + 500}_{1200} = \underbrace{900 + 300}_{1200}$$

In der zweiten Periode war kein technischer Fortschritt zu verzeichnen, und die investitionsmäßig eingesetzten Produktionsmittel, die in der dritten Periode eingesetzt werden, führten zu keiner relativen Senkung der Produktionskosten. Durch die Erweiterung der Produktionsfaktoren wuchs auch die Produktion, aber ohne Vergrößerung der Profitrate:

Dritte Periode

$$C_I + V_I \xrightarrow{\text{Produktions-}} Pr_I = c_I + v_I + m_I$$
$$1500 + 900 \quad\quad\quad\quad 3600 = 1500 + 900 + 1200$$
$$c_{II} + V_{II} \xrightarrow{\text{resultat}} Pr_{II} = c_{II} + v_{II} + m_{II}$$
$$1200 + 780 \quad\quad\quad\quad 2960 = 1200 + 780 + 980$$

Aufteilung von m:

$$m_I = X_I + J_I = (mv_I + R_I + St_I) + J_I$$
$$1200 = 660 + 540 = 250 + 250 + 160 + 540$$
$$m_{II} = X_{II} + J_{II} = (mv_{II} + R_{II} + St_{II}) + J_{II}$$
$$980 = 620 + 360 = 180 + 220 + 220 + 360$$

Gleichgewichtsbedingung eingehalten:

$$V_I + X_I = C_{II} + J_{II}$$
$$\underbrace{900 + 660}_{1560} = \underbrace{1200 + 360}_{1560}$$

Dieses Beispiel ermöglicht nicht nur das Verständnis der wechselseitigen Bedingungen zwischen X und J in Gruppe I und in Gruppe II, sondern auch der notwendigen Änderungen dieser Verhältnisse zusammen mit der Änderung der Profitrate in der Produktion.

Wenn zum Beispiel die Investitionsrate – hier gemeint als Anteil der Investitionen am Mehrwert – in der zweiten Periode in Gruppe I bei der erhöhten Profitrate nicht gesenkt und X nicht absolut und relativ vergrößert würde, könnten die Produzenten der Gruppe I einen Teil ihrer gewachsenen Produktion nicht absetzen. Wenn sich nämlich durch das nicht erhöhte X auch die Nachfrage nach Konsumgütern nicht vergrößern würde, könnten auch die Produzenten der Gruppe II ihre Investitionen nicht im benötigten Umfang erweitern und die zum Teil für sie gewachsene Produktion der Gruppe I nicht voll abnehmen.

In der Realität wird aber im allgemeinen eine Steigerung der Profitrate eben zu einem Wachstum der kapitalistischen Investitionen führen. Das S und das daraus entstehende J wird das objektiv notwendige, eine gleichgewichtige Entwicklung sichernde, aber in der Praxis nicht erkannte J übersteigen, sowie das notwendige Wachstum von X nicht sichern. Erst in einem späteren Zeitpunkt wird dies zu Überproduktionsphänomenen und Absatzschwierigkeiten führen. Die eintretende Rezessionsschwankung der Produktion ist also das Resultat von vorangehenden Abweichungen der realen Proportion zwischen X und S von einer, der Praxis unbekannten, gleichgewichtsbedingenden Proportion zwischen X und J.

Aber auch in der dritten Periode muß in unserem Beispiel die in der zweiten Periode sich notwendig ändernde Proportion zwischen X und J beibehalten werden, und der Versuch, zum Beispiel die Investitionsrate zu erhöhen, müßte Gleichgewichtsstörungen und nichtverkaufbare Produktionsüberschüsse bewirken. Das C_{II} ist in unserem Beispiel nämlich so groß, daß eine wesentliche Verringerung von X_I und Vergrößerung von J_I die Produzenten der Gruppe II zwingen würde, ihre Investitionen zu reduzieren, da sie nicht genügend Konsumgüter verkaufen könnten (aus Gruppe I wäre keine genügende Nachfrage entstanden). Dadurch würde wieder in Gruppe I eine Überproduktion an Produktionsmitteln entstehen – mit notwendig folgenden Produktionsdrosselungen.

Nun kann man natürlich diesen ganzen inneren Reproduktionszusammenhang mit Keynes, oder im Sinne anderer, auf rein psychologische Motivationen ausgehende Ökonomen, ignorieren, das angeführte Beispiel vom Tisch wischen und erklären, daß jede Überproduktion nur das Zeichen für Unterkonsum ist und daß es genügt, die vorhandenen Ersparnisse mit ihrer Multiplikatorwirkung in Investitionen umzuwandeln. Die neu gebildeten Einkommen riefen auch einen Konsumanstieg hervor, was dann auch wieder weitere Investitionstätigkeit stimulierte. Nach Meinung dieser Ökonomen fängt die Unterbrechung bei der plötzlichen Nichtanwendung von Ersparnissen für Investitionen an, und das ganze Problem bestünde nur in der ersten Wiederankurbelung der Investitionen.

Wir können aber gerade an unserem Beispiel sehen, daß das Problem nicht mit dem plötzlichen Schwund des unternehmerischen Optimismus seinen Anfang nimmt, sondern daß dieser nur eine Reaktion auf beginnende Absatzschwierigkeiten ist, deren Gründe in der Diskrepanz zwischen Produktionsstruktur und Verteilungsstruktur zu suchen sind – vor allem in der nicht entsprechenden Aufteilung von m auf X und J. Setzen wir einmal voraus, daß in der dritten Periode die Löhne in Gruppe I um weniger als 250 Einheiten (mv_I) gehoben werden. Die genaue Größenordnung ist hier gleichgültig, aber nehmen wir an, daß es 60 Einheiten

weniger sind, so daß mv_I nur 190 ausmacht. Um die Summe 60 vergrößert sich das, nach Verkauf aller Produkte der Gruppe I, den Kapitalisten
aus dem Mehrwert verbleibende Einkommen und verwandelt sich in Ersparnisse. Durch diese Aufteilung entsteht nun eine Störung der aufgezeigten Gleichgewichtsbedingung:

$$\underbrace{\begin{matrix} V_I & + & X_I \\ 900 & & 600 \end{matrix}}_{1500} \qquad\qquad \underbrace{\begin{matrix} C_{II} & + & (S_{II} = J_{II}) \\ 1200 & & 360 \end{matrix}}_{1560}$$

Es taucht jetzt die Frage auf, wie alle Produkte der Gruppe I verkauft
werden können, wenn die entscheidende Gleichgewichtsbedingung nicht
eingehalten wurde.

In Gruppe I sind Produktionsmittel für 3600 produziert worden, von
denen 2700 als Ersatz für die verbrauchten Produktionsmittel dienen
($C_I = 1500$, $C_{II} = 1200$), und 900 müssen nun für zusätzliche Investitionen aufgebracht werden, sollen alle Produktionsmittel verkauft werden. Um das Beispiel nicht noch weiter durch einzelne Strukturprobleme
zu komplizieren, nehmen wir an, daß ein Teil der produzierten Produktionsmittel sowohl von Gruppe I als auch von Gruppe II benutzt werden
kann (was auch der Realität entspricht).

Nehmen wir nun weiter an, daß alle oder manche Unternehmer der
Gruppe II über *Geldreserven* in Form von Ersparnissen aus früheren
Einkommen verfügen und daher bei ihrem Einkauf nicht erst auf ihren
eigenen Verkauf warten müssen. Mit den vorhandenen *Geldvorräten* bestehen Bedingungen, unter denen vorerst alle Produktionsmittel verkauft
werden können. Die Unternehmer aus Gruppe II kaufen Produktionsmittel für insgesamt 1560 (1200 sind der Ersatz ihres C_{II}, und 360 dienen
als J_{II} zur Erweiterung). Sie haben nun insgesamt für 1560 Produktionsmittel gekauft, obwohl sie für nur 1500 eigene Konsumgüter an Gruppe I
verkauft haben.

Pr_{II} im Werte von 2960 wird nur teilweise gekauft von:

$$\begin{aligned} V_I &= 900 \\ X_I &= 600 \\ V_{II} &= 780 \\ X_{II} &= \underline{620} \end{aligned}$$

Zusammen: 2900
unverkauft bleibt Pr_{II} im Wert von 60

Pr_I im Werte von 3600 wurde voll verkauft, und zwar kauft:

$$C_I = 1500$$
$$J_I = 540$$
$$C_{II} = 1200$$
$$J_{II} = 360$$

Zusammen: 3600

Diese Verkäufe und Einkäufe wollen wir uns näher ansehen:

Durch den Verkauf von Produktionsmitteln im Gesamtwert von 3600 entstanden bei den verschiedenen Unternehmern der Gruppe I Geldeinkommen, die teilweise gleich wieder für den Einkauf von Produktionsmitteln ausgegeben wurden, um alle Teile des C_I zu ersetzen und das gesamte J zu realisieren. Bei all diesen gegenseitigen Käufen und Verkäufen der Gruppe I wechselte also eine Summe von vorhandenem Geld nur häufiger den Eigentümer, um alle diese Austauschvorgänge von Produktionsmitteln zu ermöglichen. Geldeinkommen einzelner Pr_I produzierender und verkaufender Unternehmer, welche also der Werthöhe des gesamten C_I und einem Teil des Mehrwerts in der Produktion Pr_I entsprechen (insgesamt im Werte von 2040), wurden von jedem dieser Verkäufer gleich wieder ausgegeben, um neue Produktionsmittel als Ersatz für den jeweiligen C_I-Teil zu beschaffen, sowie um J_I – Erweiterung der jeweiligen Produktionsmittel – durchzuführen.

Der Teil des Geldeinkommens von 3600 Pr_I, der der Werthöhe von V_I sowie einem weiteren Mehrwertteil entspricht, wurde entweder schon während der Produktion oder teilweise nachträglich für Löhne (V_I) ausgegeben, oder er verwandelte sich in X_I (das heißt in $mv_I + R_I + St_I$). Alle diese Einkommensteile, insgesamt im Wert 1500, wurden jeweils von Lohnempfängern und Kapitalisten der verschiedensten Unternehmen der Gruppe I sowie von nichtproduktiven, steuerempfangenden (St_I) Personen und Institutionen für Konsumgüter ausgegeben. Durch diese Einkäufe aus Einkommen der Gruppe I konnten die Unternehmer der Gruppe II einen Teil ihrer Produktion verkaufen.

$$V_I + X_I = Pr_{II}$$
$$900 + 600 = 1500$$

Die Unternehmer der Gruppe II aber kauften von den Unternehmern der Gruppe I Produktionsmittel für 1560 Einheiten.

$$C_{II} + J_{II} = Pr_I$$
$$1200 + 360 = 1560$$

Die Unternehmer der Gruppe I verkauften also Produktionsmittel für insgesamt 3600 Einheiten, aber aus ihren Gesamteinkommen wurden nur

für 3540 direkt oder indirekt neue Käufe realisiert. Gekauft, also ausgegeben, wurden aus den Gesamteinkommen der Gruppe I in den Wert-
höhen:

$$C_I = 1500$$
$$J_I = 540$$
$$V_I = 900$$
$$X_I = 600$$

Zusammen: 3540

Gesamteinnahmen $= 3600$
Gesamtausgaben $= 3540$

Neue Ersparnisse $= 60$

Auf diese Weise entstanden bei den Unternehmern der Gruppe I neue
zusätzliche Ersparnisse im Wert von 60. Sie entstanden konkret aus den
früheren Geldreserven der Unternehmer der Gruppe II, da diese Produkte von Gruppe I für 1560 kauften, aber eigene Produkte an Gruppe I
nur für 1500 verkauften. Sie mußten also zusätzlich aus ihren Geldreserven 60 Einheiten an die Unternehmer der Gruppe I überführen, um ihr
eigenes C_{II} zu ersetzen und J_{II} durchzuführen. Da sie jedoch selbst
Konsumgüter für Gruppe I im Wert von 1560 produziert hatten, bleiben
Konsumgüter für 60 nicht verkauft. Auch bei dem entstandenen Ungleich-
gewicht zwischen Gruppe I und II

$$V_I + X_I \quad < \quad C_{II} + J_{II}$$
$$900 + 600 = 1500 < 1200 + 360 = 1560$$

muß also zunächst keine krisenmäßige Unterbrechung der Reproduktion
eintreten, wenn durch den Einsatz von früher entstandenen Geldreserven
alle Produktionsmittel verkauft wurden. Geldreserven aus Gruppe II gin-
gen in Gruppe I über, und in Gruppe II erhöhten sich die Lagerbestände.
Durch das zu kleine, aus dem Mehrwert in Gruppe I geschaffene X_I
– statt 660 nur 600 – entstand jedoch schon, wenn auch noch verdeckt,
der Keim der zukünftigen Krise oder Rezession. Wird in der nächsten
Periode die Produktionsstruktur zwischen I und II beibehalten oder werden J_I und J_{II} erweitert, so wird ein entsprechend erweiterter Mehrwert
erreicht und sodann wieder ein relativ zu kleines X_I geschaffen; so wiederholt oder vertieft sich das ganze Problem.

Man kann zwar noch zusätzliche Geldreserven bei Gruppe II entdek-
ken, kann mit Kreditaufnahmen durch Gruppe II argumentieren usw.
– an der faktischen Diskrepanz wird sich jedoch nichts ändern. Die Menge
der nicht verkauften Konsumgüter wird anwachsen, die Reserven und
Kreditmöglichkeiten der Gruppe II werden sich erschöpfen, und eines

Tages werden sie den Ankauf von Produktionsmitteln stark reduzieren. Dann können die Unternehmer in Gruppe I über Geldreserven ihre Produktion eine Zeitlang auch noch bei steigenden Warenlagern fortsetzen. Doch die krisenhaft anwachsenden Absatzschwierigkeiten und der notwendige Zusammenbruch werden dadurch nicht verhindert.

Der objektive Zusammenhang zwischen der Makroproduktionsstruktur und der Makroeinkommensverteilung, sowie innerhalb dieser vor allem die Aufteilung von m auf X und S ist unbestreitbar. Und eben in der Nichteinhaltung der notwendigen Proportionen sowie vor allem der *entscheidenden* Makrogleichgewichtsbedingung $V_I + X_I = C_{II} + J_{II}$ ist die eigentliche Ursache der fortwährend auftretenden Makrostörungen zu suchen.

Wir können die entscheidende Makrogleichgewichtsbedingung auch in folgender Wachstumsformel ausdrücken. Nach bereits oben verwendeten Größen ist

$$V_I + X_I = Q_I$$

und

$$C_{II} + J_{II} = U_{II}$$

Es gilt also die allgemeinste funktionale Beziehung

$$Q_I = f(V_I, X_I)$$
$$U_{II} = g(C_{II}, J_{II})$$

Die Gleichgewichtsbedingung ist also

$$Q_I = U_{II}$$

Daraus folgt die Notwendigkeit eines ausgeglichenen Wachstums beider Größen in der Zeit, also

$$\frac{Q_{I,\,t+1} - Q_{I,\,t}}{Q_{I,\,t}} = \frac{U_{II,\,t+1} - U_{II,\,t}}{U_{II,\,t}}$$

$$(t = \text{Zeit})$$

$$w\,Q_I = w\,U_{II}$$

$$(w = \text{Wachstumsrate})$$

Die objektiv notwendige Aufteilung von m auf X und J und die Harmonisierung der Konsumtion mit den Investitionen in der Gesellschaft bereiten an und für sich schon Schwierigkeiten, da eine prognostische Einsicht in zukünftige technische Entwicklungsmöglichkeiten, in das Produktivitätswachstum, in die Mehrwertsteigerung und dessen Aufteilung nicht leicht ist. Doch könnten diese Schwierigkeiten unter sozialistischen Bedingungen mit Hilfe einer wissenschaftlich fundierten makroökonomischen Orientierungsplanung verringert und die makrostrukturellen Entwick-

lungstendenzen annäherungsweise vorausgesehen und planmäßig beeinflußt werden.

Die Anpassung der Einkommensverteilung an die vorausgesetzte Pro-
duktivitäts- und Einkommenssteigerung in den Gruppen I und II sollte
nicht nur ein gleichgewichtiges Wachstum verfolgen, sondern auch demokratisch entschiedene Einkommens- und Konsumänderungen – Propor-
tionsänderungen zwischen individuellem und gesellschaftlichem, markt-
mäßigem und nichtmarktmäßigem, ökonomischem und nichtökonomi-
schem Konsum etc. – mit sich bringen. Mit Hilfe demokratischer Entscheidungen über verschiedene Alternativpläne, auf der Basis pluralistischer
Interessenvertretung, vor allem ausgewogener Repräsentationen von Pro-
duzenten- und Nichtproduzenteninteressen bei sozial harmonisierten
Lohn- und Kapitalinteressen – über alle diese Faktoren könnte die Entwicklung der zukünftigen Einkommensbildung nicht nur mit der Makroproduktionsstruktur koordiniert, sondern auch einem mehrheitlichen
Gesellschaftsinteresse zielbewußt angenähert werden.*

In einer nichtgeplanten Marktwirtschaft, in der die Aufteilung von m
auf X und J hauptsächlich von interessengegensätzlichen Kämpfen und
mehr oder weniger spontan entstehenden Aufteilungsprozessen der Einkommen abhängt, kann eine Entwicklung der Ersparnisse (S), aus der
sich auch laufend die objektiv notwendige Entwicklung von J ergeben
würde, nicht schon von Anfang an gesichert werden. Das soll nicht heißen,
daß die konjunkturpolitische Beeinflussung der Makroentwicklung durch
den Staat sich im Kapitalismus nicht verbessern könnte und daß diese
Bemühungen womöglich nicht fortgesetzt werden sollten. Aber die Hindernisse dafür, die dem Kapitalismus immanent sind, werden immer wieder bestimmte Makrostörungen hervorrufen, die nicht voll gemeistert
werden können.**

* Die Vorstellung einer solchen demokratischen makroökonomischen Orientierungsplanung sowie ihrer Verbindung mit einer Marktwirtschaft, die wesentlich unterschieden
ist von der bürokratischen dirigistischen Planung im heutigen kommunistischen System,
kann erst in einer speziellen Fortsetzung dieser Arbeit, im eigentlichen Modell des demokratischen Sozialismus erklärt werden.
** Bei Ignorierung der sozialen Interessengegensätze war daher diese Erwartung von
J. M. Keynes simplifiziert:
»Ich bin darauf gefaßt, daß der Staat, der die Grenzleistungsfähigkeit der Kapitalgüter auf lange Sicht und auf der Grundlage des allgemeinen Wohls berechnen kann,
eine immer wachsende Verantwortung für die unmittelbare Organisation der Investitionen übernehmen wird.«
J. M. Keynes, Allgemeine Theorie der Beschäftigung, des Zinses und des Geldes,
Berlin 1966, S. 138.
Die Vorausberechnung der Grenzleistungsfähigkeit der Kapitalgüter durch den Staat
genügt nicht für eine wirklich zielbewußte Steuerung von weit mehr Makroprozessen

Es sind zwar vor allem die kapitalistischen Unternehmer selbst, die mit immer verfeinerteren Analysen und Marktprognosen den zukünftigen Bedarf an Investitionen im Verhältnis zur Markterwartung vorauszusagen versuchen. Vom Zweiten Weltkrieg an hatten viele kapitalistische Staaten die Absicht, aufgrund von Wirtschaftsanalysen und Prognosen den makroökonomischen Störungen vor allem durch eine Beeinflussung der Einkommens- und Investitionsentwicklung entgegenzuwirken. Doch die interessenmäßig gegensätzlichen Vorgänge und Kämpfe, durch die die Verteilung von m auf X und S unmittelbar beeinflußt wird, führen immer wieder dazu, daß X zu klein und S relativ zu groß und dann wieder X zu groß und S nicht die notwendigen Investitionen sichern kann. Die konkrete Proportion zwischen X und S kommt also immer wieder in einen Widerspruch mit der objektiv notwendigen, das zukünftige Gleichgewicht sichernden Proportion zwischen X und J.

Die reale Aufteilung von m wird vor allem durch Bildung verschiedener Einkommensteile auf der Mikroebene bestimmt. Hier werden am stärksten die vorausgehenden traditionellen Aufteilungsprozesse und überdies solche Änderungen dieser Prozesse auftreten, die durch die verschiedensten, nur minimal ökonomisch zielbewußten, größtenteils vielmehr sehr stark interessenmäßig gebundenen Aufteilungskämpfe ausgelöst sind.

Die relativ zielstrebigsten, mit ökonomischen Überlegungen geführten Änderungen von Einkommensteilen werden die Änderungen jener Einkommensteile sein, die sich in großen Firmen direkt in produktive Investitionen (J) verwandeln. Vor allem bei den großen Firmen, Konzernen etc., bei denen genügendes Eigenkapital eine Eigenfinanzierung ermöglicht, werden die Erwägungen über Investitionen, und daher auch eventuelle Änderungen des Anteils zusätzlicher Investitionen an den Einkommen, von Versuchen begleitet, den zukünftigen Markt und das benötigte Produktionswachstum vorauszusehen. Aber die Menge der unabhängig variablen und daher schwer vorhersehbaren Prozesse ist für die einzelnen Firmen zu groß, als daß die Änderungen ihres J auch nur geringfügig die Aufteilung des ganzen gesellschaftlichen m in ökonomisch benötigter Proportion auf X und J beeinflussen können. Hierbei wird auch die wirkliche Größe von J durch Änderungen von mv oder auch St stark beeinflußt, die nicht von den Betriebsleitungen allein abhängen (mv auch vom Kampf der Gewerkschaften, St vom Staat). Außerdem wird die Verwendung

und Zusammenhängen, als Keynes voraussetzte. Noch weniger können damit wesentliche Widersprüche zwischen Lohn- und Kapitalinteressen innerhalb der Produktion überwunden werden, um mit größerem Erfolg als heute ein makroökonomisch ausgeglichenes Wachstum zu erreichen.

jenes Teils von m, der als Sparsumme bei Banken angelegt wird, nicht mehr von den Firmen direkt kontrolliert. Inwieweit sich diese Ersparnisse während einer langen Zeit in Investitionen oder Konsumgüter oder überhaupt nicht in produktive Güter verwandeln, vielmehr eventuell in der Form liquider Mittel liegenbleiben, wird von den Banken und daher nur ganz unwesentlich von makroökonomischen Erwägungen abhängen.

Die *Bildung* von Ersparnissen bei mittleren und kleineren Firmen wird fast überhaupt nicht von vorausgehenden makroökonomischen Aspekten bestimmt, sondern zum größten Teil das passive Resultat der Entwicklung von X-Größen sein. Die *Anwendung* von Ersparnissen in den Banken wird zwar wesentlich durch ökonomische Überlegungen beeinflußt, aber diese werden ebenfalls vor allem mikroökonomische – Deckung, Rückzahlbarkeit etc. – und nur minimal makroökonomische Gesichtspunkte berücksichtigen.

Während der Konsum der Kapitalisten (R) sich meist traditionell entwickelt und eher Erwägungen über J untergeordnet wird, ist die Entwicklung des Lohnwachstums (mv) eine sehr variable Größe. Teilweise hängt sie mit der Entwicklung von J zusammen, vor allem in ihrer Beeinflussung durch den Arbeitskräfteanstieg. Teilweise jedoch, und das besonders in der Vollbeschäftigung, wird sie durch interessenmäßig basierte oder auch erkämpfte Lohnänderungen modifiziert. Jede wesentliche Änderung von mv hat auch wesentlichen Einfluß auf absolute oder relative Änderungen von J. In Zeiten großer Arbeitslosigkeit werden sehr oft auch Verringerungen von mv im Verhältnis zum vorangegangenen Jahr vor sich gehen. In der Vollbeschäftigung werden sich dagegen die mv-Werte sehr unterschiedlich vergrößern.

Die Entwicklung der Steuern (St) und ihre Verwandlung in Konsumgüter (D') wird relativ am konstantesten sein – und dies nicht nur in ihrem Wachstum, sondern auch in ihrer proportionalen Beteiligung an m. Vor allem ihr Charakter als Prozentsatz der Reineinkommen oder Profite bestimmt ihre relative Konstanz. In der langen kapitalistischen Vergangenheit hatten auch umfangreichere Modifikationen von St meist keine makroökonomisch unterlegten Ziele. Bei den neueren konjunkturpolitischen Bestrebungen kapitalistischer Staaten sind die Steuern zwar schon eines der wichtigsten Mittel der bewußten Beeinflussung der Konjunkturentwicklung. Sie werden jedoch in diesem Zusammenhang mit nur ungenügenden Kenntnissen relevanter ökonomischer Prozesse und Zusammenhänge, als Ankurbelung oder Abbremsung der Investitionen überhaupt, und dann noch ohne hinreichende Unterscheidung von produktiven und nichtproduktiven Investitionen eingesetzt.

In der Wirtschaftspolitik der westlichen Staaten wird der Zusammenhang zwischen einer Aufteilung von m auf J und X auf der einen, und der Größe sowie entsprechenden Verwendung von St in den Gruppen Pr$_I$ und Pr$_{II}$ auf der anderen Seite nicht beachtet, nachdem dieser Zusammenhang schon theoretisch keine weitere Beachtung fand. Vollkommen ignoriert wird die Bedeutung der gleichgewichtigen Entwicklung von X und V aus Gruppe I einerseits, mit C und J aus Gruppe II anderseits: als Voraussetzung für eine gleichgewichtige Makroentwicklung. Deshalb – ungeachtet der Interessenkomplikationen, die damit verbunden wären – wird St nicht als wichtiges Regulativ von X, und dadurch auch nicht von J verwendet. Die Erhöhung oder Senkung von St (D') im Verhältnis zur erwarteten Entwicklung von m, sowie des benötigten zukünftigen J und X, gibt es in der bisherigen Wirtschaftspolitik nicht.*

Schließlich: der Saldo von Krediten aus Ersparnissen für Konsumzwecke ($\pm$ SD) ist von mehr oder weniger zufälligen Prozessen abhängig und wird die Entwicklung von X ökonomisch eher ungünstig beeinflussen. Vor allem wenn die Löhne schnell steigen und ein allgemeiner Optimismus herrscht, werden auch Anleihen für Konsumzwecke (Wohnhäuser, Wohnungen, Wohnungseinrichtungen, Fahrzeuge etc.) schneller steigen. Dadurch kann ein übermäßiger Konsum und ein Inflationsdruck eher verstärkt als vermindert werden. In Zeiten rückläufiger Konsumentwicklung und von Überproduktionen werden auch konsumausgerichtete Kredite an Lohnempfänger abnehmen, so daß dieses Moment wieder krisenfördernd wirkt.

Aus allen angeführten Gründen wird sich das gesamte X in seiner Eigengesetzlichkeit nicht konform mit den makroökonomischen Gleichgewichtsbedürfnissen und in bestimmten Situationen und zeitweilig eher gegensätzlich dazu entwickeln.

Ein zu langsames Ansteigen von R und mv, bei relativ unverändertem St (D'), wird bei schnell wachsendem m zu ebenso schnell oder noch schneller wachsenden Ersparnissen aus m führen. Dann wird gewöhnlich auch der positive Saldo von SD langsam wachsen, stagnieren oder sich sogar negativ entwickeln. Solange sich die übermäßigen Ersparnisse in J um-

---

* »Die Fiskalpolitik kann hinsichtlich der Konjunktursteuerung eher schädlich sein, wenn grundlegende Vorbedingungen fehlen. Der automatische Stabilisator einer progressiven Einkommensteuer wirkt eher prozyklisch als stabilisierend, wenn der Zeitraum bis zur Steuereinziehung zu lang ist. Und eine diskretionäre Fiskalpolitik wird wahrscheinlich konjunkturelle Schwankungen eher schaffen als dämpfen, wenn die Regierung der öffentlichen Meinung folgt und wenn sich diese öffentliche Meinung, aus welchen Gründen auch immer, von Vorurteilen oder den Bedürfnissen des vorangegangenen Jahres leiten läßt.«
H. Giersch, Kontroverse Fragen der Wirtschaftspolitik, München 1971, S. 31.

wandeln, also SJ wächst, wird mit diesem Wachstum auch der innere Krisenwiderspruch anwachsen. Sobald die Kapitalentwicklung die von V und X abhängende Konsumentwicklung wesentlich überholt, wird die Investitionstätigkeit zurückgehen, und die Ersparnisse werden sich immer weniger in J verwandeln. Eine Krise oder Rezession muß das Resultat sein.

Bei relativ zum Wachstum von m zu schnell wachsendem X, bei dem die Ersparnisse und das aus ihnen entstehende J die Investitionsbedürfnisse im Verhältnis zum Wachstum des Konsums nicht decken kann, wird es zu inflationärem Steigen der Preise kommen. Ob am Anfang nun ein zu schnelles Wachstum von St (D') oder von mv (verbunden mit R und St) steht – das Wachstum der Preise, Profite, Ersparnisse und Investitionen wird wieder ein weiteres, noch mal übersteigendes Wachstum der Löhne oder Steuern hervorrufen usw. Besonders in der Vollbeschäftigung ist diese inflationäre Entwicklung schwer zu überwinden.

Nur bei einer sozialen Harmonisierung der Lohn- und Kapitalinteressen kann eine zielbewußte, mit hinreichend tiefgründigen Analysen und Kenntnissen unterlegte Steuerung von X und J eine mehr oder weniger gleichgewichtige Makroentwicklung sichern. Alle bisher entwickelten Wachstumsmodelle sind allzu schablonenhaft und beachten die eigentlichsten sozialökonomischen Ursachen eines gestörten Makrogleichgewichts nicht.

Ökonomen, die dann jede planmäßige Harmonisierung der zukünftigen Makrostruktur- und Makroeinkommensentwicklung, auch mit Hilfe indirekter Finanzinstrumente durch den Staat, ablehnen und der gegenseitigen Anpassung dieser Prozesse durch die Methode des »trial and error« den Vorzug geben*, finden sich in Wirklichkeit mit den dauernden Makrostörungen und den damit verbundenen wirtschaftlichen Verlusten ab. Statt der Möglichkeit, über eine, durch wissenschaftliche Analysen unterlegte Makroplanung – und nicht über eine bürokratische, dirigistische Planung – sowie mit einem Finanzinstrumentarium die Makroaufteilungsprozesse in beiden Gruppen so zu beeinflussen, daß sie der erwarteten Makroproduktionsstruktur annähernd entsprechen, verlassen solche Leute sich vollkommen auf die spontanen, nachträglichen Korrek-

---

* »Anstelle des einer Marktwirtschaft immanenten Fortschritts durch ›trial and error‹ sollen durch vorausschauende Planung die notwendigen Anpassungen und Reformen antizipiert werden, um somit Friktionen und Konflikte zu vermeiden. Ota Šik bleibt uns jedoch den Beweis schuldig, inwieweit Beamte mit der zukünftigen Entwicklung besser vertraut sein sollen als Unternehmer. (. . .) Die totalitäre Gefahr dieses ›humanen‹ Gesellschaftsmodells, von dessen dialektischer Notwendigkeit Ota Šik überzeugt zu sein scheint, kann nicht übersehen werden.«
L. Erhard, Wirtschaftswoche Nr. 40/25. Jg., S. 45/46.

turen der Produktion und der Verteilung durch den Markt; und wollen die ungeheuren Wirtschaftsverluste nicht wahrhaben.* Aber eben in dieser nur nachträglichen Makrokorrektur solcher Entscheidungen, deren zukünftige Folgen der gegenwärtige Markt überhaupt nicht aufzeigen kann, manifestiert sich die Notwendigkeit einer modernen Koppelung von Markt und makroökonomischer Planung.

Inflationsentwicklung

Betrachten wir den Unterschied zwischen
a) den Bedingungen eines Mangels an Kapital im Verhältnis zur disponiblen Zahl der Arbeitskräfte (Arbeitslosigkeits- und Verelendungssituation) und
b) den Bedingungen eines Überflusses an Kapital (Vollbeschäftigung) im Hinblick auf die Inflationsentwicklung.

   In den ersten Bedingungen, die die Anfangsentwicklung des Kapitalismus charakterisieren, gab es zwar auch schon Inflationen, die es eigentlich bereits seit der Ausdehnung von Geldbeziehungen überhaupt gibt. Alle Inflationen jedoch, die sich in Situationen eines Mangels an Kapital und einer großen Reservearmee freier Arbeitskräfte entwickelten, konnten nur durch einmalige, abnorme Vergrößerungen der Geldsumme im Verhältnis zu der – für den Umlauf bei gegebenen Warenproduktionen und Zahlungen – benötigten Geldsumme entstehen. Ob es nun plötzliche Funde und Zuflüsse von geldbildenden Edelmetallen waren oder zielbewußte Erweiterungen des umlaufenden Papiergeldes durch staatlich angeheizte Emissionen (Finanzierung von Kriegsbedürfnissen, Tilgung von Nachkriegsschulden oder anderen Staatsschulden etc.) – immer waren es außergewöhnliche Erweiterungen der Geldmenge: verbunden mit der Entwertung des Geldes, die zur entsprechenden Steigerung der Preise führte.

* »Das Auf und Ab der Konjunktur gilt jetzt nicht mehr als der Motor des Fortschritts, und man glaubt nicht mehr, daß mit dem Abflachen der Schwankungen auch das Wachstum aufhören oder sich mindestens abschwächen müsse, wie dies unter der älteren Generation der Konjunkturtheoretiker noch üblich war. Vielmehr erscheinen Konjunkturschwankungen jetzt geradezu als Hemmnis für rasches Wachstum, sie reduzieren die langfristige durchschnittliche Zuwachsrate. Schnelles Wachstum ist mit heftigen Ausschlägen notwendigerweise korreliert, das war die alte Vision; je geringer die Ausschläge, desto höher die trendmäßige Fortschrittsrate, so sieht man heute den Zusammenhang.«
   G. Bombach, Von der Neoklassik zur modernen Wachstums- und Verteilungstheorie, in: Schweizerische Zeitschrift für Volkswirtschaft und Statistik, Nr. 3/1964, S. 410–411.

Über welche Gesellschaftsschichten auch immer die übermäßige Geldmenge in den Umlauf kam, ob über die Goldgräber und an diese sich an-
hängenden Kaufleute und Banken, oder über Staatsinstitutionen und
Staatszahlungen – immer wurden diese Inflationen auch durch die plötzliche und wesentliche Erweiterung der Geldmenge selbst hervorgerufen.
Im Unterschied zu diesen Inflationsprozessen, die als eigentliche *Geldinflation* angesehen werden sollten, gibt es aber Inflationen, die durch un-
gleichgewichtige Entwicklungen von Makroeinkommensgruppen und Ma-
kroproduktionsgruppen, also durch die angeführten Widersprüche
zwischen der Entwicklung der Makroproduktionsstruktur und der Makro-
einkommensstruktur entstehen.*
Wächst das Einkommen, das sich in eine Nachfrage nach Konsumgütern
verwandelt (R, V, St (D')), schneller als die gesamte Produktion und das
Angebot von Konsumgütern (Pr$_{II}$), so kommt es zu einem Wachstum der
Konsumgüterpreise. Auch ein schnelleres Wachstum der Kapitalgrößen,
die eine Nachfrage nach Produktionsfaktoren bilden (C, J, V): – als die
Produktion und das Angebot von Produktionsmitteln (Pr$_I$) oder das Angebot von Arbeitskräften –, wird ein Wachstum der Preise von Produktionsmitteln oder Löhnen zur Folge haben. Ist dieses gegenüber dem Angebot schnellere Wachstum der Nachfrage nur das Symptom für eine
kurzfristige Disproportionalität, die durch Kapitalflußänderungen und
entsprechende Produktionssteigerungen schneller zu überwinden ist, dann
kann man diese Prozesse nicht als Inflation bezeichnen. Ist es jedoch so,
daß die Nachfrage langfristig die Produktion überholt und dadurch langfristige Preiserhöhungen hervorruft, handelt es sich um typische Nachfrage-Inflationen.
Auch bei solchen Nachfrage-Inflationen muß sich selbstverständlich die
umlaufende Geldmenge vergrößern. Jedoch ist es hier nicht die von außen
vergrößerte Geldmenge, die neue Einkünfte und eine vergrößerte Nachfragentwicklung schafft, sondern umgekehrt sind es Einkünfte, die aus der
wachsenden Produktion durch eine disproportionale Verteilung entstanden, aus bestimmten Gründen aber kurzfristig durch Produktionssteigerungen nicht auszugleichen sind. Die damit langfristig verbundenen Preis-

---

* Auch P. A. Samuelson unterscheidet die heutigen Inflationen von den stoßartigen und
meist galoppierenden Inflationen der Vergangenheit. Er sieht aber nicht, daß es heute
auch Nachfrageinflationen gibt, welche sich von den eigentlichen Geldinflationen unterscheiden und andere Ursachen als diese haben. Zu den Geldinflationen sagt er richtig:
»Diese altmodischen Inflationen werden durch den Nachfrageüberhang verursacht.
Der kausale Mechanismus besteht darin, daß zuviel Geld auf zuwenig Güter stößt. Unvermeidlich gehen die Preise in die Höhe.«
P. A. Samuelson, Inflation – der Preis des Wohlstands, Spiegel Nr. 35/25 Jg., 23. 8.
1971, S. 104.

steigerungen ziehen weitere Einkommenssteigerungen, und dies alles zusammen mit Hilfe des Kreditwesens natürlich auch eine Vergrößerung der
umlaufenden Geldmenge nach sich. Während bei der Geldinflation also
das in die Wirtschaft hineinströmende Geld die Einkommens- und Preissteigerungen ankurbelt, ist es bei der Nachfrage-Inflation die Einkommensentwicklung in ihrer Diskrepanz zur Produktionsentwicklung, die
den erhöhten Zustrom von Geld zwangsläufig nach sich zieht.

Ein lang andauerndes Vorauseilen von Makroeinkommensgrößen gegenüber der Produktion, das von der Produktionssteigerung nicht einge-
holt werden kann, ist nur möglich, wenn langfristig nicht zu beseitigende
Knappheiten die entsprechend notwendige Produktionssteigerung nicht
zulassen. Sobald das Angebot bestimmter Produkte oder Dienstleistungen
die Nachfrage nicht decken kann, werden die Preise dieser Produkte oder
Dienstleistungen dauernd und im Verhältnis zur Vergrößerung der angeführten Diskrepanz wachsen. In den frühkapitalistischen Gegebenheiten
von a) konnten solche Diskrepanzen nur sehr vereinzelt auftreten, und
zwar in der Form von einzelnen, nicht zu vermehrenden Produkten oder
Dienstleistungen (zum Beispiel Kunstgegenständen, seltenen Bodenvor-
kommen etc.). Daß die Nachfrage *makroökonomisch* das Angebot überholte, war langfristig kaum möglich – wenn wir eben von Geldinflationen
absehen –, da jede schnell steigende Nachfrage durch noch schnellere Aus-
weitungen der Produktion und durch große Reservearmeen von Arbeitslosen überflügelt wurde. Früher kam es zu Überproduktionen und krisenhaften Rückschlägen, bevor dann die Arbeitslosigkeit geschwunden wäre
oder das freie Kapital sich erschöpft hätte. In den spätkapitalistischen
Gegebenheiten von b) tritt jedoch eine allgemeine Makrodiskrepanz in
Form von grundlegenden, langfristig nicht zu beseitigenden Knappheiten
wichtigster Produktionselemente auf.

Vor allem ist es die Knappheit von Arbeitskräften. Diese ist zwar nicht
absolut und kann durch technische Fortschritte und Produktivitätssteigerungen immer wieder überwunden werden, aber sie wirkt doch weithin
als Hemmschuh für raschere Produktionssteigerungen. In vielen, besonders in kleineren Ländern mit einer dichten Besiedlung, wird dann auch
der Boden, manchmal auch schon das Wasser etc. zu äußerst knappen
Gütern, die insofern die Produktionssteigerung drosseln.

In den unter a) genannten Voraussetzungen wurde eine mögliche, un-
proportional schnelle Vergrößerung von konsumausgerichteten Einkommen (V, R, St (D')) mit Hilfe der immer verfügbaren freien Arbeitskräfte
sehr rasch durch die Produktionssteigerung von Konsumgütern überholt.
War umgekehrt das Angebot von Produktionsmitteln gegenüber der Entwicklung von Ersparnissen und Investitionsvorhaben zu klein, konnte

alsbald ihre Produktion entsprechend und sogar übermäßig gesteigert werden. In diesem Prozeß ist also eine Nachfrage-Inflation im Wesen nicht oder nur als Ausnahmeerscheinung möglich, zum Beispiel in Kriegszeiten, bei einem riesigen Ausfall von Arbeitskräften – aber auch hier ging es fast immer um staatlich sogar geförderte Geldinflationen.

In den Bedingungen, die unter b) genannt sind, ruft ein zu schnelles Anwachsen von Makroeinkommensteilen ebenfalls Produktionssteigerungen hervor. Da aber der Mangel an benötigten Produktionselementen nicht immer durch Produktivitätssteigerungen ausgeglichen werden kann, wird das ungenügende Angebot durch Preissteigerungen ersetzt. Wachsen die konsumausgerichteten Einkommen zu schnell, vor allem durch ein überdimensionales Wachstum von X, so steigen die Preise der Konsumgüter. Diese Preissteigerungen führen zum schnelleren Wachstum der Profite und damit zum entsprechenden Wachstum der Nachfrage nach Produktionsmitteln und Arbeitskräften durch die Gruppe II.

Das beschleunigte Anwachsen von Kapitaleinkommen und die Vergrößerung der Nachfrage nach Produktionselementen gegenüber ihrem Angebot ruft Preiserhöhungen dieser Produktionselemente hervor: Es steigen die Preise der Produktionsmittel und am schnellsten natürlich der knappsten (zum Beispiel des Bodens), oder der produktionsmäßig am langsamsten ausdehnbaren Produktionsmittel (Bauten etc.). Vorübergehend können investitionsausgerichtete Einkommen schneller steigen als konsumausgerichtete. Da aber der relative Mangel an Waren nicht nur zu Preissteigerungen dieser Waren – abwechselnd schneller entweder der Konsumgüter oder der Produktionsmittel, je nach der relativen Produktionsausdehnung –, sondern immer auch der dringend benötigten Arbeitskräfte führt, werden auch wieder abwechselnd schneller entweder die Löhne und mit ihnen die Konsumgüternachfrage, oder die Profite und mit ihnen die Produktionsmittelnachfrage steigen.

Am langsamsten wird die Nachfrage-Inflation vor allem in jenen Ländern mit Vollbeschäftigung sein, in denen die technische Entwicklung und mit ihr die Produktivitätssteigerung am schnellsten vor sich geht. Eben die dadurch erzielte größere Ersetzung von Arbeitskräften durch Produktivitätssteigerung bremst auch das Anwachsen von Löhnen – was wieder gegen eine Überholung des Konsumgüterangebots durch die Nachfrage wirkt. Das damit verbundene langsamere Wachsen von Preisen bremst wieder ein übermäßiges Anwachsen von Profiten und investitionsausgerichteten Ersparnissen gegenüber dem Investgüterangebot. Eine solche gemäßigtere Inflationsentwicklung ruft von Zeit zu Zeit sogar ein Überholen der Ersparnisse und Investgüternachfrage durch die Investgüterproduktion hervor, was die Konkurrenz unter diesen Produzenten verstärkt und die technische Entwicklung wieder stärker vorantreibt.

In Ländern mit Vollbeschäftigung, in denen der technische Fortschritt langsamer vor sich geht und die Nachfrage nach Arbeitskräften daher stärker ist, werden auch die Löhne schneller steigen. Unter solchen Bedingungen werden in manchen Momenten auch selbständige Lohnkämpfe zu wesentlichen Lohnerhöhungen und Umverteilungen des Mehrwerts führen. Durch einen Anstieg der Löhne (mv) innerhalb eines wachsenden Mehrwerts kann die Verteilung zwischen J und X so geändert werden, daß J zeitweilig die wachstumsbenötigte Investitionssumme nicht erreicht. Dies kann vorübergehend wieder die Investitionsentwicklung und vor allem die Investitionsausgaben und eine potentiell schnellere technische Entwicklung abbremsen. Die ungenügenden Investitionsmittel werden aber früher oder später durch weitere Preissteigerungen beschafft – was wieder Lohnkämpfe hervorruft, usw.

Wenn jedoch in einem solchen Land das Ansammeln von notwendigen Investitionsmitteln durch staatliche Eingriffe administrativ (zum Beispiel durch Preisstopps o. ä.) eingeschränkt wird – ohne entsprechende Begrenzung der Lohnsteigerungen –, dann muß das einen technischen Rückstand abermals vertiefen. Rückläufige Investitionen können hier sogar die Nachfrage nach Arbeitskräften verringern, Arbeitslosigkeit schaffen oder vergrößern, ohne dabei die durch starke Gewerkschaften erkämpften Lohnsteigerungen genügend abzubremsen. Der inflationäre Druck wird so durch den Preisstopp nicht abgeschafft, sondern nur gebremst, wobei die eigentliche Ursache der inflationären Entwicklung, nämlich die ungenügende Entwicklung der Technik und der Produktivität, noch vergrößert wird. Eine spezifische *Stagflation,* im Unterschied zur später erwähnten, wird hier zu verzeichnen sein und ebenfalls den unüberwindlichen kapitalistischen Interessengegensatz ausdrücken.

Wandern bei festen Wechselkursen aus Ländern mit relativ schnell steigenden Inflationsraten große Geldsummen in Länder mit langsamerer Geldentwertung ab, dann wird das dort die Inflation natürlich beschleunigen. Der gegenüber dem Abgang größere Zufluß von Geld – welche unmittelbaren Anlässe auch immer das hat – und das damit verbundene Wachstum von Geldmengen wird, eigentlich ähnlich wie bei einer Geldinflation, durch äußeren Anlaß zu einer Steigerung der Preise beitragen. Im Unterschied zu den Geldinflationen aber kann sich hier die Geldmenge nicht so schnell vergrößern und stößt außerdem auf Gegenaktionen der betreffenden Länder. Deshalb kann heute im allgemeinen der Geldzufluß von außen auch nicht als eigentliche Ursache der gegenwärtigen Nachfrage- und Kosteninflationen angesehen werden, sondern nur als zusätzlicher, verschlechternder Faktor.

Die Steigerung der Löhne gegenüber dem Wachstum der Produktivität, bei dem das J so verkleinert wird, daß es das benötigte Wachstum der Produktion investitionsmäßig nicht sichern kann, ruft allgemeine Kostensteigerungen hervor und mag *Kosteninflation* genannt werden. Die Unterscheidung einer sogenannten Kosteninflation von der Nachfrage-Inflation ist allerdings sehr problematisch.* Die Steigerung der Produktionsmittelpreise, die schließlich als Kostenfaktoren die Steigerung von Konsumgüterpreisen hervorrufen, ist immer ein Resultat der gegenüber dem Produktionswachstum der Produktionsmittel schneller wachsenden Nachfrage – sei es vorerst eines Teils oder aller Produktionsmittel. Lohnsteigerungen könnten schwerlich zum allgemeinen Anstieg der Produktionsmittelpreise führen, wenn nicht gleichzeitig die Nachfrage nach Produktionsmitteln schneller als ihr Angebot wächst. Und auch die Löhne könnten schwerlich steigen, wenn nicht wenigstens langfristig der Bedarf an Arbeitskräften größer ist als ihr Angebot. Das heißt also, daß die Preissteigerung der Produktionsfaktoren und damit der Kosten schließlich doch wieder durch gegenüber dem Angebot der Produktionsfaktoren schneller steigende Nachfragen hervorgerufen wird.

Viel wichtiger als alle Differenzierungsversuche zwischen Nachfrage- und Kosteninflation und ihren unmittelbaren Auslösungsursachen ist die Unterscheidung von makrogleichgewichtsfördernden und -störenden Lohnentwicklungen. Auch wenn die konkrete Kenntnis und Unterscheidung dieser zwei Lohnentwicklungen bei den heutigen Interessengegensätzen der kapitalistischen Gesellschaft und den damit verbundenen statistischen und analytischen Erkenntnisschwierigkeiten nicht leicht ist, kann ihre Existenz und ökonomische Bedeutung nicht theoretisch widerlegt werden.
Wenn bei momentanem Überangebot von Konsumgütern Lohnkämpfe und Lohnsteigerungen zu einem Wachstum von X führen, dann wirken

---

* Siehe darüber auch die Argumentation bei Gardner Ackley, Makroeconomic Theory, Macmillan, New York 1969, S. 439–459, Ackley zeigt zwar die Schwierigkeit einer Unterscheidung der Kosten- und Nachfrage-Inflation, kann aber zwischen *allgemeinen Bedingungen* und *unmittelbaren Ursachen* von Lohnerhöhungen nicht unterscheiden. Nur in allgemeinen Bedingungen eines schneller wachsenden Bedarfs an Arbeitskräften als ihr Angebot wächst, sind übermäßige Lohnerhöhungen überhaupt möglich. Dies kann aber nicht bedeuten, daß man statistisch eine direkte Korrelation zwischen der Arbeitslosigkeitsentwicklung und der Entwicklung der Löhne suchen kann. In der Vollbeschäftigung werden die unmittelbaren Ursachen von Lohnsteigerungen sehr verschieden sein und sich manchmal auch entgegengesetzt der Entwicklung der Arbeitslosenziffer durchsetzen. Es ist wahr, daß eine kleine Zahl von Arbeitslosen (frictional unemployment) immer existieren wird – was aber nicht die Existenz des *allgemein* schnelleren Wachstums der Nachfrage nach Arbeitskräften als ihr Angebot in der Vollbeschäftigung bestreiten kann.

sie gleichgewichtsfördernd. Solche Lohnsteigerungen sind also – angenommen, daß nicht andere, wichtigere Konsumerhöhungen benötigt werden (zum Beispiel soziale, medizinische, bildungsmäßige Bedürfnisse etc.) – gesellschaftlich nützlich. Sie verringern die übermäßigen Ersparnisse und Investitionen aus dem Mehrwert und sichern zugleich durch anwachsenden Konsum ein weiteres Wachstum der Produktion und der Investitionen.

Die ständig wiederholten Befürchtungen von Ökonomen und Wirtschaftspolitikern der entwickelten kapitalistischen Länder, daß nach einer Periode angeheizter Konjunktur eine Periode der Rezession eintreten müsse – womit man sich angeblich abzufinden habe –, weichen dem Grundproblem aus. Für die breiten Massen der arbeitenden Bevölkerung, auch in den relativ wohlhabendsten Ländern, gibt es noch für viele Jahrzehnte kein Problem eines »gesättigten« oder auch nur eines »abnehmenden Konsums«. Bei weiteren Steigerungen der Löhne werden auch ständig neue Bedürfnisse nach besseren Wohnungen, Familienhäusern, Wohnungseinrichtungen, Wochenendhäusern, Fahrzeugen, gehobenen Hobbys etc. aufkommen. Dabei werden sich wiederum neue Bedürfnisse entwickeln. Von einer materiellen Sättigung, wie sie allenfalls bei Mehrwertaneignern zu finden ist, kann hier noch lange nicht die Rede sein. Die relativ wachsenden Ersparnisse haben bei arbeitenden Menschen schon immer das Ziel gehabt, einen höheren Konsum und Sicherung im Alter zu gewährleisten oder die spätere Beschaffung relativ teurer Konsumgüter, Dienstleistungen etc. zu ermöglichen.

Rezessionen können daher nur als Symptom für entweder nicht entsprechende Produktionsstrukturentwicklungen oder nicht entsprechende Nationaleinkommensaufteilungen auftreten. Ist die Struktur der Produktion und Dienstleistungen so entwickelt, daß sie der Ausrichtung der einkommensmäßig gedeckten Konsumtionsbedürfnisse nicht entspricht, dann können natürlich immer wieder auch größere Überproduktionen nichtgefragter Waren mit Rezessionserscheinungen eintreten. Dann muß dieser Prozeß aber auch beim richtigen Namen genannt werden, und Fehleinschätzungen der zukünftigen Nachfrage seitens der Produktion dürfen nicht mit »ungenügendem Konsum« erklärt werden.

Ist jedoch die ungenügende Konsumsteigerung das Ergebnis von nicht entsprechenden Aufteilungen des Nationaleinkommens, dann kann Rezessionserscheinungen durch Änderung dieser Aufteilung vorgebeugt werden. Wenn eine ungenügende Entwicklung von X eine relativ zu hohe Ersparnisbildung und Investitionsentwicklung mit entsprechender inflationärer Konjunktur hervorgerufen hat, die rezessionsmäßige Erschlaffungen ankündigt, dann waren und sind eben Erhöhungen von mv oder

St (D') am Platz. Auch wenn bei relativ hohem Lebensstandard der arbeitenden Menschen die Ersparnisse erheblich anwachsen und daher ein sinkender Konsum zu verzeichnen ist, wird dies allzuoft wieder nur eine nicht entsprechende Entwicklung von Altersversicherungen, medizinischen, sozialen, bildungsmäßigen und anderen Bedürfnissen oder gesteigerten Wohn-, touristischen Ansprüchen usw. reflektieren. Auch in diesem Fall sollte man durch Umverteilungen des Nationaleinkommens und entsprechende Konsumanreize – erhöhte staatliche Sozialausgaben in entsprechender Richtung – oder durch Produktionsstrukturänderungen Rezessionen vorbeugen, statt daß sich Wirtschaftspolitiker oder Manager mit deren angeblicher Unausweichlichkeit zufriedengeben.

Wenn in einer Inflationssituation, in der also die Nachfrage ständig schneller wächst als das Angebot (sowohl nach Konsum- als auch nach Investgütern), obwohl gleichzeitig eine Arbeitslosigkeit anwächst, dann ist dies kein Zeichen für ein etwa ungenügendes Interesse an weiteren Investitionen und einer produktiven Überwindung der Arbeitslosigkeit. Schon gar nicht bedeutet es, daß eine weitere Konsumsteigerung nicht doch erzielt werden könnte. Es wird immer nur der Ausdruck bestimmter Strukturprobleme sein, die natürlich einen durchaus grundsätzlichen Charakter annehmen können.

Wenn sich zum Beispiel die Nachfrage nach Konsumgütern und Dienstleistungen in einer strukturellen Richtung entwickelt, bei der die Nachfrage nach Gütern oder Dienstleistungen aus arbeitsmäßig weniger anspruchsvollen Branchen schneller wächst, als diese sich erweitern können, dann wird die Inflation fortschreiten. Zugleich damit kann sich aber die Nachfrage nach Gütern aus bestimmten arbeitsintensiven Branchen verringern, ohne daß damit schon die allgemein überwiegende Nachfrage-Inflation beseitigt wäre. Doch die Arbeitskräfte, die aus den begrenzten arbeitsintensiven Branchen entlassen werden, können nur zum Teil in die gefragten, weniger arbeitsintensiven Branchen übernommen werden. Die Arbeitslosigkeit wird anwachsen, obwohl die Nachfrage-Inflation noch weitergeht. Das bezeichnet man heute als Stagflation.

Durch anwachsende Arbeitslosigkeit kann jedoch in einem bestimmten Augenblick das Wachstum der Löhne (v) zurückbleiben – das heißt, das zunehmende mv nicht die Lohnabnahmen in den begrenzten Branchen ersetzen – und die Nachfrage gegenüber dem ganzen Angebot von Pr_{II} verringern. Dies könnte einen Übergang der Stagflation in eine Krise mit weiteren Produktionsbeschränkungen und Arbeitslosenwachstum bedeuten. Das jedoch kann man verhindern.

Wenn, trotz Arbeitslosenunterstützung in den ursprünglich begrenzten, arbeitsintensiven Branchen der gesamte Lohnumfang und damit die Konsumgüternachfrage relativ zum Angebot sinken sollte, muß man mit Lohnerhöhungen (mv) oder Steigerungen von St (D') gegensteuern. Nur dadurch kann eine weitere notwendige Nachfrageentwicklung geschaffen und der Krise oder Rezession vorgebeugt werden. Auch wenn zwischenzeitlich die Nachfragestruktur noch ein Wachstum der Arbeitslosenziffern mit sich bringen kann, bildet sich in einem gewissen Moment wieder eine neue Nachfragestruktur, bei der auch die entlassenen Arbeitskräfte aus den begrenzten Branchen in andere, gefragte und sich schnell erweiternde Branchen übergehen.

Der Staat wird einem solchen Prozeß noch nachhelfen müssen durch zielbewußte Ausbildungsmethoden, bei eventueller *vorübergehender* Ersetzung der Lohnverluste, die den Arbeitern durch Umschulungen und Branchenübergänge entstehen. Auf jeden Fall müssen aber auch in einer Stagflation Lohnerhöhungen oder Steigerungen von St (D') vorgenommen werden, wenn eine makrogleichgewichtsstörende Abnahme der Nachfrage nach Pr_{II} droht.

Während also in bestimmten Situationen Steigerungen von mv oder St (D') gleichgewichts- und wachstumsfördernd wirken, dann werden übermäßige Erhöhungen von mv oder des ganzen X, bei denen ein relativ zu kleines J nicht die wachstumsbenötigten Investitionen garantiert, inflationsfördernd wirken. Dabei können übermäßige Steigerungen von mv in Gruppe I direkt Preiserhöhungen von Investitionsgütern hervorrufen, ohne die die benötigten Investitionen in Gruppe I nicht zu sichern sind. Dieser Prozeß stellt das Wesen der eigentlichen Kosteninflation dar. Die Lohnerhöhungen rufen direkt Preiserhöhungen der Produktionsmittel hervor und wirken mit ihnen zusammen kostenerhöhend. Aber auch übermäßige Steigerungen von mv in Gruppe II, die erst durch ein schnelles, dem Nachfragewachstum entsprechendes Wachstum von Pr_{II} eine gegenüber ihrem Angebot schneller wachsende Nachfrage nach Investgütern schaffen, sind inflationsfördernd. Das Ansteigen der Produktionsmittelpreise ist in diesem Fall der Ausdruck einer Nachfrage-Inflation, die natürlich gleichzeitig eine Kosteninflation darstellt.

Eine übermäßige Steigerung von mv, bei der ihre Übermäßigkeit vom makroökonomischen Gesichtspunkt her konstatiert wird, kann aber auch durch andere Bestandteile von X hervorgerufen worden und daher vom Lohnempfänger her gesehen berechtigt sein. Ist zum Beispiel das Wachstum von R oder – heute noch realistischer – von St (D') so stark, daß dadurch die Preise der Konsumgüter zu steigen beginnen, dann wird auch mv schneller wachsen müssen, sollen die Reallöhne nicht sinken. Das insgesamt übermäßige Wachstum von X wirkt in diesem Fall inflationsfördernd, auch wenn die Ursache nicht bei den berechtigten Lohnsteigerungen, sondern bei anderen übermäßigen, konsumausgerichteten Einkommensentwicklungen zu suchen ist.

Ist dann das übermäßige Wachstum von St (D') das Zeichen von wachsenden Ausgaben des Staates für militärische oder Kriegszwecke – wobei die damit zusammenhängende Erhöhung von Lohnumfängen, außerhalb und innerhalb der Produktion, das Angebot von Konsumgütern überholt und deren Preissteigerung bewirkt, dann können Lohnkämpfe erst recht nicht verurteilt werden. Obwohl ein weiteres Steigen der Löhne die Inflation noch verschärft, wird sie durch das vorangehende Wachstum der Konsumgüterpreise provoziert. Die damit zugleich von Lohnempfängern ausgesprochene Nichtanerkennung der Berechtigung von inflationären militärischen Staatsausgaben kann in Interessenantagonismen innerhalb der Gesellschaft schwerlich verurteilt werden.

In solchen Situationen können sogar falsche »antiinflationäre« Maßnahmen nicht nur keine Abbremsung der Inflation mit sich bringen, sondern diese noch obendrein mit einem Wachstum der Arbeitslosigkeit koppeln. Werden zum Beispiel die großen militärischen Ausgaben des Staates beibehalten, aber, als »antiinflationäre« Maßnahmen des Staates, die Steuern erhöht und zugleich die staatlichen Ausgaben für soziale, kommunale, hygienische und ähnliche Zwecke verringert, dann muß sich insgesamt das gegenüber dem Angebot schnellere Wachstum der Nachfrage nach Konsumgütern nicht verringern: ein weiteres Wachstum ihrer Preise bleibt also bestehen, während die entlassenen Arbeitskräfte aus den kommunalen Dienstleistungsbereichen gar nicht oder nicht so schnell von den Produktionssphären aufgenommen werden. Die gesenkten Staatsausgaben zielten in diesem Fall nicht in Richtung der wirklichen Inflationsursachen, während die erhöhten Steuern sogar jene Mittel abschöpfen konnten, die für Investitionen benötigt werden. Verlangt nämlich eine angehobene Produktion von militärischen »Konsumgütern« auch eine entsprechende Investition, dann werden Steuern, die die Mittel für das benötigte J verringern, ohne daß die militärischen Ausgaben des Staates gesenkt werden, nur ein noch schnelleres inflationäres Ansteigen der Preise hervorrufen.

Wer nicht einsieht, daß auch rein steuermäßig gedeckte militärische Ausgaben des Staates, also nicht nur mit Hilfe von wachsenden Staatsschulden und Emissionen gedeckte Kriegsausgaben (Geldinflationen), starke Nachfrage-Inflationen hervorrufen können, der unterschätzt die Diskrepanz zwischen der Entwicklung der Makroproduktionsstruktur und der Makroeinkommensverteilung vollkommen. Man beobachtet das dauernd bei verschiedensten westlichen Ökonomen, die weiterhin jede

Nachfrage-Inflation mit einer echten Geldinflation identifizieren, ohne zu sehen, daß beide ineinander übergehen oder auch unabhängig voneinander vorkommen können. Auch Samuelson ist der Überzeugung, daß ein steuermäßig gedeckter Krieg keine Inflation hervorrufen muß.*

Bei wachsendem St aus Gruppe I und II, mit dem Ziel des Staates, die wachsenden Ausgaben für militärische Produkte – die als besondere »Konsumgüter« in die Gruppe II oder als eine spezielle Untergruppe eingereiht werden können – zu finanzieren, kann dieser Prozeß starke Störungen des Makrogleichgewichts hervorrufen. Die Steuern, mit denen der Staat die militärischen Ausgaben zu decken hat, können so schnell wachsen, daß sich erstens durch sie selber schon das X auf Kosten des benötigten J vergrößert und direkte Preiserhöhungen erzwingt, mit denen das benötigte Investitionswachstum erst gesichert werden kann. Zweitens wird aber die militärische Produktion für gewöhnlich ein noch schnelleres Wachstum der Gruppe I hervorrufen (Produktionsmittel für die Produktion von militärischen Gütern), bei der auch das Wachstum von $V_I + R_I + St_I$ (D') das Wachstum von $C_{II} + J_{II}$ ständig überholt. Durch diese gegenüber ihrem Angebot schneller wachsende Nachfrage nach Konsumgütern werden – trotz voller steuermäßiger Deckung der militärischen Ausgaben – die Preise der Konsumgüter inflatorisch angeheizt.

Wird dann eine solche Nachfrage-Inflation noch von wachsenden Staatsschulden und einer damit verbundenen emissionsmäßigen Vergrößerung der Geldmenge (Geldinflation) flankiert, dann wird sich die Inflation ungeheuer vertiefen. Man muß aber eine echte Nachfrage-Inflation von einer Geldinflation unterscheiden, denn auch Maßnahmen, um steuerlich einer Geldinflation vorzubeugen – durch steuermäßig gedeckte militärische Ausgaben –, beheben die Gefahr von Nachfrage-Inflationen bei schnell wachsenden militärischen Staatsausgaben noch nicht.

Nur eine viel konkretere Erkenntnis und Unterscheidung der verschiedenen Inflationsursachen – wobei die Differenzierung zwischen Gruppe I und Gruppe II, sowie innerhalb dieser zwischen der Produktion echter

---

* »Ein berüchtigtes Beispiel einer virulenten Kostendruckinflation ist die kürzliche Entwicklung in den USA.«

»Nixon erbte von seinem Vorgänger Johnson eine bereits existierende Inflation. Ihre nächstliegende Ursache war die Eskalation des Vietnamkrieges im Sommer 1965. Moderne Wirtschaftswissenschaftler, auch ich selber, warnten den Präsidenten damals: Die zusätzliche Belastung einer Wirtschaft, deren Kräfte ohnehin bereits ziemlich ausgeschöpft waren mit militärischen Ausgaben, könnte nur eine Folge haben: die Inflation. Doch Präsident Johnson verschmähte die Ratschläge seiner Experten, die eine Steuererhöhung empfahlen, um den Krieg ohne eine Inflation zu bezahlen.«

P. A. Samuelson, Inflation – der Preis des Wohlstands, Spiegel Nr. 35/25. Jg. 23. 8. 1971, S. 104.

Konsumgüter und militärischer »Konsumgüter« unerläßlich ist –, können
auch zweckmäßige antiinflatorische Maßnahmen nach sich ziehen. Eine
entsprechende Vergrößerung oder Verkleinerung von J oder X, bei der
vor allem auf das Gleichgewicht zwischen

$$\underbrace{V_I + X_I}_{Q_I} = \underbrace{C_{II} + J_{II}}_{U_{II}}$$

abgezielt wird, könnte zum Erfolg führen. Doch bleibt die ausgewogene
und inflationslose makroökonomische Entwicklung in den heutigen, interessenmäßig vorbestimmten Situationen – sowohl innerhalb der kapitalistischen als auch ihren zwischenstaatlichen Beziehungen – ein schwer er-
reichbares, dauernd nur angestrebtes Ziel. Dieses wird aber auch im
staatsmonopolistischen »Sozialismus« nicht nur nicht erreicht, sondern die
makroökonomischen Ungleichgewichte mit spezifischem Inflationstrend
werden hier noch vergrößert.

Die Schlußfolgerungen von Marx

Der vorstehende Versuch, die marxistische Reproduktionstheorie mit der
heutigen Realität und den gegenwärtigen nichtmarxistischen Gleichge-
wichts- und Wachstumstheorien zu konfrontieren, zeigte, daß die wesentlichste Substanz der marxistischen Theorie, die in der Aufklärung des
Zusammenhangs zwischen der Makroproduktionsstruktur und der relativ
selbständigen Makroeinkommensverteilung besteht, bis heute einen bedeutenden Erkenntniswert hat.* Selbstverständlich trifft das nur insofern
zu, als es einer Modifizierung und Anpassung dieser Theorie an die heutigen ökonomischen Gegebenheiten bedarf, über die sie dann auch zu einem
wissenschaftlichen Beitrag, zu einer Konkretisierung und in gewissem
Sinne sogar zum Korrektiv für manche heutige Wachstumstheorien
werden kann. Währenddessen kann der Versuch orthodoxer Marxisten,
diese Theorie von Marx ohne jede Weiterentwicklung als die allumfassen-

---

* »Die Erkenntnis dagegen, daß die Distribution sich nicht produktionstheoretisch erklären läßt, ist ein Schritt zu einer modernen politischen Ökonomie.
   Bhaduri weist auf den wichtigen Tatbestand hin, daß Marx' Unterscheidung von
Produktivkräften und Produktionsverhältnissen in diesem Zusammenhang einen fruchtbaren analytischen Ansatz darstellt. Die Produktivkräfte stellen die natürlichen Ressour-
cen und den technologischen Stand der Volkswirtschaft dar; die Produktionsverhältnisse
definieren die sozialen Bedingungen der Produktion. Die neoklassische Wachstumstheorie ist nicht in der Lage, beide Phänomene zu erfassen.«
   H. Riese, Das Ende einer Wachstumstheorie, Kyklos, Bd. 23, 1970, S. 769.

de und alleinerklärende Theorie des makroökonomischen Gleichgewichts darzustellen, wissenschaftlich nicht aufrechterhalten werden.

Die Schlußfolgerungen von Marx, nach denen die Störungen des Makrogleichgewichts, in der Form zyklischer allgemeiner Wirtschaftskrisen, immer häufiger und mit immer größerer Stärke und verheerenderen Folgen im Kapitalismus auftreten würden, müssen jedoch in diesem Zusammenhang als durch die kapitalistische Weiterentwicklung überholt angesehen werden. Wird daher von Antimarxisten die Reproduktionstheorie nur im Licht der Krisentheorie von Marx mit all ihren sozialen und politischen Konsequenzen betrachtet, dann kommt es oft zu einer extremen Ablehnung der gesamten marxistischen Reproduktionstheorie durch die westliche ökonomische Wissenschaft, bei der zum Nachteil tiefergehender Erkenntnisse wichtige – von Marx aufgedeckte – makroökonomische Zusammenhänge ignoriert werden.

Dabei hat Marx selber eben der Ausarbeitung jener makroökonomischen Produktionsstruktur- und Verteilungs-Zusammenhänge die größte Beachtung geschenkt. Eine einheitlich und komplex ausgearbeitete allgemeine Krisentheorie ist bei ihm nicht zu finden. An den verschiedensten Stellen im Kapital sowie in anderen Arbeiten eingefügte Krisenanalysen lassen jedoch zur Genüge auf seine Ansichten schließen, sowohl was die Ursachen dauernder und sich vertiefender Krisen im Kapitalismus, als auch ihre Bedeutung für die Überwindung des Kapitalismus angeht. Während zu Lebzeiten von Marx diese Entwicklungsvorstellungen eine bestimmte Berechtigung hatten – hervorgerufen durch faktisch widersprüchliche ökonomische Entwicklungsprozesse, die zu fortwährend wiederholten und sich vertiefenden Krisen führten –, hat der Versuch des heutigen offiziellen »Marxismus«, an der Krisentheorie starr festzuhalten, abermals nichts mit einer ökonomischen Wissenschaft gemeinsam.

Wie bereits kurz erwähnt, hat Marx vor allem zwei wichtige Änderungen in der objektiven kapitalistischen Entwicklung nicht mehr sehen können oder teilweise einfach nicht für möglich gehalten. Aus der Nichterkenntnis oder schlechthin der Ablehnung dieser Entwicklungsmodifikationen und aus der Verallgemeinerung bestimmter damaliger Trends entstand auch seine Vorstellung über die Notwendigkeit der sich vertiefenden Anarchie der kapitalistischen Wirtschaft und der periodischen Krisen, die zur Entwicklung des revolutionären Bewußtseins der Arbeiter und zur Beseitigung des kapitalistischen Systems wesentlich beitragen sollten.

Die zwei nicht erkannten Entwicklungsänderungen sind folgende:

a) Der Prozeß einer wachsenden Arbeitslosigkeit und der mit ihr zusammenhängenden Lohnentwicklung, bei dem die ausschlaggebende Nachfrage nach Konsumgütern immer wieder so weit hinter der Produktion zurückbleibt, daß dies zur Hauptursache sich wiederholender, immer stärkerer Überproduktionen und Krisen wird, ändert sich auf einer hohen Entwicklungsstufe des Kapitalismus wesentlich.

b) Der Prozeß der Wiederaufteilung des Mehrwerts und der Abschöpfung seines wesentlichen und wachsenden Teils durch staatliche Steuern, mit denen ein wachsender Konsum in der Sphäre des tertiären Sektors und der hier tätigen Menschen erreicht wird, hat von einer hohen Entwicklungsstufe des Kapitalismus an eine wichtige Wirkung im Sinne einer Mäßigung der Widersprüche innerhalb der Reproduktion.

Obwohl diese beiden wesentlichen Entwicklungsänderungen als Hauptursachen der gegenwärtigen Beseitigung solch allgemeiner und verheerender Wirtschaftskrisen, wie sie noch vor dem Zweiten Weltkrieg möglich waren, anzusehen sind, bedeutet das nicht etwa, daß die kapitalistische Wirtschaft sich ohne Störungen des makroökonomischen Gleichgewichts entwickelt. Beide angeführten Prozesse wirken zwar gegen tiefgehende zyklische Krisen, aber ihre vorwiegend spontane Entwicklung sowie die mit ungenügenden theoretischen Erkenntnissen und Informationen – bei unüberbrückbaren Interessengegensätzen und einer politisch bedingten Unflexibilität und Inkonsequenz – durchgeführten staatlichen Eingriffe können ebenfalls keine ausgewogene, störungsfreie makroökonomische Entwicklung sichern.*

In dieser veränderten Lage entfällt aber eine weitere Voraussetzung, aus der Marx das Wachstum revolutionärer antikapitalistischer Kräfte ableitete. Nicht die verelendete Arbeiterklasse, die durch vernichtende Krisen und krasses Zutagetreten der wirtschaftlichen Gegensätze des Kapitalismus sich eines Tages seiner Überlebtheit bewußt würde, wird zu seiner revolutionären Liquidierung getrieben.

Der Kapitalismus hat im Gegenteil eine Entwicklungsstufe erreicht, auf der eben auch jener Gegensatz zwischen Produktion und relativ zurückbleibendem Konsum der arbeitenden Massen – ein Gegensatz, der zu Krisen und massenhafter Vernichtung der Produktivkräfte führte – wesentlich eingedämmt wurde. Natürlich können dabei immer wieder auch ungenügende Konsumtrends und Rezessionen eintreten, die durch den spontanen kapitalistischen Einkommensverteilungsprozeß hervorgerufen werden.

---

* »Je mehr wir die Konjunkturgeschichte analysieren, um so mehr verstärkt sich bei den Spezialisten der Eindruck, daß die Konjunkturpolitik eher zur Verstärkung als zur Glättung der Konjunkturschwankungen geführt hat und daß sogar die Weltwirtschaftskrise auf das Konto von Fehlleistungen der Konjunkturpolitik geht...«
H. Giersch, Kontroverse Fragen der Wirtschaftspolitik, München 1971, S. 103.

Jedoch diese *krisenmäßige* Erscheinungsform des kapitalistischen Einkommensverteilungsprozesses, in der sich *vor allem* die Interessengegensätze zwischen Lohnempfängern und Profitempfängern widerspiegeln, sind nicht mehr die *überwiegende* und *charakteristische* Erscheinungsform der Gleichgewichtsstörungen. Für den hochentwickelten Kapitalismus ist nicht mehr der relativ ungenügende Konsum und die ungenügende Schöpfung der Produktionsressourcen, sondern die viel häufigere übertriebene Konsumentwicklung, die Überforderung der Produktionsmöglichkeiten und die damit verbundene *Inflationsentwicklung* zum typischen Ausdruck der kapitalistischen Interessengegensätze geworden.

Selbstverständlich impliziert diese allgemeine, makroökonomische Entwicklung des Konsums nicht die Abschaffung großer Unterschiede im Konsum einzelner gesellschaftlicher Klassen, Schichten und Gruppen. Auch bei einer makroökonomisch übersteigerten Nachfrage nach Konsumgütern bleiben allzu große soziale Unterschiede innerhalb des Konsumbereichs bestehen. Obgleich diese klassenmäßigen Konsumunterschiede auch zu zeitweilig übertriebenen Lohnforderungen beitragen, sind diese vor allem das Ergebnis bestehender Gegensätze in der sozialen Stellung und in der wesentlich unterschiedlichen Einkommensbildung selber. Solange es die wesentlich unterschiedlichen ökonomischen Stellungen, Einkommensquellen und Interessen von Lohnempfängern und Profitempfängern gibt, werden weder zeitweilige Rezessionen noch die Inflationswellen – also Erscheinungsformen makroökonomischer Gleichgewichtsstörungen – bewältigt werden können. Eben weil sie nicht nur Erscheinungen ungenügender ökonomischer Erkenntnisse und Informationen sind, sondern vor allem kapitalistischer *Interessen*gegensätze, können sie in diesen ja interessenmäßig bestimmten Situationen nicht voll überwunden werden.

III. Konzentrationstheorie

Die Erkenntnisse von Marx über die wachsende Akkumulation, über die Konzentration und Zentralisierung der Produktion und des Kapitals sind ebenfalls im wesentlichen richtig und haben einen grundsätzlichen theoretischen Wert. Doch wie bei den vorher abgehandelten Theorien waren diese Erkenntnisse schon bei Marx selber einseitig expliziert und für die vereinfachte Begründung philosophisch antizipierter gesellschaftlicher Konsequenzen hergenommen worden. Statt einer Präzisierung oder Korrektur solcher Einseitigkeiten und Simplifizierungen durch seine Nachfolger kam es zu ihrer Dogmatisierung und unwissenschaftlichen Anwendung. Bei der Untermauerung bloßer Machtinteressen wurden sie nochmals simplifiziert und als theoretischer Beweis für die Richtigkeit der »sozialistischen« Verstaatlichung ausgegeben.

Kapitalkonzentration

Durch die dauernde Rückverwandlung eines Teils des Mehrwerts in Kapital (Kapitalisierung) entsteht die Anhäufung oder Akkumulation des Kapitals. Das Kapital als Wert – sei es in Geld- oder produktiver Form –, der Mehrwert einbringen muß, wird auf diese Weise vergrößert: aus dem wachsenden Mehrwert entsteht neues Kapital, und aus mehr Kapital entsteht wieder größerer Mehrwert. Der wachsende Umfang des Kapitals, in Preisen gemessen, repräsentiert so die vergangene angehäufte oder gegenwärtig ausgeübte menschliche Arbeit, die sich dauernd aus der Warenform in die Geldform und aus dieser wieder in die produktive Form verwandelt, um neuen Mehrwert einzubringen. Doch nur jener Mehrwertteil, der sich aus der Waren- und Geldform wieder in eine Wertform verwandelt, die ihrerseits neuen Mehrwert einbringen muß, das heißt entweder in die Form von produktivem Kapital (Produktionsmittel und Arbeitskräfte) oder von Bank- oder Handelskapital übergeht, wird kapitalisiert, also dem bestehenden Kapital zugeschlagen.

Diese fortwährende Kapitalakkumulation ist unter Voraussetzungen des Privatkapitals nicht nur ein einfacher Vergrößerungsprozeß des Gesamtkapitals in der Gesellschaft, sondern zugleich ein Prozeß der dauernden Umverteilung des Kapitals zwischen seinen privaten Eigentümern. Auf der einen Seite verläuft also eine Konzentration, begleitet von einer Zentralisierung des Kapitals, auf der anderen Seite eine Zersplitterung des Kapitals.

Da ein großes Privatkapital auch größeren Marktwert einbringt als ein kleineres – wobei auch der Anteil des aus dem Mehrwert bestrittenen Privatkonsums (mr) bei den großen Kapitalien relativ kleiner und die Kapitalakkumulation relativ größer als bei den kleinen Kapitalien ist –, bedeutet schon die einfache Kapitalakkumulation zugleich einen Prozeß der Konzentration des Kapitals. Das Kapital wächst durch diesen Prozeß schneller als die Zahl seiner Eigentümer: ein absolut und relativ wachsender Teil wird bei einer begrenzten Anzahl großer Eigentümer konzentriert.*

Dieser Prozeß der Kapitalakkumulation ruft eine Zentralisierung des Kapitals hervor. Der sich verschärfende Konkurrenzkampf zwischen den Kapitalisten führt immer wieder zur Eingliederung kleiner Kapitalien in größere, zum Überschlucken kleiner Kapitalisten durch die großen. Ob nun durch »freiwillige« Fusionen (die bei weitem nicht immer freiwillig, sondern meist ökonomisch erzwungen sind) oder etwa durch Aufkäufe von Produktionseinrichtungen bankrotter Firmen – der Prozeß einer Vereinigung immer größerer Kapitalien in immer weniger Händen wird dadurch beschleunigt.**

* »Wächst die Masse und mit ihr die Wertsumme des angewandten Kapitals, so ist dies zunächst nur Konzentration von mehr Kapital in einer Hand.«
K. Marx, Das Kapital, Bd. III, Berlin 1964, S. 97.
** »Übrigens wächst ja die Masse des Profits, auch bei kleinerer Rate, mit der Größe des ausgelegten Kapitals. Dies bedingt jedoch zugleich Konzentration des Kapitals, da jetzt die Produktionsbedingungen die Anwendung von massenhaftem Kapital gebieten. Es bedingt ebenso dessen Zentralisation, das heißt Verschlucken der kleinen Kapitalisten durch die großen und Entkapitalisierung der ersten . . .
Es ist diese Scheidung zwischen Arbeitsbedingungen hier und den Produzenten dort, die den Begriff des Kapitals bildet, die mit der ursprünglichen Akkumulation (Buch I, Kap. XXIV) sich eröffnet, dann als beständiger Prozeß in der Akkumulation und Konzentration des Kapitals erscheint, und hier endlich sich als Zentralisation schon vorhandner Kapitale in wenigen Händen und Entkapitalisierung (dahin verändert sich nun die Expropriation) vieler ausdrückt. Dieser Prozeß würde bald die kapitalistische Produk-

Und das ganz besonders noch durch das Kreditwesen. Kleine Mehrwertteile, Abschreibungen des festen Kapitals oder auch normale Ersparnisse von Lohnempfängern werden in den Banken angehäuft und zur
Erweiterung feststehender oder zur Gründung neuer großer Privatkapitalien weiterverliehen. Auch wenn dieses Kreditkapital immer wieder aus
solchen kreditbeziehenden Firmen an die Banken zurückfließt und ihnen
Mehrwertteile in Form von Zinsen bringt, dient es grundsätzlich zur
Beschleunigung der Kapitalkonzentration. Kleine Kapitalien, die bei steigender Konzentration und Konkurrenz keine eigene Chance hätten, deren Profitumfänge zu klein wären, oder über die einfach nur vorübergehend von ihren Eigentümern nicht verfügt werden kann, dienen zur
schnelleren Vergrößerung bestehender Kapitalien.* Allein aus dem selbst
erzielten Mehrwert könnten die Firmen nicht so schnell wachsen und ihr
Kapital konzentrieren.

Doch dieser Prozeß der Konzentration und Zentralisation des Kapitals
wird immer wieder durch entgegengesetzte Prozesse der Zersplitterung
oder Neuerstehung von Privatkapital unterbrochen. Durch Erbschaftsauf-
teilungen und durch andere Aufteilungen einstigen Privatkapitals in mehrere kleinere Kapitalansammlungen kommt es zum Abbröckeln des bestehenden Kapitals, das in die Hände einer wachsenden Anzahl von
Eigentümern übergeht. Dieser Prozeß wird durch die dauernde Verwandlung von neuen Wertanhäufungen, seien es kleine Ersparnisse oder kleine
Produktions- oder Handelsstätten (handwerkliche Werkstätten, Geschäf-
te etc.), in kapitalistische Betriebe beschleunigt. Durch den Ankauf des
benötigten minimalen Umfangs von Produktionsmitteln, die Anstellung
von fremden Arbeitskräften und den eintretenden Prozeß der Mehrwertschaffung für die neuen Unternehmer verwandeln sich immer wieder
angehäufte kleine Werte in Kapitalwerte – was auf das gesamte Kapital
gesehen sein Zersplittern ist.

Wenn auch der Konzentrations- und Zentralisationsprozeß des Kapitals stärker als das Zersplittern ist, so daß das Wachstum immer größerer
Kapitalien in den Händen von immer weniger Großkapitalisten eine
nicht zu leugnende Tatsache ist, die auch von nichtmarxistischen Ökono-

tion zum Zusammenbruch bringen, wenn nicht widerstrebende Tendenzen beständig
wieder dezentralisierend neben der zentripetalen Kraft wirken.«
K. Marx, Das Kapital, Bd. III, Berlin 1964, S. 256.
* »Die sogenannte Plethora des Kapitals bezieht sich immer wesentlich auf die Plethora
von Kapital, für das der Fall der Profitrate nicht durch seine Masse aufgewogen wird –
und dies sind immer die neu sich bildenden frischen Kapitalableger – oder auf die Plethora, welche diese, für sich selbst zur eignen Aktion unfähigen Kapitale den Leitern der
großen Geschäftszweige in der Form des Kredits zur Verfügung stellt.«
K. Marx, Das Kapital, Bd. III, Berlin 1964, S. 261.

men und westlichen Statistiken bestätigt wird, wird sich dieser Prozeß nie absolut durchsetzen. Immer wieder werden die erwähnten Vorgänge entgegengesetzt wirken, so daß man nur von einer Konzentrations*tendenz* sprechen kann.*

* Entwicklung der Konzentration im Bereich der Industrie für die BRD im Zeitraum 1954–1960

Industriebereiche	Konzentrationsgrad		Veränderung
	1954	1960	
1. Mineralölverarb. und Kohlenwertstoffindustrie	72,6 Prozent	91,5 Prozent	+ 18,9 Prozent
2. Tabakverarb. Industrie	68,8 Prozent	84,5 Prozent	+ 15,7 Prozent
3. Schiffbau	71,5 Prozent	69,0 Prozent	− 2,5 Prozent
4. Fahrzeugbau	58,6 Prozent	67,0 Prozent	+ 8,4 Prozent
5. Kautschuk- und Asbestverarbeitende Industrie	60,7 Prozent	59,7 Prozent	− 1,0 Prozent
6. Eisenschaffende Industrie	51,6 Prozent	57,8 Prozent	+ 6,2 Prozent
7. Glasindustrie	45,7 Prozent	51,7 Prozent	+ 6,0 Prozent
8. NE-Metallindustrie	44,0 Prozent	44,7 Prozent	+ 0,7 Prozent
9. Bergbau	34,6 Prozent	42,0 Prozent	+ 7,4 Prozent
10. Papiererzeug. Industrie	38,5 Prozent	41,5 Prozent	+ 3,0 Prozent
11. Chemische Industrie	37,5 Prozent	40,6 Prozent	+ 3,1 Prozent
12. Elektrotechnische Industrie	37,8 Prozent	38,4 Prozent	+ 0,6 Prozent
13. Feinkeramische Industrie	28,5 Prozent	37,5 Prozent	+ 9,0 Prozent
14. Ledererzeugende Industrie	36,5 Prozent	37,3 Prozent	+ 0,8 Prozent
15. Feinmechanische u. optische sowie Uhrenindustrie	25,3 Prozent	25,2 Prozent	− 0,1 Prozent
16. Gießereiindustrie	25,3 Prozent	22,4 Prozent	− 2,9 Prozent
17. Kunstoffverarb. Industrie	27,9 Prozent	20,5 Prozent	− 7,4 Prozent
18. Stahlbau	25,6 Prozent	20,2 Prozent	− 5,4 Prozent
19. Lederverarbeitende und Schuhindustrie	21,3 Prozent	19,9 Prozent	− 1,4 Prozent
20. Industrie d. Steine u. Erden	16,4 Prozent	17,9 Prozent	+ 1,5 Prozent
21. Ziehereien und Kaltwalzwerke, Stahlverformung	17,8 Prozent	17,5 Prozent	− 0,3 Prozent
22. Papierverarb. Industrie	12,2 Prozent	17,5 Prozent	+ 5,3 Prozent
23. Maschinenbau	14,6 Prozent	13,4 Prozent	− 1,2 Prozent
24. Druckerei- und Vervielfältigungsindustrie	11,5 Prozent	13,4 Prozent	+ 1,9 Prozent
25. Ernährungsindustrie	11,7 Prozent	12,0 Prozent	+ 0,3 Prozent
26. Sägewerke und holzbearbeitende Industrie	9,7 Prozent	11,9 Prozent	+ 2,2 Prozent
27. Eisen-, Blech- und Metallwarenindustrie	8,0 Prozent	9,3 Prozent	+ 1,3 Prozent
28. Bekleidungs- und Textilindustrie	6,5 Prozent	7,4 Prozent	+ 0,9 Prozent

Anmerkung: Konzentrationsgrad = Anteil der 10 größten Unternehmen am indirekten Umsaz ihrer Industriegruppe. In manchen Branchen waren die Splitterungen sogar

Wie die Kapitalkonzentration hat auch die Kapitalzersplitterung eine wichtige technisch-ökonomische Basis, die wir im weiteren behandeln. Vorerst muß aber noch eine spezifische Form der Kapitalzentralisierung erwähnt werden, die Marx nur kurz erwähnen, aber nicht mehr analysieren konnte: die Entwicklung von Aktiengesellschaften.

In der Form von Aktiengesellschaften setzt sich eine besondere Form der beschleunigten Zentralisierung kleinerer oder größerer Geldwerte durch, die sich dadurch in Teile außerordentlich großer Kapitalien verwandeln. Auf diese Art können auch kleine Ersparnisse oder kleine Geldkapitalien zum direkten Entstehen riesiger Kapitalkonzentrationen beitragen und eine – von den Banken weniger abhängige – industrielle Entwicklung ermöglichen.

Es ist eine besondere Form der Vergesellschaftung des Kapitals, bei der die Aneignung des größten Mehrwertteils durch kleine Gruppen der größten Aktionäre (Eigentümer von Aktienpaketen) und ihre Dispositionsmacht über die Profitbenutzung jedoch nicht überwunden wird.* Ob stärker als die Konzentration, so daß negative Veränderungen eintraten. Die Konzentrationstendenz ist jedoch stärker.

Siehe auch noch folgende Literatur:

1. Bundestagsdrucksache IV/2320 (siehe oben)

2. Knauss/Vogel/Hermanns, Unternehmenskonzentration in der westlichen Welt – Stand, Entwicklungstendenzen und Vergleiche – FIW-Schriftenreihe, Heft 40.

3. Die Konzentration in der Wirtschaft (H. Arndt Hrsg.), Bd. I: Stand der Konzentration, Schriften des Vereins für Sozialpolitik N. F. Bd. 20/I, Berlin 1960.

4. J. Huffschmid, Die Politik des Kapitals, Konzentration und Wirtschaftspolitik in der Bundesrepublik, edition suhrkamp 313, Frankfurt/M. 1969.

* »Das Kapital, das an sich auf gesellschaftlicher Produktionsweise beruht und eine gesellschaftliche Konzentration von Produktionsmitteln und Arbeitskräften voraussetzt, erhält hier direkt die Form von Gesellschaftskapital (Kapital direkt assoziierter Individuen) im Gegensatz zum Privatkapital, und seine Unternehmungen treten auf als Gesellschaftsunternehmungen im Gegensatz zu Privatunternehmungen. Es ist die Aufhebung des Kapitals als Privateigentum innerhalb der Grenzen der kapitalistischen Produktionsweise selbst.«

K. Marx, Das Kapital, Bd. III., Berlin 1964, S. 452.

G. Kolko führt die folgende Verteilung des Aktienbesitzes in den USA an: Verteilung der Stammaktien von Kapitalgesellschaften im öffentlichen Besitz im Jahre 1951

10 Prozent im Besitz von 67 Prozent aller Aktionäre

32 Prozent im Besitz von 31 Prozent aller Aktionäre

58 Prozent im Besitz von 2 Prozent aller Aktionäre.

Diese Zahlen liegen zwangsläufig zu niedrig, denn 1951 wurden 33 Prozent der Aktien von Treuhändern, Stiftungen usw. gehalten. »Wenn diese Aktien auch nicht von Personen gezeichnet sind, so werden sie doch von Aktionären der obersten Steuerklasse kontrolliert.«

Quelle: G. Kolko, Besitz und Macht – Sozialstruktur und Einkommensverteilung in den USA – edition suhrkamp 239, Frankfurt/M. 1969, S. 59/60.

nun die eigentliche Entscheidungsgewalt in diesen Aktiengesellschaften bei einigen Großaktionären oder in immer mehr Fällen beim Management liegt – dessen fachkompetente Entscheidungsvorschläge sich gegenüber den Aktionären prinzipiell durchzusetzen pflegen –, ist es dennoch eine immer klarere Trennung des Kapitaleigentums von der Kapitalfunktion und der Entscheidungsgewalt über das Kapital[*].

Dieser Prozeß der Kapitalvergesellschaftung, bei dem die Aneignung und Disposition des Großteils der Profite durch eine Minderheit von Eigentümern allerdings nicht beseitigt wird, ist seit Erscheinen des Kapital von Marx ungeheuer fortgeschritten. Der Großteil des gesamten tätigen Kapitals ist irgendwie vergesellschaftet (Aktiengesellschaften, GmbHs, Aktienkommanditgesellschaften etc.), und die Entfremdung der Aktienbesitzer von der Funktion des Kapitals hat erheblich zugenommen.[**]

[*] »In den Aktiengesellschaften ist die Funktion getrennt vom Kapitaleigentum, also auch die Arbeit gänzlich getrennt vom Eigentum an den Produktionsmitteln und an der Mehrarbeit. Es ist dies Resultat der höchsten Entwicklung der kapitalistischen Produktion ein notwendiger Durchgangspunkt zur Rückverwandlung des Kapitals in Eigentum der Produzenten, aber nicht mehr als das Privateigentum vereinzelter Produzenten, sondern als das Eigentum ihrer als assoziierter, als unmittelbares Gesellschaftseigentum.« K. Marx, Das Kapital, Bd. III, Berlin 1964, S. 453.
[**] Als ein Beispiel der ungemeinen Vergesellschaftung des Kapitals kann auch folgendes Ergebnis einer Untersuchung der Konzentration in der Wirtschaft der BRD für das Jahr 1960 dienen:

Die Beteiligungsunternehmen der 100 größten[1] *Unternehmensverbindungen*[2] *der Industrie*

Art der Unternehmens- verbindung	Zahl	Zahl der Unternehmen, an deren *Beteiligungen gehalten werden*				
		von 25 Prozent bis 50 Prozent	über 50 Prozent bis unter 75 Prozent	75 Prozent bis unter 100 Prozent	100 Prozent	insges.
sachbezogen	82	321	180	178	406	1085
personen- bezogen	18	66	77	54	128	325
Summe	100	387	257	232	534	1410

Für die *Industriekonzerne*[1] konnte über Zahl und Höhe ihrer Beteiligungen in Industrie und Handel aus der Untersuchung der hundert größten Unternehmensverbindungen[2] der Industrie ein genaueres Bild gewonnen werden. *Die hundert wurden in personenbezogene und sachbezogene Unternehmensverbindungen unterteilt. Als »personenbezogen« wurden alle Unternehmensverbindungen angesehen, deren Spitze die Rechtsform einer OHG, KG oder Einzelfirma hat sowie die einer GmbH, sofern die letztere von einer Einzelperson oder Familie beherrscht wird. Als »sachbezogen« gelten Unternehmensverbindungen, deren Spitze eine AG, bergrechtliche Gewerkschaft oder*

sonstige Unternehmensform bildet oder die Rechtsform einer GmbH besitzt, sofern diese nicht personenbezogen ist.
[1] Größe gemessen am industriellen Umsatz
[2] in der Abgrenzung über 50 Prozent Kapitalbeteiligung

Rechtsformen der 1000 größten Industrieunternehmen 1960

Rechtsformen	Summe	Rechtsformen	Summe
Aktiengesellschaften	435	Kommanditgesellschaften	159
darunter börsennotiert	206	darunter GmbH & Co.	16
Kommanditgesellschaften auf Aktien	5	Offene Handelsgesellschaften	36
darunter börsennotiert	1	BGB-Gesellschaften	1
Gesellschaften		Einzelunternehmen	38
mit beschränkter Haftung	299	Genossenschaften	4
Bergrechtliche Gewerkschaften	14	Sonstige und nicht zurechenbare Unternehmen	9

Über die Entwicklung der Vermögensbildung der AGs und GmbHs in Deutschland berichten noch folgende Angaben:

Aktiengesellschaften	*1935*	*1953*
Anzahl	4557	2534
Vermögen insgesamt in Preisen von 1928 Mill. M.	13 683 M/RM	15 383 M/DM

Gesellschaften mit beschränkter Haftung	*1935*	*1953*
Anzahl	23 716	25 644
Vermögen insgesamt in Preisen von 1928 Mill. M/RM/DM	3948	6241

Auf 100 M/RM/DM Vermögen bei den natürlichen Personen kamen M/RM/DM bei den

Aktiengesellschaften	38	123
Gesellschaft mit beschränkter Haftung	11	50

Quelle: Jostok/Ander, Konzentration der Einkommen und Vermögen, in: Die Konzentration in der Wirtschaft, Bd. 1, Stand der Konzentration, Schriften des Vereins für Socialpolitik, N. F. Bd. 20/1, S. 179–236.

Für die USA siehe vor allem folgende Berichte: U. S. Congress, Senate, Committee on the Judiciary, Subcommittee on Antitrust and Monopoly (Hrsg.): Economic Concentration, Hearings before the Subcommittee of Antitrust and Monopoly of the Committee on the Judiciary United States Senate, 89th Congress, 1st Session, Bd. 2: Mergers and other Factors Affecting Industry Concentration, Washington D. C. 1965.

Durch die Konzentration von Aktien der verschiedensten Gesellschaften in den Händen großer Aktieneigentümer, vor allem der Banken, entstanden eine weitverzweigte Verflechtung des Kapitaleigentums und überdimensionale Gebilde des Finanzkapitals. *Diese* Vergesellschaftung hat sogar die nationalen Grenzen überschritten und sich zu einer internationalen Kapitalverflechtung entwickelt.

Hier aber geht es nicht um die Erforschung der einzelnen Formen und der Entwicklung dieses Vergesellschaftungsprozesses, sondern um die grundsätzliche Überprüfung jener Schlußfolgerungen, die Marx und seine Nachfolger und der heutige offizielle »Marxismus« aus diesem Prozeß gezogen haben und noch ziehen.

Produktionsorganisation und Kapitalentwicklung

Die von Marx gegebene Interpretation der Akkumulation, Konzentration und Zentralisierung des Kapitals kann schwerlich angezweifelt werden. Die Grunderkenntnisse wurden durch die tatsächliche Entwicklung bis heute bestätigt. Doch Marx selber hat diesen Prozeß schon allzu hoch bewertet – wobei er die ökonomisch bedeutsame Zersplitterung des Kapitals und vor allem den Entwicklungsunterschied zwischen Produktionsorganisation und Kapital unterschätzt hat. Um so mehr haben dann seine echten oder angeblichen Nachfolger diesen Konzentrations- und Vergesellschaftungsprozeß des Kapitals einseitig in den Vordergrund geschoben und unwissenschaftlich ausgelegt.*

Aus dem betonten Prozeß der Kapitalkonzentration wird ein Schluß

---

* »Das kapitalistische System enthält einen tiefen Widerspruch: die Produktion bekommt einen immer gesellschaftlicheren Charakter, während das Eigentum der Produktionsmittel privatkapitalistisch, mit dem gesellschaftlichen Produktionscharakter unvereinbar bleibt. Der Widerspruch zwischen dem gesellschaftlichen Charakter der Produktion und der privatkapitalistischen Form der Aneignung der Produktionsresultate ist der Grundwiderspruch des Kapitalismus. Dieser Widerspruch tritt in Erscheinung durch die wachsende Anarchie der kapitalistischen Wirtschaft, durch die zurückbleibende zahlungsfähige Nachfrage der Gesellschaft hinter der Produktionserweiterung, was zu Wirtschaftskrisen und einer Fesselung der Produktivkräfteentwicklung führt. Der Grundwiderspruch manifestiert sich in dem Wachstum des Klassenantagonismus zwischen dem Proletariat auf der einen Seite und der Bourgeoisie auf der anderen Seite. Mit der Entwicklung der kapitalistischen Produktionsart verschärft sich dieser Widerspruch immer mehr und bedroht die Menschheit mit unzähligen Plagen.«
Politická ekonomie (Politische Ökonomie), sowjetisches Lehrbuch, Nakladatelství politické literatury, Praha 1963, S. 142.

auf die Entwicklung der Arbeiterklasse und dann auf die notwendige Vergesellschaftung oder Sozialisierung des Eigentums gezogen. Mit der fortschreitenden Konzentration des Kapitals soll nicht nur zugleich eine Konzentration der Produktion und daher auch der Arbeiter, sondern auch deren verstärkte Ausbeutung durch eine immer kleinere Gruppe von Kapitalisten vor sich gehen. Aufgrund dieser Entwicklung würden die Arbeiter immer einheitlicher organisiert, ihre antikapitalistische Einstellung und ihr sozialistisches Bewußtsein würden stärker, und das würde sie schließlich zum revolutionären Sturz des Kapitalismus führen. Aus der Vergesellschaftung des Kapitals, die als kapitalistische Negierung des Privateigentums angesehen wird*, müsse sich notwendigerweise die Abschaffung des kapitalistischen Eigentums überhaupt und also ein sozialistisches Eigentum ergeben.

Über die Entwicklung der Arbeiter und ihre Einstellung zum Kapitalismus wurde bereits gesprochen. Hier wollen wir nun auf die Schlußfolgerung über die notwendige Sozialisierung des Eigentums, abgeleitet aus der Konzentrationstheorie, näher eingehen. Dabei ist vor allem die Einseitigkeit der Konzentrationstheorie zu erläutern.

Die Entwicklung des Kapitaleigentums hängt bis zu einem gewissen Grad mit der Organisationsstufe der Produktions- und Verkaufseinheiten zusammen. Sie hat jedoch zugleich eine Eigenentwicklung, eine aktive Rückwirkung auf die Organisation, und kann auf einer bestimmten Entwicklungsstufe in Widerspruch mit rationellen produktions- und verkaufsmäßigen Organisationsbedürfnissen kommen.

Die Organisation von Produktions- und Verkaufseinheiten wird vor allem von technischen und technologischen Aspekten bestimmt, die aber immer zugleich eine ökonomische Realisierungsform erhalten. Bei einer bestimmten Entwicklung der Produktionstechnik wird eine bestimmte Größe (Kapazität) der Produktionseinheit (Menge der Produktionsfaktoren, Menge des Outputs) zu einem optimalen ökonomischen Effekt (optimale Ressourcenausnützung, optimale Produktivität, optimale Kosten- und Profitentwicklung) führen. Auch wenn diese optimale Kapazität nicht immer vollkommen eindeutig bestimmt werden kann, wird sie doch ihre minimale und maximale Grenze haben, also wenigstens als eine optimale Kapazität*spanne* zu erkennen sein.

---

* »Es ist dies die Aufhebung der kapitalistischen Produktionsweise innerhalb der kapitalistischen Produktionsweise selbst, und daher ein sich selbst aufhebender Widerspruch, der prima facie als bloßer Übergangspunkt zu einer neuen Produktionsform sich darstellt.«
K. Marx, Das Kapital, Bd. III, Berlin 1964, S. 454.

Solche technisch und ökonomisch bedingten Kapazitätsgrößen können von Kapitaleigentümern nur von einer gewissen Höhe des zur Verfügung stehenden Kapitals an erforscht und beachtet werden. Bei Eigentümern von kleinen Kapitalien wird die Größe der Produktionseinheit meist ihren Kapitalmöglichkeiten angepaßt – was zu einem gewissen Grade allerdings auch von der verwertbaren Produktionstechnik bestimmt wird. Doch auch diese Entscheidungsfreiheit ist limitiert, denn nur bestimmte Kapazitätsgrößen mit bestimmten ökonomischen Effekten haben noch eine Chance, unter den gegebenen Konkurrenzbedingungen zu bestehen. Betrachten wir diese Konkurrenzbedingungen, die sich eine bestimmte minimale ökonomische Effektivitätsentwicklung von Produktionseinheiten erzwingen, auch als ökonomische Bedingungen, so werden die Produktionseinheiten immer eine technisch und auch ökonomisch bedingte Kapazitätsspanne haben, deren konkrete organisatorische Realisierung aber wesentlich von der Kapitaldisposition abhängen wird. Mit anderen Worten: die mehr oder weniger exakt zu berechnende optimale Produktionskapazität wird wegen des verfügbaren Kapitalumfangs oder aus Erkenntnisschwierigkeiten sehr oft unter- oder überschritten, jedoch nur innerhalb einer ökonomisch erträglichen Spanne.

Hat nun das zur Verfügung stehende Kapital einen wesentlichen Einfluß auf die Nutzungsmöglichkeiten einzelner Produktionskapazitäten, so hat auf der anderen Seite das Faktum, daß bestimmte technische und ökonomische Notwendigkeiten in bestimmten Zeiten und Branchen optimale (minimale und maximale) Grenzen für Produktionskapazitäten setzen, einen wesentlichen Einfluß auf die Kapitalentwicklung selber. Es sind eben diese technischen und ökonomischen Bedingungen und Erwägungen, die einzelne Kapitalisten oder Gesellschaften zwingen, Investitionskredite aufzunehmen, weitere Aktien für Kapitalerweiterungen auszustellen, Kapitalfusionen durchzuführen, aber auch Kapital zu verlieren, Produktionen aufzugeben, Konkurs zu machen. So werden Minimalgrößen von Privatkapitalien durch die technisch-ökonomische Entwicklung erzwungen und die Größe von Kapitalgesellschaften, das heißt des verfügbaren Kapitals einzelner Gesellschaften, wesentlich beeinflußt.

Schon Marx hat gezeigt, daß vor allem der Zwang, die Produktionsmittel besser auszunutzen und die Produktivität der gemeinsam arbeitenden Arbeiter zu erhöhen, eine steigende Konzentration der Produktion notwendig macht. Wie Marx das Einsparen von Triebwerken, Transmissionen, Maschinen, Arbeitsgebäuden, Werkstätten, Lagerräumen, Beheizung, Beleuchtung etc. bei der konzentrierten Großproduktion, der besseren Wiederverwendung von Produktionsabfällen sowie schließlich der Steigerung der Intensität und Produktivität der angehäuften kombinierten Arbeit* charakterisiert hat, ergab wesentliche Erkenntnisse, die bis heute die allgemeinsten Gründe der Produktionskonzentration erklären. Auch wenn sich seit dieser Zeit die theoretische Analyse der Produktionskonzentration sehr stark weiterentwickelt hat** und nicht nur zu einer spezifischeren Klassifikation dieser Konzentrationsentwicklung (differenzierte Grundformen, Branchenspezifikationen etc.), sondern auch zur Erkenntnis vieler wichtiger innerer Gesetzmäßigkeiten und Wider-

---

* »Wie bereits bei Darstellung der Kooperation, der Teilung der Arbeit und der Maschinerie hervorgehoben, entspringt die Ökonomie in den Produktionsbedingungen, welche die Produktion auf großer Stufenleiter charakterisiert, wesentlich daraus, daß diese Bedingungen als Bedingungen gesellschaftlicher, gesellschaftlich kombinierter Arbeit, fungieren. Sie werden gemeinsam im Produktionsprozeß konsumiert, vom Gesamtarbeiter, statt in zersplitterter Form von einer Masse unzusammenhängender oder höchstens auf kleinem Maßstab unmittelbar kooperierender Arbeiter. In einer großen Fabrik mit einem oder zwei Zentralmotoren wachsen die Kosten dieser Motoren nicht in demselben Verhältnis wie ihre Pferdekraft und daher ihre mögliche Wirkungssphäre; die Kosten der Übertragungsmaschinerie wachsen nicht in demselben Verhältnis wie die Masse der Arbeitsmaschinen, denen sie die Bewegung mitteilt; der Rumpf der Arbeitsmaschinen selbst verteuert sich nicht im Verhältnis mit der steigenden Anzahl der Werkzeuge, womit als mit ihren Organen sie fungiert usw. Die Konzentration der Produktionsmittel erspart ferner Baulichkeiten aller Art, nicht nur für die eigentlichen Werkstätten, sondern auch für die Lagerlokale usw. Ebenso verhält es sich mit den Ausgaben für Feuerung, Beleuchtung usw. Andre Produktionsbedingungen bleiben dieselben, ob von wenigen oder vielen benutzt.

Diese ganze Ökonomie, die aus der Konzentration der Produktionsmittel und ihrer massenhaften Anwendung entspringt, setzt aber als wesentliche Bedingung die Anhäufung und das Zusammenwirken der Arbeiter voraus, also gesellschaftliche Kombination der Arbeit. Sie entspringt daher ebensogut aus dem gesellschaftlichen Charakter der Arbeit, wie der Mehrwert aus der Mehrarbeit jedes einzelnen Arbeiters, für sich isoliert betrachtet. Selbst die beständigen Verbesserungen, die hier möglich und notwendig sind, entspringen einzig und allein aus den gesellschaftlichen Erfahrungen und Beobachtungen, welche die Produktion des auf großer Stufenleiter kombinierten Gesamtarbeiters gewährt und erlaubt.

Dasselbe gilt von dem zweiten großen Zweig der Ökonomie in den Produktionsbedingungen. Wir meinen die Rückverwandlung der Exkremente der Produktion, ihrer sogenannten Abfälle, in neue Produktionselemente, sei es desselben, sei es eines andern Industriezweigs; die Prozesse, wodurch diese sogenannten Exkremente in den Kreislauf der Produktion und daher der Konsumtion – produktiver oder individueller – zurückgeschleudert werden. Auch dieser Zweig der Ersparungen, auf den wir später etwas näher eingehen, ist das Resultat der gesellschaftlichen Arbeit auf großer Stufenleiter.«

K. Marx, Das Kapital, Bd. III, Berlin 1964, S. 89–90.

** Vgl. Bibliographie Konzentration und Konzentrationspolitik 1960–1966, bearbeitet von Jörg Huffschmid, Jörg Michalis, Wolf Rüdiger Plan, Schriftenreihe des Instituts für Konzentrationsforschung an der Freien Universität Berlin, Helmut Arndt, Hans Münzner (Hrsg.), Bd. 1, Empirische Untersuchungen zur Konzentration, Betriebs- und Unternehmenskonzentration, S. 83–109.

sprüche geführt hat, kann nicht bestritten werden, daß Marx den wesentlichsten Antrieb zur Produktionskonzentration richtig gesehen hat. Der Zwang zur relativen Einsparung von Produktionsfaktoren und Kostensenkungen, um eine sich dauernd steigernde Konkurrenzfähigkeit zu erreichen, führte zu Produktionsgiganten, bei denen nicht nur die Produktionskonzentration, sondern auch die innerbetriebliche Arbeitsteilung erheblich vorangetrieben wurde. In solchen Großproduktionen können immer wieder einzelne, bei den verschiedensten Produktionsvorgängen auftretende und sich wiederholende Arbeitsprozesse abgetrennt, gesondert zusammengefaßt werden und sich in organisatorisch selbständige Produktionseinheiten verwandeln. Immer größere Arbeits- und Produktionsstätten, die nur zu gegenseitig abhängigen Gliedern einer planmäßig geleiteten und organisierten Finalproduktion werden, drücken so den modernen und immer komplizierteren Prozeß der Produktionskonzentration aus.

Im Unterschied zur *spontanen* Arbeitsteilung, bei der sich spezifische Arbeits- und Produktionsvorgänge von den bisherigen abtrennen, verselbständigen und als neue Produktionen von Teilprodukten mit der Finalproduktion nur über den Markt Verbindung aufnehmen, werden *innerhalb* dieser Produktionsgiganten solche Arbeitsteilungsentwicklungen *planmäßig* vorangetrieben. Die durch Berechnungen entstehenden neuen Teilproduktionen – meist in gesonderten Fabriken und Betrieben zusammengefaßt – treten gar nicht mehr in Marktbeziehungen zu ihren Abnehmern und zum großen Teil auch nicht zu den Zulieferern, sondern die Aufteilung und Zulieferung von Teilprodukten wird direkt und planmäßig innerhalb des ganzen Konzerns von den übergeordneten Direktoren geleitet. Das ist der voranschreitende Prozeß der Vergesellschaftung der Produktion, bei dem von den Konzernleitungen immer mehr aufgeteilte, immer spezifischere, aber zugleich immer umfangreichere Kooperationen nach rationalen Berechnungen der höchsten Wirtschaftlichkeit und bei fortschreitender technischer Entwicklung zielbewußt geschaffen werden.

Diese Produktionskonzentration wird natürlich nur durch eine ungeheure Kapitalkonzentration ermöglicht und zieht noch weitergehende Kapitalzentralisationen nach sich. Um eben solche riesigen und konkurrenzfähigen Produktionsagglomerate schaffen zu können, müssen sowohl weitere Teilkapitalien durch Aktienformen zu den bestehenden großen Stammkapitalien herangezogen, als auch eventuell Fusionen vorhandener, bislang konkurrierender Firmen vorgenommen werden. So führt die wirtschaftlich notwendige Produktionskonzentration aufgrund stetig voranschreitender Entwicklung der Produktionstechnik und Arbeitsteilung auch zu einer zunehmenden Konzentration und Zentralisierung des Kapitals. Dieser Prozeß darf aber nicht absolut gesetzt werden und nicht dazu führen, daß die ebenso verlaufende Kapitalzersplitterung übersehen wird.

Der Einfluß technisch-ökonomischer Produktionsbedingungen auf die Kapitalzersplitterung wird besonders bei Neugründungen von Betrieben deutlich. Neue Produktionsmöglichkeiten, neue Produkte, neue Produktionstechnologien, neue Produktionsspezialisierungen, Produktionserweiterungen usw. führen zu Gründungen neuer, marktmäßig selbständiger Produktionseinheiten; und das ist in den meisten Fällen auch mit dem Entstehen neuer Privatkapitalien verbunden. Ob durch direkte Anlage eigener Ersparnisse der Gründer, oder mit Hilfe von Krediten, oder schließlich durch aktienmäßige Konzentrationen von Ersparnissen – in all solchen Fällen führt die technisch-ökonomische Entwicklung zu neu entstehendem privaten Kapital, das den Bedürfnissen der neuen Produktionseinheiten angepaßt wird.

Selbstverständlich muß eine Produktionsneugründung nicht notwendig mit einer Kapitalentwicklung verbunden sein. In einem bestimmten Ausmaß werden neue Produktions- und Verkaufseinheiten auch durch die Abspaltung bestehenden Geldkapitals aus größerem Kapitaleigentum gegründet, ohne daß sich dabei die Zahl der Eigentümer vergrößert. In diesen Fällen zeigt sich eine relativ selbständige Entwicklung des Kapitaleigentums gegenüber der technisch-ökonomisch bedingten Entwicklung der Produktionseinheiten.

Die immerwährend notwendige Entstehung von neuen Produktionen und Produktionseinheiten, die dauernde Auffüllung von Produktionslücken in einer weitverzweigten Wirtschaft, die nicht endende Abspaltung gewisser Produktionen aus schon bestehenden Betrieben und die Schaffung produktiver Spezialproduktionen (Fortschritt der Produktionsspezialisierung) – dies alles hat zumindest ebenso eine ökonomische Bedeutung wie die fortschreitende Produktionskonzentration. Ohne das dauernde Vorantreiben solcher Neugründungen kann eine moderne Wirtschaft nicht effektiv produzieren. Dabei müssen Neugründungen immer durch ein ökonomisches Interesse der Gründer hervorgerufen werden, und nur solche Wirtschaftssysteme, in denen sich ein ökonomisches Gründerinteresse zu entwickeln vermag, können sich behaupten.

Sind Neugründungen von Produktionseinheiten mit der Bildung von neuem Privatkapital verbunden, so bedeuten sie gesellschaftlich gesehen eine Aufsplitterung des Gesamtkapitals. Sie sind also objektiv ein der Kapitalkonzentration entgegengesetzter Prozeß. Wer also nur einseitig die Konzentration und Zentralisierung des Kapitals hervorhebt, um damit die Notwendigkeit seiner Sozialisierung zu beweisen, vereinfacht die objektiven Produktions- und Kapitalgesetzmäßigkeiten. Was die Entwicklung von selbständigen Produktionseinheiten angeht, so ist eine einseitige Konzentrationstheorie überhaupt abzulehnen. Gibt es technisch-ökonomische Faktoren, die in bestimmten Branchen oder bei der Produktion bestimmter Artikel eine Produktionskonzentration und die Bildung großer Produktions- und Verkaufseinheiten begünstigen, so rufen in anderen Produktionen technisch-ökonomische Faktoren Vorteile von kleinen oder mittleren Produktionsstätten hervor, die hier größere Effekte als die Großunternehmen erzielen. Hochspezialisierte kleine Betriebe, die eine fast handwerkliche Präzision, zweckmäßige funktionelle Produktionseinrichtungen, hochqualifizierte Fachkräfte, eine gut überschaubare Organisation, genaue Kontrolle und am Produktionsresultat interessierte Mitarbeiter haben, werden in bestimmten Produktionen universellen Großbetrieben weit überlegen sein und auch in Zukunft ihren Platz in der Wirtschaft haben.

Ebenso war die Vorstellung, daß die serienmäßige Großproduktion die handwerkliche Produktion völlig verdrängen wird, einseitig und allzu einfach. Die Produktionskonzentration geht mit der Existenz und Neuerstehung kleiner und mittlerer Betriebe zusammen, so wie sich in der Produktion dauernd Universalierungs- und Großserienproduktionen neben kleinserienmäßig und zweckmäßig spezialisierten, stückweisen, handwerklichen oder künstlerisch ausgerichteten Produktionen durchsetzen werden.*

Die Entwicklung dieser kleinen und mittleren Betriebe ist nicht nur technologisch bedingt, sondern sie schafft auch dauernd neue qualitative Strömungen in der Produktion. Und das wiederum wird durch das spezielle ökonomische Interesse der Klein- und Mittelproduzenten hervorgerufen und übt so einen nicht zu übersehenden Druck auf die Großproduzenten aus und hat eine wichtige antimonopolistische Auswirkung. Jede Ignorierung dieser qualitativen Funktion von Klein- und Mittel-

---

* Zur Entwicklung der industriellen Kleinbetriebe in der BRD:
»Obgleich die Entwicklung der Zahl der industriellen Kleinbetriebe nicht denselben Verlauf zeigte wie die Gesamtzahl der Industriebetriebe, so beweist doch die Tatsache, daß diese Zahl in der Zeit von 1953 bis 1962 von 72 189 auf 77 465, das heißt um 7,3 Prozent (durchschnittliche Zunahme der Zahl der Industriebetriebe 11,2 Prozent) zunahm, daß also industrielle Kleinbetriebe von der allgemeinen wirtschaftlichen Entwicklung keinesfalls ausgeschlossen waren.«
Dies bezieht sich auf Betriebe mit bis zu 49 Beschäftigten.
Quelle: Tätigkeitsfelder industrieller Kleinbetriebe, eine Untersuchung über die ihre Existenz bestimmenden Faktoren, RKW-Fachbuchreihe, Berlin/Köln/Frankfurt 1965, S. 16.

betrieben durch Ökonomen, die die Produktionskonzentration und Quantitätsplanung einseitig überbetonen, unterstützt falsche Monopolisierungsideologien und wirkt im Endeffekt antisozial.*

Man muß also zielbewußt die Entwicklung der Produktionsorganisation von der Kapitalentwicklung unterscheiden. Auch wenn letztere von der Organisationsentwicklung wesentlich beeinflußt wird (Produktionskonzentration führt zu Kapitalkonzentration, Produktionssplitterung wird auch Kapitalsplitterung hervorrufen), so deckt sie sich nicht mit dieser und hat auch ihre Eigenentwicklung, die positive Organisationsentwicklungen beschleunigen oder auch abbremsen oder behindern kann. Auf jeden Fall verläuft die Kapitaleigentumskonzentration relativ unabhängig von der Produktionskonzentration, da die Organisation und Leitungsart der Produktion viel stärker als die Kapitaleigentumsentwicklung von technisch-ökonomischen Effektivitätsnotwendigkeiten bestimmt wird.

Was also das Wachstum von Kapitaleigentum in den Händen einzelner oder einzelner Institutionen angeht, so ist seine Höhe zwar durch die vergangene Mehrwertbildung mitbestimmt, gegenüber der technisch-ökonomisch bedingten Produktionskapazitätsentwicklung aber relativ unabhängig. Das heißt, daß einzelne Kapitalien (Eigentum von Individuen, Familien, organisierten Gruppen oder Institutionen) weitaus größer werden können, als den Kapitalbedürfnissen einzelner, technisch-ökonomisch maximaler oder etwa optimaler Produktions- und Verkaufseinheiten

---

* Siehe zum Beispiel die Einstellung von J. K. Galbraith:

»Bis auf einige unheilbare Romantiker haben inzwischen alle eingesehen, daß wir nicht im Zeitalter des kleinen Mannes leben. Unter den Wirtschaftswissenschaftlern hält sich aber immer noch hartnäckig das Vorurteil, daß sich der Kleinbetrieb nicht vor der Leistungsfähigkeit der Großbetriebe oder ihren größeren technischen Möglichkeiten auf dem Rückzug befinde, sondern lediglich vor den Monopolen.

(. . .) Dieses Gerede könnte man schlicht als albern bezeichnen. Die Firmengröße dient im allgemeinen der Technologie und nicht in erster Linie dem Profit. Man kann den Kleinbetrieb nicht in seine frühere Stellung wiedereinsetzen, indem man die Macht der Großen bricht. Statt dessen müßte man vielmehr die Technologie ablehnen, die zu fördern wir immer gelehrt wurden.«

Quelle: J. K. Galbraith, Die moderne Industriegesellschaft, München–Zürich 1968, S. 47.

Galbraith selbst ist eben in seinem theoretischen Schema gefangen. Er sieht nicht, daß trotz der starken Konzentrationstendenz es eben nur eine *Tendenz* bleibt, die die *technisch* begründeten Vorteile auch von kleineren Firmen bei *bestimmten* Produktionen und Dienstleistungen nie voll beseitigen wird.

Wie gezeigt hängt dieser Schematismus von Galbraith auch mit seiner Unterschätzung oder Ignorierung der ökonomischen Interessen zusammen, die eben auch in *ganz bestimmten* Kleinunternehmen *effektivere* Produktionsresultate hervorbringen können als Großunternehmen.

entspricht.* Dieses Kapitalwachstum ruft gewisse Widersprüche gegenüber einer optimalen Produktionskapazität und einer damit zusammenhängenden Führungsqualität hervor, die weder von der nichtmarxistischen noch von der marxistischen Theorie genügend beachtet und durch die sogenannte marxistische »Verstaatlichungstheorie« sogar vollkommen geleugnet werden.

Wirtschaftsleitung und Eigentum

Das Eigentum an Kapital wird sich immer und vor allem durch die Aneignung des Mehrwerts oder zumindest des Teils davon ausdrücken, der aus der Kapitalbenutzung entsteht. Weiter wird es sich in dem faktischen, rechtlich garantierten Anspruch auf Entscheidung oder der Kapitalbeteiligung entsprechenden Mitentscheidung über die Kapitalanwen-

* Die ungemein starke private Kapitalkonzentration wird durch folgende Zahlen bewiesen:

In den USA von 1945 bis 1956:

»Mehr als 30 Prozent aller Vermögenswerte und Wertpapiere im Privatsektor der Volkswirtschaft (etwa 20 Prozent aller Werte in den USA sind in öffentlicher Hand) gehörten im Jahre 1953 nur 1,6 Prozent der 103 Millionen erwachsenen Amerikaner.

Von der Kapitalkonzentration zeugt auch der Anteil der reichsten 0,5 und 1 Prozent der erwachsenen Amerikaner am Nationalvermögen

	0,5 Prozent der reichsten Amerikaner	1 Prozent der erwachsenen Amerikaner
1945	20,9	23,3
1949	19,3	20,8
1953	22,7	24,2
1954	22,5	—
1956	25,0	26,0

Quelle: F. Lundberg, Die Reichen und die Superreichen, Hamburg 1969, S. 14/15.

Statistik zur Vermögenskonzentration in der BRD 1960:

Vermögensklasse von ... bis ... DM	Zahl private Haushalte	Prozent
über 10 Mio.	460	0,003
1–10 Mio.	13 540	0,08
0,1–1 Mio.	17 585 000	1,6
unter 0,1 Mio.	17 890 000	98,3

Quelle: Bretschneider/Husmann/Schnabel, Handbuch einkommens-, vermögens- und sozialpolitischer Daten, Köln 1970, J 23.

dung manifestieren. Sowohl aus dem zuerst angeführten Eigentumselement (Mehrwertaneignung), als auch aus dem zweitangeführten (Entscheidungsrecht) müssen auf einer bestimmten Entwicklungsstufe auch bestimmte Widersprüche entstehen. Die Widersprüche, die aus der Mehrwertaneignung hinsichtlich der gleichgewichtigen Makroentwicklung auftauchen, haben wir bereits in der vorangehenden Reproduktions- und Wachstumstheorie behandelt. Hier wollen wir nun die Widersprüche, die sich aus dem Entscheidungsanspruch ergeben, näher betrachten.

So wie die Entwicklung der Produktionskapazitäten selbst technischökonomisch bedingt und objektiv gegeben ist, also auch wissenschaftlich zu erkennen ist, ob sie optimal ist oder nicht, so ist auch die Leitung der Produktion, der Verteilung, des Verkaufs, der Forschung, der Investitionstätigkeit, kurz: der gesamten wirtschaftlichen Tätigkeit, an diese selbst gebunden und hat weitere Optimalisierungsvoraussetzungen. Die wirtschaftliche Leitung verlangt bei steigender Komplexität der wirtschaftlichen Tätigkeit eine ihr entsprechende Arbeitsteilung und hierarchische Gliederung. Diese optimale organisatorische Entwicklung der Leitungstätigkeit hat zwei grundlegende Voraussetzungen:

a) die Leitungsorgane müssen so organisiert sein, daß die zu leitende Tätigkeit überschaubar ist und mit hochstehenden fachlichen Kenntnissen sowie den schnellsten Informationen über die Wirtschaftstätigkeit und ihre ökonomischen Zusammenhänge ausgestattet werden kann, und

b) die Leitungsorgane müssen so organisiert sein, daß das ökonomische Interesse der leitenden Personen möglichst direkt an den in Erscheinung tretenden ökonomischen Effekt der Produktionseinheit geknüpft ist und daß ein Interesse an seiner optimalen Entwicklung auch wirklich besteht.

Die Notwendigkeit einer solchen Organisierung der Leitungstätigkeit setzt sich mehr oder weniger in der Entwicklung aller größeren wirtschaftlichen Einheiten durch. Sie führt erstens zu einer sich dauernd entwickelnden und verbessernden Arbeitsteilung und Mechanisierung in der Leitungstätigkeit selbst, und zweitens zu einer hierarchisch abgestuften Koordinierung einzelner spezifischer Leitungstätigkeiten durch höhergestellte (breitere Zusammenhänge überblickende) Leitungszentren. Die Arbeitsteilung und hierarchische Gliederung ermöglicht, immer spezifischere und konkretere Erkenntnisse und Informationen bei gleichzeitiger Koordinierung und Harmonisierung aller dieser Tätigkeiten zu erreichen, damit die höchste Effektivität in der Entwicklung der geleiteten wirtschaftlichen Tätigkeit selbst erzielt wird.

Damit diese leitende Tätigkeit sich jedoch nicht immer stärker bürokratisiert – was jeweils die Gefahr einer weitverzweigten Leitungstätigkeit ist –, müssen die leitenden Personen dauernd durch ihre eigenen persönlichen Interessen an die höchste Effektivität der Betriebe gebunden sein. Die grundlegende Verbindung ist, und bleibt noch für eine relativ lange Entwicklungsetappe, die Bindung der Entlohnungen der leitenden Personen an die Einkommensentwicklung der Produktions- und Verkaufseinheiten und in einer bestimmten Form die Bindung spezifischer Entlohnungen an die Profitentwicklung (Prämien, Profitanteile etc.). Besonders durch die letztgenannte Bindung entsteht auch das notwendige Interesse des leitenden Personals an der rationellen Entwicklung der Leitungsorgane selbst, an der Beseitigung aller unnötigen, rein bürokratisch-administrativen Tätigkeiten, an einer fachlich hochstehenden, zweckmäßigen Entwicklung der Leitungstätigkeit etc.

Ein wissenschaftlich und rational aufgebautes Leitungssystem innerhalb großer Korporationen muß notwendig gegenüber einer sich zunächst spontan entwickelnden Zentralisierung der Entscheidungsbefugnisse zielbewußt eine Dezentralisierung verfolgen. Die Produktions- und Kapitalkonzentration ruft selbstverständlich eine Konzentration von Entscheidungen in zentralen Organen hervor, die die Interessen der Kapitaleigentümer zu vertreten haben. Je größer die Konzerne sind, desto umfangreicher wird diese zentrale Entscheidungsbefugnis – wobei eine immer breitere und kompliziertere Arbeitsteilung innerhalb des sich erweiternden Leitungsapparats unumgänglich wird. Je unübersichtlicher und komplizierter dieser Apparat selbst wird, um so weniger effektiv wird seine Leitungsarbeit, um so mehr nimmt seine rein bürokratische Tätigkeit zu.

Um einer solchen Bürokratisierung und Effektivitätsabnahme der Leitungsentscheidungen entgegenzuwirken, müssen von Zeit zu Zeit innerhalb der riesigen Konzerne Reorganisationen durchgeführt werden, deren Ziel es ist, eine Dezentralisierung der Entscheidungen zu erreichen. Einzelne Produktionseinheiten werden mit selbständigen Leitungskompetenzen ausgestattet, oder die Kompetenz schon bestehender unterer Leitungsorgane wird erweitert. So muß nicht nur die Übersicht über die geleitete – dem Ausmaß nach verkleinerte – Tätigkeit erreicht und dadurch das fachliche Niveau der Leitung gehoben werden, sondern zugleich soll das Interesse des leitenden Personals enger auf die effektiven Resultate der geleiteten wirtschaftlichen Einheit abgestimmt werden. Nur wenn die Leitungstätigkeit selbst so unmittelbar wie möglich durch effektive wirtschaftliche Resultate beurteilt werden kann und das Leitungspersonal ökonomisch daran interessiert ist, nur dann ist es möglich, einer immer stärkeren Formalisierung und Zweckentfremdung der Leitungstätigkeit entgegenzuwirken.

Überall dort, wo die Leitungstätigkeit nicht nach den entwickelten Erkenntnissen der Betriebswirtschaftslehre aufgebaut wird und wo vor allem ökonomische Interessen des Leitungspersonals an einer modern organisierten Leitung fehlen, wird es unaufhaltsam zu Bürokratisierungen kommen. Der Mangel an Erkenntnissen über moderne Leitungssysteme und ihre lückenhafte Einführung in den kommunistischen Staaten ist vor allem wieder darauf zurückzuführen, daß die höchsten wirtschaftlichen Leitungsorgane an einer optimalen Betriebseffektivität kein persönliches ökonomisches Interesse haben. Es ist das Zeichen einer völligen Mißachtung der Faktoren, die für eine optimale Entwicklung der Produktionseinheiten und ihrer Leitungsorgane entscheidend sind. Ein Zeichen auch für eine abstrakte Auffassung vom sozialistischen Eigentum, das in seiner mittlerweile bürokratischen Staatsform in scharfem Widerspruch zu den Bedürfnissen eines rationalen Leitungssystems steht.

Die Bedürfnisse eines rational aufgebauten Systems der Produktion und der Produktionsleitung kommen aber auch in den kapitalistischen Ländern in einen wachsenden Widerspruch zur Entwicklung des Kapitaleigentums. Dieser Widerspruch hat jedoch einen anderen Charakter als im kommunistischen Staatseigentum, und er hat vor allem zwei Entwicklungs- und Lösungsetappen, die wir getrennt behandeln müssen. Die erste Etappe dieses Widerspruchs, über die wir hier sprechen, geht auch zeitlich der zweiten voran und wird allmählich in der kapitalistischen Entwicklung zwischen den beiden Kriegen und vor allem nach dem Zweiten Weltkrieg gelöst.

So wie das Privateigentum anwächst und einzelne Personen oder Gruppen über immer größere Kapitalien verfügen, so muß auch der Entscheidungsanspruch über die Anwendung des Kapitals (als Erscheinungsform des Eigentums) immer mehr in Widerspruch mit den Anforderungen einer modern und rational organisierten Leitungstätigkeit geraten. Die privaten Eigentümer großer Kapitalien (sei es in der Form von Alleineigentum an großen Betrieben oder von Aktienmajoritäten etc.) können den Ansprüchen moderner Leitungsanforderungen immer weniger nachkommen. Dieser Widerspruch entwickelt sich je nach der Art des Anspruchs auf Leitungsentscheidungen durch den Kapitaleigentümer, sowie nach der Größe des geleiteten Betriebs und Kompliziertheit der Leitungstätigkeit. Je größer und schwerer überschaubar der Betrieb und je mehr und je konkretere Entscheidungen der Kapitaleigentümer auf sich konzentriert, um so größere Schwierigkeiten und Fehlentscheidungen werden sich in der Betriebsleitung zeigen.

Die Notwendigkeit, daß die Betriebsleitung vom Kapitaleigentum immer stärker abgetrennt und daß eine eigene professionelle Leitung eingerichtet wird, hat sich bei den großen Betrieben durch den Druck der

Konkurrenz ergeben. Die Fachkenntnisse der Eigentümer konnten mit den modernen Leitungsanforderungen nicht Schritt halten. Das Ausmaß und die Kompliziertheit der modernen Leitung waren dann ohne einen besonderen Apparat nicht zu bewältigen. So wurde das Kapitaleigentum allmählich und in immer breiterem Ausmaß von der konkreten Führung abgetrennt, auch wenn das nicht leicht war. Die technischen und ökonomischen Notwendigkeiten und die spezifischen inneren Leitungszusammenhänge haben sich eine rationelle Entwicklung der Leitungsorgane erzwungen, und dies im Gegensatz und auch auf Kosten eines wesentlichen Privilegs des Kapitaleigentums: des Entscheidungsrechts.

Wo die Kapitaleigentümer nicht ihr Recht auf Entscheidung und Führung aufgegeben und auch nicht den Anforderungen moderner Leitungstätigkeit entsprochen haben, hat sich die ökonomische Notwendigkeit durch negative Ergebnisse oder sogar Bankrotts solcher Betriebe gezeigt. Eine produktionsmäßig angepaßte Organisationsform und eine fachlich hochstehende Leitung mit entsprechenden Interessen und Motivationen erweisen sich schließlich fast von selbst als entscheidend gegenüber dem Kapitaleigentum, und wo dieses in seiner Größe mit den Bedürfnissen der Organisation in Widerspruch kommt, werden die Eigentumsrechte allmählich abgebaut. So wie ein gleichgewichtiges Wachstum immer größere und zielbewußtere Eingriffe von Gesellschaftsorganen in die Mehrwertaneignung und Verteilung nach sich zieht, so erzwingt sich eine rationelle Produktionsorganisation und Leitung immer engere Limitierungen des Entscheidungsrechts der Kapitaleigentümer über die Kapitalnutzung.*

* »In discussing problems of enterprise it is possible to distinguish between three functions: that of having interests in an enterprise, that of having power over it, and that of acting with respect to it (...) Before the industrial revolution the ownerworker performed all three, as do most farmers today. But during the nineteenth century the bulk of industrial production came to be carried on by enterprises in which a division had ocurred (...)
Under the corporate system, the second function, that of having power over an enterprise, has become separated from the first. The position of the owner has been reduced to that of having a set of legal and factual interests in the enterprise while the group which we have called control, are in the position of having legal and factual powers over it.«
A. Berle, G. Means, The modern corporation and private property, New York 1948, S. 119/120.
Sehr treffend konstatiert diese Entwicklung auch H. Ulrich:
»In unserer Terminologie ausgedrückt kann man sagen, daß Positionen in jenen Entscheidungsinstanzen, welche die für Unternehmungen primären Zielentscheide treffen, mehr und mehr nicht nur von Eigentümern, sondern auch von angestellten Managern eingenommen werden. Diese Entwicklung dürfte vor allem auf folgende Faktoren zurückzuführen sein:
– die Verteilung des Eigentums in den großen Unternehmungen auf sehr viele Per-

Von konkreten Leitungsentscheidungen in großen Unternehmen immer
mehr verdrängt, behalten sich die Kapitaleigentümer in verschiedenen
Abstufungen noch das Entscheidungsrecht über die Kapitalnutzung in
prinzipiellen Fragen. In Vorständen und Aufsichtsräten behalten die
stärksten Aktionäre sehr oft noch das Entscheidungsrecht über die grund-
sätzlichsten Produktions-, Investitions-, Organisationsentwicklungen, wobei ihre Vertretung gewisser Gruppeninteressen in Widerspruch mit den
rationalen Bedürfnissen der Unternehmensentwicklung kommen kann.
Auch bei diesen Widersprüchen behauptet sich jedoch zunehmend und
langfristig die ökonomische Notwendigkeit gegenüber den eingeschränkten Kapitalinteressen. Die Manager, als konsequente Vertreter der ökonomischen Notwendigkeiten und moderner technischer und ökonomischer
Erkenntnisse, setzen sich zusehens gegen kurzsichtige Kapitalinteressen
durch und zwingen die Kapitaleigentümer, sich den Notwendigkeiten zu
beugen. Der Entscheidungsanspruch der Eigentümer wird so begrenzt und
formalisiert.

Die letzte Ebene, auf der sich das Entscheidungsrecht der größten
Eigentümer am längsten behauptet, sind die Personalentscheidungen.
Durch das Entscheidungsrecht bei der personellen Besetzung der höchsten
Funktionen des Managements kommen indirekt aber erstaunlich oft noch
Kapitalinteressen zum Tragen, die nicht immer rationalen Bewertungs-
prozessen leitender Kader entsprechen. Doch sogar auf dieser letzten
Ebene gibt es wesentliche Wandlungen, indem das Management großer
Unternehmen allmählich selbst den entscheidenden Einfluß auf die Aus-
wahl und Zusammensetzung der Vorstände und Aufsichtsräte bekommt
und so auch diesen Einfluß des Kapitaleigentums in bestimmten Branchen
und Produktionen beseitigt.

Diese spontane Tendenz führt zwar auf der einen Seite zu einer allmählichen Begrenzung wesentlicher Elemente des Kapitaleigentums
(Mehrwertaneignung und Kapitalnutzungsentscheidungen), ist aber nicht

sonen, die zum größeren Teil lediglich am finanziellen Ertrag ihrer Beteiligung interessiert sind;
– die Tatsache, daß die Übergabe des Eigentums an folgende Generationen dem
Erbrecht folgt und keine Auswahl nach Fähigkeiten zur Unternehmensführung möglich
ist;
– die zunehmende Schwierigkeit der Aufgaben der Unternehmensführung, die Entwicklung der ›Unternehmensführung zum Beruf‹ und die entsprechende Zunahme der
Bedeutung von spezifischen Fähigkeiten und Kenntnissen.«
H. Ulrich, Die Unternehmung als produktives soziales System, Bern/Stuttgart 1968,
S. 201/202.
Siehe auch besonders zu dieser Frage: J. Burnham, The Managerial Revolution, Lon-
don 1944.

zugleich schon die Überwindung der Eigentumsentfremdung der breiten Massen arbeitender Menschen. Die Rationalisierung von Entscheidungen über Mehrwertabschöpfung, Nutzung und über Produktions- und Leitungsorganisationen durch kleine Entscheidungseliten (Staatsfunktionäre und Management) geht bei einem Desinteresse der arbeitenden Massen an dieser Kapitalentwicklung immer weiter. Die Gefahr der Verdrängung des Interesses der Kapitaleigentümer und sein Ersatz durch andere Interessen, die abermals nicht mit den allgemeinen Interessen der arbeitenden Menschen identisch sind, wächst immer mehr.

Keine Entscheidung ist interessenfrei, und wenn jedes Leitungsorgan noch so sehr mit der Rationalität seiner Entscheidungen argumentiert, wird sich in diesen Erkenntnisprozeß selbst und in die Leitungstätigkeit leicht ein spezifisches Interesse der entscheidenden Organe einschleichen. Ein solches sind das Machtinteresse von Bürokraten und das einseitige Produzenteninteresse des Produktionsmanagements gleichermaßen. Der immer stärkere Einfluß dieser Interessen auf Entscheidungen führt, wenn das Interesse von Kapitaleigentümern bereits stark eingeschränkt oder, wie in den kommunistischen Ländern, ganz beseitigt ist, ohne durch ein Kapitalinteresse der Massen arbeitender Menschen ersetzt worden zu sein, zu neuen Entscheidungen, die sich im Verlauf der Entwicklung gegen die Interessen dieser arbeitenden Menschen wenden.

Hier muß vorerst nur hervorgehoben werden, daß die kapitalistische Entwicklung selbst zu einer allmählichen Begrenzung der wesentlichsten Ausdrucksformen des Kapitaleigentums führt, ohne bis heute den Gegensatz zwischen Lohnempfängern und Kapitaleigentümern beseitigt zu haben. Es ist eine fortschrittliche Entwicklung insofern, als sie Prozesse und Entscheidungen überwindet, die zu Störungen des Makrogleichgewichts oder zu nichtrationellen Produktions- und Managementorganisationen führen. Zugleich mit der allmählichen Einschränkung des privaten Eigentums setzt sich aber die Tendenz einer *Bürokratisierung* oder *Technokratisierung* der Entscheidungen durch, die sich zunehmend gegen das Interesse der arbeitenden Menschen richtet. Am härtesten tritt dieser Widerspruch in kommunistischen Ländern in Erscheinung, in denen eine einseitig und vereinfacht aufgefaßte *Theorie* der Kapitalkonzentration zur tatsächlichen Verstaatlichung des Kapitals geführt hat.

Die Staatsbürokraten, die die Produktion faktisch planen und grundsätzlich leiten, können weder die notwendigen Kenntnisse und Informationen über die konkreten Produktionsbedingungen haben, noch sind sie kapitalinteressiert, da die wirtschaftlichen Resultate ihrer Entscheidungen keinen Einfluß auf die Entwicklung ihrer persönlichen Einkommen haben. Die notwendigen Fachkenntnisse der Produktionsleitung sind insofern schwerer zu erreichen, als solche Personen in einer ungünstigeren Stellung als die produktionsentfremdeten großen kapitalistischen Aktionäre sind. Außerdem haben sie aber ein ausgesprochenes Kapitaldesinteresse, das sie – bei den durch Macht usurpierten höchsten Produktionsentscheidungen – zu einer nie dagewesenen Unverantwortlichkeit und Gleichgültigkeit gegenüber der Effektivität der Kapitalentwicklung führt. Es handelt sich also um kenntnis- und interessenmäßig noch entfremdetere Entscheidungen (als wesentlicher Ausdruck eines spezifischen staatsbürokratischen Eigentumssystems) als die im Privatkapitalismus.

Vergesellschaftung und Verstaatlichung

Marx selber hat die konkrete Form einer Sozialisierung der Produktionsmittel nie festgelegt. Für ihn war die Sozialisierung oder Vergesellschaftung des Eigentums an Produktionsmitteln nur eine abstrakt formulierte konkrete Notwendigkeit, die er aus der zunehmenden Vergesellschaftung der Produktion und des Kapitals deduzierte. An die Stelle der Aneignung durch eine kleine Anzahl kapitalistischer Privateigentümer innerhalb einer stark vergesellschafteten Produktion sollte die gesellschaftliche Aneignung treten. Während die kapitalistische Entwicklung eine Enteignung einer breiten Masse kleiner Eigentümer (Handwerker, Bauern, kleiner Kapitalisten etc.) von ihren Produktionsmitteln und gleichzeitig eine Konzentration und Zentralisierung des Kapitals bei ganz wenigen Eigentümern bedeutet, muß auf einer bestimmten Stufe dieser Entwicklung die Enteignung der großen Kapitaleigentümer zur Vergesellschaftung des Kapitals führen.*

---

* »Das Kapitalmonopol wird zur Fessel der Produktionsweise, die mit und unter ihm aufgeblüht ist. Die Zentralisation der Produktionsmittel und die Vergesellschaftung der Arbeit erreichen einen Punkt, wo sie unverträglich werden mit ihrer kapitalistischen Hülle. Sie wird gesprengt. Die Stunde des kapitalistischen Privateigentums schlägt. Die Expropriateurs werden expropriiert.«
K. Marx, Das Kapital, Bd. I, Berlin 1962, S. 791.
»Das Gelingen und Mißlingen führen hier gleichzeitig zur Zentralisation der Kapitale und daher zur Expropriation auf der enormsten Stufenleiter. Die Expropriation erstreckt sich hier von den unmittelbaren Produzenten auf die kleineren und mittleren Kapitalisten selbst. Diese Expropriation ist der Ausgangspunkt der kapitalistischen Produktionsweise, ihre Durchführung ist ihr Ziel, und zwar in letzter Instanz die Expropriation aller einzelnen von den Produktionsmitteln, die mit der Entwicklung der gesellschaftlichen Produktion aufhören, Mittel der Privatproduktion und Produkte der Privatproduktion zu sein, und die nur noch Produktionsmittel in der Hand der asso-

Die Enteignung der Kapitalisten war zwar für Marx das Resultat einer politischen Machtübernahme der Arbeiter aufgrund ihrer revolutionären Bewegung. In diesem Sinn sprach er auch des öfteren von der Eroberung der Staatsmacht durch die Arbeiterklasse, von dem zur herrschenden Klasse hin organisierten Proletariat und von der Anwendung dieser neuen proletarischen Macht zur Enteignung der Kapitalisten, zur Übernahme ihrer Produktionsmittel und ihrer sozialistischen Nutzung und Weiterentwicklung.* Doch auch diese Übernahme der Staatsmacht durch die Arbeiterklasse und die mit ihrer Hilfe durchgeführte Enteignung der Kapitalisten war für ihn nie gleichbedeutend mit einer Verstaatlichung der Produktionsmittel oder mit einer Verwaltung und Leitung der Betriebe durch Staatsorgane.

Erstens betonte er immer wieder, daß die Eroberung des Staates durch die Arbeiter nicht nur zu einer Zerschlagung der alten Staatsmaschinerie, sondern auch zu einer allmählichen Überwindung und Beseitigung des Staates überhaupt führen müsse. Zweitens war er der Ansicht, daß die Arbeiter nach der Machtübernahme die enteigneten Fabriken und Betriebe selbst verwalten und planmäßig leiten würden. Soweit bei Marx überhaupt konkretere Ausführungen über die sozialisierten Betriebe zu finden sind, ist es durchweg die Vorstellung von direkt assoziierten Arbeitern, die die Produktion nach einem gemeinschaftlichen Plan und zugunsten der gesamten Gesellschaft leiten. Sogar nach den Erfahrungen aus der Pariser Kommune, durch die Marx ein konkreteres Bild von der möglichen Machtübernahme durch die Arbeiter und einer Ersetzung des alten bürgerlichen Staates durch eine vorübergehende proletarische Diktatur gewann, ging er nicht von der Idee der durch die Arbeiter selbst verwalteten Betriebe ab.**

ziierten Produzenten, daher ihr gesellschaftliches Eigentum, sein können, wie sie ihr gesellschaftliches Produkt sind.«
K. Marx, Das Kapital, Bd. III, Berlin 1964, S. 455–456.
* »Das Proletariat wird seine politische Herrschaft dazu benutzen, der Bourgeoisie nach und nach alles Kapital zu entreißen, alle Produktionsinstrumente in den Händen des Staats, das heißt des als herrschende Klasse organisierten Proletariats zu zentralisieren und die Masse der Produktionskräfte möglichst rasch zu vermehren.«
K. Marx, F. Engels, Werke, Bd. 4, Berlin 1959, S. 481.
** »(...) die Kommune wollte jenes Klasseneigentum abschaffen, das die Arbeit der vielen in den Reichtum der wenigen verwandelt. Sie beabsichtigte die Enteignung der Enteigner. Sie wollte das individuelle Eigentum zu einer Wahrheit machen, indem sie die Produktionsmittel, den Erdboden und das Kapital, jetzt vor allem die Mittel zur Knechtung und Ausbeutung der Arbeit, in bloße Werkzeuge der freien und assoziierten Arbeit verwandelt.«
»Wenn aber die genossenschaftliche Produktion nicht eitel Schein und Schwindel bleiben, wenn sie das kapitalistische System verdrängen, wenn die Gesamtheit der Genossen-

In einer direkten Übernahme der Produktionsmittel durch die assoziierten Arbeiter sah er die Überwindung des kapitalistischen Widerspruchs. Die gemeinschaftlich arbeitenden Menschen sollten auch durch
gemeinschaftliche Pläne über die Benutzung der Produktionsmittel und
Produktionsresultate entscheiden und zu diesem Zweck nicht nur keinen
speziellen Staatsapparat aufbauen, sondern im Gegenteil die Menge der
noch nicht ganz zu beseitigenden staatlichen Beamtenschaft stark reduzieren und unter die direkte Kontrolle der Kommunenorgane stellen.

Vorstellungen über eine zukünftige Verstaatlichung der großen Betriebe
haben in gewissem Grad ihren Ursprung in einigen Formulierungen von
Engels und wurden dann besonders durch Lenin verstärkt. In seiner pole-
mischen Schrift *Antidühring* und noch eindrucksvoller in der kleinen Arbeit *Die Entwicklung des Sozialismus von der Utopie zur Wissenschaft*
spricht Engels über den Vergesellschaftungsprozeß des Kapitals als Weg-
bereiter des Sozialismus. Er hebt dabei besonders die Entwicklung, die
über die Aktiengesellschaften, Trusts und schließlich die Verstaatlichung
innerhalb des Kapitalismus geht, als Signal des nahenden Sozialismus
hervor. Auf diese Weise versucht er aufzuzeigen, wie schon im Kapitalismus selbst die Bourgeoisie immer überflüssiger wird.*

Die Verstaatlichung ist zwar für ihn der Höhepunkt des Prozesses
einer immer breiteren Konzentration und Vergesellschaftung der Produktion, durch die die Notwendigkeit einer allgemeinen Sozialisierung der
Produktionsmittel signalisiert wird. Doch auch Engels bleibt nur bei dieser
sehr abstrakten Beweisführung und weicht jedem Versuch einer Aussage
über konkretere Formen der zukünftigen Sozialisierung der Betriebe aus.
Daß er die kapitalistische Verstaatlichung hervorgehoben hat, diente ihm
nur als indirektes Argument für die Notwendigkeit einer Sozialisierung

schaften die nationale Produktion nach einem gemeinsamen Plan regeln, sie damit unter
ihre eigne Leitung nehmen und der beständigen Anarchie und den periodisch wieder-
kehrenden Konvulsionen, welche das unvermeidliche Schicksal der kapitalistischen Produktion sind, ein Ende machen soll – was wäre das andres, meine Herren, als der Kommunismus, der ›mögliche‹ Kommunismus?«
K. Marx, F. Engels, Werke, Bd. 17, Berlin 1962, S. 342–343.
* »Wenn die Krisen die Unfähigkeit der Bourgeoisie zur fernern Verwaltung der modernen Produktivkräfte aufdeckten, so zeigt die Verwandlung der großen Produktions- und
Verkehrsanstalten in Aktiengesellschaften, Trusts und Staatseigentum die Entbehrlichkeit
der Bourgeoisie für jeden Zweck. Alle gesellschaftlichen Funktionen des Kapitalisten
werden jetzt von besoldeten Angestellten versehn. Der Kapitalist hat keine gesellschaftliche Tätigkeit mehr, außer Revenueneinstreichen, Kuponsabschneiden und Spielen an
der Börse, wo die verschiednen Kapitalisten untereinander sich ihr Kapital abnehmen.«
K. Marx, F. Engels, Werke, Bd. 19, Berlin 1962, S. 221, 222.

überhaupt, ohne daß er je diese zukünftige Sozialisierung in der Form einer Verstaatlichung dargestellt hätte. Sobald er über die sozialistische Zukunft spricht, geht er wieder zu allgemeinsten und abstraktesten Formulierungen über.*

Bei solcher Beweisführung für die Notwendigkeit der Sozialisierung wird allein der Prozeß der Konzentration und Produktionsvergesellschaftung** betont, während das ebenso notwendige dauernde Abbröckeln und Neugründen von Produktionseinheiten und Kapitalien vollkommen beiseite gelassen wird. Daß im heutigen Kapitalismus, in den entwickelten Ländern, nach einer über Jahrhunderte verlaufenden Kapitalkonzentration die Menge kleiner und mittlerer Privatkapitalien nicht absolut abgenommen, sondern zugenommen hat – ganz abgesehen von der noch größeren Menge kleiner und mittlerer selbständiger Produktionseinheiten: sie sind in größerer Zahl vorhanden, da sich viele in den Händen ein und derselben Eigentümer befinden –, verneint zwar nicht den tatsächlich abrollenden Prozeß der Produktionsvergesellschaftung, beweist aber zugleich die Unhaltbarkeit seiner einseitigen Simplifizierung. Die unterschiedlichen Entwicklungszusammenhänge des Kapitals, der Produktion und der Lei-

---

* »*Proletarische Revolution*, Auflösung der Widersprüche: Das Proletariat ergreift die öffentliche Gewalt und verwandelt Kraft dieser Gewalt die den Händen der Bourgeoisie entgleitenden gesellschaftlichen Produktionsmittel in öffentliches Eigentum. Durch diesen Akt befreit es die Produktionsmittel von ihrer bisherigen Kapitaleigenschaft und gibt ihrem gesellschaftlichen Charakter volle Freiheit, sich durchzusetzen. Eine gesellschaftliche Produktion nach vorherbestimmtem Plan wird nunmehr möglich. Die Entwicklung der Produktion macht die fernere Existenz verschiedener Gesellschaftsklassen zu einem Anachronismus. In dem Maß wie die Anarchie der gesellschaftlichen Produktion schwindet, schläft auch die politische Autorität des Staats ein. Die Menschen, endlich Herren ihrer eignen Art der Vergesellschaftung, werden damit zugleich Herren der Natur, Herren ihrer selbst – frei.«
K. Marx, F. Engels, Werke, Bd. 19, S. 228, Berlin 1962.
** Unter Vergesellschaftung der Produktion ist nicht nur ihre Konzentration, sondern auch die immer kompliziertere Entwicklung der Arbeitsteilung zu verstehen, durch die jedes Produkt das Ergebnis einer Produktion von immer mehr Abteilungen innerhalb einer Fabrik und noch mehr Branchen und Zweigen in der gesamten Wirtschaft wird. Eine zutreffende Definition gab Lenin:
* Die Vergesellschaftung der Arbeit durch die kapitalistische Produktion besteht durchaus nicht darin, daß die Menschen in ein und derselben Räumlichkeit arbeiten (das ist nur ein kleiner Teil des Prozesses), sondern darin, daß die Konzentration der Kapitalien von der Spezialisierung der gesellschaftlichen Arbeit, von einer Verringerung der Anzahl der Kapitalisten in jedem gegebenen Industriezweig und einer Vergrößerung der Anzahl der speziellen Industriezweige begleitet ist; sie besteht darin, daß viele zersplitterte Produktionsprozesse zu einem einzigen gesellschaftlichen Produktions·prozeß verschmelzen.«
W. I. Lenin, Werke, Bd. 1, Berlin 1961, S. 169.

tungsorganisation werden dabei nicht beachtet, und das Problem des
Gründungsinteresses und der Gründerinitiative wird vollkommen ignoriert.
Aus dieser von Anfang an allzu schlichten Theorie der notwendigen
Enteignung der Kapitalisten und Sozialisierung der Produktionsmittel,
bei der jedoch ihre Begründer jeder konkretisierteren Zukunftsvorstellung
vorsichtig auswichen, da sie sich der Kompliziertheit dieses Problems bewußt waren, entwickelte sich bis heute eine recht simple offizielle »marxistische« Idee der »sozialistischen Verstaatlichung«, die die eigentliche entscheidende und führende Form der Sozialisierung sei.*

Staatsmonopolisierung

Die Identifikation der »Sozialisierung« mit der »Verstaatlichung«, die
Betonung des sozialistischen Charakters des Staates (Diktatur des Prole-
tariats) als des Eigentümers sowie die »führende Rolle« des staatlichen
Eigentums gegenüber anderen Eigentumsformen beim Übergang zum
Sozialismus stammt noch von Lenin.** Lenins entsprechende Gleichsetzung

* »Das Staatseigentum hat sozialistischen, auf das gesamte Volk bezogenen (russisch:
vsenarodnij) Charakter nur unter den Bedingungen der sozialistischen Revolution. Das
Staatseigentum hat die führende Rolle bei dem Aufbau des Sozialismus, bildet die
ökonomische Basis, auf welche sich der sozialistische Staat bei der planmäßigen Leitung
der Volkswirtschaft stützt. (...)«
»Das genossenschaftliche Eigentum (Gruppeneigentum) bekommt sozialistischen Charakter nur unter den Bedingungen der Diktatur des Proletariats bei führender Rolle des
staatlichen Eigentums. Deshalb kann das genossenschaftliche sozialistische Eigentum nur
auf der Basis des sich entwickelnden staatlichen sozialistischen Eigentums entstehen, sich
weiterentwickeln und festigen.«
Politická ekonomie (Politische Ökonomie), tschechische Ausgabe, S. 338.
* »Es ist unzweifelhaft, daß die Genossenschaften in einem kapitalistischen Staat eine
kapitalistische Kollektiveinrichtung sind. Unzweifelhaft ist auch, daß in unserer jetzigen
ökonomischen Wirklichkeit, wo wir privatkapitalistische Betriebe – jedoch nur auf
gesellschaftlichem Grund und Boden und nur unter Kontrolle der Staatsmacht, die in
den Händen der Arbeiterklasse liegt – mit Betrieben von konsequent sozialistischem
Typus (sowohl die Produktionsmittel als auch der Grund und Boden, auf dem der
Betrieb steht, wie der Betrieb als Ganzes gehören dem Staat) vereinigen, noch die Frage
nach einer dritten Art von Betrieben auftaucht, denen früher vom Standpunkt der
prinzipiellen Bedeutung aus keine Selbständigkeit zukam, nämlich den genossenschaftlichen Betrieben ...
In der bei uns bestehenden Gesellschaftsordnung unterscheiden sich genossenschaftliche
Betriebe von privatkapitalistischen als kollektive Betriebe, aber sie unterscheiden sich
nicht von sozialistischen Betrieben, wenn sie auf dem Grund und Boden errichtet und
mit Produktionsmitteln ausgerüstet sind, die dem Staat, d. h. der Arbeiterklasse, gehören.«
W. I. Lenin, Werke, Bd. 33, Berlin 1962, S. 459.

ist die sozusagen verständliche Konsequenz seiner Theorie vom Imperialismus, Monopolismus und Staatskapitalismus als der unmittelbaren Vorbereitung des Sozialismus. Der Sozialismus tritt hier vor allem als die revolutionäre Änderung des klassenmäßigen Charakters des Staates auf, der als »proletarischer Staat« die höchste Organisation der monopolistischen und staatsmonopolistischen Wirtschaft zu übernehmen, weiterzuentwickeln und zugunsten der arbeitenden Bevölkerung anzuwenden hat.

Vor allem in seinem Buch *Imperialismus als das letzte Stadium des Kapitalismus* charakterisiert Lenin die allgemeine Monopolisierung der kapitalistischen Wirtschaft im 20. Jahrhundert, die Verquickung von Industrie und Banken unter der Vorherrschaft von Großbanken und das Entstehen des sogenannten Finanzkapitals, sowie schließlich die Beherrschung und Ausnutzung des Staates durch dieses Finanzkapital und die Entwicklung eines Staatsmonopolismus. Das ist die aktualisierte Konzentrationstheorie. In ihr wird die Beherrschung der gesamten Wirtschaft durch eine kleine Gruppe größter Monopolisten und Finanzmagnaten beschrieben, die einen Großteil der Produktion, des Handels und des Transports in ihren Händen haben und durch ihre Monopolstellung und über riesige verzweigte Finanzmittel den Markt und seine Zukunftsentwicklung wesentlich beeinflussen. In der Ausnutzung des Staates durch diese mächtigen Kapitalgruppen sieht dann Lenin die unmittelbare materielle und ökonomische Vorbereitung des Sozialismus, da hier die Entwicklung der Produktion, der Verteilung, des Austauschs und des Konsums planmäßig beeinflußt wird – wenn auch »zugunsten der Profitinteressen der Monopolisten«. Doch würde es seiner Meinung nach schon genügen, aus dem kapitalistischen Staat einen sozialistischen Arbeiterstaat zu machen, die Zielsetzung seiner Wirtschaftsbeeinflussung zu ändern, die »Ausbeutung« zu beseitigen, und der Sozialismus wäre realisiert.*

* »Die objektiven Voraussetzungen für die sozialistische Revolution, die zweifellos in den am stärksten entwickelten fortgeschrittenen Ländern schon vor dem Kriege gegeben waren, sind noch mehr herangereift und entwickeln sich infolge des Krieges mit rasender Schnelligkeit weiter. Die Verdrängung und der Ruin der Klein- und Mittelbetriebe wird noch mehr beschleunigt. Die Konzentration und Internationalisierung des Kapitals wächst ins riesenhafte. Der monopolistische Kapitalismus verwandelt sich in staatsmonopolistischen Kapitalismus, eine Reihe von Ländern gehen unter dem Druck der Verhältnisse zur öffentlichen Regulierung der Produktion und der Verteilung über, einige von ihnen führen die allgemeine Arbeitspflicht ein.

Bei Aufrechterhaltung des Privateigentums an den Produktionsmitteln gehen alle diese Schritte in Richtung einer größeren Monopolisierung und größeren Verstaatlichung der Produktion unweigerlich Hand in Hand mit einer immer stärkeren Ausbeutung der werktätigen Massen, mit der Verstärkung der Unterdrückung, der Erschwerung des Widerstandes gegen die Ausbeuter, dem Erstarken der Reaktion und des Militärdespotismus, und zugleich führen sie unweigerlich zu einem ungeheueren Anwachsen der

Der logische Gipfel dieses Konzepts ist die Vorstellung vom alles planenden, alles verteilenden und alles organisierenden proletarischen Staat, der keinen Markt mehr braucht und die gesamte Produktion kommunistisch zu verteilen beginnt. Daß Lenin tatsächlich von dieser Idee einer allumfassenden Staatsmacht und einer direkten kommunistischen Verteilung beherrscht war und sie in die russische Praxis einführen wollte, hat er später, nach schwerwiegenden negativen Erfahrungen, eingestanden und zu korrigieren versucht. Ohne an dieser Stelle auf die kommunistische Praxis näher eingehen zu können, muß nur kurz gezeigt werden, wie sich aus der Vergesellschaftungs- und Monopoltheorie die Vorstellung der Verstaatlichung der Wirtschaft entwickelte und warum die Vorstellung einer wirtschaftlichen Allmacht des Staates und seiner zukünftigen »sozialistischen« Eigentümer- und Leitungsrolle eine von Anfang an vereinfachte und unrealistische Vorstellung war.

Schon Engels war in den letzten Jahren seines Lebens – und um so mehr war es Lenin – unter dem Einfluß seiner sozialistischen Ziele geneigt, die wirklichen Anzeichen einer anwachsenden Produktionsvergesellschaftung und daraus hervorgehenden wirtschaftlichen Planungsmöglichkeiten zu übertreiben. Engels sieht im Entstehen von monopolistischen Trusts die Voraussetzung für eine planmäßige Entwicklung, die die Marktspontaneität überwinden wird.* Und Lenin mißt der Monopolisierung der Wirtschaft und dem Staatsmonopolismus eine solche Bedeutung bei, daß er in ihr den unmittelbaren Übergang zur sozialistischen Planwirtschaft sieht.**

Profite der Großkapitalisten auf Kosten aller übrigen Bevölkerungsschichten, zur Versklavung der werktätigen Massen auf viele Jahrzehnte durch Tribute, die sie in Form von Milliardenzinsen für die Anleihen den Kapitalisten entrichten müssen. Die gleichen Bedingungen aber bieten bei Aufhebung des Privateigentums an den Produktionsmitteln, bei vollständigem Übergang der Staatsmacht in die Hände des Proletariats die Gewähr für eine erfolgreiche Umgestaltung der Gesellschaft, die die Ausbeutung der Menschen durch den Menschen aufhebt und den Wohlstand aller wie jedes einzelnen sichert.«
    W. I. Lenin, Werke, Bd. 24, Berlin 1959, S. 302, 303.
* »In den Trusts schlägt die freie Konkurrenz um ins Monopol, kapituliert die planlose Produktion der kapitalistischen Gesellschaft vor der planmäßigen Produktion der hereinbrechenden sozialistischen Gesellschaft. Allerdings zunächst noch zu Nutz und Frommen der Kapitalisten.«
    K. Marx, F. Engels, Werke, Bd. 19, Berlin 1962, S. 220, 221.
** »(...) der Kapitalismus sich während des Krieges noch mehr entwickelte als vor dem Krieg. Er monopolisiert bereits ganze Industriezweige. Schon im Jahre 1891, vor 27 Jahren, als die Deutschen ihr Erfurter Programm annahmen, sagte Engels, daß man den Kapitalismus nicht mehr wie bisher als Planlosigkeit auslegen könne. Das sei bereits veraltet: beim Bestehen von Trusts hört die Planlosigkeit auf. Besonders im 20. Jahrhundert schritt die Entwicklung des Kapitalismus mit Riesenschritten voran, und der Krieg bewirkte, was 25 Jahre nicht bewirkten. Die Verstaatlichung der Industrie ist nicht nur

Durch das Hervorheben und die einseitige Charakteristik einer monopolistischen Wirtschaft – wobei oft echte, marktbeherrschende Monopolisierung mit der bloßen Existenz großer Konzerne und Korporationen gleichgesetzt wird – soll auf der einen Seite die materielle, ökonomische und organisatorische Vorbereitung einer staatlichen sozialistischen Planung, und auf der anderen eine ungeheuer angewachsene Ausbeutung der absoluten Mehrheit der Gesellschaft durch eine Handvoll Monopolisten und Finanzoligarchen bewiesen werden.* Lenin betont zwar auch die nicht zu eliminierende Konkurrenz**, doch wird diese nur noch als ein rein negatives Überbleibsel des Privateigentums angesehen, das die Planung behindert und zur Anarchie führt. Wird einmal dieses kapitalistische Überbleibsel durch den proletarischen Staat und die Verstaatlichung abgeschafft, so kann – nach Lenin – die ganze monopolistische Organisation vom Staat zugunsten der arbeitenden Menschen (ohne Ausbeutung) ausgenutzt, und dann ohne Konkurrenz alles staatlich geplant werden.***

Ganz besonders faszinierte Lenin die planende Rolle des bürgerlichen Staates, in der er den Monopolismus auf Staatsebene erhoben sah und

in Deutschland fortgeschritten, sondern auch in England. Vom Monopol schlechthin ist man zum Staatsmonopol gekommen. Die objektive Lage der Dinge hat gezeigt, daß der Krieg die Entwicklung des Kapitalismus beschleunigt hat, sie ist vom Kapitalismus zum Imperialismus, vom Monopol zur Verstaatlichung fortgeschritten. Das alles hat die sozialistische Revolution näher gebracht und für sie die objektiven Voraussetzungen geschaffen. Die sozialistische Revolution ist somit durch den Verlauf des Krieges näher gerückt.«
W. I. Lenin, Werke, Bd. 24, Berlin 1959, S. 229.
* »Die Produktion wird vergesellschaftet, die Aneignung jedoch bleibt privat. Die gesellschaftlichen Produktionsmittel bleiben Privateigentum einer kleinen Anzahl von Personen. Der allgemeine Rahmen der formal anerkannten freien Konkurrenz bleibt bestehen, und der Druck der wenigen Monopolinhaber auf die übrige Bevölkerung wird hundertfach schwerer, fühlbarer, unerträglicher.«
W. I. Lenin, Werke, Bd. 22, Berlin 1960, S. 209, 210.
** »Dieses Monopol ist ein kapitalistisches, das heißt ein Monopol, das aus dem Kapitalismus erwachsen ist und im allgemeinen Milieu des Kapitalismus, der Warenproduktion, der Konkurrenz, in einem beständigen und unlösbaren Widerspruch zu diesem allgemeinen Milieu steht.«
»Gewiß kann das Monopol unter dem Kapitalismus die Konkurrenz auf dem Weltmarkt niemals restlos und auf sehr lange Zeit ausschalten (das ist übrigens einer der Gründe, warum die Theorie des Ultraimperialismus unsinnig ist).«
W. I. Lenin, Werke, Bd. 22, Berlin 1960, S. 280, 281.
*** »Denn der Sozialismus ist nichts anderes als der nächste Schritt vorwärts, über das staatskapitalistische Monopol hinaus. Oder mit anderen Worten: Der Sozialismus ist nichts anderes als staatskapitalistisches Monopol, das *zum Nutzen des ganzen Volkes angewandt wird* und dadurch *aufgehört hat,* kapitalistisches Monopol zu sein.«
W. I. Lenin, Werke, Bd. 25, Berlin 1960, S. 369.

die wiederum schon ein Übergangsmoment zur Staatsplanung sein sollte. Ihn hatte die Wirtschaftstätigkeit vor allem des Deutschen Reiches während des Ersten Weltkriegs inspiriert. Lenin studierte diesen kriegsmäßigen Staatsmonopolismus sehr eingehend, sowohl in seiner praktischen Entwicklung als auch in seinen bürgerlichen theoretischen Reflexionen.* In der staatlich planmäßigen Regulierung der deutschen Kriegswirtschaft sah er schon den Keim des Sozialismus und ein direktes Beispiel für die Organisation und Planung der sowjetischen Wirtschaft.**

Doch so einseitig die Monopoltheorie war, so vereinfacht war die Interpretation der deutschen Planung während der Jahre des Ersten Weltkriegs. Diese staatsmonopolistische Planung ist ja in den Kriegsjahren eingeführt und nur als notwendiges Übel für die Sicherung der kriegsmäßigen Ziele angesehen worden. Die militärischen Prioritäten bei der Produktion, die staatlich geplante Zuteilung von Rohstoffen und Arbeitskräften, die Rationierung der Lebensmittel und Konsumgüter, die staatliche Fixierung der Preise, die finanzpolitische Bevorzugung der staatlichen Kriegsziele – alles dies war für Lenin Vorbild der kommunistischen zentralen Planungstätigkeit und die Bestätigung der gesetzmäßigen Entwicklung von der »kapitalistischen Anarchie« zur »bewußten gesellschaftlichen Regulierung der Produktion und Verteilung«. Nicht mehr die Bourgeoisie, sondern das Proletariat sollte einmal den Staat beherrschen und diese staatsmonopolistische Entwicklung konsequent zu Ende führen.

Zweifellos führt die gesamte spätkapitalistische Entwicklung, die riesi-

---

* Siehe vor allem:
W. Rathenau, Von kommenden Dingen, Berlin 1917, und auch: Autonome Wirtschaft, Jena 1919, sowie: Die neue Wirtschaft, Berlin 1918.
O. Neurath, Einführung in die Kriegswirtschaftslehre, Wien 1914.
F. Schmid, Kriegswirtschaftslehre, Leipzig 1915.
J. Plenge, Der Krieg und die Volkswirtschaft, Münster 1915.
E. Jaffé, Volkswirtschaft und Krieg, Tübingen 1915.
Voelcker, Die Deutsche Volkswirtschaft im Kriegsfall, Leipzig 1909.
** »(...) Deutschland. Hier haben wir das ›letzte Wort‹ moderner großkapitalistischer Technik und planmäßiger Organisation, die dem *junkerlich-bürgerlichen Imperialismus unterstellt* sind. Man lasse die hervorgehobenen Wörter aus, setze an Stelle des militärischen, junkerlichen, bürgerlichen, imperialistischen Staates ebenfalls einen Staat, aber einen Staat von anderem sozialen Typus, mit anderem Klasseninhalt, den Sowjetstaat, das heißt einen proletarischen Staat, und man wird die ganze Summe der Bedingungen erhalten, die den Sozialismus ergibt.
Sozialismus ist undenkbar ohne großkapitalistische Technik, die nach dem letzten Wort modernster Wissenschaft aufgebaut ist, ohne planmäßige staatliche Organisation, die Dutzende Millionen Menschen zur strengsten Einhaltung einer einheitlichen Norm in der Erzeugung und Verteilung der Produkte anhält.«
W. I. Lenin, Werke, Bd. 32, Berlin 1961, S. 346.

gen Produktions- und Kapitalkonzentrationen, zu viel bewußteren, mit
vertieften Marktforschungen und Marktprognosen ausgestatteten Inve-
stitions- und Produktionsentscheidungen der großen Konzerne – weit
stärker, als das bei den kleinen und viel zersplitterteren Betrieben in den
Anfängen des Kapitalismus der Fall war. Auch impliziert die organisierte
Verteilung und planmäßig dirigierte Bewegung von Produkten innerhalb
der Riesenkonzerne eine Beseitigung von Marktbeziehungen in all diesen
Prozessen. Auch die Beeinflussung der Marktnachfrage und der Preisentwicklung durch große Korporationen, vor allem durch Monopole und
Oligopole, ist erheblich angewachsen. Dennoch wurde der Markt nicht
beseitigt, und nach Liquidierung der außergewöhnlichen Kriegseinschrän-
kungen haben seine Funktionen nicht an Bedeutung verloren.

Die Zahl der selbständigen Marktbetriebe und die Menge von Produktarten, die gehandelt werden, hat zugenommen und nimmt ständig zu.
Auch gegenüber den Plänen der größten Korporationen setzt sich immer
wieder die unvorhergesehene korrigierende Rolle des Marktes durch. Die
stärksten Monopolisten müssen sich der objektiven Nachfragefunktion
und der im einzelnen nicht voraussehbaren Preis- und Einkommenselasti-
zität beugen. Den makroökonomischen Widerspruch zwischen Produktionsstruktur und Einkommensverteilungsentwicklung kann bisher keine
Planungstätigkeit antizipieren und überwinden. Der Konkurrenzdruck
hat weiterhin den entscheidenden positiven Einfluß auf die Entwicklung
der Qualität und Produktivität der Produktion. Die Planungstätigkeit
der großen Korporationen führte nicht zur Überwindung der Konkurrenz
und des Marktes, sondern zur Ergänzung ihrer mangelnden Perspektiv-
informationen und zu einer stärkeren Beeinflussung der Marktentwicklung. Dies aber nur insofern, als sich zusammen mit der Konzentration
auch die notwendige Zersplitterung und Dezentralisierung, mit der Planung auch der Konkurrenzdruck entwickelten.

Nicht eine einseitige Konzentrations- und Monopolentwicklung bis
zum allgemeinen Staatsmonopol charakterisiert die kapitalistische Entwicklung, sondern ebenso entgegengesetzte Prozesse, die zwar nicht eine
Vergesellschaftung der Produktion negieren, aber zugleich aufzeigen, wie
spekulativ das Argument von der allgemeinen Verstaatlichung der Produktion ist. Auch die als progressives Beispiel aufgenommene wirtschaftliche Rolle des deutschen Staates zwischen 1914 und 1918, die als Vorzeichen einer allgemeinen sozialistischen staatlichen Planung herausgestellt
wurde, war in Wirklichkeit nur das Beispiel für eine abnorme Wirtschafts-
situation in Kriegszeiten. Eben nicht die Sicherung einer strukturell breiten, flexiblen, effektiven und dauernd qualitativ voranschreitenden Wirtschaft konnte mit dieser Kriegsplanung erreicht werden, sondern nur die

schnelle und absolut vorrangige militärische Produktion.* Nicht eine
wirklich progressive und lebensfähige Planung und Leitung, zu der die
Produktionsvergesellschaftung als zu einer höheren Leitungsform spontan
gedrängt gewesen wäre, sondern eine sehr vereinfachte, der normalen
Wirtschaftsentwicklung schadende und nur spezifischen, eingeschränkten
Machtzielen entsprechende und dienende Staatstätigkeit wurde hier theoretisch in den Vordergrund geschoben und für den Sozialismus verallgemeinert.

Freilich entstehen wesentliche Entwicklungsprobleme, die mit Kapitalkonzentration, Produktionsvergesellschaftung und Kapitalentfremdung
verbunden sind und eine Sozialisierung verlangen. Doch sind das weder
Probleme, die durch eine Verstaatlichung der Produktionsmittel gelöst
werden, noch kann man die Sozialisierung mit dem heutigen kommunistischen System auf einen Nenner bringen.

* »Totale Lenkung durch den Staat ist ineffizient und daher nur unter außergewöhnlichen Umständen vertretbar. Die kriegswirtschaftliche Lenkung ist überall einigermaßen
abgeschafft worden.«
J. Tinbergen, Wirtschaftspolitik, Freiburg/Br. 1968, S. 35.

Viertes Kapitel

Politische Dogmatisierungen

I. Diktatur des Proletariats

Revolutionsbewußtsein

Die Theorie von Marx war nicht nur als Beitrag zur wissenschaftlichen Analyse des bestehenden kapitalistischen Systems, sondern als Begründung seiner revolutionären Beseitigung gemeint. Neben dem Versuch also, aus dieser Theorie alles herauszugreifen und weiterzuentwickeln, was einen ökonomischen oder auch anderen wissenschaftlichen Erkenntniswert hat – ungeachtet dessen, ob man die revolutionäre Einstellung akzeptiert oder nicht –, muß man die marxistische Theorie auch hinsichtlich ihrer revolutionären Ziele beurteilen. Und auch hier tritt wieder ihre Doppelseitigkeit hervor. Neben – für bestimmte Situationen – richtigen Erkenntnissen kommen theoretische Vereinfachungen, Begrenztheiten und falsche Schlußfolgerungen vor, die allerdings einen besonders stark dogmatisierten Charakter erhielten.

Marx vertrat ganz eindeutig die Meinung, daß die kapitalistische Entwicklung notwendig zu einer immer stärkeren Ausbeutung und Verelendung der Arbeiterklasse führt, daß die Reproduktionsstörungen in Form allgemeiner Wirtschaftskrisen sich häufen und vertiefen und daß schließlich die Konzentration des Kapitals zu einer ungeheuren Vereinfachung der Klassengegensätze führen müsse. Die Masse der eigentumslosen, ausgebeuteten und verelendeten Proletarier sollte stark anwachsen, während die kapitalistischen Ausbeuter zu einem immer kleineren Häufchen zusammenschrumpfen sollten. Aus ihrer ökonomischen Stellung heraus hatte das revolutionäre Bewußtsein der Proletarier sich zu entwickeln, und in einer bestimmten Situation, in der die Überlebtheit und Unsinnigkeit des Kapitalismus ganz kraß hervortreten würde, sollten sie ihn revolutionär beseitigen.

Diese Schlußfolgerung war verfrüht und wurde durch die Weiterentwicklung des Kapitalismus nicht bestätigt. Sie hatte und hat noch eine bestimmte Geltung für die anfängliche Entwicklung des Kapitalismus, und da sich in diesem Stadium auch heute wieder viele Länder befinden, wird der Marxismus auch noch lange aktuell sein. Doch selbst in den heutigen Entwicklungsländern ist einmal schon die objektive Situation von dem Entwicklungsvorgang, den Marx erlebte, unterschieden, und zweitens kann die politische Bewegung hier nicht mehr von den Erfahrungen und Erkenntnissen absehen, die nach Marx gewonnen werden konnten. Dennoch wird dort auch die orthodoxe marxistische Theorie eine viel größere Anziehungskraft besitzen als in den entwickelten kapitalistischen Ländern.

Es kann nicht bestritten werden, daß es auf einer bestimmten Stufe der kapitalistischen Entwicklung zu einem Anwachsen der Not, des Elends und daher auch des revolutionären Bewußtseins breiter Schichten des Volkes kommt. Solange das Kapital, in die Landwirtschaft eindringend und immer mehr Menschen aus den bisherigen Lebensbedingungen reißend, ihnen noch nicht genügend neue Existenzbedingungen schaffen kann, so lange wird das akkumulierte Elend sich spontan gegen das Kapital wenden. Unter dem Einfluß marxistischer Revolutionsideen und idealisierter Zielsetzungen in der Form einer Diktatur des Proletariats kann diese spontane Bewegung in extremen Situationen, die besonders in Krisen- oder Kriegszeiten eintreten, zum Sturz des Staatsapparats führen und die Voraussetzung für eine revolutionäre Veränderung des Gesellschaftssystems schaffen.

Diktatur der Bourgeoisie

Der Begriff »Diktatur des Proletariats« entstand als Gegenstück zur »Diktatur der Bourgeoisie«. Nach den ausgedehnten theoretischen Arbeiten vor allem von Engels über das Wesen des Staates* entsteht der Staat als Machtinstrument der jeweils ausbeutenden Klassen. In seiner gesamten historischen Entwicklung, selbst bei verschiedenen Typen und Formen, blieb er – nach der marxistischen Theorie – seinem Wesen nach ein Machtinstrument in den Händen der verschiedensten Ausbeuterklassen (Sklavenhalter, Feudalherren, Kapitalisten), mit dessen Hilfe sie die ökonomischen Ausbeuterverhältnisse erhalten und jeden Widerstand der Ausgebeuteten niederschlagen konnten.**

Auch wenn der Staat immer an ein Territorium gebunden war und

---

* Siehe seine Arbeit: »Der Ursprung der Familie, des Privateigentums und des Staates.«
** »Da der Staat entstanden ist aus dem Bedürfnis, Klassengegensätze im Zaum zu halten, da er aber gleichzeitig mitten im Konflikt dieser Klassen entstanden ist, so ist er in der Regel Staat der mächtigsten ökonomisch herrschenden Klasse, die vermittelst seiner

daher auch immer eine entsprechende Schutzfunktion für das Territorium und die darin zusammengefaßte gesellschaftliche Formation gegen Eingriffe und Angriffe von außen hatte, so war seine Hauptfunktion nach innen gerichtet. Innerhalb der staatlich zusammengefaßten Gesellschaftsformation hatte er mit Hilfe aller klassischen Staatsinstrumente und vor allem einer spezifischen, bewaffneten Macht für »Ruhe und Ordnung« zu sorgen. Scheinbar über den verschiedensten Klassen, Schichten und sozialen Gruppen stehend, sollte er für eine recht- und ordnungsgemäße Regelung aller Interessenwidersprüche, Konflikte, Spannungen und Übergriffe bemüht sein.

Als Instrument der Überwindung nicht nur entstandener Klassengegensätze, sondern aller antisozialen Handlungen einzelner oder von Gruppen, die in Widerspruch zu den Interessen aller, auch antagonistischer Klassen kamen, wurde der Staat tatsächlich geschaffen. Doch mußte zusammen mit seiner Vervollständigung und Erhebung über die Gesellschaft auch immer die ökonomisch mächtigste und reichste Gesellschaftsklasse den entscheidenden Einfluß auf die Staatstätigkeit erlangen. Sie konnte ihn vor allem als Instrument zur Erhaltung jener sozio-ökonomischen Verhältnisse handhaben, aus denen eben die Interessenunterschiede und Interessenkonflikte erwuchsen – Verhältnisse, an deren Erhaltung wiederum sie selbstverständlich interessiert war.*

Welche spezifische Form der Staat auch hat – seine wesentlichsten Bestandteile sind immer die politischen (Macht-)Organe, bürokratische Verwaltungsapparate, Polizeiaufgebote, Justizorgane, Sanktions- und Repressionsmittel (Kerker etc.), Militär und ideologische Einflußmöglichkeiten (Medien o. ä.). Wie auch die Machtorgane, denen alle diese Machtinstrumente untergeordnet sind, entstehen – ob sie von der Gesellschaftseinheit gewählt oder von bestimmten Interessengruppen gewaltmäßig usurpiert werden –, die Hauptaufgabe des jeweiligen Staates war der Schutz

auch politisch herrschende Klasse wird und so neue Mittel erwirbt zur Niederhaltung und Ausbeutung der unterdrückten Klasse.«
K. Marx, F. Engels, Werke, Bd. 21, Berlin 1962, S. 166, 167.
* »Die bisherige, sich in Klassengegensätzen bewegende Gesellschaft hatte den Staat nötig, das heißt eine Organisation der jedesmaligen ausbeutenden Klasse zur Aufrechterhaltung ihrer äußern Produktionsbedingungen, also namentlich zur gewaltsamen Niederhaltung der ausgebeuteten Klasse in den durch die bestehende Produktionsweise gegebenen Bedingungen der Unterdrückung (Sklaverei, Leibeigenschaft oder Hörigkeit, Lohnarbeit). Der Staat war der offizielle Repräsentant der ganzen Gesellschaft, ihre Zusammenfassung in einer sichtbaren Körperschaft, aber er war dies nur, insofern er der Staat derjenigen Klasse war, welche selbst für ihre Zeit die ganze Gesellschaft vertrat: im Altertum Staat der sklavenhaltenden Staatsbürger, im Mittelalter des Feudaladels, in unserer Zeit der Bourgeoisie.«
K. Marx, F. Engels, Werke, Bd. 19, Berlin 1962, S. 223, 224.

jenes sozial-ökonomischen Systems, an dessen Erhaltung das gegebene Machtorgan und die hinter ihm stehende soziale Gruppe interessiert war. Man kann nicht widerlegen, daß jeweils die ökonomisch mächtigsten Klassen und Gruppen den größten Einfluß auf die Staatsorgane hatten – auch wenn in Revolutionszeiten eine neue Klasse die Staatsorgane eroberte, so war es immer die ökonomisch aufsteigende Klasse – Bourgeoisie gegen Aristokratie etc. Durch ein a priori fixiertes Wahlvorrecht oder durch indirekte Einflußmöglichkeiten bei allgemeinem Wahlrecht hatten die reichsten Klassen und Schichten auch immer größeren Einfluß auf Entwicklung und Aktivitäten der Staatsorgane als die Klassen und Schichten, die keinen ökonomisch fundierten Einfluß besaßen.*

Marx sah zwar in der bürgerlichen Demokratie im Vergleich zur absolutistischen Staatsform einen wichtigen Fortschritt, doch betonte er immer wieder, daß auch diese Demokratie ihrem Wesen nach nichts anderes als eine Maschinerie zur Unterdrückung einer Klasse durch die andere sei.** Und so kristallisierte sich schließlich unter den Marxisten eine Auffassung heraus, die den Staat immer als Diktatur einer Klasse gegenüber der anderen versteht – wobei diese Diktatur offen und unverhüllt oder unter Bedingungen der ökonomischen Ungleichheit der Menschen verdeckt und durch formelle allgemeine Wahlen getarnt auftritt. Gegenüber der offe-

* »In den meisten geschichtlichen Staaten werden außerdem die den Staatsbürgern zugestandnen Rechte nach dem Vermögen abgestuft und damit direkt ausgesprochen, daß der Staat eine Organisation der besitzenden Klasse zum Schutz gegen die nichtbesitzende ist. So schon in den athenischen und römischen Vermögensklassen. So im mittelalterlichen Feudalstaat, wo die politische Machtstellung sich nach dem Grundbesitz gliederte. So im Wahlzensus der modernen Repräsentativstaaten. Diese politische Anerkennung des Besitzunterschieds ist indes keineswegs wesentlich. Im Gegenteil, sie bezeichnet eine niedrige Stufe der staatlichen Entwicklung. Die höchste Staatsform, die demokratische Republik, die in unsern modernen Gesellschaftsverhältnissen mehr und mehr unvermeidliche Notwendigkeit wird und die Staatsform ist, in der der letzte Entscheidungskampf zwischen Proletariat und Bourgeoisie allein ausgekämpft werden kann – die demokratische Republik weiß offiziell nichts mehr von Besitzunterschieden. In ihr übt der Reichtum seine Macht indirekt, aber um so sicherer aus. Einerseits in der Form der direkten Beamtenkorruption, wofür Amerika klassisches Muster, andrerseits in der Form der Allianz von Regierung und Börse, die sich um so leichter vollzieht, je mehr die Staatsschulden steigen und je mehr Aktiengesellschaften nicht nur den Transport, sondern auch die Produktion selbst in ihren Händen konzentrieren und wiederum in der Börse ihren Mittelpunkt finden.«
K. Marx, F. Engels, Werke, Bd. 21, Berlin 1962, S. 167.
** »Und man glaubt schon einen ganz gewaltig kühnen Schritt getan zu haben, wenn man sich frei gemacht vom Glauben an die erbliche Monarchie und auf die demokratische Republik schwört. In Wirklichkeit aber ist der Staat nichts als eine Maschine zur Unterdrückung einer Klasse durch eine andre, und zwar in der demokratischen Republik nicht minder als in der Monarchie (...)«
K. Marx, F. Engels, Werke, Bd. 17, Berlin 1962, S. 625.

nen oder verdeckten Diktatur der Bourgeoisie sollte die offene Diktatur des Proletariats errichtet werden*: als vorübergehendes Instrument zur Unterdrückung des Widerstands der Bourgeoisie gegen ihre Expropriation und als Schutz der allgemeinen Sozialisierung und des Aufbaus einer klassenlosen Gesellschaft.

Dieser Akt des neuen Staates, der proletarischen Diktatur, sollte zugleich sein letzter sein. Als Unterdrückungsmittel gegen die letzte unterdrückende Klasse, zur Förderung einer klassenlosen Gesellschaft gedacht, sollte der Staat mit der Beseitigung des Privateigentums an Produktionsmitteln und daher der Abschaffung von antagonistischen Klassen überhaupt, seine Existenzgrundlage verlieren und aufhören zu bestehen.** Dies war eine eingewurzelte Vorstellung der Marxisten, ebenso wie die Abschaffung des Privateigentums und der Marktbeziehungen im Sozialismus.

* »Das Wesen der Marxschen Lehre vom Staat hat nur erfaßt, wer begriffen hat, daß die Diktatur *einer* Klasse nicht nur schlechthin für jede Klassengesellschaft notwendig ist, nicht nur für das *Proletariat*, das die Bourgeoisie gestürzt hat, sondern auch für die ganze *historische Periode*, die den Kapitalismus von der ›klassenlosen Gesellschaft‹, vom Kommunismus, trennt. Die Formen der bürgerlichen Staaten sind außerordentlich mannigfaltig, ihr Wesen ist aber ein und dasselbe: Alle diese Staaten sind so oder so, aber in letzter Konsequenz unbedingt eine *Diktatur der Bourgeoisie*. Der Übergang vom Kapitalismus zum Kommunismus muß natürlich eine ungeheure Fülle und Mannigfaltigkeit der politischen Formen hervorbringen, aber das Wesentliche wird dabei unbedingt das *eine* sein: *die Diktatur des Proletariats*.«
W. I. Lenin, Werke Bd. 25, Berlin 1960, S. 425.
** »Sind im Laufe der Entwicklung die Klassenunterschiede verschwunden und ist alle Produktion in den Händen der assoziierten Individuen konzentriert, so verliert die öffentliche Gewalt den politischen Charakter. Die politische Gewalt im eigentlichen Sinn ist die organisierte Gewalt einer Klasse zur Unterdrückung einer andern. Wenn das Proletariat im Kampfe gegen die Bourgeoisie sich notwendig zur Klasse vereint, durch eine Revolution sich zur herrschenden Klasse macht und als herrschende Klasse gewaltsam die alten Produktionsverhältnisse aufhebt, so hebt es mit diesen Produktionsverhältnissen die Existenzbedingungen des Klassengegensatzes, der Klassen überhaupt, und damit seine eigene Herrschaft als Klasse auf.«
K. Marx, F. Engels, Werke, Bd. 4, Berlin 1959, S. 482.
»(...) Indem er endlich tatsächlich Repräsentant der ganzen Gesellschaft wird, macht er sich selbst überflüssig. Sobald es keine Gesellschaftsklasse mehr in der Unterdrückung zu halten gibt, sobald mit der Klassenherrschaft und dem in der bisherigen Anarchie der Produktion begründeten Kampf ums Einzeldasein auch die daraus entspringenden Kollisionen und Exzesse beseitigt sind, gibt es nichts mehr zu reprimieren, das eine besondre Repressionsgewalt, einen Staat, nötig machte. Der erste Akt, worin der Staat wirklich als Repräsentant der ganzen Gesellschaft auftritt – die Besitzergreifung der Produktionsmittel im Namen der Gesellschaft – ist zugleich sein letzter selbständiger Akt als Staat. Das Eingreifen einer Staatsgewalt in gesellschaftliche Verhältnisse wird auf einem Gebiete nach dem andern überflüssig und schläft dann von selbst ein. An die Stelle der Regierung über Personen tritt die Verwaltung von Sachen und die Leitung von Produktionsprozessen. Der Staat wird nicht abgeschafft, er *stirbt ab*.«
K. Marx, F. Engels, Werke, Bd. 20, Berlin 1962, S. 261, 262.

Simplifizierte Demokratievorstellungen

Die marxistische Theorie der bürgerlichen Demokratie ist eine sehr abstrakte und oberflächliche Theorie geblieben. Marx hat zwar in seinen Frühschriften für demokratische Freiheiten gekämpft und diese gegenüber dem Absolutismus hervorgehoben. Später wird ihre Bedeutung nur noch als notwendige Voraussetzung einer freieren Organisationsmöglichkeit der Arbeiter und ihrer Vorbereitung für die sozialistische Revolution betrachtet.* Im übrigen werden nur die negativen Seiten der Demokratie betont: daß sie von der ökonomisch herrschenden Bourgeoisie zur politischen Unterdrückung der Proletarier ausgenutzt werden kann. Daß aber auch die Demokratie ihre historische Entwicklung hat, daß sie außer den Besonderheiten jeder einzelnen Entwicklungsetappe auch allgemeine, wesentliche Prinzipien enthält, die über die jeweils spezifische Klassengesellschaft hinausgehen und auch im Sozialismus gelten müssen – diese Argumente verschwinden überhaupt aus dem Gesichtskreis der sowjetischen Ideologie. Auch wird übersehen, daß die Freiheit der Persönlichkeit, der Überzeugung, des Wortes, der Presse, der Organisation, der Versammlung, der politischen Betätigung etc. allgemein notwendige Grundrechte jeder freien Gesellschaft sind, also vor allem einer Gesellschaft, in der es keine Ausbeutung und Unterdrückung mehr geben soll.

Besonders Lenin, der seine Partei auf die direkte Vorbereitung der Revolution ausrichtete, hat die für die Arbeiter negativen Seiten der bürgerlichen Demokratie unwissenschaftlich aufgebauscht. Er sah in ihr vor allem das klassenmäßig benutzte Instrument, und er war auch der erste, der die bürgerliche Demokratie einfach als »Diktatur der Bourgeoisie« bezeichnete. So verschwand eigentlich der Unterschied zwischen einer demokratischen und einer diktatorischen Regierungsform im Kapitalismus. Auch diese theoretische Vereinfachung und die Tatsache, daß die russischen Völker in ihrer ganzen Geschichte eigentlich keine bürgerliche Demokratie erlebt haben, hat in der späteren Sowjetunion zur vollkommenen Unterbewertung der allgemein notwendigen demokratischen Prinzipien beigetragen.

Es ist zwar nicht zu bestreiten, daß in einer Gesellschaft, in der nur wenige Eigentümer von Produktionsmitteln sind und nur wenige über das Kapital und den Großteil des Mehrwerts disponieren, also eine ökonomisch privilegierte Stellung innehaben, daß also in einer solchen

---

* »Für den Proletarier ist der Kampf für die politische Freiheit und die demokratische Republik in der bürgerlichen Gesellschaft nur eine der notwendigen Etappen im Kampf für die soziale Revolution, die die bürgerliche Ordnung stürzt.«
W. I. Lenin, Werke, Bd. 8, Berlin 1958, S. 8.

Gesellschaft auch der faktische Einfluß aller Menschen auf die politische Entwicklung und den Staat zwar formal, aber nicht inhaltlich gleich sein kann. Mit Sicherheit werden sich in einer solchen Gesellschaft, selbst wenn diese eine demokratische Staatsform hat, die grundsätzlichen Interessen der Kapitaleigentümer wesentlich leichter durchsetzen als die Interessen der Nichtkapitaleigentümer. Doch kann das allein nicht schon bedeuten, daß sich *nur* die Interessen dieser Kapitaleigentümer realisieren, und daß immer dann und dort, wo diese den Interessen der breiten Massen arbeitender Menschen entgegenstehen, die der letzteren einfach unterdrückt werden. Das ist eine allzu schlichte Behauptung, und sie ist besonders auf der heutigen Entwicklungsstufe der westlichen Demokratie nicht nachzuweisen.

Dieser theoretische Ansatz leugnet nicht nur die Einflußmöglichkeit der Arbeiter und anderer arbeitender Klassen und Schichten (Bauern, Handwerker, Bürokratie, Intelligenz etc.) auf den Staat, sondern auch die faktischen Interessenwidersprüche innerhalb der Bourgeoisie selber, die sehr wesentlich sein und von anderen Interessengruppen ausgenutzt werden können. Überhaupt werden abermals die Begriffe »Interessen« und »Interessenwidersprüche« zu undifferenziert gesehen und die sehr komplizierten Probleme der »Interessenerkenntnis«, »Interessengruppierungen« und »Ausspielung von Interessen« vollkommen beiseite gelassen. Wie bereits erwähnt, wird dann schließlich das Problem einer Interesseneinheit aller Klassen gegen antisoziale Elemente und Handlungen unterschätzt, obwohl diese später beim sozialistischen Staat so sehr hervorgehoben wird. Erst eine tiefgehende *Analyse* des faktischen Interessenwiderspiels in einer westlichen Demokratie ließe eine verallgemeinernde Schlußfolgerung über das Wesen dieser Demokratie zu.

Eine solche Analyse ist ebensowenig das Ziel dieser Arbeit wie eine Untersuchung über das Wesen der bürgerlichen Demokratie. Hier sollte lediglich darauf hingewiesen werden, daß die marxistische Schlußfolgerung, die bürgerliche Demokratie sei eine Diktatur der Bourgeoisie, zumindest nicht genügend fundiert und gewiß unwissenschaftlich ist. Sie ignoriert *wesentliche* Änderungsprozesse dieser Demokratie oder verneint die *Änderung des Wesens* dieser Demokratie und unterläßt zugleich eine wissenschaftliche Analyse der tatsächlichen Veränderungen. Schon das steht im Gegensatz zu der von Marx betonten analytischen Methode.

Daß dieses Problem einfach unter den Tisch fällt, muß als eine wesentliche Lücke in der marxistischen Staatstheorie angesehen werden. Obgleich gerade die revolutionäre marxistische Einstellung zum Staat im Kapitalismus eine sehr fundierte Theorie verlangt, hält der »offizielle« Marxismus ein solches Gesamtkonzept anscheinend nicht für unerläßlich. Doch auch der Begriff »Diktatur des Proletariats« ist eigentlich bis heute sehr abstrakt geblieben; er übergeht sogar einen grundlegenden Widerspruch zwischen Marx und Lenin innerhalb der theoretischen Begründung dieser Diktatur mit Stillschweigen.

Der proletarische Staat

Während die Vorstellungen über die Besonderheiten eines proletarischen Staates gegenüber einem bürgerlichen Staat bei Marx anfangs völlig fehlten, versuchte er später, diese Besonderheiten aufgrund der Erfahrungen aus der Pariser Kommune theoretisch zu konkretisieren. Zum erstenmal in der Geschichte entstand eine revolutionäre Arbeitermacht, die sozialistische Transformationen im politischen und ökonomischen System durchführen wollte.

Für eine kurze Zeitspanne entstand 1871 in Paris eine revolutionäre Diktatur von Arbeitern, die als »Pariser Kommune« in die Geschichte einging. In dieser Stadt, die wegen der schnell fortschreitenden Industrialisierung eine relativ große Arbeiterbevölkerung hatte, und in der die Bourgeoisie für einen entscheidenden Augenblick aufhörte, die nationalen Interessen der Bevölkerung zu vertreten und über den bewaffneten militärischen Schutz nicht verfügte, konnten die bewaffneten Arbeiter vorübergehend die Macht ergreifen.* Unter dem Einfluß verschiedener sich verbreitender sozialistischer Theorien unternahmen sie die ersten Schritte in Richtung einer wesentlichen Systemänderung und Sozialisierung.

Marx analysierte die hier gewonnenen Erfahrungen und entwickelte auf ihrer Grundlage die ersten konkreteren Vorstellungen einer proletarischen Diktatur, obgleich die spezifische Situation von Paris nur sehr begrenzte Verallgemeinerungen erlaubte. Weil es kein ganzes Land war und daher auch über keinen großen, koordinierten Verwaltungsapparat verfügte, weil dadurch auch fast vollständig das Problem einer ausgedehnten Bürokratie entfiel, weil es keine Landwirtschaft und keine Bauern gab, weil kein ausgedehnter Markt und die damit verbundenen komplizierten Probleme bestanden – dies alles erlaubte nur sehr beschränkte

---

* »Paris konnte nur Widerstand leisten, weil es infolge der Belagerung die Armee losgeworden war, an deren Stelle es eine hauptsächlich aus Arbeitern bestehende Nationalgarde gesetzt hatte. Diese Tatsache galt es jetzt in eine bleibende Einrichtung zu verwandeln. Das erste Dekret der Kommune war daher die Unterdrückung des stehenden Heeres und seine Ersetzung durch das bewaffnete Volk.«
K. Marx, F. Engels, Werke, Bd. 17, Berlin 1962, S. 338.

theoretische Erkenntnisse über die Funktionen und den Aufbau einer eventuellen zukünftigen Arbeitermacht. Dennoch wurden die darauf basierenden Theorien, die sicherlich sehr wichtige und anregende Ideen enthielten, aber unmöglich als komplexes theoretisches Fundament eines neuen Staatstypus anzusehen waren, für lange Jahre die einzige Grundlage des zukünftigen Staatsbildes.

Es war das allgemeinste Bild von einer politischen Arbeitermacht, die als Übergangsinstrument zu einer klassenlosen Gesellschaft und daher auch zur zukünftigen Abschaffung des Staates die revolutionären Interessen der Arbeiter wahrnehmen sollte. Die meisten der erarbeiteten Prinzipien einer neuen politischen Macht übernahm auch Lenin in seine theoretischen Abhandlungen über die Diktatur des Proletariats.

Kurz zusammengefaßt geht es um folgende Prinzipien: Vor allem ist es die Idee, daß der alte bürokratische Machtapparat, der den Unterdrückern diente, zerschlagen und durch die Kommune – später die Räterepublik – ersetzt werden müsse. Direkt gewählte Vertreter der Arbeiter – später: Arbeiter, Bauern und Soldaten – sollten nicht nur legislative Machtorgane bilden, sondern Organe, in denen die legislative und exekutive Macht vereinigt wäre. Ihnen sollte auch ein minimaler Beamtenapparat direkt unterstellt sein. Alle öffentlichen Funktionäre, Verwalter, Richter, hohe Beamte etc. sollten von der Kommune gewählt, ihr verantwortlich und von ihr absetzbar sein. Die Entlohnung der Beamten sollte Arbeiterlöhne nicht übersteigen.*

Diese revolutionäre Macht sollte als direkte Vertretung der Arbeiterinteressen die revolutionäre Veränderung der Wirtschaft durchführen: die Enteignung des kapitalistischen oder, soweit vorhanden, auch feudalen und kirchlichen Eigentums und dessen direkte Übergabe in die Hände der Produzenten; die Demokratisierung des Schulwesens und die Einführung

---

* »Die Kommune bildete sich aus den durch allgemeines Stimmrecht in den verschiedenen Bezirken von Paris gewählten Stadträten. Sie waren verantwortlich und jederzeit absetzbar. Ihre Mehrzahl bestand selbstredend aus Arbeitern oder anerkannten Vertretern der Arbeiterklasse. Die Kommune sollte nicht eine parlamentarische, sondern eine arbeitende Körperschaft sein, vollziehend und gesetzgebend zu gleicher Zeit. Die Polizei, bisher das Werkzeug der Staatsregierung, wurde sofort aller ihrer politischen Eigenschaften entkleidet und in das verantwortliche und jederzeit absetzbare Werkzeug der Kommune verwandelt. Ebenso die Beamten aller andern Verwaltungszweige. Von den Mitgliedern der Kommune an abwärts, mußte der öffentliche Dienst für *Arbeiterlohn* besorgt werden. Die erworbenen Anrechte und die Repräsentationsgelder der hohen Staatswürdenträger verschwanden mit diesen Würdenträgern selbst. Die öffentlichen Ämter hörten auf, das Privateigentum der Handlanger der Zentralregierung zu sein. Nicht nur die städtische Verwaltung, sondern auch die ganze, bisher durch den Staat ausgeübte Initiative wurde in die Hände der Kommune gelegt.«
K. Marx, F. Engels, Werke, Bd. 17, Berlin 1962, S. 339.

der allgemeinen und unentgeltlichen Schulerziehung; die Unterstellung des Finanzwesens unter die gesellschaftlichen, ökonomischen und sozialen Ziele; die Schaffung einer sozialen Arbeitsgesetzgebung usw.*

So entstand also die Theorie, die später in der leninistischen Konkretisierung zur Praxis des sowjetischen Systems wurde. Lenin erweiterte diese sehr abstrakten Vorstellungen in der zukünftigen sozialistischen politischen Organisation nicht wesentlich, denn ebenso wie Marx und Engels verließ er sich vollkommen auf die späteren praktischen Erfahrungen, deren frühere theoretische Projektion als utopisch abgelehnt wurde.** Die größte theoretische Energie widmete Lenin der Ausarbeitung der Strategie und Taktik der sozialistischen Revolution im Imperialismus und im imperialistischen Krieg, dem Übergang von einer bürgerlich-demokratischen zur sozialistischen Revolution in Rußland, der Rolle der kommunistischen Partei (anfangs sozialdemokratischen Partei) in der Revolutionsentwicklung und ähnlichen, mit der Vorbereitung der Machtübernahme verbundenen Problemen.

So blieb tatsächlich die gesamte theoretische Vorbereitung des zukünftigen politischen Systems im wesentlichen auf die Ideen, die Marx aus der Pariser Kommune übernommen hatte, beschränkt. Nur die Vorstellung über die Dauer der allmählichen Beseitigung des Staates und seine – damit zusammenhängende – Begründung hat Lenin in seiner Theorie der zwei Phasen der sozialistischen Entwicklung in seiner Arbeit *Staat und Revolution* entwickelt. Der neue, proletarische Staat sollte nicht sofort nach der allgemeinen Sozialisierung der Produktionsmittel und nach der Beseitigung der Klassengesellschaft absterben, wie es Marx und Engels noch gemeint hatten, sondern er sollte als Staat eines neuen Typs während der

---

* »Die große soziale Maßregel der Kommune war ihr eigenes arbeitendes Dasein. Ihre besondern Maßregeln konnten nur die Richtung andeuten, in der eine Regierung des Volks durch das Volk sich bewegt. Dahin gehören die Abschaffung der Nachtarbeit der Bäckergesellen; das Verbot bei Strafe, der bei Arbeitgebern üblichen Praxis, den Lohn herabzudrücken durch Auferlegung von Geldstrafen auf die Arbeiter unter allerlei Vorwänden – ein Verfahren, wobei der Arbeitgeber in einer Person Gesetzgeber, Richter und Vollstrecker ist und obendrein das Geld einsteckt. Eine andre Maßregel dieser Art war die Auslieferung von allen geschlossenen Werkstätten und Fabriken an Arbeitergenossenschaften, unter Vorbehalt der Entschädigung, gleichviel, ob der betreffende Kapitalist geflüchtet war oder aber vorzog, die Arbeit einzustellen.«
K. Marx, F. Engels, Werke, Bd. 17, Berlin 1962, S. 347.
** »Bei Marx findet sich auch nicht die Spur eines Versuchs, Utopien zu konstruieren, ins Blaue hinein Mutmaßungen anzustellen über das, was man nicht wissen kann. Marx stellt die Frage des Kommunismus so, wie der Naturforscher die Frage der Entwicklung einer neuen, sagen wir, biologischen Abart stellen würde, wenn man weiß, daß sie so und so entstanden ist und sich in der und der bestimmten Richtung modifiziert.«
W. I. Lenin, Werke, Bd. 25, Berlin 1960, S. 471–472.

ganzen ersten, sozialistischen, Phase im Unterschied zur zweiten, kommunistischen, Phase existieren.

Hier wird allerdings eine sehr simple Vorstellung des sozialistischen Staates als einer direkten Arbeiterdemokratie, die als bewaffnete Arbeitermacht nur zur vorübergehenden Unterdrückung der ehemaligen Ausbeuter dienen soll, auf eine sehr lange Entwicklungsepoche ausgedehnt. Während der ersten, sozialistischen Phase wird mit einer repressiven Funktion des Staates auch gegen begrenzte antisoziale Gewohnheiten – als Ausdruck eines nicht zu beseitigenden sozialistischen Verteilungssystems –, also gegen antisoziale Handlungen der Arbeiter selbst, gerechnet.* Auch wenn betont wird, daß der Staat, hier als die bewaffnete Arbeitermacht, die allgemeine Kontrolle über die Arbeit und ihre Entlohnung durchzuführen hat**, und daß Verletzungen der allgemeinen Pflichten und kontrollierten Vorschriften durch die Arbeiter als ein Überbleibsel des Kapitalismus immer seltener vorkommen werden, so wird doch zum erstenmal der theoretische Grundstein für die repressive Rolle des zukünftigen Staates gegenüber den arbeitenden Menschen selbst gelegt, ohne daß die ebenso wichtigen Garantien gegen einen Mißbrauch dieser Funktion jemals ausgearbeitet wurden.

Lenins Wandel in der Begründung des sozialistischen Staates

Es ist ein sehr krasser Widerspruch zwischen der breiten wirtschaftlichen Rolle des Staates, die Lenin dem sozialistischen Staat nach seinen staatsmonopolistischen Vorstellungen zusprach, und der vollkommen unter-

---

* »In seiner ersten Phase, auf seiner ersten Stufe, kann der Kommunismus ökonomisch noch *nicht* völlig reif, völlig frei von den Traditionen, von den Spuren des Kapitalismus sein. Daraus erklärt sich eine so interessante Erscheinung wie das Fortbestehen des »engen *bürgerlichen* Rechtshorizonts« während der ersten Phase des Kommunismus. Das bürgerliche Recht setzt natürlich in bezug auf die Verteilung der *Konsumtionsmittel* unvermeidlich auch den *bürgerlichen Staat* voraus, denn Recht ist nichts ohne einen Apparat, der imstande wäre, die Einhaltung der Rechtsnormen zu *erzwingen*.«
    W. I. Lenin, Werke, Bd. 25, Berlin 1960, S. 485.
** »*Alle* Bürger verwandeln sich hier in entlohnte Angestellte des Staates, den die bewaffneten Arbeiter bilden. *Alle* Bürger werden Angestellte und Arbeiter *eines* das gesamte Volk umfassenden Staats›syndikats‹. Es handelt sich nur darum, daß sie alle gleichermaßen arbeiten, das Maß der Arbeit richtig einhalten und gleichermaßen Lohn bekommen.«
    W. I. Lenin, Bd. 25, Berlin 1960, S. 488.

schätzten Ausarbeitung demokratischer und institutioneller Garantien gegen einen Mißbrauch dieses Staates durch begrenzte, partikuläre Interessengruppen. Die entscheidende ideelle Grundlage dafür war die Idee, daß der Staat nur in einer kapitalistischen Gesellschaft von bestimmten, den Arbeitern interessenfremden Klassen gegen diese gewendet werden könne, und daß mit der Beseitigung des kapitalistischen Systems solche Möglichkeiten automatisch verschwinden würden. Damit aber wird für diese Einstellung klar, daß die Reife der arbeitenden Menschen für eigene demokratische Entscheidungen unterschätzt und die Funktion der kommunistischen Partei in der sozialistischen Gesellschaft idealisiert wird. (Später bei Lenin wird das noch deutlicher.) Das Bild von der Rolle der Partei war in Wirklichkeit die Vorstellung einer spezifischen sozialistischen Machtelite – trotz aller formellen Beteuerungen, es handle sich um eine direkte und höhere Arbeiterdemokratie.

Der oft gehörte Einwand, daß die niedrige Entwicklungsstufe Rußlands, der Mangel demokratischer Traditionen, die faktische Minorität der Arbeiter und ihr niedriges kulturelles Niveau Lenin dazu gebracht hätten, echt demokratische Verhältnisse gar nicht mehr zu wollen, ist aber nur eine Bestätigung dafür, daß die Situation für eine *sozialistische* Entwicklung in Rußland nicht reif war. Eine Ausrichtung auf den Sturz des zaristischen, feudalen Systems und auf eine staatskapitalistische Beschleunigung der Entwicklung war nicht nur herangereift, sondern schon gegeben. Doch die spätere Vorstellung, daß der *Sozialismus* auch ohne eine *wirkliche, breite Demokratie* für das ganze Volk aufgebaut werden könne, war erstens falsch und führte zweitens zu Machtverhältnissen, in denen keine demokratischen Freiheiten, auch nicht für eine spätere kulturell weit höherstehende Arbeiterklasse, entstehen konnten.

Auf Vorschlag Lenins blieb im Parteiprogramm, das bereits nach der Machtergreifung 1918 angenommen wurde, die Fixierung des erstrebten neuen politischen Systems und des Staates auf die Prinzipien beschränkt, die schon Marx als Gegensatz zur bürgerlichen Demokratie und zum bürgerlichen Staat gesehen hatte.* Außer den allgemeinsten propagandistischen Proklamationen wird hier nur die direkte Wahl und Abberufungsmöglichkeit der Abgeordneten, die direkte Verbindung der legislativen und exekutiven Macht, die Zerschlagung des alten bürokratischen Apparats (wobei bereits vor der neuen Bürokratie gewarnt wird)**, die

---

* Entwurf des Programms der KPR (B) 13.
  W. I. Lenin, Werke, Bd. 29, Berlin 1961, S. 81–124.
** »Gegenwärtig sind in Rußland schon die Trutzburgen des Bürokratismus, der immer und überall, in der Monarchie wie in der demokratischen bürgerlichen Republik, die Staatsmacht und die Interessen der Gutsbesitzer und Kapitalisten miteinander verband,

allmähliche Einbeziehung aller arbeitenden Menschen in die Staatsverwaltung u. ä. festgelegt.

Abgesehen davon, daß das alles im Grunde nur einige der ursprünglichen marxistischen Prinzipien waren, so blieb es nur bei ihrer allgemeinen Formulierung, ohne daß Garantien für eine wirkliche Kontrolle der
gewählten Vertreter durch das Volk erarbeitet und ohne daß die schwerwiegendsten Probleme der Bürokratie gelöst und diese den Volksinteressen unterstellt worden wären. Daß schon zu Anfang der Bürokratie nur
der Kampf angesagt wurde, der dann über Jahrzehnte immer wieder
proklamiert wird, und daß keinerlei Analyse dieser für die Staatsverselbständigung und Entfremdung entscheidenden Macht unternommen wurde,
zeigt schon: alle Proklamationen zur Veränderung des Wesens des Staates
waren von Anfang an nur leere Floskeln.

Das Konzept der Veränderung und allmählichen Beseitigung des Staates
nach der sozialistischen Revolution ist ein Zeichen für die ausgesprochene
theoretische Schwäche des Marxismus in der Sphäre des politischen Systems und des Staates, also auch bei der Vorbereitung des Sozialismus.
Es zeigt eigentlich am deutlichsten, daß schon der allgemeine Staatsbegriff
– der Staat als Unterdrückungsinstrument einer bestimmten Klasse – sehr
primitiv ist. Lenin sah bereits vor der Revolution, daß es nicht möglich
sein werde, den Staat mit der Beseitigung des Privateigentums an Produktionsmitteln zugleich absterben zu lassen. Sozusagen in aller Stille, ohne
ausdrückliche Negation der alten Thesen, begann er, statt der vorübergehenden repressiven Rolle des neuen Staates gegen die Reste der alten
Klassen seine Rolle bei der Kontrolle der Arbeit und der Verteilung während einer langen »sozialistischen« Etappe der Entwicklung zu betonen.
Also nicht mehr der Übergang zum Sozialismus, sondern erst der Übergang zum Kommunismus (das heißt zu Bedingungen der absoluten Fülle
aller Produkte, der Abschaffung des ökonomischen Arbeitszwanges, des
Übergangs der Verteilung nach der Arbeit zur Verteilung nach den Bedürfnissen) sollte zur Abschaffung oder zum Absterben des Staates führen.

Lenin versucht, diese Auffassung des zukünftigen Staates sogar Marx
zuzuschreiben und zitiert dessen Formulierung aus seiner Kritik des

vollständig niedergelegt. Doch der Kampf gegen den Bürokratismus ist bei uns noch
lange nicht zu Ende. Einen Teil ihrer verlorenen Positionen versucht die Bürokratie
zurückzugewinnen, wobei sie sich einerseits das mangelhafte Kulturniveau der Bevölkerungsmassen und andererseits die Tatsache der äußersten, fast übermenschlichen Kräfteanspannung der entwickeltsten Schicht der städtischen Arbeiter in der Militärarbeit
zunutze macht. Darum ist es für den Erfolg des weiteren sozialistischen Aufbaus unbedingt und dringend notwendig, den Kampf gegen den Bürokratismus fortzusetzen.«
  W. I. Lenin, Werke, Bd. 29, Berlin 1961, S. 93.

Gothaer Programms, in der Marx vom Staat in der Übergangsphase zwischen Kapitalismus und Kommunismus spricht, während derer der Staat nichts anderes als eine »revolutionäre Diktatur des Proletariats« sein könne. Marx macht jedoch hier noch überhaupt keine Unterscheidung zwischen »Sozialismus« und »Kommunismus« – eine Unterscheidung, die erst Lenin ausarbeitete –, sondern spricht nur von der niedrigeren und höheren Phase des Kommunismus. Unter dem Begriff der »niedrigeren Phase des Kommunismus« versteht er den »Sozialismus«, also die auf den Kapitalismus folgende, klassenlose und auf sozialistischem Eigentum aufgebaute Gesellschaft. Wenn Marx von der Übergangsphase zwischen Kapitalismus und Kommunismus spricht, so meint er damit eigentlich die kurze revolutionäre Übergangsphase zwischen Kapitalismus und klassenloser sozialistischer Gesellschaft. Währenddessen versucht Lenin, sie als die Übergangsphase zum von ihm definierten Kommunismus umzudeuten.*

Und das ist natürlich ein großer, nicht nur zeitlicher, sondern vor allem inhaltlicher Unterschied zwischen der Staatsauffassung bei Marx und bei Lenin. Marx bezeichnet in der erwähnten Kritik die erste oder niedrigere Phase der *kommunistischen* Gesellschaft als eine Etappe, in der das Recht, das Wirtschaftssystem und die kulturelle Entwicklung durch die vorangegangene kapitalistische Entwicklung bedingt sind. Die höhere Phase der kommunistischen Gesellschaft ist für ihn das Resultat einer mächtigen und keineswegs kurzfristigen wirtschaftlichen Entwicklung während der ersten Phase.** Mit keinem Wort erwähnt er jedoch, daß der Staat erst

* »Marx schrieb in der Kritik des Gothaer Programms: ›Zwischen der kapitalistischen und der kommunistischen Gesellschaft liegt die Periode der revolutionären Umwandlung der einen in die andre. Der entspricht auch eine politische Übergangsperiode, deren Staat nichts andres sein kann als die revolutionäre Diktatur des Proletariats.‹ Bisher galt das für die Sozialisten als unbestrittene Wahrheit, und in ihr liegt die Anerkennung des *Staates*, solange der siegreiche Sozialismus nicht in den vollständigen Kommunismus hinübergewachsen ist. Bekannt ist der Ausspruch von Engels über das *Absterben* des Staates. Wir haben absichtlich gleich in der ersten These hervorgehoben, daß die Demokratie eine Staatsform ist, die auch absterben wird, wenn der Staat abstirbt. Und solange unsere Opponenten den Marxismus nicht durch einen neuen, ›astaatlichen‹ Gesichtspunkt ersetzt haben, ist ihre Argumentation von Anfang bis Ende falsch.«
W. I. Lenin, Werke, Bd. 22, Berlin 1960, S. 329.
** »Aber diese Mißstände sind unvermeidbar in der ersten Phase der kommunistischen Gesellschaft, wie sie eben aus der kapitalistischen Gesellschaft nach langen Geburtswehen hervorgegangen ist. Das Recht kann nie höher sein als die ökonomische Gestaltung und dadurch bedingte Kulturentwicklung der Gesellschaft.
In einer höheren Phase der kommunistischen Gesellschaft, nachdem die knechtende Unterordnung der Individuen unter die Teilung der Arbeit, damit auch der Gegensatz geistiger und körperlicher Arbeit verschwunden ist; nachdem die Arbeit nicht nur Mittel zum Leben, sondern selbst das erste Lebensbedürfnis geworden; nachdem mit der all-

auf dieser höchsten Entwicklungsstufe beseitigt werden soll, sondern für ihn ist dies weiterhin mit der Beseitigung der Unterdrückung durch die ehemaligen Ausbeuter, also dem Beginn der ersten Phase verbunden.

Daß Marx tatsächlich unter Kommunismus allgemein die Phase der Abschaffung des Privateigentums, der Ausbeutung und der antagonistischen Klassen, und nicht nur die produktions- und konsummäßig am höchsten entwickelte Phase, mit ihrem Übergang zur Überfülle an Produkten, verstand, ist auch klar aus dem Brief von Engels an Bebel zu ersehen, der in derselben Zeit und in demselben Zusammenhang geschrieben wurde, in der Marx seine Kritik des Gothaer Programms verfaßte. Engels sagt hier ausdrücklich:

»Da nun der Staat doch nur eine vorübergehende Einrichtung ist, deren man sich im Kampf, in der Revolution bedient, um seine Gegner gewaltsam niederzuhalten, so ist es purer Unsinn, vom freien Volksstaat zu sprechen: Solange das Proletariat den Staat noch *gebraucht*, gebraucht es ihn nicht im Interesse der Freiheit, sondern der Niederhaltung seiner Gegner, und sobald von Freiheit die Rede sein kann, hört der Staat als solcher auf zu bestehen.«[*]

Lenins Versuch, das Weiterbestehen des Staates nun auf die lange Entwicklungsepoche bis zur zweiten Phase des Kommunismus auszudehnen – einer Epoche, in der es für Jahrzehnte keine Ausbeuter mehr geben kann, muß natürlich nicht nur als bloße Konkretisierung der marxistischen Ideen, sondern als ihre stillschweigende Revision angesehen werden.

Das bemerkenswerte ist aber nicht dieses Faktum selber, denn im Unterschied zur heutigen offiziellen Meinung und geradezu dogmatischen Phobie vor jeglicher Revision, bin ich überzeugt, daß die verschiedenen marxistischen Theorien fortwährend revidiert werden müssen, sollen sie überhaupt einen Erkenntniswert behalten. Aber es geht hier um die *verdeckte* Revision, in der eigentlich zugegeben wird, daß man den Staat in seiner alten Form nicht nur der ehemaligen Ausbeuter wegen, aber auch zur anderweitigen Unterdrückung noch beibehalten will.

Über diese Tatsache kann man sich nicht durch die Behauptung hinwegsetzen, daß man den Staat im Sozialismus nicht zur Unterdrückung, sondern in erster Linie zur Organisation und Planung der Wirtschaft, sowie anderer Bereiche, also als den Verwalter der gemeinsamen Angelegen-

---

seitigen Entwicklung der Individuen auch ihre Produktivkräfte gewachsen und alle Springquellen des genossenschaftlichen Reichtums voller fließen – erst dann kann der enge bürgerliche Rechtshorizont ganz überschritten werden und die Gesellschaft auf ihre Fahnen schreiben: Jeder nach seinen Fähigkeiten, jedem nach seinen Bedürfnissen.«

K. Marx, F. Engels, Werke, Bd. 19, Berlin 1962, S. 21.

[*] K. Marx, F. Engels, Werke, Bd. 19, Berlin 1962, S. 7.

heiten braucht. Das nämlich hieße, das Wesen des Staats zu vertuschen. Gegenüber einer Betonung ähnlicher Aufgaben des *kapitalistischen* Staates würden Marxisten sofort mit dem Argument kommen: dessen Hauptaufgabe sei seine repressive Funktion, seine Polizei, Justiz, seine Kerker etc. Die Verwaltung gemeinsamer Angelegenheiten: das ist doch nicht mehr die eigentliche spezifische Funktion des Staates, sondern diese interpretieren Marx und Engels natürlich als eine Notwendigkeit auch nach der Abschaffung des Staates. Es geht aber um die eigentliche repressive Funktion des Staates, um seine bewaffneten, vom Volk getrennten Kräfte, um die Justiz- und Strafinstitutionen, um den großen und dauernd wuchernden bürokratischen Apparat, um all das, was nur als Mittel zur Unterdrückung einer bestimmten Klasse ausgegeben wurde, aber in Wirklichkeit zur Unterdrückung jeden Widerstandes gerade der arbeitenden Menschen über die ganze sozialistische Entwicklungsepoche hin gedacht ist.

Lenin war sich dieser Notwendigkeit bereits vor der Revolution klar, denn er richtete sein Augenmerk ganz auf die Revolutionsentwicklung in einem Land, in dem die Arbeiter nicht nur eine kurze Tradition und keine Erfahrungen einer entwickelten kapitalistischen Wirtschaft hatten, sondern auch innerhalb des riesigen halbfeudalen Agrarlandes so in der Minderheit waren, daß überhaupt nur mit Hilfe eines sehr starken Staates und des bürokratisch organisierten Staatsmonopols daran zu denken war, die Voraussetzungen für den Sozialismus zu schaffen. Wir werden dies in einer gesonderten Arbeit noch eingehend behandeln. Hier, im Zusammenhang mit der Untersuchung der politischen Vorbereitung des Sozialismus, muß festgehalten werden, daß auf der einen Seite die theoretischen Vorstellungen des zukünftigen sozialistischen Staates nicht die sehr bescheidenen Gedanken von Marx über die Pariser Kommune überstiegen, während auf der anderen Seite ohne theoretische Begründung die Existenz eines starken Staates für eine sehr lange Entwicklungsepoche weiterhin akzeptiert wurde.

Genauso, wie man mit einem regelrechten, vom Volk durch eine dauernde Arbeitsteilung abgetrennten, und mit allen repressiven Instrumenten und Vollmachten ausgestatteten Staat rechnete, erwartete man eine Machtelite, die im Namen der Arbeiter und ihrer Interessen die sozialistische Entwicklung sichern und dirigieren sollte.

II. Die Rolle der kommunistischen Partei

Geistige Elite

Auch die Idee der führenden Rolle der kommunistischen Partei innerhalb des politischen Systems des Sozialismus entstand nicht aufgrund ausgearbeiteter theoretischer Modelle dieses politischen Systems. Ohne solche Vorüberlegungen wurde das zukünftige politische System dennoch durch die – der Revolution vorangehende – Theorie über die Partei selbst sowie durch ihre praktische Entwicklung wesentlich beeinflußt. In dieser Theorie über die Partei sind von Anfang an bestimmte Illusionen enthalten, die auch nach der Revolution nicht aufgedeckt, sondern weiter beibehalten wurden und hier dann besonders verheerende Folgen haben sollten.

Marx charakterisierte als erster die kommunistische Partei als eine Elite des Proletariats. Diese sollte sich aus Menschen zusammensetzen, die erstens aufgrund ihres theoretischen Niveaus die langfristigen Interessen des Proletariats der ganzen Welt, seine Bedingungen und Entwicklungstendenzen besser als andere Menschen zu erkennen vermögen, und zweitens in der politischen Praxis die entschlossensten und konsequentesten Kämpfer für die Durchsetzung dieser langfristigen Interessen zu sein hätten.* Er sah in ihr also eine politische Partei, deren grundsätzliches Ziel die Machterkämpfung durch die Arbeiterklasse, die Beseitigung des

---

* »Die Kommunisten unterscheiden sich von den übrigen proletarischen Parteien nur dadurch, daß einerseits sie in den verschiedenen nationalen Kämpfen der Proletarier die gemeinsamen, von der Nationalität unabhängigen Interessen des gesamten Proletariats hervorheben und zur Geltung bringen, andrerseits dadurch, daß sie in den verschiedenen Entwicklungsstufen, welche der Kampf zwischen Proletariat und Bourgeoisie durchläuft, stets das Interesse der Gesamtbewegung vertreten.

Die Kommunisten sind also praktisch der entscheidendste, immer weiter treibende Teil der Arbeiterparteien aller Länder; sie haben theoretisch vor der übrigen Masse des Proletariats die Einsicht in die Bedingungen, den Gang und die allgemeinen Resultate der proletarischen Bewegung voraus.«

K. Marx, F. Engels, Werke, Bd. 4, Berlin 1959, S. 474.

Kapitalismus und die revolutionäre Errichtung des sozialistischen Systems war. Die Erkenntnis dieser »Notwendigkeit« wurde als das eigentliche und wesentliche Interesse der Arbeiter, und dies nicht in einer abstrakten Zukunft, sondern in der Gegenwart, postuliert. Interesse und Ziel wurden aufgrund ihrer »wissenschaftlichen Erkenntnis« durch die Kommunisten als unbestreitbar richtig repräsentiert. Die Kommunisten selber, weil sie die »wahren Erkenntnisse« haben, könnten die einzigen wahren Interessenvertreter der Arbeiter und dadurch der ganzen fortschrittlichen Gesellschaftsentwicklung sein.

Schon hier, in dieser marxistischen Begründung des Verhältnisses zwischen Partei und Klasse, und im weiteren dann zwischen Arbeiterklasse und allen anderen Gesellschaftsklassen und Schichten, ist aber der Grundfehler des zukünftigen »sozialistischen« Systems zu suchen, der später das eigentliche Wesen dieses Systems insgesamt in Frage stellt. Solange ein bestimmter Mensch oder eine Menschengruppe für eine bestimmte Ansicht, Idee oder ein theoretisches System, unter vielen anderen Ideen und in Konfrontation mit ihnen, versucht, Anhänger zu gewinnen, so lange kann irgendeine Behauptung oder auch ein Fehler dieser Theorie letztlich für die Gesellschaft nicht gefährlich werden. Es gab noch keine und wird auch nie eine gesellschaftliche Theorie, oder ein System verschiedener, mehr oder weniger logisch verbundener Ansichten, Behauptungen und Schlußfolgerungen über die Gesellschaft und die Einstellung zu ihr geben, die nicht – sei es auch neben noch so vielen richtigen und objektiv der Realität entsprechenden Erkenntnissen – objektiv falsche Erkenntnisse und Schlußfolgerungen enthielte. So wie jede wahre Teilerkenntnis ein wichtiger Schritt in der Annäherung an die objektive Wahrheit ist, so werden aber immer in einem breiten System von theoretischen Behauptungen und Schlußfolgerungen notwendigerweise auch falsche oder zumindest einseitige, die objektive Wirklichkeit verzerrende oder vereinfachende Behauptungen enthalten sein. Ob wegen der objektiven Entwicklung oder wegen der Mängel der forschenden Menschen: kein theoretisches System kann seinen relativ begrenzten Erkenntnisgrad überschreiten. Das ist eine der wichtigen Grunderkenntnisse der marxistischen Erkenntnistheorie selbst.*

---

* »Vom Standpunkt des modernen Materialismus, das heißt des Marxismus, sind die *Grenzen* der Annäherung unserer Kenntnisse an die objektive, absolute Wahrheit geschichtlich bedingt, *unbedingt* aber ist die Existenz dieser Wahrheit selbst, unbedingt ist, daß wir uns ihr nähern.«

»Das menschliche Denken ist also seiner Natur nach fähig, uns die absolute Wahrheit, die sich aus der Summe der relativen Wahrheiten zusammensetzt, zu vermitteln, und es tut dies auch. Jede Stufe in der Entwicklung der Wissenschaft fügt dieser Summe der absoluten Wahrheit neue Körnchen hinzu; aber die Grenzen der Wahrheit jedes wissen-

Doch aus dieser philosophischen Erkenntnis wurde nicht mehr die ebenso wichtige Schlußfolgerung der begrenzten Erkenntnismöglichkeiten der Partei gezogen. Daß eine Partei sich bildet, deren intellektuelle Führer nicht nur versuchen, für ihre Theorie Anhänger unter den Arbeitern oder auch anderweitig zu gewinnen, sondern in bestimmten Bedingungen auch subjektiv ehrlich die Entwicklungstendenzen der Gesellschaft, die Stellung und Rolle der Arbeiter in ihr, die notwendigen Gesellschaftsänderungen etc. erkennen – mit anderen Worten: die Theorie möglichst wissenschaftlich fundieren wollen, ist soweit ganz in Ordnung und kann in der Politik schwerlich abgelehnt werden. Solange nämlich diese Theorie mit anderen konfrontiert werden kann und die Menschen – unter vielen Theorien – sich für die eine oder die andere entscheiden können, so lange können auch die nicht zu vermeidenden Fehler einer Theorie von anderen Menschen aufgedeckt oder im politischen Kampf durch andere Theorien und politische Schlußfolgerungen abgewogen werden.

Sobald jedoch eine solche politische Partei von sich zu behaupten beginnt, daß sie einzig und allein die allgemeinen und wesentlichen Interessen der Arbeiter sowie die notwendigen Änderungsbedürfnisse der Gesellschaft erkennen könne, und aufgrund dieser Erkenntnisse sogar das Recht habe, die Gesellschaft ihrer Vorstellung entsprechend revolutionär zu verändern – in dem Augenblick kann dieser Anspruch nicht nur objektiv in Widerspruch mit wirklichen gesellschaftlichen Entwicklungsbedürfnissen kommen, sondern er impliziert sogar die Negation der *eigenen* philosophischen Begründung dieser Gesellschaftstheorie. Schon dadurch, daß man nur die eigenen Erkenntnisse als »objektiv wahr« und alle anderen als falsche und nur interessenmäßig entstandene feindliche Theorien darstellt, schafft man den eigenen Parteimitgliedern die moralische Berechtigung, alle Eingriffe in die gesellschaftliche Entwicklung nach der eigenen Theorie tun zu können, ohne die anderen Ansichten und Theorien respektieren zu müssen.* Die Möglichkeit der eigenen theoretischen Fehler und

schaftlichen Satzes sind relativ und können durch die weitere Entwicklung des Wissens entweder weiter oder enger gezogen werden. ›Die absolute Wahrheit‹, sagt J. Dietzgen in den *Streifzügen*, ›läßt sich sehen, hören, riechen, fühlen, allerdings auch *erkennen*; aber sie geht nicht auf in Erkenntnis.‹«
W. I. Lenin, Werke, Bd. 14, Berlin 1962, S. 129, 130.
* »Die Bekenner des Marxismus zeigen heute noch die typische Psychologie des Mythenträgers: das Gefühl der Sicherheit und Überlegenheit, das aus dem Bewußtsein stammt, den Schlüssel zu allem Weltgeschehen in der Tasche zu tragen, die Antwort auf alle Fragen; das erhebende Gefühl, mit einem absoluten Prozeß verbunden zu sein; das noch erhebendere, zu den Auserwählten zu gehören; die wonnige Aggression gegen den Andersdenkenden, der nicht im Besitz der offenbarten Wahrheit ist und daher grundsätzlich nur Unsinn oder Feindespropaganda reden kann. Bei jeder Diskussion mit einem

sogar falschen, vorzeitigen Schlußfolgerungen, wird dabei vollkommen
außer acht gelassen.

Daß theoretische Schlußfolgerungen, auf einer anfänglichen Entwicklungsstufe eines Prozesses als objektiv richtig erscheinend, in der weiteren
Entwicklung durch ganz neue – zuvor nicht beachtete oder noch zu schwache – Entwicklungsdaten vollkommen verworfen werden können, weiß
heute jeder Naturwissenschaftler. Für Lenin waren jedoch alle Entwicklungsprozesse im Kapitalismus des Jahres 1908 so klar und schienen die
marxistische Theorie so zu bestätigen, daß alle theoretischen Einwände
und Zweifel nur der Ausdruck von klassenfeindlichen und verlogenen,
reaktionären politischen Absichten sein konnten.*

Aber schon wenige Jahrzehnte später zeigte sich, daß die Verelendung
des Proletariats nicht das Ergebnis überlebter kapitalistischer Produktionsverhältnisse, sondern einer anfänglichen, ungenügenden Kapitalentwicklung ist; daß die kapitalistischen Wirtschaftskrisen sich mit der
Entwicklung des Kapitalismus nicht vertiefen und verschärfen, sondern
aufhören, ein charakteristischer Ausdruck von makroökonomischen Störungen zu sein; daß die Konzentration des Kapitals nicht seine Zersplitterung abschafft, nicht zu einer Vereinfachung der Sozialstruktur und auch
nicht zu einem vollkommenen Überwiegen der Proletarier in der Gesellschaft geführt hat. Es stellte sich vielmehr heraus, daß die kapitalistischen
Produktionsverhältnisse nicht zum Hindernis für eine schnelle Entwicklung der Produktivkräfte geworden sind, und daß man Veränderungen
eines Gesellschaftssystems so schlicht überhaupt nicht begründen kann.
Auch wenn diese Argumente noch nicht die prinzipielle Fortschrittlichkeit
und positive Bedeutung des Sozialismus für die Menschheit negieren, so
muß sich doch aufgrund der ganzen bisherigen Erfahrung auch der Inhalt

Marxisten merkt man alsbald, wie Schumpeter richtig bemerkt, daß er den Andersdenkenden nicht nur für im Irrtum befindlich, sondern für sündig und verworfen hält.
Der Rest ist Schimpfen.«
     W. Theimer, Der Marxismus, Bern 1969, S. 149.
* »Da aber das Kriterium der Praxis – das heißt der Verlauf der Entwicklung *aller*
kapitalistischen Länder in den letzten Jahrzehnten – nur die objektive Wahrheit der
ganzen sozialökonomischen Theorie von Marx überhaupt, und nicht die irgendeines
Teils, einer Formulierung und dergleichen beweist, so ist klar, daß es ein unverzeihliches
Zugeständnis an die bürgerliche Ökonomie ist, wenn hier von »Dogmatismus« der
Marxisten gesprochen wird. Die einzige Schlußfolgerung aus der von den Marxisten ver-
tretenen Auffassung, daß die Theorie von Marx eine objektive Wahrheit ist, besteht im
folgenden: *Auf dem Wege* der Marxschen Theorie fortschreitend, werden wir uns der
objektiven Wahrheit mehr und mehr nähern (ohne sie jemals zu erschöpfen); *auf jedem
anderen Wege* aber können wir zu nichts anderem gelangen als zu Konfusion und Un-
wahrheit.«
     W. I. Lenin, Werke, Bd. 14, Berlin 1962, S. 138.

dieses Begriffs selbst ändern. Weder die Diktatur des Proletariats und die monopolistische Macht einer Partei, noch die Verstaatlichung der Produktionsmittel und die Liquidierung der wesentlichsten Marktfunktionen usw. können als seine Wesenszüge betrachtet werden.

Im Licht dieser Erkenntnis und Erfahrung erweist sich auf einmal das Grundkriterium für den Anspruch auf die Alleinvertretung der Arbeiterinteressen als von Anfang an falsch. Die marxistische Theorie war in ihren Erkenntnissen notwendig begrenzt, enthielt auch falsche Behauptungen und Schlußfolgerungen und hätte im Licht ihrer eigenen Erkenntnistheorie oder etwa im Lichte historischer Erfahrungen nicht mit totalitären ideologischen Systemen als den alleinigen Interpreten der gesellschaftlichen Entwicklungsbedürfnisse auftreten dürfen. Solange aber die Gründer der Partei und ihre Mitglieder sich selbst als die alleinigen Vertreter der Arbeiterinteressen darstellen, so lange ist dies innerhalb demokratischer Bedingungen noch nicht die *objektive* ideelle Usurpation, sondern nur der Anspruch darauf. Es ist der falsche und theoretisch nicht begründete Anfang einer viel gefährlicheren Entwicklung; die so entstandene und weiter entwickelte Ideologie verwandelte die kommunistischen Parteien in intolerante und autoritäre Institutionen, die ohne Bedenken eine Gesellschaft anstrebten, in der es nur mehr sie selbst als politische Partei geben sollte.

Und eben diese Bedenkenlosigkeit ist vor allem auf die primitive Deutung menschlicher Interessen, ihrer Erkenntnismöglichkeiten und der Wichtigkeit demokratischer Verhältnisse, die für die Interessen geradezu lebensnotwendig sind, zurückzuführen. Die eigene Überzeugung von Parteigründern oder späteren Führern, sei sie auch subjektiv noch so ehrlich gewesen – daß sie das zukünftige Interesse aller arbeitenden Menschen und die Voraussetzung für dessen Durchsetzung erkennen könnten und erkannt hätten –, führt logisch – und je schärfer der politische Kampf, um so stärker – zu der Ansicht, daß alle anderen politischen Parteien nicht nur überflüssig sind, sondern die Realisierung der erkannten »Seligkeit« verhindern. Und deshalb entwickelt sich auch bei Lenin, in seiner subjektiven Überzeugung der erkannten objektiven Aktualität der sozialistischen Revolution, nicht nur eine Intoleranz vornehmlich gegenüber allen ideellen Abweichlern von seiner eigenen Theorie – was seit dieser Zeit für alle kommunistischen Führer charakteristisch ist –, sondern auch ein konsequenter Kampf um die Beseitigung jeder sozialistischen Opposition. Die Einheitspartei im sozialistischen System als die Repräsentantin und Vertreterin der »erkannten Interessen« der arbeitenden Menschen ist das logische Resultat dieser Entwicklung.*

* »Um diese soziale Revolution zu vollbringen, muß das Proletariat die politische Macht

Autoritätsanspruch

Das Argument, das sofort und immer wieder von orthodoxen Marxisten kommt, wird auf die Möglichkeit von theoretischen Diskussionen und Meinungskonfrontationen innerhalb der Partei selbst hinweisen. Doch eben an diesem Argument zeigt sich das Unverständnis des ganzen Interessenproblems.

Vor allem ist die Diskussion innerhalb jeder politischen Partei, besonders bei grundlegenden theoretischen Ansichten, recht schwer, weil es immer eine Opposition gegen axiomatisch angenommene, tief eingewurzelte Gedanken bedeutet, die fast immer mit bestimmten, allgemein anerkannten Autoritäten in Verbindung zu bringen sind. Parteien, in denen nicht von Anfang an die Skepsis der eigenen Theorie gegenüber von allen Mitgliedern zielbewußt gefordert und diesen anerzogen wird und im Gegenteil die Ansichten einer bestimmten Autorität dauernd im Mund geführt werden, lassen wohl niemals einen wirklichen Meinungskampf zu. Um so schwerer kann sich dieser dann in Parteien durchsetzen, die hauptsächlich als aktionsfähige, sehr zentralisierte Kampforganisationen aufgebaut wurden.

Eben weil für Lenin nicht mehr die Erkenntnis der Ziele, nicht die Theorie das eigentlich in Frage stehende war, sondern bei der Annahme ihrer unwiderlegbaren wissenschaftlichen Erkenntnis ihre praktische Realisierung, die revolutionäre Praxis entscheidend wurde, mußte auch der Aufbau der Partei diesem Zweck unterstellt werden. War einmal angenommen, daß die sozialistische Revolution nicht die Sache einer fernen, ungewissen Zukunft ist, sondern auf der Tagesordnung steht und das Proletariat zielbewußt zu ihr geführt werden muß, so mußte auch die Partei als die treibende ideelle und organisatorische Kraft dieser Revolution aufgebaut werden. Und das hieß, die Partei zu einer revolutionären Kampforganisation, zu einer streng organisierten Vereinigung von Menschen, für die die Revolution ihr eigentliches und unmittelbares Ziel wurde, oder wie Lenin es direkt ausdrückte, sie zur Organisation profes-

erobern, die es zum Herrn der Lage machen und ihm gestatten wird, alle Hindernisse zu beseitigen, die seinem großen Ziel im Wege stehen. In diesem Sinne ist die Diktatur des Proletariats die unerläßliche politische Vorbedingung der sozialen Revolution.

Die russische Sozialdemokratie stellt sich die Aufgabe, vor den Arbeitern den unversöhnlichen Gegensatz zwischen ihren Interessen und den Interessen der Kapitalisten zu enthüllen; dem Proletariat die geschichtliche Bedeutung, den Charakter und die Bedingungen jener sozialen Revolution, die es zu vollbringen hat, klarzumachen; die revolutionäre Klassenpartei zu organisieren, die fähig sein wird, den Kampf des Proletariats in allen seinen Erscheinungsformen zu leiten.«

W. I. Lenin, Bd. 6, Berlin 1959, S. 14.

sioneller Revolutionäre umzuwandeln.*

Benötigt wurde eine revolutionsbewußte, aktionsfähige Kampforganisation, deren politische Ziele, deren Strategie und Taktik der Revolution vom zentralen Parteiorgan bestimmt werden, dessen Entscheidungen wiederum für alle Organisationen und Mitglieder verbindlich sind. Es mußte also nicht der demokratische Meinungsaustausch, die Entwicklung der richtigen Erkenntnisse aufgrund von Argument und Gegenargument, sondern die Einheitlichkeit des Vorgehens, die disziplinierte Unterstellung unter die zentralen Beschlüsse, die zentrale Richtlinienkompetenz beansprucht werden.**

Die Partei mußte also streng, in der Sprachregelung: demokratisch-zentralistisch aufgebaut werden, wobei die gesamte Tätigkeit der Partei der zentralen Führung untersteht. Die einzelnen Parteiorganisationen sollten zwar die Richtlinie des Zentrums je nach den differenzierten Bedingungen konkretisieren und das Zentrum über alles Spezifische informieren, aber sie mußten sich an die zentral aufgestellten politischen Beschlüsse halten. Dieser demokratische Zentralismus wurde zum Prinzip und charakteristischen Merkmal der kommunistischen Parteien.*** Und

* »Der Arbeiterrevolutionär muß, um für sein Wirken vollkommen vorbereitet zu sein, ebenfalls Berufsrevolutionär werden.«
W. I. Lenin, Werke, Bd. 5, Berlin 1958, S. 489.
** »Bürokratismus versus Demokratismus, das ist eben Zentralismus versus Autonomismus, das ist eben das organisatorische Prinzip der revolutionären Sozialdemokratie gegenüber dem organisatorischen Prinzip der Opportunisten der Sozialdemokratie. Letzteres ist bestrebt, von unten nach oben zu gehen, und verficht daher überall, wo es möglich ist und soweit es möglich ist, den Autonomismus, den ›Demokratismus‹ der (bei Leuten, die mehr eifrig als klug sind) bis zum Anarchismus geht. Ersteres ist bestrebt, von oben auszugehen, es verficht die Erweiterung der Rechte und der Vollmachten der Zentralstelle gegenüber dem Teil.«
W. I. Lenin, Werke, Bd. 7, Berlin 1956, S. 400, 401.
*** »Wir sind jetzt zu einem sehr wichtigen Grundsatz der gesamten Parteiorganisation und Parteitätigkeit gekommen: Wenn hinsichtlich der ideologischen und der praktischen *Leitung* der Bewegung und des revolutionären Kampfes des Proletariats eine *möglichst große Zentralisation* erforderlich ist, so ist hinsichtlich der *Information* der zentralen Parteistelle (und folglich auch der Gesamtpartei überhaupt) über die Bewegung, hinsichtlich der *Verantwortlichkeit* vor der Partei eine *möglichst große Dezentralisation* erforderlich. Die Bewegung leiten muß eine möglichst kleine Anzahl möglichst gleichartiger Gruppen erfahrener und erprobter Berufsrevolutionäre. An der Bewegung teilnehmen muß eine möglichst große Anzahl möglichst verschiedenartiger und mannigfaltiger Gruppen aus den verschiedensten Schichten des Proletariats (und anderer Volksklassen). Die zentrale Parteistelle muß von jeder einzelnen dieser Gruppen stets nicht nur genaue Angaben über ihre Tätigkeit, sondern auch möglichst *vollständige Angaben über ihre Zusammensetzung* in Händen haben. Wir müssen die Leitung der Bewegung zentralisieren. Wir müssen auch (und gerade zu *diesem Zweck*, denn ohne Information ist eine Zentralisation unmöglich) die *Verantwortlichkeit* jedes einzelnen Parteimitglieds, jedes Mitarbei-

aus ihm erwuchs später notwendig ein *bürokratischer* Zentralismus, bei dem weder eine wirkliche Diskussion innerhalb der Partei, noch ein theoretisch fähiger Kopf des Führers, sondern ein anonymer zentraler Parteiapparat die Ziele und die politische Linie bestimmt.

Doch nicht nur die vollkommene Zentralisierung der »Erkenntnis« sozial strukturierter Interessen und die faktische Ausschaltung jeder tiefergehenden Diskussion innerhalb der Partei macht es unmöglich, diese Interessen auch wirklich zu erkennen. Auch bei tatsächlich stattfindenden Diskussionen und Meinungskämpfen innerhalb einer einzigen Partei würde es dem Wesen der Sache nach nicht möglich sein, die realen Interessen einer kompliziert strukturierten Gesellschaft, die Interessen einzelner Schichten sowie ihr allgemeines, sich dauernd entwickelndes Wesen durch diese Partei aufzudecken. Solange sich die verschiedenen Interessen nicht real manifestieren, organisieren und konfrontieren können, wird die Fixierung von »allgemeinen Interessen« durch eine Partei immer nur eine sehr fadenscheinige Abstraktion und eine Wunschvorstellung bleiben.

Das heißt aber nicht, daß man etwa in das andere Extrem verfallen und jede wissenschaftliche Erforschung von Interessen ablehnen soll. Auch die Interessen einzelner Individuen oder verallgemeinerte Interessenelemente verschiedener sozialer Schichten, ihre *augenblickliche* Ausrichtung sowie ihre Entwicklungs*tendenzen* sind sehr wohl zu erkennen und sollten auch erforscht werden. Aber einmal ist das eine schwere Forschungsaufgabe, selbst für große und komplexe Institute und Forschungsteams, die durch einen bürokratischen Parteiapparat eben nicht ersetzt werden können. Und außerdem werden auch solche Forschungsergebnisse immer begrenzt sein und Irrtümer enthalten. Sie können daher eine wirklich lebendige Interessenkonfrontation nicht *ersetzen,* sondern nur *ergänzen.*

Wenn man daher nach einer revolutionären Machtergreifung und besonders auch später, nach der Beseitigung des Privateigentums, keine Voraussetzungen für eine solche reale Interessenmanifestierung und Interessenkonfrontation schafft, sondern an der vorrevolutionären Vorstellung festhält, daß die kommunistische Partei allein alle Interessen der werktätigen Massen erkennen und vertreten kann, ist es nicht mehr eine bloße Überschätzung der Erkenntnismöglichkeiten dieser Partei, sondern eine Unterdrückung der Interessen selbst. Nur das wird als Interesse des Volks und seiner mannigfaltig strukturierten Schichten und Gruppen ausgege-

ters, jedes der Partei angehörenden oder sich an sie anlehnenden Zirkels *der Partei gegenüber* möglichst stark *dezentralisieren.* Diese Dezentralisation ist die notwendige Voraussetzung der revolutionären Zentralisation und *deren unerläßliches Korrektiv.*«
W. I. Lenin, Werke, Bd. 6, Berlin 1959, S. 240, 241.

ben und verfolgt, was die Partei, die »Vorhut der Arbeiter«, als das »Interesse« erkennt und anerkennt. Ob diese »Interessen« aber tatsächlich die Interessen dieses Volkes, ob es die realen, gegenwärtigen oder zukünftigen, Interessen der Mehrheit des Volkes sind – das kann man überhaupt nicht feststellen, weil diese sich nicht organisieren und manifestieren können und keiner darüber eine oppositionelle Meinung vertreten darf.

Es ist nicht möglich, hier diese Praxis eingehender zu behandeln. Ich wollte nur deutlich machen, wie die Auffassung der führenden Rolle der Partei, die in der Revolutionsvorbereitung entstand, automatisch auch für die Zeit nach der Revolution beibehalten wurde, ohne daß überhaupt jemand über die begrenzten Möglichkeiten der Partei sowie die Notwendigkeit demokratischer Interessenmanifestierungen und Vertretungen in einer sozialistischen Gesellschaft nachgedacht hätte. Nicht nur, daß man schon rein erkenntnistheoretisch die verschiedensten realen, kompliziert strukturierten Gesellschaftsinteressen in nichtdemokratischen, totalitären Bedingungen nicht erkennen kann. Es hat auch *interessenmäßige*, im weiteren zu diskutierende Barrieren.

Moralische Elite

Wie bereits kurz erwähnt, ist das marxistische Bild von der Partei nicht allein die Vorstellung einer theoretischen, bewußtseinsmäßigen Avantgarde der Arbeiterklasse, sondern es enthält zugleich die Annahme, daß die Mitglieder der Partei Menschen sind, die allein für die Interessen des Sozialismus kämpfen, der Sache der Klasse vollkommen ergeben sind und die Interessen der ganzen Klasse über ihre eigenen stellen. Auch wenn es nicht direkt formuliert wird, so ist das in Wirklichkeit ein ganz besonderer moralischer Anspruch an die Mitglieder der Partei – verbunden mit der Vorstellung von einer ethisch vollkommenen Elite der Arbeiterklasse.

Schon in manchen Sätzen des *Kommunistischen Manifests*, dann auch in Lenins Vorstellung vom »Berufsrevolutionär« und noch eindrucksvoller in stalinistischen Formulierungen werden die Kommunisten immer wieder als aufopfernde und der Sache der Arbeiterklasse, der Revolution und dem Sozialismus grenzenlos ergebene Menschen dargestellt.* Zunächst

---

* »Haben wir erst Trupps speziell geschulter Revolutionäre aus der Arbeiterklasse, die eine lange Lehrzeit durchgemacht haben (und zwar selbstverständlich von Revolutionären ›aller Waffengattungen‹), dann wird keine politische Polizei der Welt mit diesen Trupps fertig werden, denn diese Trupps der Revolution grenzenlos ergebener Menschen werden auch das grenzenlose Vertrauen der breitesten Arbeitermassen genießen.«
W. I. Lenin, Werke, Bd. 5, Berlin 1958, S. 490.

ist das natürlich einfach eine propagandistische Behauptung für eine politische Partei; sodann spiegelt sich darin theoretisch wider, was anfangs durchaus noch eine Tatsache war, die aber allmählich der Wirklichkeit nicht mehr entsprach und besonders nach der Revolution zu einer weiteren, noch weitaus gefährlicheren Illusion wurde als die Vorstellung von einem alles erkennenden, theoretischen Hirn der Gesellschaft.

Vor der Revolution, besonders wenn die Partei eine verfolgte, illegale oder halbillegale Organisation ist, für ihre Mitglieder keine Vorteile, sondern nur Gefahren und eher negative als positive Perspektiven bringt, kann man von Menschen, die sich trotzdem entschließen, in die Partei einzutreten und hier aktiv zu arbeiten, annehmen, daß sie das aus Überzeugung tun und auch wirklich gewillt sind, ihre eigenen Interessen mit dem Kampf um den Sozialismus zu verbinden oder diesem unterzuordnen.

Der Grund der Überzeugung wird individuell sehr verschieden sein, er kann sich sehr oft mehr emotional als rational, und bei manchen zu einem ausgesprochenen Fanatismus entwickeln. Was unter Überzeugung zu verstehen ist, wird je nach den intellektuellen Fähigkeiten und Kenntnissen der marxistischen Theorie bei allen Parteimitgliedern sehr verschieden sein. Die Differenzierung geht von einem verschwindenden Minimum von Intellektuellen, die mit der Methode bekanntwerden und diese begreifen, über Menschen, die nur die grundlegenden ökonomischen Begriffe des Kapitalismus, der Klassentheorie etc. verstanden haben, bis zu der Masse jener, die sich nur noch die Parolen von der Beseitigung der Ausbeutung, der Unterdrückung und der Not mit Hilfe der Partei und der Revolution zu eigen machen. Ob so oder so, werden doch die meisten einfachen Parteimitglieder in den aufgenommenen Zielen der Partei nicht nur einen Ausweg aus ihrer eigenen sozialen Lage sehen, sondern auch die Befreiung derer, mit denen sie sich durch die gleiche Stellung und Lage interessenmäßig verbunden fühlen.

So wie die intellektuellen und bewußtseinsmäßigen, werden auch die ethischen und charakterlichen Unterschiede breit gestreut sein. Von ausgesprochen altruistisch eingestellten Menschen bis zu eigennützigen und skrupellosen Egoisten wird die Skala der ethischen Differenzen ungefähr der Gesellschaft insgesamt entsprechen. Aber alle werden als Mitglieder der Partei gezwungen, an Aktionen mit politischen, gesellschaftlichen Konsequenzen teilzunehmen. Diese Tatsache schafft den oberflächlichen Eindruck, daß alle einzelnen Parteimitglieder nur soziale Ziele verfolgen. Während jedoch der uneigennützig denkende Teil der Mitglieder von diesen Aktionen und Kämpfen vor allem die Lösung allgemeiner, sozialer Probleme erwartet, werden weniger sozial eingestellte Mitglieder vor allem auf die Befriedigung eigener Ziele bedacht sein – sei das nun erst nach der ersehnten Revolution oder zum Teil auch schon vorher. Bei den letzteren werden auch die Gefühle des Neids, des Hasses, der Rache für das eigene Schicksal, die Sehnsucht nach Macht, nach Umständen, unter denen sie so leben könnten wie die heutigen Unterdrücker, überwiegen. Nur ein sehr kleiner Teil sozial fühlender und uneigennütziger Mitglieder, der obendrein theoretisch die Problematik der notwendigen permanenten Veränderung gesellschaftlicher Bedingungen für die Lösung sozialer Probleme begriffen hat, wird wirklich und dauernd im Interesse aller arbeitenden Menschen politisch tätig sein.

Dieses Verhältnis zwischen intellektuellen Fähigkeiten und ethischen Qualitäten spielt eine wichtige Rolle, besonders bei den führenden Funktionären der Partei. Die aktiv engagierten Menschen werden zu einem Teil eben nicht aus eigennützigen Erwägungen, sondern aufgrund ihrer theoretischen Überzeugung und einer tiefen Verbindung mit den sozial gleichgestellten und gleich leidenden Menschen handeln. Je mehr ein Mensch in seiner eigenen Entwicklung die verschiedensten Arten der Ausbeutung, Unterdrückung, Verfolgung zu spüren bekommt, je mehr er also durch seine eigenen Emotionen und Interessen getrieben auf eine Theorie stößt, die ihm seine Verbundenheit mit den Interessen breiter Massen gleichgestellter Menschen aufdeckt, um so mehr ändert sich sein anfängliches, rein gefühlsmäßiges Interesse in ein höheres, politisches Interesse. Die politische Vereinigung selbst, die Partei und ihr Kampf werden für viele zum stärksten Interesse, ob die politischen Ziele nun realisiert werden können oder nicht.*

Doch schon in einer schweren, für die Parteimitglieder allgemein nicht attraktiven politischen Lage wird es genug Individuen geben, die mit ihrer engagierten Tätigkeit und Übernahme von Funktionen innerhalb der Partei nicht nur uneigennützige Ziele verfolgen und auch nicht den

---

* »Wenn die kommunistischen *Handwerker* sich vereinen, so gilt ihnen zunächst die Lehre, Propaganda etc. als Zweck. Aber zugleich eignen sie sich dadurch ein neues Bedürfnis, das Bedürfnis der Gesellschaft an, und was als Mittel erscheint, ist zum Zweck geworden. Diese praktische Bewegung kann man in ihren glänzendsten Resultaten anschauen, wenn man sozialistische französische Ouvriers vereinigt sieht. Rauchen, Trinken, Essen etc. sind nicht mehr da als Mittel der Verbindung oder als verbindende Mittel. Die Gesellschaft, der Verein, die Unterhaltung, die wieder die Gesellschaft zum Zweck hat, reicht ihnen hin, die Brüderlichkeit der Menschen ist keine Phrase, sondern Wahrheit bei ihnen, und der Adel der Menschheit leuchtet uns aus den von der Arbeit verhärteten Gestalten entgegen.«
K. Marx, F. Engels, Werke, Bd. 3, Berlin 1932, S. 135.

allgemein proklamierten ethischen Ansprüchen genügen.* Da jedoch die
Psyche des Menschen, sein Charakter, seine Moral ungemein kompliziert und verdeckt sind und von den Mitmenschen nur sehr schwer, erst
nach langjährigen Erfahrungen in den verschiedensten Situationen wenigstens annähernd erkannt werden können (und durchaus nicht bei allen
Funktionären), hat eine politische Partei keine echte Möglichkeit, sich vor
eigennützigen Aktivisten zu schützen. Auch dort, wo die kommunistische
Partei ihren Mitgliedern keine augenblicklichen Vorteile geben kann, können einzelne ihre persönliche Befriedigung, etwa Anerkennung, Bewun-
derung, Gefolgschaft oder zukünftige Machtpositionen, verfolgen.

Sobald sich jedoch eine Partei zu einer großen, mächtigen und hinsichtlich der politischen Macht auch aussichtsreichen Organisation wandelt,
wird im Verhältnis zu diesem Wachstum und noch schneller als dieses
auch der Zufluß eigennütziger, individualistischer und karrieresüchtiger
Menschen in die Partei vor sich gehen. Besonders wenn dann noch ein
politischer Apparat, wenn Zeitungsredaktionen, Parteikassen, später dann
eventuell Einflußmöglichkeiten auf Genossenschaften, Krankenkassen
und andere soziale Institutionen entstehen, wird sich sehr schnell das
moralische Profil der Partei ändern. Wenn dann so eine Partei noch als
legale politische Partei unter demokratischen Bedingungen aufwächst (wie
später nicht nur alle sozialdemokratischen, sondern auch ein Teil kommu-
nistischer Parteien) und Funktionen von Parlamentsabgeordneten sowie
andere öffentliche Funktionen und Sinekuren zu verteilen hat, wird die
theoretische Vorstellung einer ethischen Elite immer weniger der Realität
entsprechen.

Zu einer ausgesprochenen Illusion wird dann aber diese Vorstellung
in Situationen, in denen die Partei die Macht bekommt und obendrein
als monopolistische Macht über die Besetzung aller staatswichtigen und
attraktiven Positionen zu entscheiden hat. Für viele Parteimitglieder wird
dann die Partei das unentbehrliche Mittel für individuelle Ziele und verschiedene Karrieren. Keine Kontrolle, keine Überprüfung, keine Säube-
rungen können dann die Partei vor solchen Elementen schützen, denn der
gesunde Teil der Partei ist überhaupt nicht imstande, die Krankheit des
anderen Teils aufzudecken und zu beweisen, denn niemand weiß sich

---

* »Ihr müßt solcherart die euch unangenehme Tatsache verdecken, daß vom Geist des
Bürokratismus, vom Geist des Rangstreits und der Ämtersucht gerade jene Leute durch-
drungen waren, die außerhalb der zentralen Parteikörperschaften einfach nicht in der
Partei arbeiten konnten. Jawohl, euer Verhalten hat uns in der Tat augenfällig gezeigt,
daß unsere Partei an einem Bürokratismus krankt, der den Posten höher stellt als die
Arbeit, der von Boykott und Desorganisation nicht zurückschreckt, um Posten zu er-
obern.«
W. I. Lenin, Werke, Bd. 7, Berlin 1956, S. 134.

wohl besser zu tarnen als eine Karrierist. Wie ein Schwamm verbreitet sich die Masse der Heuchler und Karrieristen in jeder Machtpartei, erlangt immer mehr Positionen und fängt an, sich von den andersgearteten und andersdenkenden »Idealisten« zu befreien. Es ist die innere Regel einer zur Macht gekommenen, alleinherrschenden politischen Partei, daß die eigennützigsten Elemente in ihr mit der Zeit die uneigennützigen, für die wirklichen Bedürfnisse der breiten Massen eintretenden Parteimitglieder von immer mehr entscheidenden Positionen zurückdrängen und schließlich jeden wesentlichen Einflusses auf die Parteitätigkeit berauben.

Wie das passiert, über welche Mechanismen, kann im einzelnen hier nicht untersucht werden. *Daß* aber eine politische Partei machtgierige und eigennützige Personen von entscheidenden Positionen und Funktionen nicht fernhalten kann, daß diese unter gewissen Bedingungen sogar die Politik der Partei bestimmen, heißt: die Partei allein ist nicht nur unfähig, die Interessen des Volkes zu *erkennen,* sondern auch immer weniger *gewillt,* diese Interessen aufzudecken. Wenn die echten Interessen der Mehrheit des Volkes solche ökonomischen oder politischen Veränderungen erfordern, die die Positionen der machthungrigen Funktionäre gefährden, wird deren spezifisches Eigeninteresse zu einer Unterdrückung der Volksinteressen führen.

Daß man in der gesamten theoretischen Vorbereitung des Sozialismus niemals die Möglichkeit einer solchen Differenzierung zwischen Partei- oder Machtinteressen und den Interessen der Volksmehrheit erwogen hat, daß man keinen Mechanismus und keine Garantien suchte, um die Durchsetzung wirklicher und strukturierter Interessen in der Gesellschaft zu sichern, und daß man sich schließlich in allem nur auf die Proklamation der hochstehenden Parteiethik verließ, ist nicht nur eine theoretische Naivität, sondern wurde später zu einer zielbewußten Heuchelei. Wenn wir heute, in Kenntnis der wirklichen Taten Stalins, seinen Schwur am Grabe Lenins (dessen Vermächtnis er verheimlicht und unterdrückt hat) beurteilen, dann muß sein Wort von der hohen ethischen Verpflichtung der Kommunisten gegenüber Lenins Vermächtnis eben nur als eine verlogene, rein propagandistische Heuchelei angesehen werden.*

---

* »Wir Kommunisten sind Menschen von besonderem Schlage. Wir sind aus besonderem Material geformt. Wir sind diejenigen, die die Armee des großen proletarischen Strategen bilden, die Armee des Genossen Lenin. Es gibt nichts Höheres als die Ehre, dieser Armee anzugehören. Es gibt nichts Höheres als den Namen eines Mitglieds der Partei, deren Gründer und Führer Genosse Lenin ist (...)

Als Genosse Lenin von uns schied, hinterließ er uns das Vermächtnis, den erhabenen Namen eines Mitglieds der Partei hochzuhalten und in Reinheit zu bewahren. Wir

Im gleichen Kontext muß auch die Tatsache gesehen werden, daß immer nach der Machtergreifung und Festigung der Diktatur die kommunistischen Parteien den größten Zustrom an Mitgliedern erhielten. Allein nach der von Stalin initiierten Werbekampagne nach Lenins Tod traten auf Anhieb 240 000 neue Mitglieder in die Partei, die zuvor insgesamt 386 000 Mitglieder zählte.* Es war der Eintritt in eine Partei, die die Macht bereits fest in Händen hielt und alle Aufstände gegen diese Alleinherrschaft blutig niedergeschlagen hatte. Ich erinnere nur an Kronstadt. Mit solchen Parteien weiterhin ihren ideell und ethisch »avantgardistischen Charakter« aufrechterhalten und mit diesem die Alleinvertretung der Interessen des Volkes begründen zu wollen, ist nichts anderes als politische Demagogie.

Ohne demokratische Voraussetzungen, unter denen die eventuellen Widersprüche zwischen den echten Interessen des Volkes und einzelner Gesellschaftsschichten auf der einen, und der politischen Festschreibung der Interessen durch irgendeine Partei auf der anderen Seite aufgedeckt werden können, muß es zur Mißachtung und Unterdrückung der Volksinteressen kommen. Eine theoretische Vorbereitung der sozialistischen Gesellschaft, bei der die Ausarbeitung des demokratischen Mechanismus, der demokratischen Prinzipien, der demokratischen Garantien des politischen Systems außer acht gelassen, ja, sogar durch das angenommene Prinzip der »führenden Rolle einer einzigen politischen Partei« unterdrückt wurden, mußte das Entstehen einer echten sozialistischen Gesellschaft geradezu verhindern.

Wer noch heute diese Tatsache leugnet oder sie in der Praxis nicht aufdecken will, wer in demokratischen Verhältnissen nur schwerfällige und aktionsunfähige Mechanismen sieht und die revolutionäre Schlagfähigkeit zentralistischer Formationen und führender Eliten hervorhebt, dem geht es in Wahrheit nicht um die Interessen der arbeitenden Menschen und um die echte Erkenntnis dieser Interessen, sondern um die Durchsetzung ganz bestimmter Ideen, die dann gern als Volksinteressen ausgegeben werden. Ob das nun eigene oder übernommene Ideen sind – sehr oft sind sie inspirierend, begeisternd, sprechen die Emotionen an und zielen auch auf das einfache, vorwiegend gefühlsmäßig unterlegte Denken und Oppo-

schwören dir, Genosse Lenin, daß wir dieses dein Gebot in Ehren erfüllen werden! (...)
Als Genosse Lenin von uns schied, hinterließ er uns das Vermächtnis, die Einheit unserer Partei wie unseren Augapfel zu hüten. Wir schwören dir, Genosse Lenin, daß wir auch dieses dein Gebot in Ehren erfüllen werden! (...)«
Geschichte der Kommunistischen Partei der Sowjetunion (Bolschewiki), Berlin 1945, S. 325.
* Geschichte der Kommunistischen Partei der Sowjetunion (Bolschewiki), Berlin 1945, S. 317, 325.

sitionsgefühl bestimmter Schichten ab. Haben solche »Argumente« dann obendrein eine immanente Logik, die ihnen einen wissenschaftlichen Anstrich gibt, dann werden sie um so schneller akzeptiert.

III. Die Revolutionsorientierung

Die Erwartungen von Marx

Von »Marxisten« wird die sozialistische Revolution in Rußland gern als Bestätigung für die Richtigkeit der marxistischen Theorie angeführt. Dieses Argument ist aber nur zum Teil wahr. Einige marxistische Behauptungen über die soziale Entwicklung in bestimmten Situationen haben sich auch in Rußland bewahrheitet. Daß diese Revolution jedoch die Theorie der Überlebtheit des Kapitalismus, der Notwendigkeit des Sozialismus, der historischen Progressivität des Sozialismus bestätigte, ja, daß es überhaupt eine Revolution war, die eine sozialistische Gesellschaft schuf, kann strenggenommen nicht behauptet werden.

Marx und Engels erwarteten die sozialistische Revolution – ganz im Sinne ihrer Theorie, daß nur ein hochentwickelter Kapitalismus die Voraussetzung für ein sozialistisches Gesellschaftssystem schaffen könne – in den fortgeschrittenen kapitalistischen Ländern Westeuropas. Sie waren überzeugt, daß sie fast gleichzeitig oder als Kettenreaktion in Ländern wie England, den Vereinigten Staaten, Frankreich und Deutschland ausbrechen würde. Die Meinung, welches das für die Revolution reifste Land sei, änderten sie recht häufig – je nach der Entwicklung der revolutionären Organisation und der Steigerung des politischen Bewußtseins der Arbeiter. Auch wenn das hochentwickelte Land England die am weitesten fortgeschrittene Ökonomik hatte, so wies es andererseits kein revolutionsbewußtes Proletariat auf. Deshalb rechnete Marx eher mit einer Revolution in Frankreich, von wo aus dann im Rahmen eines Krieges, den England gegen Frankreich anzetteln würde, durch die Revolutionierung des englischen Proletariats die Revolution nach England übergreifen könne.*

---

* »Die Befreiung Europas, sei es die Erhebung der unterdrückten Nationalitäten zur Unabhängigkeit, sei es der Sturz des feudalen Absolutismus, sind also bedingt durch die siegreiche Erhebung der französischen Arbeiterklasse. Aber jede französisch-soziale Umwälzung scheitert an der englischen Bourgeoisie, an der industriellen und kommerziellen

Später dachte Marx wieder eher an Deutschland, wo eine bevorstehende bürgerlich-demokratische Revolution durch einen permanenten Revolutionskampf des Proletariats allmählich in sozialistische Bahnen gelenkt werden könne. Zum erstenmal äußerte Marx hier die Idee einer permanenten Revolutionssituation, in der die bürgerlich-demokratische Revolution in eine sozialistische übergehen würde*, eine Idee, die Lenin später für Rußland übernahm.

Marx und Engels änderten so zwar die konkreten Vorstellungen, übten in dieser Hinsicht auch Selbstkritik**, hielten aber immer an der grundlegenden Idee der Revolution in kapitalistisch hoch entwickelten Ländern bei gleichzeitiger Revolutionstendenz in mehreren dieser Länder fest. Erst durch eine schlagkräftige Arbeiterorganisation und ihren koordinierten, gemeinsamen Kampf, könnte die Arbeiterklasse im Bündnis mit anderen werktätigen Klassen und Schichten den Sozialismus vorbereiten.***

Weltherrschaft Großbritanniens. Jede partielle soziale Reform in Frankreich, und auf dem europäischen Kontinente überhaupt, ist und bleibt, soweit sie definitiv sein soll, ein hohler frommer Wunsch. Und das alte England wird nur gestürzt durch einen *Weltkrieg*, der allein der Chartistenpartei, der organisierten englischen Arbeiterpartei, die Bedingungen zu einer erfolgreichen Erhebung gegen ihre riesenhaften Unterdrücker bieten kann.«
K. Marx, F. Engels, Werke, Bd. 6, Berlin 1961, S. 149, 150.
* »Während die demokratischen Kleinbürger die Revolution möglichst rasch und unter Durchführung höchstens der obigen Ansprüche zum Abschlusse bringen wollen, ist es unser Interesse und unsere Aufgabe, die Revolution permanent zu machen, so lange, bis alle mehr oder weniger besitzenden Klassen von der Herrschaft verdrängt sind, die Staatsgewalt vom Proletariat erobert und die Assoziation der Proletarier nicht nur in einem Lande, sondern in allen herrschenden Ländern der ganzen Welt so weit vorgeschritten ist, daß die Konkurrenz der Proletarier in diesen Ländern aufgehört hat und daß wenigstens die entscheidenden produktiven Kräfte in den Händen der Proletarier konzentriert sind.«
K. Marx, F. Engels, Werke, Bd. 7, Berlin 1963, S. 247, 248.
** »Die Geschichte hat uns und allen, die ähnlich dachten, unrecht gegeben. Sie hat klargemacht, daß der Stand der ökonomischen Entwicklung auf dem Kontinent damals noch bei weitem nicht reif war für die Beseitigung der kapitalistischen Produktion.«
K. Marx, F. Engels, Werke, Bd. 22, Berlin 1963, S. 515.
*** »Politische Macht zu erobern ist daher jetzt die große Pflicht der Arbeiterklasse. Sie scheinen dies begriffen zu haben, denn in England, Frankreich, Deutschland und Italien zeigt sich ein gleichzeitiges Wiederaufleben und finden gleichzeitige Versuche zur Reorganisation der Arbeiterpartei statt.«
K. Marx, F. Engels, Werke, Bd. 16, Berlin 1962, S. 12.
»Die Zeit der Überrumpelungen, der von kleinen bewußten Minoritäten an der Spitze bewußtloser Massen durchgeführten Revolutionen ist vorbei. Wo es sich um eine vollständige Umgestaltung der gesellschaftlichen Organisation handelt, da müssen die Massen selbst mit dabei sein, selbst schon begriffen haben, worum es sich handelt, für was sie mit Leib und Leben eintreten.«
K. Marx, F. Engels, Werke, Bd. 22, Berlin 1963, S. 523.

Lenins Revolutionsvorstellungen

Im Unterschied zur allgemein verbreiteten marxistischen Vorstellung entwickelte Lenin die Theorie des Imperialismus als des höchsten Stadiums des Kapitalismus, in dem angeblich bereits die ganze Welt vom Kapital beherrscht und für die sozialistische Revolution reif sei. Der Anfang einer Weltrevolution müsse nicht unbedingt in einem hochentwickelten Land, sondern könne aufgrund einer ungleichmäßigen Entwicklung der kapitalistischen Staaten in einem schwachen Glied der imperialistischen Kette beginnen.* Das schwache Glied sei vor allem dort, wo die Arbeiterklasse und ihre Verbündeten am revolutionärsten und die regierende Klasse und ihr Staat am schwächsten sind.** Und eine solche Situation könne auch in

* »Die Ungleichmäßigkeit der ökonomischen und politischen Entwicklung ist ein unbedingtes Gesetz des Kapitalismus. Hieraus folgt, daß der Sieg des Sozialismus zunächst in wenigen kapitalistischen Ländern oder sogar in einem einzeln genommenen Lande möglich ist. Das siegreiche Proletariat dieses Landes würde sich nach Enteignung der Kapitalisten und nach Organisierung der sozialistischen Produktion im eigenen Lande der übrigen, der kapitalistischen Welt *entgegenstellen,* würde die unterdrückten Klassen der anderen Länder auf seine Seite ziehen, in ihnen den Aufstand gegen die Kapitalisten entfachen und notfalls sogar mit Waffengewalt gegen die Ausbeuterklassen und ihre Staaten vorgehen. Die politische Form der Gesellschaft, in der das Proletariat siegt, indem es die Bourgeoisie stürzt, wird die demokratische Republik sein, die die Kräfte des Proletariats der betreffenden Nation oder der betreffenden Nationen im Kampf gegen die Staaten, die noch nicht zum Sozialismus übergegangen sind, immer mehr zentralisiert. Die Abschaffung der Klassen ist unmöglich ohne die Diktatur der unterdrückten Klasse des Proletariats. Die freie Vereinigung der Nationen im Sozialismus ist unmöglich ohne einen mehr oder minder langwierigen, hartnäckigen Kampf der sozialistischen Republiken gegen die rückständigen Staaten.«
W. I. Lenin, Werke, Bd. 21, Berlin 1960, S. 345, 346.
** »Für den Marxisten unterliegt es keinem Zweifel, daß eine Revolution ohne revolutionäre Situation unmöglich ist, wobei nicht jede revolutionäre Situation zur Revolution führt. Welches sind, allgemein gesprochen, die Merkmale einer revolutionären Situation? Wir gehen sicherlich nicht fehl, wenn wir folgende drei Hauptmerkmale anführen: 1. Für die herrschenden Klassen ist es unmöglich, ihre Herrschaft unverändert aufrechtzuerhalten; die eine oder andere Krise der ›oberen Schichten‹, eine Krise der Politik der herrschenden Klasse, die einen Riß entstehen läßt, durch den sich die Unzufriedenheit und Empörung der unterdrückten Klassen Bahn bricht. Damit es zur Revolution kommt, genügt es in der Regel nicht, daß die ›unteren Schichten‹ in der alten Weise ›nicht leben wollen‹, es ist noch erforderlich, daß die ›oberen Schichten‹ in der alten Weise ›nicht leben können‹. 2. Die Not und das Elend der unterdrückten Klassen verschärfen sich über das gewöhnliche Maß hinaus. 3. Infolge der erwähnten Ursachen steigert sich erheblich die Aktivität der Massen, die sich in der ›friedlichen‹ Epoche ruhig ausplündern lassen, in stürmischen Zeiten dagegen sowohl durch die ganze Krisensituation *als auch durch die ›oberen Schichten‹ selbst* zu selbständigem historischen Handeln gedrängt werden.«
»Weil nicht aus jeder revolutionären Situation eine Revolution hervorgeht, sondern

einem Land wie Rußland entstehen, wo das revolutionäre Bewußtsein des Proletariats schnell wachse und auch die breiten Massen der pauperisierten Bauern in eine revolutionäre Bewegung hineingezogen würden.

Mit dieser neuen theoretischen Begründung richtete Lenin die kommunistische Partei Rußlands auf die Vorbereitung der sozialistischen Revolution aus. Er war sich jedoch bewußt, daß in einem wirtschaftlich so schwachen Land, in dem die Arbeiter nur eine verschwindend kleine – wenn auch relativ konzentrierte und gut organisierte – Minderheit bildeten, sie nichts ohne Unterstützung der breiten Massen von Bauern erreichen könnten. Diese waren wiederum nicht für eine sozialistische, sondern für eine bürgerlich-demokratische Revolution zu gewinnen: gegen den zaristischen Absolutismus, für eine radikale Bodenreform und Beseitigung aller feudalen Überbleibsel. Durch ein zielbewußtes Anstacheln dieser bürgerlich-demokratischen Revolutionsbewegung und bei führender Rolle der Arbeiterklasse sollte diese, zusammen mit den breiten Massen der Bauern, eine demokratische Diktatur der Arbeiter und Bauern errichten. Diese revolutionäre Diktatur hätte nicht nur die kapitalistische Entwicklung in Rußland beschleunigt, sondern sie sollte zugleich revolutionäre Entwicklungen in anderen Ländern entfachen und günstige Bedingungen für einen Übergang zur sozialistischen Entwicklung schaffen.* Das war Lenins Taktik der bürgerlich-demokratischen Revolution und ihrer Hinüberführung in eine sozialistische Revolution.

Er ging von der richtigen Erkenntnis aus, daß nicht revolutionäre Wün-

nur aus einer solchen Situation, in der zu den oben aufgezählten objektiven Veränderungen noch eine subjektive hinzukommt, nämlich die Fähigkeit der revolutionären *Klasse* zu revolutionären Massenaktionen, genügend *stark*, um die alte Regierung zu stürzen (oder zu erschüttern), die niemals, nicht einmal in einer Krisenepoche ›zu Fall kommt‹, wenn man sie nicht ›zu Fall bringt‹.«
W. I. Lenin, Werke, Bd. 21, Berlin 1960, S. 206, 207.

* »Sie wird im besten Fall imstande sein, eine radikale Neuverteilung des Grundeigentums zugunsten der Bauernschaft vorzunehmen, einen konsequenten und vollen Demokratismus bis zur Errichtung der Republik durchzuführen, alle asiatischen Wesenszüge und Knechtschaftsverhältnisse im Leben nicht nur des Dorfes, sondern auch der Fabrik auszumerzen, für eine ernsthafte Verbesserung der Lage der Arbeiter, für die Hebung ihrer Lebenshaltung den Grund zu legen und schließlich, last but not least, den revolutionären Brand nach Europa zu tragen. Ein solcher Sieg wird aus unserer bürgerlichen Revolution noch keineswegs eine sozialistische machen; die demokratische Umwälzung wird über den Rahmen der bürgerlichen gesellschaftlich-ökonomischen Verhältnisse nicht unmittelbar hinausgehen; aber nichtsdestoweniger wird die Bedeutung eines solchen Sieges für die künftige Entwicklung sowohl Rußlands als auch der ganzen Welt gigantisch sein. Nichts wird die revolutionäre Energie des Weltproletariats so sehr steigern, nichts wird den Weg, der zu seinem vollen Siege führt, so sehr abkürzen wie dieser entscheidende Sieg der in Rußland begonnenen Revolution.«
W. I. Lenin, Werke, Bd. 9, Berlin 1960, S. 44.

sche und Vorstellungen, sondern die objektiven Gegebenheiten den Charakter einer Revolution bestimmen. Erst auf dem Boden objektiv gegebener ökonomischer Bedingungen und der durch sie bestimmten sozialen Strukturen und Interessen können konkrete politische Ziele und beschleunigende, bewußtseinsfördernde politische Tätigkeiten entfaltet werden. Der subjektive Faktor – politische Parteien, Führer, Programme, organisatorische Fähigkeiten etc. – spielt in der Entwicklung eine bedeutsame Rolle, verändert aber die objektiv gegebenen Umstände nicht wesentlich. Eine revolutionäre Partei kann eine revolutionäre Situation verschärfen, kann diese rechtzeitig ausnutzen, aber sie vermag objektive Entwicklungen nicht zu überspringen. Weil Lenin die objektive Lage in Rußland entsprechend einschätzte, kämpfte er auch jahrelang für die Realisierung einer bürgerlich-demokratischen Revolution, die im Interesse der absoluten Mehrheit der Bevölkerung, der Bauern, lag und die die Entwicklung des Kapitalismus beschleunigt hätte.*

Die kommunistische Machtübernahme

Lenins politische Ziele konnten nicht realisiert werden, die Geschichte nahm einen anderen Verlauf. Bevor der zaristische Absolutismus verschwand, verwickelte er Rußland noch in einen verheerenden Weltkrieg. Erst der Krieg schwächte das zaristische Regime so, daß es gestürzt werden konnte. An die Macht kam für eine kurze Zeit eine bürgerliche Regierung, die aber an der gegebenen ökonomischen und sozialen Lage nichts änderte. Rußland am Ende des Ersten Weltkriegs war im wesentlichen auf derselben Stufe der ökonomischen Entwicklung wie zu der Zeit, als Lenin allein die Möglichkeit einer bürgerlich-demokratischen Revolution voraussah.

Das Interesse der breiten Massen des blutenden und hungernden Volkes

---

* »Die demokratische Umwälzung ist bürgerlich. Die Losung von der schwarzen Umteilung oder von Land und Freiheit – diese meist verbreitete Losung der geduckten und unaufgeklärten, aber leidenschaftlich nach Licht und Glück strebenden Bauernmassen – ist bürgerlich. Wir Marxisten aber müssen wissen, daß es keinen anderen Weg zur wirklichen Freiheit des Proletariats und der Bauernschaft gibt noch geben kann, als den Weg der bürgerlichen Freiheit und des bürgerlichen Fortschritts. Wir dürfen nicht vergessen, daß es in der gegenwärtigen Zeit kein anderes Mittel gibt noch geben kann, um den Sozialismus näher zu bringen, als die volle politische Freiheit, als die demokratische Republik, als die revolutionär-demokratische Diktatur des Proletariats und der Bauernschaft.«
W. I. Lenin, Werke Bd. 9, Berlin 1960, S. 102.

413

war der Frieden und Brot für alle, Boden und Freiheit für die Bauern. Die kommunistische Partei war die Partei, die diese Ziele in dieser Lage am deutlichsten proklamierte und entsprechend radikale Parolen verbreitete. Ihr revolutionärer Sieg im Oktober 1917 kam nicht unter sozialistischen Vorzeichen. Es war vielmehr die Machtübernahme durch eine Partei, die die entscheidende Unterstützung der verzweifelten Massen bekam. Sie errang die Mehrheit in den meisten Sowjets, da das Volk – enttäuscht von den nichtrealisierten Friedensversprechungen der Regierung und der anderen Parteien – nur noch bei den Bolschewiken die Hoffnung auf die Durchsetzung ihrer Bedürfnisse und Ziele bestätigt sah.

Daß große Massen von Menschen, wenn sie Not, Hunger und Angst leiden und kriegsmüde sind, allzu gern den Verkündern von besseren, begeisternden Zukunftsvisionen glauben, besonders wenn sie von den vorher regierenden Regimen und Parteien enttäuscht wurden, beweist die ganze bisherige Geschichte. Ob es bloße Ideen und Versprechungen waren, die mit übernatürlichen oder mit »wissenschaftlichen« Begründungen unterlegt waren – wichtig war nur, daß sie im richtigen Moment die mehrheitlichen Emotionen ansprachen. Dann konnten sie Massen gewinnen.

Inwieweit bewies also die Machtübernahme durch die Kommunisten, die als der Beginn der großen sozialistischen Revolution bezeichnet wird, die Richtigkeit der marxistischen Theorie? Sie bestätigte die Erkenntnis, daß die kapitalistische Entwicklung in ihren Anfängen zur Verelendung der Bevölkerungsmassen führt, daß im Kapitalismus verheerende imperialistische Kriege entstehen, daß das Proletariat, wenn es von einer revolutionären Partei geführt wird, aus seiner objektiven Stellung hinaus und unter dem Einfluß dieser Partei revolutioniert werden kann. In Situationen, in denen die Arbeiter die Unfähigkeit des Staates sehen, ihre Lebensinteressen zu wahren, in denen sie die Unterstützung breiter Massen ebenso darbender und geknechteter Bauern bekommen und in denen schließlich die repressive Macht der regierenden Organe geschwächt ist – in solchen Situationen kann das alte Regime gestürzt werden. An die Macht kann die Partei kommen, die durch ihre revolutionäre Tätigkeit gegen die alte Macht und durch ihren Kampf für die unterdrückten Massen deren Vertrauen gewonnen hat.

All dies bestätigte diese Revolution, und in diesem Sinne bestätigte sie einige theoretische Postulate des Marxismus-Leninismus. Heißt das aber schon, daß es die Bestätigung des sozialistischen Charakters der Revolution war? Kann man daraus, daß die an die Macht gelangende Partei subjektiv gewillt war, sozialistische Ziele zu realisieren, die Schlußfolgerung ziehen, daß solche Möglichkeiten gegenüber der objektiven ökonomischen und sozialen Situation auch wirklich gegeben waren? Bedeutet die

Tatsache, daß diese Partei die Macht behielt und wirtschaftliche und politische Systemänderungen durchführte, die sozialistisch genannt wurden, auch tatsächlich eine Bestätigung des sozialistischen Charakters dieser Veränderungen? Kann eine an die politische Macht gelangte Partei wirklich erreichen, daß ein ganzes Volk ökonomisch notwendige Entwicklungsetappen überspringt, oder kann sie nur eine notwendige, sich bereits anbahnende Wirtschaftsentwicklung beschleunigen? Bringt das Gesellschaftssystem, das wirtschaftlich, politisch, sozial und kulturell aufgebaut wurde, wirklich eine sozialistische Befreiung der Menschen, die Marx und Engels vorschwebte?

Auf all diese Fragen kann erst eine spezielle Analyse des praktizierten kommunistischen Systems eine voll befriedigende Antwort geben. Hier aber muß schon betont werden, daß *sozialistische* sozial-ökonomische Verhältnisse, die auf einer sehr hohen Entwicklungsstufe der kapitalistischen Produktivkräfte errichtet werden sollen, ohne Existenz dieser vorangehenden Produktionsentwicklung nicht erreicht werden können. Lenin verwarf seinerzeit alle Argumente von Kritikern der sozialistischen Ziele in Rußland, die auf die ungeheure Rückständigkeit der Produktivkräfte hinwiesen. Er, der selbst früher die Möglichkeit eines Überspringens der kapitalistischen Entwicklung so scharf ablehnte*, sieht auf einmal die Entwicklung der Produktivkräfte nur von einer Beschleunigung des kulturellen Niveaus der Menschen abhängig** und übersieht vollständig, daß ein Staatsmonopolismus noch keine sozialistische Gesellschaft ist.

In der Praxis war aber das Programm Lenins ein Programm zur Einführung eines staatsmonopolistischen Systems, in dem er schon früher die

---

* »Und aus diesen Leitsätzen folgt, daß es ein *reaktionärer* Gedanke ist, die Erlösung der Arbeiterklasse in irgend etwas anderem zu suchen als in der weiteren Entwicklung des Kapitalismus. In solchen Ländern wie Rußland leidet die Arbeiterklasse nicht so sehr unter dem Kapitalismus als vielmehr unter der ungenügenden Entwicklung des Kapitalismus. Die Arbeiterklasse ist daher an der breitesten, freiesten und raschesten Entwicklung des Kapitalismus *unbedingt interessiert.*«
W. I. Lenin, Werke, Bd. 9, Berlin 1960, S. 37.

** »Rußland hat in der Entwicklung der Produktivkräfte noch nicht die Höhe erreicht, bei welcher der Sozialismus möglich wäre. Mit diesem Leitsatz tun sich alle Helden der II. Internationale, und unter ihnen natürlich auch Suchanow, so wichtig, als wäre es der Stein der Weisen. Diesen unstrittigen Satz wiederkäuen sie auf tausenderlei Weise, und es scheint ihnen, als sei er entscheidend für die Beurteilung unserer Revolution.«
»Wenn zur Schaffung des Sozialismus ein bestimmtes Kulturniveau notwendig ist (obwohl niemand sagen kann, wie dieses bestimmte ›Kulturniveau‹ aussieht, denn es ist in jedem westeuropäischen Staat verschieden), warum sollten wir also nicht damit anfangen, auf revolutionärem Wege die Voraussetzungen für dieses bestimmte Niveau zu erringen, und *dann* schon, auf der Grundlage der Arbeiter- und Bauernmacht und der Sowjetordnung, vorwärtsschreiten und die anderen Völker einholen.«
W. I. Lenin, Werke, Bd. 33, Berlin 1962, S. 464, 465.

Vorstufe des Sozialismus in Rußland gesehen hatte. Dieses staatsmonopolistische System sollte durch die andauernde revolutionäre Führungs-
rolle der kommunistischen Partei zu einer sozialistischen Gesellschaft gebracht werden. Was Lenin subjektiv dabei vorgeschwebt haben mag –
theoretisch hat er eine solche Gesellschaftstransformation weder erklärt
noch gesichert. Er hat weder die Ausarbeitung von Grundzügen der zukünftigen sozialistischen Gesellschaft, ihre klare Abgrenzung gegenüber
der staatsmonopolistischen Übergangsetappe, noch die institutionelle Absicherung von Bedingungen, in denen immer eine progressive, vorwärts-
treibende Kraft gegenüber konservativen sozialen Kräften entstehen
könnte, für wichtig befunden.

Auf der Basis der marxistisch-leninistischen Theorie war jedoch die tatsächliche Umwandlung des russischen Staatsmonopolismus in eine sozialistische Gesellschaftsform nicht garantiert. Die Schaffung von großen
staatlichen Industrie- und Handelsbetrieben, die zwangsweise Errichtung
von landwirtschaftlichen Genossenschaften unter staatlicher Hegemonie,
die Einführung einer staatlichen, dirigistischen volkswirtschaftlichen Planung, die Unterdrückung von wesentlichen Marktfunktionen, die Errichtung eines absolut monopolistischen, politischen Einparteien-Systems, die
Unterstellung des Staates und aller gesellschaftlichen Institutionen und
Vereinigungen unter die Parteikontrolle, die parteimäßige Zensur aller
ideellen und kulturellen Tätigkeiten und Ausdrucksformen, die polizei-
liche Verfolgung jeglicher oppositionellen Ansichten und Organisations-
versuche usw. – all diese Grundprinzipien charakterisierten die staatsmonopolistische Entwicklungsetappe. Sie waren entweder schon zu Lebzeiten Lenins realisiert oder wurden nach seinem Tod unter Berufung auf
seine theoretischen Ansichten durchgesetzt. Ob diese Leute sich zu Recht
oder Unrecht auf Lenin berufen: viele sogenannte Marxisten erklärten
und erklären bis heute die »sozialistische« Gesellschaft mit Hilfe der angeführten Grundcharakteristiken.

Im Kapitel *Zusammenhang aller Entfremdungsprozesse* habe ich gezeigt,
welche sozialistischen Grundprinzipien, welche notwendigen gesellschaftlichen Überwindungsformen des kapitalistischen Entfremdungsprozesses
als wesentliche Kriterien einer sozialistischen Gesellschaft anzusehen sind.
Diese sozialistischen Prinzipien wurden im sowjetischen System nicht realisiert und können dort unter den Bedingungen einer polizeilichen Unterdrückung jeder freiheitlichen Regung des Volkes nicht einmal propagiert
werden. Die ständige theoretische Betonung und machtmäßige Konservierung aller zuvor angeführten Grundprinzipien, die als »sozialistisch« postuliert werden, zeigt überzeugend, daß man in Wirklichkeit »Sozialis-

mus« mit »Staatsmonopolismus« gleichsetzt. Die theoretische Fixierung von wesentlichen Unterschieden zwischen dem bewußt eingeführten staatsmonopolistischen System und einer sozialistischen Gesellschaft gibt es offenbar nicht, und alle Versuche, eine solche Theorie zu entwickeln, werden von der etablierten Partei- und Staatsmacht jeweils im Keim erstickt.

Darin zeigt sich eben die größte Schwäche der marxistisch-leninistischen Theorie, die alle historischen Erfahrungen aus absolutistischen Machtsystemen ignorierte. Daß jedes Machtregime, das die Herrschaft einer bestimmten sozialen Gruppe über breite Volksmassen ist, ohne deren Kontroll- und Wahlmöglichkeit notwendig konservativ degeneriert, hat diese Gesellschaftstheorie vollkommen übersehen. Machtmäßige Sonderstellungen und Privilegien, die die Durchsetzung von starken Machtinteressen kleiner sozialer Gruppen garantieren, haben früher oder später zur Absonderung dieser Machtgruppen vom Volk und zur Errichtung ihrer Gewaltherrschaft über die Menschen geführt. Aber eben deshalb hat es auch immer wieder in der Geschichte Kämpfe um demokratische Freiheiten gegeben. Daß der offizielle »Marxismus« diese Erfahrungen und alle entsprechenden politischen Theorien leugnet und sich auf die »Stärke der Moral« der privilegierten Machtgruppe verläßt, zeugt nur davon: in Wirklichkeit ist die Erhaltung dieses Machtregimes selber und nicht die Wahrnehmung der Interessen des Volkes zum führenden Prinzip des kommunistischen Systems geworden.

Zusammenfassung

Die Untersuchung der marxistischen Theorie, sowohl der Leitgedanken
ihrer Gründer als auch der heute offiziell anerkannten Doktrin, zeigt eindeutig, daß zwischen dieser und der gegenwärtigen gesellschaftlichen Realität eine tiefgehende Kluft entstanden ist. Vor allem die immer wieder
betonte »wissenschaftliche Begründung der Notwendigkeit des Sozialismus« und in Zusammenhang damit die Vorstellung über seine Entstehung
und seine Grundzüge kann einer wissenschaftlichen Konfrontation mit
der Realität nicht standhalten.

Die vor ungefähr hundert Jahren erarbeiteten Schlußfolgerungen über
die notwendige Entwicklung unüberwindlicher und sich stetig vertiefender ökonomischer und sozialer Widersprüche, die zur revolutionären Beseitigung des Kapitalismus führen müßten, haben sich in ihrer konkreten
Form nicht bewahrheitet. Die Grundanalyse des Kapitalismus, die die
ökonomische Basis des Interessenwiderspruchs zwischen Kapitaleigentümern und produktiven Lohnempfängern aufdeckte, war im wesentlichen
richtig. Die soziale Struktur des Kapitalismus mit ihrem ausgeprägten
Gegensatz zwischen Lohninteressen und Kapitalinteressen, hat sich bis
heute, wenn auch in modifizierter Form, erhalten. Dieser Gegensatz bildet
weiterhin die Grundlage neuartiger Entwicklungsschwierigkeiten der
spätkapitalistischen Gesellschaft. Die von Marx prognostizierte Geschichte
des kapitalistischen Grundwiderspruchs allerdings wurde durch die tatsächliche Weiterentwicklung des Kapitalismus und durch den entstehenden Kapitalüberfluß in hochentwickelten kapitalistischen Ländern widerlegt.

Weder das Überhandnehmen der Arbeiter in der Gesellschaft, weder
ihre Verelendung, noch die absolut anwachsenden, krisenmäßigen Verluste an Produktivkräften brachten den hochentwickelten Kapitalismus
an den Rand seiner revolutionären Beseitigung. Auch wenn die Zahl der

Arbeiter absolut gesehen stieg, hat der Anteil der eigentlichen Arbeiter an der Zahl der produktiven Lohnempfänger erheblich abgenommen. Der Anteil aller *produktiven* Lohnempfänger an der gesamten Bevölkerung hochentwickelter Länder sinkt ebenfalls und erreicht in einzelnen Fällen kaum mehr fünfzig Prozent. Die soziale Struktur des Kapitalismus hat sich nicht vereinfacht, sondern im Gegenteil sehr kompliziert.

Mit dem Kapitalüberfluß, dem schnelleren Wachstum des variablen Kapitals im Verhältnis zur Zahl der Arbeitskräfte und der nicht mehr rückgängig zu machenden Vollbeschäftigung verschwand die ökonomische Grundlage der proletarischen Verelendung. Auch wenn der Anteil der Lohnempfänger am Nationaleinkommen weiterhin das Ergebnis eines Kampfes zwischen ihnen und den kapitalverbundenen Kräften ist, haben sich dessen entscheidende Bedingungen wesentlich geändert. Das Ansteigen des Konsums der arbeitenden Bevölkerung wird langfristig durch die notwendige Makroproportion zwischen Konsum und Investitionen bestimmt, wobei große, klassenmäßige Unterschiede innerhalb des Konsums bestehenbleiben. Auch wenn sich diese Makroproportion nur als fortwährend gestörte Tendenz und unter unübersehbaren wirtschaftlichen Verlusten realisiert, kann man die Konsumentwicklung wissenschaftlich nicht als Prozeß einer Verelendung der Lohnempfänger bezeichnen.

Die sozialen Unterschiede im Konsum hochentwickelter kapitalistischer Staaten übersteigen jedoch noch wesentlich solche Differenzen, die nur durch eine unterschiedliche Arbeitsleistung begründet wären. Die bedrückende Armut der sozial schwächsten Schichten auch in superreichen Ländern steht in krassem Gegensatz zum verschwenderischen Konsum der »High Society«. Auch große regionale (zum Beispiel Süd- und Norditalien) oder rassenmäßige (Negerbevölkerung in USA u. ä.) Einkommens- und Konsumunterschiede sind ein Zeichen für rein spontane, gesellschaftlich nicht regulierte Verteilungsprozesse. Doch auch diese Differenzen nehmen nicht zu, sondern werden als extreme Überbleibsel der kapitalistischen Anfangsentwicklung reduziert – wenn auch größtenteils unnötig langsam und nicht zielbewußt genug.

Die makroökonomische Reproduktionsentwicklung hat sich unter den Bedingungen des Kapitalüberschusses ebenfalls wesentlich ändern müssen. An die Stelle der sich immer schneller wiederholenden und immer tieferen zyklischen Überproduktionskrisen mitsamt ihren sozialen Verelendungsauswirkungen trat eine spezifisch inflationäre Konjunkturwelle innerhalb einer langfristig sehr schnell wachsenden Produktion. Die Wellenbewegung zeugt von einer mit der Makroeinkommensentwicklung unkoordinierten, widersprüchlichen Entwicklung der Makroproduktionsstruktur. Perioden von übermäßigen, inflationären Konsumentwicklungen werden von Rezessionsperioden, als Folge von Investitionsüberhitzungen, abgelöst. Die damit zusammenhängenden Verluste, begleitet von sozialen Unsicherheiten und Spannungen, sind zwar wesentlich kleiner als die großen Krisenverluste der Vergangenheit, aber sie weisen weiterhin vor allem auf den ungelösten kapitalistischen Interessengegensatz und die gesellschaftlich nicht bewältigte Makroentwicklung hin.

Entgegen den Erwartungen von Karl Marx führt die Spätentwicklung des Kapitals nicht zu sich vertiefenden ökonomischen und sozialen Gegensätzen, zu anwachsender Verelendung und Radikalisierung. Daß die alte Theorie dogmatisch beibehalten und in der kommunistischen Propaganda unterschiedslos auf entwickelte wie auf unterentwickelte Länder bezogen wird, führt dazu, daß die sozialistischen Ideen in den kapitalistisch hochentwickelten Ländern zunehmend diskreditiert werden. Doch auch in den Entwicklungsländern enthüllt die kommunistische Propaganda die eigentlichen Gründe des Verelendungsprozesses nicht. Sie zeigt nicht gründlich, nicht real und differenziert genug, wie ein solcher Prozeß überwunden werden kann.

Zweifellos bestätigt die Situation der Entwicklungsländer – wenn auch schon modifiziert –, daß bestimmte marxistische Erkenntnisse historisch richtig waren. Nicht nur in diesen Ländern, sondern auch in manchen Industrieländern, deren Teilterritorien oder spezifische Bevölkerungsteile in die moderne Produktionsentwicklung ungenügend einbezogen wurden, finden ideologische und politische Radikalisierungen jeder Art einen fruchtbaren Boden. Dennoch muß die Tatsache, daß die Verelendung eine Erscheinung spezifischer Kapitalbedingungen ist, die weit mehr mit dem Industrialisierungsprozeß als mit der ausgereiften kapitalistischen Entwicklung zusammenhängt, von jedem anerkannt werden, dem es nicht allein um nackte politische Macht geht.

Was als kommunistische Überwindung der Ausbeutung und Verelendung in kapitalistisch unterentwickelten Ländern propagiert wird und was in einer ähnlichen Situation schon einmal in Rußland passiert ist, kann zwar dazu führen, daß die Industrialisierung beschleunigt, radikale Bodenreformen oder Bodenrationalisierungen durchgeführt, feudale oder halbfeudale soziale Reliktbeziehungen beseitigt, neue nationale bürokratische Schichten und politische Eliten geschaffen, die Machtstellung eines bestimmten Volkes gestärkt und sein nationales Selbstbewußtsein angehoben wird. Und in diesem Sinn kann alles das sogar vom nationalen Standpunkt aus als progressiv bezeichnet werden. In Anbetracht sozialistischer Kriterien muß dieser Prozeß aber als eine spezifische, staatsmonopolistische Beschleunigung der Industrialisierung gesehen werden, die bei ihrer einseitigen und bürokratischen Übertreibung eine spezifische Verelendung und Unterdrückung des Volkes, und gerade keine sozialistischen Verhältnisse mit sich bringt.

Die tatsächliche Beseitigung jeder Interessen- und Meinungsmanifestation unterschiedlicher Volksschichten, die ökonomische und politische Entfremdung der einfachen Arbeiter, die Bürokratisierung und die Abgrenzung der Machteliten von den Volksmassen sind das notwendige Resultat dieser spezifischen Entwicklung. Wie einst die Freiheitsideale der bürgerlichen Klasse, so transformierten sich auch die kommunistischen Revolutionstheorien in der Sowjetunion nach der Revolution in eine konservative Staatsideologie, in ein »sozialistisch« getünchtes, aber falsches Bewußtsein.

Daß die Revolutionsideologie – verschmolzen mit nationalen, antiimperialistischen Befreiungsidealen – noch die Emotionen breiter Schichten in vielen wirtschaftlich unterentwickelten Ländern ansprechen kann, zeugt nur von der Aktualität nationaler Befreiungsziele und staatswirtschaftlicher Beschleunigungsprozesse der Entwicklung. Man sollte diese revolutionären Strömungen in der gesellschaftswissenschaftlichen Theorie klarer differenzieren und vor allem staatsmonopolistische, machtbürokratische von sozial progressiven, volksdemokratischen Entwicklungsformen unterscheiden. Diese wirtschaftlichen, politischen und kulturellen Gesellschaftsformen in sogenannten Entwicklungsländern können aber mit anstehenden sozialistischen Transformationen in wirtschaftlich und kulturell hochentwickelten Ländern nicht gleichgesetzt werden. Entwicklungsländer können, eventuell auch auf spezifischen Wegen, zu sozialistischen Systemen übergehen, allerdings nicht dadurch, daß sie die notwendigen Industrialisierungsetappen überspringen und womöglich zugleich eine entwickelte Arbeitsteilung und daher auch Marktbeziehungen einführen. Eben weil der Kampf um eine sozialistische Transformation der höchstentwickelten kapitalistischen Gesellschaften oft mit dem Vorbild der staatsmonopolistischen Entwicklung in der Sowjetunion geführt wird, erlebt die zutiefst humane sozialistische Idee fast zwangsläufig eine Profanierung.

Es ist kein Zufall, daß in kapitalistisch hochentwickelten Ländern die Vorstellung einer revolutionären Diktatur des Proletariats und einer Verstaatlichung der Produktionsmittel – als Weg zur Beseitigung der Ausbeutung und Verelendung der Arbeiter – bei der Mehrheit der arbeitenden Bevölkerung keine Anziehungskraft gewinnen kann. Die Losgerissenheit dieser Ideologie von der tatsächlichen ökonomischen und sozialen Situation in diesen Ländern und die nicht zu vertuschenden Informationen über die ökonomische und politische Entwicklung in den kommunistischen Ländern wirken sich gegen eine notwendige Massenunterstützung der kommunistischen Ziele aus. Es ist bedrückend zu beobachten, wie ein Teil der Jugend in seiner Opposition gegen schwerwiegende Widersprüche des modernen Kapitalismus und in seinem Bemühen um eine politische Radikalisierung immer wieder in die kommunistischen Reihen getrieben und damit von den progressivsten humanen Interessen des eigenen Volkes entfernt wird.

Sosehr die staatsmonopolistische Entwicklung in manchen kommunistischen Ländern, vor allem in der Sowjetunion, die Bildung einer nationalen Großmachtstellung beschleunigen konnte, sowenig kann sie als Beispiel einer humanen Überwindung all jener Extreme gelten, die die hochindustrialisierte Konsumgesellschaft mit sich bringt. Im Gegenteil: die ungeheure Bürokratisierung, die einseitig bevorzugte Industrieentwicklung, die vorrangig forcierte militärische Macht und die imperialistischen außenpolitischen Bestrebungen und Eingriffe der Sowjetunion müssen sozialistische Zielsetzungen in westlichen Ländern profanieren und die Majorität der Bevölkerung davon abbringen. Alles das einfach der bürgerlichen Propaganda zuzuschreiben, heißt das Problem gründlich zu verkennen.

Auch nichtkommunistische Adepten sozialistischer Gesellschaftsveränderungen, zum Beispiel starke linksgerichtete sozialdemokratische Strömungen, haben im Grunde keine eigenen Gesellschaftsmodelle aufgestellt und müssen in ihren politischen Bestrebungen fast notwendig den Verdacht aufkommen lassen, eine bürokratische Verstaatlichung und eine totalitäre, dirigistische Planung zu verfolgen. Dieser Verdacht wird heute Arbeiterkreise und breite Schichten von Angestellten, vor allem der tertiären Sphäre (des progressivsten Entwicklungssektors), von Zielen einer sozialistischen Transformation abbringen.

Die Versuche mancher jugendlicher Gruppen, die Arbeiter für ihren berechtigten Kampf gegen die Entwicklungsbremsen des Kapitalismus, gegen die einseitige materielle Konsumsteigerung, gegen die Überindustrialisierung, gegen das bürokratische Establishment zu gewinnen, müssen scheitern, solange der Mangel an überzeugenden *positiven* Vorstellungen die Interessen der Arbeiter unberührt läßt. Die theoretische Konfusion, die heutzutage aus den Versuchen erwächst, die alten dogmatischen kommunistischen Vorstellungen mit Änderungsbedürfnissen der modernen Gesellschaft zu koppeln, ist ins Unermeßliche gewachsen.

Nur eine konsequente Trennung der sozialistischen Zielsetzung von der staatsmonopolistischen Diktatur des kommunistischen Systems kann ihrer ideologischen Kompromittierung entgegenwirken. Nur eine sehr konsequente Distanzierung von den Grundzügen des kommunistischen Systems und eine theoretisch anspruchsvolle Ausarbeitung solcher sozialistischen

Modellvorstellungen, die den Entwicklungsbedürfnissen industriell hochentwickelter Staaten auch wirklich entsprechen, kann eine sozialistische
Entwicklung stärken und fördern – ohne daß man dabei etwa wieder in
einen primitiven Antikommunismus von kapitalistischen Positionen aus
verfällt.

Der Teil der westlichen Jugend, der in der offenen und scharfen Kritik
am Kommunismus nur eine Unterstützung der konservativen kapitalistischen Kräfte und eine Schwächung sozialistischer Ziele sieht und deshalb gegen eine solche Kritik auftritt, hat noch nicht erkannt, daß er eben
damit einer wirklich sozialistischen Entwicklung am meisten schadet. Er
sagt mit seiner Meinung implizit, daß der Kommunismus eben doch eine
Form des Sozialismus sei, daß dieser vielleicht nur von seinen Kinderkrankheiten befreit werden müsse. In Wahrheit freilich ist der Staatsmonopolismus durch seine eigenen Grundprinzipien zu einem antihumanen Unterdrückungssystem geworden, das nicht mehr durch kleine
Verbesserungen »geheilt« werden kann. Die *wesentliche* Änderung seiner
Grundzüge würde nämlich ein anderes System schaffen, das man nach der
ganzen bisherigen Entwicklung nicht mehr als kommunistisch bezeichnen
kann.

Ich konnte in dieser Arbeit meine positiven Vorstellungen von einer demokratischen, sozialistischen Gesellschaft noch nicht eingehend genug erklären, obgleich ich diese hie und da andeuten mußte, um nicht in den
Verdacht zu geraten, daß meine Argumente gegen bestimmte vereinfachte
oder gar demagogische kommunistische Kritiken am Kapitalismus womöglich dessen stillschweigende Apotheose bedeuten sollen. Auch wenn
die neue sozialistische Modellvorstellung erst später publiziert werden
kann, sollte der Leser meine gesamte Kritik am offiziellen Marxismus so
verstehen, daß sie einer echt sozialistischen Transformation auch des Kapitalismus dienen soll. Doch eine solche Wandlung kann nicht mit dem konservativen Hinweis auf anfängliche kapitalistische Widersprüche begründet werden, da sich der Kapitalismus selbst wesentlich geändert hat.

Als elementares methodologisches Prinzip des wissenschaftlichen Sozialismus betrachte ich einen Einstieg in die gesellschaftliche Problematik,
der – von den grundlegenden Interessen der arbeitenden Menschen ausgehend – solche wesentlichen Widersprüche innerhalb des Gesellschaftssystems aufzudecken versucht, deren objektiv herangereifte Überwindung
durch Systemänderungen diesen Interessen entspricht. Die Interessenvertretung der arbeitenden Menschen – nicht allein der Arbeiter, sondern
aller gesellschaftlich tätigen Menschen, also des gesellschaftlich »nützlichen« Menschen schlechthin – betrachte ich als den humanen Ausgangs-

und Mittelpunkt gesellschaftswissenschaftlicher Analysen. Das Ziel sozialistischer wissenschaftlicher Bestrebungen ist sodann, daß solche Antino-
mien innerhalb der Gesellschaft aufgedeckt werden, deren beständige
Vertiefung diesen Interessen widerspricht. Eine so verstandene Wissenschaft muß erklären, warum dieser Widerspruch den menschlichen Interessen entgegensteht, und muß reale Lösungsformen suchen. Dieses
grundsätzliche Ziel wird notwendig auch gegen jene Interessen von Gesell-
schaftsminoritäten gerichtet sein, denen es – trotz aufgedeckter Widersprüche – um die Erhaltung von Gesellschaftssystemen geht, nur weil sich
ihre partikularen Interessen auf Kosten der arbeitenden Mehrheit und
mit Hilfe des alten Systems durchzusetzen vermögen.

Die andauernde Aufspaltung der kapitalistischen Gesellschaft in eine
große Majorität vorwiegend lohninteressierter und ausgesprochen kapi-
taldesinteressierter Menschen und in eine kleine Gruppe kapitalinter-
essierter Menschen halte ich für den überlebtesten, wenn ich so sagen darf:
fossilen Widerspruch innerhalb des gegenwärtigen Kapitalismus. Diesen
Interessengegensatz aufrechtzuerhalten, kann nicht mehr mit besonderen
Fähigkeiten oder Kenntnissen der kapitalverbundenen Menschen begründet werden, da die ungeheure Kapitalkonzentration zu einer solchen
Trennung des Kapitaleigentums von der Kapitalfunktion geführt hat,
daß die kapitalinteressierten Menschen nur noch geringfügig über die
Verwendung des Kapitals entscheiden. Das Interesse der Kapitaleigentümer wird im Grunde durch ihre Aneignung eines großen Teils des Mehr-
werts geschaffen – was bei einem sehr kleinen Teil der Eigentümer die
Aneignung ganz erheblicher Mehrwertteile bedeutet.

Dieser Widerspruch ruft wachsende Störungen und Verluste in der Gesellschaft und ihre immer einseitiger beeinflußte Entwicklung hervor.

Vor allem ist das Desinteresse der Lohnempfänger an der Kapitalentwicklung eine überlebte Entfremdung arbeitender Menschen von der produktiven Basis ihrer Tätigkeits- und Lebensentwicklung. Die durch die
entfremdete Aneignung eines großen Mehrwertteils ökonomisch hervorgerufene Verantwortungslosigkeit und Gleichgültigkeit der meisten Menschen gegenüber der Kapitalentwicklung konnte in früheren Zeiten durch
den Druck und die Drohung der Arbeitslosigkeit in Schranken gehalten
werden. Nur über diesen entfremdeten Druck konnte die effektive Nutzung des Kapitals und eine gesellschaftlich notwendige Arbeitseffektivität
gesichert werden. Die Vollbeschäftigung ist im Grunde eine progressive
Stufe der Humanisierung in der Gesellschaft. Aber damit ist auch jener
soziale Druck verschwunden, ohne den die effektivste Ausschöpfung der
Produktionsressourcen in der Gesellschaft immer schwerer wird.

Die unsichere und in steigendem Maß kompromißlerische Haltung der

Manager – jener Menschen, die mit ihren spezifischen Kenntnissen und Fähigkeiten die wichtigste Funktion bei der konkreten Kapitalnutzungsentscheidung haben – ist der deutlichste Ausdruck der Unhaltbarkeit dieses Kapitaldesinteresses. Alte Drohungen nützen immer weniger, und Lohn- oder Prämiensteigerungen schaffen noch kein Kapitalinteresse. Solange in den entwickelten Ländern noch ein gewisser Druck mit der Fremdarbeit aufrechterhalten werden kann, ist das die vorübergehende Konservierung überlebter Mittel. Doch eben an der vorübergehenden Außergewöhnlichkeit dieser Lösung zeigt sich die Notwendigkeit einer dauernden progressiven Lösung, das heißt einer Überwindung des Kapitaldesinteresses der arbeitenden Menschen.

Die entfremdete Mehrwertaneignung, mit der auch eine entfremdete Entscheidung über die Aufteilung des Mehrwerts zusammenhängt, ruft ein Mißtrauen und einen anhaltenden Kampf um die Aufteilung der Einkommen auf Löhne und Mehrwert in der Produktion hervor. Die tatsächlich nicht geleistete Objektivierung der Einkommensteilung bringt ungenügende Lohn- und überzogene Sparentwicklungen, überzogene Lohnforderungen, ungenügende Investitionsmittelsteigerungen und Inflationsentwicklungen gleichermaßen mit sich. Die andauernden Makrogleichgewichtsstörungen und Inflationsprozesse werden so lange Verluste des Nationaleinkommens – vor allem auf Kosten der Deckung dringender Gesellschaftsbedürfnisse – nach sich ziehen, solange der Kampf um die Einkommensverteilung sozial entgegengesetzte Interessen ausdrücken wird.

Eine Kollektivierung des Kapitals, bei dem sich das Interesse an der Kapitalentwicklung von einem Minderheitsinteresse zu einem allgemeinen Gesellschaftsinteresse wandeln würde, könnte der erste entscheidende Schritt zur Überwindung der Kapitalentfremdung sein. Durch die kollektivierte Mehrwertaneignung wird allmählich das eng begrenzte Lohninteresse der arbeitenden Menschen an das Interesse an der effektivsten Ausnützung des Kapitals gebunden. Auch wenn Widersprüche zwischen unmittelbaren Konsuminteressen und langfristigen Akkumulationsbedürfnissen damit nicht aus der Welt geschafft werden, sind sie nicht mehr Ausdruck sozialer Gegensätze, sondern innerer widerstrebender Regungen des Menschen selbst, die dann aber auch auf demokratischem Weg entschieden werden können.

So wie die bürokratische Verstaatlichung keine Überwindung der Entfremdung von Produktionsmitteln mit sich bringt, so ist auch die – im Grunde kleinbürgerliche – Reaktion auf die kapitalistische oder kommunistische Entfremdung der menschlichen Produktion, die sich im Kampf gegen Wirtschaftseffektivität überhaupt zeigt, keine Lösung der gegenwärtigen Probleme. Kein Kampf gegen den technischen Fortschritt, keine Entsagung des materiellen Konsums, keine Flucht in die Natur kann die gegenwärtigen Widersprüche innerhalb der gesellschaftlichen Produktion beseitigen. Radikale Gruppen mit solchen Ansichten werden Sekten bleiben; wie die religiösen Sekten können sie die Interessen der gesellschaftlichen Majorität nicht ändern. Nur die immer breitere und demokratisch neu gelöste Beteiligung der Bevölkerung an wirtschaftlichen und politischen Zielsetzungen und Grundentscheidungen kann die – durch einseitige Interessendurchsetzung hervorgerufene – Konsumpervertierungen überwinden.

Solange die unmittelbaren Produzenteninteressen die Wirtschaftsentwicklung bestimmen, und dies sogar mit Hilfe einer entscheidenden Beeinflussung der politischen Sphäre, so lange wird die notwendige Effektivität der Produktion nicht einer Humanisierung der Gesellschaft dienen. Nicht allein der von der Produktion absurd und unnötig provozierte einseitige materielle Konsum selbst, bei dem nichtmarktmäßig auftretende soziale und nichtökonomische Bedürfnisse und Interessen erheblich eingeschränkt werden, sondern vor allem die weitgehende Unterordnung der Politik unter diese einseitigen Produzenteninteressen werden zum immer größeren Hindernis für die weitere menschliche Entwicklung. Wenn die dauernd erweiterte Reproduktion einer einseitigen materiellen Konsum- und Produktionsstruktur beibehalten wird, verbinden sich die Interessen von Industrieunternehmern und Arbeitern und schaffen so ein schwer überwindbares politisches Hindernis für grundsätzliche Konsum- oder Produktionsveränderungen.

Während bei der bestehenden Form von Aktieneigentum die Masse der kleinen Aktieneigentümer die gesellschaftlich benötigte Wirtschaftsentwicklung nicht hemmt, stellt das konzentrierte Eigentum großer Aktienpakete ein Hindernis für eine echte Demokratisierung der politischen und wirtschaftspolitischen Entscheidung dar. Eine breit gestreute Aktienverteilung ist eigentumsmäßig kein größeres Problem als eine Sparentwicklung aus Lohneinkommen, aber sie erfüllt zugleich eine wichtige Funktion bei der Allokation von Akkumulationsmitteln. Dagegen schafft die große Eigentumskonzentration eine privilegierte Stellung einzelner Kapitaleigentümer mit ihrem außergewöhnlichen Einfluß auf die öffentliche Meinungsbildung und die politische Sphäre. Eine gesellschaftlich begrenzte Höhe des Aktieneigentums und der Erbschaften wäre daher ein notwendiger Schritt auf dem Weg zu einer sozialistischen Transformation der Gesellschaft.

Wenn große Kapitaleigentümer die Politik und Wirtschaftspolitik bereits
einseitig und nicht immer den humanen Interessen der Gesellschaft entsprechend beeinflussen können, dann gilt das noch weit mehr von der
kleinen Gruppe der kommunistischen Machthaber nach der Revolution,
die bei der vorrangigen Durchsetzung von Machtinteressen früher oder
später in Widerspruch mit den Interessen der Bevölkerung gelangen muß.
Durch ihre monopolistische Machtstellung kann diese Gruppe engstirnige
Interessen durchsetzen und sie als Interessen des Volkes ausgeben, ohne
daß die Menschen ihre tatsächlichen Interessen artikulieren könnten. Das
gilt zunächst für die Politik und natürlich in gleichem Maß für die Wirtschaftspolitik und dirigistische Planung. Die zentrale Manipulation der
Einkommensverteilung und Konsumentwicklung nach der planmäßig
fixierten Produktionsstrukturentwicklung ist zwar eine formal ausbilan-
zierte Wirtschaftsentwicklung, überläßt jedoch der Bevölkerung absolut
keine Wahlmöglichkeit und stellt eine Vergewaltigung ihrer Konsumentwicklung dar.
    Nur eine demokratisch entschiedene, langfristige und indirekte Beein-
flussung der Einkommens-, Investitions- und Konsumentwicklung – auf
der Basis von einigen Varianten wissenschaftlich fundierter makroökonomischer Orientierungspläne – kann die Wirtschaft den zukünftigen humanen Zielen der Gesellschaft unterstellen. Durch eine zielbewußte, institutionelle, schon bei der Vorbereitung von Planalternativen und bei der
definitiven Auswahl des Plans berücksichtigte Gleichstellung von demokratisch gewählten Repräsentanten der Nichtproduzenteninteressen mit
den Repräsentanten der unmittelbaren Produzenteninteressen kann die
Entscheidung demokratisch vertieft werden. Die humanen Interessen der
Gesellschaft können sich so gegenüber einseitigen, partikularen Interessen
konsequenter durchsetzen. Durch die Beseitigung der großen, konzentrierten privaten Aneignung des Mehrwerts sowie die öffentliche Fixierung
und Verfolgung der Nationaleinkommensaufteilung entfällt im Grunde
auch die ökonomische Basis einer vorrangigen Durchsetzung von einseitigen oder beschränkten Interessen innerhalb der Politik.

Diese Grundziele einer demokratischen Planung können jedoch nur auf
der Basis eines realen Markts und in Vereinigung mit diesem eine effektive
Wirtschaftsentwicklung garantieren. Der Markt muß weiterhin als nicht
zu ersetzendes Kriterium einer rentablen Wirtschaftsentwicklung, als Mechanismus, durch den sich die Gesellschaft eine effektive Produktion erzwingt, und als Korrekturelement aller eventuellen Fehler von planmäßigen Entscheidungen funktionieren. Auch eine wesentliche Steigerung
der nichtökonomischen Tätigkeits- und Interessenentwicklung, eine

schnellere Überwindung der Armut und Not in der Gesellschaft, eine konsequente Erweiterung des Umweltschutzes und der kulturellen Entwicklung – alles das ist nicht denkbar ohne höchste wirtschaftliche Effektivität. Und eine solche Effektivität kann bei dem gegebenen Charakter der Arbeit wiederum nicht ohne Markt gesichert werden.

Die Funktion des Marktes darf also nicht geschwächt, sondern seine Mängel sollten durch eine zweckmäßigere antimonopolistische Politik verringert werden. Das durch die Marktbeziehungen und Marktpreise sich realisierende Äquivalenz- und Knappheitsüberwindungsprinzip ist auf der gegenwärtigen Stufe der Entwicklung nicht zu beseitigen. Auch wenn der Markt selbst die Zukunftsentwicklung der Wirtschaft nicht im Einklang mit den humanen gesellschaftlichen Interessen sichern kann und in diesem Sinne makroökonomisch reguliert werden sollte, dürfen dabei seine wesentlichen Funktionen nicht verschwinden.

Auch das gesellschaftlich unentbehrliche Gründer- und Unternehmerinteresse kann durch eine sozialistische Transformation nicht unterdrückt werden. Wenn die private Initiative im Bereich der kleinen Produktions- und Dienstleistungsstätten beibehalten wird, ist die Gründung von großen Betrieben und Konzernen auch in der heutigen westlichen Wirtschaft immer weniger die Sache einzelner Unternehmer. Bestehende Konzerne, Banken oder Gesellschaften haben die überwiegende Initiative bei großen Neugründungen. Ebenso würde die unternehmerische Entwicklung durch ökonomisch interessierte Genossenschaften, Kollektivkapitalbetriebe, Kollektivkapitalbanken etc. – neben Staatsgründungen – unter sozialistischen Bedingungen gesichert sein.

Der Markt des kollektiven Kapitalflusses müßte nicht weniger flexibel funktionieren als der private Kapitalmarkt. Gleichzeitig könnten dessen ausgesprochen spekulativen und parasitären Begleiterscheinungen überwunden werden.

Der Sozialismus als reales Entwicklungssystem kann also nicht auf Wunschträume – etwa, daß menschliche Bedürfnisse und Interessen beseitigt werden könnten – aufgebaut werden. Sekten mit solchen, von der Gesellschaft isolierten Ideen werden zwar zur Verherrlichung und Anwendung von Gewalt und Terror getrieben, können aber die politische Reichweite von herkömmlichen anarchistischen (wenn auch technisch vervollkommneten) Bewegungen nicht wesentlich überschreiten. Nur solche Veränderungen des Gesellschaftssystems werden kommen, die auch objektiv herangereift sind, das heißt die durch wachsende Widersprüche und sozial-ökonomische Schwierigkeiten Interessen einer *Gesellschaftsmehrheit* an der Realisierung dieser Änderungen hervorrufen.

In industriell hochentwickelten Ländern entstehen bereits allmählich

Mehrheitsinteressen, die bestimmte Systemzüge entweder beibehalten oder eben verändern wollen. Daran können vier Grundzüge eines zukünftigen sozialistischen Systems abgehoben werden.

Erstens wird durch ein stärker werdendes Mehrheitsinteresse an der Beseitigung der den Betrieben entfremdeten Kapitaleigentümer und an einer Überwindung der Inflation ein starkes Interesse an der Kapitalkollektivierung entstehen. Die Desinteressiertheit der Lohnempfänger an der Kapitalentwicklung, die Entfremdung arbeitender Menschen von ihrer Produktionsbasis und ihre Unverantwortlichkeit gegenüber der Wirtschaftsentwicklung wird dadurch tendenziell aufgehoben. Eben ein solches Mehrheitsinteresse muß sich zugleich gegen dogmatische Verstaatlichungsversuche wenden, weil Verstaatlichung der Produktion eine allgemeine Bürokratisierung zur Folge hat: eine Unterstellung der ökonomischen Entwicklung unter bürokratische Machtinteressen – wobei die arbeitenden Menschen nochmals und ganz extrem von ihrer Existenzbasis entfremdet werden.

Zweitens gibt es das Interesse an einer demokratischen makroökonomischen Orientierungsplanung, durch die die Nichtproduzenteninteressen den Produzenteninteressen institutionell gleichgestellt werden. Damit kann auch eine human ausgerichtete Wirtschaftsentwicklung gesteuert werden. Das steigende Mehrheitsinteresse an einer solchen bewußten Humanisierung der gesellschaftlichen Entwicklung muß eine zentralistisch-dirigistische Planung sowjetischen Typs rundweg ablehnen, da diese nicht eine Vertiefung der Demokratie, sondern eine Vergewaltigung der Mehrheitsinteressen durch bürokratische Apparate darstellt. Auch der Verlust an wirtschaftlicher Effektivität durch diese dirigistische Planung schränkt die individuelle und die gesellschaftliche Konsumentwicklung gleichermaßen ein.

Drittens besteht ein Mehrheitsinteresse, das die Grundfunktionen des Marktes beibehalten, seine planmäßige makroökonomische Regulierung einführen und einen verstärkten Kampf gegen seine monopolistischen Mängel aufnehmen will. Über eine staatliche Einkommenspolitik auf der Grundlage kollektiver Kapitalinteressen, konsequenter staatlicher antimonopolistischer Politik, Außenhandelspolitik u. ä. wird die Entwicklung des Marktumfangs und seiner Grundstruktur reguliert, der zielbewußte Ausgleich von marktmäßigen und nichtmarktmäßigen Bedürfnisbefriedigungen geschaffen. Dadurch werden auch die Konsuminteressen verstärkt demokratisch wahrgenommen werden können. Dieses Mehrheits-

interesse muß zugleich alle utopischen Vorstellungen ablehnen, die den
Markt beseitigen wollen, da dieses nur eine einseitige Herrschaft der
Produzenten über die Konsumenten schafft und das Interesse der Produzenten an einer effektiven, qualitativen und strukturell flexiblen Produktionsentwicklung untergräbt.

Viertens schließlich müssen die politischen Demokratieelemente weiter
vertieft und dadurch sachliche Gesellschaftsveränderungen gegenüber politischen Partei- und Machtinteressen sowie eine paritätische Vertretung
von Nichtproduzenteninteressen in allen politischen und wirtschaftspolitischen Organen erreicht werden. Die flexiblere Interessengruppierung
um gesellschaftliche Änderungs- und Planungsvorschläge, die Verhinde-
rung von Machtanhäufungen und Machtabhängigkeiten durch zielbewußte institutionelle Veränderungen, die Verbindung der demokratischen
Repräsentation mit geförderten wissenschaftlichen Interessenanalysen, die
kontrollierte Objektivierung der Massenmedien und die Erweiterung von
öffentlichen Kontrollen und Diskussionen – dies alles wäre schon eine
Vertiefung der Demokratie. So verstanden steht sie im krassen Gegensatz
zum monopolistischen und autoritären sowjetischen Politsystem, bei dem
sich die realen Interessen der Bevölkerung nicht manifestieren, geschweige
denn durchsetzen können.

Auch die Entscheidung für eine solche sozialistische Wandlung in der
Gesellschaft kann nur das Resultat einer Volksbewegung sein. Entspricht
diese Wandlung tatsächlich den Zukunftsinteressen der arbeitenden Menschen, dann müssen das Einverständnis und die Unterstützung der Mehrheit zu gewinnen sein. Jeder Versuch einer Minderheit, die wirklich
sozialistische Idee gewaltsam der Mehrheit *aufzuzwingen* (was schon ein
Widerspruch in sich ist), wird notwendig scheitern.

Jede Machtübernahme durch eine organisierte Minderheit in einer
Lage, in der die Mehrheit der arbeitenden Menschen gegen eine sozialistische Gesellschaftstransformation eingestellt ist, muß zu einem Machtregime führen. Das aber wäre gezwungen, die breiten Massen der Bevölkerung politisch zu unterdrücken, weil die Machthaber – wie alle
bisherigen historischen Erfahrungen zeigen – ihre Machtpositionen freiwillig nicht mehr räumen, aber die Opposition des Volkes fürchten. In
einem undemokratischen politischen Regime kann höchstens ein staatsmonopolistisches, aber kein echt sozialistisches System errichtet werden.

Umstürzlerische Ziele und Aktionen von Minderheitsgruppen zeigen,
daß die wirkliche Interessenlage und der Bewußtseinsstand bei breiten
Schichten der arbeitenden Bevölkerung von diesen Gruppen falsch einge-
schätzt oder unterschätzt wird. Es entspricht nicht der Wahrheit, daß die

arbeitenden Menschen in entwickelten westlichen Ländern *nur* durch die
bürgerliche Ideologie und Propaganda vom Sozialismus abgehalten werden. Vielmehr waren es vorrangig die bisherige Theorie und die »sozialistische« Praxis selber, die die Menschen nicht zu gewinnen vermochten.

Die Gesellschaft kann nicht *willkürlich* verändert werden. Nur dort,
wo innerhalb der gesellschaftlichen Verhältnisse wesentliche Widersprüche
auftauchen und zugleich soziale *Interessen*widersprüche schaffen, können
überhaupt Interessen an einer – die Widersprüche überwindenden – Ge-
sellschaftsveränderung entstehen. Eine theoretische Erkenntnis dieser Widersprüche, der progressiven Interessen selbst und ihrer Träger, sowie der
Veränderungs- und Lösungsmöglichkeiten der Gesellschaftswidersprüche
muß allerdings die gegebene Realität richtig reflektieren und wird nur so
die entstehenden progressiven Interessen ansprechen, erweitern und zu
einer politischen Aktion gewinnen können.

Eine Ideologie, die nicht den Interessen und Erfahrungen der Menschen entspricht, wird niemals zu einer Ideologie eben dieser Menschen
werden können. Auch der einmal als Ideologie der Arbeiter entstandene
Kommunismus wurde immer stärker den begrenzten Machtinteressen untergeordnet. Er ist zu einer den arbeitenden Menschen entfremdeten Ideologie erstarrt. Ehrliche Sozialisten werden das früher oder später
erkennen.

Bibliographie

1. Allgemeine Literatur

Adler, M., Marx als Denker, Berlin 1925.

Bernstein, E., Die Voraussetzungen des Sozialismus und die Aufgaben der Sozialdemokratie, Stuttgart 1920.

Club Voltaire, Jahrbuch für kritische Aufklärung III. (Hrsg. Gerhard Szczesny), Hamburg 1969.

Fetscher, I., Der Marxismus. Seine Geschichte in Dokumenten, München 1967.

–, Von Marx zur Sowjetideologie, Frankfurt/Berlin/München 1970.

Fischer, E., Was Marx wirklich sagte, Wien–Zürich–München 1968.

–, Erinnerungen und Reflexionen, Reinbek bei Hamburg 1969.

Folgen einer Theorie, Essays über »Das Kapital« von K. Marx, Beiträge von E. T. Mohl, W. Hofmann, J. Robinson, E. Mandel, K. Kosik, A. Schmidt, H. Lefèbvre, R. Banfi, M. Marković, Frankfurt/M. 1967.

Havemann, R., Fragen Antworten Fragen, Aus der Biographie eines deutschen Marxisten, München 1970.

–, Rückantworten an die Hauptverwaltung »Ewige Wahrheiten«, München 1971.

Karlsson, G. A., Functional Socialism, A Swedish Theory for Democratic Socialization, Oskarshamm 1919.

Kautsky, K., Die materialistische Geschichtsauffassung, Berlin 1927.

Korsch, K., Karl Marx, Frankfurt/M. 1971.

Kursbuch 23, Hrsg. von H. M. Enzensberger und K. M. Michel, Berlin 1971.

Künzli, A., Über Marx hinaus, Beiträge zur Ideologiekritik, Freiburg i. Br. 1969.

Lenin, W. I., Werke Bd. 1–42, Berlin 1955–1964.

–, Philosophische Hefte, Berlin 1964.

Leonhard, W., Die Dreispaltung des Marxismus, Düsseldorf und Wien 1970.

Lukács, G., Marxismus und Stalinismus, Reinbek bei Hamburg 1970.

Mao Tse-tung, Ausgewählte Schriften, 4 Bde., Berlin 1957.

Marcuse, H., Der eindimensionale Mensch, Neuwied und Berlin 1968.

–, Die Gesellschaftslehre des sowjetischen Marxismus, Neuwied und Berlin 1969.

–, Über Revolte, Anarchismus und Einsamkeit, Paris–Zürich 1969.

–, Versuch über die Befreiung, Frankfurt 1969.

–, Ideen zu einer kritischen Theorie der Gesellschaft, Frankfurt 1969.

Marx, K., Engels, F., Werke Bd. 1–26, Berlin 1957–1965.

–, Grundrisse der Kritik der politischen Ökonomie, Berlin 1953.

Marx und die Revolution, Beiträge von Bloch/Marcuse/Habermas/Fischer/Künzli/Fet-scher/Marković/Tadić/Fromm, Frankfurt/M. 1970.

Morf, O., Geschichte und Dialektik in der politischen Ökonomie, Frankfurt/M. 1970.

Pentzlin, K., Marxisten überwinden Marx, Düsseldorf–Wien 1969.

Politische Ökonomie (tschechische Ausgabe des sowjetischen Lehrbuches), Praha 1963.

Rühle, O., Baupläne für eine neue Gesellschaft, Reinbek bei Hamburg 1971.

Schack, H., Marx Mao Neomarxismus, Frankfurt/M. 1969.

Sering, P., Jenseits des Kapitalismus, Wien 1948.

–, Spätkapitalismus oder Industriegesellschaft, Stuttgart 1969.

Stojanovic, S., Kritik und Zukunft des Sozialismus, München 1970.

Šik, O., Ökonomik–Interessen–Politik, Berlin 1966, tschech. Ausg. Praha 1962.

Trotzki, L. D., Mein Leben, Frankfurt 1961.

Vogel, H. H., Jenseits von Macht und Anarchie, Köln und Opladen 1963.

2. Literatur zum Ersten Kapitel: Sozialismus als gesetzmäßige Notwendigkeit

Adler, M., Soziologie des Marxismus, Bd. I: Die Grundlegung der materialistischen Geschichtsauffassung, Bd. II: Natur und Gesellschaft, Bd. III: Die solidarische Gesellschaft, Mit einem Beitrag von Norbert Leser. Manuskript aus dem Nachlaß, Wien, Köln, Stuttgart, Zürich 1964.

Adorno, Th. W., Stichworte Kritische Modelle 2, Frankfurt/M. 1969.

Aktive Demokratie, 3 Vorträge von F. Salzmann, M. Weber, M. Wullschlager an der Universität Basel 9., 16. und 23. 11. 1960, Bern 1961.

Albert, H., Plädoyer für kritischen Rationalismus, München 1971.

Arendt, H., Macht und Gewalt, München 1970.

Aron, R., Die heiligen Familien des Marxismus, Hamburg 1970.

–, The industrial Society, New York–Washington 1967.

Barraclough, G., Die mittelalterlichen Grundlagen des modernen Deutschland, Weimar 1953.

–, Geschichte in einer sich wandelnden Welt, Göttingen 1958.

Bell, D., Das Jahr 2000 – Darstellung einer Idee, in: Der Weg ins Jahr 2000, Zürich 1968.

–, The corporation and society in the 1970's, Referat für d. Internationale Seminar »Socialism in changing societies« in Tokyo 1972.

Bis hierher und nicht weiter, Ist die menschliche Aggression unbefriedbar? (Hrsg. Alexander Mitscherlich), München 1969.

Blaich, F., Bog, J., Gutmann, G., Hensel, K. P., Wirtschaftssysteme zwischen Zwangsläufigkeit und Entscheidung, Stuttgart 1971.

Bloch, E., Atheismus im Christentum, Frankfurt/M. 1968.

–, Karl Marx und die Menschlichkeit, Hamburg 1969.

Bloch, M., La société féodale, Les classes et le gouvernement des hommes, Paris 1940.

Bretschneider, J., Husmann, J., Schnabel, F., Handbuch einkommens-, vermögens- und sozial-politischer Daten, Köln 1970.

Bucharin, N., Theorie des historischen Materialismus, Hamburg 1922.

Cunow, H., Ursprung der Religion und des Gottesglaubens, Berlin 1924.

–, Allgemeine Wirtschaftsgeschichte, Eine Übersicht über die Wirtschaftsentwicklung von der primitiven Sammelwirtschaft bis zum Hochkapitalismus, 4 Bde., Berlin 1926–1931.

Dahm, H., Meuterei auf den Knien, Olten 1969.

Demangeon, A. et Febvre, L., Le Rhin, Problèmes d'historie et d'économie, Paris 1935.

Die neue Linke nach Adorno (Hrsg. Wilfried F. Schoeller), München 1969.

Febvre, L., Philippe II et la Franche-Comté, Paris 1912

Feuerbach, L., Geschichte der neuen Philosophie, Leipzig 1847.

–, Das Wesen des Christentums. 1841, Berlin 1956.

–, Philosophische Kritiken und Grundsätze, Leipzig 1969.

Freud, S., Abriß der Psychoanalyse, Das Unbehagen in der Kultur, Frankfurt/M. 1964.

Fromm, E., Der moderne Mensch und seine Zukunft, Frankfurt/M. 1967.

–, Marx's concept of man, New York 1961.

–, Politik und Moral, Berlin 1970.

Gabler, Th., Wirtschaftslexikon, Hamburg 1969.

Garaudy, R., Perspektivy člověka (Die Perspektiven des Menschen), Praha 1964.

–, Marxismus im 20. Jahrhundert, Hamburg 1969.

Genovese, E. D., The political economy of slavery, New York 1967.

Gramsci, A., Philosophie der Praxis, Eine Auswahl, Frankfurt/M. 1967.

–, Historický materialismus a filosofie Benedetta Croceho (Historischer Materialismus und die Philosophie von Benedetto Croce), Praha 1966.

Grundlagen der marxistischen Philosophie, Akademie der Wissenschaften der UdSSR, Institut für Philosophie, Autorenkollektiv unter der Redaktion von F. W. Konstantinow, Berlin 1959.

Gurland, A. R. L., Faktoren der Machtbildung, Wiss. Studien zur Politik, Berlin 1952.

Habermas, J., Zur philosophischen Diskussion um Marx und den Marxismus, in: Philosophische Rundschau 5, Tübingen 1957/58.

–, Erkenntnis und Interesse, Frankfurt/M. 1968.

Hartley, E. L. u. R. E., Die Grundlagen der Sozialpsychologie, Berlin 1955.

Hartman, R. S., Die Partnerschaft von Kapital und Arbeit, Köln und Opladen 1958.

Hegel, G. W. F, Sämtliche Werke Bd. 1–6, Leipzig 1913, besonders: Phänomenologie des Geistes, Grundrisse der Philosophie des Rechtes, Wissenschaft d. Logik.

Helmstädter, E., von Amerongen, O. W., Ökonomische Praxis und linke Leitbilder, DIHT-Schriftenreihe Deutscher Industrie u. Handelstag, Heft 126, Nürnberg 1971.

Hiebsch, H., Sozialpsychologische Grundlagen der Persönlichkeitsformung, Berlin 1969.

Hiebsch H., Vorweg, M., Einführung in die marxistische Sozialpsychologie, Berlin 1971.

Hill, Ch., The Century of Revolution, 1603–1714, London 1961.

–, Reformation to industrial revolution, A Social and Economic History of Britain 1530–1780, London 1967.

Hobsbawm, E. G., Industry and Empire, An economic history of Britain since 1750, London 1968.

–, Europäische Revolutionen, Zürich 1962.

–, Sozialrebellen, Neuwied a. Rh. 1962.

Hoffmann, W. G., Der tertiäre Sektor im Wachstumsprozeß, Jahrbücher f. National-ökonomie und Statistik, Stuttgart 1969/70.

Hofstätter, P. R., Sozialpsychologie (Sammlung Göschen), Berlin 1956.

–, Einführung in die Sozialpsychologie, Stuttgart 1966.

–, Psychologie, Frankfurt 1957.

Horkheimer, M., Vernunft und Selbsterhaltung, Frankfurt/M. 1970.

Jankuhn, H., Der Ursprung der Hochkulturen, Propyläen Weltgeschichte, Berlin/Frankfurt/Wien 1962.

Jöhr, A., Volkswirtschaftslehre I, St. Gallen 1969.

Jostock, P., Gibt es noch ein Proletariat? (Hrsg. M. Fuersenger), Frankfurt/M. 1962.

Judin, P., Kurzes philosophisches Wörterbuch, Praha 1955.

Jungk, R., Der Weg ins Jahr 2000, München 1968.

Kant, I., Eine Vorlesung Kants über Ethik (hrsg. von P. Menzer), Berlin 1924.

–, Gesammelte Schriften Bd. 1–9, Berlin 1900, besonders: Kritik der reinen Vernunft, Kritik der praktischen Vernunft, Die Religion innerhalb der Grenzen der bloßen Vernunft, Die Metaphysik der Sitten.

Kautsky, K., Der Ursprung des Christentums, eine historische Untersuchung, Stuttgart 1908.

–, Ethik und materialistische Geschichtsauffassung (in: Marxismus und Ethik), Frankfurt/M. 1970.

Kern, H., Schumann, H. K., Industriearbeit und Arbeiterbewußtsein, 2 Bde., Frankfurt 1970.

Korsch, K., Marxismus und Philosophie, Frankfurt/M. 1971.

–, Die materialistische Geschichtsauffassung, Frankfurt/M. 1971.

Kronrod, J. A., Vorwort zur russischen Übersetzung von O. Šik: »Ökonomik–Interessen–Politik«, Moskau 1964.

Kux, E., Karl Marx – Die revolutionäre Konfession, Erlenbach–Zürich 1967.

Lange, O., Politische Ökonomie, Bd. 1, Frankfurt/M., Wien 1963.

Lukács, G., Geschichte und Klassenbewußtsein, Berlin 1923.

Mao Tse-tung, On contradiction, Peking 1952.

Marx a dnešek (Marx und die Gegenwart), Sammelband, Praha 1968.

Marxismus und Ethik, Texte zum neukantianischen Sozialismus, Hrsg. Hans J. Sandkühler und Rafael de la Vega, Frankfurt/M. 1970.

Mehring, F., Die Lessinglegende, Stuttgart 1919.

–, Karl Marx, Geschichte seines Lebens, Leipzig 1933.

Mehring, F., Deutsche Geschichte vom Ausgange des Mittelalters, Ein Leitfaden für Lehrende und Lernende, Berlin 1910–1911.

Mratschkovskaja, J. M., Vom Revisionismus zum Verrat, Kritik der ökonomischen Ansichten von O. Šik, Moskau 1970.

Paschitnov, L. N., U istokov revoluzionogo perevorota v filosofii, Moskau 1960.

Plechanow, G. W., Über materialistische Geschichtsauffassung (1897), Berlin 1946.

–, Über die Rolle der Persönlichkeit in der Geschichte (1898), Berlin 1952.

Rozental, M., Kurzes philosophisches Wörterbuch, Praha 1955.

Schaff, A., Marxismus und das menschliche Individuum, Hamburg 1970.

Schmid, C., Die zweite industrielle Revolution, Propyläen Weltgeschichte. Hrsg. Golo Mann, Berlin/Frankfurt/Wien 1961.

–, Nochmals die Moral, in: Marxismus und Ethik, Frankfurt/M. 1970.

Schumann, M., Industriearbeit und Arbeiterbewußtsein, Frankfurt 1970.

Servan-Schreiber, J.-J., Die befreite Gesellschaft, Hamburg 1970.

Soboul, A., La Révolution française, Paris 1964.

–, Die Sektionen von Paris im Jahre II, Berlin 1962.

Šik, O., Ökonomik–Interessen–Politik, tschechische Ausgabe Praha 1962, deutsche Ausgabe Berlin 1966.

Šindelař, J., Co řeší filosofická antropologie? (Was löst die philosophische Anthropologie?), Praha 1966.

Theimer, W., Der Marxismus, Bern 1969.

Togliatti, P., Von Hegel zum Marxismus, Voprosy filosofii (sowj. Journal), Moskau 1955.

Tucker, R., Karl Marx, Die Entwicklung seines Denkens von der Philosophie zum Mythos, München 1963.

Vilar, P., La Catalogne dans l'Espagne moderne, Paris 1962.

Vorweg, M., Einführung in die marxistische Sozialpsychologie, Berlin 1971.

Williams, W. A., The Contours of American History, New York 1962.

–, The Tragedy of American Diplomacy, New York 1966.

Woltmann, L., Der historische Materialismus, Düsseldorf 1900.

Zivilisation am Scheideweg (Richta-Report), Freiburg 1968.

3. Literatur zum Zweiten Kapitel: Wert-, Mehrwert- und Preistheorie

Bettelheim, Ch., Ökonomisches Kalkül und Eigentumsformen, Berlin 1970.

Bettelheim, Ch., Dobb, Foa, Huberman, Robinson, Mandel, Sweezy u. a., Zur Kritik der Sowjetökonomie, Berlin 1969.

Chamberlin, E. H., The theory of monopolistic competition, Cambridge 1939.

Clark, J. M., Studies in the Economics of Overhead Costs, Chicago 1938.

Dobb, M., On Economic Theory and Socialism, London 1955.

Erhard, L., Deutsche Wirtschaftspolitik. Der Weg der sozialen Marktwirtschaft, Düsseldorf, Wien, Frankfurt/M. 1962.

Eucken, W., Die Grundlagen der Nationalökonomie, Berlin, Göttingen, Heidelberg 1959.

Fišer, D., Plánování ve vyspělých kapitalistických zemích (Die Planung in hochentwikkelten kapitalistischen Ländern), Praha 1968.

Galbraith, J. K., Der amerikanische Kapitalismus im Gleichgewicht der Wirtschaftskräfte, Stuttgart, Wien, Zürich 1956.

—, Gesellschaft im Überfluß, München, Zürich 1963.

—, Die moderne Industriegesellschaft, München, Zürich 1968.

—, Interview des »Spiegel« mit J. K. Galbraith, Spiegel Nr. 3, 26. Jhg., 10. 1. 1972.

Gossen, H. H., Entwicklung der Gesetze des menschlichen Verkehrs und der daraus fließenden Regeln für menschliches Handeln, Berlin 1927.

Guevara, E. Che, Ökonomie und neues Bewußtsein, Berlin 1969.

Hayek, F. A., Preise und Produktion, Wien 1931.

—, Der Weg zur Knechtschaft, Zürich 1945.

—, Individualismus und wirtschaftliche Ordnung, Erlenbach u. Zürich 1952.

Jevons, W. St., The Theory of Political Economy, London 1871.

Klemmer, P., Planung in der Marktwirtschaft, in: Freiheit und Ordnung 57, Mannheim 1967.

Kouba, K., und Kollektiv, Úvahy o socialistické ekonomice (Gedanken über die sozialistische Wirtschaft), Praha 1968.

Lange, O., Price Flexibility and Employment, Bloomington (Ind.) 1944.

Lindbeck, A., On the Efficiency of Competition and Planning, IEA Conference, Liblice Castle 1970.

Machlup, F., The Economics of Seller's Competition, Baltimore 1952.

—, The Political Economy of Monopoly, Baltimore 1952.

Mandel E., Marxistische Wirtschaftstheorie, Frankfurt/M. 1968.

Marcuse, H., Der eindimensionale Mensch, Neuwied/Berlin 1967.

Marshall, A., Principles of Economics, London 1961.

Menger, C., Grundsätze der Volkswirtschaftslehre, Leipzig 1923.

Mesa-Lago, C., Ideological, Political, and Economic Factors in the Cuban Controversy on material versus moral Incentives, Journal of Interamerican Studies and world affairs, Vol. 14, No. 1, Feb. 1972.

Mises, L. v., Die Wirtschaftsrechnung im sozialistischen Gemeinwesen, in: Archiv für Sozialwissenschaften, Tübingen 1920.

—, Grundprobleme der Nationalökonomie, Jena 1933.

—, Economic Calculation in the Socialist Commonwealth, Collectivist Economic Planning, London 1938.

Mitscherlich, A., Die Unwirtlichkeit unserer Städte. Anstiftung zum Unfrieden, Frankfurt/M. 1967.

Müller-Armack, A., Wirtschaftsordnung und Wirtschaftspolitik, Freiburg i. Br. 1966.

Myrdal, G., Das politische Element in der nationalökonomischen Doktrinbildung, Hannover 1963.

Napoleoni, C., Grundzüge der modernen ökonomischen Theorien, Frankfurt/M. 1968.

Ott, A. E., Marktform und Verhaltensweise, Stuttgart 1959.

Packard, V., Die große Verschwendung, Düsseldorf 1960.

Planning and Market Relations, Dunlop u. Fedorenko, London 1971.

Ricardo, D., Grundsätze der Volkswirtschaft und Besteuerung, Jena 1921.

Robinson, J., The Economics of Imperfect Competition, London 1948.

–, Doktrinen der Wirtschaftswissenschaft, Eine Auseinandersetzung mit ihren Grundgedanken und Ideologien, München 1965.

Rosental, M. M., Die Dialektik in Marx' Kapital, Berlin 1959.

Salin, E., Politische Ökonomie, Tübingen–Zürich 1967.

Samuelson, P. A., Volkswirtschaftslehre, Köln-Deutz 1955.

Schumpeter, J. A., History of Economic Analysis, New York 1954.

Smith, A., Der Reichtum der Nationen, 2 Bde., Leipzig 1924.

–, Inquiry into the Nature and Causes of the Wealth of Nations, Chicago, London, Toronto, Geneva 1952.

Stackelberg, H. v., Marktform und Gleichgewicht, Wien, Berlin 1934.

Sweezy, P. M., Theorie der kapitalistischen Entwicklung, Cambridge 1942/1958.

Šik, O., Overcoming Disequilibrium in the Czechoslovak Economy, in New Trends in the czechoslovak Economy, Booklet No. 5, Prague August 1967.

–, Socialist Market Relations and Planning, in: Socialism, Capitalism & Economic Growth, Cambridge at University Press 1967.

–, Plan und Markt im Sozialismus, Wien 1967.

–, Fakten der tschechoslowakischen Wirtschaft, Wien, München, Zürich 1969.

–, Tschechoslowakei, in: Osteuropa-Wirtschaftsreformen, Hrsg. v. H. Gross, Edition Atlantic Forum, Bonn, Bruxelles, New York 1970.

–, Der Strukturwandel der Wirtschaftssysteme in den osteuropäischen Ländern, Zürich 1971.

–, Demokratische und sozialistische Plan- und Marktwirtschaft, Zürich 1971.

–, The Economic Impact of Stalinism, in: Problems of Communism, May–June 1971, Washington.

–, Reform und Restauration in der tschechoslowakischen Wirtschaft, in: Zeitschrift für Ostforschung, 20. Jhg., Heft 3, Marburg/Lahn 1971.

–, Marktwirtschaft ohne Kapitalismus, in Fragen der Freiheit, Heft 87/88, April 1971, Meisenheim/Glan.

–, Freiheitlicher Sozialismus, in: Fragen der Freiheit, Heft 89, Juni 1971, Meisenheim/Glan.

Tinbergen, J., Die Rolle der Planungstechniken bei einer Annäherung der Strukturen in Ost und West, Sonderdruck aus Wirtschaftsplanung im Ostblock, Hrsg. E. Boettcher, Stuttgart, Berlin, Köln, Mainz 1966.

Walras, M. L., Mathematische Theorie der Preisbestimmung der wirtschaftlichen Güter, Stuttgart 1881.

Wieser, F. Frhr. v., Theorie der gesellschaftlichen Wirtschaft, in: Grundriß der Sozialökonomik, I. Abteilung, Wirtschaft und Wirtschaftswissenschaft, Tübingen 1914.

4. Literatur zum Dritten Kapitel: Widersprüche des Kapitalismus

Ackley, G., Macroeconomic Theory, New York 1969.

Baran, P. A., Politische Ökonomie des wirtschaftlichen Wachstums, Neuwied 1966.

–, Über die politische Ökonomie unentwickelter Länder, in: Unterdrückung und Fortschritt, Frankfurt/M. 1968.

–, Unterdrückung und Fortschritt, Essays, Frankfurt/M. 1968.

Berle, A., Means, G. C., The Modern Corporation and Private Property, New York 1948.

Binswanger, H. Ch., Plädoyer für eine umweltgerechte Wirtschaftsordnung, in: Tagesanzeiger Magazin, Nr. 52, 1971.

Bombach, G., Zur Theorie des wirtschaftlichen Wachstums, Weltw. Arch. Hamburg (70) 1953.

–, Die verschiedenen Ansätze der Verteilungstheorie, in: Einkommensverteilung und technischer Fortschritt, Berlin 1959.

–, Von der Neoklassik zur modernen Wachstums- und Verteilungstheorie, in: Schweizerische Zeitschrift für Volkswirtschaft und Statistik, Nr. 3/1964.

–, Von der Neoklassik zur modernen Wachstums- und Verteilungstheorie, Bern 1964.

Bombach, G., u. Gabriel, S., Löhne und Preise, Darmstadt 1957.

Böhm-Bawerk, E. v., Kapital und Kapitalzins, 2 Bde., Innsbruck 1900–1902.

Burnham, J., Die Revolution der Manager, Wien 1949.

Die Konzentration in der Wirtschaft, Hrsg. Helmut Arndt, 2. Band, Berlin 1971.

Dobb, M., An Essay on Economic Growth and Planning, London–New York 1960.

Domar, E., Essays in the Theory of Economic Growth, New York 1957.

Dunlop, J. T., The Theory of wage Determination, London, New York 1957.

Erhard, L., Sozialismus – Ota Šiks heile Welt, in: Wirtschaftswoche, Nr. 40/25. Jhg.

Findert, J., Zur Frage des internationalen Konjunkturzusammenhanges von 1946 bis 1958, Berlin 1961.

Gahlen, B., Einige Bemerkungen zum Fortschritt der Wachstumstheorie, in: Volkswirtschaftliche Schriftenreihe der Universität Augsburg, Heft 1, Hrsg. Fachgruppe Makroökonomie, Tübingen 1971.

Galtung, J., Development policies in Latin America, Bulletin for peace Proposals, Vol. 1, Nr. 3, Oslo 1970.

Giersch, H., Allgemeine Wirtschaftspolitik, Wiesbaden 1961.

–, Kontroverse Fragen der Wirtschaftspolitik, München 1971.

Goldtorpe/Lockwood/Bechhofer/Platt, Der »wohlhabende« Arbeiter in England, München 1961.

Gorz, A., Zur Strategie der Arbeitsbewegung im Neokapitalismus, Frankfurt/M. 1967.

Harrod, R. F., Dynamische Wirtschaft, Wien 1949.

Helmstädter, E., Die Entwicklung der Einkommensverteilung in der Bundesrepublik Deutschland unter verteilungstheoretischem Aspekt 1950–1965, in: Jahrbücher f. Nationalökonomie und Statistik, Bd. 179, Stuttgart 1966.

–, Der Kapitalkoeffizient, Stuttgart 1969.

Hicks, J. R., The Theory of Wages, London 1932.

Hilferding, R., Das Finanzkapital, Berlin 1947.

Hoffmann, W. G., Wachstumsnotwendige Wandlungen in der Sozialstruktur der Entwicklungsländer, in: Entwicklungsländer, Köln–Berlin 1968.

Hofmann, W., Verelendung in Folgen einer Theorie, Essays über »Das Kapital« von Karl Marx, Frankfurt/M. 1967.

–, Theorie der Wirtschaftsentwicklung, Sozialökonomische Studientexte, Bd. 3, Berlin 1971.

Huffschmid, J., Die Politik des Kapitals, Konzentration und Wirtschaftspolitik in der Bundesrepublik, Frankfurt/M. 1971.

Huffschmid, J., Michalis, J., Plan, W. R., Bibliographie Konzentration und Konzentrationspolitik 1960–1966, in: Schriftenreihe des Instituts für Konzentrationsforschung an der Freien Universität Berlin, Hrsg. H. Arndt, H. Münzner, Berlin 1967.

Jaffé, E., Volkswirtschaft und Krieg, Tübingen 1915.

Jöhr, W. A. u. Singer, H. W., Die Nationalökonomie im Dienste der Wirtschaftspolitik, Göttingen 1957.

Jostock, P., Konzentration der Einkommen und Vermögen, in: Die Konzentration in der Wirtschaft, Bd. 1, Stand der Konzentration, Schriften des Vereins f. Sozialpolitik, N. F. Bd. 20/1, Berlin 1960.

Kaldor, N., Alternative Theories of Distribution, in: Review of Economic Studies, Glasgow 1956.

–, Essays on Economic Stability and Growth, London 1960.

Keynes, J. M., Ein Traktat über Währungsreform, München, Leipzig 1924.

–, Vom Gelde, München, Leipzig 1932.

–, Allgemeine Theorie der Beschäftigung, des Zinses und des Geldes, Berlin 1966.

Kindleberger, Ch., Economic Development, London–New York–Toronto 1958.

Knauss/Vogel/Hermanns, Unternehmenskonzentration in der westlichen Welt – Stand, Entwicklungstendenzen und Vergleiche, FIW-Schriftenreihe, Heft 40, Köln, Berlin, Bonn, München 1967.

Knorring, E. von, Strukturwandlungen des privaten Konsums im Wachstumsprozeß der deutschen Wirtschaft seit der Mitte des 19. Jahrhunderts, in: Volkswirtschaftliche Schriftenreihe der Universität Augsburg, Heft 2, Hrsg. Fachgruppe Makroökonomie, Tübingen 1971.

Kolko, G., Besitz und Macht, Sozialstruktur und Einkommensverteilung in den USA, Frankfurt/M. 1967.

Krelle, W., Ist eine Umverteilung der Einkommen in der modernen Volkswirtschaft möglich? In: Die Aussprache, 4, Hrsg. Arbeitsgemeinschaft selbständiger Unternehmer, Bonn 1957.

–, Verteilungstheorie, Tübingen 1962.

Kuczynski, J., Das Entstehen der Arbeiterklasse, München 1967.

Kuznetz, S., Modern Economic Growth – Rate, Structure and Spread, New Haven and London 1966.

Lange, O., Entwicklungstendenzen der modernen Wirtschaft und Gesellschaft, Wien 1964.

Lindahl, E., Studies in the Theory of Money and Capital, London 1939.

Lundberg, E., Business Cycles and Economic Policy, London 1956.

Lundberg, E., Studies in the theory of economic Expansion, New York 1964.

–, Structural Change and Market Efficiency, Akademiai Kiadó, Budapest 1969.

Lundberg, F., Die Reichen und die Superreichen, Hamburg 1969.

Luxemburg, R., Die Akkumulation des Kapitals, ein Beitrag zur Ökonomischen Erklärung des Imperialismus, Berlin 1913.

Mandel E., Marxistische Wirtschaftstheorie, Frankfurt/M. 1968.

Meadows, D., The Limits to Growths. A Report of Romès Project on the Predicament of Mankind, New York 1972.

Mitbestimmung im Unternehmen, Bericht der Sachverständigenkommission zur Auswertung der bisherigen Erfahrungen bei der Mitbestimmung, Stuttgart, Berlin, Köln, Mainz 1970.

Müller, J. M., Nivellierung und Differenzierung des Arbeitseinkommens in Deutschland seit 1925, Volkswirtschaftliche Schriften Heft 13, Berlin 1954.

Myrdal, G., Asian Drama. An Inquiry into the Poverty of Nations, 3 Bände, New York 1968.

Neurath, O., Einführung in die Kriegswirtschaftslehre, Wien 1914.

Ohlin, B., In the light of Swedish theory, was it a fair judgement of Keynes, in: Keynes and the Classics, Boston 1964.

Pearson, L., The Crisis of Development, London 1970.

Pen, J., Harmony and Conflict in modern Society, London, New York, Toronto, Sydney 1966.

Phelps, E., Second Essay on the Golden Rule of Accumulation, in: The American Economic Review, Vol. LV, No. 4., Stanford University 1965.

Plenge, J., Der Krieg und die Volkswirtschaft, Münster 1915.

Rathenau, W., Von kommenden Dingen, Berlin 1917.

–, Die neue Wirtschaft, Berlin 1918.

–, Autonome Wirtschaft, Jena 1919.

Riese, H., Das Ende einer Wachstumstheorie, Kyklos Bd. 23, Basel 1970.

Robinson, J., The Accumulation of Capital, London 1956.

–, Über Keynes hinaus, Wien 1962.

–, Eine nochmalige Betrachtung der Werttheorie, in: Folgen einer Theorie, Essays über »Das Kapital« von Karl Marx, Frankfurt/M. 1967.

Röpke, W., Krise und Konjunktur, Leipzig 1932.

Rostow, W., Stadien wirtschaftlichen Wachstums, Göttingen 1961.

Rothschild, K. W., Der Lohnanteil am Gesamteinkommen, in Weltwirtschaftliches Archiv, Bd. 78, Heft 2, Hamburg 1957.

–, Lohntheorie, Berlin und Frankfurt 1963.

–, Marktform, Löhne, Außenhandel, Wien 1966.

Salin, E., Notwendigkeit und Gefahr der wirtschaftlichen Konzentration in nationaler und internationaler Sicht, Basel/Tübingen 1969.

Samuelson, P. A., Inflation – der Preis des Wohlstandes, Spiegel Nr. 35/25. Jhg., 23. 8. 1971.

Sampedro, J. L., Triebkräfte der Weltwirtschaft, München 1967.

Schmid, F., Kriegswirtschaftslehre, Leipzig 1915.

Schumpeter, J. A., Kapitalismus, Sozialismus und Demokratie, Berlin 1950.

Smith, A., Der Reichtum der Nationen, Bd. I., Leipzig 1924.

Stalin, J. W., Werke, Bd. 11, Berlin 1954.

Steinbuch, K., Mensch, Technik, Zukunft, Stuttgart 1971.

Sternberg, Der Imperialismus, Berlin 1926.

Streissler, E., Long Term Structural Changes in the Distribution of Income, in: Zeitschrift f. Nationalökonomie, Wien, New York 1969.

Sweezy, P., Theorie der kapitalistischen Entwicklung, Köln 1959.

Sweezy, P./Dobb/Gillman/Bellamy/Vincent/Graham, Zur Theorie des Neokapitalismus, Periodikum f. wissenschaftlichen Sozialismus, Heft 12.

Sweezy, P., Huberman, L., Sozialismus in Cuba, Frankfurt/M. 1970.

Tätigkeitsfelder industrieller Kleinbetriebe, Eine Untersuchung über die ihre Existenz bestimmenden Faktoren, RKW-Schriftenreihe, Berlin, Köln, Frankfurt 1965.

Tinbergen, J., Wirtschaftspolitik, Freiburg/Br. 1968.

Ulrich, H., Die Unternehmung als produktives soziales System, Bern, Stuttgart 1968.

U. S. Congress, Senate, Committee on the Judiciary, Subcommittee on Antitrust and Monopoly (Hrsg.): Economic Concentration, Hearings before the Subcommittee of Antitrust and Monopoly of the Committee on the Judiciary United States Senate, 89th Congress 1st Session, Bd. 2.: Mergers and other Factors Affecting Industry Concentration, Washington D. C. 1965.

Voelcker, Die deutsche Volkswirtschaft im Kriegsfall, Leipzig 1909.

Zahar, R., Kolonialismus und Entfremdung, Frankfurt/M. 1969.

5. Literatur zum Vierten Kapitel: Politische Dogmatisierungen

Amalrik, A. A., Kann die Sowjetunion das Jahr 1984 überleben, Zürich 1970.

Arendt, H., Macht und Gewalt, München 1970.

Bakunin, M., Gott und der Staat und andere Schriften, Reinbek bei Hamburg 1969.

Banaschak, M., Vorholzer, J., Mensch und Macht, Berlin 1969.

Bartsch, G., Kommunismus, Sozialismus und Karl Marx, Hrsg. Bundeszentrale für politische Bildung, Bonn 1968.

Bucharin, N., Ökonomik der Transformationsperiode, Reinbek bei Hamburg 1970.

Bernstein, E., Der Sozialismus einst und jetzt. Streitfragen des Sozialismus in Vergangenheit und Gegenwart, Stuttgart, Berlin 1922.

–, Voraussetzungen des Sozialismus und die Aufgaben der Sozialdemokratie, Reinbek bei Hamburg 1969.

Dějiny mezinárodního dělnického hnutí (Die Geschichte der internationalen Arbeiterbewegung), Praha 1968.

Deutscher, I., Stalin. Die Geschichte des modernen Rußland, Zürich 1951.

–, Trotzky, London 1954–1963.

Deutscher, I., Die unvollendete Revolution 1917–1967, Frankfurt/M. 1967.

Die große Manipulation des Menschen, in: »68. Woche der Wissenschaft«, Hrsg. Deutscher Gewerkschaftsbund, Gewerkschaft Erziehung und Wissenschaft, Georg Westermann, Braunschweig 1969.

Djilas, M., Die neue Klasse. Eine Analyse des kommunistischen Systems, München 1963.

–, Die unvollkommene Gesellschaft, Wien–München–Zürich 1969.

Garaudy, R., Die große Wende des Sozialismus, Wien, München, Zürich 1970.

–, Die ganze Wahrheit oder Für einen Kommunismus ohne Dogma, Hamburg 1970.

Geschichte der kommunistischen Partei der Sowjetunion (Bolschewiki), Berlin 1945.

Horkheimer, M., Verwaltete Welt? Ein Gespräch, Zürich 1970.

Jodl, M., Teorie elity a problém elity (Die Theorie der Elite und das Problem der Elite), Praha 1968.

Kautsky, K., Die soziale Revolution, I. Sozialreform und soziale Revolution, Berlin 1970.

–, Terrorismus und Kommunismus. Ein Beitrag zur Naturgeschichte der Revolution, Berlin 1919.

Kuron, J., Modzelewski, K., Monopol-Sozialismus, offener Brief an die Polnische Vereinigte Arbeiterpartei, Hamburg 1969.

Luxemburg, R., Die russische Revolution. Aus dem Nachlaß, eingeleitet v. Paul Lewi, Berlin 1922.

Madariaga, S. de, Über die Freiheit, Bern 1970.

Marxistická filosofie a komunistická strana (Marxistische Philosophie und die kommunistische Partei), Praha 1965.

Meier, Ch., Entstehung des Begriffs »Demokratie«, Frankfurt/M. 1970.

Mlynář, Z., Z dějin západoevropských politických ideologií (Aus der Geschichte der westeuropäischen politischen Ideologien), Praha 1961.

–, K teorii socialistické demokracie (Zur Theorie der sozialistischen Demokratie), Praha 1961.

Rebellion der Studenten oder Die neue Opposition, Analyse von U. Bergmann, R. Dutschke, W. Lefèbvre, B. Rabehl, rororo aktuell 1043, Reinbek bei Hamburg 1968.

Reiman, M., Ruská revoluce (Die russische Revolution), Praha 1967.

Sacharow, A. D., Wie ich mir die Zukunft vorstelle, Frankfurt/M., Zürich 1968.

Stalin, J. W., Sämtliche Werke, dt. Ausgabe, Berlin 1949 f.

Tocqueville, A. de, Das Zeitalter der Gleichheit, Hrsg. S. Landshut, Köln und Opladen 1967.

Trotzki, L. D., Die permanente Revolution, Berlin 1930.

–, Stalin, eine Biographie, Köln 1952.

–, Geschichte der russ. Revolution, Frankfurt/M. 1960.

Register

Sachregister

Absatzschwierigkeiten 186, 263 ff., 269, 272
Abstraktion, historische 31 ff.
Abstraktion, wissenschaftliche 31 f.
Advertisement 183, 189, 195
Äquivalenzprinzip 157, 165 ff., 172, 182
Aktiengesellschaften 346 f., 366
Aktionär 97 f., (s. a. Entfremdung)
Angebot 132, 138 f., 147 f., 151 ff., 160,
164 ff., 180 f., 222, 294
Antikommunismus 16
Antimarkttheorie 191
Arbeit
– entfremdete 96, 120
– gesellschaftlich notwendige 17, 95, 116,
157, 164 f, 167, 182
– lebendige 132, 134 f., 140, 165, 167, 173,
185
– vergegenständlichte (verdinglichte) 132,
134, 137, 140, 165, 167, 173, 185
Arbeiter 90 ff., 101, 106 f., 185, 417 f.
– bewußtsein 93, 339, 350
– klasse 23, 91 f., 95, 130, 227, 365, 394
– organisationen 129, 185, 225, 227
Arbeitsäquivalenz 171 ff.
– aufwand 185
– austausch 171
– losigkeit 151, 225 ff., 234, 244 f., 247,
252, 265
– menge 137, 151
– produktivität 158
Arbeitsteilung 24, 27, 29, 52 f., 113 ff.,
118 ff., 150, 156, 171, 182, 193, 214
– wert 132, 136, 142, 151, 160, 165, 169,
173 f., 175
– werttheorie 130 ff., 142, 155, 169
– zeit 30, 113, 147, 171 ff., 228 f.

Ausbeutung 34, 36, 91, 100 f., 106, 111 ff.,
114, 119, 122, 129 f., 142, 221, 226 f.,
233 ff., 240, 350, 371, 391
– stheorie 229 ff.

Banken 291 ff., 328, 349, 369, 429
Basis, ökonomische 33, 37, 91
Beamte 93 f.
Bedürfnisse 27, 29 ff., 40 ff., 47, 49 f., 55,
73, 75, 84, 92, 117, 135 ff., 153, 192 f.,
198, 223, 268, 333 f., 417 ff.
Bewußtsein 49
–, neues sozialistisches 53
Bildungsentwicklung 97 f., 334
Bodenmonopol 169 f.
– reform 252, 421
– rente 142, 169 f.
Bruttoprodukt 60, 63, 142
Bürokratie (Bürokratisierung) 69, 96, 120,
125, 215, 389, 422

Demokratie, bürgerliche 380 f., (s. auch
417 ff.)
Depression 266, 299
Dialektik 32 f., 88, 102, 105, 132 f., 148 f.
Dienstleistungen s. Tertiär-Sektor
Diktatur des Proletariats 99, 365, 377 f.,
381, 390, 397, 411, 422 f.
Dividende 97, 189 ff., 216
Durchschnittsprofit 161

Eigentum 70
– entfremdetes 97
– kollektives 97
Einkommen (s. auch Nationaleinkommen)
50 ff., 56, 59 ff., 139, 156, 165 ff., 197,
287 f., 292, 301, 306, 322

Personenregister

(Die halbfett gedruckten Seitenzahlen verweisen auf die Nennung im Text, die gewöhnlich gedruckten Zahlen auf die Nennung in den Fußnoten.)

Adolf A. Berle

Macht

Die treibende Kraft der Geschichte

Adolf A. Berle, Wirtschaftswissenschaftler, Jurist, Schriftsteller, Diplomat und Berater von Franklin D. Roosevelt und John F. Kennedy, hat in jahrelanger Arbeit den Versuch unternommen, das Phänomen »Macht« grundlegend zu analysieren und zukunftsweisend zu deuten.
»Die Geburt der Macht«, »Die Gesetze der Macht«, »Wirtschaftliche Macht«, »Politische Macht«, »Die geheime Macht«, »Macht und Gesetz«, »Internationale Macht«, »Der Untergang der Macht« – das sind einige der wesentlichen Aspekte und Themen dieses Buches.
»Adolf Berle hat das Problem Macht in ihren vielfältigen Manifestationen tiefer durchdacht, als irgendein anderer Mensch seiner Zeit. Deshalb hat dieses Buch eine so große Bedeutung.«
J. K. Galbraith

Hoffmann und Campe